KB123386

한국 최초의 개신교 (의료) 선교사

호러스 N. 알렌 자료집 IV.
1887~1889

박형우 편역

선인

한국 최초의 개신교 (의료) 선교사

호러스 N. 알렌 자료집 IV. 1887~1889

초판 1쇄 발행 2023년 1월 1일

편역자 | 박형우
발행인 | 윤관백
발행처 | 선인

등록 | 제5-77호(1998.11.4)
주소 | 서울시 양천구 남부순환로 48길 1(신월동 163-1) 1층
전화 | 02)718-6252 / 6257   팩스 | 02)718-6253
E-mail | sunin72@chol.com

정가 92,000원

ISBN   979-11-6068-766-8   94900
       979-11-6068-296-0   (세트)

· 잘못된 책은 바꿔 드립니다.

A Source Book of Dr. Horace N. Allen IV.
1887~1889

Edited & Translated by Hyoung W. Park, M. D., Ph. D.

SUNIN PUBLISHING

이 책은 미국 북장로교회 소속으로 개신교 선교사 중 처음으로 한국에 정주(定住)하였던 호러스 N. 알렌과 관련된 자료를 모은 자료집입니다. 알렌은 1884년부터 1905년까지 21년 동안 크게 의료 선교사와 외교관으로 한국에서 활동하였습니다. 이 기간은 한국이 외국에 문호를 개방하고 서양 문물을 활발하게 받아 들였던 개화기이자 격동기와 일치합니다. 이 기간 동안 의료 선교사로서 또 외교관으로서 한 알렌의 활동에 대한 평가는 학자에 따라 긍정적이기도 하고 부정적이기도 합니다.

알렌과 관련하여 몇몇 논문과 단행본이 출판되었지만, 알렌의 행적과 관련된 자료를 담은 단행본은 거의 없었습니다. 알렌과 관련된 자료집은 '김인수, 알렌 의사의 선교 · 외교편지: 1884~1905(서울: 장로회신학대학교 부설 한국교회사연구원: 쿰란, 2007)'이 거의 유일합니다. 하지만 이 자료집은 알렌이 미국 북장로교회로 보낸 편지 중 일부만을 담고 있을 뿐입니다. 미국 장로교회의 기록보관소(Presbyterian Historical Society, 필라델피아)에는 이 책에 담겨 있는 편지 이외에도 그의 선교사 임명, 중국에서의 활동 등과 관련된 많은 자료, 그리고 앞의 책에서 누락된 자료들이 소장되어 있습니다. 알렌은 생전에 자신이 소장하고 있던 자료들을 미국 뉴욕 공립도서관에 기증한 바 있습니다. 외교 문서에도 알렌과 관련된 것이 많이 있습니다.

본 연구자는 알렌과 관련된 방대한 자료들을 가능한 대로 모두 모아 연대순으로 정리한 자료집을 발간하고 있습니다. 다만 본 편역자의 교육 배경을 고려하여 (의료) 선교사로서의 알렌에 대해서만 정리할 것입니다. 외교관 시기의 자료는 한국의 여러 기독교 교파와 관련된 내용만을 추리고 있습니다.

당초 3~4권의 자료집 발간을 계획하였지만, 이번의 제4권에 이어 모두 6권이 발간될 예정입니다.

2019년 9월에 간행된 제1권은 알렌의 집안 배경, 교육 배경, 선교사 임명과 중국 파송, 그리고 한국으로의 이적 및 정착을 담았습니다.

2020년 9월에 간행된 제2권은 1884년 12월에 일어난 갑신정변부터 1885년까지를 다루었습니다. 불과 1년 1개월의 짧은 기간이지만, 본문 쪽수가 750쪽 정도로 적지 않은 분량으로, 조선 정부의 자료, 미국의 한국 관련 각종 외교문서, 미국 북장로교회 해외선교본부의 자료 등 공적 자료들과 함께 알렌의 일기 등이 주로 수록되어 있습니다.

2022년 1월에 출간된 제3권은 1886년 1년의 기간만을 다루고 있지만 본문 쪽수가 780쪽이나 됩니다. 1886년은 알렌이 선교사로서 가장 활발하게 활동하였을 뿐 아니라 3월 29일 한국 최초의 서양식 의학 교육기관인 제중원 의학교의 개교, 여병원 설립, 콜레라 유행 대처 등 한국 서양 의학사에서도 중요했던 해입니다. 또한 애니 J. 엘러즈와 함께 고종과 민비의 시의f로, 그리고 한국에 거주하는 외국인들의 주치의로서도 활동하였습니다. 하지만 미국 북장로교회 한국 선교부 내에 갈등이 생겨 헤론과 언더우드가 사임 의사를 밝혔고, 선교부가 와해될 위치에 처하게 되었습니다.

이번에 출간되는 제4권은 알렌이 고종의 강권으로 1887년 9월 주미 한국 공사관의 외국인 서기관에 임명되었고, 박정양 공사 일행과 함께 미국으로 가서 한국 공사관의 정착을 돕고 미국으로부터 거액의 차관 교섭과 금광 개발을 위해 노력하였던 내용을 담고 있습니다. 하지만 여러 상황으로 차관 교섭과 금광 개발이 진행되지 못한 채, 다시 선교사로 임명 받은 알렌은 1889년 12월 알렌은 한국으로 돌아왔습니다.

이 자료집의 연구 및 출판에 귀중한 지원을 해 주신 이경률 동창(1985년 연세대학교 의과대학 졸업, SCL 헬스케어그룹 회장)께 특별히 감사를 드립니다. 그리고 이 책을 기꺼이 출판해 주신 도서출판 선인의 윤관백 대표님과 직원들께도 감사를 드립니다.

2023년 1월
안산(鞍山) 자락에서
상우(尙友) 박형우 씀

This Source Book is a collection of materials related to Dr. Horace N. Allen, who was the first Protestant missionary to reside in Korea, of the Presbyterian Church in the United States of America. Dr. Allen dedicated himself as a medical missionary and a diplomat for 21 years from 1884 to 1905. This period marks an important time in the history of Korea, as a time of enlightenment and turbulence, opening up to foreign countries and accepting various cultures and economy from western countries. Scholars hold both positive and negative views on the role of Dr. Allen as a missionary and a diplomat.

Several articles and books were published regarding Dr. Allen, but most of them did not include original sources. 'In Soo Kim, Horace N. Allen, M. D.'s Missionary and Diplomatic Letters: 1884~1905 (Seoul: Institute of Studies of the Korean Church History, Presbyterian College and Theological Seminary, 2007)' is probably the only source book published in Korea. However, this book only includes segments of letters which was sent by Dr. Allen to the Board of Foreign Missions. At the Presbyterian Historical Society (Philadelphia), various resources can be found including his appointment as a missionary, his letters from China, and other valuable materials that were not included in the prior book mentioned. Dr. Allen donated papers and materials he kept to the New York Public Library. Also information regarding Dr. Allen can also be found in the Diplomatic documents.

My goal is to publish a chronological source book regarding Dr. Allen. However, considering my education background, I will only concentrate to collect sources regarding medical missionary. During his time as a diplomat, data regarding various christian denominations will be included.

Originally, it was planned to publish 3~4 volumes, but a total of 6 volumes will be published.

Volume I, published in Sept., 2019, covered Dr. Allen's familial and educational backgrounds, appointment as a missionary, his work in China, and his settlement in Korea.

Volume II, published in Sept., 2020, covered the period from Gapsin coup in December 1884 to 1885. Although it is a short period of only one year and one month, the text is no less than 750 pages. This book contains public data such as data from the Chosen government, various diplomatic documents related to Korea in the United States, and data from the Board of Foreign Missions, Presbyterian Church in the U. S. A., as well as Allen's diary.

The year of 1886 was not only the year Dr. Allen was most active as a missionary, but also an important year in the history of Western medicine in Korea. Dr. Allen proposed the establishment of a medical school and opened Jejoongwon Medical School, Korea's first Western-style medical college, on March 29. In addition, he proposed the establishment of a women's hospital, and on July 4, Miss Annie J. Ellers' coming to Korea led to the establishment of the Women's Department, at Jejoongwon and proposed expansion and relocation of the Jejoongwon. And in the summer, when there was an outbreak of cholera in Japan, he immediately circulated a warning about it.

He also worked with Miss Annie J. Ellers as a court physician for King Gojong and Queen Min, and as a physician for foreigners residing in Korea. However, conflicts arose within the Korean Mission, and Dr. Heron and Mrs. Underwood announced their intention to resign, putting the mission in a position to collapse.

In this Volume IV, Dr. Allen was appointed as a foreign secretary of the Korean Legation in the United States in September 1887 by King Gojong's strong will, and went to the United States with Minister Park Jeong-yang and his party to help the Korean legation settle down, negotiating a large amount of loans from the United States and developing gold mines. However, due to various circumstances, the loan negotiations and gold mine development did not proceed, and Dr. Allen, who was re-appointed as a missionary, returned to Korea in December 1889.

I would like to my special gratitude to Dr. Kyoung Ryul Lee (1985 Class of Yonsei University Medical School, Chairman of SCL Healthcare Group) for his invaluable support in the research and publication of this resource book. Also, I would like to express my gratitude to CEO Yoon Gwan-baek and the staff of Seonin Book Publishing Co., Ltd., who willingly published this book.

Jan., 2023
At the Foot of Mt. Ansan(鞍山)
Sangwoo(尙友) Hyoung Woo Park

제8부 주미 한국 공사관 서기관

제1장 1887년

제2장 1888년

제3장 1889년

Contents

Chapter 2. 1888

Chapter 3. 1889

제8부 주미 한국 공사관 서기관

(Part 8. Foreign Secretary of the Korean Legation to U. S.)

제1장 1887년
Chapter 1. 1887

그림 8-1. 한국의 초기 개신교 선교사들. 1887년 서울에서 촬영된 것으로 기록되어 있다. 당시 서울에서 활동하고 있던 북장로교회와 북감리교회 선교사 가족들 중에서 사진을 찍고 있는 스크랜턴 박사를 제외한 사람들이 담겨 있다. 이 사진을 찍을 당시 미국 북장로교회의 선교사들은 심한 갈등을 겪고 있었다. *William E. Griffis Collection*, Rutgers University.

(뒷줄 왼쪽부터)	존 W. 헤론, 헨리 G. 아펜젤러, 호러스 N. 알렌
(가운데 줄 왼쪽부터)	해티 G. 헤론 부인, 룰리 A. 스크랜턴 부인, 패니 M. 알렌 부인, 메리 F. 스크랜턴 부인
(아래 줄 왼쪽부터)	엘러 D. 아펜젤러 부인, 호러스 G. 언더우드, 애니 J. 엘러즈

언더우드 앞에 서있는 아이는 1884년 7월 상하이에서 출생한 해리(호러스 이선) 알렌으로 추정된다.

그림 **8-2**. 한국의 초기 개신교 선교사들. 앞의 사진과 비교해 볼 때 사람들의 복장이 동일한 것으로 보아 같은 날 촬영한 것으로 추정된다. *William E. Griffis Collection*, Rutgers University.

(뒷줄 왼쪽부터)　　헨리 G. 아펜젤러 부부, 패니 M. 알렌 부인, 호러스 G. 언더우드,
　　　　　　　　　룰리 A. 스크랜턴 부인, 존 W. 헤론, 메리 F. 스크랜턴 부인
(아랫줄 왼쪽부터)　　해티 G. 헤론 부인, 새러 A. 헤론(추정, 1885년 7월 7일 서울 출생),
　　　　　　　　　호러스 N. 알렌, 해리(호러스 이선) 알렌, 애니 J. 엘러즈

제중원 주사(1887년)

Chusas (Governmental Officers) at Jejoongwon (1887)

번호	이 름	전 직책	근무일	비 고
1	김규희(金奎熙)	유학(幼學)	1885년 4월 21일~1889년 10월 15일	동지돈녕부사

* 김규희(1857 - ?)는 본관이 경주이며, 1886년 6월 14일 6품으로 승진하였다.

| 2 | 서상석(徐相奭) | 유학 | 1885년 8월 5일~1887년 7월 10일 | 외아문 주사 |

* 1886년 6월 14일 6품으로 승진하였다. [전임은 조택희, 후임은 김홍태이다.]

| 3 | 박영배(朴永培) | 유학 | 1885년 9월 17일~1888년 4월 21일 | |

* 1886년 6월 14일 6품으로 승진되었으며, 탈이 있어 교체되었다. 전임은 박준우, 후임은 이용선이다.

| 4 | 김의환(金宜煥) | 별제 | 1886년 2월 13일~1890년 4월 22일 | |

* 1886년 6월 14일 학도로 서임되었다. 전임은 손붕구, 후임은 한성진이다.

| 5 | 이승우(李承雨) | 유학 | 1886년 2월 19일~1892년? | |

* 1886년 6월 14일 6품으로 승진하였다. 1892년 1월 27일 당시 중부 영으로 임명되었다.

| 6 | 진학명(秦學明) | 유학 | 1886년 2월 19일~1891년? | |

* 1886년 6월 14일 6품으로 승진되었다. 1891년 5월 16일 당시 상서원 주부로 임명되었다.

| 7 | 이교석(李敎奭) | 전 학관 | 1886년 6월 13일~1887년? | |

* 전임이 성익영이다. 1887년 1월 24일 당시 상의원 주부이었다.

| 8 | 이의식(李宜植) | 학도(學徒) | 1886년 6월 15일~1888년 10월 21일 | 원산항 서기관 |

* 1886년 6월 14일 주사로 승차되었으며, 1888년 10월 17일 근무 30개월이 지나 6품 승진하였다.

| 9 | 이규하(李圭夏) | 유학 | 1886년 8월 31일~1887년? | |

* 1886년 10월 14일 이규하는 이하영(李夏榮)으로 개명하였다. 제중원 주사로 근무하던 1886년 11월 22일 6품으로 승진되었다. 전환국 위원이던 1887년 9월 23일 미국 주재 서기관으로 임명되었다.

| 10 | 이태직(李台稙) | 유학 | 1886년 8월 31일~1888년 1월 12일 | |

| 11 | 김경하(金經夏) | 유학 | 1886년 9월 28일~1891년 9월 14일 | 상서 주부 |

* 1889년 2월 4일 근무 30개월이 지나 6품으로 승서되었다. 전임이 김두혁이다.

12   이남두(李南斗)   1886년 9월 28일~1889년?
* 1889년 1월 25일 근무 30개월이 지나 6품 승서하였다. 전임이 이채연이다.

13   윤희태(尹喜泰)   유학   1887년 2월 12일~?

14   백봉수(白鳳洙)   진사   1887년 5월 28일~1888년 9월 6일   전보 총국
* 신병이 있는 전보총국 주사 정병로와 맞바꾸었다. 후임이 정병노이다.

15   우봉명(禹鳳命)   진사   1887년 6월 17일~1889년?
* 1889년 10월 24일 근무 30개월이 지나 6품으로 승진되었다. 1890년 12월 10일 당시 선공감 별제로 임
  명되었다.

16   전경환(田慶煥)   출신(出身)   1887년 6월 28일~1888년 3월 10일
* 신병으로 감하되었다. 후임이 백남준이다.

17   김홍태(金弘泰)   유학   1887년 8월 5일~1888년 4월 5일
* 전임이 서상석, 후임이 이관하이다.

18   이민오(李敏五)   전 현령(縣令) 1887년 8월 8일~?

19   오인택(吳仁鐸)   유학   1887년 11월 3일~1893년 8월 5일   감원
* 1890년 3월 4일 근무한 지 30개월이 지나 6품으로 승진하였다.

20   서경수(徐敬秀)   유학   1887년 11월 24일~1888년 1월 23일
* 후임이 이연광이다.

21   윤철규(尹喆圭)   전보총국   1887년?~1887년 12월 8일
* 신병으로 고규진과 맞바꾸었다.

22   고규진(高圭瑨)   장흥고 주부 1887년 12월 8일~1888년 1월 28일   의금부 도사
* 신병 중인 윤철규와 맞바꾸었다.

18870100

[편집자 단신.]

The Church at Home and Abroad 1(1) (1887년 1월호), 76쪽

*Independent*는 한국 서울의 감리교회 선교부의 H. G. 아펜젤러 목사가 9월 13일자로 보낸 다음과 같은 흥미로운 기사를 게재하였다.

　　서양 의학이 한국의 군주까지 도달하였는데, 왕과 왕비 모두는 외국인 의사의 진료를 받고 있다. H. N. 알렌 및 J. W. 헤론 박사가 책임을 맡고 있는 '한국 정부병원'은 폐하의 관심을 호의적으로 받을 정도로 현지인들 사이에서 성공을 거두었다. 이곳에서 의료 사업이 시작될 때부터 왕은 그것에 대한 관심을 보여 왔으며, 의사들은 왕에게 알려지기를 원하였는데, 그들의 요청이 받아들여졌다. 지난 몇 개월 동안 왕은 개인 사무실에서 알렌으로부터 의약품을 처방받았다. 최근 콜레라가 유행하였을 때, 폐하는 다량의 석탄산을 공급받았다. 애니 J. 엘러즈 박사는 장로교회 선교회의 후원으로 7월에 서울에 도착하였다. 8월에 왕비가 병에 걸렸고, 엘러즈 양은 왕진을 갔는데, 그녀의 치료는 대단히 성공적이었다. 한국인 전의(典醫)는 궁궐에서 해고되었고, 우리 의사들의 전도가 양양해졌다.

[Editorial Notes.]
The Church at Home and Abroad 1(1) (Jan., 1887), p. 76

The *Independent* publishes the following interesting note from the Rev. H. G. Appenzeller, of the Methodist mission in Seoul, Korea, under date of September 13:

Western medical science has reached the throne of Korea, and both the king and queen are now treated by foreign doctors. The "Korean Government Hospital," in charge of Drs. H. N. Allen and J. W. Heron, has been such a success among the natives as to recommend itself favorably to the attention of his majesty. The king, from the beginning of the medical work here, has taken a lively interest in it, and the doctors had but to make their wishes known to him and their requests were granted. For some months past the king received medicines from Dr. Allen at his private office. During the recent cholera epidemic his majesty sent for a large supply of carbolic acid. Dr. Annie J. Ellers came to Seoul under the auspices of the Presbyterian Missionary Society, in July. In August the queen was taken sick, and Miss Ellers was sent for and has been very successful in her treatment. The native court physicians have been dismissed from the palace, and our doctors have thus a clear path before them.

18870100

한국. *The Church at Home and Abroad* 1(1) (1887년 1월호), 93쪽

(중략)

이곳에서의 선교 사업은 점점 더 희망적으로 보이고 있다. 알렌 박사는 그의 공로로 품계를 수여 받았는데, 왕국에서 세 번째로 높은 직책을 받았다. 따라서 그는 궁궐을 방문하여 왕을 직접 진찰 할 수 있으며, 의학박사 엘러즈 양은 왕비를 진료한다. 이런 방식으로 최고 관리들의 신임을 확보하고 과거의 증오와 편견이 제거될 것이다.

왕과 왕비가 기독교인이 되기만 하면 온 나라가 따를 것이라는 예상이 있었다. 그것은 경우에 따라 사실일지도 모를 미래의 가능성 중의 하나이다. 서울에 있는 선교사들이 중요한 위치에서 인도할 수 있도록 지혜와 은혜를 간구하는 우리의 가장 간절한 기도가 필요하다.

Korea. *The Church at Home and Abroad* 1(1) (Jan., 1887), p. 93

(Omitted)

The missionary work in the land is looking more and more hopeful. Dr. Allen has been decorated for his distinguished services, and is honored with the position of third rank in the kingdom. He is thus enabled to visit the palace and attend the king in person, and Miss Ellers, M. D., attends the queen. In this way the confidence of those highest in power is being secured, and the hatred and prejudice of the past will be removed.

It has been predicted that if the king and queen would only become Christians all the nation would follow. That the first may be the case is among the possibilities of the future. The missionaries at Seoul need our most earnest prayers for wisdom and grace to guide them in their important position.

조지 C. 포크(서울)가 클레이턴 M. 포크와
캐롤라인 R. 포크(뉴욕 시)[1])에게 보낸 편지 (1887년 1월 1일)

(중략)

1887년 1월 1일

(......)

한국에 대한 기사는 저에게서 대부분의 요점을 알게 된 알렌 박사가 작성하였습니다. 엘러즈 양과 알렌 박사의 이야기는 일부는 사실이고, 나머지는 선교본부의 고의적인 거짓말입니다. 저는 선교 잡지에서 알렌 박사가 (18)84년 12월에 모든 외국인 관리들이 목숨을 위하여 도주한 후에도 우리 깃발을 게양하였다는 진술이 담긴 기사를 보았습니다. 알렌 자신은 주일 학교 등에서 동전을 모으기 위하여 그것을 인쇄하는 선교부 출판사의 거짓에 분개하고 있습니다.

(중략)

---

1) 클레이턴 M. 포크(Clayton M. Foulk, 1830~1899)와 캐롤라인 포크(Caroline R. Foulk, 1830~1903)는 조지의 부모이다.

George C. Foulk (Seoul), Letter to Clayton M. Foulk and Caroline R. Foulk (New York City) (Jan. 1st, 1887)

(Omitted)

January I, 1887

(......)

The article on Korea is written by Dr. Allen, who got most of his points from me. The story of Miss Ellers and Dr. Allen is part true and the rest a deliberate lie of the mission board. I saw the article in a missionary magazine, along with a statement that Dr. Allen kept our flag flying in December '84 after all the foreign officials had run away for their lives. Allen himself is indignant over the falsehoods of the mission press, who print them to catch pennies in the Sunday Schools, etc.

(Omitted)

호러스 N. 알렌(서울), 신 주사가 폐하를 위하여
태플린 라이스 앤드 컴퍼니에서 구입한 4개의 난로에 대한 비망록
(1887년 1월 1일)

신 주사가 폐하를 위하여 태플린 라이스 앤드 컴퍼니에서 구입한 4개의
난로에 대한 비망록. 1887년 1월 1일

클라이맥스 난로 4개 및 수선 부품	82.23달러	
오하이오 주 애크런에서 뉴욕까지의 화물비	5.00	
창고에서 증기선까지의 운송비	1.50	
일본 나가사키까지의 화물비	14.52	
뉴욕 취급인에 대한 경비	2.50	
금화 105.78달러를 70%에 환전	45.32	
나가사키에서의 선적 및 한국까지의 화물비	8.56	
쿠퍼 씨가 지불한 관세	11.12	
		170.75
연결관 70개와 L자 모양의 관 5개 (쿠퍼 씨)	34.02	
		204.77

(1886년) 6월 7일

H. N. 알렌이 지불한 멕시코 은화 달러	200.00	
이전 계정의 잔액	10.47	
잔액		5.30달러
	210.47	210.52달러[2]

H. N. 알렌

---

2) 합계가 정확하지 않다.

Horace N. Allen (Seoul), Memo of Four Stoves Purchased of Taplin Rice & Co. by Shin Chusah, for His Majesty (Jan. 1st, 1887)

Memo of four stoves purchased of Taplin Rice & Co.
by Shin Chusah, for His Majesty. Jan 1st, 1887

Four Climax stoves & repairs	82.23	
Freight from Akron O. to New York	5.00	
Cartage from Depot to steam ship	1.50	
Freight to Nagasaki, Japan	14.52	
Charge of N. Y. agent	2.50	
Exchange on $105.78 gold at 70%	45.32	
Transhipping at Nagasaki & fgt to Korea	8.56	
Duty paid by Mr. Cooper	11.12	
		170.75
70 joints pipe & 5 elbows (Mr. Cooper)	34.02	
		204.77

June 7		
By Mexican dollars paid H. N. Allen	200.00	
" balance on former account	10.47	
To bal.		$ 5.30
	$210.47	$210.52

H. N. Allen

호러스 N. 알렌(서울)이
메저즈 매켄지 컴퍼니(상하이)로 보낸 편지 (1887년 1월 2일)

한국 서울,
1887년 1월 2일

메저즈 매켄지 컴퍼니,
　　상하이

안녕하십니까,

　　한쪽 끝은 난로에 맞게, 다른 쪽 끝은 일리 앤드 램지 사(社)의 난로 제8호에 사용되는 파이프에 맞게 제작된 파이프 1개와 함께 험볼트 사(社)의 요리용 조리대 제6호(15.00달러)를 기회가 되는대로 보내주세요.

　　안녕히 계세요.
　　H. N. 알렌

Horace N. Allen (Seoul),
Letter to Messrs. Mackenzie & Co. (Shanghai) (Jan. 2nd, 1887)

Seoul, Korea,

Jan. 2/ 87

Messrs. Mackenzie Co.,

Shanghai

Gentlemen: -

Kindly send me by first opportunity one Humboldt cook stove No. 6 ($15.00), with one length of pipe made with one end to fit the stove, the other to fit pipe now used on a No. 8 Ely & Ramsay stove.

Yours truly,

H. N. Allen

18870103

호러스 N. 알렌(서울)이 프랭크 F. 엘린우드(미국 북장로교회 해외선교본부 총무)에게 보낸 편지 (1887년 1월 3일)

한국 서울,
1887년 1월 3일

F. F. 엘린우드 박사,
　뉴욕 주 뉴욕 시 센터 가(街) 23

친애하는 박사님,

　　저는 언더우드 씨가 데니 부인의 연회에서 춤을 추려 하였다고 말씀드렸지만, 그는 춤을 추지 않았다는 사실을 박사님께 먼저 말씀드립니다. 엘러즈 양과 알렌 부인을 제외한 모든 선교사들이 그곳에 있었으며, 그들 중 아무도 춤에 참여하지 않았습니다.

　　저는 12월 31일에 미국 공사에게 장부를 가져갔고, 맹세를 하였는데 그 사본을 동봉합니다. 그런 다음 저는 그 장부를 언더우드 씨에게 가져가서 검토해 달라고 부탁하였지만, 그는 그럴 시간이 없다고 말하였습니다. 그러나 저는 그 장부를 그의 앞에 놓으면서 그에게 ＿＿＿ ＿＿＿ 하였습니다. 그는 모든 것이 정확하다고 말하였고 우리의 최근 문제들에 대하여 논의하기를 바랐지만, 그런 논의가 항상 어떻게 끝나는지 알기에 저는 거절하였습니다. 하지만 제가 그가 말한 것의 중요한 증거를 가지고 있다고 말한 것에 대하여 그는 계속 부인하였는데, 실제로 어떤 것들은 그가 저에게 직접 이야기한 것이었습니다. 저는 매달 제 장부를 그에게 가져갈 것입니다. 저는 혜론 박사와 그에게 의료 청구서를 보낼 때 그 항목들을 생략하라고 요청하였지만, 그들은 그렇게 하는 것을 거절하였습니다. 저는 이제 더 이상 보상할 것이 없습니다. 저는 비난의 원인이 될 만한 모든 것을 없애기 위하여 할 수 있는 모든 것을 다하며 지난 한 해를 마감하였습니다. 혜론 부인은 매번 공공연히 우리를 무시하기 때문에 신년 첫날 저는 그녀를 방문할 수 없었습니다. 하지만 저는 그녀에게 카드를 보냈으며, 혜론 박사는 늦은 밤에 알렌 부인을 방문하였습니다.

　　저는 제 것으로 간주되었던 영국산 말을 엘러즈 양에게 주었으며, 아내도 자신의 승마복을 팔았습니다. 저는 저의 군사 2명 중 한 명을 해고하였는데,

추가로 한 명을 더 유지하고 있는 것이 불평의
원인이었기 때문입니다. 저는 저의 행로를 잘
결정하였고, 가능한 한 성실하게 끝까지 해 낼
것입니다.

시간이 지난 후 박사님께서 제가 한국으로
돌아오기를 원하신다면, 제가 외과(外科)에 대한
졸업 후 교육을 받는 것이 매우 바람직할 것입
니다. 저는 만족할 만한 성공을 거두었으며, 헤
론 박사도 도착한 직후 제가 집도하는 몇 번의
안과 수술을 보고 자신이 지금까지 본 수술 중
어떤 젊은 사람보다 손놀림이 더 안정적이었다
고 말하였습니다. 그러나 저는 이곳으로 오기

그림 8-3. 클러리서 M. 헵번.

전에 경험이 없었고 전적으로 독학하였으며, 결과적으로 저는 국가적 영향력
을 가진 병원에서 수행해야 할 과중한 업무를 충분히 해결할 자신감이 없습니
다. 그래서 그 일을 외면하였고, 그렇게 하지 말아야 합니다.

선교부와 함께 한 86년보다 더 행복한 87년이 되시기를 바랍니다.

안녕히 계십시오.
H. N. 알렌

제 편지에 대하여 헵번 부인3)이 매우 무례한 답장을 보냈으며, "전쟁의 명
분"으로서 정중한 요청을 하고 싶어 하는 것 같다고 말씀드리게 되어 유감스
럽습니다.

---

3) 클러리서 M. 헵번(Clarissa M. Hepburn, 1818~1906)

Horace N. Allen (Seoul),
Letter to Frank F. Ellinwood (Sec., BFM, PCUSA) (Jan. 3rd, 1887)

Seoul, Korea,

Jan. 3rd, 87

Dr. F. F. Ellinwood,

23 Centre St., New York, New York

My dear Doctor,

I take the first opportunity for telling you that Mr. Underwood did not dance at Mrs. Denny's entertainment as I had told he intended doing. All of the missionaries were there excepting of Miss Ellers and Mrs. Allen, none of them took part in the dancing.

I took my books to the U. S. Representative Dec. 31st and made the oath of which I [en]close a copy. I then took them to Mr. Underwood and requested him to examine them carefully, he said he hadn't time, but I _____ every ___ to him as the book lay before him. He said everything was right and wished to discuss our recent troubles, but I refused as I know how such discussion always ends. He however persisted in denying but said things that I have the best proof of his having said, in fact some of the things he said to me himself. I shall now take my books to him each month. I requested Dr. Heron and him to omit the items in sending in their medical accounts, but they both refused to do so. I have now no other reparation to make. I closed the old year by doing everything in my power to remove all cause of offense. I could not call on Mrs. Heron on New Year's Day as she has snubbed us openly in every occasion. I however sent her my card and Dr. Heron called on Mrs. Allen late in the evening.

I have given the English horse which was considered as mine to Miss Ellers to whom Mrs. Allen has sold her riding outfit. I have also discharged one of my two soldiers as my keeping an extra one has been a cause of complaint. I am pretty determined on my course and shall follow it out as conscientiously as possible.

In case you wish me to return to Korea after a time, it would be very desirable for me to take a postgraduate course in surgery. I have had good success, and even Dr. Heron told me when witnessing some eye work soon after he arrived, that I had the steadiest hand of any young man he had ever seen operate. Yet I had no experience before coming, am altogether self-taught and consequently I have not confidence enough to tackle heavy work that should be done at an institution of the national influence of this Hospital. This work is therefore turned away, and it should not be so.

Wishing you a happier year for '87 than you have had with the Mission in '86. I am

Yours Sincerely,
H. N. Allen

I regret to say that Mrs. Hepburn sent me a very impolite reply to my letter, and seemed anxious to take a civil request as a "Casus belli".

호러스 N. 알렌(서울)이 메저즈 바이워터 페리 앤드 컴퍼니 (런던)로
보낸 편지 (1887년 1월 4일)

한국 서울, (18)87년 1월 4일

메저즈 바이워터 페리 앤드 컴퍼니,
　런던 퀸 빅토리아 가(街) 79

안녕하십니까,

　귀 회사가 여분의 기구를 받을 수 없다는 점은 유감이지만, 아마도 우리가 모두 필요로 하기 때문에 최상의 것일 것입니다.
　유일한 문제는 내가 한국인들을 그렇게 큰 차이로 겁주는 것을 좋아하지 않는다는 것입니다. 하지만 왕이 적자를 만회하기 위하여 나에게 사적인 예산을 주지 않을 경우 87년 4월 10일에 마감되는 의료 예산의 일부를 사용할 수 있습니다.
　첫 우편으로 약의 가격표를 보내주세요.
　침대에 대한 청구서는 아직 받지 못하였습니다. 그들을 위하여 돈을 너무 오래 미리 가지고 있으면 귀 회사가 기구의 잔액에 대하여 이자를 부과하지 않을 것이라고 믿고 있습니다.

　안녕히 계세요.
　H. N. 알렌

Horace N. Allen (Seoul),
Letter to Messrs. Bywater Perry & Co. (London) (Jan. 4th, 1887)

Seoul, Korea, Jan 4th, 87

Messrs. Bywater Perry & Co.,
　　79 Queen Victoria St., London

Gentlemen,

I am sorry you can't receive the extra instruments but perhaps it is for the best as we really need them all.

The only trouble is I don't like to scare the Koreans with such a big discrepancy. However if the King won't give me a private appropriation to make up the deficit I can use a part of the medical appropriation due Apl. 10th, 87.

Please send me price lists of drugs by first mail.

The invoice for the beds is not yet received. Having the money for them so long in advance I trust you will not charge interest on the bal. due in instruments.

Yours truly,
H. N. Allen

호러스 N. 알렌(서울)이
찰스 H. 쿠퍼(제물포)에게 보낸 편지 (1887년 1월 6일)

서울,
1887년 1월 6일

친애하는 쿠퍼 씨,

나는 120달러의 상하이(주문) 수표를 동봉합니다. 귀하가 30엔을 보내주시면 귀하의 장부에서 나의 계정이 균형을 맞출 것입니다. 부디 그것들로 지난해 계정의 균형을 맞추고, "계정 잔액" 등에 대한 것을 더 이상 보내지 마십시오. 저는 계정을 깔끔하게 정리하는 것을 좋아합니다.

저에게 '콜로라도 엘 카르니타스' 한 상자를 보내 주시고, 신년 계정으로 청구해 주세요.

안녕히 계세요.
H. N. 알렌

Horace N. Allen (Seoul),
Letter to Charles H. Cooper (Chemulpo) (Jan. 6th, 1887)

Seoul,

Jan. 6th, 87

Dear Mr. Cooper: -

I enclose cheque on Shanghai (order) for $120.00 which with the 30 yen sent you will ballance [sic] your books as regards my account. Kindly ballance [sic] them up for the old year and don't send me any more stuff about "bal. of acc't rendered" etc. I like a clean bill.

Send me a box *Colorado el Carnitas* and charge on the New year's account.

Yours truly,

H. N. Allen

회의록, 한국 선교부 (미국 북장로교회) (1887년 1월 10일)

(18)87년 1월 10일

　　회의는 의장인 알렌 박사의 지시로 소집되었다. 언더우드 씨는 최근 회의에서 낭독되었던 알렌 박사의 편지를 회의록에 포함시키자고 동의하였고, 이렇게 실행되었다.

(중략)[4]

　　그런 다음 언더우드 씨는 이곳에서의 어려움을 고려하여 그것을 해결하기 위하여 선교부에 제출하려고 자신이 계획을 준비하였다고 말하였다. 그것을 전체 및 항목 별로 낭독한 후, 즉시 시행되어야 한다는 발의가 승인되었으며, 서기는 회의록에 그것을 포함시키도록 요청 받았다.

(중략)[5]

　　이 계획의 결의 1항에 따라 선교부의 회의가 열렸는데, 그 모임에서 언더우드 씨의 성경 봉독과 기도 후에 어려움에 대하여 논의하였고 회의록은 보관하지 않았다.

　　J. W. 헤론, 서기

---

4) 『호러스 N. 알렌 자료집 III』의 711~713쪽에 실려 있는 다음 자료를 참고할 것. Horace N. Allen, Annie J. Ellers (Seoul), Letter to the Members of the Presbyterian Mission in Korea, (Dec. 13th, 1886)
5) 『호러스 N. 알렌 자료집 III』의 745~748쪽에 실려 있는 다음 자료를 참고할 것. Horace G. Underwood (Seoul), Letter to the Presbyterian Mission to Korea) (Dec. 26th, 1886)

Secretary's Book, Korea Mission (PCUSA) (Jan. 10th, 1887)

Jan 10, (18)87

Meeting was called to order by the chairman, Dr Allen. Mr. Underwood then moved that the letter from Dr. Allen which was read at the last meeting be spread upon the minutes, & it is herewith done.

(Omitted)

Mr. Underwood then stated that in view of the difficulties here, he had prepared a plan which he devised to present to the Mission as a basis of settlement. After reading it as a whole & by section the motion it was approved, to go into effect at once, & the Sec. was requested to enter it in the minutes.

(Omitted)

In accordance with Act 1 of this plan, a meeting of the Mission was held, at which after meeting the Scriptures & prayer by Mr. Underwood the difficulties were discussed of this meeting no minute was kept.

J. W. Heron, Sec.

프랭크 F. 엘린우드(미국 북장로교회 해외선교본부 총무)가
호러스 N. 알렌, 호러스 G. 언더우드, 존 W. 헤론(서울)에게 보낸 편지
(1887년 1월 13일)

188(7)년 1월 13일

알렌, 헤론 및 언더우드 씨

친애하는 형제들,

최근 회의에서 해외선교본부는 한국 선교부의 매우 불만족스러운 상태와 관련하여, 최근 귀 선교부를 갈라놓았으며 내 생각에 경사스럽게 시작된 선교부의 존재마저 위협할 것으로 여겨지는 불화에 대하여 토의하도록 일본 선교부에 2명을 한국으로 파견해 줄 것을 요청하기로 결정하였습니다. 이미 이 불화를 해외의 교회 이곳저곳에서 눈치를 채었으며, 우리가 그런 분열과 불화를 감소시키지 않으면 우리 사업에서 교회에 대한 신뢰를 유지할 수 없을 것 같습니다. 선교부의 사업은 세속적인 출판물을 통해 건방진 비평적인 글을 써서 그것을 즐겁게 파괴시키려는 적, 그리고 선교지에서 내몰린 기독교의 모든 흔적을 기쁘게 보고자 하는 무신론자에 의해 모든 방향에서 공격을 받고 있습니다. 이런 상황에서 조만간 선교지에서 널리 알려지게 될 불화는, 모든 것을 파괴하는 마른 부식처럼, 이곳의 전체 교회 및 사회에 알려지기 전에 감소시키는 것이 절대적으로 불가피해 보입니다.

우리는 헵번 박사에게, 만일 그가 여행을 할 수 있다면, 여러분들의 고문 중 한 명이 되어 줄 것을 요청하였습니다. 그렇지 않으면 신중함, 기독교 정신 및 청렴과 공평함에 따라 우리가 아닌 선교부에 의해 두 명이 선택될 것입니다. 그리고 나는 하나님의 은총으로 여러분들이 그들을 환영하고, 모든 개인적 고려를 제쳐두고 선교의 선함에만 집중함으로써 그들 임무의 목적을 기대할 수 있을 것으로 희망한다는 의견을 피력합니다. 여러분들은 누구도 부끄러워하지 않을 기초를 놓는 커다란 기회를 갖고 있습니다. 동시에, 여러분들은 생각하는 것보다 더 용이하게 한국 선교부의 현재뿐 아니라 전체 미래도 밝게 할 수 있습니다.

나는 첫 번째 편지에 대한 답을 아직 받지 못하였으나, 어떤 것은 여러분들이, 어떤 것은 외부 사람들이 보낸 편지를 이곳에서 받아보니 불화가 아직 치유되지 않았음을 알게 되었고, 따라서 선교본부가 이 결정을 취하였습니다.

여러분들의 평화를 파괴하는 불화가 곧 극복되기를 바랍니다.

안녕히 계세요

F. F. 엘린우드

Frank F. Ellinwood (Sec., BFM, PCUSA), Letter to Horace N. Allen, Horace G. Underwood, John W. Heron (Seoul) (Jan. 13th, 1887)

Jan. 13th, 188(7)

Messrs. Allen, Heron, and Underwood

Dear Brethren:

At its last meeting the Board of Foreign Missions, in view of the very unsatisfactory condition of things in the Korea Mission, decided to ask the Japan Missions to sent two men to Korea to confer with you in regard to the difficulties which have of late divided your counsels, and, as it seems to me, have threatened the very existence of a Mission which began so auspiciously. Already inklings of this trouble have gotten abroad here and there in the Church, and it seems hardly possible for us to maintain the confidence of the churches in our work unless we can allay such divisions and difficulties. The work of Missions is assailed on every hand by enemies who would gladly destroy it by pert critics writing through the secular press; and by infidels who would gladly see every vestige of Christianity driven from the mission fields. In these circumstances, it seems indispensable that the difficulties which soon become generally known on the field, should be allayed before they spread over the whole Church and communities here, and like a dry rot, destroy everything.

We have asked that Dr. Hepburn be one of your counsellors, if it is possible for Him to make the journey. Otherwise, two will be selected by the Missions, not by us, selected for their prudence and their Christian spirit, and for their entire disinterestedness and fairness. And you will allow me to express the hope that by the grace of God you will be able to welcome them not only, but even to anticipate the object of their mission by laying aside all personal considerations, and looking only to the good of the mission. You have a grand opportunity to lay foundations where of none can ever be ashamed. At the same time, it is possible for you, more easily than you think, to cast a blight not only over the present but the whole future of the Korea Mission.

I have not yet received replies to the first letters written, but as letters received here, some of them from yourselves and some from outside sources, have shown that the difficulty is not yet healed, this action has been taken by the Board.

Hoping that the difficulties which so disturb your peace may soon be overcome, I remain,

Most fraternally yours,
F. F. Ellinwood

호러스 N. 알렌(서울)이 프랭크 F. 엘린우드(미국 북장로교회 해외선교본부 총무)에게 보낸 편지 (1887년 1월 17일)

한국 서울,
(18)87년 1월 17일

F. F. 엘린우드 박사,
뉴욕 센터 가(街) 23

친애하는 박사님,

이번에는 기쁜 소식 두 가지를 알려드리겠습니다. 첫째, 엘러즈 양이 벙커 목사와 약혼을 하였습니다. 그들은 우리 집에서 결혼식을 올릴 예정이며, 우리가 떠나고 나면 우리 집에 들어와 살 예정입니다. 박사님은 벙커 씨가 정부와의 계약이 완료된 후에 우리 선교부에 들어올 것으로 예상하고 있다는 것을 아마도 아실 것입니다. 저는 그가 우리 선교부 사람들 중 가장 활동적인 사람이 될 것이라고 기대하고 있다는 말씀을 드립니다. 그는 매우 학구적이며, 이미 언어 습득에서 매우 빠른 진전을 보이고 있습니다. 그는 조심스럽고 성급하지 않으며, 철저하게 양심적이며 모든 면에서 건실한 사람입니다. 그는 이곳에서 그 어떤 선교사나 교사들보다 공동체 전체의 더 큰 신뢰와 존경을 받고 있습니다. 새로운 상황에서 박사님은 그에게 특별한 요구를 하실 수 있을 뿐만 아니라, 엘러즈 양도 확보하였습니다. 박사님은 그녀에게 더 나은 사람을 얻어 줄 수 없을 것이며, 최근 우리가 떠날 때 그녀도 떠나기로 결정되었기 때문에 저는 박사님께서 사역을 위해 효과적이고 조화로운 방식으로 그녀를 확보한 것에 대해 축하를 드리고 싶습니다. 저는 벙커 씨와 엘러즈 양이 선두에 서면 이곳에서 우리 사역이 성공적일 것이라고 확신하기 때문에 떠나는 것이 훨씬 더 쉬울 것입니다.

두 번째로 흥미로운 소식은 (아마도) 언더우드 씨가 준비한 제안을 논의하기 위하여 그가 요청한 선교부 회의에 관한 것입니다. 그 제안은 우리의 문제들을 해결하기 위한 것이었습니다. 그는 모든 불만을 언급하고, 설명과 사과가 담긴 기도로 모임을 개회하자고 제안하였습니다. 이것은 또한 현지인 및 외국들과의 관계에 있어 헤론 박사에게 저 자신과 동일한 권리와 권한을 주는 것이었습니다. 회의록 사본을 박사님께 보내 드릴 것입니다. 저는 그 계획에 반대하지 않으며, 모임을 빨리 진행하자고 말하였습니다. 기도가 끝난 후, 알파벳 순서상 제일 앞쪽의 제가 호명되어, 저의 불만 사항을 말하게 되었습니다. 저는 아무것도 없다고 말하였습니다. 그리고 가지고 있던 모든 불만은 지난해와 함께 모두 잊어버렸고, 저의 회계장부에 맹세하였으며, 그것들을 언더우드 씨에게 보여주며 제가 선교부 기금을 횡령하였다는 보고서를 반박하였고, 다음 해에 사역을 내려놓을 것이며, 저는 양심적이고 성실하게 고수해야 한다고 말하였습니다. 그리고 만약 제가 도울 수만 있다면 그들이 더 이상은 저로 인한 문제를 갖지 않을 것이라고 말하였습니다.

이후 헤론 박사는 말하기를 꺼려하였으나 언더우드 씨가 그를 재촉하자 그는 많은 불만을 가지고 있다고 언급하였는데, 가장 큰 불만은 자신이 합당한 존중을 받지 못한다는 것이었습니다.

저는 예를 들어 설명하라고 요청하였습니다. 그는 자신과 병원 일에 대하여 충분히 상의하지 않았다고 말하였으며, 외아문 연회의 일도 주요한 예라고 꼽았습니다. 저는 그에게 그 일에 대하여 두 번이나 설명하였었지만, 저는 그것을 언급하지 않았고, 그렇기 때문에 공개적으로 이 일에 관하여 이야기하게 되어 기뻤습니다. 저는 우리가 병원으로서 어떤 장소를 요청하기로 결정하였고, 외아문 독판에게 쓴 편지를 헤론 박사에게 보여 주고 그의 전적인 동의를 받았다고 생각합니다.[6] 그의 동의를 받고 편지가 저의 손을 벗어난 지 한참이 지난 후, 헤론 박사는 그것을 자신에 대한 부당한 처사의 예로 들었던 것입니다. 우리는 요청한 장소를 확보하지 못하였지만, 제가 모르는 새로운 장소를 제안 받았고 문제의 연회 날에 관리 한 명이 사전 약속 없이 병원에 와서 새로운 장소를 둘러보자며 저를 데리고 갔습니다. 집으로 돌아오자마자 연락을 받고 급하게 서둘러 연회 시간에 도착할 수 있었습니다. 그곳에 있는 동안 한 친구와 병원에 대한 대화를 나누었고, 우리의 전망에 대해 언급하였는데, 나중에 이 사람이 우리의 전망에 대해 헤론 박사에게 축하를 전하였습니다. 바로 여기서 제가 이전에 언급하였던 그 소동이 잇달아 발생하였으며, 이로 인하여 '바보'라는 별명이 나왔습니다.

더 나아가 최근에 병원 일을 통제하지 않으려고 최선을 다하였지만, 요청을 받을 때 조언을 하지 않을 수 없었으며, 그리고 저는 그가 저에게 저 자신

---

6) 다음의 편지로 추정된다. Horace N. Allen (Seoul), Letter to Sang U. Soh (Acting Minister, Department of Foreign Affairs) (Aug. 14th, 1886)

의 조언을 지키라고 강요할 때까지 그를 온전히 신뢰하고 있었다고 말하였습니다. 언더우드 목사는 우리의 지난 어려움들과 관련하여 저의 편을 들어주었으며, 우리는 좋게 헤어졌습니다. 그는 부끄러워하는 것 같았으며, 저는 그렇다고 생각합니다. 이렇게 우리는 편한 관계가 되었는데, 저는 할 수 있는 한 그를 도울 것이며, 만약 박사님이 저를 불러들여 도와주신다면 우리 선교부는 여전히 번영할 것입니다. 만일 저를 이곳에 두려 하시면 저는 문제들의 원인이 될 것이고, 제가 남아 있는 동안 저는 헤론과 공유할 수 없는 주목을 받을 것이며, 감리교회 사람들과 그의 아내는 다시 그를 자극할 것입니다. 저는 이것에 대하여 정직하다고 박사님께 확실히 말씀드립니다. 박사님께서 이곳의 힘의 균형을 유지하고, 저를 이곳에 있게 하여 ＿＿＿하는 것 이외에 아무것도 얻지 못하는 것보다 저의 성공으로 인한 이익을 그들이 거두게 하는 것이 더 나을 것입니다. 만일 박사님이 후자를 고집하신다면 선교부는 실패할 것입니다. (하지만 제가 묵인한다고 그것이 가능하다고 생각하지 않습니다.) 만약 제가 그 일에 필요하다고 생각하시면, 제가 집으로 돌아가서 외과(外科)의 과정을 밟게 해 주십시오. (지금 제가 볼 때) 저는 기꺼이 돌아갈 것이며, 헤론 박사의 보조 위치나 혹은 더 좋게는 새로운 지부를, 아마도 평양에 개설을 할 것입니다.

데니 판사는 중국 공사(데니는 그 사람을 파렴치한 악당이라고 공개적으로 비난합니다.)와 외아문에 포크 씨에 대한 중상모략적인 글을 보내어 그에게 배신적으로 행동하였다는 것이 증명되었습니다. 후자는 무례한 편지를 미국 임시 대리대사에게 보내어 두 나라간의 외교적 문제가 되었으며, 포크는 이 편지를 받는 우편선으로 떠나게 되었습니다. 그는 일본을 들를 것입니다. 슈펠트 제독도 곧 떠나게 됩니다. 왕과 정부 모두는 이 일 때문에 혼란스럽게 되었으며, 최선을 다해 데니와 중국 공사 양쪽에서 벗어나려고 하고 있지만 중국이 그들을 지원하고 있기 때문에 이것은 힘든 일입니다.

러시아와 중국이 한국을 보호하기 위하여 맺은 조약은 이곳 총영사의 폭로로 드러났는데, 지난 8월의 사건이 중국을 도구로 이용한 영국에 의해 일어났음을 보여줍니다. 물론 중국은 화가 났으며, 거문도(조선)를 중국에 양도할 것을 요구하였습니다. 영국은 묵인하였고 중국은 조선에 자국 포함(砲艦)을 빌려 주어 거문도를 순찰하도록 하였는데, 이것은 중국이 일본 옆에 해군 기지를 확보하였다는 것을 의미합니다. 일본은 매우 분노하고 있으며, 유럽에 있는 군사 사절단을 소환하였고, 적절한 곳에 군대를 배치시켜 놓아 중국과의 전쟁을 준비하고 있습니다.

보다 중요한 사건들이 일어나면 추신을 덧붙이도록 하겠습니다.

안녕히 계십시오.
H. N. 알렌

Horace N. Allen (Seoul),
Letter to Frank F. Ellinwood (Sec., BFM, PCUSA) (Jan. 17th, 1887)

Seoul, Korea,
Jan. 17, (18)87

Dr. F. F. Ellinwood,
23 Centre St., New York

My dear Doctor,

I have two pleasant things to tell you this time. First, Miss Ellers is engaged to be married Rev. Mr. Bunker. They will be married in our house which they will expect to occupy on our departure. You perhaps know that Mr. Bunker expects to enter our Mission after the completion of his Govn't contract. In regard to him, I must say that he promises to be by far the strongest man of the Mission forces. He is very studious and is already making rapid strides toward mastering of the language. He is careful, not impetuous, thoroughly conscientious and in every sense a solid man. He has won the confidence and respect of the whole community here to a greater extent than any of the missionary or educational force. By this new arrangement you not only have an extra claim upon him, but you secure Miss Ellers, than whom you could not get a better one, and as she has latterly been determined to leave when we do. I congratulate you upon securing her for the work in this effectual and harmonious manner. I shall feel much easier in leaving, as I will be assured that with Mr. Bunker and Miss Ellers at the head, our work here will be bound to be successful.

The second item of interest is in regard to a Mission Meeting called by Mr. Underwood to consider a proposition prepared by himself (presumably). The proposition was intended to give us a plan of settling our difficulties. He proposed a meeting to be opened with prayer at which all grievances were to be stated and explanations and apologies given. It also provided for giving Dr. Heron equal rights and powers with myself in our relations with the natives and foreigners. A copy will be sent to you. I stated that I had no objections to the plan and proposed a speedy meeting when it was held. After prayer, I was called on, as being first alphabetically, to state my grievances. I stated that I had none. That I had laid them all aside with the old year and had sworn to my books and shown them to Mr. Underwood in contradiction of reports that had gone out to the effect that I had been misappropriating Mission funds, that I had laid down a course for the ensuing year, that I should conscientiously and unswervingly adhere to. And that they would have no more trouble from me if I could help it.

After this Dr. Heron was reluctant to proceed, but Mr. Underwood urged him and he stated that he had many grievances, chief of which were that he had not been treated with due respect.

I asked for an instance in order to explain. [He] said that he was not consulted sufficiently in regard to the affairs of the hospital and mentioned the affair of the Foreign Office dinner as the chief instance. Although I had twice explained that to him, I did not state it, as I was glad to explain thus publicly. I think now we had decided to ask for a certain place as a hospital that I had written a letter to the Foreign Minister which I showed to Dr. H. and obtained his full and free consent to it. He has handing it in. That long after it had gone out of my hands with his consent, Dr. H. had brought it up as an instance of my injustice to him; that we failed in obtaining the place asked for but that a new place, unknown to me, was proposed and that on the day of the dinner in question, an officer had called at the hospital without previous appointment to take me to see the new place, that I on my return home was at once called out and out managed by great haste to get to the dinner in time; that while there I had, in conversation with a friend concerning the hospital, mentioned our prospects, that later, this man congratulated Dr. H. on these prospects whereupon ensued the scene I before mentioned, which resulted in the epithet of "ass" being so liberally bestowed.

I further stated that I had fully endeavored of late not to control hospital affairs but that I couldn't help giving advice when asked, that I had confided in him fully till he forced me to keep my own counsel. Mr. U. then took my side concerning some of our past difficulties, and we parted on good terms. He seems ashamed and I think he is. As it is we are placed on easy terms, I shall help him all I can and if you will help me by withdrawing me, and our Mission will still be prosperous. If you insist on keeping me, I will be bound to be the cause of trouble, for as sure as I remain, I will receive some attention which I cannot share with Heron and the Methodists and his wife will again stir him up. I assure you I am honestly in earnest about this. You had far better keep the balance of the force here and have them reap the benefit of my success with their own, rather than keep me here and have nothing but disev___. If you persist in the latter course, the Mission will fail. (I don't expect to allow it, however, by my acquiescence.) If you think I am necessary to the work and will let me come home and take the course in surgery I spoke of, I will be willing (so far as I now see) to return and either take the position of assistant to Dr. Heron, or, better still, open a new station, perhaps at Ping Yang.

It has been found that Judge Denny has acted traitorously to Mr. Foulk in sending marked ___ of a libelous article on him to the Chinese Minister (a man whom Denny publicly denounces as an unscrupulous villain) and the Foreign Office. The latter sent a scurrilous letter to the U. S. Charge which has made the matter a diplomatic affair between the two nations and Foulk leaves by the mail which takes this. He will stop in Japan. Admiral Shufeldt also leaves soon. The King and the whole Govn't are all broken up over the affair and are doing their best to rid themselves of both Denny and the Chinese Minister, but as China is backing them it is a hard task.

The compact between Russia & China for the protection of Korea was brought about by the expose of H. M. Consul General here, by an underling, showing that the affair of last Aug. was brought about by England who used China as a tool. China, of course, is angry and demanded the c__sion of Port Hamilton (Korean) to China. England acquiesced and China has loaned Korea their gunboats to patrol

Port Hamilton, which really means that China has acquired a naval depot alongside Japan. Japan is very angry - she has recalled her military embassy from Europe, stationed troops at proper places and is preparing for war with China.

I will add a postscript if more important events transpire.

Yours very sincerely,

H. N. Allen

호러스 N. 알렌(서울)이 메릴 왓슨(미주리 주 세인트루이스)에게
보낸 편지 (1887년 1월 17일)

한국 서울,
1887년 1월 17일

메릴 왓슨 님,
　*Age of Steel*의 편집장, 미주리 주 세인트루이스

친애하는 메릴 씨,

　귀하께서는 나로부터 소식을 듣고, 특히 나의 관심사를 드러내었을 때 틀림없이 놀랄 것입니다. 나는 귀하의 사업 분야에 해당하는 것으로 생각되는 일부 발명품에 관한 몇 가지 그림과 설명을 보내드립니다. 만일 귀하께서 가치가 있고 특허를 받을 수 있다고 생각하시면 특허를 받으십시오. 신청서의 문구를 변경해야 할 수도 있습니다. 또한 적절한 도면을 만들어야 할 수도 있습니다. 제가 할 수 있는 게 없지 않다면 필요하다고 생각되는 것은 기꺼이 변경하겠습니다. 저는 특허 비용을 지불하고, 귀하께서 시장에 내놓고 특허를 처분하면 비용을 지불하겠습니다. 저는 수익의 25%를 귀하께 드릴 것입니다. 제가 시도한 것처럼 신호기 사업은 하나의 신청서에 모두 포함될 수 있다고 생각합니다.

　저의 희망은 특별히 이것에 집중되어 있지 않습니다. 그것은 의자에 앉아 맨손으로 하는 수많은 따분한 놀이 기구의 산물입니다. 저는 저를 번영하는 병원의 책임자로 만들고, ___ 은둔적인 왕의 주치의이자 사적인 친구가 되게 하였으며, 2번째 높은 양반으로 끌어 올린 직업에 매우 만족해하고 있습니다. 그러나 자금이 부족하기 때문에 저는 동봉한 고안이 성공하는 것을 보고 싶습니다. 제 아내는 귀하 부부께 그녀의 바람을 전합니다.

　안녕히 계세요.
　H. N. 알렌

Horace N. Allen (Seoul),
Letter to Merrill Watson (St. Louis, Mo.) (Jan. 17th, 1887)

Seoul, Korea, Jan. 17, 1887

Merrill Watson Esq.,
    Ed' "Age of Still", St. Louis, MO.

My dear Merrill,

You will doubtless be surprised at hearing from me and especially when I disclose my business. I send you some drawings and explanations concerning some inventions which I believe come in your line of business. If you consider them worthy and patentable please get them patented. It may be necessary to change the wording of the applications. It may also be necessary to have proper drawings made. I am willing to have them changed where you think it necessary so long as it is not changed out of my hands. I will pay you the cost of patenting and if you put it in the market and dispose of the patents. I will give you 25% of the profits. I think the switch business may all be included under one application as I have attempted.

My hopes are not especially centered on this. It is the product of a lot of dreary rides in chair and as bareback. I am quite satisfied in my profession which has placed me at the head of a flourishing hospital, made me the physician and private friend of a ___ seclusive King, and raised me to the 2nd rank of nobility. Yet as funds are scarce I would like to see the ideas I endorse successful. My wife writes in her wishes to your wife and yourself.

Yours very truly,
H. N. Allen

호러스 N. 알렌(서울), [특허 신청서 1] (1887년 1월 18일)

지렛대 계통이 개폐기의 열림에 의하여 편향되어 기관차의 부착물에 의해 강제로 위치가 고정됨으로써 철로를 연결시키거나 개폐기를 닫게 되는 철도 개폐기를 위한 부착 장치의 원리에 대한 특허를 신청합니다.

그것은 또한 첨부된 그림 I~X에 표시된 수정 사항을 포함하기 위한 것이며, 그것은 접근하는 기관차로부터 개폐기를 열고 닫을 뿐 아니라, 본선(本線)을 연결시키거나 개폐기 뒤에서 접근하는 기차를 위하여 본선과 측선(側線)을 연결합니다. 그것은 또한 동봉된 계획을 수정하면 작동하는 개폐기는 기차를 끊을 수 있습니다.

그것의 장점은 값이 싸고 쉽게 구축할 수 있으며, 기존 개폐기에 적용시킬 수 있는 점인데, 원하는 바에 따라 여전히 손으로 작동하거나 하지 않을 수 있습니다. 그것은 또한 구조가 매우 단순하며, 파손되거나 고장 날 염려가 거의 없습니다. 마지막으로 탈선하거나 열린 개폐기로 들어가 사고가 나는 것은 현실적으로 불가능합니다.

한국 서울, (18)87년 1월 18일
미합중국 의학박사 H. N. 알렌

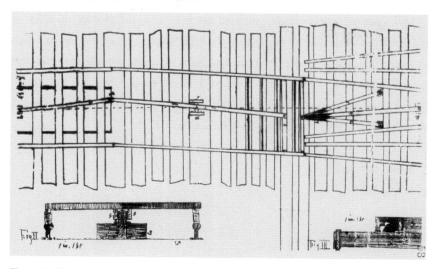

Fig. I, II, III.

그림 I은 개폐기가 닫혀 있는 지를 확인하기 위하여 기존 개폐기에 적용되는 안전장치의 작동을 보여주도록 설계되었다.

그림 I은 강한 철제 봉인데, 일반적인 철로가 해답일 것이다. 그것은 3번에서 이동식 철로를 연결하는 가로대와 경첩식으로 선회한다. 그것은 또한 II에서 중앙으로 선회하며 철로의 보선구(保線區)에 의해 측면으로 지지된다. 8번에서 끝은 반대쪽 끝이 오른쪽으로 이동하는 만큼 왼쪽으로 이동하고, 그 반대도 마찬가지이다. 1번은 매듭을 움직이며, 철로보다 높을 필요는 없다. 8번에서 그것은 철로보다 높이가 2배이어서 고정 철로에 도달하지 않는 기관차 부착물과 맞물리도록 2번으로 끼워진다. 2번은 기저가 넓고 견고하게 만들거나 혹은 도면과 같이 적절한 높이로 융기된 매듭에서 활주하는 일반 강철 철로일 수 있다. 4번, 5번 및 6번은 2번에 해당하며, 그림 III에서 보인 것처럼 7번에서 잘린다.

본선이 연결되면 1번, 2번 및 4번이 점선 위치에 있게 된다. 개폐기가 열리면 2번 혹은 4번이 양쪽을 따라 이동하는 기관차에서 클로그에 의해 점선 위치로 이동될 것이며, 기관차는 아직 본선에 있다. 5와 6번은 측선을 접근하는 열차의 본선과 연결하는 역할을 한다.

그림 II는 융기된 매듭 3번, 융기된 철로 2번, 연결 철로 1번 그리고 클로그 4번을 보여준다. 단면은 1번에서의 돌출이 2번의 오목한 끝에 맞는 1번과 2번의 끝을 자른 것이다. 클로그는 뒤에서 기관차 뼈대 위에 놓을 수도 있고, 기관차가 전환될 때 올려 질 수 있다.

H. N. 알렌

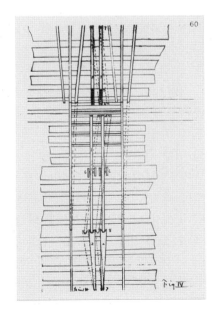

Fig. IV.

그림 IV는 본선에서 접근하는 기관차에서 양쪽으로 개폐기를 여는 장치가 추가된 일반 개폐기용 안전 부착물을 보여주기 위한 것이다. 번호들은 그림 I에서와 같이 연결대를 나타낸다. 2번들은 그림 I의 경우(1번과

2번이 8번에서)에서와 같이 8번에서 1번과 연결된다. 2번은 단단하고 일반적인 매듭 위에서 미끄러지거나 절반 깊이로 매듭의 융기된 부분에서 미끄러질 수 있다. 개폐기가 양쪽에서 연결되면 5번에서 1번의 편향이 8번에서 2번으로 전달된다. 그림 IX의 1번 블록은 2번과 2번 사이를 지날 것이며, 본선을 연결한다. 3번과 3번 사이에서도 마찬가지이다.

그림 IX에서 1번을 올리고 2번 또는 3번을 내리면, 그림 IV의 2번 중 하나는 안쪽으로 통과할 수 있고 본선은 임의의 측선과 연결될 수 있다. 이러한 이유로 2번과 2번은 측선 또는 본선과 연결하기 위하여 철로를 이동해야 하는 공간과 마찬가지로 8번에서 폭이 넓은 원추형으로 만들어진다.

3번과 3번은 기관차가 양쪽으로 지날 때 기관차의 클로그에 의해 방해받지 않도록 9번에서 절단된다.

그림 IX의 클로그 1을 계속 아래쪽으로 유지하면, 전환할 때를 제외하고 본선 위의 기차는 측선을 따라 달리거나 개폐기가 열린 상태에서 달리는 것을 방지할 수 있다.

H. N. 알렌

그림 V는 화살표 방향으로 접근하는 열차의 본선 또는 측선과 본선의 연결을 확실하게 하기 위한 장치를 나타낸다.

1번, 2번, 21번 및 3번은 각각 철로에서 분리된 부분이다. 그것들은 철로 두께의 약 ⅓이어야 하며, 철로의 전체 길이를 확장할 수 있다. 도면에서는 철로 길이의 절반만큼 연장되며 더 큰 강성을 원하는 경우 열린 끝에서 더 적은 유격으로 더 짧을 수 있다. 그림 VI과 VII에서와 같이 이 가동부는 기저부가 넓게 만들어져 있으며, 본선의 슬롯에서 분리에 작용하는 버팀대에 의해 회전하지

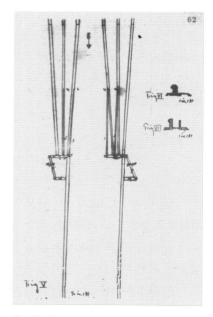

Fig. V, VI, VII.

않는다.

본선이 연결되면 2번과 21번은 철로에 반대되는 반면 1번은 그림에 표시된 거리의 절반 밖에 있고 3번은 같은 거리에 있다. 그림 V에서 본선은 오른쪽 측선과 연결되어 있다. 그런 다음 열차가 1번과 2번에 접근하면 바퀴의 볼록한 테두리가 적절한 철로에 가깝게 철로의 부분을 운반한다. 2번은 8번을 강제로 바깥쪽으로 밀어낼 것이다. 9번은 11번에서 피벗에 의하여 작동될 것이다. 10번은 강제로 들어가게 된다. 이 경우 8번은 본선을 연결하기에 충분히 멀리 10번을 밀어낼 것이다. 그러나 1번의 경우, 8번은 두 배 더 멀리 빠져나가고, 10번은 철로가 왼쪽 측면과 연결되게 된다. 이것들은 4번에서 경첩이 되어야 한다.

5번, 6번 및 51번, 61번은 본선을 연결하기 위하여 움직일 때 2번과 21번이 정지 상태를 유지하도록 허용함을 알 수 있다. 하지만 이 움직임은 5번 또는 51번에 대하여 6번 또는 61번을 가져올 것이며, 그래서 측선과 연결하기 위한 추가 움직임은 2번 또는 21번을 바깥쪽으로 움직이게 할 것이다.

측선이 연결되었을 때 이동식 철로가 삽입되어 열차가 전환되는 것을 방해하지 않는다.

H. N. 알렌

그림 VIII은 그림 IV에서 보인 것과 같이 본선과 관련하여 그림 V에서 설명한 배열의 작동을 보여주기 위한 것이다.

그림에서 본선은 연결된 것으로 표시되며, 2번 혹은 21번은 'in' 상태에 있고, 1과 3번은 모두 반 정도 'out' 상태에 있다. 클로그 2번이나 3번을 넘어뜨리면 2번이나 21번이 강제로 들어가고 10번이나 101번이 강제로 나온다. 2번이나 21번(broken rail)이 나서고, 1번과 3번 중에서 하나는 'in' 다른 것은 'out'의 상태에 있게

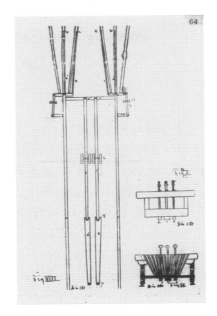

Fig. VIII, IX, X.

될 것이며, 철로는 가동부가 들어간 측선과 연결될 것이다. 1번과 3번에서 하나는 'in'이, 다른 것은 완전히 'out'이 될 것이며, 철로는 'in' 상태의 가동부에 의해 측선과 연결될 것이다.

그림 IX와 X는 기관차 부착물을 대략적으로 보여준다. 클로그는 그림 IX에서와 같이 배장기(排障器)[7] 위에 있거나 그림 X에서와 같이 기관차 틀에 있으며, 그것들은 기관차 앞의 단(壇)에서 이동하거나 크랭크와 적절한 연결을 통하여 그것들이 기관사실에서 이동할 수 있다.

탄수차(炭水車)와 각 객차의 양단에 유사하게 배치를 함으로써 전체 열차에 작동하는 개폐기를 만들 수 있고, 객차의 한 쪽 끝은 개폐기를 열고, 다음 객차의 앞쪽 끝은 그것을 닫는 방식으로 전체 객차를 설정할 수 있다.

이 후자의 목적을 위하여 1번, 2번, 21번 및 3번을 단축시켜 개폐기를 이동하기 전에 차량이 분할된 철로에서 벗어나도록 하는 것이 좋으며, 이 경우 피벗 II는 1번, 2번, 21번 및 3번의 끝 부분에 덜 움직이도록 나아가게 할 수 있다.

H. N. 알렌

Horace N. Allen (Seoul), [Application for Patent 1] (Jan. 18th, 1887)

A patent is applied for on the principle of an attachment for rail road switches whereby a system of levers is to be so deflected by the opening of the switch that they will be engaged by an attachment upon the engine and forced into position, thus connecting the tracks or closing the switch.

It is also intended to include the modifications shown in Fig I-X of the accompanying diagrams, and which provide for the opening of the switch as well as the closing of it from the engine of the approaching train, as well as the connecting of the main track or the main track and a siding for a train

---

7) 장애물을 제거하기 위하여 기관차 앞에 설치한 기구를 말한다.

approaching behind the switch. It also provided for the modification of the enclosed plans, so that a running switch may be made breaking up the train.

Its advantages are that it is cheap, easily built and applied to the existing switches which may be still worked by hand or not as desired. It also is of very simple construction and not liable to break or get out of order. Lastly, it renders accident by running off or into an open switch practicably impossible.

Seoul, Korea, Jan., 18/ 87
H. N. Allen, M. D.
of the
United States of America

Fig. I Is designed to show the working of a safety arrangement intended to be applied to existing switches for the purpose of insuring their being closed.

No 1 Is a strong steel bar, an ordinary steel rail will answer. It is pivoted at 3 to cross bar connecting the moveable rails. It [sic] it is also pivoted centrally at II and supported latterally [sic] by sections of rails. The end at 8 will then move as far to the left as the oppositite [sic] end does toward the right, and vice versa. 1 moves on the ties and need be no higher than the rails; at 8 it is slotted to 2 which is twice the height of the rails so as to engage the locomotive attachments, which should not reach to the stationary rails. 2 may be made solid with a broad base, or it may be an ordinary steel rail sliding on the ties raising it to the proper height, as in the drawing. Nos 4, 5 & 6 correspond to 2 and are cut away at 7 as shown in Fig III.

When the main track is connected 1, 2 & 4 will be in the position of the dotted lines. When the switch is open 2 or 4 will be moved to the position of the dotted lines by the clogs on the engine travelling along either side, while the engine is still on the main track. Nos 5 & 6 serve to connect the sidings with the main track for a train approaching upon them.

Fig. II shows the ellevated [sic] tie 3, the ellevated [sic] rail 2, the connecting rail 1 and the clogs 4. The cross section cuts through the end of 1 & 2 where the projection from 1 sets in the concave end of 2. The clogs may be placed back upon the engine frame and be wound up when the engine is to be switched.

H. N. Allen

Fig IV Is intended to show a safety attachment for ordinary switches, with the addition of an arrangement for opening the switch to either siding from the engine, approaching on the main track. Nos are connecting bars as in Fig I. Nos 2 are connected with 1 at 8 as in case of Fig I (Nos 1 & 2 at 8). 2 may be solid and slide upon the ordinary ties or be of half depth and slide on ellevated [sic] sections of ties. When the switch is connected to either siding, the deflection of 1 at 5 is communicated to 2 at 8. A block, No 1, Fig IX, will then pass between 2 & 2, and connect the main track. The same will happen with 3 & 3.

By elevating 1 Fig IX and depressing either 2 or 3 (IX); either 2 of Fig IV may be passed inwardly and the main track connected with either siding at will. For this reason 2.2 are made conical with as great a breadth at 8 as is the space over which the track must be moved to connect with either siding or the main.

Nos 3 & 3 are cut down at 9 so that the clogs in the locomotive my not be interfered with when the engine is passing to either siding.

By leaving clog 1 of Fig IX continuously down, except when switching, trains upon the main track will be insured against running upon a siding or running off an open switch.

H. N. Allen

Fig V illustrates a device for insuring the connection of the main track with either the main track or a siding for a train approaching in the direction of the arrow.

Nos 1, 2, 21, & 3 are detached portions of their respective rails. They should be about one third of the rails thickness, and may extend the whole length of the rail. In the drawing they extend for one half the rails length and if greater stiffness is desired they may be shorter with less play at the open ends. As in Fig

VI & VII, these movable sections are made with wide bases and kept from turning by braces working in slots in the main rail and detachment.

When the main track if connected, 2 & 21 will be against their rails while 1 will be out half the distance shown in the drawing and 3 will be out the same. In Fig V the main track is connected with the right siding. If then the train approaches upon 1 & 2 the flange of the wheel will carry the sectional rails close to the rail proper. 2 will then force 8 outwardly. 9 will be acted upon and by means of the pivot at 11. 10 will be forced in. In this case 8 will have just sufficient play to force 10 in far enough to connect the main track. But in the case of 1, 8 would pass out twice as far and 10 would be thrown in so that the track would connect with the left siding. These should be hinged at 4.

It will be seen that 5, 6, & 51, 61 allow 2 & 21 to remain stationary when a movement is made to connect the main track. This movement however will bring either 6 or 61 up against 5 or 51 so that further movement to connect with a siding will throw 2 or 21 out.

When a siding is connected its movable rail will be in, so that it will not interfere with a train being switched.

H. N. Allen

Fig VIII is designed to show the working of the arrangement described with Fig V in connection with that for the main track, as shown in Fig IV.

In the drawing the main track is shown connected, and 2 or 21 are in, while both 1 & 3 are half out. By throwing down either clog 2 or 3, 2 or 21 will be forced in, 10 or 101 will be forced out. 2 or 21 (broken rail) will be set out; as for 1 & 3, one will be in, the other will be out to the full, and the track will be connected with the siding the movable section of which is in.

Fig IX & X roughly illustrate the engine attachment. The clogs may be upon the cow catcher as in IX, or upon the engine frame as in X, and they may be moved from the platform in front of the engine, or by means of cranks and proper connection, they may be moved from the cab.

By placing a similar arrangement upon the tender and each end of each car, a running switch may be made of the whole train, setting one end of a car to open the switch, the forward end of the following car to close it, and so on through the whole train.

For this latter purpose it would be better to shorten 1, 2, 21 & 3 so as to insure the cars being off the divided rail before the switch is moved, in this case the pivot II could be advanced so as to give less play to the ends of 1, 2, 21 & 3.

H. N. Allen

호러스 N. 알렌(서울), [특허 신청서 2] (1887년 1월 18일)

객차 클로그의 덜컹거림에 의해 발생되는 동력을 공기를 응축하여 적절한 실린더에 저장하는 원리에 대한 특허를 출원합니다. 압축 공기로 표시되는 이러한 힘은 차량의 시동, 주행 및 정지에 사용되는 적절한 실린더 및 기구에 의하여 분배 준비가 됩니다.

한국 서울, (18)87년 1월 18일
미합중국의 H. N. 알렌, 의학박사

Fig. A.

그림 A는 열차의 충격으로 인하여 일반적으로 손실되는 힘을 저장하는 일반적인 방법을 보여준다. 1번은 3에서 열차의 바닥에 연결되어 실린더 2에서 피스톤을 작동시키는 피스톤 바인데, 그것에 의하여 공기가 압축되고 그 밀도가 저장소의 공기보다 높아지면서 밸브가 안쪽으로 열리며, 강제로 열리고 공기가 저장소로 전달되는데 그것은 도면에 표시되어 있지 않다. 이 저장소는 원하는 크기이거나 여러 개일 수 있다.

공기는 안쪽으로 열리는 피스톤의 밸브에 의하여 2로 유입된다.

15에서 저장소는 공기실 9와 연결되어 있다. 16이 안쪽으로 눌리면 밸브 15는 실린더 4의 일부분을 피스톤 앞에서 바깥쪽으로 열고, 밸브 14는 아래로 이동하여 외부로의 출구를 차단하며 피스톤 뒤의 공간을 압축 공기로 열게 된다. 그런 다음 5는 밀려 6에 있는 톱니가 열차 차축의 톱니바퀴와 맞물려 열차를 시동하는 역할을 한다. 4의 피스톤이 밸브 13에 도달하면서 구멍 12로 밀리며 출구를 차단하고 피스톤 앞에서 압축 공기를 유입시킨다. 동시에 14를 뒤로 이동시켜 더 압축된 공기의 입구를 폐쇄하고 11을 통하여 피스톤 뒤의 공기가 빠져나갈 수 있도록 한다. 5와 6은 더 많은 작업을 위하여 원래의 상태로 돌아가야 할 것이다.

실린더 2와 4는 열차의 추락을 잡고 6을 적절한 위치에 고정하기 위하여 바퀴에서 지지되어야 한다. 저장소는 유연한 연결로 편리한 곳에 위치할 수 있다.

지렛대 16은 열차의 측면 혹은 상단에서 수동으로 작동하거나 공기 브레이크 장치와 연결된 관 속에서 팬 17을 움직일 수 있다. 관을 통한 공기의 통과는 16을 원래 위치로 가게하며 전체 기차의 실린더들을 작동하게 한다. 그림 6, 관 속에서 공기 브레이크 장치와 연결된다. 따라서 기차가 즉시 출발할 수 있거나 반대쪽 끝의 실린더를 위한 별도의 관이 있는 기차 양쪽 끝에 장치를 두어 시작할 수 있다. 6은 7에 브레이크로 작용하게 할 수 있다.

실린더 4의 작동을 반복함으로써 열차는 자체의 동력으로 야드를 움직일 수 있다.

그림 3과 6, 20은 미끄럼 밸브이다.

H. N. 알렌

Horace N. Allen (Seoul), [Application for Patent 2] (Jan. 18th, 1887)

A patent is applied for on the principle of storing up the power produced by the jolting of a car clog means of appropriate cylinders for condensing air and storing it up. Such power, as represented by the condensed air, is then ready to be distributed by proper cylinders and appliances to be used for the starting, running and stopping of the car.

Seoul, Korea, Jan., 18/87

H. N. Allen, M. D.

of the

United States of America

Fig A illustrates a common method of storing up the power commonly lost in the jolting of a car. No. 1 is a piston bar connected with the car base at 3, and working a piston in the cylinder 2, by which means air is compressed and as its density becomes greater than that of the air in the reservoir, a valve opening inwardly, is forced open and the air passes into the reservoir; which is not shown in the drawing. This reservoir may be of any desired size, or there may be several.

Air is admitted into 2 by means of a valve in the piston opening inwardly.

At 15 the reservoir is connected with the air chamber 9. When 16 is pressed inwardly valve 15 opens the part of cylinder 4, in front of piston to the outside, while valve 14 moves down and cuts of the exit to the outside while it opens the space behind the piston to the compressed air. 5 is then forced out and the teeth on 6 engage with the cogged wheel on the car's axle, serving to start the car. As the piston of 4 reaches valve 13, it is forced into the aperture 12, cutting off the exit and admitting compressed air in front of the piston; at the same time that it moves 14 back so as to close entrance of more compressed air and allow of escape of the air behind the piston through 11. 5 & 6 will thus be forced home ready for more work.

Cylinders 2 & 4 must be supported from the wheels in order to catch the fall of the car, and to keep 6 in proper position. The reservoir may be at any convenient place, with flexible connections.

Lever 16 may be worked by hand from the side or top of the car, or it may carry a fan 17. Fig 6, within a tube connected with the air brake aparatus[sic]. The passage of air through the tube would force 16 home and set the cylinders of the whole train in action. The train could thus be started at once, or by having the aparatus [sic] at each end of the train with separate tubes for the cylinders of oposite [sic] ends. 6 could be made to act upon 7 as a brake.

By repeating the working of cylinder 4, a car could be moved about the yard by its own power.

Fig 3 & 6, 20 is a slide valve.

H. N. Allen

호러스 N. 알렌(서울)이
[알프레드 B.] 스트리플링에게 보낸 편지 (1887년 1월 24일)

서울,
(18)87년 1월 24일

친애하는 스트리플링 씨,

큰 진주 2개와 작은 진주 43개가 들어 있는 작은 봉투 하나를 금반지와 함께 보내드립니다. 반지를 킹 목록 479쪽의 제264호 용 모양으로 만들되, 눈은 큰 것으로, 척추와 치아는 작은 것으로 만들어 주세요.

다른 봉투로 보내는 34개의 큰 크기의 작은 진주로 팔찌 모양으로 작업하는 용의 눈과 척추로 만들어 주시되 단지 큰 하나의 고리만 이루도록 해주세요. 너무 비싸지 않다면 늑골을 표시하도록 약간의 색상 작업을 할 수 있으며, 그렇지 않으면 약간의 조각이 답일 것입니다. 팔찌의 용의 치아는 신경 쓰지 마세요.

봉투에 동봉된 도안처럼 브로치를 만들기 위한 6개의 큰 진주와 22개의 작은 진주도 보내드립니다.

귀하께 이 모든 일에 많은 관심을 가져 줄 것을 부탁합니다. 나는 단지 그 일에 대한 귀하의 잘 알려진 친절을 이용하고자 합니다.

나는 부자가 아니므로 가능한 한 합리적으로 일을 처리하고 싶기 때문에 귀하의 친구에게 가능한 한 경제적으로 약간의 변경과 제안을 하도록 요청할 것이라고 덧붙이고 싶습니다.

나는 그것들이 안전하게 귀하께 도착할 수 있도록 봉인된 상태로 보내며, 이 문제로 귀하께 너무 많은 수고를 끼치지 않기를 바랍니다.

안부를 전합니다.

안녕히 계세요.
H. N. 알렌

Horace N. Allen (Seoul),
Letter to [Alfred B.] Stripling (Jan. 24th, 1887)

Seoul,

Jan. 24/ 87

My dear Mr. Stripling: -

I send you one small cover containing 2 large and 43 small pearls together with a gold ring. I would like to have the ring made into the dragon shape of No. 264, p. 479, King Catalogue, with the large pearls for eyes and the small ones for vertebra and teeth.

In another cover I send 34 large sized small pearls to be set as eyes and vertebra on a dragon worked into the shape of a bracelet, like the ring only larger of course and of but one coil. If not too expensive a little color could be worked in as ribs otherwise a little carving will answer. Never mind teeth on the bracelet dragon.

I also send six large sized pearls and twenty two small ones to be worked into a brooch like the pattern enclosed in the cover with the pearls.

It is asking a great deal of you to attend to all of this. I simply impose on your noted kindness in the matter.

I simply wish to add that as I am not rich I would like to get the things done as reasonably as possible, will therefore ask your friend to make such slight changes and suggestions as economy may demand.

I send them sealed that they may reach you safely and hope I am not giving you too much trouble in the matter.

With kind regards.

Yours truly,

H. N. Allen

존 W. 헤론(서울)이 프랭크 F. 엘린우드(미국 북장로교회 해외선교본부 총무)에게 보낸 편지 (1887년 1월 24일)

(중략)

말씀드렸듯이 이것은 제가 겪었던 어려움에서 벗어나게 해주며, 만약 박사님께서 이 계획에 대해 저를 옹호해 주시고 알렌 박사가 마음의 문을 열고 솔직해 진다면, 제가 이곳에서 일하지 못할 이유가 없습니다.

(중략)

이 계획의 C에서 알 수 있듯이, 저는 앞으로 이 선교부에서 의료 목적으로 자금을 사용하는 데에도 목소리를 내야 합니다. 저는 박사님께 기금이 충실하게 사용되지 않았다고 믿고 있으며, 이제 전적으로 박사님과 함께 떠나고, 이후부터는 기금 지출에 대한 저의 견해를 매달 이곳에서 언급할 수 있기를 희망한다고 말하면서 불쾌한 의무를 다하였습니다.

박사님은 우리 모두가 관심 있는 일에 동등한 권리를 가져야 할 필요가 없다는 언더우드 씨의 요청에 저는 아무런 요청도 하지 않았다는 것을 작성된 그 계획에서 아실 것입니다. 제 생각에 박사님은 우리들의 사직서에 나와 있는 불만을 그 계획을 통해 모두 아실 수 있을 것이라고 생각합니다. 제가 뉴욕을 떠날 때 단순히 알렌 박사의 조수라고 말씀해 주셨다면 저의 위치를 이해했어야만 했을 것이지만, 저는 알렌 박사의 동료로서 업무에서 함께 의견을 나누며, 선교사로서 동등한 위치에 있다고 생각하고 이곳에 왔던 것입니다. 저는 제가 선교부 기금의 사용에 대하여 발언권이 없으며, 제 편지가 잘못 배달되었거나 그것들이 대답할 가치가 없다고 박사님이 생각하셨을 수도 있다고 여러 번 말씀드렸습니다. 그 정도로 박사님은 이 선교부가 직면한 문제에 대하여 부분적으로 책임이 있습니다. 게다가 몇 달 동안 알렌 박사는 이곳 문제들에 대한 현황을 박사님께 말씀드렸다고 말하였습니다. 박사님은 한쪽의 말만 들으셨으며, 제가 판단하는 한 박사님은 다른 쪽의 이야기를 요청하지도 않고 그것이 옳다고 결론지으셨습니다. 박사님께서 편견을 가지셨다는 것은 박사님의 편지가 분명하게 보여주고 있지만, 이전 편지에서 박사님께 충분히 답해 드렸듯이 그냥 내버려 둘 것입니다.

제1항에 표시된 목적으로 소집된 회의에서 알렌 박사는 자신이 언급하거

나 설명할 것이 없다고 말하였으며, 상당히 압박을 가한 후에야 그는 우리가 했던 말을 알렌 의사가 이해하였는지에 대해 언더우드 씨나 제가 말하지 않았다는 것을 알게 되었다고 말하였습니다. 그때 제가 말했던 불만들은 저에게 만족스럽게 설명되지 않았습니다. 저는 어떤 대가를 치르더라도 가능한 한 화합을 원하였기 때문에 그것들을 받아들였습니다. 언더우드 씨는 이 규칙들이 고수된다면 더 이상 불평할 생각이 없다고 말하였습니다. 언급이 소홀했는데, 엘러즈 양은 어느 누구에게도 불만이 없다고 말하였습니다.

그 후 언더우드 씨는 알렌 박사의 사임을 철회하도록 요청하였으며, 알렌 박사는 사임하지 않을 것이라고 답하였고 그렇게 할 의도가 없다고 하였습니다. 저는 이 동의를 하게 만든 알렌 박사가 선교본부로 보낸 편지의 사본을 보냅니다.

(중략)

John W. Heron (Seoul),
Letter to Frank F. Ellinwood (Sec., BFM, PCUSA) (Jan. 24th, 1887)

(Omitted)

As I stated, this does away with the difficulties under which I labored and if you are willing to uphold me in this plan and Dr. Allen is open and frank, I see no reason why I cannot work here.

(Omitted)

As you will see from Section C of this plan that hereafter I am also to have a voice in the use of the funds for medical purposes in this mission. I have done an unpleasant duty in stating to you that I believed the funds were not faithfully expended, that I now leave with you entirely and hope hereafter to be able to state here, month by month, my views as to the expenditure of funds, objecting on the field and at once to what I consider wrong to the Board.

You see in the plan as drawn up that I have asked nothing that Mr. Underwood has asked nothing have to have equal rights in things in which we are all equally interested. You will all understand, I think, from the plan that our grievances were just what we spoke of in our letters of resignation. If you had told me when I left New York that I was simply to be Dr. Allen's assistant, I should have understood my position but instead I came here thinking that I was to be Dr. Allen's partner, that in our affairs we were to consult together, that as missionaries we stood on the same plane. I have repeatedly told you that I had no voice in the use of mission funds and with my letters miscarried or you thought them not worthy of an answer. To that extent you are partly responsible for the state of affairs this mission was in. Besides for months Dr. Allen states he has told you of the state of affairs here. You have listened to one side and so far as I can judge, concluded that side was right, without having asked what the other side had to say. That you were prejudiced thereby your letter clearly shows, but I shall, having fully answered you in a previous letter, leave that alone.

At a meeting called for the purpose indicated in Art. 1. Dr. Allen stated that he had nothing he desired to bring up or to have explained and only after much pressing did he say that on inquiry into the only thing he would like to have had explained he had found that neither Mr. Underwood nor I had said what he understood we had said. The grievances which I spoke of then were not explained in what was a satisfactory manner to me. I accepted them just as they were for the reason that if possible I wanted harmony at any price to myself. Mr. Underwood state that if these rules were adhered to he would have no further cause of complaint. Miss Ellers, I neglected to state, said she had no cause of complaint against anyone.

After this, Mr. Underwood moved that Dr. Allen be requested to withdraw his resignation, to which Dr. Allen responded that he had not resigned and did not intend doing so. I send with this a copy of Dr. Allen's letter to the Mission which caused this motion to be made.

호러스 N. 알렌(서울)이
호러스 G. 언더우드(서울)에게 보낸 편지 (1887년 1월 26일)

친애하는 언더우드 씨,

　세례를 받을 사람들과 관련하여 나는 우리의 모임 이후로 그 주제를 주의 깊게 고려하고 있으며, 그들의 고백에 비추어 볼 때 귀하게 그들에게 세례를 주는 것이 안전할 것이라고 결론지었습니다. 그러나 귀하는 그렇게 함으로써 귀하 자신과 다른 사람들의 현재 사업과 미래 전망을 완전히 망치고 박해와 파괴의 대상이 될 사람들을 낳을 위험에 처한다는 사실을 명심해야 합니다.

　이것은 고유한 선교 사업이며, 어젯밤 귀하의 공사가 영국 공사에게 이곳에서는 고유한 선교 사업이 진행되고 있지 않으며 허용되지 않을 것이라고 말하는 것을 들었습니다.

　이것은 이 나라의 법률을 위반하는 것이기 때문에 이러한 제한 사항이 제거될 때까지 한국의 관리로서 절차에 동의할 수 없습니다.

　나는 귀하가 내 처신의 지혜를 알고 그 문제에 대한 나의 입장과 감정을 이해하기를 바라고 있습니다.

　안녕히 계세요.
　H. N. 알렌

　(18)87년 1월 26일

Horace N. Allen (Seoul),
Letter to Horace G. Underwood (Seoul) (Jan. 26th, 1887)

Dear Mr. Underwood,

In regard to the men to be baptised, I have been carefully considering the subject since our meeting and have concluded that in view of their confession you would be safe in baptizing them as far as that is concerned. Yet you must bear in mind the fact that you by so doing are in danger of totally ruining the present work and future prospects of yourselves and others and of laying the men liable to persecution and destruction.

This is mission work proper and last night I heard your representative state to the British representative that there was no mission work proper being carried on here and that it would not be allowed.

As it is in violation of the laws of this country I cannot as a Korean Official give my consent to the proceeding until such a time as when these restrictions shall be removed.

I hope you will see the wisdom of my course and appreciate my position and feelings on the subject.

Yours

H. N. Allen

Jan. 26/ (18)87

찰스 리(펜실베이니아 주 카본데일)가
프랭크 F. 엘린우드(미국 북장로교회 해외선교본부 총무)에게
보낸 편지 (1887년 1월 26일)

펜실베이니아 주 카본데일,
1887년 1월 26일

엘린우드 박사

친애하는 형제께,

며칠 안에 저는 한국의 알렌 박사로부터 박사님과 한국에 있는 선교부의 형제들에게 보낸 편지의 사본을 받았습니다. 그 나라에서 문제가 이렇게 된 것은 매우 고통스럽고 놀랐습니다. 알렌 박사와 제가 함께 해외로 파송되는 것이 계획이었고, [제] 아내의 건강이 악화되어 계획을 실행할 수 없었습니다. 박사와 저는 수년간 친구로 지내왔고, 저는 그를 이 나라에서 가장 비밀스러운 특파원이라고 생각합니다. 저는 박사님께 조언을 하기 위하여 박사님을 괴롭히는 것이 아니라, 그들이 당면한 문제에서 박사님께 도움이 될 수 있다면 언제든지 제가 도움을 제공하겠다는 것입니다.

알렌 박사의 성격은 제가 아는 한 가장 정직하고 단순하며, 솔직 진실합니다. 주한 미국 관리들이 그를 높게 평가하는 것은 제가 오랫동안 그와 친하게 지내며 그에 대하여 형성된 평가를 증명하고 있습니다. 당연히 그의 건강이 좋지 않아 다소 짜증이 났을 수도 있지만, 제가 알기로는 선교 사업과 관련된 어떤 문제에서도 그가 크게 잘못하지 않을 것이라는 지속적인 인상을 받을 것입니다.

저는 그가 영향력이 큰 자리에 남아 있는 것과 그곳의 선교부의 모든 회원들이 주님을 위하여 화합하는 모습도 보고 싶습니다. 그가 연로한 어머니와 그를 잘 아는 우리 친구들에게 그가 돌아오는 것을 환영하지만, 현재로서는 그의 손에 맡기신 이점을 포기해야하는 것은 재난에 다름 아닌 것처럼 보입니다. 제가 그에게 영향력을 행사하여 그의 지위를 유지하고 선교부 회원들을 조화롭게 단결시키도록 설득할 수 있다면 그것은 박사님을 위한 것입니다.

이 편지는 제가 어떤 식으로든 사역에 도움이 되지 않는 한 답장이 필요하지 않습니다.

하나님께서 박사님의 어려운 일을 축복하십니다.

안녕히 계십시오.

찰스 리,

카본데일 장로교회 목사

Charles Lee (Carbondale, Penn.),
Letter to Frank F. Ellinwood (Jan. 26th, 1887)

Carbondale, Penn.,

Jan. 26th, 1887.

Dr. Ellinwood;

Dear Brother;

Within a few days I have received from my friend Dr. Allen of Korea copies of letters addressed to you and to the brethren of the mission in Korea. It has pained and surprised me very much that matters have come to such a pass in that country. It had been the plan of Dr. Allen and myself to go abroad together and nothing but the complete collapse of my wife's health prevented the carrying out of the plan. The Dr. and I have been bosom friends for years and I suppose that I am his most confidential correspondent in this country. I do not trouble you thus to advise you but to offer my services if at any time they can be of help to you in the matters at hand.

The character of Dr. A. is one of the best that I have ever know honest, simple, straightforward, true. His esteem by the U. S. Officials in Korea bears out the estimate that my years of intimacy had formed of him. Of course his ill health may have made him somewhat irritable but as I know him it would be by continued impression that he would not be far in fault in any matters touching the mission business.

I am most anxious to see him remain in his place of high influence and to see, too, all the members of the mission there working harmoniously together for the Master. However welcome his return to his aged mother and to us the friends who know him so well, it appears at this time nothing less than calamitous that he should resign the advantage that God has placed in his hands. If any influence I may have with him can be employed to persuade him to keep his post and to unite harmoniously the members of the mission, it is at your service.

This note needs no answer unless I can in some way aid the work.

God bless you in your difficult work;

Yours respectfully,

Charles Lee,

Pastor, Carbondale Presb. Ch.

찰스 리(Charles Lee)

찰스 리(Charles Lee, 1857~?)는 오하 이오 주 델라웨어에서 알렌과 함께 교 회에 다니며 성장하였던 죽마고우이다. 그 는 알렌보다 2년 먼저인 1879년 웨슬리언 대학교의 문과를 졸업하였다.

알렌이 의료 선교사가 되기로 결심하 자, 리는 목회 선교사가 되어 함께 선교 사 역에 나가기로 하였다. 그리하여 리는 대 학을 졸업한 후 프린스턴 신학교에 진학 하였다. 졸업을 앞둔 그는 1882년 3월 미 국 북장로교회 해외선교본부에 중국 선교 사로 지원하였으며, 10월 콜럼버스 노회로 부터 목사 안수를 받았다. 하지만 갓 결혼 한 아내의 건강에 문제가 생겨 선교사로

그림 8-4. 찰스 리.

서 파송되는 것을 포기하였다.

그는 1882년부터 1883년까지 오하이오 주의 워싱턴(Worthington)과 더블린에서, 이어 1883년부터 1885년까지 오하이오 주의 센트럴 컬리지와 미플린에서, 그리고 1885년 11월부터 1926년 11월까지 펜실베이니아 주 카본데일의 제1장로교회에서 담임 목사로 시무하였다.

호러스 G. 언더우드(서울)가
호러스 N. 알렌(서울)에게 보낸 편지 (1887년 1월 27일)

한국 서울,
1887년 1월 27일

알렌 박사님,

어제 귀하가 쓴 짧은 서신을 어제 밤에 받았으며,[8] 하루 종일 방해를 받지 않았다면 전에 답장을 하였을 것입니다. 나는 그 문제[9]에서 귀하가 하는 것과 같은 입장을 취해야만 한다고 느끼는 것에 대하여 대단히 유감스러우며, 나의 입장이 너무 다르기 때문에 내가 왜 다른지 이야기하는 기회를 갖는 것이 옳습니다. 그리고 이것은 귀하의 반대와 이유들에 대하여 몇 마디 말함으로써 가장 잘 할 수 있습니다.

첫째, 이것이 '고유 선교 사업'이라는 것입니다. 이 사람들에게 단순히 세례를 주는 것은 오늘날 행해지고 있는 다른 많은 일들보다 더 '고유의 선교 사업'이 아닙니다. 그들의 경우에 고유 선교 사업은 그들에게 그리스도를 가르친 사람에 의해 이루어졌으며, 그들에게 세례를 준 것은 우리가 지금 그들 안에 있다고 믿는 기독교인의 삶에 대하여 보증한 것뿐입니다. 고유 선교 사업은 우리가 그리스도에 대하여 말할 때마다, 진리를 추구하는 사람들을 환영할 때마다, 우리가 성경 사본을 줄 때마다, 그리고 우리가 하나님의 말씀의 한 구절을 한글로 번역할 때마다 이루어집니다. 나의 변변치 않은 생각에 적절한 선교 사업은 우리가 그리스도의 이름으로 또는 그리스도를 위하여 병자를 가르치거나 고칠 때마다 수행됩니다. 위에서 언급한 경우에 고유 선교 사업이 이루어지고 있다고 주장하지 않을 사람은 아무도 없으며, 만일 우리 미국 외교관이 그것이 이루어지지 않고 있다고 말하였다면, 그는 그 주제에 대하여 충분히 듣지 못하였다고 볼 수 있습니다.

두 번째로, 귀하가 "(조선 정부의) 이러한 제한이 해제될 때까지 조선 관리로서 동의할 수 없다."라는 귀하의 발언과 관련하여, 나는 선교 사업이 이루어

---

8) Horace N. Allen (Seoul), Letter to Horace G. Underwood (Seoul) (Jan. 26th, 1887)
9) 1887년 1월 23일 언더우드가 자신의 집에서 서경조(徐景祚), 최명오(崔明悟), 정공빈(鄭公斌)에게 세례를 준 일을 말한다.

진 어떤 나라에서든지 이런 계획으로 일하였던 나라는 한 곳도 없었으며, 중국에서의 사역에서도 그렇지 않았다고 읽은 것으로 기억합니다.

나는 모든 시대의 계획이 길이 열리는 곳이면 어디든 조용히 일하는 것이었으며, 정부가 기독교의 유익을 알게 되자 제한을 철회하였다고 믿고 있습니다. 중국에서 모리슨은 비록 당시 위험이 가득하였지만 1814년 한 개종자에게 세례를 주었으며, 비록 1844년까지는 부분적으로나마 허용되지 않았고 선교의 자유를 허용하는 조항은 1858년까지 조약에 삽입되지 않았지만, 이미 1826년에 적어도 한 명의 안수 받은 전도자를 자신의 관리 하에 두었습니다. 그것은 일본이나 내가 아는 다른 모든 나라에서 동일하였고, 한국도 틀림없이 마찬가지일 것이라고 생각합니다.

셋째, 나는 세례를 받은 사람들이 박해를 받고 어쩌면 순교할 수도 있음을 알지만, 그들이 이 경우에서와 같이 내게 와서 이 위험을 분명히 알고 세례를 요청하였으므로, 그것은 내가 그들에게 말할 것이 아닙니다.

넷째, 귀하는 "당신이 그렇게 함으로써 현재의 전 선교 사업을 완전히 망치고, 당신 자신과 다른 사람의 전망을 손상 시킬 위험이 있다."라고 말합니다. 그러나 나는 우리 집에서 이 사람들에게 세례를 준 것이 어떻게 우리 친구들인 감리교회 사람들의 사업에 영향을 준다는 것인지 알 수 없으며, 귀하가 편지에서 이것을 언급하였다고 생각하지 않습니다. 오히려 나는 현재 우리가 하고 있는 사업만을 언급할 수 있다고 생각합니다.

그러나 나는 이 사업을 보면, 그것이 어떻게 손상을 줄 수 있는지 모르겠습니다. 세 명의 의사가 있는 병원은 개종 사업을 한다고 말할 수 없을 것이며, 학교에는 언제나 한국인 관리가 있어 내가 기독교를 가르친다면 즉시 보고할 것입니다. 현재 남아 있는 유일한 사업은 고아원인데, [조선] 정부와 신의를 지켰다는 것을 보여주기 위해서, 우리는 언제든지 시찰을 요청하였으며, 정부가 관리들이 그곳에 항상 있게 하기를 원한다면 기꺼이 그렇게 할 것입니다.

그 행위가 어떤 식으로든 현재의 일에 영향을 미칠 수 있는지 알지 못하지만, 그 행위가 모든 일을 멈추게 하는 것처럼 보일지라도, 하나님께서 우리에게 무엇을 하도록 지시하실 때 우리는 명백히 다가오는 결과와 아무 관련이 없습니다. 우리는 그것들을 하나님께 맡기고, 우리는 주께서 우리 손에 맡기신 일을 해야 합니다.

다섯째, 세 사람이 자발적으로 나를 찾아와서, 그리스도의 제자가 될 것이라고 고백하고, 세례를 베풀어 달라고 부탁하고, 내가 위험을 알렸지만 그들이 그리스도를 따르겠다고 고집할 때, 나는 복음의 사역자로서, 사명을 내 손에 쥐고 있는 십자가의 선교사로서, 그리고 그리스도의 단순한 추종자로서 감히 그것을 거부할 수 없습니다.

나는 선교의 역사나 사도행전이나 그리스도의 가르침 그 어디에서도 그러한 행동에 대한 근거를 찾을 수 없습니다.

이 주제에 대해 나의 생각이 매우 강하고, 그래서 귀하의 생각과 완전히 반대라고 생각하였지만, 이러한 방식으로 귀하에게 알리는 것이 옳다고 생각합니다. 나는 귀하가 나의 이유들이 타당하다는 것을 깨닫게 되고, 다시 생각하면 내가 옳다는 것에 동의할 것이라고 믿습니다.

안녕히 계세요.
H. G. 언더우드

Horace G. Underwood (Seoul),
Letter to Horace N. Allen (Seoul) (Jan. 27th, 1887)

Seoul, Korea,
Jan. 27, (18)87

Dear Dr. Allen:

Your note of yesterday was received last night, and would have been answered before had I not been so interrupted all day. I am very sorry that you feel that you have to take the stand that you do in the matter, and as my stand is so different, it is but right that I should take this opportunity of telling you why I differ; and this can best be done by taking up your objections and reasons and saying a few words about them.

First, then as to this being "mission work proper." The mere baptizing of these men is no more "missionary work proper" than many other things that are done today. The mission work proper in their cases has been done by the man who taught them about Christ, and merely baptizing them is simply giving to them the seal of the Christian life that we believe to be in them now. Mission work proper is done every time that we speak to a Korean about Christ; every time that we welcome a seeker after truth; every time that we give a copy of the Scriptures; and whenever we translate a verse of God's Word into the Korean tongue. While in my humble opinion mission work proper is also done whenever we teach or heal the sick in the name or for the sake of Christ; there is no one who will not hold that in the instances above mentioned mission work proper is done, and if our United States Representative said that it was not being done, he was not fully informed upon the subject.

Secondly, with reference to your remark that "you cannot give your consent, as a Korean official, until such time as when these restrictions (of the government) shall be removed," I would say that I fail to know of any one country, where mission work has been done, where this has been the plan, and my memory is upheld by what I read of the work in China.

I believe that the plan in all ages has been to work quietly wherever the way opened, and that when the governments have learned of the good of Christianity, they withdrew their restrictions. In China, Morrison, although at that time it was full of danger, baptized a convert in 1814, and as early as 1826 had under his care at least one ordained Evangelist, although partial tolerance was not granted till 1844, and the clauses allowing freedom were not inserted in the treaties till as late as 1858. It has been the same in Japan and in every other country of which I know anything, and I believe it must be the same case in Korea.

Thirdly, while I realize that it will lay the men to be baptized open to persecution and perhaps martyrdom, when they came to me, as they have done in this case, seeing this danger plainly before them and yet requesting to be baptized, it is not for me to say them.

Fourthly, you say, "You by so doing are in danger of totally ruining the present work and injure prospects of yourself and others." I cannot see how the baptizing of these men at my house will in any way effect the work of our friends, the Methodists, nor do I think that you referred to this in your letter. It seems to me rather that you can only refer to the work that is at present in our own hands.

But when I look at this work, I do not see how it can in the least be injured. The Hospital, with its three doctors cannot be said to be doing the work of proselytizing, and in the school there is always a Korean official who would at once report were I to teach Christianity. The only part of the present work left is the orphanage, and to show that we have kept faith with the government, we have invited inspection at any moment, and we are willing should the government so desire for them to have an official always there.

I do not see how this act can in any way effect the present work, yet even though it should appear as though its performance would stop all work, when God points out something for us to do, we have nothing to do with the apparent oncoming results. We must leave them with Him and do the work that He has placed next our hands.

Fifthly, when three men have sought me out, of their own accord; have professed to be followers of Christ; have asked to be baptized; have been shown the dangers and still insist that they desire to thus follow Christ; I as a minister of the Gospel, as a missionary of the Cross with my commission in my hand, and as a simple follower of Christ dare not deny it them.

I can find no warrant for such action either in the history of missions, in the story of the Acts of the Apostles, or in the teachings of Christ.

My thoughts on the subject being so strong and so entirely opposite to yours, I have thought it but right that I should let you know in this way. I trust that you will realize the force of my reasons and that on a second consideration you will agree that I am right.

Yours most sincerely,
H. G. Underwood

프랭크 F. 엘린우드(미국 북장로교회 해외선교본부 총무)가 일본 선교부의 한국 문제 감독위원회 위원들에게 보낸 편지 (1887년 1월 29일)

188(7)년 1월 29일

일본 선교부의 한국 문제 감독위원회 위원들께

친애하는 형제들,

　지난 선교본부 회의에서 다음과 같이 의결하였습니다. 한국의 형제들 사이에서 일어난 불화로 발생한 비난과 맞비난이 요약된 사본들은 여러분들이 이 문제를 잘 이해할 수 있도록 보낼 것입니다. 그것들은 감독위원회 위원들을 위해서만 작성되었다는 것을 말할 필요는 없을 것 같습니다.

　불평은 주로 언더우드와 헤론 씨에서 나온 것입니다. 언더우드 씨는 9월 17일자 편지에서 다음과 같이 말합니다.[10]

　　"불화의 대부분은 알렌 박사 때문에 일어났는데, 그는 우리가 그에게 양보할 수 없는 힘과 권리를 교만하게 가로챘습니다. 하지만 그가 우리에게 한 마디 말도 없이 그것을 차지하였기 때문에, 우리는 이러한 힘을 행사하지 못하도록 거부할 기회를 갖지 못하였습니다."

　언더우드 씨와 헤론 박사의 편지들은 이러한 힘의 차지가 병원과 학교의 설립, 그리고 새 부지를 선택할 때 정부와의 협상에서 주로 일어났음을 보여주고 있습니다. 알렌 박사는 자신이 이곳에 있었던 첫 번째 사람이었기에 정부가 허가하거나 다른 협상의 모든 것을 그에게 모두 알려주며, 처음부터 이런 종류의 업무를 수행하였다는 사실을 언급함으로써 이 근거에 대하여 자신을 정당화하였습니다.

　다른 한편으로 알렌 박사는 다른 형제들, 특히 헤론 박사가 처음에 질투를 해서, 조그마한 누락이나 실수도 그들이 공격할 수 있을 정도로 확대시킨다고

---

10) Horace G. Underwood (Seoul), Letter to Frank F. Ellinwood (Sec., BFM, PCUSA) (Sept. 17th, 1886)

주장합니다.

언더우드 씨는 같은 편지에서 ＿＿＿ ＿＿＿ 사실을 언급하였는데, 왕의 생신을 축하하는 외아문의 만찬이 있었을 때, 혜론 박사는 외국인에 의해 병원의 이전과 관련하여 이야기를 들었습니다. 그는 그것에 대해 아는 것이 아무것도 없다고 이야기할 수밖에 없었습니다.

이것에 대한 알렌 박사의 설명은 다음과 같습니다. 9월 7일자 편지[11]에서 "새 병원 부지를 고르기 위해 관리가 임명되었는데, 언급된 그 만찬이 있던 날 오후였습니다. 그는 우리의 현재 병원에 와서 새 부지를 가서 보자고 요청하였습니다. 저는 그렇게 하였고, 즉시 집으로 돌아오던 중에 긴급한 요청이 기다리고 있었다는 것을 알았습니다. 저는 왕진을 갔다 왔고, 급히 서둘러 옷을 입고 연회 장소로 갔는데, 10분 늦게 도착하였습니다. 혜론은 지금껏 결코 시간을 지키지 않았고 이때에도 늦었으며, 기다리는 동안 저는 어떤 외국인에게 새 병원에 대해 이야기를 하였습니다. 혜론이 왔을 때 그(외국인)는 그를 축하해 주었습니다. 그(혜론)는 그것을 몰랐다는 것에 감정이 상하였습니다. 그 남자는 무안해 하였고, 모든 사람들의 시선이 혜론에게 고정되었습니다. 그 후 저는 공개적으로 위의 이유들을 설명하였고, 제가 기회가 있었더라면 그에게 즉시 알렸어야 했으며, 그와 논의할 수 있을 때까지 그 부지를 받아들이지 않기로 결정하였다고 혜론 박사에게 확인해 주었습니다." 그러나 혜론은 화를 내며 "당신은 가서 왕, 민영익, 그리고 메릴과 데니와 말을 하고, 결코 나에게는 물어보고 진행을 하지 않았잖소."라고 말하였습니다.

혜론 박사는 자신이 병원에서 반 이상의 업무를 하는 중에 공공연하게 알렌 박사에 의해 무시당하고 모욕을 당하고 있으며, 그래서 그가 행사하려는 어떠한 영향력도 전혀 고려되지 않는다고 불평합니다.

한편, 알렌 박사는 조선 정부가 혜론 박사를 인정하도록 자신이 특별한 노고를 수행하였음을 주장합니다. 이러한 논쟁이 일어나기 전에 혹은 최소한 그것과 관련하여 이곳에서 편지들을 받기 전에, 정부에 의해 둘에게 수여한 특별한 명예에 대하여 알렌 박사가 설명을 하였습니다. 그 편지에서 알렌 박사는 왕이 자신에게만 훈장을 주려는 것을 통고 받고, 그것이 혜론 박사의 마음을 상당히 자극할 것이기에, 그는 혜론 박사도 포함되어야 할 것이라고 특별히 요청하였고, 그의 요청이 받아 들여졌습니다.

알렌 박사는 그가 혜론 박사를 위해 적절한 관심을 두지 않았다는 점을 반박하는 나중의 편지에서 다음과 같이 썼습니다.

---

11) Horace N. Allen (Seoul), Letter to Frank F. Ellinwood (Sec., BFM, PCUSA) (Sept. 7th, 1886)

지난 월요일 왕비는 엘러즈 박사에게 저의 아내를 데리고 오도록 요청하였는데, [1882년] 폭동 이후 왕좌로 복귀한 기념일이었기 때문입니다. 월요일이 되자, 그들은 저도 불렀지만 제 아내가 없는 동안 아이들을 돌보기 위해 가는 것을 거절하였습니다. 왕은 아기들도 데려와도 된다는 전갈을 보냈습니다. 우리는 그렇게 하였습니다. 그곳에 있는 동안 한 현지인 관리가 나에게 병원과 헤론 박사에 대하여 물었으며, 헤론도 왕국에 초대되었는지 물었습니다. 저는 그가 온 적이 없지만 무척 오고 싶어 한다고 대답하였습니다. 그는 '그렇다면 그는 오늘 연회에 와도 되었을 텐데.'라고 말하였습니다. 제 시계를 보니 오후 3시였습니다. 연회는 5시까지 시작하지 않을 예정이었습니다. 저는 만약 그 사람[헤론]을 위하여 사람을 보낼 수 없는지 물었으며, 그는 왕에게 가서 여쭈어 보겠다고 말하였습니다. 한 시간 반이 지난 후에 그는 왕의 허락을 받고 돌아왔으며, 저는 불러주는 대로 쪽지를 썼고 헤론 부부는 오후 7시에 연회에 왔습니다. 왕은 너무 피곤하여 그들을 보지 못한 것에 대하여 사과하였습니다. 집으로 돌아오는 길에 언더우드 씨의 집에서 열린 큰 연회에 참석하였던 러셀 박사는 "헤론 박사를 궁궐에 초대하는 것에 대하여 당신이 방해하였다는 말이 무엇입니까?"라고 물었습니다. 그때 저는 언더우드 씨가 헤론 박사는 왕궁에 부름을 받아 갔기 때문에 그가 초청한 연회에 함께 하지 못할 것이며, 그의 초대에 오해가 없었다면 일찍 갔을 것이라고 전하였다는 것을 알게 되었습니다. 저는 아침에 그를 만나러 갔는데, 헤론 박사는 제가 '박사들'에게 보내는 초대장을 받았지만 '박사'라고 읽었다고 추정했을 뿐이라고 말하였습니다. 그러나 이 추론에 따르면 헤론 부부가 궁궐에 도착하였을 때 매우 거만하였기에 다른 이들이 알아채지 않을 수 없었습니다.

알렌 박사는 한두 번 헤론 박사에게 자신의 집에서 나가도록 위협을 가하였다고 비난을 받고 있습니다. 다른 한편 알렌은 헤론 박사가 자신에게 한 번 '멍청이'라고 불렀으며, 그리고 한 번은 그의 주먹을 그의 얼굴에 대고 흔들어 난폭한 행위를 하였다고 비난합니다.

언더우드와 헤론 씨는 알렌 박사가 자신의 개인적 지출을 선교부 예산과 섞어 썼다고, 즉 그가 일반 진료에서 얻은 수입에서 지불하는 것같이 사용하였다고 비난합니다. 헤론 박사는 알렌 박사가 포도주, 안장 등을 청구한 것을 보았다고 이야기합니다. 그들은 또한 알렌 박사가 재무인 언더우드 씨에게 의약품 등의 계산서를 주지 않지만, 그는 헤론 박사에게 그런 경비의 청구서를 요구한다고 말합니다. 의료 선교에서 이것은 항상 어려운 문제입니다. 선교본부의 규칙은 개인적 진료 혹은 다른 외부 진료에서 받은 모든 것은 선교부 재무에게 넘기도록 해야 한다는 것입니다. 하지만 실제적으로 많은 경우 이 규칙을 강화하는 것은 불가능합니다. 그들이 선교 사역을 완전히 공유하며 별도의 진료를 수행하는 경우, 그들은 스스로의 판단에 따라 어떤 사람은 일부를 지불하였고, 어떤 사람들은 다 지불하였으며, 어떤 사람들은 전혀 지불하지 않았습니다. 알렌 박사는 그의 외부 진료를 별도의 진료로 생각합니다. 그는 다소의 필요한 경비를 제외하고 모든 돈을 선교부로 넘겼다고 주장하며, 그러한 조처는 그의 외부 진료로 모든 의료 예산을 충족하였던 작년에 선교부에서 만들어진 것 같습니다. 이 논쟁의 근거를 위원회가 다 알아야 최상으로 판단하고 결정할 수 있을 것입니다.

알렌 박사 측에서는 언더우드와 헤론 씨가 근면하지 않으며, 자신은 말을 탈 시간도 없이 바쁜데, 다른 사람들은 시간이 많은 것 같고 그들이 해야 하는 언어 학습도 하지 않는다고 불평합니다. 알렌 박사는 헤론 박사가 비번일 때 선교본부의 요구에 따라 한국어를 배우지 않으며, 한때는 교사도 없었다고 말합니다. 헤론 박사에 대해서는 특별히 불평을 하였는데, 한 번은 알렌 박사가 병원 일을 보아야 할 시간에 궁궐에서 들어오라는 요청이 왔고, 그가 헤론 박사에게 병원으로 가서 자기 대신 일을 맡아 달라고 부탁하였습니다. 그러나 그는 쓸 편지가 몇 통 있다고 이를 거절하였는데, 알렌 박사는 5일 이내에 항해할 증기선이 없었다고 언급하였습니다. 그리고 사실상 그가 궁궐에 갔을 때 헤론 박사는 그의 마당에서 볼 수 있었습니다. 그 결과 병원은 아무도 돌보지 않은 상태로 방치되었습니다.

언더우드와 헤론 씨는 다른 비난을 하였는데, 아직 그것에 대한 설명을 받지 못하였습니다. 사실 우리는 다른 편 선교사들에 대한 어떠한 비난도 보고받지 못하였으며, 이곳에서 내가 드리는 대답들은 주로 선교지에서 알렌 박사에 대한 일부 비난에 근거한 것입니다.

저는 윤곽만 설명하였습니다. 선교본부의 직원들이 생각하기에 비난들은 고치기 어려운 것은 아닌 것 같습니다. 그것은 정부와 외국인 거주민에 대해 얻은 놀랄만한 발판에 의해 영향력을 갖고 있는 알렌 박사가 너무 자신의 판단에 근거하여 행동하기 때문인 것 같습니다. 그는 자신의 동료들의 기분을 고려하지 않고 항상 일을 진행하였던 것 같습니다. 반면 이런 환경에서는 매우 자연스러운 질투가 불화와 상당히 관련이 있는 것 같습니다. 우리는 모든 당사자가 선교 사역의 진정한 정신에 대하여 상당한 오해를 하고 있으며, 개인적 영향력을 세우고 개인적 명예를 가지려는 것이 큰 자리를 차지하고 있어 크게 두렵습니다. 또한 다른 선교부에서 관찰되는 것 같은 재정적 기반에서 선교부가 시작되었는지에 대한 질문은 아직도 다소의 의문이 있으며, 이것에 대해 일본의 감독위원회가 판단할 수 있을 것입니다.

그렇게도 중요하고 처음부터 전망이 밝았던 선교부가 전적으로 개인적 문제에 의한 불화에 의해 위태롭게 되어야만 하는 것이 슬픕니다. 이것 이상의 문제는 더 없는 것 같으며, 선교본부로서는 일본의 큰 대의를 가진 동료들이 관련 측에 대한 영향을 행사하여 오던 그러한 고려를 없애고 상호 양보로 평화와 조화를 이루게 할 수 있을 것으로 기대합니다.

나는 우리가 아는 한, 교육 사업을 맡으러 파송된 젊은이들은 주로 혜론과 언더우드 편을 들고 있는 것 같으며, 우리 정부의 관리와 외국인 사회는 전체적으로 매우 강하게 알렌 편을 들고 있는 것 같습니다. 우리 외교관들은 선교 사역이 이 불화에 의해 치명적으로 손상을 받을 것이며, 알렌 박사가 떠나야 한다면 장로교회 선교본부의 선교는 실제적으로 죽은 것이 될 것이고, 그것은 정부나 외국인 사회의 고려를 거의 전체적으로 잃는 것이 될 것이라고 생각하고 있습니다.

언더우드와 혜론은 알렌 박사가 외국인 거주민과 친한 것은 그가 음주와 흡연 등 사회적인 습관에 잘 맞추기 때문이라고 주장합니다. 반면 알렌 박사는 그의 의사가 그에게 강장제를 마시라고 처방을 하였고, 그것이 자신의 건강에 필요하기 때문이라고 설명합니다.

귀 선교부가 성공적이기를 바라며 기도합니다.

안녕히 계세요,
F. F. 엘린우드

Frank F. Ellinwood (Sec., BFM, PCUSA), Letter to the Members of the Commission of Japan Mission to Korea (Jan. 29th, 1887)

Jan. 29th, 188(7)

To the Members of the Committee of the Japan Missions to Korea

Dear Brethren:

At the last meeting of the Board it was resolved, - That copies of digest of the charges and counter charges made in the difficulties which have occurred among the brethren in Korea, should be sent to you in order that you may better understand the issues. They are designed, I need not say for the Commissioners only.

The complaints are chiefly from Messrs. Underwood and Heron. Mr. Underwood in a letter of Sept. 17th, says:

> "The difficulties have come for the most part from Dr. Allen's, arrogating
> to himself powers and right that we cannot concede to him. We, however, do
> not have the chance of refusing to allow him these powers, for he just takes
> them without saying a word to us."

The letters of Mr. Underwood and Dr. Heron show that this arrogation of power occurred chiefly in negotiations with the Government in the establishment of the hospital and school, and in the selection of a new site. Dr. Allen justified himself on this score by referring to the fact that the Government in all it grants and other negotiations, refers to him entirely, as he was the first on the ground, and has from the first had this kind of work to do.

On the other hand, Dr. Allen charges that the other brethren, particularly Dr. Heron, have from the first been stung with jealousy to such an extent that the slightest omissions or mistakes have been magnified until they seemed have offenses.

Mr. Underwood, in the same letter referred to ____ ____den to the fact that when at the Foreign Office dinner in honor of the King's birthday, Dr. Heron was spoken to by a foreigner about the removal of the hospital. He was forced to say that he knew nothing at all about it.

Dr. Allen's explanation of this is as follows; given in a letter of Sept. 7th "An Officer had been appointed to select a site for the new hospital, the afternoon of the dinner. He came to the present hospital and asked me to go and see the new site. I did so and at once on returning home I found an urgent call waiting. I attended it, and in great haste dressed and went to the dinner, where I arrived ten minutes late. Dr. Heron was still later. While waiting I told a foreigner concerning the new hospital. When Heron came in, this foreigner congratulated him. He received it with such professions of injured ignorance that the man blushed and all eyes were riveted on Heron. I then gave in public the above reason, and assured Dr. Heron that I should have notified him at once if I had had an opportunity. I also assured that I had decided not to accept the site till I could confer with him." Yet Dr. Heron was angry, and said. "You go and talk to the King, and Ming Yong Ik, and Merrill, and Denny, and never ask me to go along."

The complaint is made by Dr. Heron that while he does more than half of the work at the hospital, he is publicly ignored and insulted by Dr. Allen, so that any influence which he might attempt to exert is rendered entirely nil.

On the other hand, Dr. Allen maintain that he has taken special pains to secure for Dr. Heron a recognition by the Government. Before this dispute arose, or at least before letters were received here concerning it, an account was given by Dr. Allen of a special honor which had been conferred upon both by the Government. In that letter Dr. Allen states that having been notified that the King intended to confer a decoration upon him only, and knowing that it would excite considerable feeling on Dr. Heron's part, he made a special request that Dr. Heron, also, might be included, and his request was complied with.

In a later letter refuting the charge that he had omitted to secure proper attention for Dr. Heron, Dr. Allen wrote as follows;

"The Queen asked Dr. Ellers to bring my wife to visit her last Monday, as it was the anniversary of her return to the throne. When Monday came they sent also for me, but I declined going as I had to look after the babies. Then the King sent word to bring the babies, also. We did so. While there, a native officer asked me concerning the hospital and Dr. Heron, and asked whether he had been invited to the palace. I said no, but he would like to come very much. He replied that he might have come to the banquet today. I looked at my watch. It was three p. m.; the banquet would not begin until five. I asked if he could not yet be sent for. He replied that he would see the King. In an hour and a half he returned with the King's consent. I wrote a note to Dr. & Mrs. Heron and they came 7. The King apologised for not seeing them on the grounds that he was much fatigued. On my return home, Dr. Russell who had dined with a large party at Mr. Underwood's, said "What is this talk about you suppressing Heron's invitation to the Palace?" I then learned that Mr. Underwood had announced that Dr. Heron would not be at his dinner as he was called to the palace, and would have gone earlier but for a misunderstanding in regard to his invitation. I went to see him in the morning, but he told me that Dr. Heron had simply inferred that I had received an invitation for the doctors. and read it the doctor. Yet upon this inference when the Herons arrived at the palace they were so huffy that other could not help noticing it."

It is charged upon Dr. Allen that upon one or two occasions threatened to put Dr. Heron out of his house. On the other hand, Allen charges that Dr. Heron called him "an ass" on one occasion, and on another shook his fist in his face, and acted in a violent manner generally.

It is charged by Messrs. Underwood and Heron that Dr. Allen has mingled his own personal expenditures with the mission accounts, that is, such accounts as were paid from his earnings in general practice. Dr. Heron speaks of having seen upon Dr. Allen's blotter charges for wine, saddles, etc. They also say that Dr. Allen has not rendered an account to Mr. Underwood, the Treasurer, for medicine etc, while he has required of Dr. Heron and account of such expenditure. This is always a difficult question in medical missions. The rule of the Board is that all receipts from private medical practice or other outside work shall be paid over to the mission treasurer. Practically, however, it has in many cases been found impossible to enforce this rule. Some have paid a part; others have paid all; and some have paid none at all, feeling that if they performed extra work while doing their full share of mission work, they should themselves have the proceeds thereof.

Dr. Allen considers his outside practice extra work. He claims that in all except some trifling adequate, he has made over the money to the mission, and it appears that an arrangement has been made in the mission during the last year by which his outside practice was made to cover all medical expenses as such. The whole bearing of this dispute the Committee on the ground will be best able to estimate and adjudge.

On the part of Dr. Allen some complaints are made of a lack of industry on the part of Messrs. Underwood and Heron, that while he in his busy life gets no time to ride or drive, the others seem to have plenty of time and are not studying the language as they should. Dr. Allen says that during Dr. Heron's off week he fails to apply himself, according to the requirement of the Board, to the study of Korean, and a part of the time has had no teacher. Special complaint is made against Dr. Heron that at one time when Dr. Allen was summoned to the palace at his accustomed hour for hospital work during his alternate week, he requested Dr. Heron to go to the hospital and take his place. But he refused, alleging that he had some letters to write, though Dr. Allen states that no steamer was to sail for five days, and that as a matter of fact during most of his absence at the palace, Dr. Heron was seen about his yard. As a consequence, the hospital was left without a care.

Other charges are made by Messrs. Underwood and Heron which have as yet received no explanation. In fact we have not reported any of the charges made, to the missionaries of the other side, respectively, and the answers which I here give are answers made upon the some charges as preferred against Dr. Allen on the field.

I have given but an outline. It seems to the Officers of Board that the charges are not such as to indicate an incurable case. It seems quite possible that Dr. Allen, influenced, perhaps, by the remarkable foothold which he had gained with the Government and the foreign residents, has acted too much on his own judgment. He may have gone forward without always duly considering the feelings of his associates. On the other hand it appears quite probable that a jealousy, very natural in the circumstances, has had much to do with the trouble. We greatly fear that all parties have to a large degree misapprehended the real spirit of the mission work, and that the effort to build personal influence and secure personal honor has had too large a place. The question, also, whether the mission has been started upon such a basis of economy as is observed in other missions is one that remains in some doubt, and of this the Commissioners from Japan will be able to judge.

It seems sad to think that a mission of so much importance and of so bright an outlook from the first, should be put in jeopardy by quarrels based wholly on personal considerations. There seems to be nothing whatever beyond these, and it is the hope of the Board that the friends of the great cause who go from Japan will be able to exert such an influence upon all parties concerned, as hall lead them to lay aside all such considerations and by mutual concessions enter upon a course shall secure peace and harmony.

I will only add that so far as we can learn, the sympathies of the young men who have gone out to undertake the work of education seem to be largely on the side of Messrs. Heron and Underwood, while those of our Government Officials and of the foreign community generally are very strongly on the side of Dr. Allen as letters written us without his knowledge plainly indicate. It is the feeling of our American representatives that the work of missions has been fatally crippled by this quarrel, and that should Dr. Allen leave, the mission of the Presbyterian Board would be virtually dead, and that it would lose almost entirely the consideration of the Government and of the Foreign community.

Messrs. Underwood & Heron allege that Dr. Allen's popularity with foreign residents is due to his confirmity to _____ social habits in social drinking & smoking. On the other hand Dr. A. explains that his physician has ordered him to use these tonic drinks & that it is necessary for his health.

Hoping & praying that your mission of _____ be successful, I remain,

Sincerely yours,
F. F. Ellinwood

18870200

선교지에서 온 편지.
The Church at Home and Abroad 1(2) (1887년 2월호), 191~192쪽

한국 서울의 의학박사 H. N. 알렌은 다음과 같은 편지를 썼다.12)

(중략)

Letters from the Field.
The Church at Home and Abroad 1(2) (Feb., 1887), pp. 191~192

H. N. Allen, M. D., of Seoul, Korea, writes:

The new hospital is nearly ready for occupation, and is far ahead of my highest anticipations; in many respects it is the best house in town. Beside the buildings and ground the repairs alone have coat over $3,000, and I expect an appropriation (from government) for foreign furniture throughout. Miss Dr. Ellers and myself are receiving the praise of the whole kingdom for the cure of the queen, whom the native physicians had given up. In fact I think they overdo it. Even low people come to render their tribute.

---

12) 아래 내용은 다음 편지의 일부분이어서 한글로 번역하지는 않았지만, 영어 원문은 그대로 실었다.
   Horace N. Allen (Seoul), Letter to Frank F. Ellinwood (Sec., BFM, PCUSA) (Oct. 28th, 1886)

회의록, 한국 선교부 (미국 북장로교회) (1887년 2월 4일)

1887년 2월 4일 (금)

1887년 8월에 시작하여 1888년 8월에 끝나는 회계연도의 예산을 작성할 목적으로 개최된 연례회의에서 다음의 예산이 요청되었다.[13]

봉급	알렌 박사	1200.00 달러
	헤론 박사	1200.00
	언더우드 씨	800.00
	엘러즈 양	800.00
중국 혹은 일본에서의 운송료 및 세금		
	알렌 박사	300.00
	헤론 박사	300.00
	언더우드 씨	200.00
육아 수당	해리 알렌	100.00
	모리스 알렌	100.00
	애니 헤론	100.00
헤론 박사, 엘러즈 양 및 언더우드 부인을 포함한 의료 사업		
		675.00
교사	헤론 박사	75.00
	언더우드 씨	75.00
	엘러즈 양	75.00
순찰, 우편료		75.00
이미 고용된 교사 및 조사		
	신 서방	60.00
	이 참봉	60.00
고아원		1,200.00

---

13) 예산안을 작성하기 위해 1886년 1월 30일에 개최된 회의와 달리 1887년 2월 4일에 개최된 이 회의는 연례회의로 규정되었다. 서기는 이 예산을 선교본부로 보냈다. John W. Heron (Seoul), Letter to Frank F. Ellinwood (Sec., BFM, PCUSA) (Feb. 13th, 1887)

새 건물 구입		952.00
수리비		300.00
알렌 박사	100.00	
헤론 박사	100.00	
언더우드 씨	100.00	
선교부로부터 허락 받을 여행비		200.00
신임 교사 및 조사 고용 (2명)		120.00

약속된 신규 사업

여학교	750.00
남학교 건물 구입	600.00
일부 소년 보조	500.00
학교 설비 공사	500.00
총 요구 예산	11,417.00 달러

발의에 의해 모든 예산이 승인되었다. 학교에 대한 논의가 이어졌으며, 소년과 남자를 위한 주간 학교를 즉시 개교하며, 더 많은 사역자들을 파송할 것을 선교본부에 촉구하기로 결정되었다. 이어 언더우드 씨는 우리는 약 100달러를 환전하는 것을 목표로 하였고, 자신은 일본을 방문하여 그 돈을 사용할 허락을 받고 싶다고 언급하였다. 논의가 이어졌으며, 발의에 의해 그의 여행경비를 지불하기 위하여 125달러까지 필요한 예산을 배정하도록 결정되었다.14) 상정된 다른 안건이 없어 폐회하자는 발의가 통과되었다.

J. W. 헤론
서기

---

14) 이 결정에 의해 언더우드는 3월 일본을 방문하였다. Horace G. Underwood (Yokohama), Letter to Frank F. Ellinwood (Sec., BFM, PCUSA) (Mar. 3rd, 1887)

Secretary's Book, Korea Mission (PCUSA) (Feb. 4th, 1887)

Feb. 4, 87

At the Annual Meeting held for the propose of making estimates for the year beginning Aug. 87 & ending Aug. 88, the following appropriations were asked for.

Salaries	Dr. Allen	$1200.00
	Dr. Heron	1200.00
	Mr. Underwood	800.00
	Miss Ellers	800.00

Allowance for Freights & Duties from China or Japan

	Dr. Allen	300.00
	Dr. Heron	300.00
	Mr. Underwood	200.00

Allowance for Children

	Harry Allen	100.00
	Maurice Allen	100.00
	Annie Heron	100.00

Medical Work, including Dr. H's, Miss E's & Mrs. U's

	675.00

Teachers

	Dr. Heron	75.00
	Mr. Underwood	75.00
	Miss Ellers	75.00
Police patrol, Internal Postal Service		75.00

Teachers & helpers. Already employed

	Shin sa ban	60.00
	E. Cham bong	60.00
Orphanage		1200.00
Buying new buildings		952.00
Repairs		300.00

Dr. Allen	100.00
Dr. Heron	100.00
Dr. Underwood	100.00
Travelling expenses to be sanctioned by the Mission	200.00
Employment of new teachers & helpers (two)	120.00
New work undertaken	
Girls School	750.00
Buying building for Boys School	600.00
Support partial of boys	500.00
Filling up of school	500.00
Total asked	$11,417.00

On motion these were all approved, discussion on schools followed and it was decided to urge the Board to open a day school for boys & men at once, and also to send out more men. Mr. Underwood then stated that we had aimed by exchange about $100 and he would like permission to go to Japan and use that money. A discussion followed & on motion it was decided to appropriate as much as might be needed up to $125, for defraying his travelling expenses. No other business being before the house a motion to adjourn was carried.

J. W. Heron
Sec.

호러스 N. 알렌(서울)이 프랭크 F. 엘린우드(미국 북장로교회 해외선교본부 총무)에게 보낸 편지 (1887년 2월 10일)

한국 서울,
1887년 2월 10일

F. F. 엘린우드 박사,
　　뉴욕 시 센터 가(街) 23

친애하는 박사님,

　　예산에 대하여 약간의 말씀을 드리고 싶습니다. 현재 제가 받는 돈으로 지불하는 말, 개인 수행원 및 기타 항목들에 대한 비용을 언더우드와 혜론 씨가 의료비 항목의 예산으로 요청해야 한다는 것이 저의 제안이었습니다. 제가 이렇게 한 것은 제가 떠날 경우에 그들이 우왕좌왕하지 않도록 하기 위함이었습니다. 혜론 박사의 항목에 있는 25달러의 추가 비용은 가마로 그를 달래려고 그들이 저에게 의료비로 청구하는 것을 허락한 것입니다. (저는 이미 의료 업무에서 두 개의 가마를 사용하였는데, 그것들은 모두 저의 소유이었습니다.) 저는 고아원에 박사님의 충분한 지원이 있어야 한다고 조언하고 싶습니다. 새 부지를 위하여 952달러를 사용하면 박사님의 현재 부지는 확장될 것이며 기지(基地)는 더욱 깨끗해질 것입니다. 하지만 지면이 너무 낮아 정원 이외의 용도로는 사용할 수 없습니다. 돈은 훨씬 더 유용하게 사용될 수 있습니다. 여행 항목은 딱 맞는 훌륭한 실례입니다. 언더우드 씨는 아프지는 않지만 요코하마로 유람 여행을 가기 위해 15달러를 사용할 예정인데, 여행의 유일한 장점은 아마 그가 아내를 얻을 수 있을지도 모른다는 것입니다. 저는 얼마 전부터 치통으로 고생하고 있었습니다. 중국 공사는 제가 포함(砲艦)을 타고 즈푸를 다녀올 수 있으며, 저는 그곳에서 상하이로 가서 치아를 때울 수 있다고 제안하였습니다. 저는 그것을 감당할 수 없었고, 진료 수입이나 여행 기금을 사용하는 것에 신경 쓰지 않습니다. 비록 혜론 박사가 우리 선교부 회의에서 돈을 횡령하였다고 저를 비난한 것은 부인하였지만, 제가 진료 수입을 사치스럽게 사용한다고 비난하였다고 말하였습니다. 저는 진료 업무를 위해서만 돈을 지출하는데, 저 자신을 위해 사용한 것은 헤론 박사가 자신을 위해 사용한 것보다 적기에 그 비난은 근거가 상당히 희박합니다. 저는 단지 치아를 때우기 위하여 상하이에 갔다고 그들이 이야기하도록 하게 하는 것이 현명하다고 생각하지 않기 때문에, 저는 그것을 뽑았고 꽤 괜찮은 치아를 잃었습니다. 저는 자기변명을 위하여 이것을 박사님께 말씀드리는 것이 정당하다고 생각하며, 박사님께서 여행 예산을 좀 더 필요한 데에 쓰일 수 있도록 해 주실 것을 제안드려야겠습니다.

언더우드의 새 학교와 관련하여 그들이 열심히 일하는 것을 보고 싶지만 박사님께서 좀 더 많은 사람들을 보내주지 않으신다면, 그는 새로운 학교 일을 위해 지금의 병원 사역을 그만 둘 것입니다. 선교사들 중에서 부적절한 욕망을 가진 이들이 새로운 일을 시작해 놓고 다른 사람이 그 일을 처리하도록 만듭니다. 그것이 이곳의 우리 선교부 사역에 충격을 주는 것 같습니다. 저는 박사님이 이곳에서 전체 인력을 사용할 수 있는 충분한 기회를 갖고 있으며, 박사님의 사람들이 한 가지 일에 만족하고 전념할 수 있도록 할 수만 있다면 추가적인 기회가 있다고 생각합니다. 제가 떠나면, 그들이 더 나아질 것이라고 생각합니다. 사람들은 저를 <u>우두머리</u>로 여길 것입니다.

엘러즈 양의 학교와 관련하여, 그녀는 훌륭한 아가씨이고 열정적으로 일하지만 그 학교를 시작하게 된다면 "그녀가 감당할 수 있는 것보다 더 큰 일을 하게 될 것입니다." 그녀가 결혼 후에 병원 사역에 참여한다면, 기대 이상의 일을 하게 될 것입니다.

안녕히 계십시오.
H. N. 알렌

Horace N. Allen (Seoul),
Letter to Frank F. Ellinwood (Sec., BFM, PCUSA) (Feb. 10th, 1887)

Seoul, Korea,

Feb. 10/ (18)87

Dr. F. F. Ellinwood,

    23 Centre St., New York

My Dear Doctor,

I wish to say a little about the appropriations. It was my proposition that Messrs. Underwood and Heron should ask an appropriation, under medical to pay for the horses, personal attendants and other item now paid by the money I take in. I did this that they might not be left in the lurch when I leave. The $25.00 extra in Dr. Heron's list is for a chair, to appease him for the chair which they allowed me to charge to medical. (I had already used up two chairs in medical work, that were my own property.) I should advise giving the Orphanage your full support. By spending $952.00 for new property, your present property will be enlarged and the plant made more clean. The ground is too low however to be used for anything but a garden. The money could be far better used. The item of travelling has an excellent illustration just at hand. Mr. Underwood is not sick, yet he is going to use $15 of that am't on a pleasure trip to Yokohama, the only redeeming feature of the trip is that perhaps he may get a wife. I have been suffering very greatly of late from toothache. The Chinese Minister offered to send me to Chefoo and back in a gunboat, and I could go from there to Shanghai and get the tooth filled. I could not afford it myself, and didn't care to use either of the medical receipts or travelling fund. For though Dr. Heron in our Mission Meeting denied having accused me of embezzling, he did say that he had accused me of being extravagant in my use of medical receipts. As I have expended money only for the medical work, and have spent less on myself than Dr. Heron has for himself, the charge is rather weak. Yet I didn't think it wise to let them say I had gone to Shanghai just to have a tooth filled, so I had it pulled out and lost a very fair tooth. I think it fair to tell you this in self vindication, and I should suggest your making the use of the travelling fund more dependent upon necessity.

As for Underwoods new school I like to see them anxious to work but unless you send out more people, he would drop his present hospital work for the new school. There is an unfortunate desire among missionaries to start something, and let some one else carry it on. It seems to have struck our Mission here in force. And I can simply say that you have ample opportunity here for using the whole force, and an additional one. if you could only get your men to be content and willing to stick to one thing. I think they will be better when I am out of the way. People will regard me as the [head].

As for Miss Ellers' school, she is a good girl and ambitious <u>work</u>, but if she gets the school, she will have "bitten off more than she can chew." If she attends to her medical work after her marriage, she will do more than is expected.

Yours very truly,
H. N. Allen

호러스 N. 알렌(서울)이 마이클 H. 드 영(캘리포니아 주 샌프란시스코)에게 보낸 편지 (1887년 2월 12일)

한국 서울,
(18)87년 2월 12일

M. H. 드 영 님,
    샌프란시스코

제가 이 편지에 동봉하는 기사는 제가 한국 왕실과 관계된 주제에 관하여 귀하께 보낸 10번째 기사입니다. 나는 그것들이 귀하의 요구를 충족하였다고 믿고 있습니다.

[원고의] 전체 양은 약 10,000개의 단어에 달하며, 2,500개의 단어에 10달러이면 40달러가 될 것이라고 생각합니다. 상하이로 금화 환어음의 송금을 원하신다면 언제든지 환영할 것입니다.

반대의 요청이 없는 한 저는 같은 조건으로 비슷한 성격의 비정기적인 기사를 계속 보낼 것입니다.

안녕히 계세요.
H. N. 알렌

Horace N. Allen (Seoul),
Letter to Michael H. De Young (San Francisco, Cal.) (Feb. 12th, 1887)

Seoul, Korea,

Feb. 12/ 87

M. H. De Young Esq.,

    San Francisco

The article I herewith enclose makes the tenth I have sent you on matters relating to Korean Royalty. I trust they have met your wants.

The whole amounts to some 10,000 words, which at $10.00 for 2,500 would I believe be $40.00. Any time when you may wish to send me a remittance a draft for gold on Shanghai will be very acceptable.

Unless directed to the contrary I shall continue sending you occasional articles of a similar nature upon the same terms.

Your very truly,

H. N. Allen

존 W. 헤론(서울)이 프랭크 F. 엘린우드(미국 북장로교회 해외선교본부 총무)에게 보낸 편지 (1887년 2월 13일)

(중략)

의료 사업을 위하여 알렌 박사는 아무것도 요구하지 않았으며, 그의 의료비는 외부 진료 수입으로 충당됩니다. 엘러즈 양과 저의 사역을 위해, 그리고 의학교 교육 사역을 위한 언더우드 씨의 지출을 충당하기 위해 약간의 추가 금액을 요청하였습니다.

(중략)

언더우드 씨는 개인적으로 일부를 구입하였으며, 그래서 옆집에서 엿보는 것, 소음, 그리고 냄새를 없앨 수 있었을 것입니다. 만약 이것을 살 수 있다면 그래서 우리가 길까지의 부지를 가질 수 있다면 감리교회 선교부가 반대쪽 부지를 소유하고 있기에 언더우드 씨와 제가 나갈 때마다 반드시 지나야 하는 좁을 길 대신 우리는 내려다보는 전망과 좋은 길을 가질 수 있습니다. 알렌 박사의 집 입구는 다른 길을 향해 있으며, 그래서 우리는 한쪽을 제외한 모든 면이, 그리고 한국 정부가 인접한 토지를 구매하고 전기 기사를 그곳에 머물게 했기 때문에 오직 조그마한 부분만을 제외하고 한국인으로부터 격리되고 차단될 것입니다.

(중략)

지금까지 우리 사역에 제기된 반대는 이곳 외국인들이었습니다. 선교사들을 조소하고, 선교 사역을 비웃었던 것들은 너무 작아 주목할 가치가 없는 것입니다. 알렌 박사는 제가 선교사로 알려져 있다고 말했지만, 저는 높은 직급의 조선 관리로부터 연락을 받았으며 궁궐 연회에 초대를 받았습니다.

(중략)

John W. Heron (Seoul),
Letter to Frank F. Ellinwood (Sec., BFM, PCUSA) (Feb. 13th, 1887)

(Omitted)

For medical work, Dr. Allen has asked nothing, his medical expenses being met by outside practice; Miss Ellers and my own work being asked for and a small additional sum to cover Mr. Underwood's expenses incurred in the work of teaching the hospital school.

(Omitted)

Mr. Underwood personally bought part of this, so that he might be farther removed from the sights, sounds, and smells which were next door to him. If this is bought, then we would own to the street, the Methodist mission owning the other side, and we could have a decent outlook and a good street instead of the narrow lane down which Mr. Underwood and I must pass whenever we go out. Dr. Allen's entrance fronts another way; then we would be secluded and shut off from Koreans on all sides save one, and that only a small part, since the Korean government has purchased the adjoining property tome and placed the electricians there.

(Omitted)

So far, the only opposition offered to our work has come from the foreigners here. It has only been the slights cast upon missionaries and the taunts about missionary work, and these are too small to be worth notice. I call upon and receive calls from the highest Korean officials and we are invited to banquets at the palace, though Dr. Allen tells me, it is known that I am a missionary.

(Omitted)

18870218

삼항구관초(三港口關草),
각사등록 (1887년 2월 18일, 정해 1월 26일)
Official Documents between the Foreign Office and the Three Open Ports (Feb. 18th, 1887)

관문: 상고하건대, 제중원 의사 알렌의 신수비 50원을 금년 1월부터 인천항에서 매달 지급하라는 취지의 처분을 받들어 이에 관문을 보내니, 관문이 도착하는 즉시 이에 따라 시행하여 해당 의사가 끼니를 거르는 처지에서 벗어나게 하라.

丁亥 正月 二十六日 關仁港

相考事 濟衆院 醫師 安連 薪水費 五十元 自今正月 由仁川港 按月計給之意 奉承處分矣 兹以發關 到卽遵此施行 俾該醫師 致免闕食之地宜當者.

신수비(薪水費)

알렌이나 헤론은 조선 정부로부터 보수를 받지 않았다. 고용 계약서를 쓰지도 않았고, 병원 규칙에도 보수 규정은 없었다. 그러나 조선 정부는 1887년 (음력) 1월부터 '신수비[때로 월급이라고 표현됨]' 명목으로 제중원 의사에게 월 50원씩을 정기적으로 지급하기로 하였다. 통서일기에 나타난 알렌의 신수비 관련 기사는 다음과 같다.

1. '關仁港, 濟衆院 醫師 安連 薪水費, 五十元, 自今正月, 按月計給事.' 통서일기 (1887년 2월 18일, 고종 24년 1월 26일)
2. '濟衆院 醫師 薪水費, 由仁港計給事.' 통서일기 (1887년 2월 24일, 고종 24년 2월 2일)
3. '仁港報, 醫師 安連 月給 五十元, 稅項 甚絀, 無以計給事.' 통서일기 (1887년 2월 18일, 고종 24년 2월 3일)
4. '仁港牒報, 醫師 安連 薪水費 五十元, 不得計給事, 題, 此非 本衙門

擅斷事.' 통서일기 (1887년 2월 25일, 고종 24년 2월 9일)

　　5. '醫士 安連 ·史納機 月給, 收票 上送事.' 통서일기 (1887년 4월 23일, 고종 24년 4월 1일)

　　6. '五月朔 醫士 安連 月給 五十元, 七月朔 育英公院 經費 三百元, 交付 於稅務司 史納機, 收票 四張, 依例上送.' 통서일기 (1887년 8월 25일, 고종 24년 7월 7일)

　　7. '濟衆院 醫師 閏四月朔 月給 五十元, 育英院 六月朔 經費 三百元, 幷 交 史納機 稅司, 收票 四紙 上送.' 통서일기 (1887년 9월 20일, 고종 24년 6월 4일).

　　8. '仁監報, 八月份 總稅務司 及本海關 經費·麥登司 薪水·濟衆院 醫士 安連 月給 七月條.' 통서일기 (1887년 10월 23일, 고종 24년 9월 7일)

　　9. '濟衆院 醫師 安連 八月 薪水 洋銀 五十元·農務敎師 爵佛雷西 十月分 薪水 洋銀 一百六十六元六角六分, 領票 六佾 上送事.' 통서일기 (1887년 11월 19일, 고종 24년 10월 5일)

　　10. '安連 九月朔 月給 五十元·育英院 十一月朔 經費 三百元, 合票紙 五張上 送事.' 통서일기 (1887년 12월 21일, 고종 24년 11월 7일)

　　11. '仁監報, 本年 十月 總稅務司及本海關 經費 三千七百元 …… 濟衆院 安連 十月份 薪水 五十元.' 통서일기 (1888년 1월 19일, 고종 24년 12월 7일)

　　12. '醫士 安連 正月條 五十元·華電局 二月朔 經費 七百十四元二角九分·世昌行欠疑分排條 一千元 幷交, 討領票 共八紙 上送.' 통서일기 (1888년 6월 9일, 고종 25년 5월 11일)

　　1~4번 기사에서 보듯이 신수비의 지급은 인천세관과 통리아문 사이의 입장 차이로 바로 시행되지 않고 음력 4월부터 시행되었다. 이 신수비는 육영공원 교사 등 조선 정부를 위해 일하고 있던 다른 외국인들에게 지급된 보수와는 몇 가지 점에서 차이가 있었다. 우선 금액에서 큰 차이가 있었는데, 480원을 받았던 육영공원의 외국인 교사들의 1/10분밖에 되지 않았다. 다음으로 신수비 지급은 실무 부서의 반대를 비롯하여 체불 등 몇 가지 문제를 겪으며 1890년까지의 짧은 기간 동안만 시행되었다. 1890년 1월 헤론에게 22개월 치 신수비를 지급해야 한다는 기록이 있는데, 이는 1888년 3월부터 지급돼야 할 신수비가 한 번도 지급되지 않았음을 의미한다. 정식으로 고용된 외국인들이 받던 금액의 1/10 정도에 해당하는 금액이 매우 부정기적으로 지급된 것을 정상적인 보수라고는 볼 수 없다. 또한 월급이라면 모두에게 지급되었어야 하지만, 알렌과 헤론 그리고 엘러즈가 있었음에도 한 사람에게만 지급되었다.

　　알렌은 주미 한국 공사관의 서기관으로 임명되어 제중원의 운영을 존 W.

헤론에게 넘기면서 신수비를 '왕가와 병원의 의사로서 매달 허용된 50달러'라고 지칭하며, 이를 지급하는 해관의 총세무사인 헨리 F. 메릴에게 '병원을 위하여 구입한 의약품 청구서를 제시할 때 J. W. 헤론 박사에게 동일한 금액을 지불'해 줄 것을 부탁하였다.

이와 같이 제중원 의사에게 지급된 신수비는 봉급이 아닌 일종의 보조비적인 성격이었고 알렌과 헤론은 이를 의약품 대금의 지불에 사용하였다.

제임스 C. 헵번(요코하마)이 프랭크 F. 엘린우드(미국 북장로교회 해외선교본부 총무)에게 보낸 편지 (1887년 2월 19일)

(중략)

나는 (헤론) 박사와 언더우드 씨에게 인내하고, 사직을 철회하며, 그들이 성실한 봉사를 해야 할 그리스도의 종이라는 것을 기억하라고 조언하였습니다. 그리고 그들은 가볍게 언어 학습을 포기할 수 없으며, 자신들을 위한 귀중한 것이나 존경하는 명예를 찾지 말고 사소한 일들과 알렌 박사의 행동에 마음을 두지 말 것이며 자신들의 유용함을 준비하라고 하였습니다. 만일 그가 돈을 벌었고 그가 최선이라고 생각해서 사용한다면 그를 놔두어야 합니다. 만일 양반의 동의로 포도주를 마셨고, 그가 번 돈에서 말 두 마리를 유지하고 있다면 그렇게 하도록 놔두어야 합니다. 나는 헤론 박사에게 그가 제중원에서 알렌 박사 밑에서의 직책이 마음에 들지 않으면, 상당히 독립적이고 더 선교사적 특성을 갖는 병원을 개원해야 할 것이라고 조언하였습니다. 나는 이런 인내와 참음으로 모든 일이 그들에게 좋아질 것이며, 그들이 파송된 사역도 잘 될 것이라고 말하였습니다.

(중략)

나는 모든 것이 잘 될 것이라고 믿습니다. 나는 알렌 박사가 안쓰럽습니다. 그의 기독교적 원칙은 무섭게 시련을 받고 있습니다. 사탄은 뉴욕 시에서와 마찬가지로 불쌍하고 비참한 한국의 왕국에서 강력하고 분주합니다. 우리는 그런 갈등을 이겨내며, 그들에게 격려와 위로를 줄 수 있는 것이 거의 없는, 불쌍한 우리 형제들을 위하여 진실한 기도를 드려야 합니다.

(중략)

James C. Hepburn (Yokohama),
Letter to Frank F. Ellinwood (Sec., BFM, PCUSA) (Feb. 19th, 1887)

Yokohama,

Feb. 19, 1887

My dear Dr. Ellinwood,

(Omitted)

I advised the Dr. & Mr. U. to be patient, [to] withdraw their resignations, to remember they were the servants of Christ to whom they owed faithful service which they could not lightly throw up to study the language and prepare themselves for greater usefulness not to seek high things for themselves or over____ honors to respect themselves so as not to mind any slights that they may be subjected to not to look too ____tely into the affairs nor mind the manners of Dr. A. If he earned the money let him spend it as he might think best. If he drank wine at his table consented with the noble and great & kept two horses out of the money he earned, let him do so. I advised Dr. H. if he found his position in the Govt. Hospital under Dr. A. disagreeable that he should open one for himself quite independent & having more of a missionary character. I told them that by patience and perseverance in this way, all things would turn out well for them and the work for which they were sent out.

(Omitted)

I trust all will turn out well. I feel sorry for Dr. Allen. His christian principles are being fearfully tried. The world and Satan are just as powerful & busy in that poor and miserable kingdom of Korea as they are in New York city. We must pray earnestly for our poor dear brethren who are enduring such a conflict and so little about them to cheer & comfort them.

(Omitted)

프랭크 F. 엘린우드(미국 북장로교회 해외선교본부 총무)가
호러스 N. 알렌(서울)에게 보낸 편지 (1887년 2월 19일)

188(7)년 2월 19일

H. N. 알렌, 의학박사,
　한국 서울

친애하는 알렌 박사님,

　귀하의 편지들은 최근 우편을 통하여 헤론 및 언더우드 씨의 편지와 함께 받았습니다. 우리가 그 문제를 조사할수록 우리는 귀하가 선교부를 떠날 생각을 해서는 안 된다는 것에 더욱 만족하고 있으며, 그것이 또한 외국인 공동체와 육영공원의 교사들의 판단이라는 것을 알아야 할 이유가 있다고 말할 수 있습니다. 아무도 헤론 박사가 외국인 진료와 정부의 호감을 유지할 수 있다고 생각하는 것 같지 않으며, 귀하가 떠나면 선교부는 실제적으로 무너질 것으로 생각하고 있습니다. 귀하가 나에게 썼던 몇 가지 점들은 교사들이 다른 쪽 사람들에 동조하고 귀하에게 반대하는 것이 아닌가 나를 걱정되게 하였지만, 그것이 꼭 그렇지 않다는 것을 알 이유가 있습니다. 나는 귀하를 절대적으로 신뢰하며 말하지만, 귀하의 직책은 확고하며, 귀하가 그것을 버려야 할 이유는 이 세상에 없음을 단호하게 강조합니다.

　언더우드 씨는 어려움을 조정하기 위한 계획을 보냈고, 그와 헤론은 사직을 철회하였습니다. 나는 이 계획에 대해 반대하는 어떠한 것도 하지 않았지만 우리는 약간의 부수적 조항을 첨가할 것인데, 그 중 하나가 의사들은 외부 진료의 계정을 따로 유지하며, 선교부가 아닌 선교본부에 보고하도록 하여 일시불로 급여에서 감할 수 있게 하는 것입니다. 이것은 한 사람이 다른 사람의 일에 간섭할 기회를 모두 없애기 때문에 상황을 크게 완화시킬 것입니다. 선교본부에 의해 지원되는 선교부 항목 및 지출만이 선교부의 재무에게 보고될 것입니다. 오늘 총무들의 회의에서 동의하였으며, 이 문제에 대하여 인준을 받기 위해 월요일에 개최되는 선교본부의 회의에 제출할 것입니다. 그때까지 이것은 공식적일 수 없으나, 나는 그것이 채택될 것으로 믿습니다. 우리는 감독 위원회를 연기하도록 일본에 전보를 보냈으며, 마지막에 필요하다고 생각되지 않는 한 아마도 한국을 방문하지 않을 것입니다.

이제 나는 귀하가 성공적인 귀하의 직책에 머물 것이며, 현재 우리가 갖고 있는 모든 생각을 떨쳐버릴 것을 다시 한 번 촉구하고 싶습니다. 만일 얼마 후 귀하의 건강이 휴식을 필요로 하게 되면, 그에 맞게 조치를 취할 수 있습니다. 나는 귀하가 이곳에서 개업하기가 쉬울 것이라는 어떤 가능한 기대에도 실망할 것이라는 것을 알고 있습니다. 그것은 대단히 어렵고, 어떤 경우에도 귀하가 한국에서 열려 있는 유용함의 기회를 발견할 수 없을 것이라고 생각합니다. 100명에 한 명도 귀하처럼 높은 호의를 받은 사람은 없습니다.

나는 선교본부의 결정이 내려진 후 다시 편지하겠습니다. 알렌 부인과 엘러즈 양에게 안부 전해주세요.

안녕히 계세요

F. F. 엘린우드

Frank F. Ellinwood (Sec., BFM, PCUSA), Letter to Horace N. Allen (Seoul) (Feb. 19th, 1887)

Feb. 19th, 188(7)

H. N. Allen, M. D.,
　　Seoul, Korea.

My dear Dr. Allen:

Your letters were received by the last mail together with some from Messrs. Heron and Underwood. The more we study the question the more are we satisfied that you ought not to think of leaving the Mission, and I may say to you that we have reason to know that that is the judgment, also, of the foreign community and the teachers in the Government school. Nobody seems to believe that Dr. Heron could retain the foreign practice and the favor of the Government, and think that if you leave the mission will virtually collapse. Some things that you had written to me led me to fear that the sympathies of the teachers were with the other party and against you, but I have reason to know that that is not the case. I speak to you in perfect confidence, but I say emphatically that you are strong in your position and that there is no earthly reason why you should think of deserting it.

Mr. Underwood has sent a plan for adjusting the difficulties, both he and Heron having recalled their resignations. I do not anything objectionable in the plan, but we shall insert some additional clauses, one of which will be to the effect that the physicians, shall keep an account of their outside practice separately and only report it to the Board not to the Mission, that it may be deducted from the salaries in a lump sum. This will relieve the situation very much, as it withdraws all opportunity for one man to interfere in the affairs of another. Only mission accounts and expenditures which are supported by the Board are to be reported to the Treasurer of the Mission. We have agreed in a conference of the Secretaries today, to submit this question to the Board at its meeting on Monday for ratification. Until that it cannot be official, but I am persuaded that that will be adopted. We have telegraphed to Japan to delay the Commission and probably they will not visit Korea at all unless it shall be found necessary as a last resort.

Now I want to urge again that you hold the position in which you have been so successful, and lay aside all thought of giving for us for the present. If at some future day your health will acquire a change, we can make some arrangement accordingly. I know that you would be disappointed in any possible expectation that it would be easy to get into practice here. It is exceedingly difficult, and in any case you could not find so good an opportunity for usefulness anywhere as the one which has been opened to you in Korea. Not one man in a hundred is so highly favored as you have been.

I shall write you further after the action of the Board. With kind regards to Mrs. Allen and to Miss Ellers, I remain,

Sincerely yours,
F. F. Ellinwood

호러스 N. 알렌(서울)이 윌리엄 W. 록힐
(주한 미국 임시 대리공사)에게 보낸 편지 (1887년 2월 19일)

한국 서울,
1887년 2월 19일

안녕하십니까,

현재 남부 지방에서 전염병인 '염병'(재귀열 혹은 기근열, 역병 등)이 유행하고 있음을 알려드립니다.

이 질병은 일 년 내내 이 나라의 일부에서 유행하는 풍토병입니다. 그것은 걸린 환자의 30%에서 치명적입니다. 천연두보다 더 무섭고 사람들의 마음에서 콜레라 다음으로 자리를 잡고 있습니다.

안녕히 계십시오.
H. N. 알렌, 의학박사

W. W. 록힐 님 귀중,
주한 미국 임시 대리공사

Horace N. Allen (Seoul), Letter to William W. Rockhill
(U. S. *Charge d'Affaires ad interim* to Korea) (Feb. 19th, 1887)

Seoul, Korea,

Feb. 19/ 1887

Dear Sir: -

I have to inform you of the fact that the contagious and infectious disease "Yin Pyung" (relapsing or famine fever, Plague, etc.) is now epidemic in the Southern Provinces.

This disease is endemic in parts of the country the year round. It is fatal in about thirty percent of the number attacked. It is more dreaded than is Small-pox and ranks next to Cholera in the minds of the people.

Yours very truly,

H. N. Allen, M. D.

To

W. W. Rockhill Esquire,

Charge d'Affaires ad interim,

United States to Korea

호러스 N. 알렌(서울)이
메저즈 홀 앤드 홀츠(상하이)로 보낸 편지 (1887년 2월 24일)

한국 서울,
(18)87년 2월 24일

메저즈 홀 앤드 홀츠,
　　상하이

안녕하십니까,

　　저에게 보내주세요.
　　6벌의 흰 오리털 바지, 상당히 두툼하고, 많은 솔기
　　귀 회사가 지난 여름에 나에게 만들어준 것과 같은 모양과 품질의 검은색 캐시미어 코트 1개와 흰색 조끼 1개
　　가볍고 줄무늬가 있고 (11번), 양호하고 내구성이 있으며 비싸지 않은 여름 양말 반 다스
　　3세 남아용 여름 밀짚모자와 모자 띠 1개
　　어린이용 낮은 여름 신발 2벌(각각 1개), 밑창이 동봉한 도형인 크기로, 또한 치수가 반이 큰 것 각각 하나.
　　신발 밑창 크기의 면양말 각각 반 다스
　　흰색 천 6야드 (P. K.)
　　주름진 흰색 플란넬 5야드
　　동봉한 표본과 같은 흰색 및 파란색 제퍼 각각 8다스

　　안녕히 계세요.
　　H. N. 알렌

Horace N. Allen (Seoul),
Letter to Messrs. Hall & Holtz (Shanghai) (Feb. 24th, 1887)

Seoul, Korea,

Feb. 24/ 87

Messrs. Hall & Holtz,

Shanghai

Gentlemen,

Please send me

Six pairs white duck pantaloons, rather heavy quality, braid down seams.

1 black cashmere coat and one white vests, of the same style and quality as those you made for me last summer.

½ dz summer socks. light, striped, (No. 11) good, durable, not high priced.

1 summer straw hat for 3 yr old boy, size of hat band enclosed.

2 pr (1 each) low summer shoes for children, size of enclosed pattern of sole, also 1 each, ½ size larger.

½ dz ea cotton socks size of shoe sole.

6 yards white goods (P. K.)

5 " " crepe flannel.

8 dz each. white & blue zephyr like samples enclosed.

Yours very truly,

H. N. Allen

윌리엄 W. 록힐(주한 미국 공사)이 토머스 F. 베이야드
(미국 국무장관)에게 보낸 공문 (1887년 2월 25일)

제65호. 외교 관련. 동봉물 1개

미합중국 공사관,
서울, 1887년 2월 25일

W. W. 록힐 씨가 국무장관께

주제
현재 한국 남부 지방에서 유행하는 감염병과 전염병

제65호. 외교 관련. 동봉물 1개

미합중국 공사관,
서울, 1887년 2월 25일

토머스 F. 베이어드 님,
국무장관,
워싱턴, D. C.

안녕하십니까,

저는 감염병과 전염병이 현재 한국 남부 지방에서 유행하고 있음을 알리는
H. N. 알렌 박사로부터 받은 편지 사본을 귀하께 전달하게 되어 영광입니다.

안녕히 계십시오.
W. W. 록힐

동봉 1. 알렌 박사가 록힐 씨에게, 1887년 2월 19일[15]

---

15) Horace N. Allen (Seoul), Letter to William W. Rockhill (U. S. *Charge d'Affaires ad interim* to Korea)
(Feb. 19th, 1887)

William W. Rockhill (U. S. Minister to Korea), Despatch to Thomas F. Bayard (Sec. of State, Washington, D. C.) (Feb. 25th, 1887)

No. 65 Dip. series One Inclosure

Legation of the United States,
Söul, February 25, 1887

Mr. W. W. Rockhill
to the
Secretary of State

Subject

Contagious and infectious disease now epidemic in southern provinces of Korea

----

No. 65. Dip. series One Inclosure

Legation of the United States,
Söul, February 25, 1887

The Honorable
Thomas F. Bayard,
Secretary of State,
Washington, D. C.

Sir,

I have the honor to forward to you herewith a copy of a letter received from Dr. H. N. Allen, announcing that a contagious and infectious disease is now epidemic in the southern provinces of Korea.

I have the hour to be,

Sir,

Your obedient servant,
W. W. Rockhill

Inclosure 1. Dr. Allen to Mr. Rockhill, Feb. 19, 1887

호러스 N. 알렌(서울),
제중원으로 대여해 준 의약품에 대한 비망록 (1887년 2월 28일)

제중원으로 대여해 준 의약품에 대한 비망록
1887년 2월 28일

2½ 파운드	올레 산	1/8	4/2
5 "	파울러 용액	/10	4/2
2 "	코파이바 발삼	2/6	5
½ "	___ 분말	6/9	3/5
3 "	시트르산 철 암모늄	2/1	6/3
2 "	쿠베브 가루	3/6	7/
2 "	컬룸바 가루	1/4	2/8
1 "	암모니아 수은염		4/3
5 "	초산 나트륨	/10	4/2
2 "	염화암모늄	1/7	3/2
10 "	아카시아 수지(樹脂)	2/6	1.5
2 "	해총(海蔥) 틴크 제	2/10	5/8
2 "	마전자(馬錢子) "	4/	8/
2 "	콜키쿰 ___	2/2	4/4
5 "	_____	/9	3/9
1 "	카카오 나무 ___	6/__	12/5
1 "	비례 요금, 상자, 화물비 등.	__/5	
	6.00달러 1파운드	25	5/5 31.63달러
3 "	피마자유	50	1.50
2¾ d	대구 간유	9.00	24.70
1 "	제2철 하이포아인산염		.30
½ "	아선약(阿仙藥)	50	.25
1 "	쥐오줌풀 뿌리		1.00
2	눈금 매긴 용기		
	4그램. 60센트. 20그램 90센트		1.50

2 약자사발 20그램 1.15, 40그램 1.35 2.40
상자 1.50 화물비 등 2.00 세금 10% 3.00 6.50 _____
69.83달러

Horace N. Allen (Seoul), Memo of Medicines Loaned to the Government Hospital (Feb. 28th, 1887)

Memo of Medicines Loaned to the Government Hospital
Feb. 28, 1887.

2½ lb	Acid Oleic	1/8	4/2
5 "	Fowler Solution	/10	4/2
2 "	Balsam Copaiba	2/6	5
½ "	____ Pulv.	6/9	3/5
3 "	Feni et Am. Citras	2/1	6/3
2 "	Cubeb Pulv.	3/6	7/
2 "	Calumba "	1/4	2/8
1 "	Hydrargyrum Ammoniatum		4/3
5 "	Sodii Acetas	/10	4/2
2 "	Ammonium Chloride	1/7	3/2
10 "	Acacia Gum	2/6	1.5
2 "	Tincture Scilla	2/10	5/8
2 "	" Nux Vomica	4/	8/
2 "	___ Colchicum	2/2	4/4
5 "	_____	/9	3/9
1 "	__ Theobromata	6/___	12/5
1 "	Proportionate Charges Cases	___/5	
	Freight etc. $6.00 £1	25 5/5	$31.63

3	"	Castor Oil		50	1.50
2¾ d		Cod-liver Oil		9.00	24.70
1	"	Ferri Hypophosphite			.30
½	"	Catechu		50	.25
1	"	Valerian root			1.00
2		Graduates	4g. 60¢. 20g 90¢		1.50
2		Mortars	20g 1.15, 40g 1.35		2.40
		Case 1.50 Freight etc. 2.00 Duty 10% 3.00			6.50

$69.83

호러스 N. 알렌(서울)이 마이어 앤드 컴퍼니로 보낸 편지 (1887년 3월)

[날짜가 없음][16]

마이어 앤드 컴퍼니

안녕하십니까,

나는 몇 달 전에 편자공(鞭子工)에게 내 조랑말이 드러누웠을 때 편자를 신기지 말라고 말하였습니다. 나는 그가 1887년에 편자를 신기지 않았다는 것을 알고 있습니다. 더 이상 조랑말을 갖고 있지 않기 때문에 내 이름을 목록에서 삭제해 주십시오.

나는 86년도 분 전액을 지불하였습니다.

안녕히 계세요.
H. N. 알렌

---

16) 원문에 날짜가 표기되어 있지 않지만, 앞뒤 편지를 살펴볼 때 3월 초로 추정된다.

Horace N. Allen (Seoul), Letter to Meyer & Co. (Mar., 1887)

[no date]

Meyer & Co.

Gentlemen: -

I told the farrier some months ago not to shoe my pony as he was laid up. I know he has not been shod in '87. Kindly omit my name from the list as I have no pony any more.

I have paid up for '86 in full.

Yours,
H. N. Allen

삼항구관초(三港口關草),
각사등록 (1887년 3월 3일, 정해 2월 9일)
Official Documents between the Foreign Office and
the Three Open Ports (Mar. 3rd, 1887)

보고: 인천항의 세금이 매우 부족하여 의사 알렌의 신수비 50원은 지급할 수 없다.

제내: 이 일은 본 아문이 함부로 결정할 수 없는 일이다.

同日[17] [仁港報題]

本港稅銀甚絀 醫師安連 薪水費 五十元 不得計給緣由事.

題內 此非本衙門__斷事.

---

17) 丁亥 二月 初九日

호러스 N. 알렌(서울)[T. 켐퍼만에 대한 진단서]
(1887년 3월 5일)

한국 서울,
1887년 3월 5일

나는 불가피하게 변화를 권할 정도로 켐퍼만 씨18)가 심각한 건강 악화 상태에 있음을 증명합니다.

여름이 그에게 재앙이 될 것이기에 나는 그의 출발이 5월보다 늦어지지 않도록 촉구하는 바입니다.

삼가 제출합니다.
H. N. 알렌, 의학박사

Horace N. Allen (Seoul)[Certificate for T. Kemperman] (Mar. 5th, 1887)

Seoul, Korea,
Mch. 5th, 1887

I certify that Mr. Kemperman is in such a serious condition of ill-health as to render a change imperative.

I urge that his departure be not delayed later than May next; as the summer would doubtless be disastrous to him.

Respectfully submitted.
H. N. Allen, M. D.

---

18) T. 캠퍼만은 1886년 5월 17일부터 1887년 5월 22일까지 주한 독일 총영사로 근무하였다.

호러스 N. 알렌(서울)이 토머스 F. 베이야드(미국 국무장관)에게 보낸 편지 (1887년 3월 7일)

토머스 F. 베이야드 님,
    국무장관,
    워싱턴, D. C.

안녕하십니까,

    저는 미국 정부가 한국의 제물포에 영사관을 조기에 설립할 가능성을 고려하여, 이 직책에 지원서를 정중히 제출하게 되어 영광입니다.
    저는 서울에 거주한 지 3년이 넘었으며, 그 동안 의료 활동을 하였고 한국의 왕이 경의를 표하였습니다.
    중국과 한국의 언어에 대한 약간의 지식을 소유하고 있기 때문에 국무부에서 만족할 만큼 제가 요청한 직책의 의무를 수행할 수 있을 것이라고 확신합니다.

    삼가 제출합니다.
    H. N. 알렌, 의학박사

    한국 서울, 1887년 3월 7일

Horace N. Allen (Seoul), Letter to Thomas F. Bayard (Sec. of State, Washington D. C.) (Mar. 7th, 1887)

Honorable Thomas F. Bayard
  Secretary of State
  Washington, D. C.

Sir,

In view of the probability of the early establishment of a Consulate at the Port Chemulpoo (Korea) by the U. S. Government, I have the honor to respectfully submit an application for this post.

I have been a resident of Seoul for upwards of three years during which time I have been practising medicine and have been honored by His Korean Majesty.

Possessing some knowledge of the languages of China and Korea, I feel sure that I would be able to discharge the duties of the office I solicit to the satisfaction of the Department.

Very Respectfully Submitted
H. N. Allen, M. D.

Seoul, Korea, Mch. 7th, 1887

호러스 N. 알렌(서울)이 존 F. 씨먼(상하이)에게 보낸 편지
(1887년 3월 7일)

서울,
(18)87년 3월 7일

친애하는 씨먼 씨,[19]

표본(을 보내주신 것)에 대하여 많은 감사를 드립니다. 나에게 동봉된 표본과 같은 종류 별로 각각 15달러 상당(약 10야드)을 보내 주시고, 파란색 비단을 장식할 연청색 비단 비로드 약 5피트(약 5달러)를 보내주십시오. 스카프 비용을 지불하기 위하여 상하이 앤드 홍콩 은행의 수표를 동봉합니다. 포장 속에 그것들을 넣어 이 편지와 함께 홀 앤드 홀츠로 보내주시면 그들이 물건과 함께 나에게 배송할 것입니다.

안녕히 계세요,
H. N. 알렌

---

19) 존 F. 씨먼(John Ferris Seaman, 1844~1915)은 당시 상하이의 위스너 앤드 컴퍼니에서 사무원으로 근무하였다. 그는 뉴욕 주 리치몬드 카운티에서 출생하여 1861년 상하이로 건너가 상업에 종사하였다. 그는 중국의 왕립 아시아 학회의 창립자이자 회장으로 활동하였다. 그는 메인 주에서 사망하였다.

Horace N. Allen (Seoul),
Letter to John F. Seaman (Shanghai) (Mar. 7th, 1887)

Seoul,

Mch. 7/ (18)87

Dear Mr. Seaman,

Many thanks for the samples. Please send fifteen dollars worth (about 10 yards) each of the kind like enclosed samples, also about five feet (about $5.00) of light blue silk velvet to trim the blue silk. I enclose cheque on S & H Bank for $35.00 to pay for the scarves. Seal them in a package and send with this letter to Hall & Holtz where they will be shipped with goods to me.

Yours very truly,

H. N. Allen

한국 – 불화의 조정. 미국 북장로교회 해외선교본부
실행이사회 회의록, 1837~1919 (1887년 3월 7일)

한국 – 불화의 조정. 한국 선교부에서 어려움의 조정과 관련하여 선교본부
는 다음의 문건을 채택하였다.

가장 최근 편지들에 기재된 한국 선교부의 현재 상태와 관련하여 다음과
같이 결의하였다,

첫째. H. N. 알렌 박사는 일시적이라도 선교부에서 떠나겠다는 의사를 번
복하도록 진심으로 요청한다.

둘째. 한국의 왕이 그에게 위임한 병원의 운영에서, 그는 책임 의사로 간
주될 것이지만, 선교본부는 그가 모든 중요한 문제에서 부의사와 논의할 것을
조언한다.

셋째. 그는 외부 진료에서 받은 기금을 개인 계정에 유지하며, 선교부 재
무에게는 급여에 계산될 총액만을 언급하도록 한다.

넷째. 병원에서 사용되는 상당한 금액의 모든 지출은 의사가 서명한 증명
서에 따라 회계가 인출하는 정규 선교부 기금에서 충당한다.

다섯째. 고아원, 의학교 및 모든 엄격한 선교 사업은 지침서에 따라 실행
위원회의 지시 하에 둔다.

여섯째. 선교본부는 이러한 조치가 조화로운 결과를 이끌도록 희망하며, J.
W. 헤론 박사에게는 만일 그가 원한다면 한국의 개항장 두 곳 중 한 곳에서
의료 선교사로 활동하는 특권을 제안한다.

Korea - Adjustment of Difficulties.
Minutes [of Executive Committee, PCUSA], 1837~1919 (Mar. 7th, 1887)

Korea - Adjustment of Difficulties. The following paper was adopted by the Board with reference to the adjustment of the difficulties in the Korean Mission.

In view of the present state of affairs in the Korean Mission as set forth in the most recent letters, it was Resolves,

1st That Dr. H. N. Allen be earnestly requested to relinguish his intention of withdrawing from the Mission even temporarily.

2nd That in the management of the Hospital which the King of Korea has entrusted to his care, he is to be considered the Physician in Chief, though the Board would advise that he consult with his associate physicians in all important matters.

3rd That he be requested to keep a private accounts of funds received from outside practice, only naming to the Mission Treasurer the total amount to be reckoned on the salary.

4th That the expenditures of any considerable amounts for the hospital be covered from regular mission funds to be drawn from the Treasurer on certificates signed by the Physicians.

5th That the Orphanage, the Hospital school, and all strictly mission work be under the direction of the Executive Committee, according to the Manual.

6th That while the Board hopes that this arrangement may lead to harmonious, results, it offers to Dr. J. W. Heron, the privilege, if he so prefers, of establishing himself as a medical missionary at either of the open ports of Korea."

프랭크 F. 엘린우드(미국 북장로교회 해외선교본부 총무)가
존 W. 헤론(서울)에게 보낸 편지 (1887년 3월 7일)

뉴욕,
1887년 3월 7일

친애하는 헤론 박사님,

(중략)

(3) 귀하와 언더우드 씨가 알렌 박사에 반대하는 편지를 보낼 때까지 아무런 규탄이나 비난이 결코 없었습니다. 우리는 그가 편지에서 불화가 있었던 것과 관련된 어떤 사실을 설명하기는 하였지만, 귀하에 대하여 항상 친절하게 이야기하였음을 알고 있습니다.

(4) 우리는 귀하와 언더우드 씨가 귀하의 편지에서 파생된 개인적 감정의 영향을 주로 받았다는 인상을 가지고 있습니다. 귀하는 "무시당했다"거나 "의견을 구하지 않았다" 등의 이야기를 하고 있으며, 이전의 편지에서 귀하는 현재 왕 앞에서 귀하의 직급이 알렌 박사와 "동등"하다고 이야기하였습니다. 귀하가 알렌 박사를 "멍청이"라고 불렀고, 그가 귀하를 문밖으로 나가라고 위협하였던 일에서 귀하는 그가 하였던 것만 언급했고, 양측에 대한 그의 솔직한 고려에서 상대적으로 바람직하지 않은 인상을 주었습니다. 그것은 그를 반대하게 만들기를 바랐다는 것을 나타내는 것 같습니다.

(중략)

(7) 나는 오늘 선교본부 회의에서 전체 일을 면밀하게 심사숙고한 후 내린 결정을 귀하게 보냅니다.

언더우드 씨의 계획에 대한 알렌 박사의 암묵적 동의는 그가 고향으로 올 때까지 일시적으로 계획을 중단하는 것뿐입니다. 그는 어떤 것도 요구하지도 제안하지도 않았습니다. 그는 그가 선교지를 귀하와 언더우드 씨에게 남겨두는 것이 최선이라는 견해를 표현하였습니다. 그의 편지는 여러분 모두에게 전적으로 친절합니다. 그는 다만 더 이상의 불화가 일어나는 것을 피하고자 할 뿐입니다. 선교부 외부에서 일부 사람과 선교본부가 존경하는 견해를 가진 사람들이 그가 떠나는 것에 반대합니다.

(중략)

안녕히 계세요,
(서명) F. F. 엘린우드

선교본부의 결정[20]

(중략)

  * 내가 작성하고 _____한 로우리 및 미첼 박사들(길레스피 박사는 불참)에게 제출한 문서에는 [서울의] 박사들을 동등하게 되어 있었습니다. 미첼 박사는 반대하였고 로우리 박사는 지속하자고 하였으며, 선교본부는 우리가 제출한 것을 통과시켰습니다.

Frank F. Ellinwood (Sec., BFM, PCUSA), Letter to John W. Heron (Seoul) (Mar. 7th, 1887)

New York,
March 7th, 1887

My dear Dr. Heron:

(Omitted)

  (3) There had never been any arraignment or charges until you and Mr. Underwood sent those against Dr. Allen. We had always spoken kindly of you in his letters, though he had related some facts concerning which there had been difficulty.

  (4) Our impression that you and Mr. Underwood were largely influenced by personal feeling was derived from your own letters. You spoke of being "ignored",

---

20) 다음의 문건을 참조할 것. Korea - Adjustment of Difficulties. *Minutes [of Executive Committee, PCUSA], 1837~1919* (Mar. 7th, 1887)

of "not being consulted, etc.", and you had in a previous letter spoken of being "equal" with Dr. Allen in your position before the King now that your decoration was received. The fact that in the incidents in which you called Dr. Allen an ass and he threatened to put you out of doors, you only stated what he did, gave here an unfavorable impression in comparison with his frank account of both sides; it seemed to indicate a desire to make a case against him.

(Omitted)

(7) I send you the action which was taken today in full Board meeting after a careful consideration of the whole case.

The acquiescence of Dr. Allen in Mr. Underwood's plan, only contemplated a sort of truce till he shall come home. He has not asked or suggested anything. He has expressed the opinion that it will be best for him to leave the field to you and Mr. Underwood. His letter is entirely kind to you both. He only desires to avoid all chance of future quarrels. The protests against his leaving some from outside the Mission and from men whose views the Board respects.

(Omitted)

Very sincerely yours,
(Signed) F. F. Ellinwood

Action of the Board

March 7th, 1887.

(Omitted)

* In the paper which I drew up & presented to the _____ ____ Drs. Lowrie & Mitchelle (Dr. Gillespie was absent). The second article made the Drs. coordinate. Dr. Mitchell objected & Dr. Lowrie sustained ____ & the Board (you in the chair) passed the paper as ___inded by as we given.

프랭크 F. 엘린우드(미국 북장로교회 해외선교본부 총무)가
호러스 N. 알렌(서울)에게 보낸 편지 (1887년 3월 7일)

뉴욕,
1887년 3월 7일

친애하는 알렌 박사님,

　　박사님의 편지가 오늘 왔습니다.[21] 다른 편지들도 함께 왔습니다. 우리는 또한 상황에 대한 외부인들의 견해를 알게 되었습니다. 박사님이 현장을 떠나는 것은 선교부에 치명적일 것이라는 점은 한국과 이곳에서 모두 만장일치로 느끼고 있습니다.

　　이러한 견해를 갖고 있는 사람들 중에는 (자신 있게 말하겠습니다) 전부는 아닐지라도 일부의 정부 학교 교사가 있으며, 포크 씨는 나에게 대단히 충분하고 훌륭한 편지를 썼습니다. 우리는 박사님과 동료들이 보낸 모든 편지를 읽었으며, 오늘 선교본부 회의는 내가 동봉한 결의안을 전체 회의에서 통과시켰습니다. 나는 그것들이 하나님께서 사역에 대하여 그토록 분명하게 축복하신 직책을 포기하겠다고 박사님이 제안하기에 충분할 것이라고 생각합니다.

　　나는 이보다 더 크게 지지를 받는 청년을 본 적이 없습니다. 박사님은 왕과 궁전, 그리고 현지인이건 외국인이건 온 도시의 신임을 받고 있습니다. 아마도 박사님은 자신을 구세주 가까이에 머물게 하기 위하여 선교부에서 박사님이 경험하는 육신의 가시가 필요했을 것입니다. 적어도 나는 박사님이 고려되고, 그 안에 있는 영적인 축복을 찾기를 바라고 있습니다.

　　그러나 사탄이 박사님을 궤도에서 벗어나도록 유혹하지 못하게 하십시오. 박사님은 편지에서 상당한 남자다움과 인내를 보여주었지만, 선교지를 떠나야 할 정당한 이유를 누구에게도 줄 수 없었습니다. 박사님은 인생에서 큰 실수로 그것을 후회할 것입니다. 박사님에 대해 제기된 비난은 다른 무엇보다 모호한 견해이었고, 선교본부에 대한 박사님의 입장을 제시하지 않았습니다.

　　선교본부가 박사님을 책임 의사로 임명한 이유는 (1) 섭리와 한국 왕이 박

---

21) 다음의 편지로 추정된다. Horace N. Allen (Seoul), Letter to Frank F. Ellinwood (Sec., BFM, PCUSA) (Feb. 10th, 1887)

사님을 책임 의사로 임명하였고, (2) 그러한 기관에 두 명의 책임자가 있을 수 없기 때문입니다. 그러나 이제 나는 박사님께 그것이 동료(최상의 이름입니다)의 의견을 더욱 더 정중하게 언급하는 것이 될 것임을 상기시켜 드립니다. 박사님은 실제적으로 모든 명백한 차이를 없애는 데까지 이것을 수행할 여유가 있습니다. 내가 ___하지 않는다면 박사님은 이것을 하고, 따라서 모든 비판을 무장해제 시킬 _____를 갖게 됩니다. 배려에 관해서는 다른 사람들이 각자의 장점을 주장해야 합니다. 그것은 통제하거나 합의의 문제가 될 수 없습니다. 계정과 관련하여 선교본부의 조치는 박사님이 원할 수 있는 모든 것입니다.

박사님의 외부 진료의 모든 계정은 박사님의 명예 계정에 남아 있습니다.

병원에서 업무의 분배는 박사님이 원만하게 조정할 수 있습니다.

나는 박사님이 선교본부의 이 결정에 따라 함께 잘 사역을 할 것으로 바라지만, 혹시라도 어느 누가 떠난다면 박사님이 아니라고 이해하고 있습니다. 이제 다른 사람들과 마찬가지로 박사님에게도 말하겠습니다. 한국 선교부가 죽지 않았고, 모든 해외 선교부의 영광인 위대한 영적 목표가 여전히 극히 융성함을, 그리고 박사님이 화합을 굳건히 할 만큼 인내심이 있음을 보여주세요. 그렇게 크게 바라고 있는 교회들을 실망시키지 마세요.

한 사람이 한국을 위하여 6,000달러 이상을 기부하였습니다. 나는 몇 달 동안 감히 그를 볼 수 없었고, 모든 것이 다시 잘 될 때까지 보지 않을 것입니다. 우리는 여러분 모두를 위하여 기도할 것입니다.

안녕히 계세요.
F. F. 엘린우드

Frank F. Ellinwood (Sec., BFM, PCUSA),
Letter to Horace N. Allen (Seoul) (Mar. 7th, 1887)

New York,

March 7, 1887

My dear Dr. Allen:

Your letter came today. Others came with it. We have also learned the opinions of outsiders in regard to the situation. It is the unanimous feeling both in Korea & here that your leaving the field would be well high fatal to the mission.

Among those, who hold this view are (let me say in entire confidence) some, if not all of the Government teachers, Mr. Foulk has written me a very full & able letter. We have read all the letters which you & the brethren have sent, & today the Board in full session passed the resolutions which I enclose. They should be sufficient I think to turn you from your propose of forsaking a post in which God had so signally blessed upon labors.

I have never known a young man more highly favored. You have the confidence of the King & Court, & of the whole city, native and foreign. Perhaps you needed the thorn in the flesh which you experience in the Mission to keep you near the Savior. At least I hope you will be considered & will find the spiritual blessing which is in it.

But don't let Satan tempt you to fly the track. You have shown considerable manliness & forbearance in your letters, but you could never give to any man a good reason for leaving your field. You would regret it as the great error of your life. The charges made against you have been more vague opinions three anything else & have not offered your standing with the Board.

The reason why the Board has constituted you physician in Chief is (1) that providence & the King of Korea placed you in principal charge & (2) that there cannot be two heads to such an institution. But now let me remind you that it will become you all the more to refer to courteously to the opinions of your associates (that is the best name). You can afford to carry this so far as

practically to obliterate all apparent distinction. If I __take not you have the
____nity to do this & thus to disarm all criticism. As to attentions, from the
thing anothers each must stand on his own merits. That cannot be ____lated
upon ie made a matter of agreement. As to accounts the action of the Board is
all that you could wish.

All accts. of your outside practice are left to your own honor account be
above of contention.

Division of labor at the hospital you can amicably arrange.

I hope you will work together nicely after this action of the Board, but if any
one if to leave, understand that you are not the one. Now let me say to you as
to the others. Do show to the world yet that the Korean Mission is not dead -
that the great spiritual aim which is the glory of all foreign Missions & is still in
the ascendents, that you have forbearance enough to make harmony certain. Do
not let the churches whose hopes are so high be disappointed.

One man has given over $6,000 for Korea. I have not dared to see him for
months & shall not until all again goes well. We shall pray for you all.

Sincerely yours,
F. F. Ellinwood

존 W. 헤론(서울)이 프랭크 F. 엘린우드(미국 북장로교회 해외선교본부 총무)에게 보낸 편지 (1887년 3월 7일)

한국 서울,
1887년 3월 7일

친애하는 엘린우드 박사님,

(중략)

우리 모두는 사역에 있어 초보자입니다. 선교지에 가장 오래 있었던 알렌 박사는 중국의 여러 곳에서 단지 1년 동안의 사역을 보았을 뿐입니다. 지혜롭고 뛰어난 조언자 없이 우리가 어떻게 최고의 사역을 할 수 있겠습니까?

(중략)

John W. Heron (Seoul),
Letter to Frank F. Ellinwood (Sec., BFM, PCUSA) (Mar. 7th, 1887)

Seoul, Korea,
March 7, 1887

My dear Dr. Ellinwood,

(Omitted)

We are all young in the work. Dr. Allen, who has been longest in the field, only saw the work in China for about one year, and that in scattered places. How can we do the best work without wise counsel and great personal (grace)?

(Omitted)

18870308

호러스 G. 언더우드(요코하마)가 프랭크 F. 엘린우드(미국 북장로교회 해외선교본부 총무)에게 보낸 편지 (1887년 3월 8일)

(중략)

제가 박사님께 쓰고 싶은 한두 가지 문제가 있으므로 이 편지를 씁니다.

첫째, 선교부 안에서 견해차가 생긴 한 문제가 있는데, 선교본부에서 제가 어떤 입장을 취해야 할지에 대해 말씀해 주시면 좋겠습니다.

저는 한국을 떠나기 직전[22] 몇 명의 사람들에게 세례를 주었습니다. 그들은 세례 문답 시험을 잘 통과하였고, 그들이 가지고 있는 소망에 대한 선한 이유들을 말하였으며, 비록 기독교 믿음을 고백하면 처형당할 수 있다는 사실에도, 그들은 사람보다는 하나님께 복종하겠다고 말하였습니다. 알렌 박사와 헤론 박사도 모두 세례문답에 참석하였으며, 세례를 주어야 한다는 저의 의견에 동의하였습니다. 하지만 며칠 후 저는 알렌 박사로부터 동봉된 편지[23]를 받았으며, 저 역시 동봉된 답장[24]을 보냈습니다. 선교본부가 저의 입장이 어떤 것이 되기를 바라는지 말씀해 주십시오.

(중략)

---

22) 1월 23일이었다.

23) Horace N. Allen (Seoul), Letter to Horace G. Underwood (Seoul) (Jan. 26th, 1887)

24) Horace G. Underwood (Seoul), Letter to Horace N. Allen (Seoul) (Jan. 27th, 1887)

Horace G. Underwood (Yokohama),
Letter to Frank F. Ellinwood (Sec., BFM, PCUSA) (Mar. 8th, 1887)

(Omitted)

There are one or two matters that I wish to write to you about and hence this letter.

First, then in one matter there has arisen a difference of opinion in the mission, and I want the Board to tell me what position they desire me to take.

Several men were baptized by me just before I left Korea. They passed a good examination, gave good reason for the hope that was in them, and in spite of the fact that it might be death to them to profess Christianity, said that they must obey God rather than man. Drs. Allen and Heron were both present at their examination and united with me in the opinion that they should be baptized. A few days afterwards, however, I received the enclosed letter from Dr. Allen which I answered as per letter also enclosed. It is my desire that the Board should tell me what they desire my stand to be.

(Omitted)

호러스 N. 알렌(서울)이 윌리엄 W. 록힐
(주한 미국 대리 공사)에게 보낸 편지 (1887년 3월 9일)

한국 서울,
1887년 3월 9일

안녕하십니까,

저는 귀하께 에디슨 전기 회사에 고용
되어 있는 미국인인 윌리엄 매케이가 오
늘 오후 6시에 총상으로 인한 내부 출혈
및 위 파열로 사망하였음을 알려드려야 합
니다.

삼가 제출합니다.
H. N. 알렌, 의학박사

W. W. 록힐 님 귀중,
주한 미국 대리 공사

그림 8-5. 윌리엄 매케이. *William E.*
Griffis Collection, Rutgers University.

Horace N. Allen (Seoul), Letter to William W. Rockhill (U. S. *Charge d'Affaires* to Korea) (Mar. 9th, 1887)

Seoul, Korea,

Mch. 9th, 1887

Sir,

I have to inform you that Wm. McKay, an American in the employ of the Edison Electric Company, died this day at 6 P. M. from internal haemorrhage, and rupture of the stomach; caused by a pistol shot wound.

Respectfully submitted,

H. N. Allen, M. D.

To

W. W. Rockhill Esq.,

U. S. *Charge d'Affaires* to Korea

호러스 N. 알렌(서울)이 메저즈 홀 앤드 홀츠(상하이)로 보낸 편지
(1887년 3월 9일)

한국 서울,
(18)87년 3월 9일

메저즈 홀 앤드 홀츠,
　　상하이

안녕하십니까,

　　나는 이 우편으로 표본과 같은 슬리퍼 두 켤레를 사고 싶습니다. 가능한 한 빨리 우편으로 한 켤레를 보내주세요. 다른 켤레는 나의 다른 상품과 함께 화물로 보낼 것입니다.

　　또한 나는 견수자 ____의 꾸러미를 요청합니다. 나는 친구인 시면 씨에게 그 물건과 함께 포장되어 배송되도록 화물을 보내라고 알렸습니다. 나는 귀사의 ____로부터 _____하며, 최근 ____에서 __ __ __ __ __.

　　안녕히 계세요.
　　H. N. 알렌

Horace N. Allen (Seoul),
Letter to Messrs. Hall & Holtz (Shanghai) (Mar. 9th, 1887)

Seoul, Korea,

Mch. 9/ 87

Messrs. Hall & Holtz,

Shanghai

Gentlemen,

I wish two pairs of slipper like sample I send by this mail. Kindly send one pair on by mail as speedily as possible. The other pair may be sent by freight with my other goods.

Also I am requesting a package of satin _____. I have instructed my friend Mr. Seaman to send the pkg to you to be packed and shipped with the goods. I ___ ____ ___ from your ___ and by last ___ ___ kind ____ to this ___ and oblige.

Yours very truly,

H. N. Allen

호러스 N. 알렌(서울), 한국의 정세 (1887년 3월 12일)

한국의 정세

일전에 이곳에서 전등과 관련하여 안타까운 사고가 발생하였다. 공사의 책임을 맡고 있는 사람이 기관실에서 실수로 한국인 군인에 의하여 총에 맞았다. 그 군인을 한 남자의 권총을 살펴보고 있던 중 갑자기 발사되어 감독인 윌리엄 매케이가 사망하였다. 폐하는 사고에 대하여 깊은 슬픔을 느꼈고, 매장을 위하여 30마일 떨어진 항구로 시신을 옮겨야 했기 때문에 드는 막대한 장례비용을 부담하며 동정을 표하였다. 그는 또한 미망인에게 많은 돈을 선물로 주고 그의 큰 슬픔을 표하였다.

한국 법에 따르면 그 군인을 죽여야 하지만, 부상당한 사람이 죽기 전에 사면을 요청하였다. 다른 미국인들도 비슷한 요청에 합류하였으며, 이는 거의 받아들여질 것이다. 이 행동은 그 남자가 중국인이나 일본인이었다면 그의 백성이 죽음을 주장하였을 것이라고 말하는 한국인들을 크게 기쁘게 하였다.

H. N. 알렌
서울, (18)87년 3월 12일

Horace N. Allen (Seoul), Affairs in Korea (Mar. 12th, 1887)

Affairs in Korea

A sad accident occured [sic.] here the other day in connection with the electric light. The man in charge of the construction was accidentally shot by a Korean soldier, in the engine room at the _____. The soldier was examining a revolver belonging to one of the men, when it suddenly went off killing the manager Wm. McKay. His Majesty was deeply grieved because of the accident and showed his sympathy by bearing the funeral expenses, which were considerable, as the body had to be taken to the port, 30 miles distant for burial. He has also given the widow considerable presents of money and has shown to her many manifestations of his sorrow.

According to Korean law the soldier should be put to death, but before dying the wounded man asked that he be pardoned. The other Americans have united in making a similar request, which will in all probability be granted. This action has greatly pleased the Koreans, who say that had the man killed been a Chinaman, or Japanese, his people would have insisted on the death of the soldier.

H. N. Allen
Seoul, Mch. 12th, (18)87

18870316

호러스 N. 알렌(서울)이 프랭크 F. 엘린우드(미국 북장로교회 해외선교본부 총무)에게 보낸 편지 (1887년 3월 16일)

한국 서울,
1887년 3월 16일

F. F. 엘린우드 박사,
　뉴욕 시 센터 가(街) 23

친애하는 박사님,

　최근 인생의 짧음을 경험한 슬픈 일이 있었는데, 에디슨 전기회사의 매케이 씨가 권총 오발 사고로 부상을 당하여 죽은 일이었습니다. 하지만 사망한 사람 쪽이나 미국인들 모두가 권총을 쏜 불쌍한 사람의 사면을 요청하였기 때문에 미국인들에게 좋은 일이 되었습니다. 왕은 미망인에게 500달러를 하사하였으며, 제물포에서 있었던 장례식 비용으로 200달러 이상을 지불하였습니다.

　이곳의 일은 대단히 조용합니다. 포크 씨가 돌아왔습니다. 슈펠트 제독은 떠났으며, 데니 판사는 곧 떠날 것이라는 의사를 밝혔습니다. 우리 모두 그에 대해서 유감스런 것은, 그가 고생을 하였으며 그가 동양에서 얻었던 뛰어난 명성을 망쳤기 때문입니다.

　우리들의 불화는 행복한 상태에 있습니다. 위원회는 필요하지 않을 것이며, 다만 옛적의 싸움을 다시 부추기게 될 뿐입니다. 헤론 박사는 제가 박사님께 편지에 썼던 몇 가지 문제를 저에게 해명해 줄 것을 요청함으로써 처음으로 그들이 오는 것을 무척 기대하고 있음을 표명하였습니다. 그런 다음 우리는 3시간 동안 우호적인 대화를 나누었으며, 그는 제가 박사님께 그의 시기심에 대하여 비난하였다고 추궁하였는데, 저는 그것을 전적으로 인정하였으며 그가 말한 것에 대하여 충분히 설명하였습니다. 우리는 모든 문제에 대해서 대화를 나누었으며, 우리가 그러한 대화를 좀 더 많이 했었더라면 일이 더 잘 진행될 수 있었을 것이라는데 동의하였습니다. 언더우드가 없는 것이 더 유익한 효과를 주는 것 같습니다. 저는 헤론에게 모든 상황을 알고 있으며 그것을 추천하였던 그가 박사님께 제가 매주 마신 것을 비난한 것이 불만스러웠다고 생각하였다고 말하였습니다. 그는 그렇게 저를 비난한 사실을 부인하였고, 저는 박사님의 편지를 보여 주었습니다. 그러자 그는 제가 그 해에 맥주와 와인을 사는 데 100달러가 넘는 돈을 사용하였다는 것을 말했을 뿐이라고 하였습니다. 제가 그 정보를 언제 알았느냐고 묻자, 그는 저의 상하이 청구서(저는 이것들을 개인 서랍에 보관합니다.)를 보고 알았다고 하였습니다. 저는 제물포 밖에서는 맥주 한 병도 산 적이 없다고 말하였습니다. 그는 매우 당황해 하더니, 솔직하게 말하는 것이 좋겠다고 하면서 제가 잠가 놓지 않은 것을 발견하고 저의 개인 장부를 살펴보았다고 하였습니다. 저는 의료비로 청구한 맥주 비용 48.60달러가 포함된 회계 장부를 그에게 보여주었고, 자신이 사용하였다고 즉시 인정한 6병을 포함하여 브랜디와 와인을 위한 약 15달러가 포함되어 있었으며, 대부분은 우리 진료에 사용되었습니다. 그런 다음 헤론 자신과 다른 두 의사가 저에게 맥주를 사용할 것을 권하였다고 말하였습니다. 만일 그것을 약으로 사용하지 않았다면 그것을 사용할 권한이 없었기 때문에 저는 의료비에서 청구하는 것이 공정하다고 생각하였습니다. 그 이후로 저는 가끔 그것을 다른 사람들에게 주었으며, 그 비용은 제가 지불하였습니다. 그는 저에 대하여 잘못 이야기해서 미안하다고 말하였습니다. 제가 그에 관해 보고한 것에 대해서 미안하다고 말해야 했었지만, 그렇게 하지 않았으며 저는 제 의무를 다하였을 뿐이라고 생각합니다. 저는 그에 대하여 악감정을 갖고 있지 않으며, 우리는 함께 조화롭게 일하고 있습니다. 저는 그가 제 자리를 맡을 수 있도록 최선을 다 하고 있습니다. 일전에 그는 저와 함께 처음으로 (왕을) 알현하였는데, 그는 무척 기뻐하는 것 같았습니다. 저는 그에게 제가 가을에 떠날 생각이 확고하지만, 부득이한 경우가 아니면 사임하지 않을 것이라고 말하였습니다.

저는 이 모든 것을 오직 두 가지 이유에서 말씀드립니다. 첫째, 저는 맥주와 관련된 심각한 오해를 바로 잡고자 합니다. 둘째, 만약에 이와 같은 사건이 모든 선교부로부터 보고되어 올라온다면, 분명히 박사님의 마음이 상하고 낙담할 것이기 때문에 박사님의 용기를 조금이라도 북돋아 드릴 기회가 있으면 좋겠습니다.

제가 너무 바쁘며, 서두르는 것을 용서해 주십시오.

안녕히 계십시오.
H. N. 알렌

Horace N. Allen (Seoul),
Letter to Frank F. Ellinwood (Sec., BFM, PCUSA) (Mar. 16th, 1887)

Seoul, Korea,

March 16th, 1887

Dr. F. F. Ellinwood,

    23 Centre St., N. Y.

My dear Doctor,

We have just had a sad instance of the shortness of life, in the death from an accidental pistol shot wound, of Mr. McKay of the Edison Light Co. It has worked good for Americans, however, for the deceased and all Americans asked for the pardon of the poor fellow who did the shooting. The King has given the widow $500 and paid over $200 for the funeral expenses at Chemulpo.

Affairs here are delightfully quiet. Mr. Foulk has returned. Admiral Shufeldt has left and Judge Denny announces his intention of leaving soon. We are all sorry for him, he has had a hard row to hoe and has ruined the excellent reputation he had in the East.

Our own affairs are in a happy state. The Commission will not be needed and would only stir up old troubles. Dr. Heron first expressed himself as anxious for them to come as he wished me to clear up some matter I had written of to you. We then had a three hours friendly talk wherein he accused me of having charged him, to you, of jealousy, I admitted it in full and showed my reasons which he said were ample. We talked the whole matter over and agreed that had we indulged in more such talks we would have fared better. Underwood's absence seems to be having a very beneficial effect. I said to Heron that I thought I might complain at him for charging me to you with beer drinking, when he knew the whole circumstances and had recommended it. He denied having so charged me, whereupon I produced your letter. He then said that he had simply stated that I had spent over $100 that year for beer and wine. I asked when he got his information, he said he had obtained it from my Shanghai bills (I keep these in a private drawer). I stated that I had never purchased a bottle of beer outside of Chemulpo. After much embarrassment, he said he would state frankly that he had examined my private books which he found not locked up. I then showed him the books which contained $48.60 for beer, charged to medical, and some $15.00 for brandy and wine, six bottles of which he at once confessed had gone for him, and most all of which had been used in our practice. I then said that as he himself and two other Drs. had advised me to use beer. I considered it fair to charge it to medical, since if I did not use it as medicine then I had no right to use it, and that since then, as I had sometimes given it to others. I had paid for it myself. He said he was sorry he had said what he had as it misrepresented me. I should have told him I was sorry for reporting him, but I am not and consider that I only did my duty. I have no feeling against him and we work together harmoniously. I am doing all I can to get him into my position. He had his first audience with me the other day and seems much pleased over it. I told him that I was firm in my intention of leaving in the fall, but would not resign unless compelled to.

I only mention all of this for two reasons - first, I wish to correct the serious misrepresentation concerning the beer, and secondly, I am glad of the opportunity of encouraging you a little, for if you have affairs like this coming in from every mission, it must be enough to make you heart sick and discouraged.

I am very busy and ask you to excuse haste.

Yours Sincerely,
H. N. Allen

호러스 N. 알렌(서울)이 제임스 R. 모스(아메리컨 트레이딩 컴퍼니)에게 보낸 편지 (1887년 3월 22일)

서울,
(18)87년 3월 22일

친애하는 모스 씨,

우리의 병원 정규 예산이 들어오지 않았습니다. 나는 임시로 주문을 보냅니다. 동봉한 90달러 수표의 액수를 넘지 마십시오. 가능한 한 빨리 보내주세요.

폐하는 매케이 사건에 대하여 크게 슬퍼하고 있으며, 미망인에게 돈을 주어 슬픔을 표시하였다. 기수는 미국인들의 요청으로 석방되었습니다. 그것은 한국인들을 크게 기쁘게 하고 있습니다. 딘스모어 씨는 어떠세요? 부인이 더 건강하기를 바랍니다. 나는 타운젠드 씨와 ____에 대하여 이야기하였습니다. 나에게 알려주지 않더라도 협의가 만족스럽기를 바랍니다.

안부를 전합니다.

안녕히 계세요.
H. N. 알렌

H. N. 알렌, 한국 서울

글리세린	10파운드
발연 황산	1 "
대황 분말	2 "
아편 __	2 "
콜치쿰 "	2 "
부쿠 나무 유동 추출액	2 "
클로랄, 등유	1캔
포수 클로랄	1파운드

아위(阿魏) 수지	2 "
장뇌 수지	5 "
아선약(阿仙藥) 수지 분말	2 "
레몬 빛 연고	2온스
바셀린	5파운드
요오드화 철	5 "
퀴닌	12온스
차감 잔액만큼 요오드화 칼륨	
포장 및 보험 및 <u>수수료</u>	
	90.00달러

이곳에서 운임을 지불할 것입니다.

Horace N. Allen (Seoul),
Letter to James R. Morse (American Trading Co.) (Mar. 22nd, 1887)

Seoul,

Mch. 22/ 87

Dear Mr. Morse,

Our regular ___ appropriation for Hospital has not come in. I send a late temporary order I wish you would fill. Don't go over the am't of enclosed cheque for $90.00. Send along as soon as you can.

His Majesty is greatly grieved over the McKay accident, and has given the widow for ___ manifestation of the sorrow in money. Khisu has been released at request of American. It greatly pleases Koreans. How do you like Mr. Dinsmore. Hope Mrs. Morse is in better health. I spoke to Townsend about the ___. Hope the arrangement is satisfactory, if not let me know.

With kind regards.

Yours truly,

H. N. Allen

H. N. Allen, Seoul, Korea

Glycerine	10	lb
Oleum	1	"
Rhubarb powder	2	"
__ Opium	2	"
" Colchicum	2	"
F. Ext. Buchu	2	"
Chloral, Kerosene	can	1
Chloral Hydrate	1	lb
Assafoetida gum	2	"
Camphor "	5	"
Catechu " powd	2	"
Citrine Ointment	2	oz
Vaseline	5	lb
___. Iodide of Iron	5	"
Quinine	12	oz

Iodide Potash to am't of balance

Packing & Ins. & Com.

$90.00

Will pay freight at this end.

호러스 N. 알렌(서울)이 메저즈 문 앤드 컴퍼니(뉴욕 시)로 보낸 편지
(1887년 3월 22일)

한국 서울,
(18)87년 3월 22일

메저즈 문 앤드 컴퍼니,
　뉴욕 시 브로드웨이 361

안녕하십니까,

　나는 특허 획득과 관련된 귀 사(社)의 책자와, 또한 부록에 포함된 중요 신문에 대한 목록을 원합니다.

　나는 또한 헨리 케리 베어드 앤드 컴퍼니에서 발행한 책 2권, 즉 'The Techno-chemical Receipt Book'과 '알루미늄: 미래의 금속'을 원합니다. 은행이나 적절한 P. G.가 없기 때문에 이곳에서 소액을 보내는 것이 어렵습니다. 따라서 저는 책과 책자 우편료를 지불하기에 충분한 가치가 있기를 바라며 동봉한 물건을 귀 사(社)로 보냅니다.

　제 친구 맥거번이 추천하는 '짚신'과 같은 맥락입니다.

　안녕히 계십시오.
　H. N. 알렌, 의학박사

Horace N. Allen (Seoul),
Letter to Messrs. Munn & Co. (New York City) (Mar. 22nd, 1887)

Seoul, Korea,

Mch. 22/ (18)87

Messrs. Munn & Co.,

361 Broadway, N. Y.

Gentlemen,

I wish your pamphlet concerning the obtaining of patents, also your catalogue of valuable paper contained in the Supplement.

I also wish two books from Henry Carey Baird & Co. "The Techno-chemical Receipt Book" and "Aluminum 'The Metal of the Future". It is unhandy to send small sums from here as we have no bank or proper P. G. I therefore send you the enclosed article which I hope may be of sufficient worth to you to pay for the books and postage on the pamphlets.

It is in the same line with my friend McGuvans recommendation of 'Straw Shoes'.

Very truly yours,

H. N. Allen, M. D.

호러스 N. 알렌(서울), 경제적인 주택 (1887년 3월 22일)

경제적인 주택

한국의 농민은 미국의 많은 지역에 있는 가난한 사람들에게 좋은 답이 될, 저렴하지만 따뜻하고 쓸모 있는 좋은 집을 스스로 건축한다.

한국에서 건물과 토지의 측정 단위는 칸(한 변이 8피트인 정사각형)이다. 궁전에서 농민의 오두막에 이르기까지 모든 주택은 칸의 단위로 건축된다. 양반의 침실은 일반적으로 약 네 칸 크기이고 큰 마당으로 열리는데, 방 자체는 한 칸 일수도 있고, 일반적으로 2개 혹은 4개의 작은 정사각형 방이 미닫이에 의해 하나의 방으로 된다. 더 부유한 사람의 주택은 지붕이 모두 기와로 덮여 있다. 더 가난한 사람의 주택은 초가지붕을 갖는다.

농민의 집은 일반적으로 L자 모양으로 만들어진다. 긴 부분은 약 16피트이고, 짧은 부분은 8피트이다. 주택은 항상 남향이며, 집의 사각형을 완성하기 위하여 진흙 벽을 쌓음으로써 그들은 북풍으로부터 보호되는 햇빛이 잘 드는 안뜰을 얻는다.

천장이 없기 때문에 상량(上梁)은 지면에서 약 12피트 높이에 놓여 있으며, 강한 거친 기둥으로 지지된다. 단순한 골조는 쉽게 구할 수 있는 손질하지 않은 재료로 만들어진다. 기둥 사이의 8평방피트는 ___ ___ ___ ___4평방피트로 ___ ___하며, 이것들은 짚으로 묶인 나뭇가지들의 그물망으로 채워져 있고 더 큰 나뭇가지 중 일부를 건물의 골조에 회반죽을 바름으로써 제 자리에 고정된다. 그런 다음 윗가지로 엮는 것은 진흙으로 잘 덮고 내면과 외면은 점토가 항상 선호되며, 여유가 있으면 약한 석회 회반죽을 전체에 바른다. 지붕은 볏짚이나 밀집으로 만들어져 있으며, 끝을 함께 엮어 일종의 무거운 장식이 남는다. 서까래는 단순히 기둥에 묶인 것이므로 초가는 이것들에 쉽게 묶을 수 있고 따뜻하고 건조한 덮개가 얹어진다. 짚으로 만든 밧줄은 초가의 느슨한 끝 부분을 지나 바람에 의해 들리는 것을 막는다. 이 초가를 짜고 그것을 아래로 내려오는 띠와 겹치게 하여 제 위치를 잡는 것은 매우 빠르게 이루어진다.

이 구조물을 따뜻하게 하는 방식은 가장 특징적이고 경제적이다. 일반적으로 지붕을 포함한 내부 전체는 값싼 하얀 종이(신문이면 가능)로 붙이고, 문과 창문은 강한 하얀 종이로 덮인 가벼운 나무 골조일 뿐이다.

바닥에는 한 방의 아궁이에서 시작하여 다른 방을 지나 호(壕)로 이어지는 연도(煙道) 계통이 깔려 있으며, 이 호는 외부에서 ___와 ___ 굴뚝으로 연결된다. 이 굴뚝은 집의 옆으로 약간만 뻗어 있으며, 연기가 연도망(煙道網)을 떠나기 전에 모든 불꽃이 꺼지기 때문에 갑자기 열이 발생한다. 이 연도 위에 가장 매끄러운 면이 위로 향하도록 돌을 놓는다. 일부는 매우 편평하지만 그런 것을 얻을 수 없는 경우에는 더 큰 것이 사용된다. 그런 다음 윗면 전체를 진흙으로 발라 편평한 바닥을 만든다. 방으로의 통풍과 그에 따른 매연을 피하기 위하여 바닥 위에 종이를 덮는다. 집에 들어갈 때 신발을 벗기 때문에 이 종이는 자주 수리할 필요가 없다.

불을 때는 방은 한쪽이 다소 열려 있고 부엌 역할을 한다. 큰 쇠 주전자를 아궁이 위에 놓고 하루에 두 번 똥, 짚, 혹은 나무로 피운 불로 음식을 요리한다. 연기와 열기는 굴뚝을 통해 전달되어 돌을 데우고 가족을 위한 따뜻한 방을 제공한다. 돌은 다음 식사가 준비될 때까지 열을 유지한다. 굴뚝이 아궁이에서 (그을음이 모이는 곳인) 호(壕)까지 곧게 이어지기에 통풍은 항상 좋다. 종종 2개의 방이 하나의 아궁이로 데워지고 음식을 요리하는 데 필요한 적은 연료로 온 가족을 위하여 집을 따뜻하게 할 수 있다. 많은 침구를 갖고 있지 않기 때문에 그들은 따뜻한 돌 위에 요를 깔고 온도계가 0도 이하이어도 편안하게 잠을 잔다.

한국 서울, (18)87년 3월 22일
H. N. 알렌, 의학박사

설명
직경이 4인치이고 길이가 각각 16피트 및 12피트인 2개의 상량(上梁).
갈래가 지면 위 약 12피트 높이가 되도록 거의 크기가 같은 이 갈래 기둥을 땅에 세운다. 기둥은 직선으로 8피트 떨어져 있어야 한다. 갈래에 마룻대를 놓고 묶는다. 양쪽에서 각각 4피트 높이로 세운다. 다른 유사한 기둥을 땅에서 약 8피트 높이로 세운다. 이것들을 위와 아래의 홈으로 서로 연결하라. 상부와 상량에 서까래를 부착할 수 있다. 이렇게 작은 막대로 만든 면을 4피트 길이의 정사각형으로 나누고 이 사각형들을 옥수수 줄기나 나뭇가지로 이루어진 그물로 채운다. 진흙을 그물 위에 바른다. 집의 짧은 부분에 대해서도 동일하게 수행한다.

방 하나에 작은 반구형의 아궁이를 만들고 반구에 솥이 놓이게 처리한다. 이 아궁이는 진흙과 작은 돌로 되어 있으며 편평한 돌로 덮여 있는 연도를 통하여 방 반대편에 있는 깊은 호(壕)와 연결되며, 호의 한쪽 끝에서 위로 짧은 굴뚝을 만든다. 아궁이는 굴뚝으로 바로 갈 수 있는 반원형의 공간으로 주로 열려야 한다. 신문이나 다른 종이로 내부 전체를 도배한다. 함께 엮거나 밧줄로 묶은 짚단으로 서까래를 덮는다.

Horace N. Allen (Seoul), An Economic House (Mar. 22nd, 1887)

An Economic House

The peasantry in Korea build for themselves a cheap but warm and serviceable house that might answer well for the poor in many parts of the United States.

The unit of measurement, in building and land, in Korea is the kang. (a square of eight feet.) All houses from the Palace down to the peasant cottage are built in kangs. A gentlemen's bed rooms usually open off a large open court room of some four kang in size, the rooms themselves may be single kangs, or, as is usually the case, two or four of these little square rooms are thrown into one by means of sliding doors. The better houses are all roofed with tiles. The poorer houses have roofs of thatched straw.

The peasant house is usually made in the shape of the letter L. The long arm may be sixteen feet in length, the short one but eight feet. The house always faces the south and by building a mud wall to complete the square made by the house, they obtain a sunny court, protected from the north wind.

As their [sic] is no ceiling the ridge pole is only about twelve feet from the ground, and is supported by strong rough poles. The simple framework is made of any rough material that may be at hand. The eight feet square between the _____ __ __ _____, __ ___, _____ into squares of four feet and these are filled with a net work of twigs tied together by straw rope and held in place by having some of the larger twigs mortared into the frame work of the building. The wattled work is then well plastered over with mud, clay is always prefered [sic]) inside and out, and if it can be afforded a weak lime plaster is spread over all. The roof is made of rice or wheat straw, the ends of which are woven together leaving a sort of heavy fringe. As the rafters are simply poles tied on, the thatch can be easily tied to these and a warm dry covering is obtained. Straw ropes are passed over the loose ends of the thatch to prevent its being lifted by the wind. The weaving of this thatch and placing it in position with one strip overlapping the one lower down, is done very rapidly.

The arrangement for warming this structure is the most characteristic and economic. Usually the whole inside including the roof is papered with cheap white paper (newspaper would do) and the doors and windows are simply a light wooden framework covered with tough white paper.

On the floor is laid a system of flues beginning in a fire place in one room and running through the next room to a trench, across its side, which leads to a ___ and ___ chimney on the outside. This chimney only extends a little distance up the side of the house, and fires sudden occur because of the fact that all sparks are extinguished before the smoke leaves the network of the flues. Over these flues are placed stones with their smoothest surface up. Some are quite flat but if such are not obtainable more bulky ones are used. The whole upper surface is then plastered with mud making a level floor. A covering of paper is put over the floor to prevent draft into the room and the consequent smoking. As the shoes are removed on entering the house, this paper does not have to be repaired very often.

The room in which the fire is built is more or less open on one side and serves as a kitchen. A large iron kettle is placed over the fire place and twice daily a fire of dung, straw, or wood is built to cook the food. The smoke and heat passes on through the flues, heats up the stones and furnishes a warm room for the family. The stones retain the heat till the next meal is prepared. The draft is always good as flues go straight from the fire place to the trench (where the soot collects). Often two rooms are heated from one fire and the little fuel necessary to cook the food warms the house for the whole family. As they do not have many bed clothes they simply spread their mats on the warm stones and sleep comfortably with the thermometer below zero.

Seoul, Korea, Mch. 22/ (18)87

H. N. Allen, M. D.

Directions

Two ridge poles four inches in diameter and sixteen and twelve feet long respectively.

Plant these forked poles of about same size in the ground so that the fork will be about twelve feet above the level. The poles should be eight feet apart in a straight line. Place the ridge pole in the forks and tie it in. Four feet from each upright on either side. Plant other similar poles so that they shall reach up some eight feet from the ground. Connect these with each other by runners above and below. To the upper ones and the ridge pole may be attached the rafters. Divide the sides thus made by smaller poles into squares of four feet and fill in these squares with a net work of corn stalks or twigs. Plaster over the network with mud. Do the same for the shorter arm of the house.

Build a little dome shaped fire place in one room and plaster a kettle in its dome. Connect this fire place, by means of flues of mud and small stone, covered with flat stone, with a deep trench at the opposite side of the room, and build a short chimney upwards from one end of the trench. The fire place should open primarily into a semicircular space from which the flues could go straight to the trench. Paper the whole inside with news or other paper. Cover the rafters with layers of straw either woven together or held together by rope.

호러스 N. 알렌(서울)이 존 C. 룬드버그(캘리포니아 주 샌프란시스코)에게 보낸 편지 (1887년 3월 25일)

한국 서울,
1887년 3월 25일

존 C. 룬드버그, 의학박사,25)
　　샌프란시스코

친애하는 박사님,

　　저는 박사님의 1월 21일자 편지에 포함된 질문을 순서대로 답하겠습니다.
　　첫째. 예, 한국에서 나병(癩病)이 만연하고 있습니다. 개인적인 경험에서 나는 그것이 북중국에 있었던 것과 거의 같은 정도라고 말해야 합니다.
　　둘째. 우리가 국소 마비의 신경성 예를 나병으로 여기기는 하지만 실제 임상에서 볼 수 있는 사례는 대부분 백색형입니다. 거리에서 종종 모의 절반을 덮고 있는 엷은 황갈색의 마비 반점을 가지고 있는 사람들을 보는 것은 대단히 일반적입니다. 눈에 띄고 자주 보이는 것으로 이 변이가 가장 흔한 것 같습니다. 그러나 우리는 손가락이나 발가락의 소실 등 조직의 파괴가 있는 예를 치료해 주도록 왕진을 종종 요청 받습니다.
　　셋째. 저는 이 여러 가지 형태를 나병으로 여기고 있습니다.
　　넷째. 한국에서는 특히 나병 환자들에게서 가족력을 얻기 어렵습니다. 하지만 저는 유전력이 없는 경우들을 가까이서 보았습니다. 저는 이 질병이 전염성이 있다고 생각합니다.
　　다섯째. 이 사람들의 식단은 주로 쌀과 절인 배추로 구성되어 있고, 중국인이나 일본인보다 고기를 더 많이 섭취한다는 점 외에는 식단에 대하여 신뢰할 수 있는 정보를 제공할 수 없습니다. 한국인들이 주변 사람들보다 더 나은 삶을 살도록 만든 것은 아무 것도 없습니다.
　　여섯째. 매독은 이곳에서 거의 보편적입니다. 저는 그것이 나병의 변형된 형태라고 믿을 이유를 찾지 못하지만, 결국 매독이 나병과 진화에 의한 유사

---

25) 존 C. 룬드버그(John C. Lundberg, ? ~1900)

한 질병일 수 있다고 생각합니다. 저는 한 사람에게 나병과 매독이 공존하는 것을 종종 보았고, 한국에서 서양 의학이 나병을 치료한다는 평판은 이러한 복잡한 경우에 매독을 치료함으로써 얻을 수 있는 유익한 결과에 기인합니다.

이 주제에 대하여 더 명확한 정보를 드릴 수 없는 점을 유감스럽게 생각합니다. 그러나 이곳에서의 의학 연구는 통계가 부족하고 적절한 관찰 기회가 없기 때문에 어렵습니다.

하지만 제가 쓴 것이 박사님께 약간의 도움이 될 수 있기를 믿으며,

안녕히 계세요.
H. N. 알렌, 의학박사

Horace N. Allen (Seoul),
Letter to John C. Lundberg (San Francisco, Ca.) (Mar. 25th, 1887)

Seoul, Korea,
Mch. 25th, 1887

Jno. C. Lundberg, M. D.,
San Francisco

My dear Doctor,

I will answer the questions contained in yours of Jan 21st as they occur.

1st. Yes. Leprosy prevails in Korea. From personal experience I should say to about the same extent that it was in Northern China.

2nd. The cases seen in practise are mostly of the white variety, though we ascribe the nervous cases of local anaesthesia to Leprosy. It is very common to see persons on the streets with large fawn colored anaesthesia patches, sometimes covering one half of the body. This variety from its striking and frequent appearance would seem to be the most common. Yet we are fully as often called to treat cases where there is destruction of tissue, loss of digits etc.

3rd. I ascribe these various forms to Leprosy.

4th. Family history is hard to obtain in Korea especially among the Lepers. I have however seen cases in nigh life where there was no history of heredity. I think the disease to be contagious.

5th. Can give no reliable information as to diet, except that the diet of this people consists chiefly of rice and pickled cabbage with a more plentiful allowance of meat than is to be had by the Chinese or Japanese. No other made the Korean live for better than their neighbors.

6th. Syphilis is almost universal here. I find no reason for believing it to be a modified form of Leprosy however though, I do think it may be eventually found that Syphilis is the product of Leprosy and kindred disorders by evolution. I have often seen Leprosy and Syphilis coexistent in the same individual, and the reputation that western medicine hs in Korea for curing Leprosy, is dur to the beneficial results obtained by treating the Syphilis in these complicated cases.

I am sorry I cannot give you more explicit information on the subject, but medical research here is made difficult by the lack of statistics and of proper opportunity for observation.

Trusting however that what I have written may be of some service to you.

I remain,

My dear Doctor

Yours truly,

H. N. Allen, M. D.

단신. *The Japan Weekly Mail* (요코하마) (1887년 3월 26일), 288쪽

*Nagasaki Express*의 한국인 특파원은 지난 9일 제물포에서 기고한 글에서 다음과 같이 말하였다. "어제 서울에서 안타까운 사고가 발생하였다. 에디슨 전기회사가 궁궐의 전기 설비 건설을 감독하기 위하여 보내었던 윌리엄 매케이 씨가 그의 연발 권총을 검사하고 있던 한국인 하인의 실수로 복부에 총을 맞았다. 알렌 박사는 즉시 진료를 하였고, 그를 살리고 싶었지만 그는 어제 밤에 사망하였다. 그는 그를 따라 이 나라로 온 아내와 유아를 남겼다. 한국 정부는 서울에서 부산까지 육로 전신선을 개통하려 하고 있으며, 전 왕립학교(한국)에서 활동하던 J. E. 할리패스 씨가 그 사업을 담당하고 있다. 신임 미국 공사인 휴 딘스모어는 오늘부터 약 2주 후에 오마하 호를 타고 이곳으로 올 것으로 예상된다."

Notes. *The Japan Weekly Mail* (Yokohama) (Mar. 26th, 1887) p. 288

A Korean correspondent of the *Nagasaki Express,* writing from Chemulpo on the 9th inst., says: - "A sad accident happened in Söul yesterday. Mr. Wm. McKay, who was sent to superintend the erecting of the electric light plant in the king's palace, by the Edison Electric Co., was accidently shot through the abdomen by his Korean servant, who was examining the deceased's revolver. Dr. Allen attended at once, and hoped to pull him through, but he died during last night. He leaves a wife and an infant, both of whom accompanied him to this country. The Korean Government is about to commence the overland telegraph line from Soul to Fusan, and Mr. J. E. Hallifax, formerly of the Royal College (Korean) has charge of the undertaking. The new U. S. Minister, the Hon. Hugh Dinsmore, is expected here in the *Omaha* in about two weeks from date."

삼항구관초(三港口關草),
각사등록 (1887년 3월 27일, 정해 3월 3일)
Official Documents between the Foreign Office and the Three Open Ports (Mar. 27th, 1887)

보고: 총세무사 및 해관의 서양인 관원의 2달분 신수비 합계 3,700원, 맥등사(麥登司)26)의 신수비 4,016원 6각 6푼, 제중원 의사 알렌의 1월분 월봉 50원을 본 해관의 세무사 사납기에게 교부하고 영수증을 받아 이에 올려 보낸다.

(중략)

丁亥 三月 初三日 仁川報題
總稅務司及本海關洋員 合二月朔 薪水費 三千七百元 麥登司 薪水費 四千十六元六角六分 濟衆院 醫師 安連 正月朔月俸 五十元 發交本海關稅務司 史納機領收票玆以上送事.

(Omitted)

---

26) 서양의 양잠 기술을 들여오기 위하여 설립된 잠상공사(蠶桑公司)의 경리직을 맡았던 독일인 메르텐스(A. H. Maertens)를 말한다.

호러스 N. 알렌(서울), 한국의 모습 (1887년 3월 27일)

한국의 모습

며칠 전, 나는 서울을 둘러싸고 있는 눈 덮인 산으로 25마일 정도 도보로 휴가 여행을 하였다. 그 산들에는 호랑이와 도적이 많다고 하지만 나는 본 적도 없고 놀라운 일도 일어나지 않았다. 그러나 내가 본 것을 어린 친구들에게 알려줄 수 있다면 그들은 그것을 고마워할 것이라고 생각한다.

나는 점심과 지팡이를 가지고 도시의 큰 남대문을 지나 혼자 출발하였다. 나는 골목길과 횡단보도를 지나다가 예외 없이 짖는 소리를 내며 안전하게 꼬리를 다리 사이에 끼우고 있는 개들을 보고 깜짝 놀랐다. 하지만 일단 주인의 집에 들어가면 그들은 반드시 용감하게 짖는다.

붐비는 도시와 그 오물을 뒤로하고 벼 파종을 준비하기 위하여 물이 가득한 '논' 사이의 작은 길을 따라가는 것은 즐거운 일이었다. 이런 종류의 즐거운 산책과 그 길은 폭이 1마일이 넘는 모래 평원에서 끝이 났다. 이곳에서 걷는 것은 지루했지만, 배의 측면에 기대어 바닥을 보고 놀거나 배회하는 굼뜬 물고기를 볼 수 있을 정도로 맑고 투명한 넓고 푸른 강에 도달함으로써 보상되었다.

외국인들은 이 길을 자주 지나가지 않아 나는 호기심의 대상이 되었고 뱃사공들은 누가 나를 승객으로 모실지 정하기 위해 거의 다툴 뻔하였다. 건너가는 길에 다른 승객들이 내 신발을 살펴보고 내가 어떻게 신었는지 크게 궁금해 하였다. 또한 외국인 바지가 한국인들에게 바지의 역할을 하는 헐렁한 가방보다 훨씬 끼기 때문에 관리하기가 어렵다고 생각하는 그들은 내가 앉았다가 일어나는 모습을 보는 것도 궁금해 하였다. 한국인의 코는 편평하여 스프링 안경이 가만히 있지 않을 것이기에, 나의 안경 역시 큰 골동품이었다. 일단 가로지르자 우리와 함께 타고 온 6~8마리의 황소를 상류시키는 것을 보는 것은 흥미로웠다. 이 동물들은 짐을 싣는 흔한 짐승이다. 그들은 잘 간수된 5마리의 동물이며, 끊임없이 일해서 사납지 않다. 이 경우 5마리 중 2마리는 약간 싸웠지만 나머지는 큰 소리로 울었다. 우리가 상륙한 절벽을 둘러싸고 있는 좁은 길을 따라 걷다가 나는 나룻배를 향해 오는 황소 행렬을 만났다. 그것들 중 한 마리는 명상에 빠진 것 같았고 갑자기 나를 훔쳐보고 코를 킁킁거리더니 그렇게 기이하게 보이는 물체에서 벗어나기 위하여 강으로 돌진하였다. 우리는 이곳에서 확실히 새로운 것이 되었으며, 여자들이 우리를 볼 때 때때로 가장 가까이에서 '아이구!'라고 웅크리고 외치는 소리를 듣는 것은 굴욕적이라기보다 꽤 재미있다. 어떤 종류의 일인가?

도선(渡船)에 탑승한 다른 승객 중 일부는 우리가 함께 가는 동안 나를 따라잡고 대화를 시도하였지만 일반적으로는 '당신의 다리가 너무 길어 따라갈 수 없다.'라고 포기하였다. 그들은 즐기러 온 사람이 왜 그렇게 빨리 걸어가야 하는지 이해할 수 없는 것 같았다. 그 길은 여러 마을을 지나고 있었고 나는 사람들의 정중함에 깊은 감명을 받았다. 나는 내 옷이 그들에게 이상하게 보일 것이기 때문에 그들이 재미있어 하는 모습에 대하여 그들을 비난하지 않았다. 내 옷은 검은색이고 몸에 꼭 맞는 반면 그들의 것은 희거나 밝은 ＿＿이고 외국 여성의 긴 웃옷과 유사하다. 겨울용으로 옅게 염색하거나 백색이 많이 들어간 고급스러운 영국산과 미국산 옥양목을 의복에 사용한다(비단을 입는 사람들을 제외하고). 나는 이 사람들의 90%가 왜 흰색 옷을 입는지 그 이유를 말하겠다. 흰색은 애도(哀悼)의 색으로 왕이 죽으면 백성들은 3년 동안 그를 애도해야 한다. 한 번은 10년 동안 왕실에서 세 번이나 상(喪)을 당하였고, 그로 인하여 사람들은 이 기간 내내 흰색 옷을 입었다. 따라서 자신들의 옷을 잃어버릴지 모르며 다른 상을 당하게 되는 경우 그것들이 때를 타게 되면 새 옷을 구입해야만 하는 걱정하던 한국인들은 현명하게도 계속해서 흰색 옷을 입기로 결정하였고, 그래서 그들의 왕보다 앞서 나갔다. 여러분은 그들이 일반 보닛 모자 끈으로 머리 꼭대기에 고정된 매우 재미있는 모자를 쓰고 있다는 것을 알고 있다. 이 모자는 검은 색으로 개방적이며, 단지 비단, 말총 대나무를 섬세하게 섞은 세공물이기에 가볍다. 그것들은 거의 혹은 전혀 역할이 없기 때문에 왜 착용하는지 알고 싶을 수 있다. 내가 말해 주겠다. 옛날 옛적에는 정부에 대한 음모가 매우 흔하였다. 이를 방지하기 위해서 사람들은 토기로 만든 큰 모자를 써야 했는데, 매우 무겁고 너무 커서 착용한 무리들은 속삭일 수가 없었고, 그들의 작은 8피트 평방미터의 방에 한 번에 4명 이상이 모일 수 없었다. 물론 시간이 흐르면서 이 법이 완전히 폐지될 때까지 조금씩 침해되었다. 그러자 사람들은 이 크고 무거운 진흙 모자를 없애는 것을 기뻐하며 이 가벼운 재료로 머리를 장식할 새장을 만들었다. 그 큰 모자의 유물은 애도자들이 슬픔을 숨기기 위하여 착용하는 큰 바구니 모자에 여전히 남아 있다. 모자는 머리, 어깨 및 신체의 일부를 숨기며, 가톨릭 신부들이 변장의 한 부분으로 사용한다. 이 설명을 듣고 나면 사람들이 우리를 보고 웃으면서 우리들을 'things'라고 부르는 것이 이상하지 않을 것이다. 나는 얼마 지나지 않아 새로운 역할을 맡게 되었는데, 산속의 숲에 들어가 무덤에 앉아 쉬게 되었다. 몇 명의 어린 소년들이 무덤 건너편 근처에서 나무를 모으고 있었다. 그들은 내가 접근하는 것을 본 적이 없었고, 내가 머리를 식히기 위하여 모자를 벗었기 때문에 한 어린 소년이 위를 올려다보니 반짝이는 대머리가 무덤에서 튀어나와 있는 것을 볼 때까지 아무도 근처에 있다는 것을 몰랐다. 그 소년은 겁에 질린 소리를 지르며 ____를 위하여 끊었는데, 나머지 아이들은 놀람의 원인을 분별하지 못한 것으로 보이는 마지막 아이를 제외하고는 그의 뒤를 따랐다. 바로 그때 이 작은 친구가 바구니를 떨어트리고 '아이고, 악마다'라고 말하였을 때 그들의 두려움을 가라앉히기 위하여 일어났고, 그 아이는 악마에게서 벗어나고픈 욕구 외에는 무엇이든 상관없이 넘어졌다가 스스로 일어났다.

나는 이 대목에서 우리가 중국인에 의해 불렸던 것처럼 지금 한국인에 의해 '외국인 악마'라고 불리고 있다는 것을 말하겠다. 우리를 항상 존경으로 대하였는데, 이렇게 악마라고 불린다면 우리가 그런 존재라고 믿기 때문이다. 산에서 보는 경치는 훌륭했다. 산과 언덕의 범위는 눈이 닿는 한 멀리 볼 수 있다. 근처에서 농부들은 게으른 황소와 함께 비옥한 계곡을 갈고 있었다. 강의 구불구불한 물길은 바다까지 쉽게 추적할 수 있었으며, 때때로 봉우리 사이에서 뻗어가는 것을 볼 수 있었다. 한국은 아름다운 나라이며, 광물이 매우 풍부하다. 사람들은 친절하고 종교적인 기질을 가지고 있지만, 잘 규정된 종교적 신념은 가지고 있지 않다. 우리는 때때로 그것들이 움직이지 않는다고 생각하지만 실제로는 그렇지 않다. 그들은 지금까지 문이 닫혀 있었기 때문에 돈을 모을 의욕이 없었다. 비옥한 골짜기는 흙을 조금 간지럽히면 풍성한 곡식을 낳고 적은 힘으로 그들의 필요가 채워지고 그들은 조용한 평화를 사랑하며 만족해하는 사람들로 남아 있다.

H. N. 알렌, 의학박사
서울, 1887년 3월 27일

Horace N. Allen (Seoul), A Glimpse of Korea (Mar. 27th, 1887)

A Glimpse of Korea

Some days ago, I took a holiday tramp of some twenty five miles into the snow clad mountains surrounding Seoul. Although tigers and robbers are said to be abundant in those mountains I saw neither and while nothing startling occurred. Yet I think if I can give my young friends an idea of what I saw they will appreciate it.

With a lunch and a cane I set out alone passing through the great South Gate of the city. I took my way through alleys and cross lots to the great amazement of the dogs who without exception gave a yelp, tucked their tails safely between their legs and made for shelter. Once inside their masters house however they never failed to bark courageously.

It was a pleasure to leave the crowded city and its filth behind and follow the little paths between the "paddy fields" all flooded in preparation for the sowing of rice. Some three miles of this kind of pleasant rambling and the path ended in the sand plain over a mile in breadth. The walking here was tedious but was made up for in reaching the broad blue river so clear and transparent that leaning over the side of the boat one can see the bottom and the lazy fish as they play or loiter in the water.

Foreigners have not often passed this way and I was such a curiosity that the ferrymen almost quarrelled to see who should serve me as a passenger. On the way across the other passengers examined my shoes and wondered greatly how I got into them. They were also curious to see how I would get up after sitting down on my feet for foreign trousers are so much tighter than the loose bags that do service as trousers for the Koreans that they think them hard to manage. My eye glasses were also a great curio for the Korean nose is so flat at the bridge that spring spectacles will not stay on. Once across it was interesting to see the six or eight bulls that came over with us make a landing. These animals are the common beasts of burden. They are five large well kept animals and are so constantly worked that they are not fierce. On this occasion two of them indulged in a little fight while the rest bellowed for encouragement. As I was walking along the narrow path skirting the bluff near which we landed I met a train of bulls coming toward the ferry. One of them seemed lost in meditation and suddenly spying me he gave a snort and dashed into the river to get away from such an uncanny looking object. We are decidedly a new thing here you know and it is quite amusing rather than humiliating to hear women whine in sometimes most closely muffled exclaim as they see us "I goo!" What kind of a thing is it?

Some of my fellow passengers on the ferry boat tried to keep up with me and chat as we went along but they usually gave up saying "your legs are too long for me to keep up with you". They seemed unable to comprehend why anyone going for pleasure should go so fast. The road led through several villages and I was much struck with the civility of the people. I didn't blame them for their look of amusement for my dress must seem strange to them. My clothes being black and fitting me close while theirs are white or light _____ and resemble the gowns of a foreign lady. English and American muslin of a fine quality dyed light or much of white with cotton padding for winter is used by all for clothes (excepting those who wear silk). I will tell you the reason why 90% of the people wear white. White is the color for mourning and when a King dies the whole population must mourn for him for three years. Once their were three such Royal deaths in ten years and it kept the people in white all this time. Thus fearing they might lose their clothes and have to buy new ones if they coloured them in case another death occurred they very wisely decided to dress in white continually and thus get ahead of their Kings. You know they wear very funny hats held on top of their heads by regular bonnet strings. These hats are black and very open and light being simply a fine gauge work of silk, horse hair and bamboo. As they are of little or no service you may wish to know why they are worn. I will tell you. Once long ago, conspiracies against the government were very common. To prevent these the people were to wear large hats of earthen ware, quite heavy and so large that no whispering could be done by a company of the wearers and not more than four at a time could gather in their little eight foot square rooms. In time of course this law was infringed upon little by little till it was repealed altogether. Then the people were so glad to be rid of this big heavy mud hats that they took this lighter material at hand and made mere kind cages to adorn their heads. A relic of those large hats still remains in the great basket hats worn by mourners for the purpose of concealing their grief. The hats conceal head shoulders and part of their body and are used by the Catholic fathers as a part of their disguise. After this description you will not wonder that the people laugh at us and call us "things". I was soon to act in a new role however after getting into a forest on the mountain and I sat down on a grave to rest. Some little boys were gathering wood near by on the other side of the grave. They had not seen me approach and did not know that anyone was near till one little youngster looked up and saw a shiny bald head sticking up from the grave for I had removed my hat to cool my head. The boy gave a terrified yell and broke for ___ the others followed with the exception of the last who apparently had not since discerned the cause of alarm. Just then I arose hoping to quiet their fear when this little fellow dropped his basket and said "I goo it's the Devil" and away he went falling down and picking himself up regardless of anything but his desire to get away from the Devil.

Right here let me say that we are now called "Foreign Devils" by the Koreans as we are by the Chinese. We are always treated with respect and if called Devils as is this case it is because we are believed to be of such. The view from the mountain was magnificent. Range upon range of mountains and hills could be seen as far as the eye could reach. Near by the farmers were plowing the fertile valleys with lazy bulls. The winding course of the river could be easily traced to the sea, a stretch of which could occasionally be seen between the peaks. Korea is a beautiful country and very rich in minerals. Its people are kind well disposed, of a religious temperament but possessing no well defined religious belief. We sometimes think them shiftless but they are really not so. They are not ambitious to amass great sums for as their gates have hitherto been closed they have had no occasion for heavy expenditures. The rich valleys yield abundant crops with a little tickling of the soil and with but little expenditures of force their wants are supplied and they remain a quiet peace loving contented people.

H. N. Allen, M. D.,
Seoul, Mch. 27th, 1887

H. N. 알렌, H. N. 알렌 박사의 1886년도 서울의 건강에 관한 보고서.
1887년 3월 31일 끝나는 반 년 의료 보고서.
중국, 제국 해관 제33호, 38~41쪽

H. N. 알렌 박사의 1886년도 서울의 건강에 관한 보고서.

지난 해 동안 서울의 유럽인 공동체는 꾸준히 증가하여 현재 성인 45명과 어린이 11명이 있다. 지난 12개월 동안 4명의 출생과 1명의 사망이 있었다.

기후 조건은 좋았다. 여름에 심한 비가 없었으며, 가장 더운 날은 견딜 수 없는 것이 아니었고 매일 밤 이불을 덮어야 했다. 가장 더운 날씨에 콜레라가 맹위를 떨쳤지만 외국인들은 걸리지 않았다. 계속된 예방 조치는 마시고, 요리하는데 끓이고 여과한 물만 사용함으로써 부지와 화장실을 깨끗하게 유지하고, 한국인 시장에서 식품 구매를 피하는 것이었다.

겨울철에 천연두는 매우 흔하였고, 비정상적으로 심하였다. 여러 명의 중국인과 일본인 거주자가 걸렸으며, 그 중 일부는 치명적이었다. 병의 경향은 유착되는 것 같았으며, 현지인들은 그것이 예외적으로 악성임을 인지하였다.

한 외국인은 도착 직후에 걸렸다.[27] 그는 40세가 넘었고 훨씬 더 나이 들어 보였다. 그는 어렸을 때 성공적으로 예방 접종을 받았고, 일본을 경유할 때 재접종을 거부하였다. 여전히 안전하다고 느낀 그는 이곳에 도착하였을 때 적절한 예방 조치를 소홀히 하였다. 그는 자신의 침실이 창호지 칸막이로 한국인의 방과 분리되어 있는 집을 빌렸는데, 그곳에 천연두에 걸린 아이가 누워 있었다. 그는 병에 걸렸고, 한동안 진성 디프테리아가 될 수 있는 인후 합병증을 제외하고 특징적인 경과를 보였다. 그것 때문에 삼키기가 너무 어렵게 되어 마침내 영양 관장에 의지할 수밖에 없게 되었다. 끝으로 발진이 유착되었고 힘이 약해졌다. 그는 발진 12일째에 사망하였다.

6월에 악성 발열 한 예를 보았다.

일본인인 환자는 발병 몇 시간 이내에는 비교적 건강하였다. 그는 전날 감기에 걸렸고, 문제의 발병은 심한 오한으로 이어졌다. 그는 또한 설사가

---

27) 맥시밀리언 토블스의 이야기이다. '자료집 III'의 157쪽을 볼 것.

완화되어 진단이 더 어렵게 되었다. 진료하였을 때, 환자는 콜레라로 쇠약해진 사람처럼 창백하고 여위고 차가웠다. 그는 구토를 하고 있었고, 물에 대한 갈망이 매우 심하였기 때문에 당시 콜레라가 만연하였다면 그 병으로 오인되었을 수도 있다. 하지만 당시에 이곳에는 그것이 존재하지 않았고, 노출 이력도 얻을 수 없었다. 모든 것이 악성 열인 것 같아 환자에게 한 번에 10알의 퀴닌을 주었고, 이것에 칼로멜을 첨가하여 반복하였다. 그는 두 시간 내에 사망하였다.

한국에서 잘 알려진 또 다른 매우 흥미로운 질병은 염병이라고 하는 재귀열이다. 그것은 이 나라에서 가장 무서운 질병 중 하나이다. 천연두는 어디에서나 볼 수 있으며, 첫 번째 감염에서 살아남은 사람들은 다시 걸릴 가능성이 없기 때문에 눈에 띄지 않고 지나간다. 반면 염병은 한 번 앓은 사람도 앞으로 반복적인 발작을 일으키게 된다. 이 질병은 확실히 전염성이 있다. 나는 그것이 아니라고 한국인들을 설득하려고 노력하였지만, 질병에 대한 약간의 경험은 사람들이 옳았다는 것을 나에게 결정적으로 증명해 주었다.

모든 계층이 질병의 영향을 받기는 하지만, 가난한 사람들과 식량이 부족하고 날씨에 더 많이 노출된 사람들이 가장 고통을 받을 가능성이 높다. 류머티즘과 마찬가지로 습한 날씨의 영향을 많이 받으며, 봄, 장마철에 가장 심하다. 사망률은 가난한 사람들에서 가장 큰 데, 그들은 병을 치료하는데 필요한 보살핌을 받을 수 없기 때문이다. 노비나 자신의 집이 없는 사람에서 병이 발견되자마자 그 환자는 문밖으로 내몰린다. 실제로 지난 계절 동안 버림받은 사람들이 도시 안팎에서, 인디언의 원형 천막을 닮은 짚으로 만든 작은 덮개에 의해 보호가 열악한 상태로, 성벽을 따라 늘어서 있는 것을 볼 수 있었다.

이 사람들은 너무 가난하여 방치되어 증상이 가려지는 경우가 많았기에 이 사람들 사이에서 연구하는 것은 어려웠다. 몇 사례가 병원에서 진료를 받고 치료되었는데, 그 중 한 예를 기록하기로 한다. 하지만, 연구를 위한 가장 좋은 사례는 가톨릭 신부 중의 한 명인 외국인인데, 그는 재귀열 환자의 병상 곁에서 봉사하다가 스스로 병에 걸렸다. 그의 경우는 또한 보살핌의 큰 이점을 보여준다.

6월 1일 - 이전 며칠 동안 다소 피곤하고 힘이 없었다. 아침에 오한이 있었고, 열이 나더니 퀴닌과 다른 가정 요법에도 불구하고 매일 악화되었다. 나는 6월 5일에 왕진 요청을 받았다. 환자의 맥박은 116. 체온은 화씨 102.4도이었고, 당시 촉촉한 피부, 하퇴의 심한 동통, 상당한 상복부 압통이 있었으며, 정신은 혼미하였지만 질문에 대한 답변은 상당히 이해하기 쉬웠다. 그는 머리에 심한 동통과 심한 불명증과 차분하지 못함을 겪었다. 그의 수면을 유도하기 위하여 20알의 클로랄과 함께 크롬산에 녹인 퀴닌 10알을 주었다. 다음 밤은 더 편안하게 지나갔다. 그리고 그 다음 날, 위기의 시간이 가까웠고, 그것은 재귀열이 명백하였기에 이서와 필로카르핀을 함유한 혼합물을 처방하였다.

6월 6일 - 혼합물을 복용하기 전 맥박은 108번, 체온은 화씨 102.2도이었다. 그는 4시간에 1그레인의 필로카르핀을 복용하였는데, 이는 땀을 많이 흘리게 하는 효과가 있었다.

6월 7일 - 그는 열이 없었고, 자신이 추가 진료를 필요로 하지 않을 만큼 충분히 건강하다고 생각하였다. 그는 틀림없이 7일이나 14일 후에 다시 열이 올라갈 것이라는 경고를 받았다. 따라서 그는 세심한 주의를 기울였고, 기나피와 염산 강장제를 복용하였다. 14일째(마지막 발열 종료 후 7일)는 무사히 지나갔지만, 21일째에 열이 다시 올랐다. 열은 심하지 않았지만 땀을 많이 흘리게 한 후 현지인들이 두려워하는 후유증을 남기지 않고 그를 떠났다.

질병으로 고통 받는 한국인들에게 퀴닌은 아무 소용이 없는 것 같다. 온도는 잠시 동안 약간 떨어졌다가 곧 다시 상승한다. 필로카르핀은 의지할 수 있는 것이며, 위기 상황에 제공되어야 한다. 이러한 경우에 틀림없이 습포를 사용하는 것이 좋다.

위기 시에 많은 땀이 나오지 않으면, 열과 섬망(譫妄)이 계속되고 환자는 일반적으로 사망한다. 만일 그가 죽지 않으면 체온이 낮은 상태로 지속되어 14일경에 덜 심각한 위기를 겪고, 21일경에 또 다른 위기를 겪는다. 이 세 번째 위기가 닥칠 즈음에 그들이 탈진하여 죽는 것이 오히려 일반적이다. 만일 그들이 생존할 수 있는 힘이 있다면, 그들은 날씨가 습할 때마다 지속적으로 반복되는 류머티스 동통과 함께 건전하지 못한 정신, 청각 또는 시각이 손상된 상태로 남겨지기 쉽다.

14세 소년이 땀을 흘리지 않고 정신이 나간 상태로 입원한 사례가 있었다. 그는 무의식적으로 변을 누었고, 먹는 것을 거절하였으며, 체온이 화씨 102.5도에서 103.8도 사이를 오르내리며 탈진한 상태로 누워있었다. 21일째의 위기를 대비하여 필로카르핀 1그레인을 주어 땀을 많이 흘리게 되었지만, 탈진으로 너무 처져 사망한 것으로 보고되었고 그를 내다 버릴 준비를 하였다. 나는 그를 내버려 두라는 지시를 하였고, 대구 간유와 럼주를 각각

1온스씩 관장하였다. 그날 밤 그는 일어나 몸을 씻고 깨끗한 방과 옷을 달라고 요청하였다. 그는 정신력, 시력 또는 청력의 손실 없이 완전하게 회복되었다.

우리는 친구들이 데려가 잠시만 체류하였던 경우도 있었다. 내원 당시 체온은 화씨 107도이었다. 그는 정신이 없었고, 퀴닌은 증상을 눈에 띄게 완화시키지 않고 그를 귀머거리로 만들었다.

발진이 관찰되지 않으며, 동통은 주로 다리와 등에 국한된다. 발병은 천연두와 매우 흡사하며, 경과와 일반적인 특징은 이장성 발열과 매우 흡사하다. 이 질병의 전염성, 유행 및 치명적인 특성, 퀴닌의 무의미함은 진단을 확인하는 역할을 한다. 나는 현미경 검사를 위하여, 첫 번째 위기를 넘긴 몇몇 환자의 혈액을 한 친구에게 보냈는데, 그는 건조한 슬라이드를 염색을 하기 전에는 아무 것도 발견하지 못하였지만 염색 후에 특징적인 나선균을 발견하였다고 나에게 편지를 썼다. 그는 그것들을 혈구에서 멀리 떨어져 단독으로 관찰되는 코르크 나사 모양의 가는 실로 설명한다.

1886년 7월 15일 콜레라가 서울에 상륙하였다. 그것은 남쪽 항구에서 육로로 올라왔고, 우리는 그것이 접근한다는 소식을 들었을 때 그것에 대비할 충분한 시간을 가졌다. 도시는 일반적으로 더러운 상태에 있으며, 사람들은 수확을 위하여 익어 있다. 그들은 적절한 예방 조치를 취하려 하지 않고, 외국인의 하인들도 우리의 충고에도 불구하고 온갖 익지 않은 줄기를 먹는 것을 고집한다. 그들은 숙명론자처럼 행동하였고, 일단 걸린 친구들을 거의 돌보지 않고 죽게 내버려 두었다. 상당한 비용을 들여 도시 주변에 오두막을 만들었고, 콜레라 신에게 빌었다. 병사들은 그것들을 궁궐에서 쫓아내기 위하여 노력하였다. 병원 직원들은 황산, 아편, 장뇌, 고추로 구성된 콜레라 혼합물을 투여하는 방법에 대하여 교육을 받았다. 누군가가 밤낮없이 약을 나누어주었다. 외국인들은 모두 일에 참여하여 그들의 집에서 약을 나누어주었다. 중국 공사는 자신의 경비로 수백 개의 아편 알약을 보냈다. 9월 1일 경에는 질병이 사라졌다. 그것이 사라진 것은 틀림없이 사용 가능한 모든 재료가 고갈되었다는 사실 때문이다. 질병이 들불처럼 퍼지기에 매우 좋았던 상황이었기 때문에 그것은 대단히 빠른 조치였다.

민영익 공의 친절 덕분에 죽은 사람들을 실어 나르는 두 문(門)에 관리들이 상주하여 면밀하게 계산하고 매일 죽은 사람들의 수를 보고하도록 하였다. 우리는 이런 방식으로 7월 15일부터 25일까지 3,060구의 시신이 매장되었음을 알게 되었으며, 7월 26일 460구, 27일 421구, 28일 371구, 29일 297구, 30일 345

구이었다. 그 후 감소하기 시작하여 8월 16일에는 66구에 불과하였고, 9월 1일에는 20구로 떨어졌다. 한 달 반 동안의 전체 수는 7,092구이었다.

도시에서 죽은 사람은 모두 성 밖으로 나와 매장해야 하며, 사망자의 합계를 구하기 쉽도록 두 개의 문 중 하나를 통과하도록 하였다. 하지만 이 숫자에는 다른 모든 원인으로 인한 사망자가 틀림없이 포함된다. 따라서 대략적인 계산은 다음과 같다. 이 도시는 성벽 안에 거의 15만 명의 주민이 있는 것으로 확인되었다. 성 밖에도 많은 사람들이 있지만 그 중 사망자 수는 알 길이 없다. 도시가 여름에는 사망률이 대단히 높아, 예를 들어 인구 1,000명 당 50명이라면, 우리는 매일 20명의 사망을 정상으로 계산할 수 있다. 콜레라가 유행하였을 47일 동안의 이 숫자(940)를 총 숫자에서 빼면 콜레라만으로 사망할 가능성은 6,152명이다. 그 숫자는 아마도 이 추정치보다 더 많을 것인데, 9월 중에 사망률은 하루에 7~8명으로 떨어졌고, 1,000명당 50명을 적용하기에는 다소 높은 비율이기 때문이다. 어쨌든 1886년의 전염병 유행 동안 콜레라로 인한 사망자 수는 7,092명을 넘지 않으며 6,152명 이상이었다.

전염병이 한참 창궐할 때 거리를 통과하는 것은 불쾌하였다. 높은 사망률을 감당하기 위하여 낮과 밤에 시신을 운구하는 것이 허용되었고(밤은 일반적으로 장례를 치르는 시간이다), 운반인의 수요가 너무 커서 들 것 하나에 여러 구의 시신을 단순히 덮개로 덮어 운구하는 경우가 많았다. 구릉 중턱은 새로 무덤이 많이 생겨 심하게 훼손되었고, 어떤 곳에서는 동물들이 관이 없는 시체를 덮고 있던 얇은 흙을 제거하였다.

계속된 치료는 개인적으로 진료를 할 수 없는 경우에 앞서 언급한 혼합물이었고, 그렇지 않으면 경련을 위하여 모르핀과 클로랄을, 탈진을 위하여 브랜디를 피하 주사하였다. 치료는 크게 성공하지 못하였다. 이 질환은 대단히 악성으로 보였고, 대개 몇 시간 내에 치명적으로 종료되었으며, 몇 예는 다음날까지 지속되었다. 나는 병이 시작될 때 환자 진료를 위하여 여러 번 왕진 요청을 받았고, 문제가 발생한 것으로 인식된 지 2~3시간이 채 지나지 않았음에도 그곳에 도착하였을 때 그가 죽은 것을 발견하였다.

콜레라 파동의 진행 상황은 매우 독특하였다. 그것은 아마도 지난 계절 그곳에서 발생하여 살아남은 일본인 환자로부터 부산항 일대에서 시작되었다. 그런 다음 한반도 전역을 가로질러 넓은 띠로 전국을 휩쓸며 수도로 진격하였다. 수도에서 일을 마친 후, 우리는 북쪽이 황폐화되었다는 소식을 들었다. 이제 온 나라가 질병에서 벗어났으며, 시베리아 항구가 고통 받고 있다.

외국인들 사이에서 장염이 여러 건 발생하였고, 현지인 사이에서도 많은 사례가 관찰되는데, 이는 아마도 항 콜레라 용량을 너무 자유로이 사용하였기 때문인 것 같다.

맹장주위염은 자신의 마음을 진정시키기에 충분히 매일 배변을 하였지만 그의 장을 이완시키기에는 충분하지 않아 부하가 가해지면 문제가 발생하는 외국인에게서 발생하였다. 그에게는 아편과 칼로멜 외에는 거의 주지 않았다. 아편은 최대한 주었다. 찜질은 복부 전체를 지속적으로 따뜻하게 유지시켰고, 그는 회복하였지만 특정 자세를 취할 때 염증 부위에 가끔 통증이 있어 유착이 있음을 나타내고 있다.

1886년 4월 10일에 끝나는 연도 동안 제중원에서는 10,460명의 환자가 치료를 받았으며, 이는 해당 기관의 첫 번째 연례 보고서에서 분류 및 논의되었다. 올해의 숫자는 거의 동일하게 유지되고 있으며, 폐하의 특별 조치로 훌륭한 건물이 지어졌기 때문에 증가할 것으로 예상된다. 그것은 충분한 공간을 포함하고 있으며, 별도의 인접한 건물은 엘러즈 박사가 관리 하는 부녀과를 위하여 잘 갖추어져 있다. 잘 갖추어진 학교도 새 기관의 특징 중의 하나이다.

H. N. Allen, Dr. H. N. Allen's Report on the Health of Seoul. For the Year 1886. Medical Report, for the Half-Year Ended 31st March 1887. China, Imperial Maritime Customs No. 33, pp. 38~41

Dr. H. N. Allen's Report on the Health of Seoul.
For the Year 1886.

During the past year the European community at Seoul has been steadily increasing, so that there are now upwards of 45 adults and 11 children. There have been 4 births and 1 death within the last 12 months.

The climatological conditions have been excellent. We missed the severe rains of the summer; yet the hottest days were far from unbearable, and some bed-covering could be used every night. Cholera raged during the hottest weather, but foreigners were not attacked. The precautions observed consisted in keeping the compounds clean, using only boiled and filtered water for drinking, cooking and the toilet, and avoiding purchasing food from the Corean market.

During the winter season small-pox was very common and unusually severe. Several Chinese and Japanese residents were attacked, some of them fatally. The tendency of the disease seemed to be to become confluent, and the natives themselves recognised that it was exceptionally malignant.

One foreigner was attacked soon after his arrival. He was above 40 years of age, and looked much older. He had been vaccinated successfully in early life, and refused to be re-vaccinated in Japan when passing through. Still feeling secure, he neglected proper precautionary measures on his arrival at this place. He hired a house in which his bed-room was only separated from a room occupied by Coreans by a paper partition, and in which lay a child suffering from small-pox. He took the disease, and. it ran a characteristic course, with the exception of a throat complication which threatened for a time to become true diphtheria. As it was it made deglutition so difficult that nutrient enemata had at last to be resorted to. Towards the end the eruption became confluent and strength failed. He died on the 12th day of the eruption.

One case of pernicious fever was seen in June.

The patient, a Japanese, had been comparatively well till within a few hours of the attack. He had caught cold the day before, and the attack in question came on with a severe chill. He had also buffered from diarrhoea, which made the diagnosis more difficult. When seen, the patient was cyanosed, pinched and cold, like a person in the collapse of cholera. He had been vomiting, and was very anxious for water, so that had cholera been prevalent at the time, the case might have been mistaken for that disease. It did not then exist here, however, and no history of exposure could be obtained. Everything seeming to point to pernicious fever, patient was given 10 grains of quinine, at once, and this was repeated with the addition of calomel. He died within two hours.

Another very interesting disease that is well-known in Corea is relapsing fever, called by the Coreans 染病 or 염병, pronounced *yem pyeng*. It is one of the most dreaded diseases of the country. Small-pox is seen everywhere, and is passed unnoticed, because those who have survived their first attacks are not liable to receive it again. On the contrary, *yem pyeng* having once attacked a person renders him liable to repeated future seizures. The disease is decidedly contagious. I tried to persuade the Coreans that it was not, but a little experience with the malady proved conclusively to me that the people were right.

The poor and those who are ill-fed and much exposed to the weather are the most likely to suffer, though all classes are affected by the disease. Like rheumatism, it is much influenced by damp weather, and is most severe during the spring and rainy seasons. The mortality is greatest among the poor also, for they cannot have the care that is necessary to the cure of the affection. As soon as the disease is recognised in the person of a slave or other person who has not a house of his own, the sufferer is turned out. of doors. Indeed, during the past season whole communities of these outcasts could be seen lining the wall, both inside and outside the city, sheltering themselves but poorly by little straw canopies resembling Indian wigwams.

It was difficult to study the disease among these folk, as they were so destitute that the symptoms were often masked by those of neglect. A few cases were seen and treated at the hospital, one of which will be noted. However, the best case for study was that of a foreigner, one of the Catholic fathers, who, in his ministrations at the bedside of relapsing fever patients, contracted the disease himself. His case also shows the great advantages of care.

1st June. - Had been feeling somewhat tired and indisposed to exertion for some days previous. Had a chill in the morning, followed by fever, which became worse daily in spite of quinine and other household remedies. I was called on the 5th June. Found patient with pulse 116; temperature, 102.4°; skin moist at the time; severe pains in legs, and considerable epigastric tenderness; mind clouded, yet answers to questions were quite intelligible. He suffered from severe pain in the head and obstinate insomnia and restlessness. He was given 10 grains of quinine in hydrochromic acid, with 20 grains of chloral to induce sleep. The following night was passed more comfortably; and the next day, being about the time for the crisis, providing it was relapsing fever as it seemed evident it was, a mixture was ordered, containing nitric ether and pilocarpine.

6th June. - Before taking the mixture, pulse was 108; temperature, 102.2°. He got 1 grain of pilocarpine in 4 hourly doses, with the effect of causing a profuse perspiration.

7th June. - He had no fever, and considered himself well enough to dispense with further medical services. He was cautioned that in 7 or 14 days he would doubtless have a return of the fever. He therefore observed great care, and took a tonic of bark and muriatic acid. The 14th day (7th from termination of last attack) was passed safely, but the fever returned on the 21st day. The return was not severe, and yielded to a good sweat, leaving him with none of the sequelae so much dreaded by the natives.

With Coreans suffering from the disease, quinine seems of no avail. The temperature falls slightly for the time, but soon rises again. Pilocarpine is the sheet-anchor, and it must be given at about the crisis. A wet pack would doubtless be a good thing to administer in these cases.

If profuse perspiration fails to come on at the time of the crisis, the fever and delirium continue, and the patient generally dies. If he does not die, he continues in a low state, having a crisis, less severe, on the 14th day or thereabouts, and another at about the 21st day. It is rather common for them to die of exhaustion at about the time for this third crisis. If they do have strength to survive, they are apt to be left with an unsound mind, impaired hearing or vision, with also constantly recurring rheumatic pains whenever the weather is damp.

A case was brought to the hospital of a boy, 14 years of age, who had missed the sweat, and was in a low, delirious condition. He passed his stools involuntarily, refused to eat anything, and lay in a state of exhaustion, with a temperature ranging from 102.5° to 103.8°. Anticipating the 21st day crisis, I gave him 1 grain pilocarpine, which caused him to sweat profusely, but from exhaustion be became so low that he was reported as dead, and arrangements were made for sending him away. He was ordered to be let alone, and I administered an enema of an ounce each of cod-liver oil and rum. That night he got up, washed himself, and asked for a clean room and clothes. He made a complete recovered, without loss of mental power, sight or hearing.

We had another case that only remained a short time, being removed by friends. Temperature at the time of entry was 107°. He was delirious, and quinine deafened him without allaying the symptoms perceptibly.

No eruption is observed with the disease, and the pains are mostly confined to the legs and back. The onset is much like that of small-pox, and the course and general characteristics very much resemble remittent fever. The contagiousness of the trouble, its epidemic and fatal nature, together with the uselessness of quinine, serve to confirm the diagnosis. A friend, to whom I sent some of the blood from a patient who had passed the first crisis, for microscopic examination, writes me that by staining the dry film he found the characteristic spirillae, although he searched for them in vain before staining. He describes them as slender, corkscrew-shaped filaments, occurring singly away from the blood corpuscles.

On 15th July 1886 cholera reached Seoul. It came overland from the southern ports, and we had ample time to prepare for it, as we heard of its approach. It found the city generally in a filthy condition, and the people ripe for the harvest. They would not take the proper precautionary measures, and even the servants of foreigners would persist in eating all sorts of unripe trash, notwithstanding our remonstrances. They acted like fatalists, and let their friends die almost uncared for once they were taken. Booths were erected, at considerable expense, about the city, and the cholera god was prayed to. Battalions of soldiers fired off charge after charge to scare him out of the Palace grounds. At the hospital officers were instructed as to the manner of giving the cholera mixture, composed of sulphuric acid, opium, camphor and capsicum. Someone was at hand day and night, giving out the medicine. The foreigners all entered into the work, and dispensed medicine from their houses. The Chinese Representative sent out hundreds of opium pills on his own account. By about September 1st the disease had disappeared. Its disappearance was doubtless due to the fact that all the available material was exhausted. It was very quick work, for the conditions were so favourable that the disease spread like wildfire.

Through the kindness of Prince Min Yong-Ik, officers were stationed at the two gates through which the dead are carried, with orders to keep a careful account, and send in daily returns concerning the number of dead borne out. We found in this way that from 15th July to 25th there were 3,060 dead bodies carried out for burial; 26th July, 460; 27th, 421; 28th, 371; 29th, 297; 30th, 345. It then began to decline, so that on 16th August the rate was but 66, and by 1st September it had fallen to 20. The whole number for the month and a half was 7,092.

All who die in the city must be carried outside for burial, and they have to pass through one of two gates, so that it was easy to get the total of deaths. This number, however, would necessarily include the deaths from all other causes. Therefore a rough calculation was made as follows: The city has, as nearly as may be ascertained, 150,000 inhabitants within the walls. There are as many outside, but there is no way of obtaining the number of deaths among them. Giving the city a very high mortality for the summer months, say, 50 per 1,000 inhabitants, we may count 20 deaths per day as normal Deducting this number for the 47 days of the cholera reign (940) from the aggregate number, we have 6,152 as the probable number of deaths from cholera alone. The number is probably greater than this estimate, for during September the mortality ran down to 7 or 8 per, diem, and 50 per 1,000 is a rather heavy rate to adopt. In any case, the number of deaths from cholera inside the city during the epidemic of 1886 did not exceed 7,092, and was not less than 6,152.

During the height of the epidemic it was unpleasant passing through the streets. In order to keep up with the heavy death rate, bodies were allowed to be borne out during the day as well as at night (night is usually the time for funerals), and so great was the demand for carriers that one litter was often made to carry several bodies, with simply a mat for covering. The hill-sides were badly marred with the numbers of new made graves, and in some places animals had removed the thin layer of earth which covered the coffinless bodies.

The treatment followed was the afore-mentioned mixture, in cases which could not be personally attended, otherwise hypodermic injections of morphia and chloral for the cramps and of brandy for the collapse were administered. Treatment was not eminently successful. The disease seemed very malignant, and usually terminated fatally within a few hours, a few cases hanging on till the next day. I was several times called to see a patient at the commencement of the attack, and found him dead when I reached the place, though not over two or three hours had elapsed since the recognised onset of the trouble.

The progress of the cholera wave was very peculiar. It started from the region of the Port of Fusan, probably from the remains of the Japanese cases that occurred there last season. It then advanced on the capital, taking all the country in a wide belt across the peninsula. After finishing up at the capital, we heard of its ravages to the north. The whole country is now free from the disease, and the Siberian ports are suffering from it.

Several cases of enteritis have occurred among foreigners, and many cases are seen among natives, due probably to the anti-cholera doses too freely indulged in.

Perityphlitis occurred in the person of a foreigner who had been having sufficient daily stool to quiet his mind, but not enough to relieve his bowels, which became loaded, and, upon aggravation, induced the attack in question. He was given little but opium and calomel. The opium was pushed to the full extent. A large poultice was kept constantly warm upon the whole abdomen, and he made a good recovery, with, however, occasional pain over the seat of the inflammation when a certain position is assumed, indicating the presence of some adhesions.

In the Government hospital during the year ended 10th April 1886, there were treated 10,460 patients, which were classified and discussed in the first annual report of the institution. The numbers for this year continue about the same, and expected to increase, as a fine new building has been given by special act of His Majesty. It contains ample room, and a separate adjoining compound is nicely fitted up for a female department, under the care of Miss Ellers, M. D. A well-equipped school is also one of the features of the new institution.

호러스 G. 언더우드(서울)가 존 D. 웰즈
(미국 북장로교회 회장)에게 보낸 편지 (1887년 4월 8일)

(중략)

선교부의 불화는 현재 누그러져 가라앉았고 타협책을 찾았습니다. 저는 한 동안 알렌 박사와 대화를 나누지 못했지만, 아무런 소문이 없는 것은 평화롭다는 의미입니다. 저는 알렌 박사가 10월에 미국으로 돌아갈 것을 고집할지, 하지 않을지 모르겠습니다. 저는 일본의 누구를 받아들일 수 있을지 모르겠습니다. 저는 어느 누가 조정자로서 양측이 받아들일 수 있을지 다소 의심스럽습니다. 저는 처음에 생각했던 사람인 헵번 박사를 알렌 박사가 수용하지 않을 것으로 생각합니다. 현재로서는 일들이 원만하게 진행될 것으로 보입니다. 제가 젊은 것이 제가 할 수 있는 모든 일에 장애로 작용함이 분명하다고 생각합니다. 저는 헤론 박사가 한국인들에게 인정받을 만한 자질이 없다고 말하는 것을 이해할 수 없으며, 다만 그는 한국에서 장로교회의 성공을 분명하게 보여줄 한 단체의 책임자로서 필요한 넓은 시야가 부족합니다.

(중략)

Horace G. Underwood (Seoul),
Letter to John D. Wells (President, PCUSA) (Apr. 8th, 1887)

(Omitted)

As to the troubles in the mission: they seem at the present to have been allayed and a *modus vivendi* found, I have not had a talk with Dr. Allen for some time, but I hear no rumors, which is significant of peace. I do not know whether Dr. Allen will insist on returning next October or not. I do not know whose offices in Japan would be acceptable. I am somewhat doubtful whether any one would be acceptable to both sides as mediator and peacemaker. I am certain that the man to be first thought of-Dr. Hepburn-would not be accepted by Dr. Allen. It looks at present as if things would go along smoothly. So far as I am concerned, I am sure that my own youth would be a bar to anything I could do. I would not be understood as saying that Dr. Heron has not the qualities to recommend him to the people here, but only that he lacks the breath of view to stand at the head of a body upon whom rests in so marked a manner the success of Presbyterians in Korea.

(Omitted)

회의록, 한국 선교부 (미국 북장로교회) (1887년 4월 16일)

1887년 4월 16일

　동의에 의하여 이전 회의의 회의록은 낭독하지 않고 다음 회의에서 낭독하도록 하였다.

　회의의 목적은 알렌 박사 사택 앞의 길가에 있는 집이 대단히 저렴한 가격에 [판매] 제의가 있었기에 구입의 타당성을 논의하기 위한 것이라고 언급되었다.

　재무가 예산을 기다리지 않고 지금 집을 구입할 권한이 있다는 것이 동의 및 통과되었다.

　또한 재무는 선교지에서 알렌 박사 사택의 앞에 있는 건물과 부지를 위하여, 그리고 주택의 철거 및 제거를 위하여 비용을 지불하도록 지시하자고 동의되고 통과되었다.

　약간의 논의 끝에 고아원에 더 많은 고아를 수용하기로 결정하였다.

　선교부 자금을 이용한 경비로 헤론 박사가 평양에 가는 것을 허락하자고 동의되고 통과되었다.

　의장의 요청으로 폐회하다.

　J. W. 헤론, 서기

Secretary's Book, Korea Mission (PCUSA) (Apr. 16th, 1887)

April 16, 87

The minutes of the previous meetings, on motion, were ordered to be dispensed with & to be read at the next meeting.

The objects as stated to be the discussion as to the advisability of buying the house in the front of Dr. Allens, fronting on the road, as it was offered very cheaply.

It was moved & carried that the Treasurer be authorized to buy the house now without waiting for the appropriations.

It was also moved and carried that the treasurer be instructed to pay for the building & lot in front of Dr. Allens in the field & for the tearing down and removal of the house.

After some discussion it was decided to take in more orphans at the Orphanage.

Moved & carried that Dr. Heron be allowed permission to go to Pyeng Yang, using mission funds for his expense.

Adjourned to meet at the call of the Chairman.

J. W. Heron, Sec.

호러스 N. 알렌(서울)이 프랭크 F. 엘린우드(미국 북장로교회 해외선교본부 총무)에게 보낸 편지 (1887년 4월 19일)

한국 서울,
1887년 4월 19일

F. F. 엘린우드 박사

친애하는 엘린우드 박사님,

편지가 어제 저녁에 도착하였고,[28] 저는 오늘 아침 일찍 떠납니다. 저는 환자 때문에 밤을 새었고, 이곳에 남아있어 달라는 박사님의 친절한 편지에 짧은 답장을 서둘러 쓰려 합니다. 저에 대한 박사님의 친절과 신뢰에 진심으로 감사드립니다. 제가 박사님의 요청에 반대되는 방향으로 가는 것을 고집하는 것은 불가능합니다. 친애하는 박사님, 저는 다만 박사님이 자신의 행동에 후회하지 않으시길 바랄 뿐입니다. 비록 제가 굴욕스러운 일을 당해야 하는 경우에도, 저는 박사님이 장차 어려움에 빠지는 일이 없도록 하기 위하여, 그리고 이곳에서 우리가 하는 일을 발전시키기 위하여 할 수 있는 모든 것을 할 것입니다. 저는 이번 겨울에 겪었던 끔찍한 경험을 제 영혼에 유익하게 될 수 있도록 변화시킬 수 있기를 바라고 있습니다. 그러나 그것은 지금까지 제가 겪은 일 중 저의 정신과 영혼에 대한 최악의 시련이었고 육체는 탈출하지 못하였습니다.

박사님께 써야 할 일들이 많이 있지만, 다음 우편이 떠나려면 두 주일은 더 지나야 하기에 아쉽습니다. 하지만 제가 그렇게 할 수 있는 한 모든 것이 잘될 것이며, 박사님이 6,000달러로 한 사람을 충분히 대처할 수 있다고 생각하기에 이 짧은 편지를 답장으로 급하게 드립니다.

저의 미래는 우리 하나님께 맡기려고 노력하여왔으며, 과거와 마찬가지로 이 새로운 방향으로 인도하시는 하나님의 손길을 볼 수 있다고 생각합니다.

제 아내와 저의 안부를 전합니다.

---

28) 다음의 편지로 추정된다. Frank F. Ellinwood (Sec., BFM, PCUSA), Letter to Horace N. Allen (Seoul) (Mar. 7th, 1887)

안녕히 계십시오.

H. N. 알렌

Horace N. Allen (Seoul),
Letter to Frank F. Ellinwood (Sec., BFM, PCUSA) (Apr. 19th, 1887)

Seoul, Korea,

April 19th, (18)87

Dr. F. F. Ellinwood,

Mail arrived last evening and is leaving early this morning. I have been up all night with a patient and will hurriedly write you a note in answer to your kind letter requesting me to remain here. I fully appreciate your kindness to me and your confidence in me. It would be impossible for me to persist in going against your wishes, I only hope, Dear Dr., that you may not repent your action. I shall do everything in my power to save you further trouble and promote our interests here, even if I do have to go through a course of humiliation. I hope I may be able to turn this winter's horrible experience to the good of my soul. But so far it has been the worst trial on my mind and spirit that I have ever had, and the body has not escaped.

I have many things to write you and regret that two weeks must elapse before another mail will leave. Yet I send you this hasty note to answer you hat all will be well so far as I am able to make it so and I think you can meet the $6,000. man with safety.

I have tried to leave my future with Our Father, and as in the past I think I can see His hand in this new direction.

With kind regards from Mrs. Allen & myself.

H. N. Allen

호러스 N. 알렌(서울)이 메저즈 홀 앤드 홀츠(상하이)로 보낸 편지
(1887년 4월 21일)

서울,
(18)87년 4월 21일

메저즈 홀 앤드 홀츠,
　상하이

안녕하십니까,

　동봉된 비단 표본과 어울리도록 ¾ 야드 길이의 우단(羽緞) 혹은 플러시 천을 내게 보내주세요 (손질용)
　표본과 어울리도록 비단을 바느질하는 실 꾸릿대 2개
　허리 안감용 1½ 야드 길이의 드릴링
　아이용 장갑 1켤레
　흰색도 검은색도 아닌 같은 색상으로 아침 결혼식에 입기 좋은 것. 나는 오른쪽 손 주먹의 수치를 보냅니다.

　안녕히 계세요.
　H. N. 알렌

Horace N. Allen (Seoul),
Letter to Messrs. Hall & Holtz (Shanghai) (Apr. 21st, 1887)

Seoul,

Apl. 21/ (18)87

Messrs. Hall & Holtz,

    Shanghai

Gentlemen,

Kindly send me ¾ yd velvet or plush to match enclosed sample of silk (for trimming)

2 spools stitching silk to match sample

1½ yd drilling for waist lining

1 pair kid gloves for self

same color neither white nor black, suitable to be worn at a morning wedding. I send measure of right hand around knuckle.

Yours very truly,

H. N. Allen

호러스 N. 알렌(서울)이 프랭크 F. 엘린우드(미국 북장로교회 해외선교본부 총무)에게 보낸 편지 (1887년 4월 25일)

한국 서울,
1887년 4월 25일

F. F. 엘린우드 박사,
　　뉴욕 센터 가(街) 23

친애하는 박사님께,

　　저는 최근의 편지에서 박사님께서 이곳 선교부를 위하여 제안하신 계획에 제가 진심으로 협조할 것임을 확신시켜드리는 짧은 편지를 썼습니다.29) 이제 그 일을 박사님께 상세하게 말씀드리고 싶습니다.

　　순서가 뒤바뀐 일에 대하여 매우 화가 난 것 같은 헤론 박사와 대화를 가졌습니다. 그는 '고집쟁이'에 대하여, 그가 본 사람 중 가장 고집이 센 사람이라고 말한 것이 아니라, 단지 저에게 그 자신과 똑같은 대단한 고집쟁이라고 말하였을 뿐이라며, 박사님께 허위 진술을 하였다며 저를 비난합니다. 저는 제 기억으로 후자로 판명된다고 강력하게 주장하였으며, 이것은 생생하게 기억되기에 제가 쓸 수 있었으며 제가 실수를 할리 없다고 하였습니다. 그는 제가 박사님께 그의 나태한 버릇을 알린 것이 비열하다고 저를 비난하였으며, 그 문제들은 완전히 폭로해야만 해결될 수 있을 상황에 이르렀다고 대답하였습니다. 제가 박사님께 온전히 쓴 것처럼, 저는 제가 말할 수 있는 것의 절반도 말하지 않았으며, 그 당시 우리의 다양한 문제들에 대하여 편지를 썼고 여전히 갖고 있지만 보내지 않았습니다. 저는 그것을 염두에 두고 그에 대해 보고할 때 저의 행동을 그가 저의 개인적인 서신과 회계 장부를 검토하고 박사님께 고의적으로 거짓을 말하였던 그의 행동을 비교하였습니다. 저는 이것을 말씀드리지 않았지만, 공부와 관련하여 저는 우리들의 어려움이 그에게 좋은 영향을 미쳐 좀 더 공부하고 다른 일들을 하게 하였다고 그에게 말하였습니다. 그는 마침내 언더우드 씨와 자신이 사임할 것이라고 저에게 알렸습니다. 이제

---

29) Horace N. Allen (Seoul), Letter to Frank F. Ellinwood (Sec., BFM, PCUSA) (Apr. 19th, 1887)

언더우드 씨에 대해 정직하게 말씀드리면, 그는 이곳에서 최고의 한국어 학자이며, 일단 그가 평정을 되찾는다면 가치 있는 선교사가 될 것이라고 말씀드려야 합니다. 그러나 아무 이유 없이 헤론의 주장을 옹호하는 그의 행동은 잘못되었으며, 그의 행동은 극도로 한심하였습니다. 그 문제에 대하여 저는 이 두 사람이 '나는 놀지 않을래.'라고 말하는 어린이들처럼 행동하였다는 것을 박사님께서 알 수 있을 것이라고 생각하며, 저는 그들의 불쾌한 어린애 같은 놀이에 진저리가 납니다.

헤론이 가야 한다면 큰 손실은 아니겠지만, 그 영향은 의심할 여지없이 나쁠 것입니다. 저는 엘러즈 양과 병원을 운영할 수 있으며, 필요하다면 학교에서 교사들이 도움을 줄 것이라고 저는 확신합니다. 그러나 제가 참을 수 없는 사소한 싸움의 상태에 있을 것 있습니다. 저는 감리교회 사람들과 그러한 상태에서 사는 것이 무서웠고, 헤론이 도착하기를 진심으로 기도하였습니다. 그는 극도로 고집이 세고 시기심이 강하며, 무정하다는 것이 드러났으며, 그래서 저는 세 달 후에 부산으로 보내달라고 요청하였습니다. 그것은 허락되지 않았고, 제가 최근 떠나는 것으로 결정할 때까지 진정한 남부의 원기(元氣)로 가득 찬 가정의 반목이 계속되었습니다. 박사님께서 저를 본국으로 보내는 것을 거절하시지 않을까 두려워서, 저는 (총세무사 메릴이 관리하는) 새로운 항구인 평양의 의료 담당자의 약속을 받았으며, (저에 대한) 대안으로 제시해 드리고자 합니다. 저는 여전히 이것을 제안 드리고 싶습니다. 그러나 결국에는 박사님의 뜻을 거스르고 싶지 않습니다. 헤론 부인은 (헤론) 박사가 이곳의 모든 단체와 직책을 떠나 항구들 중 한 곳으로 가는 것을 허락하지 않을 것입니다.

그 직책이 제게 얼마나 힘든지 박사님께 보여드리고 싶습니다. 한국인들은 인간의 본성을 빠르게 알아본다는 점에서 독특합니다. 비열한 신문들이 공격을 계속할 때 심지어 포크에게도 그렇게 하였던 것같이 그들은 두 사람이나 나라들 사이에서 불화가 있는 것을 알게 되면, 달팽이가 껍질 속으로 들어가는 것처럼 재빠르게 발을 뺍니다. 제가 할 수 있는 것을 모두 하였음에도 불구하고 그들은 저와 헤론이 좋은 사이가 아님을 알고 있으며, 그 결과 제가 그 새로운 병원을 얻어냈을 때처럼 (저 혼자 민영익을 통하여 왕의 면전에서 한 일이기 때문에 제가 그렇게 말하는 것입니다.) 우리에게 심각한 문제들이 발생하였고 그 이후 우리는 현금을 가지고 있지 않았고 지금은 약속조차 느립니다. 저는 왕의 진심 어린 동정을 확신하며, 제가 지난 번 받은 훈장은 왕의 통역이 참석한 궁중 연회에서 헤론이 하였던 행동 때문이라고 생각합니다. 저는 새로운 전기회사 사람들에게 지불할 임금에 대하여 왕이 보낸 사람과 오늘

에야 협의를 진행하였습니다. 그들은 또한 다른 일들에 대해서도 의논하였습니다. 그러나 저는 실제적으로 이곳의 일에 묶여 있는데, 메릴은 저를 이곳에 머물게 하기 위하여 세관으로부터 1년에 600달러의 추가 예산을 확보하였습니다. 그것은 제가 개인적으로 사용하도록 되어 있어 저는 그것을 위해 사용할 수 없고, 선교사로서 이러한 보수를 받을 수도 없습니다. 그래서 저는 그것을 병원의 약품을 구입하는 데 기부해 달라고 제안하였습니다. 메릴이 그것을 승낙하였습니다. 헤론은 제가 그것을 바로 넘겨줄 수 없다면 반대하였겠지만, 제가 그것을 위하여 서명을 해야 하기 때문에 그렇게 할 수 없습니다. 저는 그가 더 이상 반대하지 않을 것이라고 믿지만, 박사님이 아시는 것처럼 올바르게 행동할 수 있는 기회를 구걸하는 것은 남자답지 못한 처사입니다. 저는 선교사들의 행동에 대한 책임을 실제적으로 지고 있지만, 그들의 행동에 대해서 말을 하지 않습니다. 저는 주일 예배 시간에 미국 공사관 직원들을 맞이하였지만, 교회가 아펜젤러의 집에서 조직되었을 때 저는 곤경에 빠졌으며, 오직 저만 공식적으로 그 기관과 연결되어 있지 않습니다. 저는 교사들과 아마도 일부 다른 사람들이 당시 헤론이 말한 그 이야기의 다른 면이 있다는 것을 알고 있지만. 그것이 그들이 저를 격하시킨 입장이라는 것을 알고 있습니다. 길모어 씨가 공개적으로 그것에 반대하는 설교를 하였음에도 불구하고, 그들은 지혜롭지 못한 열정으로 인하여 예배는 곧 조선인들로 채워졌습니다. 그런 다음 다른 사람들이 그들을 차지할까봐 두려웠던 언더우드 씨는 몇 사람에게 세례 주기를 원하였습니다. 저는 그 문제에 관하여 박사님께 편지 한 통을 보내드렸으며, 의심할 바 없이 박사님이 저에 대하여 깊이 생각하셨을 것입니다. 그러나 유감스럽게도 그 이후의 사건들은 제 방침이 현명하였음을 보여주었습니다. 메릴과 데니는 최근에 저를 찾아와 외아문 독판이 선교사들이 적극적인 개종 활동을 하고 있다는 사실에 관한 많은 소문에 대하여 그들과 상의했다고 말하였으며, 그는 이러한 때에 미국인 공동체가 법을 침해한다면 그가 조사하지 않을 수 없다고 하였습니다. 이 사람들은 현 시점에서 선교사들이 쉽게 내쫓길 수 있지만 기다린다면 그들은 확실히 모든 것을 얻을 수 있기에, 어떤 경솔한 행동도 하지 않도록 선교사들을 자제시켜야 한다고 저에게 진지하게 요구하였습니다. 저는 그 사람들이 더 큰 무게를 갖게 될 것이라는 이유로 그들의 그 의견을 다른 사람에게도 전해 달라고 요청하였습니다.

또 다른 기분 나쁜 일은 외국인들이 저를 다른 선교사들과 같은 의미의 선교사로 인정하기를 거부한 것인데, 제 직위가 이중적 성격을 갖고 있기 때문에 저는 '영원한 곤경'에 빠져들고 있습니다. 앞으로 이것을 피하는 것은 더 쉬워질 것입니다. 하지만 휴일 동안 스크랜턴 가족과 언더우드가 주관한 큰 만찬이 있은 후에, 미국, 러시아, 독일 대표들은 선교사들이 너무 말썽을 부리며 실제로 연회와 관련하여 그들을 창피하게 하였기 때문에 선교사들을 '자르기로' 결정하였습니다. 그들은 제가 '배척 대상'에 포함되지 않을 것이라고 말하였지만, 제가 그것을 알았었기에 그 이후로 일본 공사의 초대를 세 번, 중국의 한 번, 외아문의 두 번, 그리고 황제 생일에 열린 독일의 무도회를 한 번 거절하였는데, 그 초대에는 종교인 중에서 스크랜턴과 저 자신만 유일하게 초대를 받았습니다.

저를 이곳에 머물게 하기 위하여 록힐과 포크는 자발적으로 저를 공사관의 서기관 직에 추천하였으며, 또한 록힐은 그가 사임하면 자신의 자리를 맡아달라고 요청하였습니다. 후자는 승인되었지만, 딘스모어 씨가 제때에 도착하여 필요성이 없어졌습니다. 서기관 직은 허락되었고, 딘스모어 씨가 그것에 관하여 저에게 호의적으로 말하였습니다. 저는 박사님의 편지를 받았으며, 그에게 제가 떠날 수 없다고 말하였습니다. 그는 장로교회의 장로(그레이 대령)인 그의 친구를 위하여 _____하였습니다. 딘스모어 자신은 장로교회 신자이고, 그의 아버지는 장로입니다.

저의 사무실은 공공 자산으로 간주됩니다. 헤론 박사가 채신을 떨어트리는 작은 속임수를 고백할 때까지 저는 일들의 비밀 유지에 조심스럽지 못하였으며, 지금은 불쾌합니다. 또한 저는 비상시를 제외하고는 제 집에서 무료 환자를 보는 것을 거절합니다. 병원은 멀지 않고, 항상 열려 있습니다. 하지만 최근에 헤론 박사는 치료 중인 환자를 자기 집으로 데리고 와서 그들에게 시럽 등으로 만들어진 가장 비싼 약을 공짜로 주고, 영국제 병들을 나누어 주었기에, 제가 갖고 있는 시럽을 찾느라 항상 짜증이 더해지고 의약용 물 등이 다 소모되었으며, 약의 재고는 매우 적어 가장 중요한 일들을 할 수가 없습니다. 저의 사무실 직원은 사람들이 저보다 헤론 박사가 더 관대하다고 생각하도록 만들기 위해서 이런 일이 행해진 것이라고 단언하였습니다. 제 의견은 말하지 않겠습니다. 만약 그가 선교부에 남게 된다면, 그는 그 자신만의 재고품을 가질 것이라고 말하였습니다. 저는 약을 낭비하는 것은 참을 수 없기 때문에, 저는 제가 보관한 약품이 2년 이상은 사용 가능할 것으로 예상하였지만, 지금은 더 많은 약을 주문하지 않을 수 없습니다. 저는 올해 시펠린 회사로 보냅니다. 그것들을 지불해주시고, 제 개인 계좌로 청구해 주십시오. 저는 또한 앞에서 언급된 600달러가 지불되어 병원의 재고를 위하여 저의 (물건이) 같은 장소로 보내지도록 헤론 박사의 승인을 기다리고 있습니다. 이것 역시 제 개인 계좌로 청구될 수 있습니다. 그리고 지금 우리는 랜킨 씨에게서 청구서가 오는 것이 늦어져서 불편을 겪고 있기에, 그에게 즉각 청구서를 보내줄 것을 부탁해 주십시오. 저는 방금 총회 재무로부터 제 계좌에 대한 명세서를 받았는데, 런던 약품에 대한 953.07달러가 저에게 청구되었습니다. 그것은 작년에 보냈어야 하였지만, 저는 그것을 위하여 병원으로부터 500달러를 이곳 재정으로 넣었으며, 회계연도 말에 제가 넘긴 의료 잉여금 잔고는 연말에 제가 지출한 것보다 더 많았습니다. 그래서 박사님은 이것을 고국에서 지불하시는 것이 더 나을 것 같습니다. 그런데 이러한 이유 때문에 올해는 잉여금이 거의 없을 것입니다. 저는 매달 헤론 박사의 말과 마부 유지비로 15~30달러를 지불하고, 언더우드에게도 같은 비용으로 10~15달러를 지불하였습니다. 저의 가마, 사무실, 헤론이 죽이지 못하게 한 병든 말에 대한 비용은 30달러이었습니다. 다른 사람들은 텃밭, 창고, 수선, 기타 여러 일들이 많이 있는데, 이것들은 올해 병원 잉여금으로 지불되어야 하며, 제가 할 수 있는 것 이상은 지불하지 않겠습니다. 그러므로 저는 8월 1일 이후까지 모으지 않을 것이며, 내년에 저는 세관에서 추가로 받는 600달러로 병원 의약품을 포함하며 자립하고자 합니다.

저의 낭비에 대한 형제들의 최근 이야기는 오히려 최근에 그들 자신들에게 돌아갔습니다. 모두들 저의 상태가 좋지 못하다는 것을 알기 때문에 저에게 여행을 가라고 조언을 하였습니다. 그러나 헤론이 상하이로 여행을 떠나고 언더우드가 최근 일본을 장기 방문하는 동안, 저는 (이곳에) 체류하며 저의 일을 소홀히 한 적이 없습니다. 헤론 박사는 지금 선교부로부터 시골에 한 달 동안 여행할 수 있는 허가를 받았습니다. 저는 지금 휴가를 요청하고 있지 않습니다. 저는 계속 이곳에 있지 않고 머물 수 없으며, 긴 여행을 가기 전까지 휴가를 예상하고 있지 않습니다. 저는 또한 다른 동료들에 대한 불평을 하는 것은 아니지만, 헤론, 스크랜턴 박사와 해군 군의관이 저에게 사용하라고 추천한 맥주를 의료비로 청구한 것을 헤론이 찾아낸 것에 대하여 그들이 소란을 피운 것은 고약한 것이었습니다.

저는 계속해서 할 수 있는 한 최선을 다할 것이며, 허락된다면 겸손한 입장에 있을 것입니다. 그리고 하루도 빠짐없이 저의 약한 부분인 언어 공부에 헌신하겠으며, 적절한 선교 사역을 하고 싶습니다.

포크가 왕의 군대를 책임지는 자리를 수용하였다는 것을 아시면 박사님은 기뻐하실 것이며, 본국에서 그를 도울 세 사람의 젊은 장교들을 불렀습니다. 그는 아주 정직하고 올곧은 젊은이입니다. 그는 어떤 기독교인보다도 뛰어난 기독교인입니다. 그는 박사님께서 정부의 농장을 위해 기독교인 농부를 선발하여 보내는 것에 관하여 베이어드 국무장관과 협의하자는 저의 제안을 호의적으로 생각하고 있습니다. 유감스럽게도 한 명이 필요한데, 지원하였으며, 그래서 베이어드 씨를 만나는 것이 필요합니다. 왕은 1년에 1,800달러와 비용을 지불할 준비가 되어 있습니다. 그는 기혼에 교육을 받았으며, 실무 경험이 있어야 합니다.

　　제 아내와 저의 안부를 전합니다.

　　안녕히 계십시오.
　　H. N. 알렌

Horace N. Allen (Seoul),
Letter to Frank F. Ellinwood (Sec., BFM, PCUSA) (Apr. 25th, 1887)

Seoul, Korea,

Apl. 25th, (18)87

Dr. F. F. Ellinwood,
　　23 Centre St., New York

My dear Doctor,

　　I wrote you briefly by last mail assuring you of my hearty cooperation in the plans you propose for the Mission here. I wish now to state the case fully to you.

　　I had a talk with Dr. Heron, who seems greatly indignant at the turn matters have taken. He accuses me of making a misstatement to you concerning the "ass" epithets, claiming that he only declared me to be as great an ass as himself instead of the greatest he ever saw. I contended that my recollection proved the latter and that as I wrote while it was fresh in my mind, I could not have been mistaken. He accused me of meanness in informing you of his idle habits, to which I replied that matters had reached such a state that only a full exposal would answer. And that fully as I had written you, I had not told one half that I could tell and that I had still a file of letters written at the times of our various troubles, but which I had not sent. I had it in mind to compare my conduct in reporting him, with his, in examining my private correspondence and books and then telling you a deliberate falsehood concerning what he read. I did not say this, but in regard to study, I told him that our difficulties had had a beneficial effect on him in causing him to do more study and other work. He finally informed me that Mr. Underwood and himself intended to resign. Now in justice to Mr. Underwood I must say that he is the best Korean scholar here and will be a valuable missionary once he quiets down, but his conduct in championing Heron's cause, with no reason is wrong and his actions have been contemptible in the extreme. For that matter, I think you can see that both of these men have acted like children who say "I won't play" and I am about disgusted with this sickening child play.

It would be no great loss if Heron should go but the effect would be unquestionably bad. Miss Ellers and I can run the hospital, and I am assured of the teachers help in the school if needed. Yet there would be a constant state of petty war which I cannot stand. I dreaded living in such a condition with the Methodists and prayed earnestly for Heron's arrival. He proved to be intensely obstinate, envious and uncharitable, I therefore in three months asked to be allowed to go to Fusan. It was not granted and the family quarrel has gone on with real Southern energy till it resulted in my recent action towards leaving. Fearing lest you might decline to send me home, I obtained the promise of the position of Medical Officer to the new port Peng Yan (of Commis. Merrill) intending to propose this as an alternative. I still am inclined to propose it. But I don't feel like going against your wishes after all you have done. Mrs. Heron will scarcely allow Dr. to go to one of the ports, away from all society and his position here.

Let me try to show you the difficulty of the position to me. The Koreans are peculiar, in that, when, by their quick insight into human nature. They see that there is bad blood between two persons or nations, they quickly withdraw like a snail into its shell, as they even did with Foulk when those dastardly newspaper attacks were going on. In spite of all I could do, they saw Heron and I were not on good terms and the result is that just as I had obtained the new hospital (I say I, because I did it alone thro' Min Yong Ik in the King's presence), our serious trouble broke out and we haven't had a cash since and even promises are slow now. I am assured of the King's hearty sympathy and think my last decoration largely due to Heron's action about the Palace banquet in the presence of the King's interpreter. I was only today consulted by this person, sent for the purpose from the King, concerning the salaries to be paid the new Electric Light people. They also consulted me concerning other things. Yet I am practically tied down, Merrill, to keep me here, secured an extra appropriation of $600 per year from Customs. It is so arranged that I cannot take it for it is for my private use, and as a missionary I cannot accept such pay. I therefore proposed devoting it to the purchase of drugs for the hospital. Merrill approved of this. Heron objected unless I could have it turned over direct, but as I must sign for it, that can't be. I believe he will object no more, but this you know, is unmanly kind of work, to be begging for the chance of doing right.

I am practically held responsible for the acts of the missionaries, yet I have no "say" in their doings. I received the U. S. Legation for Sunday service, but when the church was organized at Appenzellers I was down in the depths, and was the only one not given official connection with the institution. I know the teachers and perhaps some others see that there was another side to the story told by Heron at that time but that is the position to which they relegated me. Soon, in their unwise zeal they filled the services with Koreans, tho' Mr. Gilmore preached against it publicly. Then Underwood wished to baptize some people for fear the others would get them. I sent you a copy of my letter on the subject and doubtless you thought me over careful. But I am sorry to say, subsequent events have shown the wisdom of my course. Both Merrill and Denny have been to me lately saying that the Foreign Minister has conferred with them concerning numerous rumors to the effect that the missionaries are engaged in active proselytizing, that he reports the American community too much to think they would violate the laws at such a time, but that he is compelled to look it up. These men expressed an earnest desire that I would keep the missionaries from doing anything rash, that they could easily have themselves ejected at present, while by waiting they will surely win all. I asked them to express their opinion to the others on the grounds that they would then have more weight.

Another unpleasant thing is that foreigners refuse to recognize me as a missionary in the sense that the others are, and by virtue of my double character, I am forever getting into "hot water." It will be easier hereafter to avoid this. However, for after the great dinners given during the Holidays by Scrantons and Underwood, the American, Russian and German representatives decided to "cut" missionaries as they were getting too troublesome and actually shaming them in the matter of entertainments. They said I was not to be included in the "boycott," but as I knew of this, I have since refused 3 invitations to the Jap. Legation, 1 to Chinese, 2 to Foreign Office and the one to the German ball on the Emperor's Birthday, to which Scranton and myself were the only religious people invited.

In order to keep me here, Rockhill and Foulk recommended me, voluntarily, for the position of Secretary [of] Legation, and R. also asked that I be left in charge on his departure. The latter was granted, but Mr. Dinsmore arrived in time to obviate the necessity. The secretaryship has been granted and Mr. Dinsmore spoke favorably to me concerning it. I had received your letter and told him I could not leave. He ____ __ ____ for a friend of his, who is a Presbyterian Elder (Col. Gray.) Dinsmore himself is a Presbyterian and his father is an Elder.

My office is looked upon as public property. I was not careful to keep things locked until Dr. Heron confessed to the small trick, to which he descended, but now it is unpleasant. Also, I refuse to see free patients at my house except in case of emergency. The hospital is not far and is open all the time. Of late, however, Dr. H. has taken to treating people at his own house, giving them freely the most expensive medicine, made up with syrups etc., and dispensed in English bottles, so that in addition to the annoyance of always finding my syrups, medicated waters etc. exhausted, the stock of drugs has been very low and we are out of some of the most important things. My office man declares it is done to make people think Dr. H. more generous than myself. I don't express my opinion. If he stays in the Mission, he says he will have a stock of his own which will be very proper. As I cannot stand this extravagant use of drugs, I expected my stock to last for two years more, but will now be compelled to send for more drugs. I send to Schieffelin this year. Please pay for them and charge to my personal account. I am also waiting for Dr. H. to sanction my sending to the same place for a stock for the hospital to be paid out of the aforementioned $600. This may also be charged to my personal account. And please request Mr. Rankin to send in the bills promptly for we are just now in trouble over a delayed bill from him. I have just received a statement of my account with the General Treasury in which the $953.07, for London medicines, is charged to me. That would have been right had it been sent in last year, but I handed into the treasury here the $500 from the hospital for that portion and the balance was more than paid for by the medical surplus which I handed in at the close of the year. So you had better pay this at home. There will be but little surplus this year for these reasons. I have paid from $15~$30 monthly for keep of Dr. Heron's horse and groom, and $10~$15 for same for Underwood. My own expense of chair, office and a sick horse which Heron decline to allow me to shoot has been $30. The other gentlemen have a lot of patches of ground, sheds, repairs and other jobs to be paid out of medical surplus this year and I don't intend to have any more than I can help. I shall therefore not make collection till after Aug. 1st, and next year I wish to be self-supporting, including the medicines for hospital, to be paid for by the $600 extra from Customs.

The recent talk by the brethren concerning extravagance on my part has come back rather recently upon themselves. I guess there is no foreigner here but that has advised me to take a trip, for all know I am not well. Yet I have stayed and have never neglected my work while Heron had his trip to Shanghai and Underwood recently had his long visit to Japan. Dr. H. now has Mission permission to make a month trip to the country. I am not asking for leave. I can't stay here without being here continuously and do not expect to leave till I go for a long trip. Neither am I complaining of the other men, yet it was unkind of them to make such a fuss over Dr. H's discovery that I had charged to medical the beer that he, Dr. Scranton and a Naval Surgeon had recommended me to use.

I shall go along and do the best I can, give as little offense as possible, occupy as humble a position as I will be allowed and shall not let one week day pass without devoting some time on the study of the language, which is one of my weak spots, I wish to do proper missionary work.

You will be glad to know that Foulk has accepted the position in charge of His Majesty's Armies, and has summoned three young officers from home to his assistance. He is a remarkably honest and upright young man. He is more Christian than many Christians. He thinks favorably of my suggesting that you confer with Secretary Bayard concerning the selection and sending out, of a Christian farmer, for the Govn't farm. One is sadly needed, and has been applied for, hence it would be necessary to see Mr. Bayard. The King is ready to pay $1,800.00 a year and expenses out. He should be married, educated and practical.

With kindest regards from Mrs. Allen and myself, I am

Sincerely yours,
H. N. Allen

18870425

호러스 N. 알렌(서울)이 캠피온 커터(미국 북장로교회 해외선교본부)에게 보낸 편지 (1887년 4월 25일)

한국 서울,
(18)87년 4월 25일

C. 커터 님,
　뉴욕 시 센터 가(街) 23

　이것은 뉴욕시 라피엣 플레이스 56의 윌리엄 앤드 컴퍼니에서 온 책 꾸러미와 함께 배달될 것입니다. 랜킨 씨가 청구서 대금을 지불해 주시고 액수를 제 계정으로 청구해 주세요. 저에게 책을 전달해 주시면 고맙겠습니다.

　안녕히 계세요.
　H. N. 알렌, 의학박사

Horace N. Allen (Seoul),
Letter to Campyon Cutter (BFM, PCUSA) (Apr. 25th, 1887)

Seoul, Korea,

25th Apl., 87

C. Cutter Esq.,

    23 Centre St., New York

This will accompany a pkg of books from Wm. Wood & Co. of 56 Lafayette Pl's, New York. Kindly have their bill paid by Mr. Rankin and the sum charged to my account. Forward the books to me, ___ ___ and oblige.

Yours truly,

H. N. Allen, M. D.

호러스 N. 알렌(서울)이 메저즈 윌리엄 우드 앤드 컴퍼니
(뉴욕 시)로 보낸 편지 (1887년 4월 25일)

한국 서울,
(18)87년 4월 25일

메저즈 윌리엄 우드 앤드 컴퍼니,
    뉴욕 시 라피엣 가(街) 56 및 58

안녕하십니까,

저에게 다음의 책을 보내주세요.
1. 직장 투약에 대한 소고, 보든헤이머
2. 항문루에 대한 임상적 관찰, 보든헤이머
3. 신경쇠약, G. M. 베어드
4. 실용의학, 루미스
5. 진단학, 다코스타
6. 의학 처방집, 그리핀
7. 성병, 범스테드와 테일러
8. 미합중국 약전
9. 가죽으로 정장한 그로스의 외과학, 혹은 그로스의 5권을 넘지 않도록 값싼 신판을 공급할 있다면 애쉬허스트의 외과학. 나는 애쉬허스트의 제5권을 가지고 있습니다. 또한 창고에서 저에게 주실 수 있는 닳아빠진 책들도 보내주시면 고맙겠습니다.
    책 꾸러미와 대금 청구서는 센터 가(街)로 보내주세요.

안녕히 계세요.
H. N. 알렌, 의학박사
장로교회 선교부

Horace N. Allen (Seoul),
Letter to Messrs. Wm. Wood & Co. (New York City)
(Apr. 25th, 1887)

Seoul, Korea,

Apl. 25/ (18)87

Messrs. Wm. Wood & Co.,

    56 & 58 Lafayette St., New York

Gentlemen,

    Kindly send me

1. Essay on Rectal Medication, Bodenhamer
2. Practical Observation on Anal Fistula
3. Nervous Exhaustion, G. M. Baird
4. Practical Medicine, Loomis
5. Medical Diagnosis, Dacosta
6. Medical Formulary, Griffin
7. Venereal Diseases, Bumstead & Taylor
8. United States Dispensatory
9. Gross Surgery leather bound, or Ashurst if can supply cheap new copies so as not to exceed five of Gross. I have Ashurst Vol V. Also kindly send any shelf worn books you can spare me.

    Send pkg and bill to C. Cutter, 23 Centre St. for forwarding and payment.

Your very truly,

H. N. Allen, M. D.,

Presbyterian Mission

호러스 N. 알렌(서울)이 윌리엄 랜킨(미국 북장로교회 해외선교본부 재무)에게 보낸 편지 (1887년 4월 25일)

서울,
(18)87년 4월 25일

윌리엄 랜킨 님,
　뉴욕 시, 센터 가(街) 23

　필라델피아 월넛 가(街) 810의 헨리 케리 베어드 앤드 컴퍼니에 책 3권과 우편료를 합해 10달러가 넘지 않게 지불해 주십시오. 그 액수를 저의 개인 계좌로 청구해 주시면 고맙겠습니다.

　H. N. 알렌, 의학박사

Horace N. Allen (Seoul),
Letter to William Rankin (Treas., BFM, PCUSA) (Apr. 25th, 1887)

Seoul,
Apl. 25, (18)87

Wm. Rankin Esq.,
　23 Centre St., New York

　Kindly pay to Henry Carey Baird & Co. of 810 Walnut St., Philadelphia, for three books and postage on same, not to exceed $10.00 in all. Charge the same to my personal account and oblige.

　H. N. Allen, M. D.

호러스 N. 알렌(서울)이 헨리 케리 베어드 앤드 컴퍼니 (펜실베이니아 주 필라델피아)로 보낸 편지 (1887년 4월 25일)

한국 서울,
(18)87년 4월 25일

헨리 케리 베어드 앤드 컴퍼니,
　필라델피아 월넛 가(街) 810

안녕하십니까,

　동봉한 환어음으로 지불이 될 '크루의 석유에 대한 실용 보고', '앤더슨의 시굴자 편람' 그리고 '어니의 간이 광물학'을 보내주세요. 만일 평균 우편료가 권 당 25센트가 넘지 않으면 우편으로 보내주시고, 그렇지 않으면 내게 보내라는 부탁과 함께 뉴욕 시 센터 가(街) 23의 C. 커터 씨에게 보내 주세요.

　안녕히 계세요.
　H. N. 알렌

Horace N. Allen (Seoul),
Letter to Henry Carey Baird & Co. (Philadelphia, Pa.) (Apr. 25th, 1887)

Seoul, Korea,

Apl. 25th, (18)87

Henry Carey Baird & Co.,

810 Walnut St., Philadelphia

Gentlemen,

Kindly send me "Crew's Practical Treatise on Petroleum", "Anderson's Prospector's Hand Book" and "Ernis Mineralogy Simplified" for which enclosed order will obtain payment to you. If average postage does not exceed 25¢ per vol. send by mail, otherwise sent to C. Cutter, 23 Centre St., New York with instructions to forward to me.

Yours very truly,

H. N. Allen

호러스 N. 알렌(서울)이 캠피온 커터(미국 북장로교회 해외선교본부)에게 보낸 편지 (1887년 4월 27일)

한국 서울,
(18)87년 4월 27일

C. 커터 님,
    뉴욕 시 센터 가(街) 23

친애하는 커터 씨,

　　1885년에 귀하는 저를 위하여 일리 앤드 램지 사(社)의 요리용 조리대 (1881년 특허, 818이 표시됨)를 구입하였습니다. 그것은 지금 고장이 났고 큰 문제가 되지 않는다면 다음과 같은 수리 부품을 보내 주셨으면 고맙겠습니다.

　　보내는 조리대를 위한 철판과 내화 점토 뚜껑, 또한 쇠살대를 위한 내화 점토.
　　쇠살대 신품 전부와 문짝을 위한 부레풀.
　　또한 둥글고 긴 뚜껑 신품 전부.

　　만일 미숙한 사람이 조립하는데 기계에 대한 지식이 너무 많이 필요하다면 귀하는 어떠한 부품도 보낼 필요가 없습니다.

　　안녕히 계세요.
　　H. N. 알렌, 의학박사

Horace N. Allen (Seoul),
Letter to Campyon Cutter (BFM, PCUSA) (Apr. 27th, 1887)

Seoul, Korea,

Apl. 27/ (18)87

C. Cutter Esq.,

    23 Centre St., New York

My dear Mr. Cutter,

In '85 you purchased an Ely & Ramsay cook stoves for me, Pat. 1881, marked 818. It is burned out now and if not too much trouble I would like to have you send me the following repairs.

Iron plate for coming oven with fire clay top, also fire clay for grate.

New grate complete with isinglass for doors.

Also complete new top that is the round and long pieces.

If new top requires too much mechanical knowledge to be put in place by an amateur of course you needn't send any of the parts.

Yours very truly,

H. N. Allen, M. D.

18870430

호러스 N. 알렌(서울)이 프랭크 F. 엘린우드(미국 북장로교회 해외선교본부 총무)에게 보낸 편지 (1887년 4월 30일)

중요한 추신

1887년 4월 30일

친애하는 박사님,

저는 헤론 박사와 아무것도 할 수 없습니다. 그는 고집불통으로 침묵을 지키거나 노골적으로 모욕합니다. 저는 언더우드 씨와 함께 대화를 나누었습니다. 그는 사임하기로 결정한 것은 아니지만, 성서 공회로 갈 생각이라고 말합니다. 그는 여러 가지 불만을 말하고 설명하였습니다. 저는 마침내 제가 그를 화나게 할 수 있었던 일에 대하여 말하였습니다(그는 어떠한 것도 언급하지 못하였습니다.) 저는 그의 용서를 구하고, 그가 선교부의 업무에 계속 연관되어야 한다고 단언하였습니다. 그가 즐겁고, 더 나아가 그가 흥미를 갖도록 제가 할 수 있는 모든 것을 할 것입니다. 하지만 제가 떠나려 하였을 때, 현재 그들 모두가 갖고 있는 악감정의 원인이 언더우드가 제안한 결의에 대하여 제가 박사님께 개인적으로 반대를 표명한 것 때문임을 우연히 알게 되었습니다. 그는 박사님께서 제가 단지 "떠나려는 의도로 그것들을 임시로 받아들였다."고 쓰셨다고 말합니다. 저는 그에게 제 편지 사본을 읽어보라고 요청하였지만, 제가 특정 사항에 대하여 비밀을 지켜줄 것을 부탁하였기 때문에 그는 그 요청을 거절하였습니다. 하지만 저는 그에게 선교부의 이익을 위해서 제가 빠져야 한다는 것을 촉구한 편지의 핵심 요점을 읽어 주었으며, 그가 박사님의 의미를 오해한 것이라고 말을 하였습니다. 언더우드는 없어서는 안 됩니다. 헤론은 도시를 떠나지 않을 것입니다. 박사님께서 저를 평양으로 가게 하시는 것이 좋을 텐데, 제가 최근에야 알게 된 다른 이유를 말씀드리겠습니다. 공사관에도 있는 것처럼, 저의 집에도 근무하는 관리 한 명이 있습니다. 그는 매일 왕을 알현하기에 제가 (그를 통해) 왕에게서 듣게 된 것이 있는데, 그것은 외교 사절들과 상인들에게 좋은 것이 아닙니다. 저는 많은 문제들에 관하여 조언을 받았고 솔직한 충고를 하고 있는데, 데니 판사가 거액의 수수료를 받기로 하였던 12만 달러짜리 선박의 매각 문제를 제가 망쳤습니다. 슈펠트 제독이 이곳에 초대를 받은 것도 저의 중개를 통해서 입니다. 그 결과 데니는 제 앞에서는 상냥하게 하면서도, 저를 쫓아내기 위해 무엇이든 할 것입니다. 저는 또한 쓸모없는 30,000달러짜리 또 다른 선박의 판매를 중단시켰는데, 그것으로 인하여 저는 일부 독일인들의 분노를 샀습니다. 중국인들은 지난 번 중국인들의 분규를 막는 일에 데니 판사와 함께 제가 나선 것에 대하여 완전히 용서한 것은 결코 아닙니다. 그래서 박사님은 저에 대한 반대가 없는 것이 아님을 아실 것이며, 제가 있는 자리가 선교사를 위해 다소 모호하기에 박사님이 저를 멀리 보내시는 것이 현명하다고 생각합니다. 어쨌건 헤론 박사는 이곳에서 상당한 세를 과시하고 있는 감리교회 사람들과 매우 친밀하기 때문에 병원과의 관계를 유지할 것이라고 말합니다. 저는 남아있는 것을 원하지 않으며, 사소하고 지속적인 괴로움과 영적 및 정신적인 손상을 받고 싶지 않습니다. 하지만 만일 박사님이 위험을 감수하시겠다면, 제가 할 수 있는 최선을 다할 것이며, 가능한 한 빨리 도움이 될 사람을 보내 주셔야합니다.

한국인들은 일본인과 다른 사람들을 쫓아내는 데 필요한 배상금을 모금하는 데 실패하였습니다. 일본인들은 이곳에 거주지를 만들 계획을 하고 있으며, 저는 박사님께서 사업을 확장하는 것이 절대적으로 안전하다고 생각합니다. 언더우드가 남아있다면, 박사님께서는 그가 청구하는 모든 예산을 승인해 주시는 것이 더 좋을 것이며, 그렇지 않을 경우 제가 그 일이 실패한 책임을 지게 될 것입니다. 저는 박사님께서 그와 화해할 수 있을 것이라고 확신합니다. 그는 다른 어떤 사람보다 더 귀중하고 쾌히 받아들입니다.

알렌

Horace N. Allen (Seoul),
Letter to Frank F. Ellinwood (Sec., BFM, PCUSA) (Apr. 30th, 1887)

Post Script Important

Apr. 30

Dear Dr.

I have not been able to do anything with Dr. H. - he is either obstinately silent or downright insulting. I had a talk with Mr. Underwood. He says he has not positively decided to resign but thinks he will, and go into a Bible Society. He stated and explained many grievances. I at last said that for what I might have done to offend him (He failed to state any one thing). I asked his pardon and promised that should he continue to be associated in mission work. I would do all I could to make it pleasant for him and to further his interests. As I was leaving, however, I incidentally discovered the cause of his present ill feeling to be the idea possessed by them both that I objected to you privately, concerning the resolutions made by Underwood. He says you wrote that I only "accepted them temporarily, intending to leave." I asked him to read my copy of the letter, but he declined, as I required secrecy concerning certain points. I, however, read him the essential points in which I urged to be relieved for the good of the Mission, and suggested that he had misinterpreted your meaning. Underwood cannot be spared. Heron will not leave town. You had better let me go to Peng Yan, and I will state another reason for it, that has but recently come to my knowledge. I have an officer located at my house, just as have the Legations. He sees the King daily and I have His Majesty's ear to an extent that is not pleasing to the representatives and merchants. I am advised with concerning many matters and in giving honest advice, I spoiled the sale of an $120,000 ship by which means Judge Denny was to have received a heavy commission. It was through my instrumentality too, that Admiral Shufeldt received his invitation here. As a result, Denny will do anything to get me out, though pleasant to my face. I also stopped the sale of another worthless $30,000 ship whereby I incurred the wrath of some of the Germans. The Chinese have never fully forgiven the part I took with Judge Denny in preventing the Chinese complications of last season. So that you see I am not without opposition and as the position I am placed in is somewhat equivocal for a missionary I think you will be wise in sending me away. At any rate, Dr. Heron says he will retain his connection with the hospital and as he is very intimate with the M. Es. (Methodists) who are making an extensive display here. I don't like to remain and endorse the petty and continual annoyances and the wear and tear, spiritually and mentally. If however, you wish to take the risks, I will do the best I can, and you should send out help as soon as possible.

The Koreans have failed to raise the indemnity sum necessary for the expulsion of Japanese and others. The Japs are laying out a settlement here and I think you will be perfectly safe in branching out. If Underwood remains you had better grant him all the appropriations he asked for, or I will get the credit of the failure of the same. I trust you may be able to make peace with him. He is more valuable and more amenable than the other man.

Allen

18870500

패니 M. 알렌, 적절한 놀라움. *Woman's Work for Woman and Our Mission Field* 2(5) (1887년 5월호), 123쪽[30]

적절한 놀라움
(편지에서.)

한국의 여성들은 이름조차 없는 존재들입니다. 여자 아기는 몇 년 동안 아기 이름을 갖고 있지만 어머니는 이름이 없습니다. 남편에게 아내에 대하여 무엇이든 묻는 것은 매우 무례하기 때문에 그들의 사생활과 관습에 대하여 알 수 있는 방법은 거의 없습니다. 나는 그들이 얼마나 외딴 곳에 은둔해 있고, 얼마나 중요하지 않은지, 이 모든 것에 직면하여 우리가 그들에게 도달하는 것을 생각하는 것은 얼마나 희망이 없는 것인지 당신에게 이야기할 수 없습니다.

그러나 하나님은 두 한국인 여성의 마음에 들어와서 의사들에게 영어와 의학에 대하여 할 수 있는 모든 것을 가르쳐달라고 요청하였습니다. 그들은 길에서의 어려움을 독창적으로 충분히 극복하는 것으로 보입니다. 그들은 남자의 옷을 입고 밤에 우리에게 보이지 않도록 가려진 가마로 올 것을 제안하였습니다. 새 병원이 개원하자 그들은 그곳에 방을 얻어 부녀과에서 간호사로 일하자고 제안합니다. 그들은 모든 모습에서 선하고, 여성적이며, 단호하고, 강한 생각을 가진 사람들이며, 우리는 그 과정을 하나님의 축복과 격려의 특별한 표현으로 보고 있습니다. 하나님의 모든 축복과 마찬가지로 그것은 우리가 필요로 할 때 와서 받을 수 있습니다. 새 병원은 여자를 위한 부서와 함께 몇 주 안에 문을 열 것입니다. 엘러즈 양의 도움은 어디서 왔습니까? 문제는 가장 예상치 못한 방식으로 해결됩니다.

많은 한국인 양반들이 우리를 찾아오는데, 우리는 생각하는 방식에 따라 무례한 수준이 될 질문에 의해 그들에게 충격을 주지 않으려고 노력합니다. 우리는 그들의 가장 공손한 형태를 배우지 못하였는데, 그렇지 않으면 우리는 항상 우리의 '비참한 오두막집'과 우리 손님의 '궁궐 같은 집'에 대하여, 그리고 '개들에게 너무 가난한' 우리 음식과 우리 손님의 '호화로운 식사'를 이야

---

30) 이 글은 다음의 잡지에 인용되었다. Woman in Korea. *The Medical Missionary Record* 2(5) (Aug., 1887), p. 98

기해야 합니다. 그것은 규칙입니다. 자신을 비하하고 손님을 칭찬하고 아첨합니다. 그는 이런 모든 아첨은 공손히 몸을 굽히며 인정하며 "당신은 천 배나 친절합니다."라며 당신을 납득시킵니다. 그는 당신에게 값비싼 물건을 선물로 달라고 요청하지만, 당신은 잊혀지지 않습니다. 그는 곧 당신에게 대나무 발, 돗자리, 고운 아마포와 비단 두루마리를 보내며, 그것이 그들의 관습임을 기억하고 그가 자신의 풍성함을 주었을 때, 당신은 보답할 수단을 고안하기 시작합니다. 선교사에게 있어 우리 자신을 추천하고 싶은 사람들과 잘 지낼 수 있는 절호의 방법을 찾는 것은 끊임없는 투쟁입니다.

저는 아내에 대한 존중을 나타내는 유쾌한 작은 표현을 보았습니다. 얼마 지나지 않아 12명의 남자, 병원과 연관된 관리들이 저녁 식사를 하기 위하여 이곳에 모였습니다. 한 번도 외국식 식사를 해본 적이 없는 60세의 한 노인은 튀긴 닭, 감자, 파이, 케이크를 모두 조심스럽게 남겨두어 집으로 가져가 아내에게 보여주었습니다. 당신은 길고 넓은 소매가 거의 무릎까지 닿았고, 먹진 가방을 만들기에 충분할 만큼만 꿰매어진 멋진 소매를 보아야만 합니다. 그것들은 일반적으로 가는 아마포나 얇은 비단으로 만들어지므로 얇은 아마포는 면사포처럼 통해서 볼 수 있습니다. 그것은 아름다운 광택이 날 때까지 두드려줍니다. 밤낮으로 여성들이 옷을 두드리는 소리가 들릴 수 있습니다. 그 소리는 제게 닿는 어떤 것보다 근면함과 검소함을 더 많이 풍기고 있기 때문에 저는 그 소리를 좋아하게 되었습니다.

한국 서울,
패니 M. 알렌

Fannie M. Allen, An Opportune Surprise. *Woman's Work for Woman and Our Mission Field* 2(5) (May, 1887), p. 123

An Opportune Surprise.
(From Letters.)

Women in Korea are of so little consequence they have not even a name. A baby girl has a baby name for a few years, but the mother has none. There are few ways of finding out anything regarding their private life and customs, because it is very rude to ask a man anything about his wife. I never could tell you how secluded they are kept, and of how little importance considered, and in the face of all this how hopeless it has seemed to think of our ever reaching them.

Yet God has put it into the hearts of *two Korean' women* to come, and ask the Doctors to teach them English and all they can about medicine. The difficulties in the way they seem ingenious enough to surmount. They proposed wearing men's garments and coming to us at night in closed chairs, to avoid being seen. As soon as the new hospital is opened, they propose taking a room there to live in and act as nurse's in the female department. They are good, womanly, determined, strong minded persons in their every appearance, and we look upon the proceeding as a special manifestation of God's blessing and encouragement. Like all His blessings it comes when we need it, and can receive it. The new hospital will be opened in a few weeks, with a department for women. Where was Miss Ellers' help to come from? The problem is solved for us in a most unexpected way.

A great many Korean gentlemen come to see us, and we try not to shock them by questions which, according to their way of thinking, would be the height of rudeness. We have not learned their politest forms, else we should always speak of our 'miserable hovel,' and our guest's 'palatial residence;' of our. food, that is 'too poor for the dogs,' and our guest's 'sumptuous fare.' That is the rule; demean yourself; and praise and flatter the guest. He acknowledges all this flattery with a profound bow, and assures you, "you are a thousand times kind." He asks you to make him presents of expensive things, but you are not forgotten. He soon sends you bamboo blinds, mats, rolls of fine linen and silk, and when you remember it is their custom, and he has given of his abundance, you begin to devise means to give in return. For the missionary, it is a constant struggle to find the golden mean in getting along with people to whom we wish to recommend ourselves.

I have seen one pleasant little manifestation of regard for a wife. Not long since we had twelve men, officers connected with the hospital, here to dinner. One old man of sixty years who had never been at a foreign table before, carefully saved all his fried chicken, potatoes, pie, and cakes, which he carried home to show his wife. You should see those wonderful sleeves, long and wide, reaching nearly to the knee, and sewed up just enough to make a nice bag of them. They are usually made of fine linen, or thin silk, so thin linen, you can see through it like a veil. It is pounded till it has a beautiful glossy appearance. Day and night, the women may be heard pounding clothes. I have come to like the sound, for it savors more of industry and thrift than any other which reaches me.

Seoul, Korea,
Fannie M. Allen

한국의 선교. 1887년 5월 총회에 제출된 미국 북장로교회
해외선교본부 제50차 연례 보고서, 155쪽

한국의 선교

1884년 선교가 시작되었다; 선교지부, 서울, 수도, 서해안에서 한강 옆에 있으며, 상업 항구인 제물포에서 내륙으로 25마일 떨어져 있다.; 사역자 H. N. 알렌, 의학박사, 제이 W. 혜론, 의학박사 및 그들의 부인, 에이치 G. 언더우드 목사, 그리고 애니 J. 엘러즈 양, 의학박사

알렌과 혜론 박사는 병원에서 계속적인 성공으로 사역을 계속하고 있으며, 알렌 박사는 선교본부의 특별한 허락으로 여태껏 서울의 외국인 거주자 진료를 해 왔다. 이것은 시험적이고 다소 중대한 시기에 선교부와 공감 및 후원의 결합을 이루었다. 그 외국인들은 적절한 정도로 달래지 않으면 선교 사역에 적대적으로 될 수 있다.

Mission in Korea. *Fiftieth Annual Report of the BFM, PCUSA. Presented to the General Assembly, May, 1887*, p. 155

Mission in Korea

Mission begun in 1884; station, Seoul, the capital, near the western coast, on the Han River, and twenty-five miles overland from the commercial port, Chemulpho; laborers H. N. Allen, M. D., and J. W. Heron, M. D., and their wives, Rev. H. G. Underwood, and Miss Annie J. Ellers, M. D.

Drs. Allen and Heron have continued their work with unabated success in the hospital, and Dr. Allen has, by special permission of the Board, engaged as heretofore in practice among the foreign residents of the capital. This has constituted a bond of sympathy and support between the mission in its tentative and rather critical period, and that foreign element which, when not conciliated to a proper degree, is apt to be hostile to the mission work.

호러스 N. 알렌(서울), [한국의 정치적 상황] (1887년 5월)

한국의 정치적 상황은 최근 큰 관심을 불러일으키고 있다. 이 나라는 느리지만 확실하게 중국의 손에 넘어가는 것처럼 보였지만, 이 나라와 조약을 맺은 열강들의 반대가 없었던 것은 아니다.

결국 한국이 중국의 종속국에 불과하다는 사실이 밝혀지고 유지된다면, [한국과] 조약을 맺고 외교사절을 파견한 열강들에게 그러한 종속성은 분명 다소 억울할 것이다. 단순히 총영사를 파견한 영국과 독일은 이러한 우발적인 상황을 염두에 두고 외교사절을 파견하지 않음으로써 애매모호한 입장에 놓이는 것을 피할 뿐만 아니라 중국의 주장을 진전시키는 것 같다. 미국에게 그 문제는 우리가 서방 국가들 중 최초로 조약을 맺었다는 사실, 그리고 무역 문제에 있어 우리의 명성과 한국의 독립을 지속하려는 찬사를 받을 만한 열망으로 인하여 야기되는 문제보다 더 큰 관심을 끌지 못할 수 있다. 하지만 러시아와 영국에게는 완전히 다른 문제이다. 만일 한국의 전체 또는 일부가 러시아에 속해 있다면, 러시아는 해군 기지와 만남의 장소를 설치할 수 있는 우수하고 가용한 태평양 항구를 얼마든지 가질 수 있을 것이다. 당연히 러시아는 무례한 것처럼 보일 수 없으며, 그 나라가 중국 영토가 되는 것을 볼 수 없다. 그것이 영국에서 매우 중요한 문제라는 사실은 러시아가 거문도를 러시아 기지로 만들 수 있다는 것이 분명해졌을 때, 영국이 그 항구를 급히 점거함으로써 알려졌다. 그 문제가 한국인들 자신에게 그렇게 중요하지만, 그들은 가만히 앉아서 외부 열강에 의하여 결정되는 미래를 볼 수밖에 없다. 스스로 해결할 수 없다는 사실과 외교 관계가 그들에게 주는 힘을 알고 있기에 그들은 막 성취된 프랑스 조약의 비준을 열렬히 환영하였다.

Horace N. Allen (Seoul), [Political Situation in Korea] (May, 1887)

The political situation in Korea has been of great interest of late. This country has seemed to be slowly but surely drifting into the hands of China, not however without some opposition from the Powers that have made treaties with this country.

If it is eventually found and maintained that Korea is but a dependency of China the powers which have made treaties with and sent diplomatic representatives to, such dependency will doubtless be somewhat chagrined. Great Britain and Germany having simply sent Consuls General seem to have had some such contingency in mind and by not sending diplomatic representatives they not only avoid being placed in an equivocal position but they further the cause of China. To America the matter can be of but little interest farther than that caused by the fact that we were the first of the western nations to make a treaty with the country, and a laudable desire for the continuance of Korean independence together with our prestige in the matter of trade. With Russia and England however it is a wholly different affair. If the whole or part of Korea belonged to Russia, she would then have any number of excellent and available Pacific ports for the establishment of Naval Depots and Rendevous. Naturally she cannot look unguilty and see the country become Chinese territory. That it is a matter of vital importance to England is known by her precipitate seizure of Port Hamilton when it became evident that Russia might make this port a Russia depot. While the matter is of such importance Koreans themselves, they have but to sit still and seen their future determined by the outside powers. Knowing their inability to help themselves and the strength given them by Foreign Relations they welcomed eagerly the ratification of the French Treaty which has just been consummated.

존 W. 헤론(서울)이 프랭크 F. 엘린우드(미국 북장로교회
해외선교본부 총무)에게 보낸 편지 (1887년 5월 1일)

한국 서울,
1887년 5월 1일

친애하는 엘린우드 박사님께,

(중략)

저는 박사님의 5월 7일자 편지의 항목 1과 2에 대해서는 언급할 필요는 없어 보이지만, 항목 3에 대해서는 제가 알렌 박사에 대항하여 어떠한 공격도 하지 않았다는 것만 말씀드립니다. 제가 그에 대해 말한 것은 적어도 저의 입장과, 왜 제가 사직하는 것 말고 다른 길을 찾을 수 없는지를 설명하려 한 것입니다. 그는 저에게 매우 심각한 비판을 하였다고 말하였으며, 이것은 저에게 항상 호의적으로 편지를 쓴 것과는 일치해 보이지 않습니다. 만약 그에 대하여 공격하려 하였다면, 특별히 그가 저를 취급하였던 것과 비교할 때 제가 그를 잘못 대하였고, 그에게 매우 부당하게 대하였다고 박사님께서 쓰셔야만 했는지 이해할 수 있을 것 같습니다.

항목 4번: 이것의 첫 부분은 제가 이전에 답변하였습니다. 여기서는 뒷부분에 대해서만 언급하고자 합니다. 저는 박사님께 알렌 박사가 저를 멍청이라고 불렀다고 썼지만, 박사님은 편지에서 제가 알렌 박사를 멍청이라고 불렀다고 언급하셨습니다. 사실은 이렇습니다. 알렌 박사는 제가 멍청이처럼 행동하였다고 말하였던 것이며, 다른 이들도 그에게 그렇게 말하였습니다. 저는 "내가 당신보다 더 큰 멍청이는 아니다"라고 대답하였으며, 그러자 그는 저를 사무실 밖으로 내쫓으며 위협하였습니다. 저는 이전에는 그런 사실을 박사님께 알리지 않았는데, 그는 우리 사이의 유일한 문제는 제가 "그를 질투한다는 것"이라고 저에게 말하였으며, 저는 분명 그렇지 않다고 대답하였습니다. 그는 제가 "지금까지 만난 사람 중 가장 오만하고 무례한 동료" 라고 말하였습니다. 저는 그에게 그가 자신의 동료를 선택하였어야 했다고 말하였습니다. 저는 그가 문제의 양 측면에 대하여 솔직하게 언급하였음을 알게 되어 매우 기쁘며, 이곳 문제를 시작부터 모든 세세한 것들을 박사님께 알릴 필요가 있다고 생각하지 않았습니다. 만약 시도하면 할 수 있지만 저는 알렌 박사에 대하여 어떠한 문제도 만들기를 원하지 않습니다.

항목 5번: 제가 말씀드렸듯이 만일 선교부 기금의 지출에 대하여 선교본부가 확실히 만족한다면, 그것이 저를 갑갑하게 한다는 것을 제외하고 불평을 하지 않을 것입니다.

항목 6번: 저는 박사님이 저의 편지가 아닌 알렌 박사의 편지를 통하여 저의 편지를 해석하고 있다는 것을 다시 언급해야겠습니다. 박사님께 보낸 저의 모든 편지에는 사회적 지위에 대해 어떠한 말도 언급하지 않았으며, 저는 왕이 수여한 직급에 대하여 썼고 비록 지금은 아니지만 그것이 알렌의 것과 동등하다고 분명히 말하였습니다.

항목 7번: 만약 알렌 박사가 그 계획에 반대하였다면 왜 그가 그것을 언급하지 않았겠습니까? 언더우드 씨는 충분히 답을 하였습니다. 그는 그것을 받아들이는 것에 찬성하였고, 우리(언더우드 씨와 저)의 사임에 대한 선교본부의 결정이 듣게 될 때까지만 그의 계획이 시행될 것이라고 분명히 언급하였습니다.

항목 8번: 저는 전적으로 박사님께 동의합니다. 분명하게 저는 이곳의 어느 누구의 호의를 얻으려고 결코 애쓰지 않았으며, 그 부분은 저에게 해당되지 않습니다.

이제 개인적으로 중요한 것 몇 마디입니다. 분명히 박사님은 제가 회피하고 있다고 생각하셨을 것입니다. 두 달 동안 저는 저의 집에서 진료한 수많은 환자들에 대한 장부를 갖고 있는데, 한 달에 50명이 넘었으며, 그들을 위해 사용한 약의 대부분 때문에 알렌의 사무실로 갔습니다. 저는 조선 관리들에게 영어를 하루에 한 시간씩 가르치며, 격주로 병원에 가서 스크랜턴 박사의 일을 돕고 있으며 항문 누공, 후두 절개, 흉곽천자 등과 같은 수술을 하였습니다. 저는 매일 한 시간씩 의학교에서 가르쳤으며 언더우드 씨가 일본으로 가 부재중일 때에는 고아원의 업무 전체를 관장하였으며, 한국인들과 함께 기독교 주제에 대하여 담소를 나누었으며 신약과 중국어로 된 복음서를 그들에게 주었습니다. 게다가 한글을 공부해야 하는 저의 업무는 비록 한 때 어학 교사가 없었지만 여기 온 이래로 결코 중단되지 않았으며, 그가 영어를 말할 수 있었고 알렌 박사가 통역을 필요로 하였기에 알렌 박사의 요청으로 그를 보내주었습니다. 제 곁에는 병에 걸린 가족들이 있으며, 저의 아내는 염려와 과로로 인하여 야기된 심각한 질병으로부터 이제 곧 회복되어가고 있는데, 후자(과로)는 도움이 없는 여학교를 유지하기 위한 노력 때문입니다. 그녀는 어쩔 수 없이 이곳에서 좋은 학교를 운영하는 감리교회 여성 해외선교회의 스크랜턴 부인에게 그녀의 학생들을 보내야 하였습니다.

제가 어떤 조치를 취할지 완전하게 결정하는 대로 박사님께 다시 편지를 쓰겠습니다. 제가 스크랜턴 박사의 이 편지를 보내오니 박사님께서는 제 마음 속에 무엇이 들어 있는지 아실 수 있을 것입니다.

안녕히 계십시오.
J. W. 헤론

John W. Heron (Seoul),
Letter to Frank F. Ellinwood (Sec., BFM, PCUSA), (May 1st, 1887)

Seoul, Korea,
May 1, 1887

My dear Dr. Ellinwood,

(Omitted)

I shall not need to notice points one and two of your letter of May 7, to which please refer point three, I shall only say that I have never made any charges against Dr. Allen. What I said about him was the least I could possibly say to explain my own position and why I could not see any way left for me except to resign. He has acknowledged to me that he has made some very severe criticisms on me which seem hardly consonant with the statement that he had always written kindly of me. If I had preferred charges against him, I could understand why you should write as if I had done him a wrong and had been very unjust to him, especially as compared with his treatment of me.

Point number 4. The first part of this I have answered before. I shall only speak of the latter part. I wrote to you that Dr. Allen called me an ass, but you make me call Dr. Allen an ass in your letter. The facts are these, Dr. Allen said that I had acted like an ass and that others had told him so. I replied, "I am no bigger ass that you are," whereupon he threatened to put me out of the office. I did not tell you that before that, he had told me that the only trouble between us was that I "was jealous of him" and when I replied I certainly was not jealous if him (emphasizing him), he told me I was "the most confoundedly insolent insulting fellow he had ever met." I told him he must have been select in his associates. I am very glad to know that he was frank in his statements of both sides of the questions and equally some that I did not think that it was necessary from the very beginning of difficulties here to write you full particulars of all troubles. I have no desire to make any case against Dr. Allen, as I could if I tried.

Point number 5. Certainly if the expenditures of Mission funds of which I spoke are satisfactory to the Board, I need not complaint except so far as it cramps me.

Point number 6. I must again remark that you are interpreting my letters through the medium of Dr. Allen's letters to yon, not of mine. In all my letters to you I have never said a word of social standing, I did write of the rank conferred by the king and state it was equal to Dr. Allen's, though it is not now.

Point number 7. Mr. Underwood has answered fully, if Dr. Allen objected to the plan why did he not say so? He voted for its acceptance and it was distinctly stated that his plan was only expected to be in force until the decision of the Board on our (Dr. Underwood's and mine) resignations should be heard.

Point number 8. I entirely agree with you. Certainly I have never courted the favor of anyone here and that part is hardly applicable to me.

Now a few words of more personal import. Evidently you have gained an idea that I have been shirking. During two months I kept an account of the number of patients I saw at my own house, over fifty a month and (went) to Dr. Allen's office for all, nearly all, the medicine I use for them. I teach a Korean official English an hour a day, go to hospital every other week, have assisted Dr. Scranton in his work and have operated for him in such cases as fistula in ano, laryngotomy, thoracentesis. Have taught one hour a day in the Hospital school, during Mr. Underwood's absence in Japan took entire charge of the orphanage, have conversed with Koreans on the subject of Christianity and given them Testaments and Gospels in Chinese, besides my own work in studying Korean, which has never ceased since I have been here although at one time I had no teacher, having at Dr. Allen's request given him to him as he spoke English and he (Dr. A.) needed an interpreter. Beside this I have had some sickness in my family and just now my wife is recovering from a severe illness brought on largely by anxiety and overwork, the latter in trying to keep up a girls' school unaided. She was obliged to we it up sending her scholars to Mrs. Scranton of the M. E. Woman's F. M. Soc., who has a good school here.

As soon as I have fully decided on what steps to take I shall write you again. I send you this letter of Dr. Scranton's that you may know what is in my mind.

Yours truly,
J. W. Heron, M. D.

호러스 G. 언더우드(서울)가 프랭크 F. 엘린우드(미국 북장로교회 해외선교본부 총무)에게 보낸 편지 (1887년 5월 1일)

한국 서울,
1887년 5월 1일

친애하는 엘린우드 박사님께,

박사님의 3월 7일자 편지[31]와 동봉한 2월 19일자 짧은 편지가 지난번 우편으로 저에게 도착하였습니다.

저는 먼저 알렌 박사를 고소한 것이 아니라, 단순히 왜 제가 박사님의 선교본부보다 다른 선교본부 밑에서 일을 하는 것이 최선이라고 생각하였는지에 대하여 박사님께 언급한 것이었다는 것을 언급하고 싶습니다.

개인적으로 알렌 박사와 저는 친구 사이이지만, 우리가 함께 일을 할 수 없다고 다시 반복해야 하는 것이 유감스럽습니다. 박사님께서는 9월 17일자 저의 편지 4쪽 중간 부분, 그리고 12월 27일자 편지의 첫 쪽 마지막 부분에서 이 언급을 찾으실 수 있을 것입니다. 이러한 상황에서 어떻게 박사님께서는 그에 대한 저의 감정이 너무 강하여 어떠한 교제도 할 수 없다고 언급하시거나 생각하시는지 이해할 수 없습니다. 이것은 사실이 아니라는 것을 다시 말씀드립니다.

이제 이중성 혹은 양면성에 대하여 박사님께서 언급하신 것에 대한 것입니다.

확실히 사람은 실험이 실패한 후에 자신의 의견을 바꿀 권리를 갖고 있으며, 그렇게 해야 합니다. 그러나 만일 이것이 사실이고, 만일 이 사안에 대한 박사임의 추측이 옳다면, 박사님의 그 말씀은 알렌 박사의 양면성과 이중성을 인정하는 것입니다.

그가 박사님께 보낸 편지는 그가 저에게 편지를 보내기 전에 쓴 것이 아니라 이후에 쓴 것이며(이 문제에 관해 제가 박사님께 보낸 첫 편지에서 인용하였습니다), 이것은 제가 박사님께 쓴 9월 17일자 편지의 3쪽 아래쪽 부분에서 언급하였습니다.

---

31) Frank F. Ellinwood (Sec., BFM, PCUSA), Letter to Horace G. Underwood (Seoul) (Mar. 7th, 1887)

박사님의 추측에 따르면, 그는 시도하였으나 실패하였음을 알고 저에게 빈정거렸는데, 바로 그 직후 박사님께 그것이 성공이었다고 선언하였던 것입니다. 그는 아마 그의 마음을 다시 바꾼 것 같지만, 저는 어떤 일이 개입해서 바꾸게 되었다고 생각하지 않습니다.

이제 3쪽에 언급한 세 가지 점에 대해서 한 두 마디 말씀드리겠습니다.

1번 항목과 관련하여, 저로서는 어떻게 이것이 적용되는지 모르겠습니다. 저는 박사님께서 어디서 이런 인상을 받으셨는지 모르겠습니다. 저는 편지에 결코 이것을 언급하지 않았으며, 제가 '개인적인 친분, 개인적인 명예, 만찬, 그리고 외국인들의 호의'에 대하여 관심을 기울였다는 것을 증명할 사람은 이곳에 아무도 없습니다. 그것들은 영향력이 없으며, 이곳에서 저의 영향력과 사역에 다소 영향을 미칠 뿐 저에게 영향을 미치지 못할 것입니다.

(중략)

제가 두 의사의 차이에 필요 이상으로 관여하였다는, 3번 항목에 관해서입니다. 차이는 두 의사뿐만 아니라 알렌 박사와 저 사이에도 있으며, 저는 이 주제에 관해서 박사님께 보내 드린 두 통의 편지에서 이 점을 분명하게 설명하였다고 생각합니다.

이제 박사님께서 우리에게 보내신 3월 7일자 선교본부의 결정에 대해서입니다.

선교본부 지침서의 문구와 다른 선교부 선교본부의 일반적인 결정에 따르면, 3월 7일자 편지에 담긴 결정은 선교본부가 권한을 갖고 있지 않은 문제에 관하여 결정한 것입니다.

'선교본부는 교회 기구가 아니며,' 선교지에서의 사업은 특정 사업을 하기 위한 다른 소위원회를 임명할 권한을 가진 상임위원회의 손에 맡겨져야 하며, 선교본부가 결정할 수 있는 유일한 것은 '한 선교사가 그 결정에 불만족할'때입니다. 이제 이곳의 경우 전체 선교부가 상임위원회입니다. 그들은 만장일치로 내린 결정을 박사님께 보냈습니다. 모두들 그것이 만족스럽다고 말하였고, 아무도 수정을 제안하지 않았습니다. 만일 알렌 박사가 자신이 좋아하지 않는 부분이 있다고 말하였다면, 저는 기꺼이 다른 연합 방법을 찾으려고 노력하였을 것이며, 헤론 박사도 그랬는데, 알렌 박사는 전혀 불평하지 않았을 뿐 아니라 수정안도 제출하지 않았으며, 지금 그는 완전히 만족스러워 하고 있고 아무런 변경도 원하지 않습니다. 이런 상황에서, 선교본부는 전체 선교부의 소망과 반대되는 결정을 통과시킬 권한이 없습니다.

(중략)

Horace G. Underwood (Seoul),
Letter to Frank F. Ellinwood (Sec., BFM, PCUSA) (May 1st, 1887)

Seoul, Korea,
May 1st, 1887

Dear Dr. Ellinwood:

Your letter of March 7th, together with your short note dated Feb. 19th, both reached me by the last mail.

I want to state first that I made no charges as charges against Dr. Allen, but simply stated to you why it was that I deemed it best for me to work under some other auspice than those of your Board.

I regret that I have to again reiterate the statement that personally Dr. Allen and I are friends, but that we cannot work together. You will find this stated about the middle of page 4 of my letter of Sept. 17th, and toward the close of the first page of my letter of Dec. 27th. How under these circumstances you can state or rather think that my feeling against him is too strong to allow any intercourse I cannot understand. Let me again say that this is not a fact.

Now with reference to the remark made by you about duplicity or two-facedness.

Certainly a man has a right to change his opinion after an experiment has failed and should do so, but if this was the fact and if your supposition as to the case is correct, your own very words condemn Dr. Allen of two-facedness and duplicity.

The letter he wrote to you was written after and not before his letter to me (which I quoted in my first letter to you on the subject), and this I stated to you in mine of Sept. 17th near the bottom of page 3.

Then according to your own supposition, he tried an experiment, found it a failure, sneered at it to me, and then only a little while after proclaims it a success to you. Perchance he changed his mind again, but I do not think that anything at all intervened to bring about a change.

Now I want to say a word or two about the three points mentioned on page 3.

With reference to point No. 1, as far as I am concerned, I do not see how this applies. I do not see where you get this impression. I have never mentioned it in my letter nor in their any one here that can prove that I have been in any way concerned about "personal attentions, personal honors, dinners and the favor of foreigners." They are of no consequence and will not affect me only so far as they might have some bearing upon my influence and work here.

(Omitted)

Now as to point 3 that I have been drawn more than was necessary into the differences between the two doctors. The differences are not only between the two doctors, but also between Dr. Allen and me, and I had thought that this was clearly set forth in both letters that I sent your on this subject.

Now with reference to the action of the Board on March 7th as sent to us by you.

According to the wording of the Manual and the general action of the Board in other missions, the action taken on March 7th was in a matter over which the Board had no jurisdiction whatever.

The 'Board is not an ecclesiastical body' and the work on the field is left in the hands of the Standing Committee with the right to appoint other Committees to attend to particular portions of work, and the only place where the Board can take action is where a "missionary shall be dissatisfied with the action." Now in the case here the whole mission is the Standing Committee. They passed the resolutions sent to you without a dissenting voice. All said that they were satisfied and no one suggested a change. Had Dr. Allen said that there was anything that he did not like, I would have been only too willing, and so would Dr. Heron, to have tried to find some other method of union, but Dr. Allen made no complaint nor did he suggest a change, and he now says that they are perfectly satisfactory to him, and that he desires no change. Under these circumstances, the Board have no right to pass these resolutions in direct opposition to the desire of the whole mission.

(Omitted)

조지 W. 길모어(서울)가 존 D. 웰즈(미국 북장로교회 해외선교본부 회장)에게 보낸 편지 (1887년 5월 2일)

한국 서울,
1887년 5월 2일

친애하는 웰즈 박사님,

　한국의 장로교회에서 불화가 다시 나타나고 있습니다. 최근 엘린우드 박사로부터 편지를 받았는데, 그것은 알렌 박사에게 의료와 관계된 일들의 절대적인 권한을 주는 내용인 것 같으며, 그래서 알렌 박사는 일전에 헤론 박사에게 "당신은 이제 내가 원하는 대로 이 일을 할 수 있다는 것을 알지요"라고 말하였고, 이에 대하여 헤론 박사는 "예 알고 있습니다"라고 대답하였습니다. 알렌 부인은 하루 이틀 내에 친구들에게 "알렌 박사가 무슨 일을 하건 엘린우드 박사에게 편지를 써서 설명한다면 박사님이 그것이 괜찮다는 것을 아실거야"라고 말하였습니다. 그 결과 자존심이 있는 사람은 그런 상황 하에서 일을 할 수 없습니다.

　저는 한 동안, 기껏해야 두 번 일을 수습하였으며, 엘린우드 박사가 담장의 한쪽 면만 볼 수 있다는 사실은 파멸을 일으킬 것입니다. 저는 지금 박사님께서 조만간 언더우드 씨와 헤론 박사가 다른 단체와 일을 하기 위해 선교부를 떠날 것이라는 것을 알게 되실 것으로 생각하고 믿습니다. 그들은 제가 상황을 알고 있기에(저는 양측을 상당히 잘 알고 있습니다) 저의 조언을 요청하였는데, 저는 "가지 마세요."라고 말할 수 없었습니다. 언더우드 씨의 입장은 헤론 박사보다 훨씬 낫습니다. 그는 의사가 아니기 때문에 알렌 박사의 영향을 덜 받고 있습니다.

　사건의 최근 상황은 이렇습니다. - 언더우드 씨는 관련된 모든 사람들이 만족할 수 있는 계획을 완성하여 선교부 회의에 제출하였습니다. 그 계획은 아무런 이의 없이 모든 사람들(알렌 박사를 포함)에 의해 수락되었으며, 알렌 박사는 만족한다고 말하였습니다. 이 계획은 병원의 업무 및 그 운영에서 헤론 박사를 알렌 박사의 동역자로 만들었습니다.

　그 계획은 인준을 위해 선교본부로 보내졌습니다. 알렌 박사는 단호하게

___ 방식으로 선교본부로 보냈습니다. 그가 선교부에 이야기하지 않은 것은 그가 10월에 고국으로 돌아갈 것으로 예상하였기 때문에 수락하였다는 점이 었습니다. 이 계획은 뉴욕의 선교본부가 대충 훑어보았고, 헤론 박사를 알렌 박사 밑에서 일하도록 개정되었습니다. 헤론 박사가 동등한 발언권을 가질 것으로 예상하고 있던 모든 일에 대한 완전한 책임이 알렌 박사에게 주어졌습니다.

알렌 박사는 첫 기회에 헤론 박사의 면전에서 선교본부의 부당한 결정으로 그를 조롱하기에 충분할 정도로 도량이 좁습니다. 언더우드 씨만, 혹은 언더우드 씨와 알렌 박사와 관계되어서는 계획이 ___ 변화가 없습니다. 헤론 박사와 관계되어서는 그는 사실상 절대적으로 알렌 박사의 지시 하에 있고, 그의 발언은 아무런 가치가 없습니다.

이제 박사님, 저는 이 문제에 대해 말씀을 드리지 않아야 한다고 생각합니다. 그러나 만일 박사님의 결정과 견해가 선교본부의 것에 따른 것이라면 박사님은 상황을 알지 못하거나 인지하지 못하고 있는 것입니다. 선교본부의 사실상의 평결 - "알렌 박사는 전적으로 옳고, 헤론 박사는 전적으로 틀리다; 헤론 박사는 사직 의사를 밝혔지만, 우리는 그것을 받아들이지 않을 것이다. 더욱이 우리는 그를 그와 불화를 겪었던 그 사람의 처분에 전적으로 맡길 것이다. 우리는 그렇게 불화가 아마도 조정될 것으로 생각한다." 현재 헤론 박사는 이곳에서 감리교회로 넘어오라는 제의를 받은 상태입니다. 선교본부의 결정이 그렇기에 유일한 일은 그 제안을 수락하는 것으로 보입니다. 그가 그렇게 하고 있지 않은 유일한 이유는 그의 부친이 장로교회 목사이기 때문이며, 감리교회에 대해 특별한 반감을 갖고 있습니다.

언더우드 씨 역시 다른 선교부에서 일을 하자는 제안을 받았으며, 아마도 그렇게 할 것인데 일을 넘길 후임자가 임명되기를 기다리고 있을 뿐입니다.

저는 양측 편지의 대부분을 보았으며, 그래서 시비를 상당히 정당하게 판단할 수 있는데, 선교본부가 결정을 변경하지 않는다면 그것에 의해 고된 사업의 결과를 훼손시키고 수년간 선교의 성공을 지연시킬 것입니다.

제가 도달할 수 있는 유일한 결론은 엘린우드 박사가 극단적이고 가장 분명하게 편파적이며, 공정하지 않기 때문에 그렇게 될 수 있다고 생각하였습니다. 저는 모든 사실을 선교본부에 제출한다면 엘린우드 박사의 왕래 서신이 그가 처음부터 끝까지 잘못하였다는 것을 보여 줄 것이라고 믿고 있습니다. "여러분들 사이의 불화를 처리하세요."라고 이야기하는 것은 예의가 아니며, 그 편지는 억울해 하는 사람(실제이건 상상이건)의 입장을 이전보다 더 참기 어렵게 만들었기에 불화를 악화시켰습니다. 불화는 알렌 박사와 헤론 박사에게 동등한 권한을 줌으로써 해소될 수 있을 것입니다. 알렌 박사는 선교부의 회장으로서 선교부를 이끌고 선교부에 그의 경험의 가치를 줄 수 있을 것입니다. 엘린우드 박사님이 헤론 박사의 불평에 대하여 알렌 박사가 말하였던 것의 하나를 헤론에 대한 답으로 하는 대신 헤론 박사의 불편에 _____한 답을 했었어야 했습니다.

이 문제가 선교본부의 손으로 넘겨진 이후 엘린우드 박사의 행동은 알렌 박사를 절대적으로 승인하고, 헤론 박사를 전적으로 승인하지 않는 것이었습니다. 엘린우드 박사의 최근 편지는 _____에서 _____을 일으켰으며, 제 생각에 선교본부의 총무로서 적합한가에 대한 의심을 일으켰습니다. 지금 제가 선교 사업에 투신하려 생각한다면 저는 저의 선교본부에서 일하려는 계획을 감히 _____하겠습니다.

이제 박사님 솔직하게 말씀드리겠습니다. 박사님은 선교부의 결정을 _____로 _____할 것입니다. 박사님은 ____ _____의 회원_____. 저는 선교본부 회원들에 대한 박사님의 편지가 ____ _____. 저는 최소한 상황을 조금 알고 있다고 _____합니다.

헤론 박사와 언더우드 씨를 잃는 것은 장로교회가 훌륭한 사람을 잃는 것입니다. 그들을 잃는 것은 전적으로 그들의 잘못 때문이 아닙니다.

엘린우드 박사의 지난 편지에 담긴 선교본부의 결정이 취소되고, 현재 기계로 취급되고 있는 한국 선교부에서 헤론 박사가 중요한 요소로 인식되기를 바랍니다. 저는 추가적인 소식을 ___할 것입니다.

그건 그렇고, 헤론 박사가 교사들과 알렌 박사 사이에 문제를 일으키고 있다는 알렌 박사의 언급은 실수이었거나 거짓말이었습니다. 저는 실수이었다고 생각합니다.

제가 다른 편지에 신경을 써야 해서 이만 줄여야겠습니다.

동양 기후의 노곤함을 어느 정도 느끼고 있지만 우리 부부는 모두 상당히 잘 있습니다. 우리는 박사님과 다른 가족에게 기억되기를 바랍니다.

박사님께 안부와 존경을 전합니다.

안녕히 계십시오.
조지 W. 길모어

George W. Gilmore (Seoul),
Letter to Wells (President, PCUSA), (May 2nd, 1887)

Seoul, Korea,

May 2, (18)87

My Dear Dr. Wells,

Trouble again looms up for the Presby. Mission in Korea. It is seemed that a letter has been late received from Dr. Ellinwood which give the absolute control of things medical to Dr. Allen; so much <u>as that</u> the latter the other day remarked to Dr. Heron "You know I can do just as I please in these things now" to which Dr. H. said " Yes I know it." Mrs. Allen remarked to a friend, within a day or two "No matter what Dr. Allen does, if he writes & explains it [to] Dr. Ellinwood, the latter sees that it is all right." The consequence is that men of self respect can not work under such circumstances.

I have been for some time that at best only a twice was patched up, and also that the fact that Dr. E. could see only one side of the fence would cause a rupture. I think now, and I believe you will soon also see, that both Mr. Underwood & Dr. Heron will leave the Mission to go to work under other bodies, and were they to ask my advice as I know the circumstances (I know considerable of both sides.) I could not say, "don't go." Mr. Underwood's position is much preferable to Dr. H's. He is less under Dr. A. since he is not a physician.

The latest phase of the case is this; - Mr. Underwood perfected a plan by which he supposed all concerned could & would be satisfied and submitted this plan to a meeting of the mission. The plan was accepted by all (Dr. Allen included) without a word of dissent, Dr. A. saying he was satisfied. This plan made Dr. H. a partner with Dr. Allen in the work of the hospital & in its management.

The plan was sent to the Board for ratification, Dr. Allen saying in a decidedly under____ed way to the Board.: what he had not said to the Mission, that he only accepted it because he expected to return home next October. This plan was looked over by the Board at New York, revised as __ __ put Dr. Heron completely at Dr. A's mercy, who is given complete charge over everything where Dr. Heron might be expected to have an equal voice.

Dr. Allen is ungenerous enough to flout this unjust action of the Board on Dr. Heron's face at the very first opportunity. Where Mr. Underwood alone is concerned, or Mr. U. & Dr. Allen, the plan is _____ unchanged. Where Dr. H. is concerned he is practically told that he is absolutely under Dr. A's orders and that his voice is worth nothing.

Now Doctor, I ought, I suppose, not to say a word to you on this subject, but I know that if your action and opinion is in accord with that of the Board that you do not know or do not realize the circumstances. The virtual verdict of the Board's - "Dr. Allen is entirely right, Dr. Heron is entirely wrong; Dr. Heron has offered his resignation, but we won't accept it; further we will put him completely at the mercy of the man with whom he has the quarrel. We think thus the difference will be presumably adjusted." Now Dr. Heron has received an offer to go over to the Methodist Mission here. The only thing, since the Board's action is what it is, seems to be, to accept the offer. The only reason that he does not is because his father is a Presbyterian Minister and has a special antipathy to the Methodists.

Mr. Underwood also has an offer to work for another body, probably will do so, and is only waiting for his successor to be appointed to turn over the work.

I have seen most of the correspondence on both sides, and so can judge fairly well of the merits, and unless the Board revises its action, it will by its own action have marred the results of hard work and retarded by years the success of the mission.

The only conclusion that I can reach is that Dr. Ellinwood is blind to the extreme, most decidedly prejudiced, and is more unjust that I conceived it possible for a man in his position to be. I believe that if ever all the facts are laid before the Board, that Dr. Ellinwood's correspondence will show him mistaken from beginning to end. It is not politic to say "settle differences among yourselves" and in the same letter aggravate the difficulty by making the position of the aggrieved (whether so really or only in imagination) harder by making the position more unbearable that it was before. The difficulties might all have been settled by giving Dr. A. & Dr. H. equal powers. Dr. A., as Chairman of the Mission would secure to him the guidance of the mission and to the mission the value of his experience. It would have done some good if Dr. Ellinwood in writing to Dr. Heron had answered one of Dr. Heron's own complaints instead of filling his _____ ___ answers to what Dr. Allen said were Dr. Heron's complaints.

Since the affair has put into the Board's hands, Dr. Ellinwood's conduct has been that of approval almost unqualified by Dr. Allen and entire disapproval of Dr. Heron. The last letters grow Dr. Ellinwood have caused consteru_ction in the _____ __ have certainly raised doubts in my own mind as to the competency of the Secretaries of the Board. Were I thinking at present of going into distinctively mission work, I would _____ dare _____ planning myself under our own Board.

Now, Dr. _____ the speak this frankly to you. You will ___ ___ ____ ____ ____ ____ the Board's action as ____ ____ ____ ____ ____. You ___ member of the ____ ___ ____ ____ ___. I realize that your writing ___ member of the Board. I am ___ that at least I ___ld know somewhat of the circumstances.

In losing Dr. Heron & Mr. Underwood, the Presby. Church __ losing good men. That they are - lost is not entirely a fault of men themselves.

Hoping that the Board's action as given by Dr. Ellinwood's last letter will be rescinded and that when Dr. Heron will be recognized as a factor in the Korean Mission while at present he is only regarded as a machine. I shall _____ for further news.

By the way, Dr. Allen's statement that Dr. H. ____ __ make trouble between the teachers & Dr. Allen was either a mistake or a falsehood. I suppose it was mistake.

Now other mails alarms my attention & I must close.

My wife and myself are both quite well, although both feel to some degree the lassitude boon of eastern climes. We both desire to be remembered to your own and the other members of your family.

Well, best wishes, and respect to yourself, I remain

Very sincerely yours,
Geo. W. Gilmore

휴 A. 딘스모어 (주한 미국 공사)가 토머스 F. 베이야드 (미국 국무부 장관)에게 보낸 공문 (1887년 5월 3일)

제14호   비밀   미국 공사관

한국 서울, 1887년 5월 3일

국무부 장관

안녕하십니까,

(중략)

이 달 2일, 한국 정부 병원의 책임을 맡고 있는 미국인 의사 중 한 명인 H. N. 알렌 박사는 그날 직접 왕으로부터 폐하가 내부의 데니 판사 및 아마도 다른 사람들이 우리 정부가 포크 씨를 소환하도록 애를 쓰고 있다고 들었으며, 그(알렌)에게 그것에 반대하는 모든 미국인 거주자들의 서명이 담긴 청원서를 요청하는 전언을 받았다고 저에게 알렸습니다. 저는 폐하가 포크 씨를 소환하려는 외아문의 요구를 인지하지 못하고 있다고 생각하고 있습니다.

(중략)

Hugh A. Dinsmore (U. S. Minister to Korea),
Despatch to Thomas F. Bayard (Sec. of State, Washington, D. C.)
(May 3rd, 1887)

No. 14   Confidential   Legation of the United States
                                              Söul, Korea, May 3, 1887

Secretary of State
Sir:

(Omitted)

On the 2nd instant Dr. H. N. Allen, one of our American physicians in charge of the government (Korean) hospital informed me that he had received on that day a message directly from the King saying His Majesty had heard that Judge Denny of the home office and possibly others were endeavoring to bring about a recall of Mr. Foulk by Our Government and requesting him (Allen) to have a petition signed by all the American residents protesting against it. His Majesty is not cognizant I think of the demand of his foreign office for Mr. Foulk's recall.

(Omitted)

프랭크 F. 엘린우드(미국 북장로교회 해외선교본부 총무)가
호러스 N. 알렌(서울)에게 보낸 편지 (1887년 5월 4일)

뉴욕,
1887년 5월 4일

H. N. 알렌, 의학박사,
　한국 서울

친애하는 형제여,

　　박사님의 3월 17일자 편지를 제 때에 받았습니다. 나는 포크 씨가 귀국한 것을 알고 기쁩니다. 나는 이 우편으로 그에게 편지를 쓰고 있습니다. 나는 아직도 10월에 선교지를 떠나는 것을 생각하고 있음을 보여주는 박사님의 편지를 보고 마음이 아픕니다. 이것은 선교본부에 대한 ＿＿＿＿의 문제이며, 확실히 선교본부는 박사님이 만족하고 계속 남을 의향이 있게 만들 것으로 예상되는 모든 일을 하였기 때문에 우리는 여전히 박사님이 그 생각을 포기하기를 바라고 있습니다. 우리는 외부의 관점에서 상황을 보는 한 명 이상의 사람들에 의해 선교부가 박사님을 용서할 여유가 없고, 헤론 박사가 일을 잘 할 것 같지 않으며, 그가 외국인 진료를 감당하거나 왕의 호의를 받을 수 없다는 것을 확신하였습니다. 박사님은 하나님께서 박사님의 손에 맡기고 그토록 은총을 받았던 일을 떠나는 것에 큰 책임감을 갖고 있지 않습니까? 박사님의 사역이 박사님의 위치가 어디인지 그토록 분명하게 표시해 왔고, 그 사정을 가장 잘 이해하는 사람들의 판단에 따라 박사님이 구축하였던 사역에 박사님이 그토록 필수적인데 다른 곳에서 실험을 하려는 섭리의 유혹이 있지 않습니까?

　　조정과 화해와 관련하여 나는 무엇이든 중요하게 생각하지 않습니다. 헤론이 원하였던 모든 것을 얻을 수 있다는 기대에서 그가 어느 정도 우호적이어야 한다는 것은 헤론의 화해에 의한 시험이 아니며, 또한 단순히 "나는 곧 이 문제에서 벗어나게 될 것이며, 아무런 차이가 없다."고 단순히 말할 때 박사님의 입장에서 어떤 특정한 변화를 시험해 보는 것도 좋지 않습니다. 박사님은 아마도 그 학교의 젊은 교사들이 모두 박사님을 반대하는데 동조한다고 생각하였을지 모르지만 나는 그것이 사실이 아니라고 말할 수 있습니다. 내가 어떤 사실을 알고 있는지 자유롭게 말할 수는 없지만 모두 반대의 입장입니다. 교사들은 박사님의 친구입니다. 박사님은 점점 더 모든 당사자의 신뢰를 얻어야 하며, 게다가 박사님의 최근 편지에 따르면 박사님은 헤론 박사가 제기한 혐의가 사소하고 사실상 근거가 없다는 것을 완전하게 알리고 있습니다. 자, 지금 박사님이 이런 상태로 떠난다면 조금 후퇴로 보일 것 같지만, 박사님은 확실한 토대 위에 박사님의 사역과 기록을 확립하고, 모든 사람에게 박사님의 입장이 무엇인지 알 수 있는 공정한 기회를 주어 박사님에 대하여 제기된 모든 혐의를 처리하는 데 방해가 되고 있습니다. 게다가 포크 씨와의 관계, 특히 데니 판사의 부재로 인해 박사님이 남아 있어야 할 의무가 있다는 느낌을 지울 수 없습니다. 박사님은 조언과 제안을 통해 봉사할 수 있다고 확신합니다. 외과(外科) 분야를 완벽하게 하기 위하여 앞으로 1년 동안 선교지를 떠나야 한다면 나중에 하세요. 2~3년 뒤에도 기회가 올 것입니다. 얼마 전 내가 박사님에게 보낸 선교본부의 조치는 확실히 박사님이 만족해야 하고 우리가 박사님에게 부여한 가치에 대한 충분한 증거이어야 합니다.

우리는 아마도 엘러즈 양을 대신할 젊은 여자를 찾은 것 같습니다.

나는 박사님이 남아 있기로 결정하였다는 소식을 일찍 들을 수 있기를 바랍니다. 만일 박사님이 그렇게 하고 헤론 씨와 언더우드 씨가 화해의 시험대에 오른다면 우리는 상황이 완전히 회복되었음을 느낄 것입니다.

데니 판사에 관해서는 유감스럽습니다. 그는 불운한 경력을 가지고 있습니다. 왕이 상황에 너무 놀라거나 지쳐서 다른 사람에게 자신의 왕권을 넘겨주고 싶어 한다는 소문이 있습니다. 박사님의 편지가 늦었고 그것에 대하여 아무 말도 하지 않았기 때문에 나는 이것이 사실이라고 거의 믿을 수 없습니다. 그렇지 않기를 바랍니다.

안녕히 계세요.
F. F. 엘린우드

Frank F. Ellinwood (Sec., BFM, PCUSA),
Letter to Horace N. Allen (Seoul) (May 4th, 1887)

New York,

May 4th, (188)7

H. N. Allen, M. D.

Seoul, Korea

My dear Brother:

Your letter March 17 was duly received. I am glad as know that Mr. Foulk has returned. I am writing him by this mail. I am disturbed by the indication of your letter that you still contemplate leaving the field in October. This is a matter of __qualified regret to the Board, and we are still hoping that you will relinquish the idea, for certainly the Board has done all that would possibly be expected to make you content and willing to remain. We have been assured by more than one who look upon the situation from an outside view that the Mission cannot afford to spare you, that the work will not be likely to be well done by Dr. Heron, and that he cannot hold the foreign practice nor the favor of the King. Are you not taking great responsibility in leaving the work which God has placed in your hands, and in which you have been so favored? Is it not tempting Providence venture upon an experiment elsewhere when your work has been so clearly indicated where you are, and when in the judgment of those who best understand the case you are so essential to the work which you have built up?

In regard to the adjustment and the reconciliation, I do not attach any importance to it whatever. It is no test of by Heron's reconciliation that he should become measurably friendly in view of an expectation of getting all that he has ever wished for, nor is it a good test of any particular change in your position when you simply say in effect, "I shall soon be out of the matter and it makes no difference". You have perhaps supposed that the young professors in the school were all in sympathy with the opposition and against you, but I can tell you that is not true. I am not at liberty to state just what facts have some to my knowledge, but they are all in the opposite direction. The teachers are your friends. You have to an increasing degree the confidence of all parties, and what is more, you have, according to your last letter, a very complete acknowledgement on the part of Dr. Heron that the charges made were trivial, and virtually without foundation. Now, if you were to leave in the present condition of things it would look a little, I am afraid, like a retreat, but you are surely in the way of establishing your work and record upon a sure foundation and of disposing of any charges that have been made against you by giving to all a fair opportunity to know just what your position is. I cannot help feeling, besides, that your relations with Mr. Foulk, especially in Judge Denny's absence, render it a duty to remain. You can be of service, I am sure, by your counsel and suggestions. If you must at some future time leave the field for a year in order to perfect yourself in surgery, let it be later. It would come in just as well two or three years hence. The action of the Board which I sent you some time since must certainly be satisfactory to you, and must be evidence enough of the value which we place upon you.

We have probably found a young lady to take Miss Ellers place.

I shall hope to hear from you at en early day that you have decided to remain. If you do, and the reconciliation of Messrs. Heron and Underwood stands the test, we shall feel that indeed the situation has been fully redeemed.

I am sorry about Judge Denny. He has had an unfortunate career. There are rumors just now that the King is so much alarmed at or wearied about the situation that he desires to hand over his sceptre to some other person. As your letter is late and nothing is said of it I can hardly believe this to be true. I hope it is not.

Very sincerely yours,
F. F. Ellinwood

호러스 N. 알렌(서울)이 프랭크 F. 엘린우드(미국 북장로교회 해외선교본부 총무)에게 보낸 편지 (1887년 5월 9일)

사적 편지

한국 서울,
1887년 5월 9일

F. F. 엘린우드 박사,
    뉴욕 센터 가(街) 23

친애하는 박사님,

이곳의 정치적 상황은 곧 문제가 생길 것 같기에 약간의 설명이 필요합니다.
포크는 공사관에서 재임하던 기간에 폭동에 대해서 상세한 설명을 국무부
로 보냈습니다. 그것은 극비 사항이었지만, 어떤 방법을 통해 그 기록에 접근
할 수 있습니다. 일부 사악한 사람이 포크의 행동에 대하여 중상모략적인 글
들을 써서 상하이의 신문에 기고하였습니다. 악의를 품은 다른 사람들은 왜곡
되게 번역하여 조선의 외아문으로 보냈습니다. 두 나라 사이의 외교적 문제가
되었던 그 문제에 대하여 상당한 교신이 오갔습니다. 포크는 일이 진정될 때
까지 머물렀다가 요양을 위해 나가사키로 떠났는데, 그곳에서 록힐 씨가 전해
준 한국의 왕이 조선 군대의 총사령관이 되어달라는 요청이 담긴 전보를 받고
소환되었습니다. 그는 돌아왔지만, 1년 동안 다만 훈련 교관의 역할을 수행하
는 것이었습니다. 그의 집은 준비 중이었고, 일전에 중국 공사가 그것을 처음
으로 알게 되었습니다. 그는 즉시 짐을 꾸렸고, 포크를 내보내지 않으면 자신
이 떠날 것이라고 밝혔습니다. 외아문 전체가 전적으로 중국의 영향 아래 있
었던 것처럼 외아문 독판도 그랬습니다. 그러므로 왕은 이 일과 아무런 관계
가 없습니다. 따라서 독판은 무례한 공문을 딘스모어 씨에게 보내 조선 정부
의 이름으로, 그리고 조선 정부의 이익을 위하여 포크 씨를 내보낼 것을 요청
하는 문서를 보냈습니다. 동시에 왕은 저에게 전갈을 보내 딘스모어 씨와 이
곳에 있는 다른 모든 미국인들에게 포크 씨를 지지하도록 촉구할 것을 요청하
였으며, 만약 필요하다면 그가 떠나면 우리 모두 그렇게 할 것이라는 편지를
미국 정부에 쓰라고 하였습니다. 이것이 딘스모어를 든든하게 해 주어, 그는

문제를 자세하게 설명하는 긴 문서를 썼습니다.

데니 판사와 친하고, 결국 중국인들 주위를 맴돌았던 베베르 씨(러시아 인)는 포크에게 와서 그의 생명이 위협 받고 있으니 구내를 떠나지 말라고 충고해 주었습니다. 토요일 밤에 일본 공사관에서 딘스모어를 주빈으로 한 만찬이 있었는데, 그 모임에 모든 외교 사절들, 데니, 메릴, 길모어, 벙커, 그리고 제가 참석하였습니다. 조선인은 한 명도 없었으며, 다들 좀 불편해 보였습니다. 모든 사람들(교사들은 그 분쟁에 대해서 모릅니다.)이 무장하였으며, 분쟁을 두려워하였습니다. 그런 일이 일어나지 않았지만, 어제(일요일) 또 다른 공문이 도착하였는데, 딘스모어가 응하지 않으면 그도 위험하다는 내용이었습니다. 딘스모어는 강한 사람이며, 겁쟁이가 아닙니다. 그는 여름 내내 걸리더라도 그것에 대해 싸울 것이라고 말하고 있습니다. 그는 즉시 일본의 허바드 공사와 챈들러 제독에게 전함을 보내라는 전보를 보냈습니다. 만일 배가 즉시 도착한다면 사태는 진정될 것입니다. 만약 어떤 폭력이 시도된다면, 이는 심각한 문제를 일으킬 것입니다. 민영익은 곧 돌아올 것으로 예상되며, 외아문에서 일할 것이라고 합니다.

저는 지난 화요일[32]이 불안한 때이었다고 말씀드리고 싶습니다. 왕은 그의 조상들에게 제사를 드리기 위하여 성 밖으로 나갔습니다. 저는 그날 시골에 가려고 하였지만, 왕은 자신이 없는 동안 악한 자들이 궁궐을 장악하고 전쟁이 일어날 위험이 있으니 저에게 집에 남아 있으라고 개인적으로 요청하였습니다. 저는 딘스모어에게 말하였고, 그는 미국인들을 집에 머물게 하였습니다.

저는 언더우드가 스코틀랜드 성서공회(저는 그것을 톰슨 씨가 관리하는 것으로 알고 있습니다.)에서 일하고 있는 것에 대한 루미스 씨의 불평을 받았습니다. 언더우드 자신이 그 일을 하러 가기를 기대하고 있기 때문에 놀랄 만한 일은 아닙니다. 저는 진심으로 박사님께서 이곳을 더욱 보강시켜주실 것을 바라고 있으며, 특히 교육 사역을 위한 목사를 증원하여 주십시오. 1,500달러면 우리의 넓은 과수원 땅에 좋은 집을 지을 수 있습니다. 그리고 헤론은 그의 집과 언더우드의 집이 비게 될 것이라고 주장합니다.

안녕히 계십시오.
H. N. 알렌

---

32) 5월 3일이다.

Private

Seoul, Korea,
May 9th, 1887

Dr. F. F. Ellinwood,
  23 Centre St., N. Y.

My dear Doctor,

The political situation here demands a little explanation as there may soon be trouble.

During Mr. Foulk's term of office at the Legation, he wrote a full account of the emeute to the Dept. It was highly confidential, yet it got into the record by some means. Some evil person wrote scandalous letters concerning Foulk's action and published them in Shanghai papers. Others, evil disposed, made distorted translations and sent them to the Korean Foreign Office. Some considerable correspondence took place over the matter which was made a diplomatic affair between the two nations. Foulk stayed till matters had quieted down and then went for a health trip to Nagasaki, from whence he was summoned by a telegram from the King, transmitted by Mr. Rockhill, asking him to come back and be General in Chief of the Korean Army. He came, but only to act 607 as drill instructor on his one year's leave. His house has been preparing, and the Chinese Minister found it out the other day for the first time. He at once packed his things and announced his intention of leaving, if Mr. Foulk was not sent away. The President is completely under Chinese influence as is the whole Foreign Office. Hence the King has nothing to do with it. The President therefore sent an insulting dispatch to Mr. Dinsmore asking him in the name of and for the good of the Korean Govn't, to send Mr. Foulk away. At the same time a message came to me from His Majesty asking me to urge Mr. Dinsmore and all other Americans here to stand by Mr. Foulk and if necessary write our Govn't that if he left we would all do so. This gave Dinsmore backing and he wrote a long despatch fully explaining matters.

Mr. Waeber (Russian), who has been intimate with Judge Denny, who in turn has swung around to the Chinese, came to Foulk and warned him not to leave the compound as his life had been threatened. Sat. night a dinner was given in Dinsmore's honor at the Jap. Legation, to which all of the representatives, Denny, Merrill, Gilmore, Bunker and myself were present. There were no Koreans, and all seemed rather uneasy. All (the teachers don't know of the trouble) went armed and trouble was feared. It did not come, but another despatch came yesterday (Sunday) which even threatened Dinsmore if he didn't comply. The latter is a strong man and no coward. He says he will fight it out if it takes all summer. He at once telegraphed Minister Hubbard of Japan and Admiral Chandler to send a ship. If she arrives promptly, the affair will quiet down. If any violence is attempted it will cause serious trouble. Min Yong Ik is expected back soon and is talked of for the Foreign Office.

I should say that last Tuesday was an uneasy time. The King went out to worship his ancestors, outside the city. I was going to the country on that day but he privately requested me to remain at home, as there was danger of evil persons seizing the Palace during his absence and then there would be war. I told Dinsmore and he kept Americans at home.

I have received complaint from Mr. Loomis that Underwood is working into the Scotch Bible Society (I believe it is that in Mr. Thompsons). It is no wonder as he expects to go into that work himself. I sincerely hope you will reinforce us promptly, especially with preachers for teaching work. $1,500 will build a good house in our large orchard lot. And Heron insists that his and Underwood's houses will be vacant.

With kind regards,

Yours Sincerely,
H. N. Allen

휴 A. 딘스모어(주한 미국 공사)가 토머스 F. 베이야드
(미국 국무부 장관)에게 보낸 공문 (1887년 5월 9일)

제16호

미국 공사관
한국 서울, 1887년 5월 9일

국무부 장관

안녕하십니까,

(중략)

　토요일에 그들 중 한 명인 상(尙) 주사가 사교적으로 저를 방문하였고, 대화 도중 중국 공사가 서울을 떠날 생각을 하였다는 소식을 들었는지 저에게 물어 보았습니다. 저는 그 소문을 들었다고 대답하였고 그에게 원인을 아는지 물었습니다. 그는 "나는 이곳에 거주하고 있는 포크 씨 때문인 것 같다."고 대답하였습니다. 저는 "위안 씨가 미국 시민의 서울 거주에 반대하는 것은 사실이라면 유감스럽습니다."라고 말하였습니다. 그런 다음 그는 제가 "폐하가 포크 씨가 떠나기를 바라지 않는다고 생각합니다."라고 말하였습니다. 저는 "귀하는 폐하를 언제 알현하였습니까?"라고 물었고, 그는 "어제"라고 대답하였습니다. 곧 그는 떠났습니다. 토요일에 이 계급의 다른 관리 한 명이 궁궐에서 알렌 박사에게 직접 가서 그에게 폐하가 포크 씨와 관련하여 자신의 바람을 그(알렌)가 미국 공사에게 전달하였는지 물어보라고 지시하였다고 알렸으며, 그는 그것이 이루어지기를 간절히 바랐고, 폐하가 '한국인 고위 관리들'이 이 주제에 대하여 자신의 의사를 전달한 것에 대하여 알기를 바라지 않는다고 말하였습니다.

(중략)

Hugh A. Dinsmore (U. S. Minister to Korea), Despatch to Thomas F. Bayard (Sec. of State, Washington, D. C.) (May 9th, 1887)

No. 16   Legation of the United States
                                                Soul Korea May 9th 1887

Secretary of State
Sir:

(Omitted)

On Saturday one of them, Mr. Sang, Chusa called on me in a social way and in the course of conversation asked me if I had heard that the Chinese Minister was thinking of leaving Soul. I replied that I had heard rumors of that purport and asked him if he knew the cause. He answered "I think it is on account of Mr. Foulk residing here." I said "I am sorry if it be true that Mr. Yuan objects to the residence in Soul of any citizen of America." He then remarked I "do not think His Majesty wishes Mr. Foulk to leave." I asked "When have you seen His Majesty," and he replied "Yesterday." Very soon he took his departure. Another of this class of officers on Saturday went directly from the palace to Dr. Allen and informed him that His Majesty bade him ask if he (Allen) had communicated his desire with reference to Mr. Foulk to the American minister, saying he was anxious that it should be done, that His Majesty did not desire that "high Korean Officers" should know of his communicating any wish upon the subject.

(Omitted)

삼항구관초(三港口關草),
각사등록 (1887년 5월 20일, 정해 4월 28일)
Official Documents between the Foreign Office and
the Three Open Ports (May 20th, 1887)

관문: 본 아문의 속장정을 계하(啓下)할 때, 세 항구의 세금에서 10,000원으로 처분을 받들어 7,000원은 본 아문의 경비로 하고, 3,000원은 제중원에 보내어 경비로 사용하게 한다.[33]

丁亥 四月 二十八日

本衙門 續章程 啓下時 就三港稅中 一萬元 奉承處分 七千元 作爲 本衙門 經費 三千元 移送 濟衆院 作爲 經費.

---

[33] 제중원은 개원 초부터 고정적인 재원이 없었고, 임시방편적으로 마련된 자금으로 운영되었다. 하지만 1887년에 들어 인천, 부산, 원산 등의 세관 수입이 다른 세원에 비해 안정되어 감에 따라 조선정부는 이 삼항세 중 일부를 제중원의 운영비를 충당하도록 하였다. 이후 제중원의 1년 경비는 3,000원으로 유지되었다.

호러스 N. 알렌(서울)이 프랭크 F. 엘린우드(미국 북장로교회 해외선교본부 총무)에게 보낸 편지 (1887년 5월 21일)

한국 서울,
1887년 5월 21일

F. F. 엘린우드 박사,
　　뉴욕 시 센터 가(街) 23

친애하는 박사님께,

　　현재 이곳의 정치, 선교 상황에 대하여 몇 말씀 적습니다.
　　중국인들은 그들의 강압적인 소행을 계속하고 있으며, 저는 그들이 이길 것이라고 생각하기 시작하였습니다. 저는 이곳의 중국 공사가 포크를 쫓아내는 데 성공한다면, 몇 가지 개혁을 시작할 것이라는 사실을 비밀이지만 정확하게 알고 있습니다. 저는 중국인들과 독일인들 모두에게서 불분명한 제안을 받았는데, 제가 말려들지 않고 양쪽과 다 잘 지내려고 합니다. 외아문은 포크의 퇴진에 대하여 사과하지 않았고, 무례함 및 요청을 철회하지 않았으며, 결과적으로 우리 공사관과 외아문 사이에 불화가 있는데, 동시에 왕과 그의 외아문 사이에는 더 큰 불화가 존재합니다. 저는 이번 주에 세 번 왕을 만나러 갔습니다. 그는 아프지 않았지만 다만 대화를 원하였습니다. 공사관은 한국인 관리가 부속되어 있지 않기 때문에, 저와 저의 관리를 통해서 왕과 전갈을 주고받아야 합니다.
　　전보에 대한 응답으로 매리온 호가 즉각 도착한 덕분에 이제 일이 진정되었습니다. 제 고향 사람인 선장이 제 집에 묵고 있으며, 장교 중 네 사람이 공사관에 체류하고 있습니다. 저는 그들을 위해 (왕을) 알현할 수 있도록 요청하여 허락을 얻어 내었으며, 다른 많은 편의도 제공해 주었습니다.
　　일주일 전에 교회 모임이 있었습니다. 길모어 부부는 그곳에 없었습니다. 직책이 없는 사람은 저를 제외하고 일본인 한 사람뿐이었습니다. 일본인이 선택되었고, 아펜젤러는 목사가 되었습니다. 감리교회 사람들은 조용하게 그들이 얻을 수 있는 모든 것을 취하고 있습니다. 헤론 박사는 스크랜턴 박사와 계속 함께 일하면서, 그의 환자를 스크랜턴의 병원에 보내고, 거기서 그가 박사님을 위해서 하는 것처럼 많은 일을 완벽하게 수행하고 있습니다. 저는 언더우드가 '애매한 태도를 취한다'고 생각하고 있습니다. 저는 박사님이 둘 다 유지할 수 있기를 희망하지만, 박사님은 항상 헤론과의 불화를 갖게 될 것입니다. 저는 전체 선교계의 바깥에 있습니다. 사제들뿐만 아니라 공사관과 이곳의 큰 회사들, 그리고 사제들은 그들에게 다소 유용할 것으로 생각하여 저의 도움을 요청하지만, 선교사들(특히 우리 교회의)은 다른 무엇보다도 돕고 싶어 하는 저의 도움을 원하지 않으며, 심지어 그것을 경멸하고 저의 힘을 약화시키려 노력하는 것이 조금 이상합니다. 그들 모두 이곳에서 어려움을 겪고 있으며, 저는 그것들을 매우 쉽게 떨쳐 낼 수 있습니다.

안녕히 계십시오.
H. N. 알렌

Horace N. Allen (Seoul),
Letter to Frank F. Ellinwood (Sec., BFM, PCUSA) (May 21st, 1887)

Seoul, Korea,
May 21st, 87

Dr. F. F. Ellinwood,
    23 Centre St.,
    New York

My dear Doctor,

Just a few words about the political and missionary situation here at present.

The Chinese continue their high handed work and I am beginning to think they will win. I have private but accurate knowledge to the effect that the Chinese Minister here is about to inaugurate some reforms providing he can succeed in getting Foulk out. I have had indefinite overtures from both Chinese and Germans and intend to stand in with both without committing myself. The Foreign Office has not apologized or withdrawn its insults or requests for Foulk's withdrawal, consequently there is a breach between our Legation and said Office, while a greater breach exists between the King and his Foreign Office. I have been to see the King three times this week. He is not sick but simply wishes to talk. The Legation have no Korean officer attached, so through myself and my officer the messages to and from the King have to pass.

Things are quiet now owing to the prompt arrival of the Marion in answer to a telegram. The Captain, a fellow townsman of mine, is my guest, four of the officers are at the Legation. I asked for and obtained an audience for them as also many other favors.

A Church meeting was held a week ago. The Gilmores were not there. A Jap member was the only one beside myself who held no office. The Jap. was elected, and Appenzeller made Pastor. The Methodists are quietly taking in all they can get. Dr. Heron works with Dr. Scranton constantly, sends his cases to Scranton's hospital, and does fully as much work there as he does for you. I think Underwood is "on the fence." I hope you can retain both, but you will always have trouble with Heron. I am outside of the whole mission circle. It is a little strange that whereas the Legations and great companies here, as well as the Priests, seek my assistance, which they seem to find of some use, the missionaries (especially of our own church) who above all others I would, and am anxious to help are just the persons who do not want my help, and further, actually despise it and try to undermine my power. They are all here in sufferance and I could send them out very easily.

Yours very truly,
H. N. Allen

조지 C. 포크(서울)가 클레이턴 M. 포크와 캐롤라인 R. 포크
(뉴욕 시)에게 보낸 편지 (1887년 5월 30일)

(중략)

1887년 5월 30일

(......)

이곳의 외국인들은 저에게 매우 친절하게 대해줍니다. 선교사들은 저를 친절하게 대해주는데, 저는 특별히 엠마[34] 이모를 많이 생각나게 하는 조용하고 진지한 작은 여성인 알렌 박사의 아내에 대하여 큰 애정과 존경심을 가지고 있습니다. 저는 엠마 이모가 결혼하였다면 여러 면에서 알렌 부인과 거의 똑같았을 것이라고 생각합니다. 이 작은 여자는 결코 걱정하지 않습니다. 그녀는 이곳에서 큰 문제를 겪었고 큰 위험에 처하였습니다. 제가 침울하고 우울할 때 알렌 부인의 온화하고 좋은 얼굴을 한 번 보면 저에게 놀라운 영향을 줍니다. 그녀는 저에게 이따금 꽃을 보내 주고 저를 친구보다 형제처럼 대해줍니다. 저는 종종 비유적으로, 흥분하는 의사와 저 자신의 옷깃을 잡고 우리와 함께 바닥을 닦는 것이 알렌 부인의 버릇이라고 생각합니다.

(중략)

---

34) 엠마(Emma Rudisill, 1838~1910)는 캐롤라인의 여동생이다.

George C. Foulk (Seoul), Letter to Clayton M. Foulk and Caroline R. Foulk (New York City) (May 30th, 1887)

(Omitted)

May 30, 1887

(......)

The foreigners here treat me with much kindly respect. The missionaries think kindly of me, and I have great affection and respect for particularly Mrs. Allen, Dr. Allen's wife, who is a quiet earnest little woman who reminds me ever so much of Aunt Emma. I think had Aunt Emma married she would have been almost exactly like Mrs. Allen in many ways. This little woman never gets worried. She has had great troubles and been in great danger here. When I get down in the mouth and gloom, a single look at Mrs. Allen's gentle, good face has a wonderful effect on me. She sends me some flowers now and then and treats me more like a brother than a friend. I often figuratively think that it is Mrs. Allen's practice to take the doctor, who is excitable, and myself by the coat collars and mop up the floor with us when we get cantankerous.

(Omitted)

호러스 N. 알렌(서울)이 프랭크 F. 엘린우드(미국 북장로교회 해외선교본부 총무)에게 보낸 편지 (1887년 5월 30일)

한국 서울,
1887년 5월 30일

F. F. 엘린우드 박사,
　　뉴욕 시 센터 가(街) 23

친애하는 박사님께,

　　미국 해군 군함 '매리온' 호,[35] 러시아와 프랑스 군함의 신속한 도착은 비록 '기름이 아직도 끓고' 있었지만, 우리의 작은 소란을 잠재우는 효과가 있었습니다. 매리온 호의 밀러 선장은 지난 주에 우리 집 손님이었습니다. 이번 주에는 상하이의 맥러드 박사가 우리와 함께하고 있습니다. 그는 중국과 일본에 있는 외국인 의사들 중에 으뜸입니다. 저는 일부 외교 사절들과 함께 그를 만나기 위하여 헤론, 언더우드, 스크랜턴을 초대하는데 애를 썼으며, 그들은 꽤 좋아하는 것 같았습니다. 저는 가능한 많이 이런 유화적인 계획을 추진할 작정이며, 박사님께서 저를 도와주실 것이라고 믿고 있습니다. 제가 박사님께 쓴 내용들을 필요 이상으로 언급하지 말아 주십시오. 제가 쓴 모든 것들은 지키고 증명할 것이지만, 제가 박사님께서 꼭 아셔야 한다고 생각하여 말씀드리는 것들은 그들이 좋아하는 것이 아닙니다.

　　헤론은 박사님을 위하여 일하는 것보다 감리교회 사람들을 위해 훨씬 더 많은 일을 하며 지내고 있습니다. 그가 결국 박사님을 위해 다시 온전히 일하게 된다면 괜찮겠지만, 그렇지 않다면 그것은 적절한 것이 아닙니다.

　　엘러즈 양과 저는 궁궐에서 거의 매일 진료를 하고 있습니다. 즉, 우리는 거의 매일 입궐하지만 왕실의 가족들은 건강하기 때문에 그것은 이목을 피하기 위한 것일 뿐입니다. 그들은 외부의 사건에 대한 소식을 듣고 싶어 합니다. 어느 날 왕비는 엘러즈 양에게 한국산 금으로 만든 커다란 팔찌와 세공품

---

35) 매리온 호는 5월 10일 요코하마를 떠나 5월 16일 제물포에 도착하였다가 6월 30일 나가사키로 출항하였다.

을 선물로 주었습니다. 무게는 약 8온스입니다. 또한 그들은 벙커 씨에게 무게가 나가는 금반지와 보석을 주었습니다. 이것들은 그들의 결혼 선물입니다. 그들의 집은 준비가 순조롭게 진행되고 있으며, 그들은 상당히 좋아합니다. 왕비는 '1등' 장로교회 사람이며, 강하고 합리적인 여성인 엘러즈 양을 좋아합니다.

안녕히 계십시오.
H. N. 알렌

Horace N. Allen (Seoul),
Letter to Frank F. Ellinwood (Sec., BFM, PCUSA) (May 30th, 1887)

Seoul, Korea,
May 30th, (18)87

Dr. F. F. Ellinwood,
    23 Centre St., N. Y.

My dear Doctor,

The prompt arrival of U. S. S. "Marion," a Russian and a French man-of-war, has had the effect of quieting down our little disturbance though the "fat still boils." Capt. Miller of the Marion was our guest last week. This week we have Dr. McLeod of Shanghai with us. He is principal of the foreign physicians in China and Japan. I have taken pains to invite Heron, Underwood and Scranton to meet him in company with some of the Representatives, and they seem quite pleased. I intend to follow up this conciliatory plan as much as possible and trust you will help me. Don't refer to things I write you more than is necessary. I will stand by and prove everything I have written but it does not please them for me to tell you things that I think you ought to know of.

Heron spends much more time working for the Methodists than he does for you. This may be right if he eventually comes back to full service for you, otherwise it is not the proper thing.

Miss Ellers and myself are now in almost daily practice at the Palace. That is, we go nearly every day, but as the Royal Family are well, we fully understand that it is but a blind. They wish to learn the news of events outside.

The other day, Her Majesty presented Miss Ellers with a huge bracelet of Korean gold and workmanship. It weighs about 8 oz. Also to Mr. Bunker they gave a heavy ring of the same, with a stone set. These are for their wedding presents. Their house is progressing finely and they are well liked. The Queen is very fond of Miss Ellers, who is, by the way, an "A No. 1" Presbyterian and a strong sensible girl.

With kind regards, I am as ever,

Yours very truly,
H. N. Allen

18870600

패니 M. 알렌(서울), 한국 서울에서 온 짧은 소식.
The University Missionary 1 (1887년 6월), 28~29쪽

　　알렌 박사와 저는 이곳에 있었지만, 폭동이 일어나 박사가 중국인, 일본인 및 한국인 사이에서 할 수 있는 것보다 더 많은 진료를 할 때까지 단 5주일이 었습니다. 도시에 체류하는 소수의 외국인들은 폭동의 첫 신호가 나타나자 보호를 위하여 미국 공사관으로 소환되었습니다. 왕은 안전을 위하여 그들에게 궁궐로 가라고 사람을 보냈지만, 청나라와 일본이 싸울 때 아무도 감히 가지 않았습니다. 부상당한 귀족 민영익과 대부분의 시간을 보낸 알렌 박사를 제외하고 성 밖에서 동요하지 않은 외국인은 없었습니다. 저는 그가 거리에서 마주치는 모든 끔직한 광경과 부상자들을 보지 못하였지만, 한국인에게 쫓겨 도시에서 도망치는 일본군, 그리고 화염에 휩싸인 그들의 아름다운 공사관 건물을 보았습니다.

　　폭동이 가라앉자 외국인들은 달아났고, 저는 12월부터 6월까지 여자를 보지 못하였습니다. 저는 우리 집이 쾌적하였기 때문에 결코 외롭지 않았고, 우리는 30마일 떨어진 항구의 미국 전함에서 온 사람들을 가끔 보았습니다. 우리는 우리가 위험에 처해 있다는 것을 알았고, 휴식을 취하려고 누웠을 때 다른 날의 햇빛을 볼 수 있을지 확신할 수 없었습니다. 총기는 우리 침실에 있었고 여전히 보관되어 있습니다. 무사의 검이 저의 무기로서 제 침대 머리에 매달려 있지만, 제 자신을 방어하기 위하여 그것을 사용할 수는 없을 것입니다. 6월에 관리의 아내인 묄렌도르프 부인과 감리교회 여자들이 장로교회 여자들과 함께 왔습니다.

　　선교사들은 모두 집을 마련할 때까지 석 달 동안 우리 집에서 머물렀습니다. 저에게는 바쁜 여름이었습니다. 요리를 도와주는 남자가 있었습니다. 여러분은 상투를 틀고 하늘색 웃옷과, 두툼한 솜을 덧대어 거의 길이만큼 넓은 흰색 바지를 입은 그가 얼마나 기이한 표본인지 알 수 있을 것입니다. 그는 영어를 매우 빨리, 내가 한국어를 배우는 것보다 훨씬 빨리 배웁니다. 우리 아기도 저를 뒤에 남겨두고 있는데, 이미 한국어와 영어를 구사합니다.

　　우리는 이백 년 된 한옥에서 살고 있습니다. 오래되었음을 보여주는 거대한 소나무 목재가 썩어 있습니다. 시골 헛간에서 볼 수 있듯이 우리 거실에는 기둥과 서까래가 노출되어 있습니다. 대들보와 기둥은 거대한 목재이며, 한국 건축에서 유일하게 튼튼한 것입니다. 벽은 단순한 진흙과 종이로, 문과 창문은 종이로 되어 있습니다. 바닥은 두꺼운 종이로 덮인 돌이며, 그 아래에 있는 돌 난방로에서 불이 제공됩니다. 우리는 창문용 유리를 갖고 있으며, 아름다운 짚 방석을 구할 수 있습니다. 한국인 친구들은 우리에게 계속 이것과 발을 공급해 주었습니다. 이 발들은 예쁘고, 대나무로 만들어졌으며, 바깥을 볼 수 있으나 자신은 보이지 않도록 만들어졌기 때문에 모든 한국인 여성들에게 필요합니다. 한국인 여자가 남자에게 보이거나 남자 앞에서 언급되는 것은 두려운 일입니다. 우리 집의 중앙에는 제가 식물과 몇 마리의 애완동물, 거북이와 비둘기를 키울 수 있는 사각형의 마당이 있습니다. 집 주변에는 높은 담이 있는데, 대부분 잠겨 있는 문으로 들어갑니다. 우리는 우리가 감당할 수 있는 모든 현대식 가구로 집을 꾸몄습니다. 우리 식품의 대부분은 뉴욕에서 수입되는 우유, 프랑스에서 수입된 버터, 중국에서 수입된 커피와 설탕입니다.

저의 장보기는 상하이에서 이루어집니다. 그것은 가게에서 실 한 뭉치와 바늘 한 뭉치를 원한다고 결정한 후부터 약 3개월이 걸립니다.

제가 지난 7월 요코하마에서 보낸 옷의 재료를 위하여 중국 난징에 보냈는데, 이제야 사용할 수 있게 되었습니다.

만일 우리가 이곳에 충분히 오래 머물면, 우리 안에서 인내가 완전하게 작용하게 될 것입니다. 저는 여러분이 우리 아이들이 노래하는 것을 들을 수 있기를 바랍니다. 우리 선교부의 언더우드 씨는 제가 오르간을 연주하는 동안 그들에게 노래하는 법을 가르칩니다. 몇 달 동안 인내하며 가르친 끝에, 그들은 영어로 멋지게 노래하기 시작하였습니다. 우리는 그들을 미래 주일 학교의 핵심으로 여기고 있습니다. 우리는 아직 공개적으로 종교 교육을 시작할 수 없으므로 준비를 위하여 할 수 있는 모든 것을 합니다. 현지인 관리들은 알렌 박사가 기독교인이라는 것을 알고 있으며, 그가 궁궐의 업무에 참여하지 말아야 할 이유가 없다고 생각하는 것 같습니다. 그는 병원에서 할 많은 일을 찾았고, 그의 업무를 위하여 그에게 할당된, 도시에서 가장 좋은 숙소를 가질 전망이 있습니다. 현재 사람들은 그가 대학교를 위하여 제안한 계획에 기뻐하고 있습니다. 박사는 새 업무를 시작하는 계획으로 가득 차 있으며, 때로 하나님은 우리의 가장 정성을 들인 희망을 넘어선 계획을 선호하시는 것 같습니다. 남자들에게 접근하는 것은 충분히 쉬울 것이지만, 여자들은 너무 격리되어 있고 그들에게 접근하기 어려울 정도로 거의 고려의 대상이 아닙니다. 한 여자가 저를 방문하였고, 저는 그녀의 집에 갔습니다. 왕비는 외국인 의사의 부인을 보고 싶어 하지만, 박사는 관리가 아니어서 왕을 알현할 수 없고, 왕비는 만족할 수 없었습니다. 그들은 박사에게 어떤 공식적인 직급을 주려고 제안하였지만, 저는 그가 그 문제를 호의적으로 보지 않는다고 생각합니다.

제가 방문한 여자는 붉은 비단과 보석으로 장식된 신부 의상을 입은 14살 된 며느리를 보여 주었습니다. 떨리는 작은 것(며느리)은 나에게 보여지는 동안 움직이지 않고 서 있는 것이 마치 색칠한 조각상처럼 보였습니다. 그녀의 모든 보석은 제가 볼 수 있도록 수놓은 가방과 상자로 제작되었으며, 금, 옥, 산호, 호박 및 진주의 아름다운 장식품을 모두 볼 수 있도록 허용된 것은 참신하였습니다. 작은 신부의 진주는 거의 숨 쉴 때마다 떨리는 철사 스프링에 박혀 있었고, 나는 병원에서 훔친(한국인들은 훔칠 것입니다) 놋쇠 숟가락으로 다과를 먹었습니다. 여자는 대단히 잘 자랐고, 아들로부터 가장 자상한 관심을 받았습니다. 아들은 저에게 만 명의 이름이 수놓인 아름다운 견수자 겉옷을 보여주었습니다.

그들은 오래된 물건에 대한 우리의 관심을 알고 있으며, 우리에게 오래된 도자기와 돈을 보여주었습니다. 아들은 도자기 한 점이 6만 년 된 것이라고 주장합니다. 우리는 아주 오래된 것으로 알려진 몇 점의 도자기를 가지고 있습니다. 그것들은 확실히 금이 가고 오래되어 보일 만큼 갈색이며, 결코 아름답지 않습니다.

몇 달 전에 박사는 다섯 명의 예쁜 기생을 선물 받았습니다. 그는 간호사로 만들기 위하여 그들을 병원에 근무시켰지만, 그가 원하지 않음을 알고 그들을 보낸 사람에게 되돌려 보냈는데, 그는 그들을 중국 공사에게 넘겼습니다. 불쌍한 작은 것들은 너무도 행복하지 않았고, 박사가 와서 자신들을 구해주기를 원하고 있습니다. 그것은 그의 마음을 상당히 감동시켰지만, 그는 그들을 위하여 아무것도 할 수 없었습니다. 그들은 어느 날 상상의 제 생일을 축하해 주기 위하여 악단과 함께 왔습니다.

이곳의 다과는 바닥에서 몇 인치 높이인 작은 탁자(상)를 가져와 대접합니다. 저는 현지인의 음식을 좋아하지 않습니다. 한국인들은 하나의 연속된 휴일에 살고 있습니다. 그들의 욕구는 적고 쉽게 충족되며, 그래서 거의 일하지 않고 대단히 자주 휴일을 축하합니다.

패니 메신저 알렌,
한국 서울

Fanny M. Allen (Seoul), Notes from Seoul, Korea.
The University Missionary 1 (June, 1887), pp. 28~29

Dr. Allen and myself had been in this place but five weeks until the riot broke out and gave the doctor more work than he could attend to among the Chinese, Japs and Koreans. The few foreigners in the city were summoned to the U. S. Legation for protection at the first signal of a riot. The King sent for them to go to the Palace for safety, but none dared to go when the Chinese and Japanese were fighting. Not a foreigner stirred outside the wall except Dr. Allen, who spent most of his time with the wounded noble, Minpen, I. K. I was spared all the dreadful sights and wounds that met his gaze on the street, but I saw the Japanese flee from the city, pursued by the Coreans, and their beautiful Legation building in flames.

When the trouble subsided the foreigners fled, and I did not see a woman from December till June. I was never lonely for our home was pleasant and we occasionally saw faces from the U. S. man-of-war at the port thirty miles away. We knew we were in peril and when we laydown to. rest never felt sure of seeing the light of another day. Fire-arms were and are still kept in our sleeping rooms. A warlike sword hangs from the head of my bed as my weapon, but I am sure I never could use it to defend myself. In June, Mrs. Mullendorf, wives of officials, and the Methodist ladies, came with a Presbyterian lady.

The Missionaries all boarded with us for three months, until they had prepared homes. It was a busy summer for me. I had a man to assist me in the cooking. You should see what a queer specimen he is, with his top-knot, light blue jacket and white pantaloons, so thickly wadded that he is nearly as broad as long. He learns English very fast, much faster than I learn Korean. Even our baby is leaving me behind; he speaks Korean and English already.

We live in a Korean house said to be two hundred years old. There are immense pine timbers ill decay that show this antiquity. Our sitting room has the beams and rafters exposed, as you can see them in a country barn. The beams and pillars are huge timbers, and the only substantial thing in Korean architecture.

The walls are of simple mud and paper, the doors and windows of paper. The floors are stones covered with a thick paper, and the fire is furnished by a stone furnace under these. We have bits of glass for our windows and can get beautiful straw mats for the floor. Korean friends have kept us supplied with these and with blinds. These blinds are pretty, made from bamboo, and necessary for all Korean women, because the blinds are so made that one can see out and still not be seen. It is an awful thing for a Korean woman to be seen by a man or even to be mentioned in the presence of men. In the center of our house is a square court where I keep plants and a few pets, a turtle and pigeons. About the house is a high wall entered by gates which are locked most of the time. We have furnished our house with all the modern furniture we could afford. Most of our food is imported milk from New York, butter from France, coffee and sugar from China.

My shopping is done in Shanghai. It takes about three months from the time I determine I want a spool of thread and a paper of needles to get them from the store.

Last July I sent to Nankin, China, for material for a dress which I sent to Yokohama to be made, and I have only just received it ready for use.

If we remain here long enough, patience will have her perfect work in us. I wish you could hear our boys sing. Mr. Underwood, of our mission, teaches them to sing while I play the organ. After several months' patient instruction, they are beginning to sing nicely in English. We look upon them as the nucleus of a future Sunday school. We dare not begin religious teaching openly yet, so we do all we can for its preparation. The native officials know that Dr. Allen is a Christian, and seem to consider that no reason why he should not be engaged in court work. He finds plenty of work in the hospital, and has the prospect of having the finest quarters in the city appropriated to him for his work. At present the people are delighted with a scheme he proposes for a University. Doctor is full of devices for opening the new work, and sometimes God seems to favor the plans beyond our most elaborate hopes. It will be easy enough to gain access to the men, but the women are so secluded and are considered of so little account that it will be difficult to reach them. One lady has visited me, and I have been to her home. The Queen wants to see the Foreign doctor's wife, but as the Dr. is not an official, and cannot be presented to the King, the Queen cannot be gratified. They have proposed making Dr. an official of some rank, but I believe he does not look upon the matter favorably.

The lady that I visited showed me her fourteen-year-old daughter-in-law, who was attired in her bridal costume of rich red brocade silk and jewels. The trembling little thing looked like a painted statue as she stood motionless while being shown to me. All her jewels were produced from embroidered bags and boxes for me to see, and it was a novelty to be permitted to see all the beautiful ornaments of gold, jade, coral, amber and pearls. The pearls on the little bride were set on wire springs that trembled with every breath almost, I ate refreshments with brass spoons stolen from the hospital, (the Koreans will steal). The lady was exceedingly well bred, and received the most delicate attentions from her son. The son showed me a beautiful satin robe with ten thousand names embroidered upon it.

They know of our craze for ancient things, and never fail to show us old pieces of pottery and money. One piece of pottery the son claimed was 60,000 (?) years old. We have a few pieces of pottery said to be very old; they are certainly cracked and brown enough to be old, and are by no means beautiful.

Dr. had five pretty dancing girls presented to him a few months ago. He put them in the hospital to make nurses of them, but finding he did not want them they were turned over to the donor who sold them to the Chinese Minister. The poor little things are so unhappy and want Dr. to come and rescue them. It quite touched his heart but he can do nothing for them. They all came with a band of musicians one day to celebrate my supposed birthday.

Refreshments here are brought and served on a little table elevated a few inches from the floor. I do not like native food. The Korean people live in one continual holiday. Their wants are few and easily satisfied, so they work little and celebrate holidays very often.

Fanny Messenger Allen,
Seoul, Korea.

삼항구관초(三港口關草),
각사등록 (1887년 6월 7일, 정해 윤4월 16일)
Official Documents between the Foreign Office and
the Three Open Ports (June 7th, 1887)

관문: 상고하건대, 본 아문과 제중원은 경비가 엄청나게 많이 드는데 아직 정해진 규정이 없어 매번 옹색함을 걱정하고 있으며, 세 항구의 세금에서 매년 10,000원을 가져다 쓰라는 취지로 처분을 받았으니, 인천항에 3,000원, 부산과 원산항에 각각 3,500원을 분배하여 사용하려 한다. 이에 관문을 보내거니와, 관문이 도착하는 즉시 올려 내 관아의 일꾼들에게 봉급을 나누어 줄 수 있게 하라.

이 가운데 다음 항목은 응당 매월 분배해야 하지만 항구 세금의 남음과 모자람이 한결같지 않아 기준을 정할 수 없으니, 해당 항구에서 1년간 보낼 액수는 현재 남아 있는 돈으로 일시에 올려 보내고, 혹시라도 부족한 것은 세금을 걷는 대로 보충하여 올려 보낼 것이며, 본 아문과 제중원은 금년 1월 이후로 지방(支放)과 경비가 매우 군색하고 빌려 쓴 돈이 매우 많아 관문을 보내는 것이 비록 오늘 날짜이지만, 마땅히 1년 치를 헤아려 즉시 올려 보내도록 하라.36)

丁亥 閏四月 十六日 關三港口
爲相考事 本衛門與濟衆院 經費浩大 向無定式 每患窘絀 自三港稅項中 每年一萬元取用之意 奉承處分矣 仁川港 三千元 釜山元山兩處 各三千五百元 分排應用 茲以發關鳥去乎 到卽輸上 以爲支放之地宜當者.

此亦中 右項銀元 事當按月分排 而港稅盈縮無常 不可準的 該港一年應輸之數現存一時輸上 如或不足 隨捧補上是遺 本衛門與濟衆院 自今年正月以來 支放經用極窘 債款甚多 發關難 在今日應照一年成數 卽爲輸上者.

---

36) 이에 대하여 부산항은 6월 23일 할당액을 모두 올려 보냈다. 또 인천항은 할당액을 분납하여 1,000원을 먼저 보낸 다음 8월 20일에는 500원을 다시 올려 보냈다. 통서일기 1887년 6월 23일(고종 24년 5월 22일); 통서일기 1887년 8월 20일(고종 24년 7월 3일)

프랭크 F. 엘린우드(미국 북장로교회 해외선교본부 총무)가
존 W. 헤론(서울)에게 보낸 편지 (1887년 6월 7일)

(188)7년 6월 7일

제이 W. 헤론, 의학박사,
　서울, 한국

친애하는 형제여,

　　나는 사임을 하겠지만 무엇을 할 것인지 결정하지 않았다는 귀하의 5월 1일자 편지를 받았습니다.[37]

　　내 편지에서 귀하가 언급한 점과 관련된 몇 마디입니다. 귀하가 알렌 박사에게 하였던 욕과 관련하여, 나는 그 이후 언젠가 알렌 박사가 하였던 설명과 귀하의 편지에 있는 설명이 일치하지 않는다는 점만 말할 수 있습니다. 그의 진술은 그가 귀하에게 단순하게 외국인이 "당신은 그 일로 웃음거리가 되었다"고 말한 것뿐이라는데, 그것에 대하여 귀하가 즉각 그에게 멍청이라고 불렀다는 것으로, 둘은 매우 다른 것이었습니다. 어떤 사람은 다른 사람이 한 폭력적인 언사의 정당함을 증명하지 않고 보고할 수 있지만, 다른 사람이 한 말을 보고하는 것은 분명히 무분별한 일일 것입니다. 그러나 어떤 사람에게 등을 돌리고, 그를 직접 '멍청이'라고 부른다면, 그는 대부분의 사람들과 함께 폭력적인 폭행의 위험이 있을 것입니다. 그러나 나는 지난 일에 대하여 논의하지 않겠습니다. 알렌 박사는 위와 관련하여 이야기한 후, 그가 귀하를 자신의 집에서 내보내려 위협하였다고 고백하였습니다. 다른 말로, 내가 이전에 이야기한 것같이, 그는 문제에 대해 양쪽 ＿＿와 모든 측면을 주었으며, 얼마 되지 않아 ＿ ＿＿해서 그가 사용한 언어를 ＿하였다고 생각하기 힘든 것 같습니다.

　　귀하는 4번째 점에 대하여 "만약 시도하면 할 수 있겠지만, 저는 알렌 박사에 대하여 어떠한 문제도 만들기를 원하지 않습니다."라고 말합니다. 귀하는 이 문장이 포기를 내포함에도 불구하고 결국에는 일종의 비꼼이 있다는 것을 모릅니까? "시도하면 할 수 있지만"이란 말은 사실상 귀하가 포기하고 싶다는

---

37) John W. Heron (Seoul), Letter to Frank F. Ellinwood (Sec., BFM, PCUSA) (May 1st, 1887)

비난을 포함하고 있으며, 귀하가 이야기한 무엇보다도 더 나쁘게 불평하는 것입니다.

6번째 점에 대하여, 나는 내가 이전에 이야기하였듯이, 우리의 인상은 선교부 편지 전체에서 얻은 것이라는 것을 되풀이해야 합니다. 7번째 점에 대하여, 귀하는 "만약 알렌 박사가 그 계획에 반대하였다면 왜 그는 그렇게 말하지 않았습니까?"라고 말합니다. 나는 알렌 박사가 그 계획에 대하여 반대하지 않았다고 대답하였다는 것만 답할 수 있을 뿐입니다. 우리는 그의 묵인이 부분적으로 떠나려는 의도와 더 이상의 변경을 피하고 싶었던 그의 열망에서 비롯된 것이라고 생각하였지만, 그는 모든 것을 묵인하였습니다. 그는 계획에 반대하지 않았지만 선교본부가 반대하였고, 이 대목에서 나는 약간 수정하여 그것을 승인하고 싶었지만 결국 제안된 계획이 결정으로 채택되었습니다. 내가 이 말을 하는 것은 나는 선교본부에 어떤 식으로든 영향력을 행사할 의향이 없으며, 선교본부가 내 제안이 아닌 자체 신념을 따르고 있음을 보여주기 위한 것입니다.

(중략)

귀하가 감리교회 선교부에 합류하는 것과 관련하여, 나는 할 말이 없습니다. 우리는 당연히 알렌 박사를 보조할 다른 사람을 즉시 파송해야겠지만, 감리교회 사람들도 역시 병원을 시작하고 있다고 알고 있어 의심할 여지없이 그곳의 업무는 두 병원으로 충분할 것입니다.

(중략)

Frank F. Ellinwood (Sec., BFM, PCUSA), Letter to John W. Heron (Seoul) (June 7th, 1887)

June 7th, (188)7

J. W. Heron, M. D.
Seoul, Korea

My dear Brother:

I have your letter of May 1st in which you speak of resigning but not having decided what you will do.

A few words in regard to the points to which you refer in my letter. In regard to the epithet which you applied to Dr. Allen, I can only say that the accounts given by Dr. Allen sometime since and those in your letter to do not agree. His statement was that he had simply told you that a man said to him "that you had made an ass of yourself", whereupon you at once called him an ass, two very different things. A men might report what another had said without justifying any violent language, though it would doubtless be indiscreet to report what another had said. But when one turns upon another and directly calls him an ass, he would with most men be in danger even of a violent assault. But I do not sure to enter into a discussion of what had gone by, Dr. Allen after relating the above, confessed that he had threatened to put you out of his house. In other words, as I said before, he gave both sides and all sides of the matter, and gave it so soon after the _____ __rence that it seemed difficult to suppose that he had _____ the language used.

You say in answer to point 4, "I have no desire to make any case against Dr. Allen, as I could if I tried". Do you not see that this sentence had at the end a kind of sting, notwithstanding the disclaimer which it bears. The words "as I could I tried" virtually contains the charge which you wish to disclaim, and it kicks at something worse than anything you have told.

In regard to point 6, I must repeat what I said before, that our impressions were gathered from the mission correspondence as a whole. In regard to point 7, you say, "If Dr. Allen objected to the plan why did he not say so?" I can only reply that Dr. Allen did not object to the plan. He acquiesced in everything, although we suspected that his acquiescence sprang in part from the intention to leave, and his desire to avoid further alteration. He did not object to the plan but the Board did, and I may say here that while I was disposed to approve of a slight modification of it, I was overruled and the plan proposed by the action was adopted. I simply say this to show that there has been no disposition on my part to influence the Board one way or another, and that it is following out its own convictions and not any suggestions of mine.

(Omitted)

In reference to your joining the Methodist Mission, I have nothing to say. We should of course sent another man at once to assist Dr. Allen, but I understand that the Methodists are also starting a hospital, and no doubt there is work enough for both.

(Omitted)

프랭크 F. 엘린우드(미국 북장로교회 해외선교본부 총무)가
조지 C. 포크 (서울)에게 보낸 편지 (1887년 6월 7일)

(중략)

나는 12월 20일자 귀하의 친절한 편지[38]에 훨씬 더 일찍 답장을 했어야 했는데 귀하가 한국을 떠났다는 소식을 듣고 어디로 보내야할지 몰랐습니다. 나는 한국에서 우리 사역이 _____하다는 귀하의 _____ 편지에 대하여 진심으로 감사드립니다. 귀하의 관찰은 나에게 가장 도움이 되었고, 나에게 온 다른 진술과 상당히 일치했습니다. 우리 모두는 알렌 박사가 한국을 떠나는 것을 매우 유감스럽게 생각하며, 귀하가 그것을 방지하기 위하여 귀하의 영향력을 계속 사용한다면 우리는 그것을 호의로 생각할 것입니다.

(중략)

Frank F. Ellinwood (Sec., BFM, PCUSA),
Letter to George C. Foulk (Seoul) (June 7th, 1887)

(중략)

I should have answered your kind letter of Dec. 20 much earlier but that I had heard that you had left Korea & I knew not where you were to be addressed. I wish to thank you most earnestly for your letter of_____ _____ is _____ in our work in Korea. Your observations were most helpful to me & they were quite in the line of other statements which have come to me. We all feel that it would be a great pity for Dr. Allen to leave Korea & we shall esteem it a favor if you will continue to use your influences to prevent it.

(중략)

---

38) George C. Foulk (Seoul), Letter to Frank F. Ellinwood (Sec., BFM, PCUSA) (Dec. 20th, 1886) PHS V1-86, #97

18870608

프랭크 F. 엘린우드(미국 북장로교회 해외선교본부 총무)가
호러스 N. 알렌(서울)에게 보낸 편지 (1887년 6월 8일)

(188)7년 6월 8일

H. N. 알렌, 의학박사,
　　한국 서울

친애하는 형제여,

　　나는 며칠 전에 박사님이 그 일을 계속하기로 결정하였다는 짧은 편지를
받았으며,39) 그것은 큰 만족을 주었습니다. 나는 또한 박사님이 다소의 걱정을
표현하는 더 긴 편지를 받았습니다.40) 나는 박사님이 어떤 것이든 조금이라도
짜증이 일어나더라도 모든 것을 제쳐두고 가장 유용하고 유망한 자리에 남겠
다는 정해진 목적에 집중하도록 요청하기 위하여 이 글을 씁니다. 그리고 모
든 일에 화해할 수 있는 은혜가 있기를 바라고 있습니다. ＿＿＿가 전혀 없
는 곳은 없으며, 박사님은 곤혹 속에서도 아량 있는 경과를 밀어붙임으로써
어느 곳에서나 발전시킬 수 있는 좋은 기회를 가지고 있습니다. 박사님은 선교
본부의 신뢰와 지지를 받고 있음을 알고 있어 이에 대하여 여유가 있습니다.
　　정치적인 문제에서 발생할 수 있는 복잡한 문제에 관해서는 아직까지 박
사님을 어떠한 어려움에 연루시킬 수 있는 일이 발생하였다고 생각하지 않습
니다. 하지만 나는 ＿＿ ＿＿ 이 문제에 있어서 ＿＿＿ 박사님이 ＿＿＿에
접근할 때 ＿＿＿ 복잡한 ＿＿＿에 빠질 위험에 처할 때 뱀처럼 현명하게
＿＿＿ 박사님을 철저하게 보호할 수 있을 만큼 충분하다고 생각합니다. 로라
더퍼린이 가끔 의논하던 중국의 웰즈 윌리엄스 박사나 시리아의 고(故) 칼훈
씨, 혹은 정부 관리들이 끊임없이 의논하던 발파라이소의 트럼블 박사 등을
보면, 박사님은 그곳에 있는 동안 어려움을 피할 수 있는 능력을 발견할 수
있으며, 동시에 통치하는 사람들의 신뢰를 즐기고 잘 할 것입니다. 그러나 박
사님은 극도로 조심해야 하고, 박사님이 처한 위급한 상황에서 하나님의 인도
를 위하여 기도드려야 합니다.

---

39) Horace N. Allen (Seoul), Letter to Frank F. Ellinwood (Sec., BFM, PCUSA) (Apr. 19th, 1887)
40) Horace N. Allen (Seoul), Letter to Frank F. Ellinwood (Sec., BFM, PCUSA) (Apr. 30th, 1887)

나는 포크 씨가 한국에 돌아와 기쁩니다. 나는 최근 우편으로 그에게 편지를 쓰려했지만 그렇게 하지 못하였습니다. 나는 그가 한국의 문제와 관련하여 나에게 대단히 친절한 편지를 쓴 것을 생각하여 선편으로 그렇게 할 것입니다.

언더우드 씨는 사임할 의향이 있습니다. 그러나 나는 그가 사임을 주장한다면 받아들여질 것이라는 점을 그가 알도록 하고 있지만 그를 설득하려고 노력하고 있습니다. 이 사람들이 삶의 힘과 활력, 그리고 종교적 성격의 관점에서 선교부를 방해하였던 어려움을 극복하는 것이 아직 불가능하지 않은 것 같습니다. 성화된 인간의 본성에 대한 나의 믿음은 여전히 강합니다.

한국에서 훌륭한 일을 하기 위하여 박사님에게 주어진 큰 기회에 다시 한 번 축하합니다.

안녕히 계세요.
F. F. 엘린우드

추신. 나는 비밀리에 박사님에게 편지를 썼고, ＿＿에 의해 모든 영향력을 ＿＿할 필요성을 강조하고 싶습니다. ＿＿ ＿＿ ＿＿ ＿＿ ＿＿ 정신.

Frank F. Ellinwood (Sec., BFM, PCUSA),
Letter to Horace N. Allen (Seoul) (June 8th, 1887)

June 8th, (188)7

H. N. Allen, M. D.,
    Seoul, Korea

Dear Brother:

I received a few days since your short letter in which you signified your decision to remain in the work, which has given to great satisfaction. I have also received your longer letter in which you express some misgivings. I write to ask you to lay all those aside and to settle down into the fixed purpose to remain at your most useful and promising post whatever little irritations may occur. And I hope that you will have grace to be an conciliatory as possible in all things, even stretching a point if necessary. There is no place that is wholly destitute of f_____ and you have a good opportunity to build up wherever by pressing a magnanimous course, even amid annoyances. You can afford as to this, knowing as you do that you have the confidence of the Board and are sustained.

As to the possible complications in political matters, I do no think that as yet anything has occurred to compre__ you __ involve you in any difficulty. I think, however, that _____ _____ enough in the matter to put you thoroughly on your guard _____ as wise as a serpent when you are approached by this _____ _____ one and in danger of being drawn into complications _____ _____. Dr. Wells Williams in China, or the Late Mr. Calhoun in Syria, whom Lora Dufferin used to consult occasionally, or Dr. Trumbull of Valparaiso, whom Government officials constantly consult, you can find the capacity to steer clear of difficulties while at the same time you enjoy the confidence of those who govern, you will do well. But you will need to be extremely cautious, and to pray for Divine guidance in the critical circumstances in which you are placed.

I am glad that Mr. Foulk has returned to Korea. I intended to write him by the last mail, but was prevented. I shall do so by ship mail, thinking him for a very kind letter which he wrote me in regard to matters in Korea.

Mr. Underwood is inclined to resign, but I am trying to dissuade him, though giving him to understand that if he insists his resignation will be accepted. It does not yet seem to me impossible for these men in the strength and vigor of life, and in the point of religious character to live down the difficulties which have disturbed the Mission. My faith in sanctified human nature is still strong.

Again congratulating you on the grand opportunity which you _____ for a great work in Korea, I remain,

Very sincerely yours,
F. F. Ellinwood

P. S.   I write you in confidentially & desire to emphasize the need of detaining all influence by a _____ ____ ____ ____ ____ ____ spirit.

호러스 N. 알렌(서울)이 메저즈 홀 앤드 홀츠(상하이)로 보낸 편지
(1887년 6월 11일)

서울,
(18)87년 6월 11일

메저즈 홀 앤드 홀츠,
　상하이

안녕하십니까,

　장로교회 선교부 출판사에 대한 귀 사(社)의 최근 명세서의 금액인 76.61달러에 대한 환어음을 동봉합니다. 귀 사(社)의 오루크 씨가 한 번 나를 방문하여 전표를 보냈지만, 나는 그때 집에서 멀리 떨어져 있었고 그가 어느 곳을 들리는지 알지 못해서 그와 청산을 할 수 없었습니다. 나는 현재의 방식이 답을 해 줄 것이라고 믿고 있습니다.
　영수증을 보내주시면 고맙겠습니다.

　안녕히 계세요.
　H. N. 알렌

Horace N. Allen (Seoul),
Letter to Messrs. Hall & Holtz (Shanghai) (June 11th, 1887)

Seoul,

June 11th, 87

Messrs. Hall & Holtz,

　　Shanghai

Gentlemen, chit

　　Herewith enclosed please find order on Pres. Mission Press, for $76.61, the am't of your last statement. Your Mr. O'Rourke called on me once and sent one chit, but I way away from home at the time and not knowing where he was stopping I could not settle with him. I trust the present plan will answer.

　　Kindly send receipt and oblige.

　　Yours truly,

　　H. N. Allen

호러스 N. 알렌(서울)이 프랭크 F. 엘린우드(미국 북장로교회 해외선교본부 총무)에게 보낸 편지 (1887년 6월 13일)

한국 서울,
1887년 6월 13일

F. F. 엘린우드 박사,
　뉴욕 시 센터 가 23

친애하는 박사님,

　유지하기에는 너무 비싸고 항상 병에 걸려 있기 때문에 저는 이곳에서 사용하던 말을 처분하였습니다. 저는 말을 유지하는 비용보다 저렴하게 가마를 사용할 수 있습니다. 그럼에도 제물포로의 의료 여행에는 연간 약 60달러가 듭니다. 길은 좁지만 대개 부드럽습니다. 우리 중 몇몇은 자전거 사용의 타당성을 고려하고 있습니다. 만일 제가 그것을 구입하여 괜찮다는 것이 증명되면, 다른 사람들이 구입하려고 할 것이며, 그 사람들이 그렇게 하면 다른 외국인들도 그렇게 할 것입니다.

그림 8-6. 패사일.

또한 제가 자전거를 타고 궁궐에 들어간다면, 별게 아니더라도 관리들이 호기심으로 몇 대를 구입하게 될 것입니다.

　이런 상황에서 저는 상당한 할인을 받을 수 있다고 생각합니다. 박사님이 그것이 타당하다고 생각하시면, 커터 씨에게 저를 위하여 자전거 한 대를 구해서 가능한 한 빨리 기름, 렌치 및 필요한 수리 기구들과 함께 보내도록 지시해 주십시오. 저는 '곤두박이로 떨어지지 않는 것'을 원합니다. 뉴욕 시 머리 가(街) 33의 윌콕스[41]가 제작한 '패사일'이면 좋겠는데, 제가 목록을 요청하는 편지를 썼기에 그가 답장을 할 것입니다. 어쨌든 품질이 좋고 튼튼하며, 제

키가 6피트이기 때문에 높은 것이 필요합니다. 부디 박사님이 가장 좋다고 생각하는 것으로 해 주십시오.

안녕히 계십시오.
H. N. 알렌

박사님은 저의 편지를 판매업자에게 보여 주셔야 합니다.

Horace N. Allen (Seoul),
Letter to Frank F. Ellinwood (Sec., BFM, PCUSA) (June 13th, 1887)

Seoul,
June 13th, 1887

Dr. F. F. Ellinwood,
    23 Centre St., N. Y.

My dear Doctor,

I have discarded horses for use here as they are too expensive to keep and are constantly getting sick. I can use a chair for less than the horse keep costs. Nevertheless it costs me about $60 yearly for medical trips to Chemulpo. The roads (or paths) are narrow but usually smooth. Several of us have been considering the feasibility of using bicycles. If I get one and it proves successful, then others intend to purchase, and if these gentlemen do so, others of the foreigners will do the same. Also, if I ride to the Palace on a bicycle, as I would necessarily do, a number will be wanted by the officials as curios, if nothing more.

---

41) 윌콕스 줄리어스(Wilcox Julius, 1837~1924)를 말한다. 그는 원래 사진작가이었으나 자전거 제작에도 나섰다. 패사일(Facile)은 미국 소형 자전거의 선구적인 제품이었으며, 매우 안전하였지만 빠르지 않았고 발을 짧지만 빠르게 움직일 필요가 있었다.

Under the circumstances, I think I might be entitled to considerable discount. If you think it advisable, please instruct Mr. Cutter to procure one for me and send it on as soon as possible, with oil, wrenches and necessary repairs. I would want one that is not liable to indulge in "headers." I think the "Facile," made by Wilcox, 33 Murray St., N. Y., to whom I have written for catalogue, will answer. In any case I would need a good strong one, and large size as I am 6 feet tall. Kindly do what you think best, and oblige.

Yours sincerely,
H. N. Allen

You must show the dealer my letter.

호러스 N. 알렌(서울)이 프랭크 F. 엘린우드(미국 북장로교회 해외선교본부 총무)에게 보낸 편지 (1887년 6월 15일)

사신

한국 서울,
1887년 6월 15일

F. F. 엘린우드 박사,
    뉴욕 센터 가(街) 23

친애하는 박사님께,

박사님께서 인내심을 갖고 들으실 수 있다면 정치적으로 흥미로운 일들이 많이 있습니다. 먼저, 저는 왕의 신임을 계속 받고 있으며, 그에게 많은 정보를 전달하는 사람이라고 말씀드립니다. 또한 민영익이 돌아와서 우리 공사관의 포크에게 깊은 동정을 표하며, 저에게 매우 친절하고 우호적입니다.

이 모든 업무에서 딘스모어 씨의 방침이 가장 현명하였습니다. 그는 보수적인 기독교인 신사이고, 냉철하고 분별 있는 변호사입니다. 그는 포크 문제의 결과로 중국 공사로 하여금 자신이 이 사건의 근원에 있으며, 그의 목표가 실제로 조선을 차지하려는 중국의 목적을 더 촉진시키는 것임을 인정하도록 하는데 성공하였습니다. 우리는 또한 베이징으로부터 조선을 점령하는 것이 중국이 선언한 목표이며, 올 여름 이 부분에서 실질적인 변화들을 볼 수 있을 것이라는 소식을 들었습니다.

러시아, 즉 러시아 공사는 딘스모어와 협력하고 있는데, 그는 우리 공사에게 반대하지 않는 국가들의 모든 공사들로부터 완전한 신임을 받고 있습니다. 이러한 이유로 그는 매우 존경받고 있으며, 두려움의 대상입니다.

러시아의 행로가 어떻게 될지는 곧 결정될 것입니다. 영국은 러시아에 반대하며 중국 편입니다. 독일은 중국을 통하여 무역에서 상당한 이익을 얻었고, 중국을 반대하지 않을 것입니다. 많은 것은 미국인들의 행동에 달려 있습니다. 프랑스 문제는 러시아의 손에 달려 있는데, 그것은 그들의 입장을 보여 줍니다. 일본은 조용하며, 박사님께서 그 사실들에 대하여 아시지 못한다면 설명을 드리겠습니다.

일본은 낮은 수입 관세 때문에 나라의 수입이 수출을 크게 초과하고 있으며, 재정이 대폭 감소되어 신음하고 있습니다. 우리는 자유 관세에 동의하였지만, 영국은 그것(관세)을 강제로 낮추었습니다. 빙엄 판사가 그 문제의 상황을 완화시키기 위하여 비밀 조약을 협상하였지만, 우리 국무부를 통하여 유출되었고 영국이 그것을 차단시켰습니다. 일본인들은 또한 일본에 있는 외국인들에 대한 관할권을 원하고, 통행증의 폐지와 함께 혼합 및 자유로운 거주를 기꺼이 허용하려 합니다. 그들은 근대 문명으로 그러한 발전을 이루었기 때문에 치외법권은 그들에게 매우 불쾌한 것이며, 그들은 야만 국가의 명단에서 빠지기를 원합니다. 박사님은 분명히 이 모든 것은 조약을 개정함으로써 성취될 것이라는 것을 아실 것입니다. 그러나 중국을 건드릴 때 문제가 생깁니다. 일본은 스스로를 문명국가 중 하나라고 칭할 수 없고, 중국(일본의 친구이자 부유한 형님)을 야만 국가로 간주할 수도 없으며, 또한 중국에 살고 있는 일본인들에 대한 관할권을 명백한 야만적인 법률을 적용하는 중국에게 줄 수도 없습니다. 또한 일본에 살고 있는 중국인들도 예외일 수 없습니다. 따라서 중국에서 일본인 관할권에 대하여 중국의 동의를 얻기 위해서는, 일본에 살고 있는 중국인들에게 동일한 권리를 부여하지 않을 수 없습니다. 러시아가 같은 것을 제시할 것이라는 암묵적인 희망으로 일본은 자신들이 철수하고 중국이 조선을 차지하는 것에 동의하고 있습니다. 그러나 이 문제에 대한 일본의 정직함과 중국의 목표가 궁극적으로 성공할 것이라는 믿음은 곧 중국 영토가 될 한국과 인접한 해안을 방어하기 위한 막대한 예산으로 알 수 있습니다.

왕은 전쟁에 대해서 말하지만 외부의 지원이 없으면 무력한 상태이며, 한국에서 중국의 영향력은 막강하며 더욱 거지고 있습니다. 저는 병원과 저의 영향력을 중국에 넘긴다면, 병원에 대한 전폭적인 지원과 저에 대한 좋은 급여가 있을 것을 확신합니다. 왕은 제가 얻는 약을 제외하고, 세관을 통하여 병원이 지원 되도록 하였습니다.

혜론 박사와 언더우드 씨는 저를 해치고 성가시게 하기 위하여 그들이 할 수 있는 모든 것을 합니다. 일전에 저에게 커다란 곤혹스러움을 주는 문제가 혜론 때문이며, 제가 제물포에 있는 동안 언더우드 씨가 저를 다치게 하려고 했다는 것을 알려주기 전까지 저는 우리의 문제에 대하여 딘스모어와 이야기한 적이 없었습니다. 자세히 설명 드리기에는 이야기가 너무 깁니다. 딘스모어 씨는 이곳으로 올 때 혜론에 대하여 완전히 그의 편을 들어주는 편견을 가진 편지와 전갈을 갖고 왔지만, 혜론이 그렇지 않다는 것을 즉시 알게 되었다고 딘스모어 씨가 이야기하였다는 것을 말씀드리면 충분할 것입니다. 제가 더 말씀드릴 수 있습니다만 그것은 필요하지 않습니다. 저는 박사님이 추가 인원을 보내주셔서 제가 늦어도 (18)88년 10월까지 떠날 수 있게 해 주시기를 바랍니다. 저는 오랫동안 참을 수 없으며, 지금 건강 증명서를 받을 수 있습니다. 이 곳은 젊은이를 너무 지치게 하는 곳입니다. 그때까지 저는 언어를 습득할 수 있을 것이며, 한동안 안전하게 휴가를 낼 수 있을 것입니다.

안녕히 계십시오.
H. N. 알렌

Horace N. Allen (Seoul), Letter to Frank F. Ellinwood (Sec., BFM, PCUSA) (June 15th, 1887)

Private

Seoul, Korea,
June 15, (19)87

Dr. F. F. Ellinwood,
   23 Centre St., N. Y.

My dear Doctor,

I have more matters of political interest if you have patience to hear it. First, let me say that I continue in the confidence of His Majesty and am the bearer of much information to him. Also Min Yong Ik has returned and is in full sympathy with Foulk, our Legation and is very kind and friendly to me.

Mr. Dinsmore's course in all this business has been most wise. He is a conservative Christian gentleman and a cool, level-headed lawyer. He has succeeded in getting the Chinese Representative, as a result of the Foulk trouble, to admit that he himself is at the bottom of it and that his aim is really to further China's object of taking Korea. We also hear from Pekin that it is the declared purpose of the Chinese to take Korea and that this summer will see active changes in these parts.

Russia, that is the Russian Representative is shoulder to shoulder with Mr. Dinsmore, who by the way has the full confidence of all of the representatives that do not represent countries with aims opposed to our own. With such he is highly respected and feared.

What Russia's course will be is to be determined. England is all for China, as opposed to Russia. Germany has, through the Chinese, secured for her trade large advantages and will not oppose China. Much depends on the action of the Americans. French affairs are in the hands of the Russians which shows where they stand. Japan is quiet and hereby hangs an explanation providing you are not already acquainted with the facts.

Japan is groaning under the low import tariff which causes her imports to so exceed her exports as to greatly reduce her finances. We agreed to a liberal tariff but England forced it down. Judge Bingham negotiated a secret treaty for the relief of the ill but it leaked out through our State Dept. and the English blocked it. The Japs also wish the right of jurisdiction over foreigners in Japan and are willing to grant mixed and free residence with the abolishment of passports. They have made such advances in modern civilization that the extra-territorially laws are very obnoxious to them and they wish to be omitted from among the list of barbarous nations. This is all about to be accomplished as you doubtless know by the remodelling of the treaties. But the rub comes when China is touched. Japan can scarcely call herself one of the civilized nations and look upon China (her friend and wealthy elder brother) as a barbarous nation, nor can she give China, with her unmistakably barbarous laws, the right of jurisdiction over Jap. subjects in China. Neither can she make an exception of Chinese subjects in Japan. To obtain China's consent therefore, to the Japanese jurisdiction in China, without granting the same privileges to Chinese in Japan etc., etc. She consents to withdraw and allow China to take Korea, with the unexpressed hope that Russia will present the same. Yet Japan's honesty in the matter, and belief in the ultimate success of China's aim is seen by the enormous sums being appropriated for the defense of the coast adjoining Korea, soon to be Chinese territory.

His Majesty talks of war but he is helpless if not supported outside, Chinese influence is immense in Korea, and they are increasing it. I am assured of full support for the hospital and a good salary for myself if I will turn the institution and my influence over to China. The King has himself arranged for the hospital to be supported from the Customs, aside from the medicines which I get.

Dr. Heron and Mr. Underwood do all they can to injure and annoy me. I have never had conversation with Dinsmore concerning our troubles till the other day he informed me that a matter that was giving me great annoyance was due to Heron and that he and Mr. Underwood had tried to injure me while I was at Chemulpo. The story is too long for detail. Suffice it to say that Mr. Dinsmore said he had come here with letters and messages to Heron, fully prejudiced in his favor, but that he found him out almost at once and that he was not what he professed to be. I could tell you more but it is not necessary. I want you to send out help and let me have leave by not later than Oct. '88. I can't stand it long and would be entitled to health certificate now. The place is too wearing for a young man. I will have the language by that time and can safely lay off for a time.

Yours very truly,
H. N. Allen

호러스 N. 알렌(서울)이 프랭크 F. 엘린우드(미국 북장로교회 해외선교본부 총무)에게 보낸 편지 (1887년 6월 19일)

추신 6월 19일

친애하는 박사님,

제가 내년 가을에 떠날 계획에 관한 박사님의 친절한 편지를 받았습니다.[42] 제가 박사님께 말씀드려야 하는 것은 저에 대하여 참아 달라고 요청하는 것뿐입니다. 제 성격은 대체로 쾌활하지만, 가끔 이곳에서 의기소침하게 되는 이유가 있는지 없는지는 박사님의 판단에 맡기겠습니다. 물론 저는 박사님이 원하시는 대로 하려고 노력할 것이며, 이전 편지에 문제들을 설명하였을 것입니다. 제가 박사님께 계속 소식을 전하기 위하여 자주 편지를 쓰는데, 만약에 편지를 덜 자주 썼다면 제 자신을 좀 더 잘 통제할 수 있었을 것입니다. 그러나 박사님께서 멀리 계시면서도 일의 상황을 잘 알고 계시고 그렇게 하실 수 있습니다.

박사님이 엘러즈 부인의 후계자를 얻게 되었다는 소식을 들어 기쁩니다.

박사님이 왕에 대하여 언급하신 것은 사실이 아닙니다. 그와 그의 백성들은 포기할 의사가 없습니다. 포크는 지난밤에 전보를 통하여 명령을 받았습니다. 그는 파견되어 제물포에 있는 '매리온' 호에 탑승하여 보고하라는 명령을 받았습니다. 포크에게 어떤 조치를 할 수 있는지 확인하기 위하여 적어도 하루를 기다릴 것을 촉구하기 위하여 오전 3시에 왕의 전령이 저에게 왔습니다. 민영익 공이 방금 이곳에 있었습니다. 그의 입장이 심각해지고 있습니다. 어떤 사람이 딘스모어 씨를 무시하고 전보를 보냈습니다. 우리는 모두 혼비백산하였습니다. 왕은 저의 부족한 능력으로 할 수 있는 것보다 더 많은 것을 기대하고 신뢰하고 있습니다. 하지만 저는 비록 그가 흥미로운 시간을 가질지라도 그의 곁에 머물기로 결심하였습니다. 그렇지만 이러한 큰일들보다 선교사들의 '순진한 완고함'이 개인적으로 더 짜증납니다.

안녕히 계십시오.
H. N. 알렌

---

42) Frank F. Ellinwood (Sec., BFM, PCUSA), Letter to Horace N. Allen (Seoul) (May 4th, 1887)

Horace N. Allen (Seoul),
Letter to Frank F. Ellinwood (Sec., BFM, PCUSA) (June 19th, 1887)

P. S. June 19th

Dear Doctor,

Your kind letter concerning my contemplated departure next fall received. All I have to say is to ask you to bear with me. My disposition is cheerful as a rule but I leave it to you as to whether I have cause for being despondent here occasionally or not. I shall, of course, endeavor to do as you wish and previous letters will have explained matters. I write to you frequently to keep you posted, perhaps if I wrote less often I would be able to control myself better. Yet you know the condition of affairs as well as you possibly could, being away.

Glad to hear you have a successor for Mrs. Ellers.

What you mention concerning the King is not true. He and his people have no intention of giving up. Foulk got his orders last night by telegram. He is detached and ordered to report for duty on board-"Marion" at Chemulpo. A messenger from the King came to me at 3 A. M. to urge Foulk to wait a day at least to see if something couldn't be done. Prince Min Yong Ik has just been here. The position is getting serious. Some one has telegraphed over Mr. Dinsmore's head. We are all broken up. The King places more confidence in me than he is warranted in doing in one of my poor ability. Yet I am determined to stick by him though he may have some interesting times. The "pure stubbornness" of the missionaries is however, more annoying personally than these larger affairs.

Yours,
Allen

삼항구관초(三港口關草),
각사등록 (1887년 6월 22일, 정해 5월 2일)
Official Documents between the Foreign Office and
the Three Open Ports (May 22nd, 1887)

보고: 윤 4월분 총세무사 및 해관 경비 3,700원, 맥등사 신수비 416원 6각 6푼, 알렌 월급 50원, 전보국 경비 714원 2각 9푼을 발급한 영수증을 올려 보낸다. 영수증은 4장이다.

제내: 예전처럼 받았다.

丁亥 五月 初二日 仁川報題

閏四月朔 總脫務司及海關 經費 三千七百元 麥登司 薪水 四百十六元六角六分 安連 四月 月給 五十元 電報經費 七百十四元二角九分 發交領票上送事 收票四紙.

題內 依例棒上事.

호러스 N. 알렌(서울),
[미국의 군사 교관을 요청함] (1887년 6월 28일)

우리는 뉴욕 시 센터 가(街) 23의 프랭크 F. 엘린우드 박사에게 현대식 훈련 및 전투 방법에 대한 병사들의 교육을 위하여 적절하고 충분히 교육을 받은 세 명의 유능한 남자를 확보하여 보내 줄 것을 요청한다. 그들은 한국군의 교환으로도 복무한다.

우리는 그 보상으로 각 사람에게 여행비로 은화 600달러를 지급하며, 매달 보수로 160달러를 지급하는데 동의한다. 그것은 서울에 도착한 이후 계상한다. 여행 경비도 도착 시 지불할 것이다. 우리는 세 사람이 공동으로 사용할 무료 사택을 추가로 제공하는데 동의한다.

내부(內部)의 직인

의학박사 H. N. 알렌이 입회함

H. N. Allen (Seoul),
[Request for Military Instructors from U. S.] (June 28th, 1887)

We request Dr. Frank F. Ellinwood of 23 Centre St., New York to secure for and send to us three able men of proper and sufficient education for the instruction of soldiers in the methods of modern drill and warfare. The same to serve as instructors to the Korean forces.

As compensation we agree to pay each man six hundred dollars ($600.00) silver as passage money and one hundred sixty dollars for month salary. Same to be dated from their arrival in Seoul. Passage money to be paid also on arrival. We agree to further furnish a free house to be used by the three men collectively.

Seal of the Home Office

Witnessed by H. N. Allen, M. D.

호러스 N. 알렌(서울)이 스미스 캐시 스토어(캘리포니아 주 샌프란시스코)로 보낸 편지 (1887년 7월 1일)

서울,
(18)87년 7월 1일

뉴욕 시 센터 가(街) 23의 윌리엄 랜킨 씨 주문
H. N. 알렌,
　　한국 서울

　　청구서 지불에 100달러가 충분하지 않을 경우, 비누, 완두콩 통조림, 브라질 견과류, 천도복숭아 및 세면대의 순서로 뺄 수 있습니다. 옥수수 가루를 잘 밀봉해 주세요. 무더운 날씨에 대비하여 버터를 포장해 주시고, 이때 배송이 안전하지 않다고 생각되면 소량을 보내 주세요.
　　최근에 받은 햄과 베이컨 중에서 일부에서 포장지 내부에 곰팡이가 피었습니다. 나는 귀 사(社)가 랜킨 씨를 아실 것이라고 생각하며, 동봉된 주문에 문제가 없을 것입니다.

　　안녕히 계세요.
　　H. N. 알렌

　　스미스 캐시 스토어,
　　샌프란시스코

1파운드	주석영(酒石英) - ___	.45
1 〃	소다　　　　　　〃	.10
20 〃	리오 커피 - 그린	4.40
½배럴	건조 ___ 설탕	8.60
_ 〃	골든 ___	8.15
50파운드	케그 1호 식탁 버터	10.00
60 〃	리마 콩 1호	1.50

1다스 다진 소고기 통조림		2.75
1 〃 〃 과즙 1호		1.50
1 〃 〃 깍지 완두		1.50
1다스 __ 우유. 이글 상표		8.00
½ 파운드 __ __ 및 스트라우스버그 __		.70
1배럴 __ 밀가루		6.00
1 〃 __ 450 밀가루		5.00
1 5파운드 포장 동부 대구		.50
1상자 동부 훈제 청어		.40
1 시럽 컵 및 뚜껑		.45
4 5파운드 통조림 페어뱅크의 최상의 돼지기름		2.40
__		10.24
20파운드 최상의 패밀리 베이컨		2.00
50 〃 황색 옥수수 __		1.75
2 〃 쉽스 코코넛		.70
6 〃 브라질 호두		.90
1다스 ___ 닭기		.50
6갤런 골든 시럽		2.25
15 〃 식초		1.40
2벌 신발, '해리'		3.00
1 " ", '모리스'		1.50

(이하 해독 불가)

H. N. 알렌, 한국 서울
위탁 C. 서튼, 일본 나가사키
C. H. 쿠퍼, 한국 제물포

_____ 미국산 치즈		1.25
10파운드 ____		1.25
10 〃 _____ _____		1.00
〃 〃 승도 복숭아		.50
10 〃 단풍당		.50
__다스 토관(土管)		.10

(이하 해독 불가)

Horace N. Allen (Seoul),
Letter to Smith Cash Store (San Francisco, Ca.) (July 1st, 1887)

Seoul,

July 1, 87

Order on Wm. Rankin, 23 Centre St., New York

H. N. Allen,

    Seoul, Korea

    In case one hundred dollars is not enough for payment of the bill you may omit the soap, canned peas, brazil nuts, nectarines and wash basins in the order mentioned. Have the corn meal well sealed. Pack the butter for hot weather and if you think it not safe to send at this time send a smaller quantity.

    Some of your hams and bacon recently received were mouldy inside wrappers. I think you know Mr. Rankin and will have no trouble with enclosed order.

    Very truly yours,

    H. N. Allen

Smith Cash Store,

San Francisco

1 lb	Cream tartar - ____ weight		45
1 ″	Soda	″ ″	10
20 ″	Rio Coffee - Green		4.40
½ bbl	Dry ____ sugar Fine		8.60
__ ″	Golden __		8.15

50 lb Keg No. 1 table butter	10.00
60 〃 Lima beans No. 1	1.50
1 dz tins Chopped beef	2.75
1 〃 〃 Squash No. 1	1.50
1 〃 〃 Sugar peas	1.50
1 case 1 dz Milk. Eagle brand	8.00
½ lb ___ ___ & Strausberg set	.70
1 bbl _____ Ralles flour – with bbl	6.00
1 〃 Our 450 flour - to try	5.00
1 5 lb case Eastern codfish	.50
1 box Eastern Smoked Herring	.40
1 Syrup cup with cover	.45
4 5 lb tin Fairbanks best lard	2.40
4 __ "Our Taste" barns av'g 16lb	10.24
20 lb Best Family Bacon	2.00
50 〃 yellow corn meal, c_____-tinned	1.75
2 〃 Schepps coconut	.70
6 〃 Brazil nuts	.90
1 dz ____ polish	.50
6 gal Golden syrup	2.25
15 〃 Vinegar	1.40
2 pr. Shoes, "Harry"	3.00
1 " " "Maurice"	1.50

(Undecipherable)

H. N. Allen, Seoul, Korea.

consign C. Sutton, Nagasaki, Japan

C. N. Cooper, Chemulpoo, Korea.

_____ American Cheese	1.25
10 lb _____	1.25
10 〃 _____ _____	1.00
〃 〃 Nectarines	.50

10 〃 Maple Sugar   .50
__ dz Clay pipes   .10
                    (Undecipherable)

호레이스 N. 알렌(서울)이 클레이턴 W. 에버릿
(오하이오 주 톨리도)에게 보낸 편지 (1887년 7월 2일)

한국 서울,
(18)87년 7월 2일

클레이턴 W. 에버릿,
오하이오 주 톨리도

친애하는 매형께,

우리는 최근 이곳에서 흥미로운 시간을 보내고 있습니다. 중국은 한국을 점령하기 위하여 또 다른 시도를 하였지만 외국인, 특히 주한 미국 대리공사인 포크 중위의 반대로 실패하였습니다. 여러 상황의 조합으로 그의 생존은 확보되었습니다. 적절한 고문인 데니 판사는 대우를 받거나 상담을 받지 않았습니다. 그들은 지난 두 달 동안 그가 내륙의 금광을 찾아보도록 하였습니다. 그동안 저는 폐하와 매일 대화를 나누었고 조언을 하는 방식으로 많은 일을 하였습니다. 저는 그럭저럭 중요한 일들에 대하여 먼저 우리의 공사인 딘스모어 씨와 상의할 수 있었습니다. 제가 충고하였던 한 가지는 한국의 정부와 국민들에게 관심을 갖고 중국을 차단하는데 도움을 주기 위함이었습니다. 그들은 미국인 회사에 금광을 제공해야 합니다. 그들은 평안도에서 최고의 함량을 갖고 있는 [금광을] 저에게 독점권을 줄 것을 제안하였고, 왕도 완전히 자발적입니다. (그는 비밀리에 저에게 백지 수표를 주었습니다.)

저는 이 문제에 대하여 누구와도 상의할 수 없었고, 금 채굴에 대하여 많이 알지 못하여 미국 회사가 약 $33\frac{1}{3}$%의 금을 채굴할 것이라 언급한 것이 실수가 아닐까 걱정하고 있습니다. 이것은 쉽게 50%까지 올릴 수 있지만 저는 그것이 적지 않을지 두렵습니다.

매형은 그것으로 무엇이든 할 수 있다고 생각하세요? 저는 특히 광산이 그렇게 낮다면 데니나 다른 누구도 어떠한 권리를 얻을 수 있다고 생각하지 않습니다.

하버드 기술학교의 졸업생이자 경험이 풍부하고 아메리칸 트레이딩 컴퍼니의 일원인 W. D. 타운젠드는 광산을 방문하여 한국인들이 연철 기둥과 브롬만을 사용하고 금을 씻어 내기 위하여 큰 편평한 돌로 금광석을 가루로 내서 1톤 당 150달러의 금을 추출하는 금광석을 가지고 돌아 왔습니다. 그들은 화약, 기계 장치, 수은, 펌프 또는 다른 기구를 사용하지 않으며, 그들은 타운젠드가 기계를 공급하고 물 비용을 댄다면 수익의 ⅓을 주겠다고 하였습니다. 그는 캘리포니아 주의 유니언 아이언 웍스를 대표하는 슈펠트 제독과 함께 하기를 갈망하고 있습니다. 그들이 원하는 것은 독점권입니다.

　회사를 시작하는 것에 대한 매형의 생각과 적절한 계약 조건이 무엇인지 알려주세요.

　모두에게 사랑을 전하며,

　안녕히 계십시오.
　H. N. 알렌

Horace N. Allen (Seoul),
Letter to Clayton W. Everett (Toledo, O.) (July 2nd, 1887)

Seoul, Korea,
July 2nd, 87

Clayton W. Everett,
　Toledo, Ohio

My dear brother: -

　We have been having interesting times here of late. China has made another attempt to take Korea but was failed by the vigilance of foreigners especially Lieut. Foulk, U. S. *Chargé*. By a combination of circumstances his survival has been secured. Judge Denny the proper advisor, is neither treated or consulted. They have had him in the interior for the past two months looking up the gold mines. In the mean time I have been in daily conversation with His Majesty and have had much to do in the way of advising. I managed to consult our Minister Mr. Dinsmore, first ba___ on most things of importance. One thing that I advised was that in order to interest this into Govrn't and people in Korea, and secure our help in keeping off China. They should give the gold mining to an American company. I proposed that they give me the franchise for the previous containing the best in "Piong an Do" and the King was perfectly willing. (He secretly gave me a blank cheque to fill out, ___.)

I could not consult with any one on this matter, and not knowing much of gold mining I fear I have made a blunder in that I stated that an American company would mine the gold for $33\frac{1}{3}$ per cent about. This could be raised easily to 50% but I fear that is small.

Do you think one can do anything with it. I don't think Denny or anyone else can get any rights, especially while mine are funding at such low rates.

W. D. Townsend, a graduate of Harvard Technical School, and a practical miner, member of American Trading Co. made a trip to the mines and brought back an ordinary specimen of ore from which the Koreans were getting gold to the am't of $150 per ton, by using only soft iron pilars, bromine, and pounding the ore _____ large flat stones preparatory to washing out the gold. They use no gunpowder, engines, mercury, pumps or other appliances and they appropriated thirds of their profit to Townsend if he would supply the machinery and keep the water cost. He is anxious to go in with Admiral Shufeldt who represents the Union Iron Works of Cal. All they want is the franchise.

Let me know what you think of starting a Co. and what would be proper terms to make.

With love to all.

Yours truly,
H. N. Allen

클레이턴 W. 에버릿(Clayton W. Everett)

클레이턴 W. 에버릿(Clayton W. Everett, 1844~1915)은 호러스 N. 알렌의 누나인 메리 제인 알렌(Mary Jennie Allen, 1848~1926)의 남편, 즉 그의 매형이다. 그는 남북전쟁 당시 북군의 부사관으로 참전하였다가 왼쪽 팔을 심하게 다쳐 절단하였다.

그는 1868년 오하이오 웨슬리언 대학교를 졸업하였고, 1870년 메리와 결혼하였다. 당시 그의 직업은 변호사이었다.

그림 8-7. 클레이턴 W. 에버릿.

호러스 N. 알렌(서울)이 프랭크 F. 엘린우드(미국 북장로교회 해외선교본부 총무)에게 보낸 편지 (1887년 7월 4일)

한국 서울,
1887년 7월 4일

F. F. 엘린우드 박사,
　　뉴욕 시 센터 가(街) 23

친애하는 박사님,

　　포크가 떠난 이후 새로운 일은 일어나지 않았습니다. 포크에 관하여 말한 것이 무시된 이후로, 한국인들조차 그가 우리 정부의 지지를 받지 못하고 있다고 생각하기 때문에 딘스모어는 힘든 상황에 있습니다. 거의 매일 민영익과 왕과 함께 있으면서, 저는 최근에야 자문을 하는 방식으로 많은 일을 하였습니다. 저는 전쟁이 완전히 어리석은 짓이라고 반대하였지만, 그들은 다른 무엇보다 미국의 군사 훈련 교관을 열망하고 있습니다. 왕은 제가 그들을 데려올 수 없는지 물었습니다. 저는 박사님을 생각하였고, 할 수 있다고 하였습니다. 그는 군대를 훈련시킬 목적으로 세 명의 젊고, 유능하며, 제대로 교육을 받은 남자들을 위한 계약을 맺었습니다. 저는 마지막 신청이 채워지지 않았는지 확인하기 위하여, 그에게 *Washington Post*로 전보를 보내는 비용을 지불해 달라고 요청하였습니다. 그가 그렇게 하였지만 응답이 없었기 때문에 딘스모어는 그들이 아마 그들을 보내는 중일 것이라고 생각하고 있습니다. 만약 그들이 전보를 보내지 않는다면, 저는 계약서를 보낼 것이고, 박사님께서 세심히 살피실 수 있을 것입니다.

　　지금 이곳의 일들은 아주 좋습니다. 헤론, 언더우드 및 아펜젤러는 강가에 있는 정부의 큰 장소를 임대하여 그곳에서 여름을 보내고 있습니다. 스크랜턴 가족들은 제물포에서 호텔을 임대하여 지내고 있습니다. 우리는 그들이 없는 것을 마음껏 즐기고 있습니다.

　　안녕히 계십시오.
　　H. N. 알렌

Horace N. Allen (Seoul),
Letter to Frank F. Ellinwood (Sec., BFM, PCUSA) (July 4th, 1887)

Seoul, Korea,
July 4th, 87

Dr. F. F. Ellinwood,
23 Centre St., N. Y.

My dear Doctor,

Nothing new has taken place since Foulk's withdrawal. It is hard on Dinsmore as even the Koreans think he has not the support of our Govn't, since what he said concerning Foulk was disregarded. Being with Min Yong Ik and the King almost daily, I have of late had much to do in the way of giving advice. I have urged against war as utter folly, yet they are anxious, above all things, for the drill instructors from America. The King asked me if I couldn't get them. I thought of you and said I could. He had made out a contract for three young, able and properly educated men, for the purpose of instructing troops. I asked him to pay for a telegram to Washington Post, to see that the last application is not being filled. He did so and as no answer has come, Mr. Dinsmore thinks they may be going to send them. If they telegraph not, I will send the contract to you so you may be on the lookout.

Things are very pleasant here now. Heron, Underwood and Appenzeller have rented a large Govn't place on the river, where they are spending the summer. Scrantons have rented a hotel in Chemulpo and are there. We enjoy the absence hugely.

Yours truly,
H. N. Allen

호러스 N. 알렌(서울)이 윌리엄 랜킨(미국 북장로교회 해외선교본부 재무)에게 보낸 편지 (1887년 7월 5일)

한국 서울,
(18)87년 7월 5일

윌리엄 랜킨님,
센터 가(街) 23,
뉴욕 시

저는 캘리포니아 주 샌프란시스코에 있는 스미스 캐시 스토어에서 운임 및 배송료를 제외하고 100달러어치를 구입하였습니다. 신청하기 전에 그 금액만큼 청구서를 지불해 주십시오. 또한 그들이 귀하께 보낼 메모에 따라 운임 및 운송료를 지불해 주십시오. 그것을 제 계정으로 청구해주시면 고맙겠습니다.

안녕히 계세요.
H. N. 알렌

Horace N. Allen (Seoul),
Letter to William Rankin (Treas., BFM, PCUISA) (July 5th, 1887)

Seoul, Korea,

July 5/ (18)87

Wm. Rankin Esq.,

   23 Centre St.,

   New York

I have purchased of Smiths Cash Store, San Francisco, Cal., _____ to the amount of one hundred dollars exclusive of freight and shipping charges. Before application kindly pay the bill they send you to that am't. Also pay the freight and shipping charges as per memo which they will send you. Charge same to my account and oblige.

   Your truly,

   H. N. Allen

호러스 N. 알렌(서울)이 W. T. 핍스(상하이)에게 보낸 편지
(1887년 7월 11일)

한국 서울,
1887년 7월 11일

W. T. 핍스 님,
　　상하이

안녕하세요,

　　요청한 대로 기꺼이 라포르트 씨43)를 방문하여 문서를 전달할 것입니다.

　　나는 귀 회사에서 다음과 같은 기준으로 나 자신을 위하여 적은 보험에 가입하고 싶습니다. I급(즈푸 등), 표 II(이자 포함), 나이 29세. 보험 금액, 600 파운드. 보험료 100파운드 당 2.16파운드/6. 연간 보험료 16.10파운드/_.

　　맥러드 박사가 다른 회사를 위해 만든 진료 기록을 갖고 있습니다. 나는 그것을 귀 회사로 넘기도록 그에서 편지를 쓰겠습니다.

　　나는 이곳이 즈푸나 톈진보다 더 건강하기 때문에 I급으로 분류하였는데, 더 많은 증거를 위하여 나는 맥러드 박사에게 귀 회사를 언급하겠습니다.

　　나는 대리인인 뉴욕의 윌리엄 랜킨 씨에게 보낸 주문서를 동봉하는데, 그 것은 귀 회사에 영국이나 뉴욕에서 특이한 지불일 것입니다. 나는 이곳에서 결제를 할 수 없습니다. 만일 견적이 ____인 경우, 동봉된 주문을 수정을 위해 서만 반환해 주세요.

　　안녕히 계세요.
　　H. N. 알렌, 의학박사

---

43) E. 라포르트(E. Laporte)는 당시 인천 해관의 조수이었다.

Horace N. Allen (Seoul),
Letter to W. T. Phipps (Shanghai) (July 11th, 1887)

Seoul, Korea,
July 11th, 1887

W. T. Phipps Esquire,
   Shanghai

Dear Sir: -

I shall be glad to attend to Mr. Laporte as requested, and forward the documents.

I wish a small insurance for myself in your company, standard as follows. Class I (Chefoo etc), Table II (with profits), age 29. Amount of insurance, six hundred pounds (£600). Rate £2.16/6 per £100. Annual premium £16.10/_.

Dr. MacLeod has my examination made out for another company. I will write him to make it over to you.

I have placed this in Class I as it is far more healthy than Chefoo or Tientsin for further proof of which I refer you to Dr. MacLeod.

I enclose an order on my agent, Wm. Rankin of New York, which will seem to you unusual payment in either London or New York. I can't ___ make payments out here. If my estimates are ____ the enclosed order only be returned for corrections.

Very truly yours,
H. N. Allen, M. D.

호러스 N. 알렌(서울)이 프랭크 F. 엘린우드(미국 북장로교회 해외선교본부 총무)에게 보낸 편지 (1887년 7월 11일)

한국 서울,
(18)87년 7월 11일

F. F. 엘린우드 박사,
뉴욕시 센터 가(街) 23

친애하는 박사님,

일들은 이전처럼 계속되고 있습니다. 딘스모어 씨의 전보에 대한 답장이 오지 않았고, 그와 저는 몹시 당황해 하고 있습니다. 그는 [국무부] 장관이 낚시를 떠나 있고, 아무도 대답할 수 없다고 생각하고 있습니다. 우리는 그것이 올 때까지 아무것도 할 수 없으며, 이러한 상황에서 왕을 알현하는 것이 아주 당황스럽습니다.

왕은 신형 맥심 기관총의 가격을 묻는 런던으로 보내는 전보비를 지불하라며 저에게 50달러를 보냈습니다. 그는 제가 다섯 정을 주문하기를 바라고 있습니다. 또한 그는 저에게 한국의 금을 채굴하기 위하여, 미국 자본가들, 바람직하게는 상원의원 등이 포함된 회사를 주선할 수 있는 권한을 주었습니다. 그는 그들에게 가장 좋은 지역, 즉 그들의 미숙한 방법으로 톤 당 150달러 상당의 금이 추출되는 곳을 20년 동안 독점권을 줄 예정입니다. 그것은 저에게 새로운 사업이며, 우리 정부의 더 많은 관심을 유발시키기 위한 수단으로 왕에게 미국 자본에 대해 관심을 갖도록 조언함으로써 이루어졌습니다. 저는 기회가 된다면 그 일을 좀 더 유능한 사람들에게 맡길 것입니다.

저는 지금 그들에게 공사를 미국으로 보내지 말라고 설득하고 있습니다. 얼마 후 저는 민영익 앞에서 왕과 대화를 나누면서 그들에 대한 우리 정부의 무관심을 설명하고, 그간의 우호와 친선에 대한 강력한 항의를 조화시키려 노력하였습니다. 저는 이 나라에서 중국의 분명한 패권과, 워싱턴 주재 중국 공사가 "당신은 이 나라가 중국의 일부임을 알 것이며, 그들은 심지어 공사를 보내지 않았습니다. 제가 그들을 대표하여 여기에 있습니다."라고 말할지도 모른다는 사실을 넌지시 말하였습니다. 왕은 화가 나서 즉시 공사를 보내기로 결정하였으며, 저를 앉히고 경비의 예산을 짜도록 하였습니다. 저는 10,000달러의 예산을 작성하였으며, 그들이 광산을 개발하여 많은 돈을 벌기 전에 그런 일을 하는 것은 어리석은 일이라고 그들을 설득하려 노력하였습니다. 이제 그들은 광산 사업을 필사적으로 서두르고 있습니다.

이곳에서 자문을 하는 것이 항상 즐거운 것은 아닙니다. 일전에 저는 외국인들의 눈으로 봤을 때 외아문의 독판이 얼마나 나쁜 사람이며, 미국과의 문제의 대부분을 책임져야 한다는 것을 왕에게 알려 주었습니다. 이틀 후에 포크는 최종적으로 떠날 준비를 하기 위하여 제물포에서 그의 물건을 찾아야 했습니다. 포크는 약 5마일 정도 갔을 때, 권위 있는 서판을 가진 왕의 사자(使者)를 만났는데, 왕은 외아문을 폐지하고 그 독판을 죽일 수도 있다는 말을 듣고 그에게 돌아와 기다리라고 말하였습니다. 포크는 그 소식을 딘스모어에게 보냈고, 그가 저에게 말하였습니다. 저와 함께 있는 관리가 막 궁궐로 출발하려고 하고 있었는데, 저는 중국이 조선을 차지할 구실을 갖기 위해 말썽이 일어나길 그저 기다리고 있고, 일들이 조용한 상태에 있는 한 대중의 감정이 매우 강해질 것이기에 그들(중국인)은 아무것도 할 수 없지만, 만약 한국인들 사이에서 문제가 생긴다면 중국이 들어올 수 있으며, 왕이 외국인들을 보호하고 있으며 나라를 통치할 수 없다는 핑계로 나라를 빼앗을 것이라고 왕에게 전언함으로써 그 독판을 구하였습니다. 민영익은 중국이 전 섭정이자 현 왕의 아버지인 대원군과 서면 협정을 맺었는데, 왕세자를 죽이고 왕을 몰아내며, 늙은 섭정을 세우고 수도에서 외국인들을 몰아내기로 하였다고 매우 자신 있게 저에게 말하였습니다. 민(영익)은 이 문서를 보았습니다. 그는 왕에게 말하였고, 이상하게도 왕이 흥분하였습니다. 그들은 항구 중 한 곳으로 왕세자를 데려갈 계획을 세웠습니다. 민영익과 저는 그를 동행하기로 되어 있었고, 저는 돌아가기로 하였으나 그는 아파서 갈 수 없었습니다.

아마도 이것은 낯선 사람에게 다소 이기적인 편지라는 인상을 줄 것이지만, 박사님께서는 제 성격을 이해하실 것 같습니다. 저는 박사님이 곧 일어날 사건들에 대하여 충분히 알고 있으시길 바라고 있으며, 사실 박사님은 우리 국무부보다 더 잘 알고 계십니다.

딘스모어 씨는 서기관 직에 대하여 다시 한 번 저에게 말하였습니다. 포크가 떠난 이후로 그는 혼자이며, 언어를 잘 구사하지 못하고 한국과 그곳에서 일어나는 일에 대하여 아는 것이 거의 없습니다.

저는 박사님께 최근의 결혼에 대하여 보고 드립니다. 그것을 공표하시면 한국을 위하여 여의사를 구하는 박사님의 일에 실질적으로 도움이 될 것이라고 생각합니다.

저는 떠나기 전까지 이곳의 직책에서 벗어날 수 없다는 사실을 충분히 알고 있습니다. 감리교회 사람들은 변절한 장로교회 사람들의 도움으로 우리 일을 차지하기 위하여 할 수 있는 모든 일을 하고 있으며, 최근 일어난 사건은 실질적으로 그들을 도울 수도 있습니다. 그러자 왕은 저의 전(前) 통역관에게 관직을 주었고, 그로 하여금 왕궁과 제가 있는 곳 사이에게 계속 연락하도록 하였습니다. 그는 또한 전기(電氣)에 대한 책임을 맡았습니다. 진흙탕 같은 정치 상황 때문에 그는 전기 업무 이외의 일들로 바빴으며, 그래서 그는 자신의 형제를 그 자리에 임명하고 전기 업무를 담당하게 하였습니다. 저와 관계된 관리는 지금 많이 아파 며칠 동안 그의 형제가 왕을 알현하고 있습니다. 그의 형제는 스크랜턴의 통역자입니다. 그들은 기뻐하고 있지만 저는 왕과의 관계가 굳건하며, 만일 저의 도움을 받을 수 있다면, 결코 어려움이 없을 것입니다. 하지만 만일 제가 떠나 있다면, 감리교회 사람들이 들어올지 모릅니다. 현재 감리교회 사람들과 헤론과 언더우드는 모두 시골이나 제물포에 있습니다.

저는 지난 주에 며칠 동안 병원에서 거의 백 명의 환자를 진료하였으며, 이와 함께 왕세자와 아픈 외국인들이 저를 바쁘게 만들었습니다. 저는 또한 아침 식사 후에 두 시간 동안 공부를 하지만, 그곳을 조용하게 만드는 것을 좋아합니다. 벙커 부인은 임신을 하면 궁궐에 갈 수 없고, 감리교회에는 여의사가 있어 그것이 우리를 힘들게 할 수 있습니다. 저는 여의사를 원하지만 아직 두렵습니다. 벙커 부인과 저는 친구[의 한 명]이며 ,박사님은 새 여의사가 아무 것도 분리시킬 수 없을 것이라고 생각하실 것이며, 저는 모든 지원을 할 것입니다. 그것은 좋지 않은 감정을 일으킬 수도 있습니다. 엘러즈 양은 그녀를 모르는 저의 친구들로부터 많은 [선물을] 받았는데, 그것들 중 일부는 비싼 것입니다.

안녕히 계십시오.
H. N. 알렌

Horace N. Allen (Seoul),
Letter to Frank F. Ellinwood (Sec., BFM, PCUSA) (July 11th, 1887)

Seoul,

July 11, (18)87

Dr. F. F. Ellinwood,

    23 Centre St., New York

My dear Doctor,

    Affairs continue about as they were. No answer has come to Mr. Dinsmore's telegram and both he and myself are much chagrinned. He thinks the Secretary must be off fishing and no one is able to answer. Till it comes we can do nothing and it is very embarrassing seeing the King under such circumstances.

    The King has just sent me $50 with which to pay for a telegram to London asking price of new Maxim gun. He wishes me to order five. Also he has given me authority to arrange a company of American capitalists, preferably senators, etc. to mine the gold of the country. He will give them a franchise for 20 years for the best district, a place that turns out $150 per ton by their crude methods. It is a new business for me and all came about by my advising him to interest American capital in the country as a means of exciting more interest on the part of our Govn't. I shall turn the affair over to more competent persons as opportunity affords.

    I am trying now to persuade them not to send a Minister to America. In conversation with the King some time since in the presence of Min Yong Ik, I tried to explain the apathy of our Govn't toward them and reconcile it with the ardent protestation of friendship and affection before made. I alluded to the fact of China's apparent supremacy in the country and that the Chinese Minister at Washington might say, "You see this country is a part of ourselves, they not even send you a Minister. I am here to represent them." The King got angry and determined to send a Minister at once and made me sit down and make out an estimate of expenses. I made it 10,000 and tried to persuade them that it would be folly to do such a thing before they got the mines open and money in plenty. Now they are in a desperate hurry about the mines.

Giving advice here is not always pleasant. I showed the King what a bad man the President of the Foreign Office was, the other day, in the eyes of the foreigners, and that he was chargeable for most of the trouble with America. Two days later, Foulk was due from Chemulpo to get his goods preparatory to his final departure. He had gotten some five miles on the way when he was met by a messenger from the King with a tablet of authority, telling him to go back and wait, that the King was going to abolish the foreign office and might kill the President. Foulk sent the news to Dinsmore and he told me. My man was just starting to the Palace and I saved the President by sending word to the King that the Chinese were simply waiting for some such trouble as a pretext for taking Korea, that as long as things were quiet, public sentiment was so strong that they (Chinese) could do nothing, but if the Koreans would only cause trouble to arise among themselves, the Chinese could then come in, protect the Foreigners and take the country on the pretext that the King could not rule it himself. Min Yong Ik told me in great confidence that the Chinese had a written agreement with the Tai Wan Kun, ex Regent and Father of present King, agreeing to kill the Crown Prince, remove the King, make the old man Regent and expel foreigners from the Capital. Min saw this document. He has told the King and is strange that the latter is excited. They had a plan for taking the Crown Prince off to one of the ports. Min and I were to accompany him and I was to return, but he got sick and couldn't go.

Possibly this would strike a stranger as rather an egotistical letter, but I think you understand my nature. I wish you to be fully informed beforehand in regard to events that are about to happen, and you are, as a fact, better informed than our State Dept.

Even Mr. Dinsmore has spoken to me again about the secretaryship. Since Foulk's departure, he is rather alone, not speaking the language and knowing but little of the country and its affairs.

I send you an account of the recent wedding. I think its publication will materially aid you in getting lady physician for Korea.

I fully realize the fact that I cannot leave my post here till I go for good.

The Methodists, with the help of the renegade Presbyterians, are doing all they can to get our work, and a recent occurrence might materially help them. Then the King gave my former interpreter office and has had him running between the Palace and my place continually. He also had charge of the Electric Light. The muddled state of politics kept him busy outside of the Light business, so he had his brother appointed to office and put in charge of the Light. My man is now quite sick and for a few days his brother has been seeing the King. The brother is Dr. Scranton's interpreter. They are jubilant but I am solid with the King and if I am on hand there will be no trouble. If I were away however the M. E.s might get in. At present, Methodists and Heron and Underwood are all in the country or at Chemulpo.

I had near a hundred at hospital several days last week which together with the Crown Prince and some sick foreigners kept me busy. I am also doing two hours study [after] breakfast, but I enjoy having the place quiet. Mrs. Bunker gets pregnant and can't go to the palace, and the M. E.s have a lady Dr. it may be hard on us. I want a lady Dr. and yet I am afraid. Mrs. B. and I are the [one] of friends and you would think nothing could separate if a new lady Dr. comes, and I give all my support to her. It may give rise to bad feeling. Miss Ellers received many [presents], some of them costly, from friends of mine who did not know her.

Yours Sincerely,
H. N. Allen

호러스 N. 알렌, [애니 J. 엘러즈와 달젤 A. 벙커의 결혼]
(1887년 7월 11일)[44]

7월 5일 화요일 저녁, 우리 [선교부의] 여의사인 엘러즈 양과 육영공원의 D. A. 벙커 목사는 같은 기관의 길모어 목사의 주례로 결혼하였다. 결혼식은 한국에서 1년 동안 신부의 집이었던 우리 집에서 열렸다. 모든 외국인 거주자와 소수의 한국 양반을 포함하여 약 50명에 대한 초청장이 발행되었다. 이것은 서울에서 열린 첫 외국인 결혼식이었기 때문에 모든 사람이 참여하기 원했던 것은 당연한 일이었고, 집이 협소한 것이나 결혼식 잔치가 없었던 것도 당연하게 여겨졌다.

거의 모든 사람들이 초대에 응하였다. 왕비는 시녀 6명을 보내어 결혼식을 보고 그녀에게 보고하도록 하였다. 이 시녀들은 다른 사람들의 눈에 띄지 않고 결혼식을 보기 위해 방에 물래 숨었다.

세관의 총세무사는 최고의 남자이었고, 그의 여동생은 최고의 여자로 행동하였다. 러시아 공사의 어린 아들이 해관 직원 한 명의 예쁜 딸의 도움을 받아 행진하는 신부 부부의 길에 꽃을 뿌렸다. 왕비가 현지인 악단을 보내려고 하였지만, 그 제안을 정중하게 사양하였다.

때는 가장 적절하였다. 달은 보름달이었고 저녁은 시원하였으며, 많은 일본식 등이 온통 부드러운 붉은 빛을 던졌다. 임시로 만든 분수가 마당 중앙의 꽃 속에서 계속 작동하고 있었고 전체적으로 화려한 광경이었다. 미국, 영국, 독일, 러시아, 일본, 중국의 외교관들이 이곳에 거주하는 자기 나라 사람들과 함께 참석하였다.

모든 사람들은 선물을 가져왔는데, 어떤 물건들은 비싸고 우아했다. 왕실에서는 새 부부를 위하여 집을 짓는 것 외에도 신부에게 한국의 금으로 솜씨 있게 만든 커다란 팔찌를 선물하였는데, 전체적으로 정교하였고 무게가 약 8온스 정도 되었다. 그들은 신랑에게 유사한 재료로 솜씨 있게 만든 반지를 주었는데, 한국인들이 귀중하게 여기는 특별한 보석이 박혀 있었다. 중국 공사는 아름다운 무늬를 넣은 비단 약 60야드를 선물하였다. 독일무역회사는 그들에

---

44) 알렌의 7월 11일자 편지에 첨부된 문건이며, 1887년 7월 5일 거행된 엘러즈와 벙커의 결혼식을 묘사하고 있다.

게 금으로 장식된 은 식기 한 벌을 주었다. 선물 목록에는 여러 개의 아주 아름다운 다기(茶器) 세트, 커피 세트, 일본의 고급 제품인 전체 식기류 한 벌, 그리고 일본에서 매우 흔한 그 외의 다른 많은 예쁜 물건들이 있었다.

결혼식 직후, 행복한 부부는 가마를 타고 왕이 그들을 위해 마련해 준 새 집으로 갔다. 그들은 그곳에서 자신들의 나라에 큰 도움이 되지 않을 수 없는 경력을 시작하였으며, 그곳에서 1년의 체류 기간 동안 각각 매우 성공적이었다. 결혼식은 매우 적절한 것이었으며, 분명히 행복하고 아주 유용한 결혼생활이 될 것이다.

H. N. 알렌, 의학박사

Horace N. Allen (Seoul),
[On the Wedding of Annie J. Ellers] (July 11th, 1887)

On Tuesday evening July 5th, Miss Annie Ellers, our lady physician, was married to Rev. D. A. Bunker of the Korean Government School, by Rev. Gilmore of the same institution. The wedding took place at our house which has been the bride's home during her year in Korea. Some fifty invitations were issued including all of the foreign residents and a few Korean noble persons. As this was the first foreign wedding in Seoul it was taken for granted that everyone wished to be present and would be willing to pardon - the smallness of the house and the absence of a wedding feast.

Nearly everyone responded to the invitations. Her Majesty sent six of her ladies in waiting to witness the ceremony and report to herself. These ladies had to be secreted in a room by themselves from which they could see without being seen.

The Chief Commissioner of Customs was best man, his sister acted as best lady. The little son of the Russian Minister assisted by the pretty daughter of one of the Customs officials, strewed flowers in the path of the advancing bridal couple. Her Majesty wished to send a band of native musicians but the offer was politely declined.

The time was most propitious. The moon was full, the evening was cool, and many Japanese lanterns threw a soft red light over all. A temporarily arranged fountain kept playing in the flowers in the center of the court and altogether it was a gay scene. The representatives of America, England, Germany, Russia, Japan and China were present with such of their people as are resident here.

All responded with presents, in some cases the articles were costly and elegant. The Royal Family besides putting up a house for the new couple, presented the bride with a huge bracelet of native gold and workmanship, wholly fine (?) and weighing some eight ounces. They gave the bridegroom a ring of similar material and workmanship, mounted with a peculiar stone, valuable to Koreans. Some sixty yards of heavy brocade silk was presented by the Chinese Minister. The German Trading Co. gave them a fine silver service, lined with gold. Several exquisite tea sets, coffee sets whole services of choice Japanese ware were among the list of presents, together with many others of the pretty things so abundant in Japan.

Immediately after the wedding, the happy couple were borne in chairs to their new home, fitted up for them by the King where they commenced a career that cannot but be of great good to their country, in which, during the one year of their stay, they have each been so successful. The wedding was a very appropriate one and cannot but usher in a happy and very useful wedded life.

H. N. Allen, M. D.

애니 엘러즈 벙커(서울)가 프랭크 F. 엘린우드(미국 북장로교회 해외선교본부 총무)에게 보낸 편지 (1887년 7월)

친애하는 엘린우드 박사님,

알렌 박사가 우리 결혼식에 대한 모든 것을 박사님께 썼기 때문에 제가 쓸 필요는 없습니다. (......)
저는 1주일 쉬었으며, 알렌 박사가 기꺼이 제 업무를 대신해 주었습니다.

(중략)

Annie Ellers Bunker (Seoul),
Letter to Frank F. Ellinwood (Sec., BFM, PCUSA) (July, 1887)

Dear Dr. Ellinwood,

Dr. Allen has written you all about our wedding so I need not. (......)
I had one week off, Dr. Allen kindly seeing to my work.

(Omitted)

호레이스 N. 알렌(서울)이 조지아 A. 왓슨
(오하이오 주 톨리도)에게 보낸 편지 (1887년 7월)

(......) 그리고 저는 누님께 사건에 대한 약간의 개인적인 주장을 쓰고 세부 사항으로 들어갈 것입니다. 패니와 저 같은 조용한 두 사람이 이렇게 거창한 잔치를 한다는 것이 처음에는 이상했습니다. 왕의 생일에 독일 무도회를 제외하고 그것은 서울에서 가장 큰 모임이었습니다. 새 부부는 아이스크림, 케이크, 샌드위치 등을 제공하기 위하여 중국인을 고용하였습니다. 상하이에 있는 저의 의사 친구는 바나나, 복숭아, 자두 등을 대량으로 보냈고, 이곳에는 양질의 살구가 얼마든지 있습니다. 식당 한쪽 끝에는 모두가 알아서 먹을 수 있도록 탁자가 차려졌습니다. 이곳에는 항상 온갖 종류의 포도주가 차려졌으며, 이 날 와인이 없는 것은 오히려_____이었습니다. 어떤 영사는 집에 돌아왔을 때 술을 너무 많이 마셔서 다음 날 아침 그를 일찍 진료해야 했습니다. 데니 부인, 메릴 양, 런드럼 부인이 꽃을 준비하였습니다. 제라늄, 석류 등이 있는 온갖 색깔의 수국 다발이 있었습니다. 중앙 탁자에는 ___의 자른 꽃송이를 담고 있는 3평방피트 크기의 상자가 있었습니다.

큰 결혼식장은 흰색과 빨간색의 많은 _____가 있었습니다. 가장 감탄한 것 중의 하나는 저의 분수대이었습니다. 저는 궁궐의 전등에서 고무관을 얻었고 유리관을 적절하게 구부리고 연결하고 창고 높이에 통을 세웠습니다. 저는 마당 중앙에 ___의 꽃에 놓아야 했던 멋진 분수를 마련하는데 성공하였습니다. 저는 꽃들 주위에 초를 놓았고, _____이 꽉 찼기에 전체가 조명이 잘되었고 상당히 아름답게 보였습니다. 사진 속에서 우리가 앉은 베란다 뒷편의 종이문은 철거되었습니다. 베란다는 모두 커튼으로 둘러싸여 있었고 우리에게 충분한 공간을 제공하였습니다. 베베르 부인(러시아 인), 데니 부인, 헤론 부인, 그리고 신부만이 끌리는 옷과 낮은 목의 옷을 입었습니다. (웃지 않은) 패니는 오래된 금색 견수자에 두터운 자수와 ___이 어울려 아름다워 보였습니다. (저를 사치스럽게 생각하지 마세요. 이 옷 _____ ___모두는 현재 그녀가 자수한 것으로 그녀가 ___인 그녀의 옆 안장 가격으로 일본에서 만든 것입니다.) 저는 다른 사람들은 기억나지 않습니다.

저는 처음으로 제가 _____ _____라는 것을 알았습니다. 그녀는 그 무리의 많은 사람들이 그녀를 몰랐지만 그들이 나의 친구이기 때문에 그녀는 많은 선물을 받았습니다. 그녀는 자신의 '입양한 아버지'에게 많은 빚을 지고 있다고 생각하고 있습니다. 왕은 그들에게 ＿＿와 ＿＿을 주었습니다. 왕비는 그녀에게 8그램의 금팔찌를, 그에게는 반지를 주었습니다. ＿＿ 공사는 그녀에게 약 60야드 길이의 두터운 양단 견직물을 주었습니다. 저먼 트레이딩 컴퍼니는 그녀에게 은과 금으로 된 고급 찻잔을 제공하였습니다. 독일 영사는 목도리와 정교하게 손으로 그린 인형 1다스를. 데니 부인은 손으로 그린 일본 도자기 찻잔 및 디저트 세트를. 메릴도 마찬가지입니다. 포크 부인은 ＿＿에서 타의 추종을 불허하는 커피잔 세트를 일본에서 주문 제작하였습니다. 일본 공사는 400년 동안 자신의 가문에서 보관하던 칼을. 민영익 공은 조각한 용기를. 다른 한국인들은 한국 물건들을 많이 가지고 왔습니다. 길모어 목사는 멋진 차 ＿＿를. 핼리팩스 교수는 ＿＿에서 사용하기 위한 두 개의 스프링 촛대를. 다른 독일인은 비버털 모자를. ＿＿ 씨는 네 개의 멋진 중국 의자를. 허시 함장은 화장 도구를. 일본의 어떤 사람은 일본 장신구를. 스크랜턴 박사 부부는 두 개의 예쁜 옛 ＿＿＿를 주었습니다.

　　M. F. 스크랜턴 부인은 놋쇠 명판과, 잊었지만 다른 예쁜 것을. 아펜젤러 목사는 카드 꽂이를. 언더우드 목사는 손으로 그린 큰 일본제 화병 두 개를. 헤론 박사는 손잡이가 노랗게 변하고 칼날이 심하게 긁힐 정도로 오래 사용하였던 상아 손잡이가 달린 버터 칼을. (그들은 그녀가 저를 좋아하기 때문에 저를 좋아하지 않습니다.) 아일랜드 인인 영국 영사는 그녀에게 아일랜드 산 아마포, 냅킨, 식탁보 등을 주었습니다. 러시아와 미국 공사, 그리고 다른 이들은 선물을 보냈지만 제 시간에 도착하지 않았습니다. 우리는 그녀에게 그 많은 선물만큼 비싸지는 않았지만 다른 어떤 선물보다 더 감탄시켰던 자수 비단 침대보를 주었습니다.

　　조지아 이제 놀라지 마세요. 다음에는 더 잘 대해 드리겠습니다. 저는 엄청난 편지로 누나를 번거롭게 할 생각은 없었지만, 저는 시작했고 저와 관련된 주제로 글을 썼습니다. 저는 제가 아기 ＿＿와 ＿＿＿에게 ＿＿와 함께 ＿＿을 ＿＿한 유일한 편지이기 때문에 이 편지의 마지막을 ＿＿＿＿ 하였습니다.

　　뉴트45)

---

45) 뉴트(Newt)는 집안에서 알렌을 부르던 애칭이다.

Horace N. Allen (Seoul),
Letter to Georgia A. Watson (Toledo, O.) (Jul., 1887)

(......) people and I will write you a little private account of the affairs and enter into details. First it seemed strange that two quiet persons like Fannie and I should give such a blow out. With the exception of the German Ball on the Emperor's Birthday it was the biggest assemblage we had in Seoul. The new couple hired a Chinaman to provide ice cream, cake, sandwiches, etc. A Dr. friend of mine in Shanghai sent quantities of bananas, peaches, plums, etc. and we have any quantity of fine apricots here. The table was set in one end of the dining room for everyone to help themselves. All sorts of wines are always served out here and the total absence of them on this occasion was rather ____ on them. One Consul imbibed so much on returning home that I had to see him early next morn. Mrs. Denny, Miss Merrill, and Mrs. Lendrum arranged the flowers. There were whole bunches of Hydrangeas of all colors, with geranium, pomegranates, etc etc. On the centre table was a box sum 3 feet square holding a ___ of cut flowers.

A large wedding hall was arranged of white and red bulky ____. One of the most admired things was my fountain. I got some rubber tube from the electric light at the Palace and by properly bending and fusing some glass tubes and standing a barrel high up in the store house. I succeeded in getting a nice fountain which I had to place in a ____ of flowers in the centre of the court. I had placed candles around among the flowers and on the ___ was full the whole was well lighted and looked very pretty. The paper doors back of the veranda on which we are seated in the picture were taken down. The veranda was all enclosed by curtains and gave us plenty of room. Mrs. Waeber (Russian), Mrs. Denny, Mrs. Heron and the bride were the only ones that wore trains and low neck. Fannie looked beautiful (Dont smile) in an old gold satin with heavy embroidery and cord to match (Dont think me extravagant. This dress ___ ___ all, with the making and embroidy of her fonges present, were done in Japan for the price of her side saddle which she ___). I can't remember any of the other customers.

I knew I ___ ____ ____ for the first time. She got a lot of presents, as many of the group didn't know her but are my friends. She thinks she owes a good deal to her "adopted father". The King fave them a ____ and ___it up. The Queen gave her an 8 g gold bracelet and him a ring. ___ Minister gave her some 60 yards heavy brocade satin. The German Trading Co. gave her a fine silver and gold tea service. German Consul _____ neckerchief and a dz exquisite hand painted doylies. Mrs. Denny a whole tea and dessert service of fine hand painted Japanese ware. Merrills ditto. Mrs. Foulk a coffee set unsurpassed in ___ ___ had it made to order in Japan. The Jap Minister a sword that had been in his family 400 years. Prince Min Yong Ik some carved cabinets. Other Koreans a lot of Korean stuff. Rev. Gilmore a fine tea ___. Prof Halifax two spring candle sticks for use under ___. Some Germans a castor. Other German some funny goods. Mr. ___ China four nice chairs. Capt. Hussy Toilet. Some people in Japan Japanese trinkets. Dr. and Mrs. Scranton two fine old ___ ___.

Mrs. M. F. Scranton a founded brass plaque and something else pretty that I forget. Rev. Appenzeller a card stand. Rev. Underwood two large handrawn Japanese vases. Dr. Heron an ivory handled butter knife that had been used so long as to turn the handle yellow and scratch the blade badly. (They don't like me because she likes me). Oh yes. The English Consul, an Irishman, gave her a lot of Irish linen, napkins, table clothes etc. The Russian and American Minister and one other had sent for presents but they did not arrive in time. We gave her an embroidered silk bed spread that was more admired than any of the other presents, though not as costly as many of them.

Now don't be alarmed Georgia. I will treat you better next time. I had no idea of inflicting such an enormous letter upon you but I got started and my subject led me on. I _____ the last of this letter as it is the only one in which I have d__ed the ____ with ___ to the babies El__ yourself and ___ ___ ___.

Newt

호러스 N. 알렌(서울)이 윌리엄 랜킨(미국 북장로교회 해외선교본부 재무)에게 보낸 편지 (1887년 7월 18일)

한국 서울,
1887년 7월 18일

윌리엄 랜킨 님,
　뉴욕 시 센터 가(街) 23

　에든버러 조지 가(街)의 스탠더드 생명보험회사에 매년 16파운드 19실링을 지불해 주시고 일부는 제 계정으로 청구해 주세요. 이 편지를 받으면 저의 상호보험 회사에 대한 불입을 중단해 주세요.

　H. N. 알렌, 의학박사

Horace N. Allen (Seoul),
Letter to William Rankin (Treas., BFM, PCUSA) (July 18th, 1887)

Seoul, Korea,

July 18th, 1887

Wm Rankin Esq.,

23 Centre St., New York

Please pay to the Standard Life Assurance Company, of George St., Edinburgh on order the sum of Sixteen pounds Nineteen Shillings (£16. 19/0) annually, and charge some to my account. Upon receipt of this please cease paying my Mutual Ins. Co. assessments.

H. N. Allen, M. D.

프랭크 F. 엘린우드(미국 북장로교회 해외선교본부 총무)가
헤론 양에게 보낸 편지 (1887년 7월 21일)

1887년 7월 21일

친애하는 헤론 양

　미첼 박사가 귀하의 오빠로부터 온 동봉된 편지를 제게 넘겨주었으며, 나는 한국 선교부의 분위기가 좋지 않은 것에 대해 귀하께 깊은 유감을 진실로 표하는 바입니다. 알렌 박사의 편지에서 귀하의 오빠와 언더우드 씨에 대한 비평과 관련하여 오해가 있는 것 같습니다. 알렌 박사는 동료에 의해 기금의 부적절한 사용 및 다른 위반에 대해 비난을 받은 이래, 그의 편지는 놀랄 만하게도 어떠한 신랄함도 없었습니다. 그 비난은 매우 심각하였고, 편지에서 알 수 있듯이 선전포고이었습니다. 그것은 알렌 박사의 공식적인 행위뿐만 아니라 그의 도덕적 인격에도 영향을 미쳤습니다. 선교의 역사에서 동료에 의해 선교사에 대한 소송이 제기된 것은 거의 없습니다. 게다가 그 혐의는 너무도 무형적인 것이어서 어느 노회도 이를 고려하지 않을 것입니다. 예를 들어 귀하가 나에게 보낸 편지 중 하나에서 오빠는 "그(알렌 박사)는 세속적인 사람이고 열렬하고 제어가 되지 않으며 비교할 수 없을 정도로 천박한 사람이다."라고 말하고 있습니다. 그러한 문장이 만일 언급된 사람의 귀에 전해진다면 선교부의 평화를 깨뜨렸을 것이며, 더욱이 그것은 의견의 기록일 뿐 분명한 ____를 입증하는 것은 아닙니다.

　그 편지들이 선교본부로 보내졌고 보내진 것이 알려진 후, 평화가 다시 회복될지 의심이 들었습니다.

　우리는 그렇게 하려고 노력하였습니다. 우리에게는 단지 두 가지 방법만 있을 뿐인데, 알렌 박사에 반대하는 입장에 동의하고 그를 비난하는데 함께하거나 혹은 혐의가 근거가 없다는 것을 보여 주는 것입니다. ___ 비난은 발견되지 않았습니다. 전자에 대해 이 선교본부는 그렇게 할 이유를 찾을 수 없었습니다.

　후자는 ___ ___한 정신으로 시도하였지만 _____하였습니다. 헤론 박사와 언더우드 씨에게 보낸 모든 편지는 다른 총무에게 제출되었고, 선교본부 사무실의 견해로 승인되었습니다.

우리는 사역에 책임을 맡긴 두 사람이 선교본부가 수천 달러의 경비를 지불한 후 다른 선교부로 넘어가는 것과 우리가 보기에 단순히 개인적인 감정으로 그렇게 한다는 것에 놀라움을 표현하였습니다. 우리는 모든 일에서 알렌 박사를 정당화하지 않았으며, 그에 대하여 이야기할 수 있는 모든 것을 들었고 그가 평화를 위하여 선교지를 떠나기로 결심하였다는 것을 알게 된 후, 선교본부는 그에게 선교부에 잔류하여 줄 것을 요청하였으나 그가 선교부를 운영할 가능성이 있는 유일한 계획은 제안하지 않았습니다. 알렌 박사가 책임자로 임명된 사실은 내 탓인 것 같습니다. 그러나 저는 제안조차 하지 않았습니다. 그것은 내가 하였던 것보다 강한 기반을 가졌으며, 다른 사람이 제안하였고 선교본부에 의해 무조건적으로 수행되었습니다.

광둥과 베이징에 있는 우리의 다른 병원에서 한 사람은 책임자이며, 다른 사람은 아무 불평도 하지 않는다는 것을 말해야 합니다. 이것은 내가 아는 한 그러한 모든 병원에서 일반적인 일입니다. 왕이 그의 사람을 ___에 배치할 때, 정부병원에서 왜 그렇게 해야 하는 특별한 이유가 있는 것입니다. 우리 선교본부가 그가 지명한 사람 위에 다른 사람을 배치하거나 그를 동격으로 만들 어떠한 권리가 있는지 애매합니다. 알렌 박사는 병원의 의료 업무를 제외하고 우위에 있지 않습니다.

그 이외에 그는 다른 사람들과 함께 투표할 뿐이었습니다.

산만해진 선교부를 위하여 모종의 자제와 평화를 찾을 수 있고, 모든 관련된 사람들이 사역에서 행복하기를 바랍니다.

안녕히 계세요.
F. F. 엘린우드

Frank F. Ellinwood (Sec., BFM, PCUSA),
Letter to Miss Heron (July 21st, 1887)

July 21, 1887

My dear Miss Heron,

Dr. Mitchell has handed me the enclosed letter from your brother & I assure you that I share your deep regret at the bad state of feeling in the Korea Mission. There seems to be a misunderstanding as to the criticisms made in Dr. Allen's letters against your brother & Mr. Underwood. Ever since Dr. A. was arraigned for misuse of funds & other offences by his associates his letters have been remarkably free from anything like bitterness. That arraignment was very serious & was so far as the correspondence showed, the declaration of war. It affected not only Dr. Allen's official acts but his moral character. It is seldom in the history of missions that so _____ a case is presented against a missionary by his fellows. And yet the charges so intangible that no Presbytery would consider them. For example one of these letters which you send me your brother say "he (Dr. Allen) is the man of the world, fiery, uncontrolled, & crofly beyond all comparison." Such a sentence, were it reach the ears of a man to whom it was applied would destroy the peace of a mission & yet it only records an opinion & does not prove a definite _____.

It had been doubtful ever since those letters were sent to the Board & were known to be sent, whether peace could be reestablished.

We have tried to do so. Only two methods were open to us - either to assent to the position taken against Dr. Allen & joined condemning him, or to try to show that ___ charges were unfounded. The former this Board could see no reason for doing.

The latter was attempted in a spirit __ ___ but of ___ ___. All letters said to Dr. Heron & Mr. Underwood have been submitted to the others Secretaries & approved as the sentiment of the Office.

We did express our astonishment that two men who have had been entrusted with so responsible a work could prepare to go over to another Mission after having cost the Board many thousands of dollars, & that from what seemed to us a mere personal feeling. We have not justified Dr. Allen in all things but after hearing all that could be said against him & after learning that he had resolved to leave the field for the sake of peace, the Board request him to remain not proposed the only plan on which it seemed possible to conduct the Mission. The fact that Dr. Allen was placed at the head, seems to ascribe to me. But I did not even propose. It was stronger ground than I took & was proposed by another & was unaimly carried by the Board.

It should be said that in our other hospitals at Canton & Peking, one man is at the head & the other makes no complaint. This is usually in all such hospitals so far as I know. There are special reasons why it should be so in a Government Hospital when the King has chose his man & placed the _____ in his care. It may be doubled whether our Board would have any right to place another over his responsible appointee or even make him coordinate. Dr. Allen has no precedence except in the medical work of the Hospital.

In all else he simply has a vote with the others.

Hoping that some way of forbearance & peace may be found for the distracted mission & that all concerned may yet be happy on the work.

I remain truly yours,
F. F. Ellinwood

호레이스 N. 알렌(서울)[이 *San Francisco Chronicle*로 보낸 편지] (1887년 7월 28일)

미국은 한국에서 반역자로 판명된 남자들이 거처하는 망명처인 것처럼 보이기 때문에 이 난민들이 다시 돌아오면 어떤 대우를 받을지 아는 것은 흥미로울 것이다.

먼저 한국이 현대에 고려되는 정의에 대한 사상을 충분히 흡수할 만큼 오랫동안 개방되지 않았으며, 아시아 국가에서 예로부터 일반적이었던 범죄자에 대한 예로부터의 야만적인 처리를 포기하도록 유도할 수 있다. 재판은 여전히 범죄자가 자신이 기소된 범죄를 자백하도록 유도하기 위한 태형(笞刑)이다. 그것은 또한 거의 무제한으로 '악의적인 일'과 공격적인 사람의 제거, 혹은 재산의 몰수를 허용한다. 만일 어떤 사람이 공식적으로 기소되면 그의 죄를 입증할 수 있는 것은 아무것도 없더라도 그는 확실히 오랫동안 투옥되며, 만일 살아서 나온다면 스스로를 축하할 수 있다.

정치범의 경우 일반적인 과정은 다소 다양하다. 그들은 도사(都事)라고 부르는 관리가 관장하는 금부(禁府)라는 특수한 감옥으로 보내진다. 이 교도소는 도심에서 주요 도로에 위치해 있으며, 인상적인 출입구는 일반적으로 방문객들의 관심을 사로잡는다.

이 척박한 장소에 숙박하기 위하여 필요한 것은, 누군가 자신만이 알고 있는 이유로 어떤 사람이 반역자이거나 반역 행위를 계획하였다고 원님에게 고발하는 것뿐이다. 범인으로 추정되는 사람은 붙잡혀 금부로 끌려가며, 그곳에서 좋지 않은 쌀과 물을 먹는다. 그가 도착한 직후 그는 자백을 결심하는데 도움을 받기 위하여 호되게 구타를 당한다. 만일 그가 기소된 범죄에 대하여 자신의 결백과 무고를 항의하면 그는 다른 사람에게 넘겨져 관절이 반복적으로 구타당한다. 이것은 완전한 '정의'가 실현될 수 있도록 수감자의 질병과 회복의 필요성으로 인한 간헐적인 휴식과 함께 수년 동안 계속될 수 있습니다.

이러한 처우가 관리들의 인내와 재간을 소진시킬 만큼 오랫동안 계속되고 죄과가 경미하다고 뒷받침할 새로운 증거가 제시되지 않는다면, 그 사람은 멀리 떨어진 불모지로 추방될 수 있는데, 추위나 호랑이가 그를 잡아먹지 않았다면, 왕실의 자비로 결국 그를 찾아 낙인이 찍힌 그를 가족에게 돌려줄 것이다. 그가 어떤 관리나 관리가 총애하는 사람의 감정을 상하게 한 단순한 이유일 수도 있고, 또는 검소하고 훌륭한 사업 능력으로 적들이 많이 필요로 하는 작은 재산을 모은 죄를 범하였을 수도 있다.

하지만 그 사람이 죄를 지었다면, 혹은 종종 그렇듯이, 고문을 계속 받는 것보다 죽는 것이 낫다고 결정하여 범죄를 자백하면 곧 죽임을 당할 것이다.

죽이는 방식은 독특하며, 특히 그 나라에 많은 가톨릭 신자에 대해 특별히 불쾌하다. 평범한 가톨릭 십자가가 황소가 끄는 거대한 수레에 세워져 있다. 사람은 팔을 쭉 뻗은 채 묶여 있고 거리를 통해 끌려간다. 외치는 사람이 행진을 진행하고 그 사람이 처벌을 받는 범죄를 공표한다. 그의 친구들은 그의 결백을 믿고 항의하며 그의 슬픈 운명을 애도하는 것이 허용된다. 처벌은 대개 가족에게 가해지며, 반역이 노골적인 경우 따라가는 친구들은 다소 적다.

수도에는 두 곳의 처형 장소가 있다. 거의 사용되지 않는 하나는 도심에 있다. 주요 장소는 서대문 바깥의 언덕이며, 성벽과 다른 높은 곳에서 엄청난 군중이 흥미로운 관경을 잘 볼 수 있다.

탈진된 상태의 죄수가 십자가의 고문에 굴복하였든 아니든 사형집행 장소에 도착하여 받침 위에서 자신의 목을 얼굴이 아래로 향하게 엎드리게 하며, 좋다면 한 번에 무거운 칼이 몸통에서 머리를 잘라낸다. 그런 다음 손과 발이 잘리고 절단된 시신은 도시로 다시 운반되어 배를 아래로 눕힌 채 한 거리에서 삼일 동안 버려진다.

사람들, 심지어 개들도 한동안 그 거리를 피하고, 인근의 가게는 문을 닫는다는 사실이 놀랍다. 그들은 시체를 버린 저녁부터 사흘째 되는 날이 밝을 때까지 계산하므로 실제 시체가 놓여 있는 날은 단 하루뿐이다. 수많은 정치범들이 처형되었던 1884년의 반란 이후 수도에 거주하던 외국인들은 거리를 거닐면서 종종 이 끔찍한 광경을 우연히 목격하였다. 한 번은 시신이 공사관 근처에 있을 때 외교사절들이 모여 그것을 제거해주도록 요청하였다. 자비로운 왕은 아직도 여전히 요구되는 것 같은 이러한 관습에 반대하고 있다는 것을 언급해야 한다.

고발자가 사기꾼으로 판명되고 그 사람을 거짓으로 고발한 경우, 죄수 또는 그의 친구들은 그에게 눈을 요구할 권리가 있다. 장기(臟器)를 얻는 이 방법은 매우 기발하며, 잘 수행된다면 현대의 적출술보다 더 신속하다. 범인의 몸을 굽히게 한 다음 눈이 잘릴 정도로 충분히 튀어나왔을 때, 장전된 유연한 막대기의 끝으로 머리 뒤쪽의 한 지점을 친다. 하지만 만일 눈을 원하는 사람이 절단 작업을 신속하게 수행하지 않으면, 죄수는 빠르게 눈을 교체하고 이후로는 평화롭게 눈을 가질 수 있다. 이 모든 것이 수차례 행해졌다고 하지만 불행하게도 아직까지 외국인들은 목격하지 못하였다.

H. N. 알렌, 의학박사,
서울, (18)87년 7월 28일
San Francisco Chronicle

Horace N. Allen (Seoul),
[Letter to *San Francisco Chronicle*] (July 28th, 1887)

As America seems to be the asylum which men, pronounced traitors in Korea, take up their abode, it may be of interest to know what sort of treatment these refugees would receive if brought back.

It may first be noted that Korea has not been open long enough to have imbibed sufficient ideas of justice, as considered in modern times, to induce her to abandon the ancient and barbarous treatment of criminals common from olden times in Asiatic countries. The trial is still a course of flogging intended to induce the criminal to confess to the crime of which he is accused. It also allows of the almost unlimited use of "spite work" and the removal of offensive persons; or the confiscation of property. For if a man is formally accused, though their [sic] may be nothing to prove his guilt, he is still sure of a long imprisonment and may congratulate himself if he ever escapes alive.

For political criminals the general routine is varried [sic] somewhat. They are sent to a special prison called Kuhm Poh presided over by an officer called the Toh Suh. This prison is located in the centre of the capital on the principal street and its imposing entrance usually arrests the attention of visitors.

All that is necessary for the securing of a lodging in this inhospitable place is that someone, for reasons known perhaps only to himself, should accuse a person to the magistrate of being a traitor, or of contemplating some traitorous act. The supposed criminal is caught and brought under guard to the Kuhm Poh, where he is fed in bad rice and worse water. Soon after his arrival he is treated to a sound beating to assist him in making up his mind to confess. If he protests his innocence and ignorance of the crime of which he is accused, he is then treated to another and apt repeated beatings upon the joints. This is kept up it may be for years with occasional intermissions caused by the illness of the prisoner and the necessity for his recovery in order that full "justice" may be meted out.

Should this treatment continue for so long a time as to exhaust the patience and the ingenuity of the officials and should no new evidence be brought up to support the feeble charge, the man may be banished to a distant and barren province, where if famine, cold or tigers have not devoured him, the Royal Clemency may eventually find him and return him, a branded man, to his family. All, it may be, for the simple reason that he had injured the feelings of some officer or official favorite, or it may be that he had been guilty of frugality and the exercise of good merchantile abilities whereby a small fortune, much needed by his enemies, had been amassed.

If however the man has been guilt; or as is often the case, if he should decide that death were preferable to a continuation of his torture, and confess to the crime, he would soon be killed.

The manner of killing is peculiar and is especially obnoxious to the Catholic Christians, who are abundant in the country. An ordinary Roman cross is set up in a huge cart drawn by oxen. The man is tied on with arms extended and he is then drawn through the streets. A crier preceeds the procession, announcing the crime for which the man is being punished. His friends are allowed to follow and protest his innocence and bewail his sad fate, but as the punishment is usually visited upon the family, if the treason has been glaring, the following of friends is apt to be rather small.

There are two places of execution at the capital. One, seldom used, is in the city. The chief place is just outside the west gate on a hill side, where the immense crowds upon the city wall and other high places can get a good view of the interesting sight.

Whether the prisoner in his exhausted state has succumbed to the torture on the cross or not, on arriving at the place of execution, he is placed face downward with his neck upon a block, when, by one stroke, if it is a good one, the heavy sword severs the head from the body. The hands and feet are then cut off, and the mutilated body is carried back into the city and laid belly downwards in one of the streets where it must lay for three days.

It is surprising to note that the people and even the dogs avoid that street for the time being and the adjoining shops are closed. They count from the evening when the body is laid out till the daylight of the third day, so that the body only lies there one day in reality. The foreigners resident in the capital during the time following the emeute of '84, when so many political criminals were executed, often stumbled upon these horrible sights in their journeyings about the streets. On one occasion when the bodies were near the legations the Representatives combined and asked for their removal. It should be mentioned that the humane. King is opposed to this practise, which custom seems still to demand.

In case the accuser should be proved an imposter and to have accused the man falsely, the prisoner or his friends have the right to demand an eye from him. This method of obtaining the organ is quite novel, and if well performed it is more expeditious than is the modern surgical method of enucleation. The culprit is made to stoop over and is then hit with the loaded end of a flexible stick upon a spot on the back of the head, when the eye protrudes sufficiently so that it may be cut off. If however the people who wish the eye are not prompt in doing the cutting operation, the prisoner may quickly replace the eye and possess it thereafter in peace. All of which is said to have been done many times but unfortunately has not been witnessed as yet by foreigners.

H. N. Allen, M. D.,
Seoul, July 28, (18)87
San Francisco Chronicle

호러스 N. 알렌(서울)이 프랭크 F. 엘린우드(미국 북장로교회 해외선교본부 총무)에게 보낸 편지 (1887년 7월 31일)

한국 서울,
(18)87년 7월 31일

친애하는 엘린우드 박사님,

우리는 비가 거의 내리지 않고 농작물이 죽고 있으며 질병이 만연하고 있어 매우 힘든 여름을 보내고 있지만, 콜레라가 없는 것을 하나님께 감사해 하고 있습니다. 제 큰 아이는 심각한 이질로 죽을 지경에 이르렀습니다. 그는 아직 회복되지 않았습니다. 저는 여름마다 더 초라해집니다. 이번 여름에는 맥주를 마시지 않고 있습니다. 저는 더 이상 일을 하지 않고 있는 것 같습니다. 저의 일부 현지인과 일부 일본인들이 이질에 걸렸습니다. 시카고의 의학박사 호튼 양이 조언을 위하여 저에게 편지를 썼습니다. 저는 벙커 부인이 매일 열심히 일하고 있는데, 무더기 속에 약 30명의 여자를 진료한다는 것을 박사님이 알고 계시다고 들어 기쁩니다. 저는 오늘 왕에게 전갈을 보냈습니다.

딘스모어 씨는 오늘 베이야드 장관으로부터 포크를 매우 칭찬하는 편지를 받았으며, 포크(및 다른 사람들)가 반란을 일으키려 한다고 비난하는 전보를 리홍장으로부터 받은 중국 공사의 서신 사본을 동봉하였습니다. 베이야드 씨는 한국이 ___에 의해 독립국으로 간주되었으며, 포크는 한국 외아문 독판의 요청에 의해서만 도왔을 뿐이라고 매우 분명하게 말하였습니다. 왕은 김윤식(외아문 독판)을 해임하고 유배시켰습니다. 이제 육군 장교들이 우리 정부에서 파견될 가능성이 어느 정도 있는 것 같습니다. 87~88회계연도에 대한 예산은 어떻습니까? 아직 아무런 소식이 없습니다.

안부를 전합니다.

안녕히 계세요.
H. N. 알렌

Horace N. Allen (Seoul),
Letter to Frank F. Ellinwood (Sec., BFM, PCUSA) (July 31st, 1887)

Seoul, Korea,

July 31/ (18)87

Dear Dr. Ellinwood: -

We are having a very hard summer, scarcely any rain, crops dying, very much sickness, but thank Heaven no Cholera. My oldest boy has been at the point of death with a severe attack of dysentery. He is not yet well. I get more seedy every summer. Am not drinking beer this summer. I don't seem to work any more. Dysentery has taken off my natives and some Japs. Miss Horton M. D. of Chicago writes me for pointers. I am delighted to hear you have found a Dr. Mrs. Bunker is working hard daily, some 30 women and the heat intense. I sent word today to the King.

Mr. Dinsmore got an excellent letter today from Sec. Bayard very complimentary to Foulk and enclosing copies of a correspondence held with Chinese Minister who had received a cablegram from Li Hung Chang accusing Foulk (and others) of trying to get up a rebellion. Mr. Bayard very distinctly told them that Korea was considered an Independent power by the ___ and Foulk was only relieved at the request of the Korean Foreign Minister and not in consideration of any requests made on part of China. ___ the King to his intense delight. He has removed Kim Yong Sik (Foreign President) and has banished him. There now seems to be some probability that the Army officers will be sent by our govrn't. What about our appropriations for 87~8, no word of them as yet.

With kind regards.

Yours sincerely.

H. N. Allen

호러스 N. 알렌(서울)이 릴리어스 S. 호튼
(일리노이 주 시카고)에게 보낸 편지 (1887년 7월 31일)

한국 서울,
1887년 7월 31일

친애하는 호튼 양,

　귀하의 편지는 오늘 우편으로 왔고 내일까지 답장을 보내야 합니다. 우리는 대개 한 달에 2~3번 우편을 받습니다. (일본 우표를 사용합니다.) 우리는 어디엔가 귀하가 있다는 것을 알기에 귀하가 발견되었다는 것을 알게 되어 기뻤습니다. 엘러즈 양은 일을 잘, 성실하게 해왔고, 벙커 부인(현재)은 매일 25~30명의 여자를 진료하고 있습니다. 그녀는 귀하에게 자신을 지키고 옳은 것을 많이 기대하지 말라고 말하였습니다. 귀하는 이것이 이교도 국가이고 병원은 새로운 일이라는 것을 기억해야 합니다. 우리는 우리들의 생각을 그들의 관습에 어느 정도 적응하려 노력해야 합니다. 너무 많은 것을 기대하지 말고 선교사도 사람이라는 것을 기억하십시오. 귀하는 애니 엘러즈 벙커 부인이 귀하를 받아들이고, 귀하를 괴롭힐 수 있는 향수병을 몰아내는 데 도움을 줄, 착하고 현명한 여자임을 알게 될 것입니다.

　나라는 거의 이탈리아의 크기입니다. 약 10만 제곱마일의 크기에 약 1천 5백만 명의 인구가 있습니다. 언덕이 많고 그림처럼 아름다우며 비옥하고 광물이 풍부합니다. 사람들은 느긋한 것에 만족해합니다. 그들은 비단이나 면으로 된 흰색이나 밝은 색 옷을 입으며, 하측 계급을 제외하고 모두 깨끗합니다. 그들은 대단히 좋아 보입니다. 우리 집들은 대체로 큰 구내로 둘러싸여 있으며, 조금 이상하지만 편안하고 쾌적합니다. 엘러즈 양은 항상 우리와 함께 살았으며, 아마도 귀하도 우리 가족의 한 명이 될 것입니다. 우리는 기꺼이 귀하를 환영할 것입니다. 귀하는 귀하 자신을 위한 하나의 큰 방이 있는 집인 우리의 객실을 사용할 수 있습니다. 귀하는 우리와 함께하지만 아이들이 만들 수 있는 소음에서 떨어져 있을 것입니다.

　귀하는 정부가 우리에게 제공한 것이 상하이에서 볼 수 있는 어떤 것보다 더 좋기 때문에 도구가 필요하지 않을 것입니다. 때때로 몹시 필요하기 때문에 개인적으로 사용하기 위하여 주머니 케이스, 온도계, 청진기, 주사기 등을 가져 오는 것이 좋습니다. 난로를 갖고 오세요. 오하이오 주 애크런의 태플린 라이스 앤드 컴퍼니의 클라이맥스 1호가 더 좋습니다. 책, 그림 등은 갖고 오시고, ＿＿ ＿＿ 속옷, 신발 등은 넉넉히 준비하세요. 옷을 위하여 귀하의 치수를 요코하마에 남겨 두세요. 화장실 세트와 일부 안락의자를 제외하고 일본에서 침대와 침구를 구입하는 것이 좋습니다. 그래서 다른 준비를 원할 경우 그렇게 할 수 있습니다. 어쨌든 우리 침대는 다소 딱딱하고 너무 큰 공간을 차지합니다. 우리 객실을 사용하는 경우 방풍용 보조문이 필요하므로 선교본부에서 수리를 위하여 귀하에게 25달러를 허용하도록 하게 하는 것이 좋습니다. 아내가 귀하에게 나와 함께 그녀의 사랑을 보내며, 직접 편지를 쓰고 싶지만 우리 꼬마가 이질을 앓고 있고 그 때문에 바쁩니다. 이 편지가 귀하가 필요한 것에 다소 충분한 개념을 드릴 것으로 믿고, 곧 만나기를 바라면서,

안녕히 계세요.
H. N. 알렌

Horace N. Allen (Seoul),
Letter to Lillias S. Horton (Chicago, Ill.) (July 31st, 1887)

Seoul, Korea,
July 31, 1887

My dear Miss Horton,

Your letter came by today's mail and must be answered to go off by tomorrow. We usually have two to three mails monthly. (Use Japanese stamps). We were delighted to know that you had been found for we knew that you were somewhere you see. Miss Ellers did her work well and faithfully and Mrs. Bunker (as she is now) is seeing some 25~30 women daily. She had told you to be on your guard and not expect to much which is right. You must remember that this is a heathen country and the hospital is a new thing. We have to try and adapt our ideas to their customs to a certain extent. Don't expect too much and remember too that missionaries are human. You will find Mrs. Annie Ellers Bunker is nice sensible woman who will take you in and help to drive away any homesickness that may attack you.

The country is almost the size of Italy. Some 100,000 sq miles has a population of some 15,000000. It is hilly and picturesque, fertile and rich in minerals. The people are a contented easy going lot. They dress in white or light colors either silk or cotton and when clean as all are but low classes. They look very well. Our houses are surrounded by large compounds as a rule and are comfortable and pleasant though a little odd. Miss Ellers lived with us all the time and perhaps you will also be one of our family. We will gladly welcome you. You can have our guest room, a house with one large room for yourself. You will be right with us yet removed from any noise the children may make.

You will need no instruments the govrn't has given us a supply pronounced to be finer than any to be found in Shanghai. Better bring a pocket case, thermometer, stethoscope, syringe, etc for your private use as you will be called out at times. Bring a stove. Better get a Climax No. 1 of Taplin Rice & Co. Akron, Ohio. Bring along books, pictures, etc. ___ ___ with a good supply of under clothing, shoes, etc. Leave your measure in Yokohama for dresses. Better buy yourself in Japan a bed and bedding, except toilet set and some easy chairs. So that in case you wish to make any different arrangements you may do so. At any rate our bed is rather hard and takes up too much room. You had better have the Board allow you $25 for repairs as a storm door ___ will be necessary if you use our guest house. Mrs. Allen sends her love with my own and would like to write to you herself but our little boy is down with dysentery and she is busy with him. Trusting this will give you some sufficient idea of what you need and hoping to see you soon.

I remain yours sincerely,
H. N. Allen

릴리어스 S. 호튼(Lillias S. Horton)

릴리어스 S. 호튼(Lillias S. Horton, 1851
~1921)은 1851년 미국 뉴욕 주의 올버니에
서 출생하였다. 그녀는 31세에 뒤늦게 의료
선교사가 되기로 결심하고 시카고 여자의과
대학에 입학하였다. 그녀는 메리 톰슨 병원
에서 수련을 받던 중 미국 북장로교회의 선
교사로 임명되었다. 그녀는 1888년 3월 27
일 한국에 도착하여 엘러즈의 후임으로 제
중원의 부녀과를 맡았다. 호튼은 민비가 살
해 당한 1895년 10월까지 그녀의 시의를 맡
았다. 주조선 청국공사 위안스카이의 부인
을 치료하기도 하였다.

그림 8-8. 릴리어스 S. 호튼.

호튼은 1889년 초가을 8년 연하의 언더
우드와 약혼하였고 1889년 3월 14일 결혼하였다. 1890년 9월 아들을 낳고 건강
이 악화되어 10월 중국의 즈푸로 요양을 갔다가 11월에 돌아왔지만 더욱 나빠
져 1891년 3월 미국으로 안식년을 떠났다.

1887년 8월 1일 시작하여 1888년 8월 1일 끝나는
한국 선교부의 예산 (1887년 7월)

(중략)

선교사 급여	H. N. 알렌, 의학박사	1200.00달러
	(......)	
자녀 수당	해리 알렌	100.00
	모리스 알렌	100.00
	(......)	
중국 혹은 일본으로부터의 화물비 및 한국 관세	알렌 박사 (......)	300.00

(중략)

수리비	알렌 박사	100.00

(중략)

Estimates for the Korea Mission for the Year Beginning Aug. 1, 87, ending Aug. 1, 88 (July, 1887)

	(Omitted)	
Salaries of Missionaries	H. N. Allen, M. D.	$1200.00
	(......)	
Childrens Allowance	Harry Allen	100.00
	Maurice Allen	100.00
	(......)	
Allowance for freight from China or Japan and Korean duties	Dr. Allen (......)	300.00
	(Omitted)	
Repairs	Dr. Allen	100.00
	(Omitted)	

호러스 N. 알렌(서울)이 프랭크 F. 엘린우드(미국 북장로교회 해외선교본부 총무)에게 보낸 편지 (1887년 8월 2일)

한국 서울,
1887년 8월 2일

친애하는 엘린우드 박사님,

얼마 전부터 저는 한국인들이 워싱턴에 공사관을 개설하려고 한다는 것을 알고 그 일을 지연시키려 노력하였지만 그들의 결심은 확고합니다. 게다가 저는 그 사절단에 동행해 달라는 요청을 여러 번 받았습니다. 저는 그들에게 1년을 기다린다면 갈 수 있을 텐데 지금은 갈 수 없다고 말하였습니다.

왕은 이 나라에서 모든 일이 미국을 신뢰하는 것에 달려 있고, 그렇게 하는 가장 좋은 방법은 워싱턴에 공사관을 개설하는 것이며, 사절단에 상황과 그들이 원하는 것을 이해하는 외국인이 동행해야 할 필요가 있다고 생각하는 것 같습니다. 그는 제가 그 일을 할 수 있는 유일한 사람이며, 그는 군사 교관, 다른 교사, 기술자, 그의 선박을 위한 승무원 등을 확보하는 것과 같이 고국에서 수행할 많은 임무가 있다고 말합니다. 그는 또한 제가 금광과 관련하여 3백만 달러의 대출 협상을 하기를 원하고 있습니다. 민영익은 일전에 밤 12시에 우리 집에 찾아 와서 제가 유리한 결정을 내리도록 하였습니다. 저는 이것이 단순히 그의 망상적인 계획들 중의 하나라고 생각해서 결정을 거절하였습니다. 지금 왕은 그 일을 자신의 문제로 여기고, 제가 1년 동안 가서 모든 일이 잘 시작될 수 있도록 해줄 것을 요청하고 있습니다. 그가 모든 경비를 지불하고, 저에게 급여를 줄 것입니다. 하지만 1년이 지나면, 저는 돌아오겠다고 다짐해야 합니다. 그는 저를 대단히 칭찬해 주지만, 이 사업은 꼭 필요한 중요한 사업이며, 제가 1년 후에 돌아오는 것은 괜찮을 것이라고 생각한다고 말하였습니다. 이제 제가 말씀드려야 할 것은 이곳에서 왕의 소원은 절대적인 법이고, 어떤 한국인 관리도 그것에 반대할 수 없다는 것입니다. 어느 외국인도 그것을 시도하지 않았으며, 만약 제가 그렇게 한다면 제 목이 날아갈 까봐 두렵습니다. 제가 가기로 하면 저는 높은 직위를 얻게 될 것이며, 그 직무를 잘 수행하게 되면 제가 떠날 때보다 더 큰 총애를 받게 될 것입니다. 반면 제가 거절한다면 저는 어떤 이유를 제시해야 하며, 유일하게 적합한 근거는 제가 선교사로서 왕의 바람과 상충되는 다른 관리를 받고 있다는 것입니다. 이 방법은 당연히 선교의 대의를 손상시킬 것이라 생각합니다. 개인적으로, 선교부의 비용을 들이지 않고 제가 매우 원하였던 휴가를 가질 수 있고, 동시에 언어 습득도 용이하게 하여 가치 있는 정보들을 많이 얻을 수 있는 점이 없다면 제가 1~2년을 기다렸다가 휴가를 가는 것이 더 좋지만, 충분히 가는 것이 좋을 것 같습니다. 매년 여름마다 저는 점점 지쳐가며, 곧 완전한 변화가 불가피할 것입니다. 저는 저만큼 상태가 좋지 않은 영사 몇 명을 [휴가] 보냈습니다. 저의 큰 아들은 이질로 거의 죽을 뻔했으며, 아직도 건강하지 못합니다. 이 변화는 우리 가족에게 매우 유익할 것입니다.

그러나 이 모든 것은 상관없으며 문제는 이것이 마땅한가 하는 것인데, 제 머리를 쥐어짰지만 가는 것 말고는 다른 방도를 찾을 수 없었다고 고백합니다. 저는 저와 의견을 같이 하는 벙커 씨 부부와 의논하였는데, 그들은 제가 피할 수 없을 것이라고 생각합니다. 우리 모두는 이것이 선교부에 유익하게 될 것이라고 생각합니다. 병원은 현재 부채가 없으며, 매년 충분히 사용할 수 있는 예산이 있고, 상하이의 맥러드 박사가 말한 것같이 상하이의 어느 단일 기관보다도 훌륭한 정도로 많은 기구들도 갖고 있는데, 모두 다 지불하였습니다. 헤론 박사는 자신의 위치에 대한 가치를 강조하는데 노력하며, 과거 어느 때보다 의료 사역을 더 잘하고 있어 이제 올바른 방향으로 나아가고 있습니다. 그는 병원을 수월하게 운영할 수 있으며, 왕실은 벙커 부인이 담당할 것입니다. 저는 1년 동안 떠나 있는 동안 외국인 공동체의 제 환자들을 위하여 헤론이 모든 요청에 진료를 할 수 있도록 주선할 수 있다고 생각합니다. 제가 돌아왔을 때 그가 그 일을 완전히 자기 통제 하에 잘 하고 있다면, 그가 그것을 계속하면 될 것입니다. '불화의 씨앗'은 제거되었고 박사님의 정중한 편지는 이 형제들을 진정시킬 것이라고 생각합니다. 지금 그들은 박사님이 어떤 점에서 그들에게 정의롭게 행하지 않았다고 생각하는 것 같습니다.

감리교회 사람들은 다시 한 번 불운에 빠졌습니다. 그들은 전적으로 김윤식(외아문 독판)에 의존해 왔지만 그는 단지 그들을 가지고 놀았을 뿐이며, 영향력도 없었고 지금은 좌천되어 귀양을 갔습니다.[46] 신임 독판은 스크랜턴 부인이 왕의 거처보다 더 좋은, 크고 높은 집을 지은 것에 대하여 개인적으로 싫어하고 있습니다. 최근에 제가 말씀드린 통역관은 스크랜턴과 말다툼을 벌이고 그를 떠났습니다. 그는 벙커 부인이 왕궁에 출입할 때 수행할 통역관으

---

46) 1886년 9월 1일 독판으로 환임(還任)된 김윤식은 1887년 7월 22일 서상우(徐相雨)로 교체되었다.

로 거론되고 있으며, 그가 안전할 것이라고 저는 확신합니다. 저의 자문 임무는 벙커 씨에게 넘길 수 있을 것이라고 생각하며, 그의 부인이 도울 것입니다.

딘스모어 씨는 베이어드 국무장관으로부터 포크를 매우 칭찬하는 내용의 편지를 받았습니다. 이 편지에는 워싱턴 주재 중국 공사로부터 온 편지와 리홍장이 보낸 전보가 동봉되어 있었는데, 포크의 철수를 요청하며 그가 폭동을 일으키려 노력하고 있다는 등등이 언급되어 있었습니다. 베이어드 씨의 편지는 통렬하였으며, 한국이 미국으로부터 받은 것 중 가장 강력한 것이었습니다. 그는 외아문(역적 김윤식)을 통한 조선 정부의 요청으로 포크가 사임한 것이고, 중국과 한국의 관계가 그러한 행동을 결정하는데 아무런 영향을 미치지 않았으며, 한국은 독립적인 조약국이라는 등등을 언급하였습니다. 제가 그것을 왕에게 말하였을 때 그는 몹시 기뻐하였습니다.

시카고의 릴리어스 S. 호튼 양은 자신이 여의사로 오고 있다고 저에게 편지를 보냈습니다. 저는 그녀가 요청한 정보를 보냈습니다. 박사님이 선교 현장을 보강해 주시는 것을 알게 되어 기쁩니다. 1년 전에 우리에게 좀 더 많은 사람들이 있었다면, 우리의 많은 어려움들이 중재를 통해 해결될 수 있었고 우리는 선교지에서 더 강한 영향력을 확보할 수 있었을 것입니다.

이제 박사님, 만일 제가 한국인들을 지연시킬 수 있다면 그렇게 할 것입니다. 만일 제가 할 수 없고 박사님이 저에게 '알렌, 서울, 조선, 안 돼!'라고 전보를 치지 않으신다면 저는 가야할 것이며, 그러면 저는 어떤 위험을 무릅쓰고 머물며, 제가 할 수 있는 것들을 할 것이지만 이것이 어려움의 시작이 되지나 않을까 두렵습니다. 사절단은 6주 후에 떠나기를 희망합니다. 중국이 그것을 알게 되면 그들은 결코 떠나지 못할 수도 있고, 반드시 어려움이 닥칠 것입니다. (만약 그들이 제때 그것을 알게 된다면 그것을 막으려 노력할 것이라는 뜻입니다.) 또한 그들은 바로 지금 많은 예산을 필요로 하기에 경비가 준비되지 않을 수 있습니다.

안녕히 계십시오.
H. N. 알렌

Horace N. Allen (Seoul),
Letter to Frank F. Ellinwood (Sec., BFM, PCUSA) (Aug. 2nd, 1887)

Seoul, Korea,
Aug. 2nd, 1887

Dear Dr. Ellinwood,

For some time past I have known that the Koreans were about to start a legation at Washington, I have endeavored to put them off but they are determined. What is more, I have been several times asked to accompany the mission. I told them that if they would wait a year I might be able to go, but that I could not well go at present.

The King seems to think that everything depends upon his intrusting America in this country and that the best way of doing that is to start a legation at Washington and that it is necessary that the mission should be accompanied by a foreigner who understands the condition of affairs and their wants. He says that I am the only available person and he has a lot of commissions for me to execute at home, such as obtaining military and other teachers, engineers, officers for his ships, etc., etc. He also wants me to try to negotiate a loan of $3,000,000 on the gold mines. Min Yong Ik came to my house at 12 midnight the other night to get me to decide favorably. I considered it simply one of his visionary schemes and declined to decide. Now the King makes it a personal matter, and requests me to go for one year and get the whole affair well started. He will pay all expenses and give me a salary. At the end of one year, however, I must pledge myself to come back. He, very complimentary to me, says he can badly spare me, but that this business is of such importance as to make it necessary and that he thinks it will be alright if I return in a year. Now I must tell you that the King's wishes are absolute law here and no Korean officer can oppose them. No foreigner has tried it and I fear I might lose my head if I did so. While by going I would attain a higher position, which if I am enabled to fill properly, will allow me to return in greater favor than I left. While if I refuse, I must give some reason, and the only adequate one would be that as a missionary I am under other management which conflict with His Majesty's wishes. I think such a course would naturally injure the Mission cause. Personally, I would like to go well enough, though I would prefer to wait a year or two and then go on a vacation, except that this will enable me to take a much needed vacation without costing the Mission anything and it would enable me to do good work on the language at the same time that I am acquiring much other valuable information. Every summer I get more and more seedy, and a complete change will soon be imperative. I have sent away several consuls who were not as bad off as I am. My oldest boy has been nearly dying with dysentery and is not well yet. The change will be very beneficial to my family.

But all this is of no matter, the question is, is it expedient, I confess I have racked my brains and can't see any way but to go. I have consulted with the Bunkers who agree with me, while they think I cannot be well spared. We all think it will be beneficial for the mission. The Hospital is now out of debt, has a full and available annual appropriation, has a lot of instruments, pronounced by Dr. McLeod of Shanghai to be superior to any single outfit in Shanghai, all paid for. Dr. Heron is on the right track now, that is, he is trying to assert his position on merit and is doing better medical work than he ever did before. He can easily run the hospital, and the Royal Family will stick to Mrs. Bunker. I think, I can arrange with my patients of the foreign community to have a year's leave and have Dr. Heron attend to any calls in the meantime. On my return, if he has the work fully in his control, well and good, he may keep it. With the "bone of contention" removed and some condescending letter from you, I think the brethren will quiet down. They seem to think now that you have not done them justice in some way.

As for the Methodists, they are in ill-luck again. They had placed all their dependence on Kim Yun Sik (Foreign Minister) he only played with them at best, had no influence and has now been degraded and banished. The new man has a personal grudge against Mrs. Scranton for building such a big, high house, better than the King lives in. The interpreter that I recently mentioned has had a quarrel with Scranton and has left him. He is mentioned as interpreter for Mrs. Bunker on her Palace trips, and I am perfectly sure he will be safe. I think I can turn over my advising duties to Mr. Bunker with his wife's help.

Mr. Dinsmore received a letter from Sec. Bayard by this mail very complimentary to Foulk, and enclosing letters from the Chinese Minister at Washington with telegrams from Li Hung Chang, asking for Foulk's withdrawal, and stating that he was trying to incite rebellion, etc. Mr. Bayard's letter was scathing and is the strongest thing Korea has ever received from America. He wounds up by stating that Foulk was only withdrawn at the request of the Korean Govn't through its Foreign Minister (the traitor Kim Yun Sik) and that China's relations to Korea had no influence in determining such action, that Korea was an independent treaty power etc., etc. The King was intensely delighted when I told him of it.

Miss Lillias S. Horton of Chicago writes me that she is coming as lady Dr. I sent her information such as she asked for. Glad to see you reinforcing the field. Had we had more men a year ago, much of our difficulties could have been settled by arbitration here, and we would have had a stronger hold on the field.

Now Dr., if I can put the Koreans off, I will do so. If I cannot, I shall come unless you cable me, "Allen, Seoul, Korea, No!" then I will stay at any hazard and do what I can, but fear it will be the beginning of trouble. The Embassy hopes to get off in six weeks. They may not get off at all, for if China hears of it, trouble will surely come. (I mean if they hear of it in time to try to prevent it.) Also, money may not be forthcoming, for they have many heavy calls just now.

Yours truly,
H. N. Allen

프랭크 F. 엘린우드(미국 북장로교회 해외선교본부 총무)가
호러스 N. 알렌(서울)에게 보낸 편지 (1887년 8월 11일)

8월 11일

H. N. 알렌, 의학박사,
    한국 서울

친애하는 형제여,

7월 4일자 귀하의 편지를 받았습니다.[47] 귀하의 편지에서 나는 한 단어를 이해할 수 없었지만 내가 추측할 수 있는 한 귀하의 의미는, 만일 가능하다면 한국 군대를 위한 군사 교관을 구하는데 우리가 도움을 주어야 한다는 것일 것입니다. 이것은 우리 정부 혹은 민간인에게는 안전한 것이지만, 우리가 선교본부로서 어떤 조치를 취하는 것은 우리에게 반대로 작용을 할 수 있기에 현명하지 않을 것입니다. 그리고 나는 귀하에게 다소의 위험이 있을 것으로 생각해야 합니다.

나는 그가 어떤 문제에 관하여 귀하에게 요청할 때 귀하가 하는 것처럼, 귀하의 의견을 제시하는 것 외에는 아무 것도 하지 않는 것이 현명하다고 생각해야 합니다. 그러나 귀하나 나의 영향력의 결과로 충분히 그곳으로 나갈 수 있는 바로 그 사람들이 결국 우리에게 등을 돌리고 대단히 바람직하지 않은 문제를 일으킬 수 있습니다. 나는 한국의 미래를 알 만큼 현명할 수 있는 사람은 없다고 생각합니다. 귀하의 최근 편지를 보면 중국이 영국 및 다른 유럽 열강의 도움을 받아 현재 우위를 점하려는 것처럼 보이지만, 러시아는 거대한 체스판에서 미래의 수를 심사숙고하고 있으며, 자신들이 준비가 되기까지 조용히 있는 정책을 취할 것 같습니다. 그 사이 러시아는 아시아 대륙을 가로지르는 거대한 대륙 횡단 철도를 시베리아 해안까지 부설할 계획을 세우고 있다는 소문이 돌고 있으며, 동시에 러시아는 또 다른 길로 아프간의 국경에 접근하고 있습니다. 러시아가 그렇게 엄청난 목표를 달성한다면, 러시아는 중국 외에 전 유럽을 상대로 아시아 해안을 지배할 수 있을 것입니다. 러시아

---

47) Horace N. Allen (Seoul), Letter to Frank F. Ellinwood (Sec., BFM, PCUSA) (July 4th, 1887)

는 전 세계의 그 어떤 해양 운송 수단도 경쟁할 수 없는 신속함과 추진력으로 방대한 자원을 현장이나 행동에 쏟을 수 있습니다.

한국의 상황과 관련하여, 소강상태에 있어 다행입니다. 귀하가 헤론과 언더우드에게 "귀하가 원하는 대로 할 수 있다"고 말하며 기뻐했다는 소문이 우리에게 전해졌습니다. 나는 이것을 믿을 준비가 되지 않았지만, 나는 귀하가 모든 경우에 그들을 타협적인 태도로 다루고 있다고 확신합니다. 우리는 아직 그들이 사임할 지 여부를 모르고 있습니다.

우리는 현재의 긴장 상태를 진정시키고 선한 일을 성취할 수 있는 길을 열어 어느 편을 들지 않고 냉철한 화평을 이루는, 바로 그런 적절한 사람을 얻을 수 있다면 선교부를 보강하려 생각하고 있습니다.

시카고의 의학박사 호튼 양이 엘러즈 양을 대신하여 한국으로 임명되었습니다. 그녀는 상당히 강력한 추천을 받았으며, 나는 그녀가 모든 면에서 만족스러울 것이라고 믿고 있습니다.

귀하가 내년에 귀국하는 것에 관하여, 내가 말할 수 있는 것은, 일들이 진정되어 지금보다 더 좋은 모습을 보일 때까지 귀하가 할 수 있는 한 머물라는 것뿐입니다.

알렌 부인에게 안부 전해 주세요.

안녕히 계세요.
F. F. 엘린우드

추신 나는 언더우드 씨에게 우리가 그의 일본 방문에 다소의 예외를 인정하였다고 편지하였습니다. 그것에 대해 그는 나에게 알렌 박사를 포함하여 선교부의 조언으로 갔다고 알리고 있습니다. 나는 귀하가 승인하지 않았다는 인상을 받고 있습니다.

추신. 자전거는 승인되었습니다.

Frank F. Ellinwood (Sec., BFM, PCUSA),
Letter to Horace N. Allen (Seoul) (Aug. 11th, 1887)

Aug. 11th

H. N. Allen, M. D.,
    Seoul, Korea

My dear Brother: -

Yours of July 4th has come to hand. One word in your letter I cannot make out, but as nearly as I can guess, your meaning is that we should, if possible, render assistance in obtaining military instructors for the Korean troops. This might be a safe thing for our Government or for private citizens, but it would hardly be wise for us as a Board of Missions to take any steps which by and by might react against us, and I should suppose that there might be the some danger on your part.

I should deem it wise to do nothing more than to give the ___ing your opinion, as you are doing, when he asks you in regard to any matter, but the very men who enough to go out there as a result of your influence or mine, might in the end turn against us and make a very undesirable complications. I do not believe that any man can be wise enough to know what is to be the future of Korea. From your last letter it looks very much as if China would for the present gain the ascendency, having the help of England an other European Powers, but Russia is considering future moves on that great chessboard, and may adopt the policy of keeping quiet until she is ready. Meanwhile the rumors are that she is developing scheme for a great transcontinental railroad across the Asiatic continent to the Siberian coast, this at the same time she is approaching the Afghan border with another road. Should Russia accomplish so stupendous an object as that, she could dominate that Asiatic coast with all Europe against her and China besides. She could hurl her vast resources upon the scene or action with a celerity and momentum that no marine transportation half around the globe could possible compete with.

In regard to the state of things in Korea, I am glad that there is a lull. Rumor has reached us that you have exulted over Heron and Underwood, telling them that you "could do just what you pleased", etc, etc. I am not prepared to believe this, but I am sure that you take every occasion to treat them in a conciliatory manner, so far as you have any intercourse at all. We do not yet know whether they are to resign or not.

We are thinking of reinforcing the Mission if we can get the right kind of men, those who would not take sides, but would be level headed peace makers, quieting down the present overstrained condition of things and opening the way for the accomplishment of a good work.

Miss Horton, M. D. of Chicago, has been definitely assigned to Korea, to take the place of Miss Ellers. She is very highly recommended, and I trust that she will in all respects prove satisfactory.

As for your coming home next year, all that I can say is, stay as long as you can and until matters get settled in some better shape than now.

With kind regard to Mrs. Allen. I remain,

Sincerely yours,
F. F. Ellinwood

P. S.   I wrote Mr. Underwood that we had taken some exceptions to his visit to Japan, whereupon he informs me that he went "by the advice of the Mission, including Dr. Allen". I had gotten from you the impression that you did not approve.

P. S.   The Bicycle is approved.

프랭크 F. 엘린우드(미국 북장로교회 해외선교본부 총무)가
존 W. 헤론(서울)에게 보낸 편지 (1887년 8월 11일)

(188)7년 8월 11일

제이 W. 헤론, 의학박사,
    서울, 한국

친애하는 박사님:

    나는 지난 번 편지를 쓴 이후 귀하로부터 아무런 소식을 받지 못하였습니다.48) 그러나 한국으로 편지를 발송하면서 귀하께 다시 편지를 씁니다. 먼저 시카고의 호튼 양이 엘러즈 박사 대신에 임명되어 파송할 것이며, 둘째로 한국의 선교사들에게 합류할 젊은 목회 선교사를 찾고 있다고 알려 드립니다. 그리고 만일 적절한 사람이 지원한다면, 그가 어떤 일을 맡을지, 혹은 그가 서울에 체류할지 제물포에 체류할지 모르지만 남자 의사를 파송할 수도 있습니다. 우리는 귀하가 조만간 우리 선교부를 떠날지, 혹은 1년 후에 떠나 알렌 박사가 고향으로 올 수 있을지 모르지만, 우리는 시작이 너무나 밝고 의심스러워서 우리의 힘을 통상적인 방법으로 강화하는 것이 현명하다고 느끼고 있습니다.

(중략)

    얼마 전 귀하의 여동생이 이곳을 방문하였는데, 나는 마침 부재중이었습니다. 그녀는 알렌 박사와 관련된 귀하의 편지 몇 통을 놔두고 갔습니다. 귀하가 가족 이외의 사람들이 읽는 것을 원하지 않았을, 매우 신랄한 다수의 표현을 포함하고 있었기 때문에 나는 그것들을 놔두었어야만 했는지 알기 어려웠습니다. 헤론 부인의 어머니가 친구에게 썼던 편지 한 통도 나에게 보내졌습니다.49) 알렌 박사에 대하여 강하고 신랄한 말이 사용되어 나는 무척 놀랐습니다. 귀하의 여동생이 남겨 놓은 편지에 대하여 나는 우호적인 정신으로 답을 하였는데, 분명히 다른 편지와 아무것도 다르지 않다고 느꼈기 때문입니다.

---

48) 엘린우드의 지난 번 편지는 1887년 6월 7일자 편지이며, 헤론의 최근 편지는 1887년 5월 1일자 편지로 판단된다.

49) Mrs. David J. Gibson (Jonesboro, Tenn.), Letter to Mrs. Sarah J. Rhea, (June 11th, 1887)

(이 편지를 쓰는) 나의 목적은 귀하와 여동생 모두가 갖고 있는 것 같은 인상, 즉 알렌 박사가 그동안 쭉 귀하와 언더우드 씨에 대해 심하게 편지를 썼을 것이라는 인상을 바로잡기 위해서입니다. 그의 편지에는 어떠한 욕설도 포함되어 있지 않았고, 심지어 귀하와 언더우드 씨가 사임 의사를 담은 편지에서 [알렌을] 비난한 이후에도 어떠한 신랄함도 포함되어 있지 않았습니다.

내가 바로 잡고 싶은 다른 점은 귀하가 나의 편지에 대하여 선교본부 결정이 내가 한 것이고, 알렌 박사를 병원의 책임자로 배치한 선교부의 규정을 정한 것도 선교본부가 아니라 나 자신이라는 등등의 견해를 보인 귀하의 개인적인 문제입니다. 내가 언더우드 씨에게 이야기 한 것처럼, 그 계획 중 책임자가 한 명이라는 계획은 내가 한 것이 아니라, 두 명의 의사가 동등하게 병원을 운영하도록 작성한 나의 계획이 수정된 것입니다. 그것은 내 동료 중 한 명이 만들었으며, 나머지 모든 사람들의 지지를 받아 선교본부에서 만장일치로 통과되었습니다. 나는 베이징, 광둥, 그리고 사실상 내가 아는 한 모든 지역에서 병원에는 한 명의 책임자가 있어야 한다고 확신하고 있습니다. 그러나 선교부에서 비정상적인 상태를 치유하는 방법으로 회유와 평화를 위해 나는 두 의사를 같은 위치에 있도록 제안하였습니다. 하지만 내 제안은 기각되었습니다. 한국에 있는 다른 미국인들이 그런 잘못된 인상을 갖더라도 내 입장에 대한 잘못된 인상을 고쳐 나에게 정의롭게 해 주겠습니까? 귀하의 편지, 그리고 특히 헤론 부인의 어머니의 편지가 나를 탓하고 있는 개인적인 감정을 소중히 여겼더라면, 나는 처음에 선교본부에 귀하와 언더우드 씨의 사임을 수용하라고 주장하였을 것입니다. 나는 귀하들이, 언젠가 활동 기록이 자랑스러운, 귀중한 선교사로 아직 입증되지 않았다고 믿으며, 그날 하루 종일 두 명을 선교부에 남겨두도록 최선을 다하였습니다. 이제까지 이곳에서 발송된 모든 편지는 회의에서 결정된 것이며, 내 개인적인 생각이 아니라, 이 사무실 혹은 선교본부, 혹은 모두의 판단을 전적으로 표현한 것이라는 사실을 다시 한 번 반복합니다.

박사님과 부인께 안부 전합니다.

안녕히 계세요
F. F. 엘린우드

Frank F. Ellinwood (Sec., BFM, PCUSA), Letter to John W. Heron (Seoul) (Aug. 11th, 1887)

Aug. 11th, (188)7

J. W. Heron, M. D.,

    Seoul, Korea

My dear Doctor:

I have received no word from you since I last wrote, but as I am sending off a mail to Korea I write you again. First of all to state that Miss Horton of Chicago has been appointed to take the place of Dr. Ellers, and second, that we are looking for a young clerical missionary to join the force in Korea, and may, if the right man offers, send also a male physician, though not knowing what particular work he may take up, or whether he may be in Seoul or Chemulpho. We do not know whether you may soon leave our Mission, or whether in the course of a year or so Dr. Allen may come home, but we feel that the opening is so bright and suspicious that it is wise to strengthen our force in a general way.

(Omitted)

Sometime since your sister called here though I happened to be absent. She left some letters of yours relating to Dr. Allen. I hardly know whether they ought to have been left or not, as they contain some very bitter expressions which you might not wish those outside of your family to read. A letter was sent to me, also, which Mrs. Heron's mother had written to a friend. It surprised me by the many strong and bitter epithets which were applied to Dr. Allen. The letter left by your sister I answered in a friendly spirit, for I certainly feel nothing different from that. My aim was to correct an impression which both you and she seem to have, namely that Dr. Allen has written violent things against you and Mr. Underwood all the while. So far from this being true, his letters have never indulged in any epithets whatever nor is there anything like bitterness to be found in them even since the arraignment which was made by you and Mr. Underwood in the letter which contained your resignation.

Another point which I wished to set right was the personal aspect which you give to my correspondence, seeming to feel that the Board's action was my work, and that it was really myself and not the Board that was laying down rules for the Mission, placing Dr. Allen at the head of the hospital etc. Permit me to say, as I have said to Mr. Underwood, that that proposition to have but one head was not mine, but was an amendment to a plan which I drew up which made the two Doctors equal in the management of the hospital. It was made by one of my colleagues, was sustained by all the rest, and was carried unanimously by the Board. My own conviction is that a hospital should have but one head, as is the case at Peking, Canton, and in fact everywhere else so far as I know, but for the sake of conciliation and peace as a means of healing the breech in the Mission, I proposed to make the two Doctors equal. My recommendation, however was overruled. Will you please do me the justice to correct this wrong impression as to my position wherever that wrong impression has been made upon other Americans in Korea. Had I cherished the personal feeling which your letters seem to ascribe to me, and particularly that of Mrs. Heron's mother, I should have urged the Board to accept your resignation and that of Mr. Underwood at the first. I have done all that day in my power to keep you both in the Mission, believing that you will yet prove to be valuable missionaries, and those of whose record we shall some day be proud. Let me repeat the fact that all the letters that have gone from here thus far have been matters of conference, and have been really the expression of the judgment of the Office or of the Board, or both, and not my personal feelings.

With kind regards to yourself and to your wife, I remain,

Sincerely yours,
F. F. Ellinwood

호러스 N. 알렌(서울)이 프랭크 F. 엘린우드(미국 북장로교회 해외선교본부 총무)에게 보낸 편지 (1887년 8월 15일)

한국 서울,
1887년 8월 15일

F. F. 엘린우드 박사,

　　뉴욕 시 센터 가(街) 23

친애하는 박사님,

　　박사님께서 최근 편지를 쓰셨을 때 저는 건강이 좋지 않았으며, 박사님께 편지를 쓴 다음날 심한 이질에 걸려 누웠다가 이제 막 침대에서 벗어났습니다. 제가 병을 앓던 첫 주(週)에 헤론 박사는 제물포에 있었습니다. 돌아온 이후 그는 매우 친절하였습니다. 그는 이제 모든 장로교회 사람의 모든 것을 좋아하는 것 같습니다. 제가 1년 동안 떠나게 된다면, 지금 알 수 있는 유일한 위험은 그가 병에 걸리거나 전체 일을 하는 것을 싫어하여 감리교회 사람 중 한 명을 초청하여 돕게 하는 것입니다. 제가 가든지 말든지, 박사님께서는 의사와 전도자들을 파송하여 언어를 학습하고 새로운 지부들을 개설하도록 하셔야 합니다.

　　감리교회 사람들은 거주할 주택, 스크랜턴 부인을 위한 건물과 여학교의 건축을 완공하였는데, 그것은 우리의 전체 자산, 수리비 및 모든 것보다 비쌉니다. 그리고 지금 아펜젤러는 언덕 맞은편에 멋진 학교 건물을 짓고 있으며, 벽돌 벽이 어렴풋이 모습을 드러내고 있습니다. 그들은 인력에 상당한 증원이 있을 것으로 기대하고 있습니다.

　　외국인들은 스크랜턴 박사가 여름 내내 그의 병원을 돌보지 않고 떠난 것에 대하여 별로 생각하는 것 같지 않습니다. 한국인들도 그런 것 같지만, 이곳에서도 위선은 훌륭하게 진행됩니다.

　　워싱턴에 가는 사절단에 관하여 새로운 것은 없습니다. 지난 번에 쓰러진 이후에 저는 어디로든 가야 한다고 느끼고 있습니다. 헤론 박사와 저의 모든 친구들이 가족들을 데리고 한두 달 동안 떠나라고 끊임없이 다그치고 있습니다. 1년을 보내는 것만큼 쉬울 텐데, 저는 그들에게 설명할 수 없습니다.

안녕히 계십시오.
H. N. 알렌

Horace N. Allen (Seoul), Letter to Frank F. Ellinwood (Sec., BFM, PCUSA) (Aug. 15th, 1887)

Seoul, Korea,
Aug. 15/ 87

Dr. F. F. Ellinwood,
23 Centre St.

My dear Doctor,

I was not well when you wrote last, and the day after writing you I came down with a severe attack of dysentery from which I am just out of bed. During the first week of my illness, Dr. Heron was in Chemulpoo. Since his return he has been very kind. He seems quite in for everything Presbyterian now. In case I leave for a year, the only danger as I can see now will be that he may get sick or tired of doing the whole work and invite in one of the Methodists to help. Whether I go or not, you should send out a Dr. and a few preachers, to study the language and open new stations.

The Methodist have completed dwelling house and girls school for Mrs. Scranton Sr. that cost more than our whole property, repair and all. And Appenzeller is now building a fine school building on a hill opposite, the brick walls are now looming up. They are expecting a considerable addition to their force. The foreigners don't seem to think much of Dr. Scranton for running away and leaving his hospital unattended all summer. Neither do the Koreans, but show goes a great ways even here.

Nothing new concerning the Mission to Washington. Since my last attack, I feel that I must go somewhere. Dr. Heron and everyone of my friends constantly urge me to take my family away for a couple of months. It would be just as easy to go for a year. and I can't explain to them.

Yours truly,
H. N. Allen

회의록, 한국 선교부 (미국 북장로교회) (1887년 8월 18일)

1887년 8월 18일

연례회의를 위하여 의장의 요청으로 만나다.

이전 회의록이 낭독되고 승인되었다.[50]

재무의 보고서가 낭독되었으며, 128.54달러의 잉여금이 발견되어 고아원 앞의 주택 구입에 23.26달러, 알렌 박사의 여행비로 15.10달러, 알렌 박사 사택의 추가 수리에 60.00달러, 혜론 부인이 가르치는 여학교의 2개월치 경비로 30.18달러를 사용하기로 동의되었다.

선교부 앞의 부지를 구입하기 위한 위원회에 알렌 및 혜론 박사의 임명이 동의되고 통과되었다.

재무는 장부로 사용하기 위하여 새 장부를 구입하도록 동의되고 통과되었다.

1월 10일 선교부가 채택한 규칙이 행동 규칙으로 유지되고 즉시 시행되도록 찬반 요청이 동의되고 통과되었다. 언더우드 씨는 찬성, 벙커 부인은 찬성, 혜론 박사는 찬성하였다.

동의에 의하여 선교부 전체는 '고아원 계정을 검토하기 위한 위원회'가 되자는 안이 발의되었으며, 동의에 의하여 이것이 승인되었다.

재무의 계정도 감사를 받아 제대로 되어 있는 것으로 판명되어 승인되었다.

선교부는 무기한 폐회하였다.

J. W. 혜론

서기

---

50) 1886년 12월 13일, 1887년 1월 10일, 2월 4일 및 4월 16일에 개최된 회의의 회의록을 말한다.

Secretary's Book, Korea Mission (PCUSA) (Aug. 18th, 1887)

Aug. 18, 87

Meet at the call of the Chairman for the Annual Meeting.

Minutes of previous meetings read & approved.

The Treasurer's report was read and a surplus of $128.54 was found in the Treasury, which on motion was spent as follows, for house in front of Orphanage $23.26, for Dr. Allen's travelling expenses $15.10, for additional repairs on Dr. Allen's hose $60.00, for expenses of Girls school taught by Mrs. Heron for two months $30.18.

It was moved & carried that a Committee be appointed to buy the property in front of the Mission, Drs. Allen & Heron were appointed.

Moved & carried that the Treasurer buy a new book to be used as a day book.

Moved & carried that the rules adopted by the Mission on Jan. 10th stand as the rules of action and go into effect at once, Ayes Noes being called for. Dr. Allen voted, aye, Mr. Underwood voted aye, Mrs. Bunker voted aye, Dr. Heron voted ayes.

On motion the Mission resolved itself into a Committee of the whole to examine the Orphanage accounts, and on motion these were approved.

The accounts of the Treasurer being also audited & found correct were approved.

The Mission adjourned *sime die*.

J. W. Heron
Sec.

존 W. 헤론(서울)이 프랭크 F. 엘린우드(미국 북장로교회 해외선교본부 총무)에게 보낸 편지 (1887년 8월 20일)

한국 서울,
1887년 8월 20일

친애하는 엘린우드 박사님께,

(중략)

박사님께서 예산서를 받았다고 언더우드 씨에게 편지를 쓰신 것을 제외하고, 우리는 그것에 대하여 어떤 답도 듣지 못하였으므로 박사님께서 그 안(案) 전체를 받아들였다고 결론을 내릴 수밖에 없었고, 따라서 예산을 요청하였던, 선교부에 인접한 부동산을 매입하기 위한 위원회(알렌 박사 및 헤론 박사)가 임명되었습니다. 이 일이 현명한 투자라는 것은 이 지역의 발전을 지켜보고 있는 모든 사람들에게 분명합니다. 외국인 거주지가 이곳에 형성될 것이며, 이 자산은, 밀집된 붕괴 직전의 오막살이집들을 철거할 때 발생할 건강상의 안전에 덧붙여, 새 건물을 건축할 때 혹은 다른 사람에게 매도할 때 유용할 것입니다.

(중략)

알렌 박사의 동의와 벙커 부인의 재청으로 선교부는 얼마 전 언더우드 씨가 제안하였던 사역 안을 투표하여 만장일치로 지지하기로 하였고, 선교부에 의해 만장일치로 통과되었습니다.

(중략)

John W. Heron (Seoul),
Letter to Frank F. Ellinwood (Sec., BFM, PCUSA) (Aug. 20th, 1887)

Seoul, Korea,
August 20, 1887

My dear Dr. Ellinwood,

(Omitted)

As we had not heard any reply to our estimates except what you had written to Mr. Underwood on your receipt of our estimates we were obliged to conclude that you had granted them in full, so a committee was appointed (Drs. Allen and Heron) to purchase the property adjoining the mission for which an appropriation was asked. That this is a wise investment of money is evident to all who watch the growth of this section of the city. The foreign settlement will be here and this property, in addition to the added safety in health which the removal of the tumble-down, crowded huts which now cover it will give, will be available either for the erection of new buildings or for sale to others.

(Omitted)

On motion of Dr. Allen, seconded by Mrs. Bunker, the mission voted unanimously to stand by the plan of work presented some time ago by Mr, Underwood and at the time unanimously adopted by the mission.

(Omitted)

호러스 N. 알렌(서울)이 프랭크 F. 엘린우드(미국 북장로교회 해외선교본부 총무)에게 보낸 편지 (1887년 8월 22일)

한국 서울,
1887년 8월 22일

F. F. 엘린우드 박사,
　뉴욕 시 센터 가 23번지

친애하는 박사님,

　　박사님은 우리 선교부의 연례회의가 매우 성공적으로 끝났다는 것을 알게 되어 기쁘실 것입니다.[51] 저는 다른 사람들이 사임할까 봐 걱정하였지만, 정반대로 그들은 꽤 열정적으로 보였습니다. 저는 그 문제들이 지난 겨울 언더우드의 결의를 준수하거나 박사님께서 저를 위해 만드신 계획들을 수락하는 저의 행동에 달려 있음을 알게 되었습니다. 그래서 후자에 대하여는 아무 말도 하지 않았고, 우리가 전자의 것을 따르기로 하였으며, 이는 그들에게 매우 만족스러웠습니다. 현재로서는 저는 모든 지출에 대하여 의료 위원회의 승인을 요청해야 하며, 모든 수입에 대하여 저는 그들에게 알려야 할 책임이 있습니다. 그것은 저에게 아무런 차이가 없으며, 그것들이 더 잘 맞는 것 같습니다.

　　제가 사절단에 대하여 무엇을 해야 할지 막막합니다. 개인적으로 이것은 커다란 ＿＿＿이며, 두 아기와 돌봐야하는 어리석은 많은 한국인들이 있을 것이기에 저는 가는 것이 좋지 않으며, 결코 유쾌하지 않을 것입니다. 이곳에 있는 동안 저는 왕에 대한 영향력에 관한 한, 의심할 여지없이 이 나라에서 가장 강력한 외국인입니다.

　　미국으로 갈 공사가 정식으로 임명되었으며, 또한 유럽 전체를 위하여 한 명이 임명되었습니다.

추신: 8월 22일

---

51) 연례회의는 8월 18일에 개최되었다. *Secretary's Book, Korea Mission* (PCUSA) (Aug. 18th, 1887)

헤론 박사가 지금 예산을 갖고 왔습니다. 그와 언더우드는 전반적으로 7.25% 이상을 삭감하기 위해 많은 노력을 하였으며, 여행과 개인 의료 항목을 없애는 조치를 취하였습니다. 삭감과 관련하여, 박사님께서 그것이 필요하다고 생각하시면 우리는 참을 수 있습니다. 저는 그 보험금액을 빚졌으며, 그것을 떨어낼 수 있을 것 같지 않지만, 우리는 단지 조금 절약해야만 할 것입니다. 우리는 중국인이나 일본인 대신 한국인을 하인으로 둔 것을 제외하고, 이곳에 사는 모든 외국인들(선교사들을 의미합니다)만큼 살고 있습니다. 여행에 대하여 저는 선교부에서 허약한 사람이지만, 다른 사람들은 그 기금을 사용하였으며 매년 더 사용하고 있습니다. 이것은 조만간 없어질 수 있겠지만, 만약 누군가 귀국해야 할 만큼 아프다면 박사님이 어쨌든 그것을 지불하셔야만 할 것입니다. 이곳의 기후는 좋지만, 우리 집들은 지긋지긋합니다. 저는 다음 계절에는 그곳에서 살지 않을 것입니다. 우리 집은 다른 모든 집들보다 아래에 위치해 있고 공사관 밑에 위치해 있으며, 지면 바로 위에 있기 때문에 배수가 되지 않습니다. 그것은 모든 사람들이 박사님에게 말씀드릴 것처럼 우리의 끊임없는 질병의 원인입니다. 제가 본국에 가지 않는다면, [박사님께 새로운] 주택을 요청할 생각입니다. 병원 예산과 관련하여, 저는 헤론의 의약품 청구서를 포함하여 그것을 용이하게 유지할 수 있습니다. 저는 그가 자신의 환자들을 병원으로 보내는 대신, 저의 재고 약품을 지나치게 많이 사용하여 저를 매우 성가시게 한 것에 대하여 결코 불평한 적이 없습니다. 저는 불길에 부채질하고 싶지 않았지만 이제 우리는 재고품을 나눌 것이며 그는 자신의 사무실을 갖게 될 것입니다. 저는 준비를 위하여 100달러의 의료 _____, 약품을 그에게 줄 예정입니다.

안녕히 계십시오.
H. N. 알렌

Horace N. Allen (Seoul),
Letter to Frank F. Ellinwood (Sec., BFM, PCUSA) (Aug. 22nd, 1887)

Seoul, Korea,
Aug. 22nd, 1887

Dr. F. F. Ellinwood
   23 Centre St., N. Y.

My dear Doctor,

You will be pleased to know that our annual mission meeting passed off with great success. I had feared the others would resign but on the contrary they seem quite zealous. I saw that matters were hinging on my action in abiding by the Underwood resolutions of last winter, or accepting the plans you laid down for me. Therefore said nothing of the latter and moved that we abide by the former, which action was very satisfactory to them. As it stands now I must ask permission of the medical committee for making all expenditures and I am responsible to them for all of the receipts. It makes no difference to me and seems to suit them better.

I am in a great quandary as to what I am to do about the Embassy. Personally I prefer not to go, for it will be a great ____ up, and with two small babies and a lot of fool Koreans to look after, it will be far from agreeable. While here, I am without doubt the strongest foreigner in the country, so far as influence with the King is concerned.

The Minister to America has been formally appointed, also one for all of Europe.

P. S. Aug. 22nd

Dr. Heron has just been in with the appropriations. He and Underwood are much worked up over the 7¼% reduction all around and over the omission of the fund for travelling and the personal medical accounts. As to that reduction, we can stand it if you think it necessary. I am in debt to the amt. of that insurance money, don't seem able to shake it off, but we will simply have to economize a little. We live about as well as any of the foreigners here (I mean the missionaries) except that we keep Korean instead of Chinese or Jap. servants. As to the travelling, I am the invalid of the mission but the others have used the fund and more every year. It can just as will be dropped, if anyone gets sick enough to be sent home, you will have to pay it anyway. The climate here is good but our house is abominable. I will not live in it another season. It is below all the others and under the Legation here, is right on the ground and can't be drained. It is the cause of our constant illness as everyone will tell you. And if I don't go home, I intend to ask for a house. As to the medical amounts, I can carry them easily, including I think a bill of medicine for Heron. I have never complained to him of the great annoyance he puts me to in using my stock of drugs so extravagantly instead of sending his patients to the hospital. I didn't wish to fan the flames, but now we will divide the stock and he will have an office of his own. I shall give him $100.00 of medical _____, drugs for his establishment.

Yours,
Allen

18870800

호러스 N. 알렌(서울), 한국의 정세 (1887년 8월경)

한국의 정세

지난 계절 동안 콜레라로 인한 사망자 수는 샌프란시스코 신문에 의해 크게 과장되었다. 매일 수천 명이 아니라 수도의 전체 수는 모두 8천 명에 불과했다. 만연하는 동안 그것은 대단히 심각하였지만 사용 가능한 재료가 곧 소모될 것 같았고 그 유행이 중단되었다. 한국인들은 총의 발사에 의해 쫓겨난 사악한 신(神)에게 충분하였다고 믿고 있기에 개틀링 총을 ____하고 있다.

궁궐 수비대의 머리에서 머리카락을 이상하게 자르는 모습에 약간의 동요가 일어나고 있다. 이 영(靈)에게도 총이 발사되고 있다.

위의 예외를 제외하고는 상황이 대단히 조용하고 전망이 희망적이다. 나라의 엄청난 광물자원을 개방하기 위한 계획이 제안되었다. 이 나라를 중립국으로 만들고, 일본, 중국 및 러시아로부터 보호를 보장받기 위한 또 다른 계획이 진행 중이다. 평화가 보장되고 광물의 수출이 잘 되면 이 민족의 진보적인 성격은 곧 한국이 동양에서 중요한 위치를 차지하게 할 것이다. 한국은 지금 중요한 위치를 차지하고 있지만, 그것은 지리적 위치와 보호되지 않은 부분을 장악하려는 열강의 맹신 때문에 초래되기에 그 나라가 그렇게 중요하지 않았더라면 좋았을 것이다.

Horace N. Allen (Seoul), Affairs in Korea (Aug., 1887)

Affairs in Korea

The number of deaths from Cholera during the past season, was greatly exagerated[sic] by San Francisco papers. Instead of their being thousands daily, the whole number for the capital was but ___ a eight thousand in all. While it lasted it was very severe but the available material seemed to have been soon consumed and then it ceased. Koreans are____ ____ of Gatling guns now as they believe these to have been too much for the Evil Spirit, whom they supposed to have been driven away by the firing of the guns.

Some excitement is being caused by the mysterious cutting off of the hair from the heads of the Palace guard. This Spirit is also being fired at.

With the above exception things are very quiet and the prospect is hopeful. A plan has been proposed for opening up the fabulous mineral wealth of the country. Another plan is on foot for making this a neutral country and securing it assurances of protection from Japan, China and Russia. With peace assured, and a good export of minerals taking place, the progressive nature of this people would soon cause Korea to take an important place in the East. She has an important place now but as it arises from her geographical position and the fondness of greater power for seizing her unprotected parts, it might be well were she not so important.

호러스 N. 알렌(서울), 한국의 몇몇 미신 (1887년 8월)[52]

한국의 일부 미신

지난 여름 콜레라가 창궐하였을 때, 그것은 콜레라 신(혹은 악마)을 향하여 총을 쏘는 사람들의 성공적인 노력으로 저지되었다고 생각되었다. 질병은 너무도 갑자기 그 파괴를 멈추었고, 만일 대중들이 그것을 충실하게 수행할 수 있을 만큼 치료법에 대한 믿음이 있었다면 성공적인 결과를 자신들의 격렬한 치료 때문으로 돌릴 것이라고 생각하는 것은 당연하다.

최근에 궁궐에서 근무하는 세 명의 군인이 신비하게 그들의 머리카락을 잃어 버렸고, 이후 다른 사람들이 같은 경험을 하면서 큰 실망을 주었다. 머리카락은 정수리에서 작은 매듭을 만든다. 모든 소년과 미혼 남자가 머리카락을 등에서 땋아 늘어뜨리기에 이 매듭은 성인의 표시이다. 그것은 젊은이가 약혼할 때 처음으로 세우고, 그 후에는 세심한 주의를 기울여 돌본다. 이 매듭을 잃는 것은 슬픈 고통이지만, 지금 남자들이 자신들의 머리카락을 잃고 있는 무책임한 방식은 국가적 불안과 수치심과 개인적 고통의 원인이 된다.

아직까지 계속 일어나고 있으며 뚜렷한 원인이 밝혀지지 않아 악령에 의한 것으로 보고 있다. 결과적으로 총을 쏘는 병사는 다시 요청을 받았다.

개틀링 총은 도시가 포위된 상태에 있다고 가정하기에 충분하다.

이것은 사소한 문제처럼 보일 수 있지만 더 큰 원인에서 큰 위기가 발생하지 않았다. 예를 들어, 이 일을 단발머리의 외국인과 교제하는 신(神)들이 자기 백성(조선인)에 대한 혐오감 때문으로 돌린다면, 지적이고 넓은 마음을 가진 왕과 진보파는 국가에 그들이 존재하는 것과 함께 불명예를 가져오고 있다고 믿었던 사람들에게 대중들이 폭력을 행사하는 것을 제지하는 데 어려움을 겪을 것이다.

지난 3년 동안 수확은 매우 부실하였다. 외국 물품을 구입하고 현대적인 기관을 설립하는데 낭비를 하여 정부는 국가의 놀랍게 풍부한 광물 자원을 개방해야만 탕감할 수 있는 부채 상태에 빠지게 되었다. 그러나 이것은 한 번에 할 수 없었고, 그동안 지난 몇 해 동안 좋은 수확의 전망은 한동안 대단히 좋

---

52) 이 글은 8월 22일자의 글과 제목이 같지만 작성 날짜가 적혀 있지 않다. 알렌은 이 글을 8월 22일자보다 더 앞에 철해 둔 것으로 보아 더 먼저 쓴 글로 추정하고 이곳에 넣었다.

지 않았으며, 동시에 수천 명이 콜레라로 사망하였다. 사람들은 서로 이야기를 나누기 시작하였고, 흉년, 부채, 폭동 등이 모두 이방인의 출현과 조약의 체결 이후에 일어났음을 쉽게 기억하였다. 그러자 불운을 모두 기이한 ___ 탓으로 돌렸고, 콜레라 신이 겁을 먹고 사람들의 노력으로 비가 그치지 않았다면 모든 것이 함께 갔을 수도 있다는 것이 이상한 일은 아니었다. 그러한 흉년이 몇 년 동안 없었고, 정치적, 사회적 문제가 모두 나아지고 있었기에 외국인의 명성이 지켜졌다.

황태후는 외부인을 특별히 좋아하지 않으며, 그들의 악한 영향력을 두려워하는 것 같다. 왕실의 장례용품은 여러 공사관 뒤편의 아주 좋은 부지에 세워진 창고에 보관되어 있다. 여러 외국인들이 그 부지를 원하였고, 한 경우에 정부는 신청자에게 부지를 넘기려 하였지만 황태후(그는 80세이다.)는 운명이 그것들을 이용하게 하지 않도록 장례용품을 옮기는 것을 단호하게 거부하였고, 그녀는 무덤에 가장 가까웠기 때문에 그러한 모독이 그녀에게 나쁜 징조가 될까 두려워했다.

며칠 후 이 주목할 만한 여자의 생일이 되었다. 평소와 같이 외국인을 위한 알현과 만찬 등 성대한 행사 준비를 하고 있었지만, 최근 천둥번개를 동반한 폭풍우가 몰아치면서 모든 준비가 중단된 것으로 알려졌다. 점성가들은 음력 10월에 천둥번개가 치는 것은 왕조의 변화나 왕실에서 사망을 의미한다고 말한다.

왕비는 대단히 미신적이며 종교적으로 일부 미신적인 생각을 지키고 있다. 반대로 왕은 탁월하게 실용적이며, 사물의 진정한 내면을 배우는 것 같다. 한 민족으로서 한국인은 미신을 믿지 않는다. 그들은 ____보다 이 결점을 ____ 한다. 관습은 미신이나 종교보다 훨씬 큰 영향을 미친다.

San Francisco Chronicle 귀중
의학박사 H. N. 알렌으로부터

Horace N. Allen (Seoul), Some Korean Superstitions (Aug., 1887)

Some Korean Superstitions

When Cholera was raging in Korea last summer, it was supposed to have been arrested by the successful efforts of the people in firing guns at the Cholera God (or Devil). The disease did stop its ravages very suddenly and if the masses had faith enough in their method of treating it to carry it out faithfully, it is but natural to suppose that they would ascribe the successful results to their vigorous treatment.

Recently three soldiers doing duty at the Palace lost their hair in a mysterious way, and as the same experience has since fallen to others it has caused great consternation. The hair is worn in a little knot on top of the head. This knot is a sign of manhood as all boys and unmarried men wear their hair in a braid down the back. It is first put up when the young man is betrothed and is ever afterward tended with great care. To lose this coil is a sad affliction, but the unaccountable manner in which men are now losing their hair becomes a cause of national anxiety and shame as well as distress to the individual.

As the occurrence is still taking place, and no visible cause can be discovered it has been ascribed to an evil spirit. Consequently the artillery is again called into requisition and the ___.

Gatling gun is enough to lead one to suppose the city to be in a state of siege.

This may seem to be a trifling matter yet great crises have arisen from no greater causes. Should, for instance, this occurrence be ascribed to the disgust of the gods with his people (Koreans) for associating with short haired foreigners, the intelligent, broad minded King and progressive party would have trouble in restraining the masses from doing violence to the people whom they believed to be bringing disgrace, with their presence in the country.

For three years past the harvests have been very poor. Extravagance in purchasing foreign articles and establishing modern institutions has plunged the Government into a state of indebtedness that can only be relieved by opening up the marvelous mineral wealth of the country. This could not be done however at once, and in the meantime the prospects for a good harvest during the past season were very poor for a while, and at the same time thousands were dying from Cholera. The people began to talk among themselves and it was readily remembered that the poor harvests, indebtedness, riots etc. had all happened since the advent of foreigners and the conclusion of treaties. It was not strange then that the ill luck was all ascribed to the strange __erterness and it might have gone all with as had not the Cholera God been scared away and the rains checked by the efforts of the people. As it is such a sick harvest has not been had for years, and as matters political and social are all looking up the reputation of foreigners has been saved.

The Queen Dowager is not particularly fond of outsiders and seems afraid of their evil influence. The Royal Funeral trappings are kept in go downs built in a lot which occupies a very fine site at the rear of the various legations. The place has been wanted by several foreigners and in one case the Government desired to place the property at the disposal of the applicant, but the Queen Dowager (who is eighty years of age) firmly refused to have the funeral goods moved, lest the fates might make cause for their being used, and as she was the nearest to the grave she feared such a desecration might bode ill to her.

In a few days, occurs the birthday of this notable lady. As usual preparations were being made for a grand function with audiences and banquets for the foreigners, but, it is stated, these preparations have all ceased owing to the occurrence of a thunder storm recently. Astrologers say that when a thunder storm occurs in the tenth moon, it indicates a change in dynasty or a death in the Royal Family.

The Queen is quite superstitious and religiously observes some superstitious ideas. The King on the contrary is eminently practical and seems ____ of learning the true inwardness of things. As a people the Koreans are not superstitious. They ____ ____ ____ this failing than ____. Custom has a far greater hold upon them than superstition or religion.

To The *San Francisco Chronicle*
from H. N. Allen, M. D.

호러스 N. 알렌(서울), 한국의 몇몇 미신 (1887년 8월 22일)

한국의 일부 미신

한국의 집에는 일반적으로 쥐가 많이 있다. 그들은 방에 천장이 있는 경우, 이 가짜 천장에서도 뛰논다. 그렇지 않으면 서까래와 기와 사이의 진흙과 회반죽을 파낸다. 방에 천장이 있으면 쥐는 정말 마음에 들지 않는데, 두꺼운 종이는 북 가죽처럼 여러 겹을 찹쌀 풀로 붙인 것이기 때문에 쥐가 이 종이 조각을 갉아먹기 때문이다. 그 소음은 아마추어 브라스 밴드의 소음과 같은데, 낯선 사람을 선잠에서 깨어나게 하며, 새로 온 사람에게는 상당히 심하게 된다. 이 북 가죽 천장에 북을 치면 쥐가 너무 무서워서 밤새도록 자리를 비울 수 있다.

현지인들은 쥐를 좋아하지 않으며, 쥐가 사람을 좋아해서 글자를 존경하는데 그것들이 글자 위를 걸어 다녀 모독하지 않는다는 가정 하에 천장에 글자를 써 두거나 때때로 여러 글자를 써 두는 등 다양한 방법으로 쥐를 없애려고 한다. 하지만 일부 쥐는 사람에 대하여 ____한다고 말하며, 마력은 항상 만족스럽게 작동하는 것은 아니다.

뱀은 한옥의 안팎에서 완전히 자유롭다. 그들은 일반적으로 한옥의 기와 아래 ___에서 살고 있다. 이 ____는 의심할 여지없이 겨울 동안 쥐에 의해 ____되며, 적절한 거주 동물이 따뜻해진 후 여름에는 눈에 뛰게 자리를 비운다. 뱀은 분명히 쥐에게 활기를 불어 넣지만, 그들의 주식(主食)은 처마 밑에 살고 있는 제비의 알 및 새끼이다. 새들의 흥분된 지저귐으로 뱀이 언제 보이는지 항상 알 수 있다. 수백 마리의 새들이 그가 뜨거운 기와 위에서 일광욕을 할 수 있는 곳으로 모여들고, 온 힘을 다하여 그에게 재잘거린다. 다른 새들은 날아가며, 경솔한 까치가 날카롭게 비명을 지르며 다가와 '뱀' 씨가 보호되지 않은 부분을 예리하게 파헤치는 것을 돕는다. 뱀은 일반적으로 우연한 만남을 최대한 활용하고 숨기 위해 달린다.

사람들은 뱀을 죽이지 않을 것이다. 그들은 두려움에 근거한 미신을 가지고 있다. 그들은 독사를 죽인 후 죽은 파충류의 짝에 의해 온 가족과 함께 살해당한 한 남자에 관한 이야기까지 거슬러 올라간다. 집의 뱀은 길이가 약 3피트이지만 게으르고 실질적으로 무해하다.

한국에 고양이가 없고 쥐가 점점 귀찮아지면서 가끔 들려오는 고양이 세레나데가 고마운 호의가 되고 있다는 사실에 주목하지 않을 수 없다. 고양이를 키우는 경우도 있지만 개가 어디에나 있고 족제비도 드물지 않아 쥐를 거의 볼 수 없다. 족제비는 항상 야생적이며 주로 닭을 습격한다.

고양이는 무관심한 동물로 간주되며, 유럽 가정에서의 자리를 결코 차지하지 않는다. 고양이에 관한 미신도 이야기로 거슬러 올라가면 뱀의 경우에서 유익한 것처럼 이야기의 영웅(또는 여주인공)의 후손에게 해를 끼친다.

옛날 옛적에 밭에서 일하는 농부는 허리끈을 자주 조여도 해소되지 않는 공허함을 느꼈다고 한다. 그는 더 이상 할 수 없을 때까지 계속하였고 왜 그의 배우자가 습관적인 식사를 그에게 가져오지 않았는지 의아해하면서 그는 그녀의 태만에 대해 화를 내었다. 그는 가서 그 문제를 조사하기로 결정하였고, 가는 길에 곤봉과 같이 필요한 용도에 적합한 좋은 곤봉을 선택하는 데 주의를 기울였다. 집에 도착한 그는 아기를 안고 매트에 누워 자고 있는 아내를 목격하였다. "아하!" 그는 외쳤다. "배가 꺼질 때까지 내가 들판에서 일을 하는 동안 네가 빈둥거리는 방식이야. 내가 너에게 한두 가지를 가르쳐 줄게." 그는 그녀를 세게 때렸고, 그 결과 아기는 젖가슴에서 충격을 받았을 뿐이었고, 젖이 있어야 할 곳에 피 한 방울이 드러났다. 화가 난 농부는 깜짝 놀랐다. 그는 자신의 작은 가족이 그의 앞에 죽어 있는 것을 보고 분노가 차올랐다. 그는 숙소를 조사하러 갔고, 가슴 아래에서 많은 피와 뱀의 반 토막을 발견하였는데, 고양이가 아직도 살아 있는 머리와 상체를 먹고 있었다. 뱀의 머리는 여전히 이리저리 다니면서 송곳니를 내밀었고 고양이는 피하느라 바빴다. 그러나 튀어 오르는 머리가 잠자는 엄마를 쳤고 치명적인 송곳니가 그녀의 살을 꿰뚫고 독이 묻은 피를 젖먹이에게 보내 둘 다 죽였다.

그 이후로 고양이는 시골에서 기르지 않고 도시에서는 거의 볼 수 없다. 그것들은 야생처럼 보이고 그들의 생명을 두려워하는 것처럼 보인다.

H. N. 알렌,
(18)87년 8월 22일
San F. Chronicle

Horace N. Allen (Seoul), Some Korean Superstition (Aug. 22nd, 1887)

Some Korean Superstition

Korean houses are usually more than supplied with rats. They gambol about on the fake ceilings if the room is supplied with a ceiling. If not they burrow in the mass of mud and mortar between the rafters and the tiles. In case the room is furnished with a ceiling the rats become very disagreeable indeed, for the thick paper is like a drum head and being made up of several layers held together by rice paste the rats pull up strips of this paper and eat it. The noise is like that of an amateur brass band and never fails to arouse a foreigner from the soundest slumber be he ever so used to it, while upon the new comer the effort is quite exagerated. By a species of drum practise upon this drum head ceiling the rats may be so frightened that they will stay away for the rest of the night.

The natives do not like rats and endeavor in various ways to get rid of them, as for instance by placing a written character on the ceiling, or many characters at times, with the supposition that rats like people so respect the written character that they will not desecrate it by walking over it. Some rats however, are said to _____ _____ over people, and the charm does not always work satisfactorily.

Snakes are allowed full liberty in and upon a Korean house. They usually live in houses in the _____ under the tiles. These _____ are doubtless _____ by the rats during the winter time and they are noticeably absent during the summers after the proper occupants have thawed out. The snakes doubtless make it lively for the rats, but their principal food is the eggs and young of the swallows which live under the eaves. One can always tell when the snake is visible by the excited chattering of the birds. Hundreds of them congregate about where he may be sunning himself on the hot tiles, and jabbers away at him with all their might. Others fly away and enlist the services of the imprudent magpie who come screaming in their shrill tones and give Mr. snake a sharp dig in some unprotected part. The snake usually gets the most of the encounter and runs for cover.

The people will not kill the snakes. They have a superstition based on fear. They trace it back to a story concerning a man who killed a poisonous snake and afterwards was killed together with his whole family by the mate of the dead reptile. The house snakes are some three feet in length, but lazy and practically harmless.

One cannot help but note the absence cats in Korea and as the rats become more and more troublesome an occasional feline serenade becomes an appreciated favor. Cats are sometimes kept but they are seldom seen while dogs are everywhere and weasels are not a rarity. The latter are always wild and confine their raids mostly to chickens.

The cat is considered an uncaring animal and never occupies the place it does in a European household. The superstition concerning the cat is also traced back to a story and is as harmful to the descendants of the hero (or heroine) of the story as it was beneficial in the case of the snake.

It is reported that once upon a time a farmer working in the field felt a sense of vacuity which frequent tightening of his belt would not relieve. He went on till he could no longer and from wondering why his spouse had not brought him his customary meal he worked himself up into a rage at her negligence. He decided to go and investigate the matter and on the way he took the precaution of selecting a good club for any necessary use such as clubs may be put to. Reaching his house he espied his wife lying on a mat with her baby in her arms apparently both asleep. "Ah ha!" he cried. "This is the way you loiter around while I work in the field till my belly has vanished. I'll teach you a thing or two", with which he struck her a sound blow which only resulted in jolting the babe from the breast and disclosing a drop of blood where milk should have been. The enraged farmer was startled. He fought his anger as he saw that his little family lay dead before him. He went to examine the apartment and under a chest he found a lot of blood and the half of a snake with a cat still eating at the living head and upper portion of the body. The snakes head still jumped about and the fangs darted out keeping the cat busy to keep out of the way. But the jumping head had struck the sleeping mother and the deadly fangs had pierced her flesh sending the poisoned blood into the nursing infant killing them both.

Since that time cats are not kept in the country and are but seldom seen in the cities. When seen they appear wild and seem as if afraid for their lives.

H. N. Allen,
Aug. 22, (18)87
San F. Chronicle

[알렌 월급].
인천항 관초 제1책 (1887년 8월 25일, 고종 24년 7월 7일)
Official Document of Incheon (Chemuopo) Port (Aug. 25th, 1887)

(...) 5월분 알렌의 월급 서양 은화 50원, (...)[53]

(...) 五月朔 醫士 安連 月給 五十元, (...)

---

53) 다른 달의 같은 내용이 다음의 자료에서 확인된다. 1887년 7월(음력)분 - 인천항 관초 1(1887년 10월 23일, 고종 24년 9월 7일); 9월(음력)분 - 인천항 관초 1(1887년 12월 21일, 고종 24년 11월 7일)

호러스 N. 알렌(서울)[이 *San Francisco Bulletin*으로 보낸 편지]
(1887년 9월 2일)

얼마 전 한국의 국왕 폐하가 나라를 다스리는 데 지쳐서 중국에 넘겨주려 한다는 단신이 여러 미국 신문에 게재되었다. 이 기사는 그것이 대중의 맥박을 느끼고 자신들이 이 나라를 점령하려는 계획을 외부인들이 대비하도록 하게 할 중국인들의 '＿＿＿'의 일부임에 틀림없다고 주장하는 한국인들을 크게 짜증나게 하였다.

비슷한 성격의 다른 기사들과 함께 위의 기사와 이곳에서 중국인의 활동으로 인하여 중국이 성공할 수 있는 것처럼 보였다. 그러나 한국인들은 저항(중국의 위대함에 대한 타고난 생각을 고려할 때 대단한 의지를 보여주는 단계)을 위한 준비를 활발하게 하기 시작하였고, 그들을 상대하기로 선택한 모든 세력은 그것이 쉬운 일이 아님을 알게 될 것이다. 그들은 마티니-헨리 소총과 개틀링 기관총으로 무장하여 수많은 좁은 산길을 쉽게 방어할 수 있다.

지방에서의 활동은 전쟁 같은 준비뿐만 아니라 단번에 영원히 중국을 떨쳐 버릴 필요성을 느끼고 가장 확실한 길, 즉 조국을 발전시키고 대외 정책을 수립하는 것을 대단히 현명하게 결정하였다. 그들은 놀랍도록 풍부한 광물 매장지를 개방하기 위한 조치를 첫 목표로 삼았다. 외국인 전문가들이 광산이 있는 지방으로 파견되어 엄청난 양의 금을 발견한 반면, 광대한 무연탄 층은 거의 항해가 가능한 큰 강에 자리 잡고 있으며, 가장 좋은 것은 바다에서 몇 마일 떨어져 있다. 그들은 현재 이러한 광물 자원을 개발하기 위하여 미국인들과 협상하고 있다. 독일과 영국의 기업은 오랫동안 적절한 독점권을 확보하기 위하여 노력하였지만 한국인은 미국 자본이 자국에 관심을 갖는 것을 선호하며, 이러한 선호 이유가 매우 좋은 것 같다.

이 외에도 그들은 자신의 해안에서 운항하기 위하여 여러 기선을 구입하였다. 이미 그것들 중 하나는 먼 지방에서 수도로 공물 쌀을 운송하는 데 상당히 유용해지고 있다.

그들은 중국과 공모한 혐의를 받는 당시 국무장관(외아문 독판)을 유배시키고 믿을 수 있는 사람을 임명한 후, 다른 나라에서 한국을 대표하는 공사들을 임명함으로써 새로운 외교 정책을 시작하였다. 한 명은 일본에 파견되었고

(중국은 통상 한국에만 통상위원을 파견하였기 때문에 상무위원은 중국에 상주한다), 미국에는 전권공사를 단독으로, 그러나 러시아, 영국, 독일, 프랑스는 한 명의 공사가 맡았다. 그들이 후자의 길을 택한 이유는 두 가지이었다. 우선 아시아인들에게 이 나라는 '보물 땅'으로 알려져 있고, 그들의 자원은 무한하지만 제대로 개발될 때까지 준비된 자금은 다소 부족할 것이다. 그렇기 때문에 현재 그들은 적절하게 지원할 수 있는 것보다 더 많은 공사관을 유지하지 않기로 매우 현명하게 결정하였다. 그리고 두 번째로, 한국인들은 민감하며, 중국을 선호하여 단순히 영사를 보내 한국에서 자신들을 대표하게 하였던 영국에 대하여 거의 관심을 갖고 있지 않다. 독일도 비슷한 경과를 거쳤다. 한국인들은 매우 자연스럽게 각 나라에 공사를 파견할 필요가 없고, 러시아에 임명된 공사가 프랑스, 이탈리아 및 스페인(프랑스는 한국과 조약을 체결하였다. 후자 2개국과의 조약은 현재 미결 중에 있다)에서 대표할 필요가 있을 때까지 조약을 맺은 유럽의 여러 열강을 돌볼 수 있다고 결정하였다.

이 모든 과정에서 한국인들은 러시아로부터 많은 암묵적 격려를 받았다. 이 나라에서 미국인들의 활동 증가로 만일 미국 자본을 이 나라로 이끌 수 있다면 미국으로부터의 추가적인 지원이 쉽게 올 것이라고 그들이 느끼게 되었다고 믿어진다.

주미 공사는 많은 수행원과 함께 곧 자신의 임지로 떠날 것으로 기대하고 있으며, 아마도 샌프란시스코에서 그를 놀라게 할 광경에서 현대 서양의 생활에 대한 첫 인상을 얻게 될 것이다.

(San Francisco Bulletin)
H. N. 알렌, 의학박사
서울, (18)87년 9월 2일

Horace N. Allen (Seoul),
[Letter to *San Francisco Bulletin*] (Sept. 2nd, 1887)

Some time since notices appeared in various American papers to the effect that His Majesty, the King of Korea, was tired of ruling his country and was about to turn it over to China, as too poor to pay for the trouble of governing. This notice greatly annoyed the Koreans who insisted that it must be a piece of Chinese "_____", by which they might feel the public pulse and prepare outsiders for their contemplated seizure of the country.

The above report with others of a similar nature, together with the activity of the Chinese here, made it look a little as though China might be successful. But the Koreans commenced with great activity to prepare for resistance (a step which shows great pluck, considering the inborn idea they have, of Chinas greatness) and any power who may choose to tackle them will find it no easy task; armed as they are with Martini-Henry rifles and Gatling guns, with which the numerous and narrow mountain passes could be easily defended.

The country's activity has not only been shown in warlike preparations, they have felt the necessity of at once and forever, shaking China off, and have very wisely decided upon the surest course, namely, developing the country and establishing a foreign policy. They have aimed at the first by taking steps toward the opening up of the marvelously rich mineral deposits. Foreign experts were sent to the mining country and found gold in remarkably paying quantities, while the extensive beds of anthracite coal are situated almost upon a large navigable river, best a few miles from the sea. They are now negotiating with Americans for developing these mineral resources. German and English firms have long been trying to get suitable franchises but the Koreans prefer to have American capital interested in their country, and their reasons for this preference seem to be very good.

In addition to this they have purchased several steamers for use upon their own coast. Already one of them has become quite profitable in transporting tribute rice from distant provinces to the capital.

They inaugurated their new foreign policy, by banishing the then Secretary of State (President of Foreign Office), who was accused of complicity with the Chinese, and after appointing a man whom they felt they could trust, ministers were appointed to represent Korea in other countries. One was sent to Japan, (a commissioner of trade resides in China as China has only sent a commissioner of trade to Korea), America was given a Minister Plenipotentiary, all to herself, while Russia, England, Germany and France, were all placed under the charge of one diplomatic representative. Their reasons for the latter course were two fold. In the first place, while the country is known to the Asiatics as the "treasure land" and while their resources are unbounded, yet until they are properly developed, ready money will be a little scarce. That being the case, at present, they very wisely determined not to burden themselves with more legations than they could properly support. And in the second place, the Koreans are sensitive and have but little regard for the English, who so favored China as to send simply a consul to represent themselves at the Korean court. A similar course having been followed by Germany. The Koreans very naturally decided that it was not necessary to send a minister to each of those countries but that by appointing a minister to Russia, he could look after the other treaty powers of Europe, till such a time as it should become necessary to be represented in France, Italy and Spain. (France has concluded her treaty with Korea. The treaties with the latter two countries are now pending)

In all of this course, the Koreans have received much silent encouragement from Russia. It is believed, while the increased activity of the Americans in the country has led them to feel that if American capital could be enlisted in the country any further support from the "Stars and Stripes" would be readily forthcoming.

The minister to America expects soon to leave for his post, with a numerous suite and will probably get his first impressions of modern western life from the sights which will surprise and startle him in San Francisco.

(*San Francisco Bulletin*)
H. N. Allen, M. D.
Seoul, Sept 2, (18)87

호러스 N. 알렌(서울)이 프랭크 F. 엘린우드(미국 북장로교회 해외선교본부 총무)에게 보낸 편지 (1887년 9월 3일)

한국 서울,
1887년 9월 3일

F. F. 엘린우드 박사,
　　뉴욕 시 센터 가(街) 23번지

친애하는 엘린우드 박사님,

　　우리는 머지않아 출발하게 될 것 같습니다. 저는 지금 그것에 대하여 마음이 아주 편합니다. 저는 저의 길을 분명히 보기 위하여 기다려왔는데, 이제 그것이 하나님의 섭리의 시작이라고 확신합니다. 그것은 선교부에 아주 좋은 영향을 주게 될 것입니다. [선교부에는] 현재 연합과 조화로운 느낌이 존재합니다. 저는 우리가 필요로 하였던 것은 나이 든 원로들의 "안정시키는 힘"이었다고 박사님께 여러 차례 편지를 썼습니다. 이곳에서 감리교회 사람들의 모든 성공은 나이든 스크랜턴 여사의 훌륭한 판단과 냉철한 조언 덕분입니다.

　　헤론 박사는 제가 없는 동안 제 일을 하는데 다소 마지못해 동의하면서, 경험이 많은 나이든 의사인 그의 장인이 와서 그를 도와주고, 많은 경험을 가진 그의 장모는 교육 사역을 맡을 수 있도록 노력할 것을 제안하고 있습니다. 그렇게 되면 선교부는 성숙한 조언자를 확보할 수 있을 것이며, 사역을 위하여 좋은 일이 될 것이라 생각합니다.

　　불확실한 것이 너무 많은 이 나라에서 저는 아직 선교부에 휴가를 요청하지 않았습니다. 저는 무슨 일이 일어날지 모르겠으며, 헤론 박사는 제가 떠나는 것에 찬성하지 않을 것이지만, 저의 판단에 맡길 것이라고 암시하였습니다. 그는 제가 가는 것에 동의하는 것이 이전 문제들에서 마치 자신이 제가 떠나기를 갈망하였던 것으로 보일 것으로 생각하고 있습니다.

　　사절단이 출발할 때 전보를 보내겠습니다.

안녕히 계십시오.
H. N. 알렌

Horace N. Allen (Seoul),
Letter to Frank F. Ellinwood (Sec., BFM, PCUSA) (Sept. 3rd, 1887)

Seoul, Korea,

Sept 3rd, 87

Dear Dr. Ellinwood,

It looks as if we would get off before long. I feel very easy about it now. I have been waiting to see my way clearly and now I am positive it is a providential opening. It is going to have an excellent effect upon the mission. There is at present a united and harmonious feeling existing. I have many times written you that what we needed was a "balance wheel" in the person of some older head. All of the success of the Methodists here is due to the good judgement and sober advice of the older Mrs. Scranton.

Dr. Heron agrees somewhat reluctantly to do my work during my absence and proposes to endeavor to induce his father-in-law, an elderly physician of great experience, to come out and assist him, while his mother-in-law could take hold of the educational work, in which she has had much experience. The mission would thus secure mature counsel, and I think it would be a great thing for the work.

I have not yet asked mission leave of absence, for in a country of so many uncertainties. I am not sure what may happen, yet Dr. Heron intimates that he will not vote in favor of my leave, but will leave it to my own judgement. He thinks that by assenting to my going it might to previous troubles, look as if he were anxious for me to go.

The departure of the Embassy will be telegraphed.

Yours truly,

H. N. Allen

회의록, 한국 선교부 (미국 북장로교회) (1887년 9월 3일)

(18)87년 9월 3일

　　동의에 의하여 [전]회의록을 낭독하지 않기로 하였다.[54]

　　우리는 해외선교본부가 즉시 소녀와 여자를 위한 교육 사업을 위한 여자, 그리고 남자를 위한 교육 사업을 도울 다른 목회 선교사를 파견해 주도록 긴급하게 요청할 것을 결의하였다.

　　언더우드 씨가 한문으로 된 일부 소책자 및 책을 이곳에서 배포하기 위하여 보낼 것을 허용하고, 재무가 그것을 지불하도록 지시하자고 발의되고 통과되었다.

　　선교지에서 4명의 전도사를 지원하기 위하여 선교본부에 300달러의 배정을 요청하자고 발의되고 통과되었다.[55]

　　동의에 의해 폐회되다.

　　J. W. 헤론, 서기

---

54) 1887년 8월 18일에 개최된 회의의 회의록을 의미한다.
55) 헤론은 이 내용을 선교본부에 보고하였다. John W. Heron (Seoul), Letter to Frank F. Ellinwood (Sec., BFM, PCUSA), (Sept. 4th, 1887)

Secretary's Book, Korea Mission (PCUSA) (Sept. 3rd, 1887)

Sept. 3, (18)87

On motion the reading of the minutes was dispensed with.

Resolved that we urgently request the Board of Foreign Missions, to send at once a lady for educational work for girls & women & another clerical missionary to assist in educational work for men.

Moved & carried that Mr. Underwood be allowed to send for some tracts & books in Chinese for distribution here & that the Treasurer be instructed to pay for them.

Moved & carried that the Board be requested to appropriate $300 for use on the field for the support of four evangelists.

On motion the meeting adjourned.

J. W. Heron, Sec.

존 W. 헤론(서울)이 프랭크 F. 엘린우드(미국 북장로교회 해외선교본부 총무)에게 보낸 편지 (1887년 9월 4일)

한국 서울,
1887년 9월 4일

친애하는 엘린우드 박사님,

저는 최근 편지에서 이곳 선교부가 취한 결정에 대하여 말씀 드렸습니다.[56] 그 규정은 지금 효력이 발생되어 순조롭게 작동하고 있으며, 이제 제가 장로교회 선교부에 남아있는 것이 가능한 것 같기에 이 편지로 저의 사임 의사를 철회하는 바 입니다.

(중략)

저는 며칠 전 알렌 박사가 자신이 미국으로 가는 사절단에 동행해야 한다는 왕의 요청이 있었다는 것을 저에게 말하며 저의 조언을 구하였을 때 깜짝 놀랐습니다. 저는 선교사로서 여러 이유 때문에 그가 가는 것에 동의할 수 없다고 솔직하게 말하였습니다. 그 중의 하나는 오래된 불화에 바로 이어 그곳으로 가게 되면, 그가 간 것이 그 일 때문이라고 즉시 말이 날 것이라는 점이었습니다. 그러나 그는 그것들은 서로 아무런 관련이 없다는 것과, 그가 사역에서 ____ 할 수 없는 다른 이유들에 대하여 박사님께 편지를 썼다며 저를 납득시켰으나, 그가 가지 않으면 가까운 시일 내에는 아니더라도 장차 더 큰 어려움이 닥칠 수 있어 거절할 방도를 모르겠다고 저에게 말하였습니다. 물론 그는 저보다 더 잘 이해하고 있고, 그의 임무가 어느 정도인지 잘 알 것이기에, 저는 그 문제에 대해 자신이 판단하라고 말하였습니다.

(중략)

저에게는 영어를 할 수 있는 환자가 두 배 이상 있지만, 만일 알렌 박사가 없는 동안 박사님이 저를 도와 줄 사람을 보내주시는 것이 가능하지 않다면, 저는 ____하도록 노력할 것입니다. 저는 박사님께서 장인인 존스보로의 깁슨 박사에게 이곳으로 오는 경비를 선교본부에서 지불하여 1년 동안 활동하도록 할 수 있을 것이라 생각하였습니다. 35년이 넘는 경험을 가진 장인께서 오

---

56) John W. Heron (Seoul), Letter to Frank F. Ellinwood (Sec., BFM, PCUSA) (Aug. 20th, 1887)

시면 우리에겐 가장 귀중한 조언자가 될 것입니다.

(중략)

깁슨 부인은 마운트 홀리요크의 졸업생이며, 제가 의료 선교사가 되겠다는 생각을 처음으로 하게 된 데에는 그녀의 영향이 매우 컸습니다. 물론 저는 그분들이 오시려 할지 전혀 모르지만 아마 그렇게 하시리라 생각하며, 저는 그분께 이 우편물로 편지를 써서 그 일을 제안하였습니다. 저는 알렌 박사에게도 말하였는데, 그는 그 제안이 훌륭하다고 생각하고 있습니다.

John W. Heron (Seoul),
Letter to Frank F. Ellinwood (Sec., BFM, PCUSA) (Sept. 4th, 1887)

Seoul, Korea,
September 4, 1887

Dear Dr. Ellinwood,

In my last letter to you I spoke of the action taken by the mission here at a late mission meeting. These rules having now gone into effect and working smoothly, make it now seem possible for me to remain in the Presbyterian Mission, so that I now hereby withdraw my resignation.

(Omitted)

I was completely surprised when a few days ago Dr. Allen told me of the request of his Majesty that he should accompany the embassy to America, on his asking my advice. I told him plainly that I could not as a missionary consent to his going for many reasons, one of which was that coming so closely on the old difficulty, it would be at once said that it was on that account he was going. But he assured me that he had written to you that had nothing to do with it, and other reasons that _ he cannot will be _from the work, but he tells me that he sees no way of refusing which may not lead in the near future to greater difficulties, than for him to go. Of course he understands the better than I do and how ___ and I told him that I would simply ask him to use his own judgment in the matter.

(Omitted)

I have more than double that number of English speaking patients, however if it is not possible for you to send anyone out now who can help me during the year of Dr. Allen's absence, I will try to__. I have thought that possibly you might induce my father in law, Dr. Gibson, of Jonesboro, to come out for a year by paying his expenses out here. He is a man of over 35 years of experience who would be a most valuable counselor to us.

(Omitted)

Mrs. Gibson is a graduate of Mt. Holyoke and very largely to her influence I owe my first thoughts of becoming a medical missionary. Of course I do not know in the least if they would _, but perhaps they would, I have written to him by __ and suggested it. I have spoken to Dr. Allen and he thinks the suggestion a good _.

(Omitted)

호러스 N. 알렌(서울)이 프랭크 F. 엘린우드(미국 북장로교회 해외선교본부 총무)에게 보낸 편지 (1887년 9월 5일)

한국 서울,
1887년 9월 5일

F. F. 엘린우드 박사,
　뉴욕 시 센터 가(街) 23번지

친애하는 엘린우드 박사님,

　　제가 우리 선교부의 밝은 전망에 대하여 축하하고 있을 때, 헤론 박사는 저에게 언더우드 씨는 박사님이 그가 최근 일본으로 떠난 여행과 관련하여 내린 특정 혐의를 철회할 때까지 자신의 사임을 철회하지 않았으며 그렇게 하지 않을 것이라고 암시하였습니다. 그는 아프지 않았고 건강 진단서를 위하여 간 것도 아니었지만, 그가 떠나는 것을 선교부가 인정할 수 있는 만큼 충분히 중요한 다른 이유들을 제시하였기 때문입니다. 그것은 박사님의 반대에 부딪쳤고, 박사님께서는 우리가 요청한 새로운 예산을 거부하여 문제의 행위에 대하여 집단적으로 책임이 있는 전체 선교부에 처벌과 책임을 내리심으로써 가장 단호하게 그것을 보이셨습니다. 그리고 그러한 거부를 통하여 박사님은 다시는 그와 같은 일이 생기지 않도록 확실하게 하셨습니다.

　　우리는 이것에 대하여 불평할 수 없지만, 박사님께서 이렇게 현재와 같이 언더우드를 멀리하시는 것은 조금 안타까운 일입니다. 그는 감리교회 사람에 비해 물론 장로교회 사람으로 보이며, 한국에서 다른 누구보다 언어를 더 잘 아는 매우 귀한 사람입니다. 그를 좀 달래 주시는 것이 좋을 것이라고 생각합니다. 감리교회 사람들은 적극적이지만, 만일 우리가 완전히 조화롭게 활동을 할 수 있다면 우리는 훌륭한 재료를 갖고 있는 것입니다. 어쨌든 여행은 선교부의 재가를 받은 것이며, 취소될 수 없습니다.

　　저는 만일 집슨 박사 부부가 오려고 한다면, 박사님이 그들을 파송하는 것에 찬성합니다. 그것은 우리의 입지를 크게 강화시킬 것입니다.

　　안녕히 계십시오.
　　H. N. 알렌

추신.

저는 이것이 올바르다고 확신합니다. 저는 기꺼이 그들에게 ___ ___ ___ 라고 말하였고, 아프지 않았고 ___ ____ 저의 말을 듣겠지만, 저는 ___ ___합 니다.

Horace N. Allen (Seoul),
Letter to Frank F. Ellinwood (Sec., BFM, PCUSA) (Sept. 5th, 1887)

Seoul, Korea,

Sept. 5th, (18)87

Dear Dr. Ellinwood,

Just as I was congratulating ourselves on the bright prospects of our mission, Dr. Heron intimates to me that Mr. Underwood has not withdrawn his resignation and will not do so, till you withdraw certain charges made in connection with his recent trip to Japan. He was not sick and did not go on a medical certificate, yet he presented other reasons that were of sufficient weight to cause the mission to grant him the leave. It met with your disapproval and you showed the same in the most emphatic course, i. e. by refusing to make the new appropriation we asked for, thus laying the punishment and blame upon the whole mission who collectively were responsible for the act in question. And by such refusal, you insured against the recurrence of the same.

This we cannot complain against but it is a little unfortunate if you have in any way alienated Underwood just at present. He seems quite Presbyterian as opposed to Methodists, and is a very valuable man, knowing the language better than any other in Korea. I think it would be well to conciliate him a little. The Methodists are active but we have the best material, if we can just get it into full harmonious action. At any rate, the trip was taken with mission sanction and can't be recalled.

I am in favor of your sending out Dr. & Mrs. Gibson if they will come. It will strengthen our position greatly.

Sincerely yours,
H. N. Allen

P. S.   I am assured of this rightly. I willingly told them I had said _____ _____ _____ _____ and was not sick _____ _____ will hear me out, but I am_____ _____

H. N. 알렌 - 휴가 요청이 허락되다. 미국 북장로교회 해외선교본부 실행이사회 회의록, 1837~1919 (1887년 9월 6일)

H. N. 알렌 - 휴가 요청이 승인되다. 공식 대표단과 관련하여 한국 왕의 요청에 따라 미국으로 돌아오되, 한국 정부가 경비를 지불하며 그동안 [선교본부가 지급하는] 자신의 급여를 포기한다는 내용으로 휴가를 갖고 싶다고 요청한 H. N. 알렌 박사의 편지가 제출되었고, 그 목적의 휴가가 승인되었다.

H. N. Allen - Request for Leave of Absence Granted.
Minutes [of Executive Committee, PCUSA], 1837~1919
(Sept. 6th, 1887)

H. N. Allen - Request for Leave of Absence Granted. A letter of H. N. Allen, M. D. Aug. 2nd asking that he might have leave of absence to return to this country at the request of the King of Korea, in connection with an official deputation, the expense to be _____ by the Korean Government, and meanwhile Dr. Allen to relinguish his salary, was presented, and leave of absence for this purpose granted.

프랭크 F. 엘린우드(미국 북장로교회 해외선교본부 총무)가
호러스 N. 알렌(서울)에게 보낸 편지 (1887년 9월 7일)

1887년 9월 7일

H. N. 알렌, 의학박사,
　　한국 서울

친애하는 박사님,

　　박사님의 8월 2일자 편지57)는 놀랍지만 놀랍지 않았습니다. 그것은 왕이 제안했어야 하는 것으로 생각해야 하는 일이었습니다. 나는 박사님의 철수에 대한 생각을 싫어합니다. 나는 그것이 대단히 유감스럽습니다. 나는 일이 그 방향으로 흘러가는 것이 현명하지 않을 것 같았기 때문에 박사님이 제안한 것과 같은 전보를 보내지 않았습니다. 나는 박사님이 철수한다면 선교부에서 일들이 어떤 형태를 취하게 될지 모르겠습니다. 나는 최고를 바랄 수밖에 없었습니다. 우리는 헤론 박사와 언더우드 씨가 선교부를 떠날지 여부조차 모릅니다. 곧 그들로부터 소식을 들을 시간이 될 것입니다. 우리는 그들에게 남아 있으라고 권고하였습니다.

　　엘러즈 벙커 박사의 자리를 대신할 호튼 양은 1월 이후까지는 갈 수 없으며, 우리는 새 의사가 도착할 때까지 벙커 부인이 의료 업무를 담당할 수 있기를 바라고 있습니다.

　　지금까지 나는 우리 입장에서 박사님이 떠나는 것에 대하여 이야기하였습니다. 이제 박사님 자신과 한국 정부의 입장에서, 한국과 같이 매우 위태로운 처지에 있는 정부를 위하여 300만 달러를 모금하는 것은 심각한 문제이며, 실패할 경우 박사님에게 어떤 반응을 보일지 모르겠습니다. 내가 보기에 돈을 모금하는 것은 이 나라에서 박사님의 임무에 부담, 적어도 힘든 부분이 될 것입니다. 나는 다른 부분이 충분히 쉬울 것이라고 생각하며, 박사님이 다른 사람만큼 철저하게 문제를 이해하고 있다고 왕이 믿는 것이 옳다고 생각합니다. 박사님께 미치는 영향은 무엇입니까. 그것은 임시적인 임무입니다. 그것이 한

---

57) Horace N. Allen (Seoul), Letter to Frank F. Ellinwood (Sec., BFM, PCUSA) (Aug. 2nd, 1887)

국에 대한 박사님의 모든 계획을 깨뜨릴까요? 그것이 박사님의 선교사 삶을 끝낼까요, 아니면 다시 돌아가서 사역을 감당할 것을 자신 있게 기대합니까? 우리는 박사님이 무엇을 하는 것이 현명하지에 대하여 스스로 판단하도록 내버려 두는 것이 좋겠다고 느꼈습니다. 나는 잠시라도 업무를 쉬게 되어 진심으로 유감스럽다는 말밖에 할 수 없고, 워싱턴으로 가기로 결정을 내리게 된다면 우리는 박사님이 선교 사업을 포기하지 말고 임시적인 임무가 끝나면 자신 있게 다시 시작할 계획을 세우고 목적을 정하기를 바라고 있습니다. 나는 그 문제를 어제의 선교본부 회의에 상정하였고, 내가 표현한 것이 전반적인 느낌이었다고 생각합니다. 그럼에도 불구하고, 박사님 앞에 놓인 협상에서 박사님 편에 어떤 어려움이 있는 경우, 그리고 어떤 형태로든 경쟁자로부터 비판을 받는 경우, 박사님은 당분간 어떠한 선교본부와도 연결되지 않는 것이 좋을 것 같습니다. 나는 박사님이 모든 부류의 사람들을 만나도록 부탁을 받았고, 박사님의 공식 자격으로 미국 선교부가 아닌 한국만을 대표해야 하기 때문에 그 사실이 박사님의 영향력을 저해할 것이라고 생각합니다. 왕으로부터 이 _____를 받아들임으로써, 내가 말한 바와 같이 이 임무가 끝날 때 재임명을 위하여 즉각적인 신청을 할 것이라고 희망하지만, 박사님이 당분간 선교본부의 선교사로서의 직위를 사임하는 것이 현명할 것이라는 것이 우리의 만장일치 판단입니다.

선교계 모두와 미국인 공동체에 안부를 전합니다.

안녕히 계세요.
F. F. 엘린우드

Frank F. Ellinwood (Sec., BFM, PCUSA),
Letter to Horace N. Allen (Seoul) (Sept. 7th, 1887)

Sept. 7th, (188)7

H. N. Allen, M. D.,
Seoul, Korea

My dear Doctor:

Your letter of Aug. 2nd was a surprise and yet not a surprise. It was the kind of thing that I should have supposed it likely that the King would propose. I dislike beyond measure the idea of your withdrawing. I regret it exceedingly. I have not sent any cable such as you suggested, for it has seemed to me that events were drifting so strongly in that direction that it would not be wise. I do not know just what shape things would take in the mission if you were to withdraw. I could only hope for the best. We do not even know whether Dr. Heron and Mr. Underwood are going to leave the mission or not. It will soon be time hear from them. We have counselled them to remain.

Miss Horton, who will go out to take the place of Dr. Ellers Bunker, cannot go until after January, and we hope that Mrs. Bunker can retain charge of the medical work until the new Doctor arrives.

So far I have spoken of your leaving from our own standpoint. Now from your own and that of the Korean Government, it is a serious matter to undertake to raise $3,000,000 for a Government, which is in so precarious a position as that of Korea, and what reaction would fall upon you in case of failure I do not know. The raising of the money, it seems to me, constitutes the burden, the hard part at least, of your commission to this country. The other part, I should suppose, would be easy enough, and the King is certainly right in believing that you understand matters out there about as thoroughly as any one. What would be the effect upon yourself. It is a temporary commission. Would it break up all your plans for Korea? Would it end your missionary life, or do you confidently expect to go back again and take hold of the work? We have felt very much like leaving you to judge for yourself as to what is wise for you to do. I can only say that we sincerely regret to lose you even temporarily from the work, and should you conclude to go to Washington it is our hope that you will not relinquish the mission work, but will confidently plan and purpose to resume it at the close of this temporary commission. I laid the matter before the Board yesterday at its meeting, and I think that what I have expressed was the general feeling. Nevertheless, it is felt that in the case of any difficulty on your part in the negotiations before you, and in the case of criticisms by rivals in whatever shape, it would be well that you should for the time be misconnected from any Missionary Board. I think that the fact would prejudice your influence, as you would be called upon to meet all kinds of people, and in your official capacity would be supposed represent Korea only, and not a Missionary Board in the United States. It is our unanimous judgement that in accepting this _____on from the King, it would be wise for you for the time to resign your position as missionary of the Board, though, as I have said, with the hope that you will immediately apply for reappointment at the close of this commission.

Please give my very kind regard to all the mission circle and to the American community.

Sincerely yours,
F. F. Ellinwood

18870909

프랭크 F. 엘린우드(미국 북장로교회 해외선교본부 총무)가
존 W. 헤론(서울)에게 보낸 편지 (1887년 9월 9일)

(188)7년 9월 9일

제이 W. 헤론, 의학박사,
　한국 서울

친애하는 헤론 박사:

(중략)

　알렌 박사가 보낸 최근 편지58)의 내용은 내 생각에 귀하에게 우호적인 것인데, 즉 1년 동안 사역지를 떠나 왕의 후원으로 워싱턴에서 특수 임무를 담당한다는 것을 나타내고 있습니다. 선교본부는 선교지에서 알렌 박사의 ＿＿＿를 잃는 것을 싫어하지만, 왕이 결국 그것을 수행한다면 그 계획을 허락합니다. 적어도 그동안 귀하가 병원의 주요 책임을 맡게 될 것으로 예상되며, 우리가 생각하는 대로 새로운 사람을 파송해야 할 것입니다. 나는 그가 의료 사역에서 적용되는 선교본부의 일반적인 관례에 따라 두 번째 지위, 즉 귀하를 보조한다는 이해와 함께 파송하는 것입니다.

(중략)

---

58) Horace N. Allen (Seoul), Letter to Frank F. Ellinwood (Sec., BFM, PCUSA) (Aug. 2nd, 1887)

Frank F. Ellinwood (Sec., BFM, PCUSA),
Letter to John W. Heron (Seoul) (Sept. 9th, 1887)

Sept. 9th, (188)7

J. W. Heron, M. D.
  Seoul, Korea

My dear Dr. Heron:

(Omitted)

The last letter from Dr. Allen indicated what I suppose is familiar to you, namely a purpose to leave the work for a year and to enter upon a special commission to Washington under the auspices of the King. The Board, while disliking to lose Dr. Allen's _____ in the mission field, consents to this arrangement should the King finally carry it out. During that interval at least it will be expected that you will take the principal charge of the hospital, and should we send out a new men, as I think we will. He will go with the understanding that he is to assist you as second in rank according to the general usage of the Board in its medical mission.

(Omitted)

호러스 N. 알렌(서울)이 프랭크 F. 엘린우드(미국 북장로교회 해외선교본부 총무)에게 보낸 편지 (1887년 9월a)[59]

벙커는 제가 떠나는 것을 반대합니다. 그는 제가 이곳의 공사관에 감으로써 한국, 미국, 선교부에 더 좋은 일을 할 수 있다고 확신하고 있는 것 같습니다. 그는 제가 떠나야 한다고 생각하지 않습니다.

포크는 전통 있고 훌륭한 가문 출신의 기독교인 일본 여성과 결혼하였습니다. 포크는 최근 아주 경건하게 살았으며, 제가 그와 알고 지낸 이후 지금까지, 그는 이곳에 나와 있는 모든 사람들이 첩을 두는 것과는 달리 결코 첩을 둔 적이 없었습니다. 그들의 결혼

그림 8-9. 조지 C. 포크 부부. 1888년경.

은 6년 동안 계속된 진실한 사랑의 정점입니다. 그는 법적 서류를 제출하였으며, 일본에서 이러한 종류의 진실한 첫 결혼입니다. 저는 포크를 전적으로 신뢰합니다. 저는 그것이 괜찮다는 것을 알고 있으며, 기독교가 그들을 가깝게 만들었다는 믿을 만한 충분한 이유가 있습니다. 그런데 한 신문은 그가 결혼하기 전부터 그녀와 함께 살았다고 보도하였고, 비록 그들(신문)이 그것은 다만 추측이었다고 사과하고 인정하였지만, 그의 적들은 그를 반대하는 데에 이용할 것입니다. 포크는 아마도 다른 어떤 사람보다 일본의 내부 생활을 많이 보았고, 그를 잘 아는 사람들에게 이것은 결국 그렇게 이상한 일이 아닙니다.

안부를 전합니다.

안녕히 계십시오.
H. N. 알렌

---

59) 이 편지는 알렌이 엘러즈의 결혼을 설명한 7월 11일자 편지 바로 뒤에 철해져 있다. 그런데 9월 7일 거행된 포크와 무라세 카네[村瀬]와의 결혼이 언급되어 있어 알렌이 워싱턴 D. C.로 출발하였던 9월 25일 이전에 쓴 편지로 판단된다. Horace N. Allen (Seoul), [On the Wedding of Annie J. Ellers] (July 11th, 1887)

Horace N. Allen (Seoul),
Letter to Frank F. Ellinwood (Sec., BFM, PCUSA) (Sept., 1887a)

Bunker is opposed to my leaving. He seems confident that I could do more good to Korea, America and missions by going into the Legation here, but doesn't think I ought to leave.

Foulk has married a Christian Japanese lady of an old and good family. Foulk has been very pious of late, and ever since I have known him he has never kept a mistress as do all the men out here. Their match is a true culmination of a true love affair of six years standing. He has taken out legal papers and it is the first bonafide marriage of the kind in Japan. I have full confidence in Foulk. I know it is alright, and I have every reason for believing that the Christian religion was what has drawn them together. Yet a paper published a statement to the effect that he had lived with her before their marriage, and though they apologized and acknowledged that it was only an inference on their part, yet his enemies will use it against him. Foulk has seen more of the inner life of Japan probably than any other man, and to those who know him well, this is not so strange after all.

With kind regards,

Yours truly,
H. N. Allen

호러스 N. 알렌(서울)이 프랭크 F. 엘린우드(미국 북장로교회 해외선교본부 총무)에게 보낸 편지 (1887년 9월b)[60]

의미가 있을 수 있는 한 마디만 추가하고 싶습니다. 일본의 루미스 씨가 한국의 문제를 잘못 전할 수는 없지만, 그가 할 수 있는 모든 진술에 대해서는 확실하게 감안해야 합니다. 한국과 한국 상황(정치적 및 선교적)에 대한 그의 지식은 신뢰할 수 없거나 정확하지 않습니다. 그는 한국 문제에서 가장 불안한 권위자입니다.

엘러즈 양은 그녀가 벙커 부인이 된 후에도 여전히 우리 선교본부에서 일할 것입니까? 이곳에 왕비의 시의로 그녀의 자리를 대신할 여자를 이곳에 두는 것이 현명할 것입니다. 저는 이것을 너무 강하게 촉구할 수는 없습니다.

Horace N. Allen (Seoul), Letter to Frank F. Ellinwood (Sec., BFM, PCUSA) (Sept., 1887b)

One word I wish to add which may have significance. While Mr. Loomis of Japan may not me in to misrepresent affairs in Korea, these certainly must be made great allowance for any statements he may make. His knowledge of Korea and Korean situations (political & missionary) is not reliable or accurate. He is a most unsafe authority on Korean affairs.

Will Miss Ellers still be in the service of our Board after she becomes Mrs. Bunker? It would be wise to have a lady out here to take her place as the Queen's physician. I can not urge this too strongly.

---

60) 이 편지는 알렌이 엘러즈의 결혼을 설명한 7월 11일자 편지 뒤에 첨부된 9월자 편지의 추신이다.
Horace N. Allen (Seoul), Letter to Frank F. Ellinwood (Sec., BFM, PCUSA) (Sept., 1887a)

호러스 N. 알렌(서울),
휴 A. 딘스모어(주한 미국 공사)의 진단서 (1887년 9월 10일)

한국 서울,
(18)87년 9월 10일

나는 지난 몇 주 동안 딘스모어 씨가 건강에 좋지 않은 계절에 의하여 초래된 쇠약의 결과로 현재 심각한 장 카타르 발작으로 고통 받고 있음을 증명합니다.

비슷한 경우와 마찬가지로 나는 짧은 바다 여행을 강력히 권고하고 촉구하고 있는데, 그것만으로도 문제를 해결하는 데 효과적일 것으로 보입니다.

H. N. 알렌, 의학박사

Horace N. Allen (Seoul), Health Certificate of Hugh A. Dinsmore
(U. S. Minister to Korea) (Sept. 10th, 1887)

Seoul, Korea,
Sept. 10th, (18)87

I certify that Mr. Dinsmore has, for the past few weeks, been suffering from a serious attack of intestinal catarrh, the result of debility brought on by the unhealthy season just experienced.

As in similar cases I strongly advise and urge a short sea trip, which alone seems effectual in eradicating the trouble.

H. N. Allen, M. D.

호러스 N. 알렌(서울)이
헨리 F. 메릴(해관 총세무사)에게 보낸 편지 (1887년 9월 10일)

한국 서울,
1887년 9월 10일

안녕하십니까,

저는 왕가와 병원의 의사로서 저에게 매달 허용된 50달러를 제중원의 예산에 계상하고 싶습니다.

따라서 저는 위의 목적을 위하여 이 금액을 지불한 상태로 유지해주시고, 제가 없을 때 귀하께서는 병원을 위하여 구입한 의약품 청구서를 제시할 때 J. W. 헤론 박사에게 동일한 금액을 지불하실 것을 부탁드립니다.

안녕히 계십시오.
H. N. 알렌, 의학박사

H. F. 메릴 님 귀중,
총세무사,
해관

Horace N. Allen (Seoul), Letter to Henry F. Merrill
(Chief Commissioner, H. B. M. Maritime Customs)
(Sept. 10th, 1887)

Seoul, Korea,

Sept. 10th, 1887

Dear Sir: -

I wish to appropriate to the Government Hospital, the sum of fifty dollars for month allowed me as physician to the Royal Family and the Hospital.

I therefore request that you keep these sums as paid, for the above purpose. And that in my absence you pay the same to Dr. J. W. Heron upon presentation of the invoices of medicines purchased for the Hospital.

Yours very truly,

H. N. Allen, M. D.

To

H. F. Merrill Esquire,

Chief Commissioner,

H. B. M. Maritime Customs

호러스 N. 알렌(서울)이
헨리 F. 메릴(해관 총세무사)에게 보낸 편지 (1887년 9월 10일a)

한국 서울,
1887년 9월 10일

안녕하십니까,

곧 미국으로 떠나게 되어 1년 동안의 휴가를 정중히 요청 드립니다.

저는 또한 J. W. 헤론 박사가 제가 없는 동안 한국 해관의 의무관으로 저의 의무를 수행할 수 있도록 허락하고 그가 관례적인 급액을 받을 수 있도록 허락해 줄 것을 요청 드립니다.

이것이 귀하의 승인을 받을 것으로 믿으며,

안녕히 계십시오.
H. N. 알렌, 의학박사

H. F. 메릴 님 귀중,
총세무사,
해관

Horace N. Allen (Seoul), Letter to Henry F. Merrill (Chief Commissioner, H. B. M. Maritime Customs) (Sept. 10th, 1887a)

Seoul, Korea,
Sept. 10th, 1887

Dear Sir: -

I am expecting soon to leave for the United States and respectfully request leave of absence for one year.

I also request that Dr. J. W. Heron be allowed to perform my duties as Medical Officer to the Korean Customs during my absence, and that he be allowed to receive the customary payments as they fall due.

Trusting this may meet with your approval.

I remain Dear Sir,

Your Humble Servant,
H. N. Allen, M. D.

To
H. F. Merrill Esquire,
Chief Commissioner,
H. B. M. Maritime Customs

호러스 N. 알렌(서울)이 메저즈 문 앤드 컴퍼니(뉴욕 시)로 보낸 편지
(1887년 9월 10일)

한국 서울,
1887년 9월 10일

메저즈 문 앤드 컴퍼니,
　　뉴욕 시

안녕하십니까,

　　내가 최근에 보낸 짧은 글에서 아시겠지만, 이 나라의 집들은 일상적인 요리에 필요한 불에서 나오는 소량의 열과 연기로 인하여 편안하고 잘 난방이 됩니다. 이것은 바닥을 이루는 평평한 돌 아래의 연도(煙道)를 통하여 연기를 통과시킴으로써 이루어집니다. 예를 들어 방 바깥, 즉 인접한 방의 벽에서 2피트 떨어져 있는 주전자 아래의 작은 불이 8피트 정사각형 방 2개, 혹은 8x16피트 크기의 방을 난방 합니다.

　　나는 얼마 동안 굴뚝을 통해 빠져나가는 폐열로 객차를 난방하기 위하여 이와 유사한 장치를 설계하려고 노력하였습니다. 불행하게도 나는 예술가나 기계공이 아니며, 이곳에서 그러한 사람들의 도움을 받을 수도 없습니다. 신임 미국 공사나 나 자신도 미국의 특허법에 대하여 잘 모릅니다. 따라서 나는 귀 사(社)에게 나의 계획을 가능한 한 명확하게 설명하고 귀 사(社)의 사람들이 그것을 실행하도록 요청하기로 결정하였습니다. 만일 그 계획이 특허를 받을 만큼 충분히 실용적이라고 생각하고 그것을 시도할 의향이 있다면 나는 그 이익을 귀 사(社)와 동등하게 공유할 용의가 있습니다.

　　내가 독특한 제안을 하였다는 것을 인식하고, 귀 사(社)의 인내심과 선함을 믿으며,

　　안녕히 계세요.
　　H. N. 알렌, 의학박사

객차의 난방을 위한 고안

객차 양쪽의 좌석열 아래의 바닥은 하측 테두리가 볼록한 1평방피트의 시멘트 단위 공간을 가진 철제 격자로 만들어야 한다. 이 공간에는 예를 들어 전체 표면을 완벽하게 매끄럽게 하기 위하여 포틀랜드 혹은 다른 적절한 시멘트로 처리한 비애라 석재 같은 가공석이 들어갈 것이다. 연기가 빠져나가는 것을 방지하기 위하여 두꺼운 기름종이로 전체를 덮어야 하며, 못이 많이 박힌 의자에 의해 마모되는 것을 방지하기 위하여 기름천이나 매트로 덮을 수 있다. 중앙 통로는 늘 그렇듯이 나무로 만든다.

이 석재 바닥 아래에는 너비가 석재 바닥의 폭 만큼이고 모양이 반원형인 철판으로 된 밀폐형의 통을 설치해야 한다. 중앙의 깊이는 6~10인치이다. 열 손실을 방지하기 위하여 이 연기 통로의 외부를 석면으로 입힐 수 있다. 두 번째 통을 위통 아래에 부착시킬 수 있다. 아래통의 바닥은 평평할 수 있지만 측면을 따라 공간이 필요한 만큼 깊이가 필요하지 않기 때문에 위통의 바닥보다 몇 인치 아래에 있을 수 있다. 이 통들의 끝은 위아래로 움직이는 조절판에 의해 교대로 닫히며, 그래서 하나의 통이 항상 열리게 된다. 객차가 과열될 때 이 조절판은 통풍을 아래통으로 민다.

이 연기 통로는 객차의 단(壇) 너머로 약간 돌출될 것이기에, 객차가 이어질 때 그것들이 포개질 수 있다. 이 목적을 위해 전방 끝은 반대쪽 객차의 끝을 수용할 수 있을 만큼 충분히 커야 한다. 전환 중 혹은 철로에서 곡선을 주행할 때 충돌로 인한 손상을 피하기 위하여 돌출부는 분리되어 통 자체를 받아들이며 충분한 측면 움직임을 허용하도록 배치되어야 한다.

이와 유사하거나 다소 원형인 철판 및 석면이 기관차 연통의 상후면에 연결될 것이며, 편리한 위치에서 분기되어 탄수차 뒤의 첫 번째 객차의 통과 연결된다. 그러면 기관사의 조작에 따라 조절판이 연통의 출구를 닫고 위에서 언급한 방식으로 연기와 열을 강제로 통과시킨다. 조절판을 밀어 올려 보통의 통풍이 얻어지고 열차가 움직인 후에 생성된 강한 기류(氣流)는 굴뚝 내의 증기를 위한 탈출관과 거의 동일한 목적으로 사용되며 ____ 통풍이 얻어진다.

그림 ___ ___ ___ 어려움은 극복할 수 있으며, 연기와 열은 시동 후에 기관의 아래로 다시 돌아오며, 일반 내화벽돌 아치 혹은 수면(水面)의 위치에 있는 화실(火室)을 통하여 올라온다. 더 많은 열기가 객차로 보내질 것이다. 기관차의 모양은 거의 변경되지 않고 수면과 동일한 결과를 얻을 수 있다. 또한 만일 연도(煙道)가 기관사실의 상단 및 탄수차로 유도되면 반드시 나타나는 복사에 의한 열 손실이 없을 것이다.

도중에 기계적 문제가 발생하여 화실(火室)을 통하여 실행할 수 없는 경우, 분기(分岐) 연도(煙道)는 객차와 연결하기 위하여 기관차의 외부를 따라, 그리고 탄수차 옆면 아래의 적절한 곳에서 이어질 수 있다.

얻을 수 있는 이점은 연기와 함께 낭비되는 열의 50~70%를 절약할 수 있다는 것이다. 충돌 시, 만일 기관사가 굴뚝 조절판을 위로 올리는 것을 잊어버려도 연기가 통상적인 방법으로 빠져나갈 수 있도록 하기 때문에 객차는 화재의 위험 없이 난방이 될 것이다. 충격으로 인하여 객차 사이의 연결이 끊어질 것이며, 일반 기관보다 더 많은 연기가 나지 않을 것이다. 하루에 두 번 작은 불로 적절한 문과 창문이 있는 8x16피크 크기의 방을 편안하게 난방할 것이다. 기관 굴뚝에서 나오는 엄청난 양의 폐기물이 지속적으로 통화하면서 객차의 돌바닥을 가열할 것이다. 너무 뜨거워지면 과열된 객차의 앞쪽 끝에 있는 조절판을 들어 올리면 바닥 바로 아래로 바람이 통과하여 무거운 공기를 다음 객차로 밀어내게 될 것이다.

가열된 돌이 균일한 온도를 유지하고 발과 사지가 계속 따뜻하게 되기 때문에 이것은 오늘날 흔히 볼 수 있는 갑작스럽고 고통스러운 온도 변화가 아닐 것이다.

석재나 시멘트가 갈라진 경우 유산지는 그것이 사용되는 일상적인 경험에서 볼 수 있는 것과 같이 연기를 효과적으로 차단할 것이다.

굴뚝은 운행이 끝날 때마다 그을음을 쉽게 제거할 수 있고 연기가 기차에서 제거되어 승객의 여행이 현재보다 훨씬 더 편안하고 안전해 질 것이다.

H. N. 알렌, 의학박사

기관 노폐물에서 객차 난방을 위한 장치의 그림.

설명

A. 연기 상자에서 나온 굴뚝은 기관을 통하여 아래쪽으로 기관 밖으로 나와 화실로 들어간다. 화실에서는 두 갈래로 나뉘며 각 갈래는 화실 문의 양쪽으로 올라가고 그 다음에 탄수차의 아래쪽으로 이어진다. 화실(火室)에서 양쪽의 굴뚝은 연결되어 화실 문 앞의 구멍과 함께 궁형(弓形)을 이룬다.

B와 C는 기관사실의 지레에 의해 작동되는 조절판이다. E가 연기 굴뚝을 닫기 위하여 아래로 당겨지면 B가 점선 위치에서 위로 당겨진다. C가 아래로 당겨지면 공이 D가 탈출관으로 들어가게 된다. 동시에 위로 당겨진 B가 공이 E를 여분의 탈출관에서 제거되고 증기가 새 굴뚝을 통과하게 된다.

Z는 머리 위의 굴뚝으로 조절판 G에 의하여 열리거나 닫히는데 연기 굴뚝이 열려 있으면 Z가 닫히고, 또 그 반대가 된다. A가 사용되는 경우 Z는 필요하지 않다.

H. N. 알렌

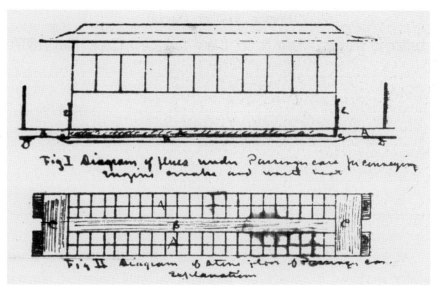

그림 I. 기관의 연기와 폐열을 전달하기 위한 객차 아래의 연도(煙道) 그림.
그림 II. 객차 바닥의 돌판 그림.

설명

그림 I. A. 객차의 승강단 너머로 확장되고 D에서 자체적으로 자유자재로 늘
고 줄어드는 반달 모양의 단철 및 비전도성 연도. B는 지레 Z에 의하
여 작동되어 A가 열렸을 때 B가 닫히며 그 반대인 C 위치의 조절판
과 유사한 연도이다. A는 둥글다. B는 각이 져 있다.

그림 II. A는 좌석 아래의 객차 바닥을 보여주며, 석재와 시멘트로 된 부분이
철제 격자에 끼워져 있고 편안함과 우아함을 위하여 적절하게 덮여 있
다. B, 통로는 그림에서와 같이 나무로 될 수 있다. C, 승강단은 전체
적으로 혹은 부분적으로 철로 만들어져야 한다. D는 그림 I의 A의 투
영을 보여주는데, 윗면이 편평하고 아랫면이 둥글며 반대편 객차의 기
둥이 끼워진다.

　　H. N. 알렌

Horace N. Allen (Seoul),
Letter to Messrs. Munn & Co. (New York City) (Sept. 10th, 1887)

Seoul, Korea,
Sept. 10th, 1887

Messrs. Munn & Co.,
　　New York

Gentlemen,

　　As you will notice from a short article I sent you recently, the houses in this country are heated comfortably and well, from the small amount of heat and smoke produced by the fire necessary for the daily cooking. This is accomplished by leading the smoke through flues under the flat stones which make the floor. A small fire under a pot in an out room, say two feet from the wall of the adjoining room is made to heat the two rooms eight feet square, or one room 8x16.

　　I have for some time been trying to design an aparatus similar to this for heating passenger cars from the waste heat which escapes through the smoke stack. I am unfortunately not an artist or mechanic, nor can I procure the services of such persons here. Neither the new U. S. Minister or myself know much of the patent laws of our country. Therefore I have decided to tell you my plans as clearly as possible, and ask you to have your people work them up. If you think the scheme practical enough to be patented and will attempt it I will be willing to share the profits equally with you.

　　Feeling conscious that I am doubtless making an unique proposal, and trusting to your patience and good nature.

　　I remain my dear Sir

Yours truly,
H. N. Allen, M. D.

A Design for heating Passenger Cars

Underneath the row of seats on either side of the car, the floor is to be made of an iron grating with a lower flange unit ofacers of cement a foot square. Into these spaces are to be fitted, cut stone such for instance, as the Beara stone quaries produce with Portland or other suitable cement over the whole to make the surface perfectly smooth. To prevent any smoke finding its way through, the whole should be covered with thick oil paper, and oil cloth or mats may cover this to prevent wear from heavy nailed chairs. The centre aisle may be of wood as usual.

Underneath these stone floors is to be built an air tight trough of sheet iron, just as wide as the stone flooring and semicircular in shape. Six to ten inches centre depth will answer. To prevent loss of heat a coating of asbestos may be laid on the outside of this smoke way. A second trough may be attached below the upper one. The bottom of this lower trough may be flat and but a few inches below the bottom of the upper one, as the space along the sides will not render great depth necessary. The ends of these troughs are to be closed alternately by a damper working up and down so that one trough shall always be open. This damper will allow of throwing the draft into the lower trough when the car becomes over heated.

These smoke ways are to project somewhat beyond the platforms of the cars, so that they may telescope when the cars are coupled. For this purpose the forward ends are to be sufficiently large to receive the ends of the opposite car within themselves. To prevent injury from collision during switching, or passing curves in the road, the projecting section is to be separate and so arranged that it can telescope the trough proper and allow of sufficient latteral [sic] motion.

A similar or rather circular way of sheet iron and asbestos is to be joined upon the upper rear aspect of the smoke stack of the engine and, bifurcating at a convenient place, is to connect with the troughs of the first car behind the tender. A damper, under command of the Engineer, will then close the exit from the smoke stack and force the smoke and heat through the above mentioned ways. By throwing up the damper the ordinary draft will be obtained for starting and after the train is in motion the strong current produced will serve much the same purpose as the escape pipes for steam within the smoke stack and a ___ draft will be obtained.

Fig. __ ___ ___ difficulties could be overcome and the smoke and heat, after starting, led back beneath the boiler and up through the fire box in the position of the ordinary fire brick arch or water table. A greater heat would be sent to the cars. The appearance of the engine would be but little altered and the same results would be obtained as with the water table. Also there would not be the loss of heat by radiation that must ensue if the flues are led over the top of the cab and tender.

Should the mechanical difficulties in the way render this way, through the fire box impracticable, the bifurcating flues could then be led along the outside of the boiler and down the sides of the tender to a proper position for connection with the cars.

The advantages obtained would be the saving of the 500'-700' of heat wasted with the smoke. The cars would be heated with no danger from fire, for in case of a collision if the Engineer should forget to throw up the smoke stack damper and allow the smoke to escape in the normal way. The shock would break the connections between the cars and their[sic] would be no more smoke than from an ordinary engine. Of a little fire twice daily will comfortably heat a room 8 x 16 with proper doors and windows. The constant passage of the great waste from an engines smoke stack would soon heat the stone flooring of the cars. When as the heat became too great, by lifting the damper at the forward end of the super heated car the draft would force heavier air through immediately under the floor and on to the next car.

This would not be the sudden and distressing changes of temperature now so common, for the heated stones would preserve an even temperature and the feet and limbs would be constantly warmed.

In case of cracking of stone or cement the oil paper would effectually exclude smoke as is seen in daily experiences where it is used.

The flues could be easily cleaned of soot at the end of every run. The smoke would be led away from the train and passenger travel be made far more comfortable and safe than it is at present.

H. N. Allen, M. D.

Diagram for contrivance for heating cars from Engine waste

Explanation

A. Flue from smoke box, downward through and out of boiler and into fire box. In fire box it is to bifurcate, the sections running up to either side of fire box door, and thence on to under side of tender. In fire box, flue is to be connected with either side of same making, an arch, with an aperture in front of fire box door.

B & C are dampers worked by a lever from the cab. As E is thrown down to close exit from smoke stack B is thrown up in position of dotted lines. When C is thrown down it forces a plunger D into escape pipe. At the same time B being thrown up removes a plunger E from the extra escape pipes and causes the steam to pass through the new flue.

Z is an overhead flue, opened or closed by damper G so that when smoke stack is open, Z is closed and vice versa. Z is unnecessary if A is used.

H. N. Allen

Fig I Diagram of flues under Passenger cars for conveying Engine smoke and
     waste heat.

Fig 2 Diagram of stone floor of Passenger car.

Explanation

Fig I. A. short iron and non conducting flue of semicircular shape, extending
       beyond platform of car and telescoping on itself at D. B is a similar flue
       with a damper at C worked by lever Z, so that when A is open B is
       closed and vice versa. A is rounded. B is angular.

Fig II. A. shows floor of car underneath seats, made of sections of stone and cement fitted into iron frames, and properly covered for comfort and ellegance. B, the aisle may be of wood as in diagram. C, the platforms should be made in whole or part of iron. D shows projection of A, of Fig I, flat on upper surface, rounded below and telescoping its pillar of the opposite car.

H. N. Allen

존 W. 헤론(서울)이 프랭크 F. 엘린우드(미국 북장로교회 해외선교본부 총무)에게 보낸 편지 (1887년 9월 11일)

한국 서울,
1887년 9월 11일

엘린우드 박사님께,

저는 박사님이 이 편지를 통하여 알렌 박사가 이달 27일에 미국으로 떠난다는 것을 아시게 될 것으로 생각합니다. 저는 알렌 박사가 예상했던 것보다 조금 빨리 가는 것이라고 생각하며, 그래서 박사님께서 이 편지를 받자마자 거의 곧 그를 만나실 수 있을 것으로 생각합니다. 저는 사절단의 일원으로서 그의 임무가, 그의 한국에 대한 관심은 물론, 교회에 대한 관심을 없앨 정도로 오래 계속되고 지치게 하지 않기를 바랍니다. 그는 한국에서 처음으로 본국으로 돌아간 선교사가 될 것이며, 이미 너무나도 적은 우리의 인력이 감소되어야 한다는 것이 대단히 애석합니다. 그것은 분명 매우 유혹적인 제안이었으며, 아마 우리는 거절했어야 했을지 모르는 것이었습니다.

저는 이곳 사역을 어떻게 해 나가야 할지 모르겠습니다. 병원(제중원) 업무와 외부 한국인 진료는 쉽게 해 나갈 수 있겠지만, 저의 [언어] 공부와 하루 두 시간씩의 강의, 궁궐과 외국인 진료는 버겁습니다. 가능한 한 조속히 도와줄 사람을 보내주시기 바랍니다. 저의 지난 번 제안이 실행할 수 없고 젊은 사람을 뽑으실 수 있다면 그를 보내 주십시오. 내년에 알렌 박사가 돌아오면 그(제 말씀은 물론 그 새 젊은이)는 개항장의 한 곳으로 갈 수 있을 것입니다. 가능하다면 즉시 누군가를 보내주십시오. 선교 사역을 위해 준비된 의사를 찾기는 다소 힘들 것으로 생각되며, 현재 박사님과 약속된 사람이 없다면, 구할 수 있는 어떤 젊은이보다 더 짧은 통지를 해도, 깁슨 박사는 분명 그가 오겠다면 올 수 있을 것입니다.

(중략)

John W. Heron (Seoul),
Letter to Frank F. Ellinwood (Sec., BFM, PCUSA)
(Sept. 11th, 1887)

Seoul, Korea,

September 11, 1887

Dear Dr. Ellinwood,

I suppose that you will learn by this mail that Dr. Allen leaves on the 27th of this month for America. He is going a little sooner than he expected to go, I believe, so that I suppose you will see him almost as soon as you receive this letter. I hope that his duties as a member of the Embassy will not be so continuous and tiring as to prevent his interesting the churches, even more than they are already interested in Korea. He will be the first returned Korean Missionary and while it is a very great pity that our force, already so much too small, should be reduced, it was certainly avery tempting offer and possibly _ of us would have declined it.

I hardly know how I shall get along with the work here. I could manage easily the Hospital work and the outside Korean practice, but in addition to my study and our teaching two hours a day, the Palace and the foreign practice, _ heavy work. I do hope you will send help as soon as possible; if the suggestion in my last is not practicable and you can get a younger man, send him and when Dr. Allen returns next year, he can go to one of the open ports (the new man I mean, of course). But send some one at once, if it is possible. Physicians ready for mission work seem a little hard to find and certainly Dr. Gibson, if he would come, could probably come on shorter notice than any _ able younger man, unless you have them now engaged.

(Omitted)

회의록, 한국 선교부 (미국 북장로교회) (1887년 9월 20일)

1887년 9월 20일

회의록들이 낭독되고 채택되었다.[61]

동의에 의하여 26.59달러의 적자를 고국의 선교본부에 회부하고, 금액을 보충해주도록 요청하기로 하였다.

재무는 선교부 회원들에게 선교지에서 인출된 전체 금액의 16%를 추가로 지불해야 한다고 알렸다.

알렌 박사는 미국에 외교 사절을 보내는 한국의 왕을 위하여 1년 동안의 휴가를 요청하였다.

벙커 부인은 알렌 박사가 가도록 승인해야 한다고 동의하였으며, 이것은 재청되었다. 언더우드 씨는 수정안으로, 알렌 박사는 한국 국왕 폐하로부터 외교 사절단으로 임명되었으며, 그는 분명히 가기로 결정하였고 선교본부는 충분한 시간이 지난 후에도 그것을 금지하지 않았던 까닭에,

우리는 그동안 급여를 중단한다는 점을 양해하고 그가 가도록 하기로 결의한다고 제출하였으며, 통과됨.

[파송이] 예상되는 선교사들을 위하여 집을 구입하고 수리하자는 요청을 허락한다는 안이 발의되었고, 통과되었다.

그런 다음 알렌 박사는 지금까지 자신의 이름으로 보유하고 있던 선교부 자산의 권리증을 현 선교부로 넘겼다.

선교부 회의가 폐회되었다.

J. W. 헤론
서기

---

61) 1887년 8월 18일 및 9월 3일에 개최된 회의의 회의록을 말한다.

Secretary's Book, Korea Mission (PCUSA) (Sept. 20th, 1887)

Sept. 20, 87

Minutes read & adopted.

On motion the deficit of $26.59 be referred home to the Board and ask them to make up the amount.

The Treasurer notified the member of the Mission that 16%, additional, of the whole amount drawn on the field was due them.

Dr. Allen requested leave of absence for one year in order to go on a diplomatic mission to America for the King of Korea.

Mrs. Bunker moved that Dr. Allen be granted permission to go, this was seconded. Mr. Underwood moved as an amendment, Whereas, Dr. Allen has been appointed on a diplomatic mission by His Majesty, the King of Korea & whereas he has definitely decided to go and the Board after a sufficient length of time has elapsed, have not forbidden it

Resolved that we give him permission to go with the understanding that his salary cease during that time, Carried.

Moved that permission be requested to by & put in repair a house for the expected missionaries, carried.

Dr. Allen then transferred the deeds to the Mission property which have hitherto been held in his name to the present mission, as constituted.

Mission then adjourned.

J. W. Heron
Sec.

알렌 박사의 일기 제2권(1887~1888년) (1887년 9월 23일)[62]

1887년 9월 23일 (금)

[나는] 어제 저녁 왕가(王家)에 작별 인사를 하고 서울을 떠나 제물포로 왔다. 박정양 공사는 성문 밖에서 나를 만나, 함께 가기로 하였었다. [그러나] 그는 나타나지 않았다. 우리는 [제물포로] 갔다. 다음 날 나는 그가, 모든 다른 수단이 실패한 후 리홍장으로부터 '만일 사절단을 미국으로 파송하면 선전포고를 하겠다.'고 위협하는 내용의 전보를 받은 것으로 위장하였던 중국 공사[63]에 의해 협박을 받은 국왕의 부름을 받고 대궐로 되돌아갔다는 것을 알게 되었다.

미국 공사 H, A, 딘스모어는 건강 요양 차 갔었던 나가사키에서 24일 미국 군함 오마하 호를 타고 도착하였다. 그는 너무 늦었다. 중국인은 현장을 너무 오랫동안 잡고 있었으며, 그의 노력은 헛된 것이었다. 하지만 그는 위안[袁]에게 공문을 보냈고, 한국이 중국의 속국이라는 이유로 일본에서 멈추게 하였던 사절단에 대하여 충분하게 언질을 주도록 성공하였으며, 조약을 맺을 때 왕이 다른 나라 군주에게 보냈던 편지를 인용하였다(후의 비망록 사본을 볼 것)

---

62) 뉴욕 공립 도서관은 일기 제2권에 '1887년도'만 포함하고 있다고 정리하였지만, 실제로는 1888년도의 것도 포함되어 있다.

63) 위안스카이

Dr. Allen's Diary No. 2 (1887~1888) (Sept. 23rd, 1887)

Sept. 23rd, 1887 [(Fri.)]

Left Seoul and came to Chemulpoo, having said good bye to Royal Family previous evening. Minister Pak Chun Yun was to meet me outside city gates and we were to proceed together. He did not appear. We went on. Next day I learned that he had been recalled by the King who had been intimidated by the Chinese Representative who after failing in every other resource, produced a telegram purporting to be from Li Hung Chang threatening to declare war if the mission was sent.

U. S. Minister H. A. Dinsmore arrived on U. S. S. Omaha 24th from Nagasaki where he had gone for his health. He was too late. Chinaman had held the field too long, and his efforts were in vain. He however began despatching to Yuan and succeeded in getting him to thoroughly commit himself on Japan to his having stopped the mission on the grounds of Korea being a vassal state to China, and cited to a letter sent by King of Korea to other Sovereigns at time of making treaty. (See copy later Memorda)

단신. *The Japan Weekly Mail* (요코하마) (1887년 9월 24일), 296쪽

　메저즈 모스, 타운젠드 앤드 컴퍼니 회사의 타운젠드 씨가 서울에서 한국 정부에 10%의 이자로 백만 달러를 대출하기로 합의하였다는 소식이 한국에서 전해졌다. 담보는 한국 세관과 왕국에서 최고라고 일컬어지는 금광이다. 대출은 매우 비밀리에 신속한 협상을 통하여 이루어졌다고 덧붙였다. 최근 미국으로 향하도록 임명된 사절단이 자문의 역할을 하는 알렌 박사와 함께 조속히 출발할 것이다. 우리는 이 이야기의 정확성을 보증할 수 없다.

Notes. *The Japan Weekly Mail* (Yokohama) (Sept. 24th, 1887), p. 296

　News reaches us from Korea to the effect that Mr. Townsend, of the firm of Messrs. Morse, Townsend & Co., has concluded arrangements at Soul for a loan of a million dollars to the Korean Government at ten per cent. The security is the Korean Customs and a gold mine, said to be the best in the Kingdom. It is added that the loan was negotiated very secretly and with much expedition. The ambassador recently appointed to proceed to America will start at once, accompanied by Dr. Allen, who goes in the capacity of adviser. We cannot vouch for the accuracy of this story.

시어도어 F. 쥬얼(미 군함 에식스 호 함장)이 호러스 N. 알렌
(주미 한국 공사관 서기관)에게 보내는 공문 (1887년 9월 25일)

미 군함 에식스,
한국 제물포,
1887년 9월 25일

H. N. 알렌 님,
　　주미 한국 공사관 서기관

안녕하십니까,

　　저는 "미국에서 한국을 대표하는 공사가 임명되었으며, 그의 생명과 자유가 그의 출발을 저지하기 위하여 노력하고 있는 중국인에 의해 위협받고 있다."는 귀하의 편지(날짜 없음)를 받았음을 알려드리게 되어 영광입니다. 또한 한국의 왕 폐하는 미합중국 공사가 부재중이어서 귀하를 통하여 제가 바람직하다고 생각하는 보호를 제공하고 이 선박에 도피처를 제공해 주도록 요청하고 있습니다.

　　이에 대하여 저는 이 선박에 대한 주미 한국 공사의 도피처를 제공하게 되어 기쁘게 생각한다고 말씀드립니다. 함대 사령관의 지시가 없고 한국 정부의 보다 구체적인 요청이 없으면, 육지에서는 그를 보호할 수 없습니다. 저는 그가 승선하고 싶은 의사를 알릴 때 언제든지 사용할 수 있도록 작은 배를 준비할 것입니다.

　　안녕히 계십시오.
　　시어도어 F. 쥬얼,
　　미 해군 중령,
　　함장

Theodore F. Jewell (Commander, U. S. S. Essex), Despatch to Horace N. Allen (Sec., Korean Legation to U. S.) (Sept. 25th, 1887)

U. S. S. Essex,
Chemulpo, Korea,
September 25, 1887

H. N. Allen, Esq.,
Secretary of Legation of Korea to the United States

Sir: -

I have the honor to acknowledge the receipt of your communication (without date) informing me that "a minister has been appointed to represent Korea in the United States," and that "his life and liberty are being threatened" by the Chinese, who "are endeavoring to prevent his departures." Also that His Majesty, the King of Korea, requests through you, the Minister of the United States being absent, that I shall afford him such protection as I may deem advisable and afford him asylum upon this vessel.

In reply I beg to say that it will give me pleasure to afford the Korean Minister to the United States asylum upon this vessel. In the absence of instructions from the Commander-in-Chief, and without a more specific request from the Korean government I can afford him no protection on shore. I will place a boat at his disposal at any time that he may signify his wish to come on board.

Very respectfully,
Theo. F. Jewell,
Commander, U. S. Navy,
Commanding

시어도어 F. 쥬얼(Theodore F. Jewell)

시어도어 F. 쥬얼(Theodore F. Jewell, 1844~1932)은 1861년 미국의 해군사관학교에 입학하여 1864년 졸업하였다. 1866년 소위로 임관한 후 1868년 중위, 1869년 소령으로 승진하였으며, 1885년 중령, 1898년 대령에 이어 1904년 해군 소장으로 승진하였다.

그는 중령이던 1886년 6월부터 1889년 5월까지 미국 군함 에식스 호의 함장으로 활동하였다. 쥬얼의 함장 임명과 함께 에식스 호는 아시아 함대에 합류하였다.

그림 8-10. 시어도어 F. 쥬얼.

호러스 N. 알렌(서울)[존 W. 헤론 박사에 대한 승인]
(1887년 9월 27일)

본인은 J. W. 헤론이 이후에 본인이 없는 동안 제공된 의약품 또는 진료, 또한 의료 조력을 위하여 나에게 제출된 모든 신청서에 대한 답변에 대하여 나에게 지불되는 모든 것을 받을 수 있도록 승인합니다.

본인은 헤론 박사가 한국 국왕 폐하께서 개인적으로 허락하였으며, 지금은 메릴 세무사에 의해 지불하도록 되어 있는 금액을 인출하도록 승인하였습니다. 이 돈은 여태껏 가능한 한 제중원의 약값 지불에 사용됩니다. 본인은 또한 헤론 박사가 본인이 정식으로 사용하는 약품 및 기구를 사용하고, C. 커터 씨를 통하여 본인이 주문한 의약품 재고, 그리고 같은 사람을 통하여 주문한 의학 서적들을 의료 기금에서 수령 및 지불하는 것을 승인합니다.

한국 서울, (18)87년 9월 27일,
H. N. 알렌

Horace N. Allen (Seoul)[Authorization for Dr. John W. Heron] (Sept. 27th, 1887)

I authorize Dr. J. W. Heron to hereafter during my absence receive all payments due me for medicines or medical services rendered, also to answer all applications made to me for medical assistance.

I authorize Dr. Heron to draw the amount allowed me personally by His Majesty the King of Korea and now held in trust as paid by Commissioner Merrill. This money in so far as possible to be applied toward the payment of bills for medicines for the Government Hospital. I also authorize Dr. Heron to use the drugs and appliances formally used by myself and to receive and pay for from the medical fund the stock of medicines ordered by myself through Mr. C. Cutter together with the stock of medical books ordered through the same person.

Seoul, Korea, Sept. 27th, (18)87
H. N. Allen

호러스 N. 알렌(서울)이 토머스 워터스(주한 영국 총영사)에게
보낸 편지 (1887년 9월 27일)

서울, 1887년 9월 27일

안녕하십니까,

저는 미국으로 떠날 예정이기에, 약 1년의 부재 기간 동안 귀 총영사관의 의료 담당관으로서의 책무를 제 동료인 J. W. 헤론 박사에게 넘기고 그가 모든 요청을 받을 수 있도록 정중하게 요청 드립니다.

이것이 귀하의 승인을 얻을 것으로 믿으며,

안녕히 계십시오.
H. N. 알렌, 의학박사

T. 워터스 님,
주한 영국 총영사

Horace N. Allen (Seoul), Letter to Thomas Watters
(H. B. M. Consul General to Korea) (Sept. 27th, 1887)

Seoul, Sept. 27th, 1887

Sir,

As I am expecting to leave for the United States, for an absence of about one year, I respectfully ask that my duties as Medical Officer to your Consulate General may be discharged by my partner Dr. J. W. Heron, to whom all requests may be made.

Trusting this may meet with your approval,

I remain Dear Sir

Your Humble Servant,

H. N. Allen, M. D.

To

T. Watters Esquire,

H. B. M. Consul General to Korea

알렌 박사의 일기 제2권(1887~1888년) (1887년 9월 30일)

[1887년] 9월 30일 (금)

O. N. 데니 판사는 제물포로 와서 독일 깃발이 펄럭이는 한국의 증기선을 타고 중국으로 출발하였다. (이 배는 독일 회사 마이어 앤드 컴퍼니로부터 아직 인수받지 못하였으며, 상하이로 가서 바닥 청소와 다른 수리를 할 예정이었다.) 그 판사는 단순한 요양 여행으로 가는 것이라고 주장하였다. 중국은 그가 그의 급여를 받기 위해 가는 것이라고 주장하였다. 왕은 그가 떠나는 것을 반대하였지만 그가 어차피 갈 것임을 알고, 그에게 위안[袁]의 위협 편지 사본을 제공하여 그것이 허가 받지 않은 것이라는 것을 알고 싶어 하였다.

왕은 나에게 미국인들 및 러시아 인들과 상의하여 그들이 토요일 저녁에 사절단을 파송할 때 지지해 줄 것인지 알아보도록 요청하였다.

Dr. Allen's Diary No. 2 (1887~1888) (Sept. 30th, 1887)

Friday, Sept. 30th[1887]

Judge O. N. Denny came to Chemulpoo and embarked for China on a Korean steamer flying the German flag. (She was not yet taken over from the German firm Meyer & Co. and was going to Shanghai to have her bottom cleaned & other repairs made.) The Judge claimed that he was simply going-away on a health trip. The Chinese claimed he was going to receive his salary. The King objected to his going but finding that he would go anyway they furnished him copies of Yuan's written threats hoping to find that they were unauthorized.

The King sent to me asking me to confer with Americans and Russians and see whether they would back him up in sending off the mission Sat. eve.

호러스 G. 언더우드(서울)가
미국 북장로교회 해외선교본부로 보낸 편지 (1887년 9월 30일)

한국 서울,
1887년 9월 30일

미국 북장로교회 해외선교본부 귀중

안녕하십니까,

약 1년 전에 저는 기도와 심사숙고 끝에, 귀 본부로 사직서를 보냈습니다.

저는 귀 선교부에 남아 있는 것보다 다른 선교부의 후원 하에서 주님을 위해서 일을 더 잘 할 수 있다고 느꼈기 때문에 그렇게 하였습니다. 저와 알렌 박사 사이에 존재했던 성격 불일치, 알렌 박사에 의해 고압적인 방식으로 운영되는 이곳 선교회, 침묵으로 이 일을 용인한 선교본부, 그리고 이곳 선교부의 두 의사 사이의 공개적인 갈등 등으로 인하여 저는 사역이 곤란하고 방해를 받고 있다고 느꼈습니다.

만일 우리가 다른 선교부에 소속되어 있었다면 알렌 박사와 저는 친구가 되었을 수 있었을 것이며, 조화와 평화를 위하여, 이곳의 사업과 그리스도의 대의를 위하여 그때 저는 그런 조치를 취하기로 결정하였습니다.

여러 편지를 주고받은 후 저는 일정 조건하에 남기로 동의하였는데, 그 조건은 이곳 선교부에 제출한 안으로 구체화되었고 한 단어에 대해서도 반대가 없이 만장일치로 채택되었습니다.

하지만 본국의 박사님은 우리 전체 계획을 무시하고 사실상 이를 정반대로 만들었으며, 여전히 헤론 박사와 제가 머물러 있을 것으로 생각했습니다. 저는 즉시 박사님과 연락하여 제가 머물 수 없는 상황을 설명했는데, 만약 제가 고집한다면 저의 사임을 받아들이겠다는 편지를 받았습니다.

그동안 이곳에서 열린 한 회의에서 알렌 박사는 우리가 3월 7일자 선교본부의 결정을 뒤집었으며, 우리가 이전에 취하였던 결정을 고수해야 한다는 결정을 다시 해야 한다고 제안하였습니다. 이것은 우리가 선교지에 있는 한 제가 남아 있을 수 있게 만들었지만, 그동안 저의 경우 복잡한 일이 너무 많이 생겨 사직을 철회할 수 없었을 뿐만 아니라 장로교회와의 관계를 영원히 끊을 어떠한 조치를 취할 결정도 할 수 없었습니다.

(중략)

Horace G. Underwood (Seoul), Letter to the Board of Foreign Missions of the Presbyterian Church of America (Sept. 30th, 1887)

Seoul, Korea,
Sept. 30th, 1887

To the Board of Foreign Missions of the
Presbyterian Church of America

Dear Sirs: -

Over a year ago I was led, after prayerful and careful consideration, to send in to you my resignation.

I did so because I felt that under some other auspices I could do better work for the Master than by remaining with you. I felt that I was hampered and hindered in the work by the incompatibility that existed between Dr. H. N. Allen and myself, by the high handed manner with which the mission here was run by Dr. Allen, by the sanction of the Board, through its quiescence, to this very thing and by the existence of open war between the two doctors of the mission here.

I know that were we in separate missions, Dr. Allen and I could be friends, and for the sake of harmony and peace, for the sake of the work of here and the cause of Christ, I decided to take the step I then took.

After much correspondence I consented to stay on certain conditions, which conditions were embodied in a plan of action presented to the mission here and unanimously adopted by them without a single word of disapproval.

You at home, however, saw fit to set aside our plan entirely, to make it virtually the very opposite of what it was, and still thought that Dr. Heron and I would stay. I at once communicated with you, stating that under circumstances I could not stay, and then received your letter offering to accept my resignation if insisted upon.

In the meanwhile, it had been proposed by Dr. Allen at one of our meetings here that we overrule the action of the Board of March the 7th, and reiterate our determination to stand by the action previously taken by us. This made it, so far as we on the field were concerned, possible for me to stay, but in the mean time, in my own case, so many complications had arisen that I could not bring myself to withdraw my resignation, nor could I decide to take the step that would sever me forever from the Presbyterian Church.

(Omitted)

휴 A. 딘스모어(주한 미국 변리공사 겸 총영사)가
토머스 F. 베이야드(미국 국무부 장관)에게 보낸 공문 (1887년 9월 30일)

제53호   미국 공사관

한국 서울,
1887년 9월 30일

국무부 장관

안녕하십니까,

저는 오늘 오후 3시에 장관께 다음과 같은 내용이 담긴 암호 전보를 발송하였습니다. 그 내용은 다음과 같습니다.

> 지난 토요일[64] 조선의 미국 주재 전권공사와 그 일행이 왕에게 고한 뒤 워싱턴 D. C.로 출발하였습니다. 그들이 중국 공사의 위협 때문에 도시 외곽에 머물고 있을 때, 중국 공사는 중국의 황제가 사절단을 중지시키라고 지시하는 전보를 리훙장 총독에게 보냈다고 조선 국왕에게 말하였습니다. 조선의 국왕은 놀랐지만 결정을 내리지 못하였습니다. 저는 지난 화요일에 중국 공사에게 정중하게 서한을 보내 조약의 규정을 인용하면서 왜, 그리고 어떤 근거로 방해하였는지 물었습니다. 답은 없습니다. 전문으로 지시하시기 바랍니다.

> 딘스모어

제가 발송한 8월 20일자 공문 제48호에서 보고 드린 대로 그 날 서울의 관보(官報)에서 조선의 국왕이 박정양을 미국 주재 특명전권공사로 임명하였다는 사실이 공개적으로 발표되었습니다. 그때부터 박정양과 그 일행은 상당히 적극적으로 조선의 국왕이 가장 큰 관심을 갖고 있는 임무를 수행하기 위한 준비를 하였습니다. 특명전권공사의 수행단이 완전하게 구성되었고, 모든 서기관과 통역관도 임명되었습니다.

---

64) 9월 24일이다.

왕의 긴급한 요청으로 한국에 거주하는 가장 유능한 미국인 거주자 중 한명인 H. N. 알렌 박사는 특명전권공사 수행단에서 서열 2위인 미국인 서기관이라는 직책을 받아들였습니다. 알렌 박사는 살림살이와 그 외 재산을 헐값으로 처분하고 가족과 함께 제물포로 갔고, 제물포에서 특명전권공사와 합류하여 이달 27일에 출항할 예정이었습니다. 사절단의 다른 두 사람은 육로로 부산으로 갔고, 부산에서 사절단과 합류하였습니다. 지난 토요일 특명전권공사는 조선 국왕에게 정식으로 하직인사를 올린 뒤 그들의 관습대로 통곡하지 않고 즉시 물러나 워싱턴으로 가기 위해 서울에서 출발하였습니다.

8월 23일에 제가 발송한 공문 제51호에서 보고 드렸듯이, 중국의 총리교섭통상대신은 지난 8월에 공공연히 중국으로 가기 위하여 제물포를 방문한 이후 계속 거의 하루 종일 칩거하고 있습니다. 실제로 몇 주 동안 대부분의 외국인들은 총리교섭통상대신이 서울로 갔는지, 아니면 중국으로 갔는지 확실히 알지 못하였습니다. 그의 비서는 사람들이 물어볼 때마다 그의 병환이 위중하여 누구도 만날 수 없다고 답하였습니다. 그러나 오랫동안 유일한 주치의였던 알렌 박사가 왕진을 간 적은 한 번도 없었고, 박사가 다른 환자를 치료하러 중국 공사관에 왕진을 갔을 때에도 대사를 만나지 못하였습니다. 하지만 지난 열흘 사이에 대사는 미국으로 가는 사절단을 방해하기 위하여 모습을 드러냈습니다. 중국의 총리교섭통상대신인 위안스카이가 리훙장 총독으로부터 받은 전보에 대하여 조선의 국왕에게 보고한 뒤 목적을 변경하라고 몇 번이나 성가시게 요구하였지만 국왕은 변함없이 어떤 위험을 무릅쓰고라도 특명전권공사가 가야한다고 주장하였다고 들었습니다.

(중략)

Hugh A. Dinsmore (U. S. Minister Resident & Consul General to Korea), Despatch to Thomas F. Bayard (Sec. of State, Washington, D. C.) (Sept. 30th, 1887)

No. 53

Legation of the United States,
Söul, Korea, September 30th, 1887

Secretary of State

Sir:

Today at 3 o'clock p. m. I had the honor to despatch to you a telegraphic message in cipher the true reading of which is as follows, viz: -

> Last Saturday Korean minister Plenipotentiary to the United States and Suite have taken leave the King started for Washington, D. C. When outside city was induced to stay by threats of the Chinese minister, Chinese minister tells King the viceroy Telegraphs has been ordered by the Chinese emperor to stop the mission. The king alarmed but undecided. I have written last tuesday Chinese Minister respectfully, citing terms of treaty, asking why and upon What grounds he has interfered No answer. Telegraph instructions.
>
> Dinsmore

It was publicly announced in Soul in the official gazette on the date as reported in my despatch No. 48 under date of August 20th 1887 that Mr. Pak Chun Yong had been appointed by His Majesty the King of Korea envoy extraordinary and minister plenipotentiary to the United States. Since that time Mr. Pak and his friends have been very active making preparation to set out on the mission the King taking the greatest interest in the matter. The minister's suite was fully formed, all the secretaries and interpreters being appointed.

At the King's urgent request Dr. H. N. Allen, one of our best and most useful American residents, was induced to accept the second place in the mission with the title of American Secretary. Doctor Allen had disposed of household and other property at a sacrifice and repaired with his family to Chemuplo there to join the minister and sail on the 27th instant, and two others members of the mission had gone overland to Fusan there to attach themselves to the suite, when on Saturday last the minister had taken formal leave of His Majesty, retired immediately without the walls as is their custom to leave his capital city for Washington.

The Chinese minister since his visit to Chemulpo professedly to leave for China, in August last, as reported in my No. 51 of August 23rd, has been in seclusion almost the whole time. Indeed for several weeks it was not certainly Known by foreigners in general whether he had retired to Soul or gone to China. His secretary said to all inquires that the minister was quite ill and could see no one yet Doctor H. N. Allen who has long been his only physician was never at any time called to see him, and did not see him though called to the Chinese legation to see other patients. But within the last ten days he has made his presence Known by his efforts to interfere with the mission to America. He importuned the King again and again as I am informed to change his purpose but the King was steadfast and insistent that the minister should go at every hazard even after M. Yuan the Chinese Minister had reported to him a telegram received by him from the viceroy Li Hung Chang.

개인 단신, *The University Missionary* 1(3) (1887년 10월호), 50쪽

한국에 선교사로 파송된 오하이오 웨슬리언 대학교 1881년 졸업생 H. N. 알렌 박사는 왕의 거듭된 호의를 받아 현재 미국 사절단의 일원이 되었다. 그는 공사관 일행과 함께 왔으며, 그의 업무는 한국과 미국 간의 국제 관계를 수립하는 것이다.

알렌 박사는 1883년 장로교회 선교본부에 의하여 중국으로 파송되었다. 그는 곧 한국의 서울로 이적되었고, 그곳에서 1884년 반란 중에 봉사하였던 대가로 왕으로부터 병원 건물을 제공 받았으며, 그런 다음 병원의 책임을 맡게 되고 공사관 의사가 되었다. 그의 새로운 영예는 공(公)의 호의의 연속인 것 같다.

알렌 박사 부부(패니 A. 메신저)는 둘 다 1881년에 졸업하였으며, 델라웨어 사람들과 학생들에게 잘 알려져 있으며, 그들이 미국으로 돌아올 때 따뜻한 환영을 받을 것이다. 알렌 부인은 우리 [잡지]의 최근 호에 '서울에서 보낸 단신'을 기고하였다.

Personal Notes, *The University Missionary* 1(3) (Oct., 1887), p. 50

Dr. H. N. Allen, O. W. U., '81, sent on mission work to Korea, after repeated favors from the King, has now been made social Ambassador to America. He brings with him a Legation, and his errand is to establish international relations between Korea and the United States.

Dr Allen was sent to China by the Presbyterian board of missions in 1883. He was soon transferred to Seoul, Korea, where, in return for services during the rebellion in 1884, he was provided by the king, with buildings for hospitals, then was placed in charge of the hospital and made Physician to the Legation. His new honors seem but a continuation of prince favor.

Dr. and Mrs. Allen (Fannie A. Messenger) both graduated in 1881, are well known to Delaware people and students, and will be warmly welcomed on their return to America. Mrs. Allen contributed the "Notes from Seoul," in our last number.

알렌 박사의 일기 제2권(1887~1888년) (1887년 10월 1일)

[1887년] 10월 1일 [(토)]

나는 말을 타고 4시간을 달려 서울에 도착하였고, 러시아 공사 베베르와 딘스모어를 만났는데, 후자는 나중에 모든 위험을 무릅쓰고 즉시 사절단을 보내야 한다고 압박하였고, 전자(노련하고 믿음직스러운 외교관)는 우리 정부로 보낸 공문에 대한 전신 답변이 올 때까지 기다린다면, 우리가 무엇에 의존해야 하는지 알 수 있을 것이라고 말하였다. 좋든 나쁘든 우리가 공문을 수령하였다는 사실만으로도 본국 정부의 허가에 따라 행동하는 것으로 생각되는 중국 측에 충분한 위협이 될 것이라고 논의하였다. 나는 그의 조언을 따랐고, 다음날 딘스모어와 함께 돌아왔다.

다음 주에 후자(딘스모어)는 베이야드 국무장관으로부터 그(딘스모어)의 전보가 이해하기 힘드니 다시 보내달라고 요청하는 전보를 받았다. 전신을 운용하는 중국인들이 이전 전보에서 하였던 것처럼 암호를 섞어 버렸기 때문에, 그 후에 보낸 딘스모어의 전보가 고국에 온전하게 도착하였는지 의심스럽다. 그래서 나는 왕에게 즉각 공사를 파견하라고 조언하였다. 그는 그렇게 하겠다고 말하였고, 딘스모어 씨는 미해군 군함 오마하 호에 사절단을 태우고 나가 사키까지 호송하겠다고 제안하였다. 나는 오마하 호의 사관들의 제안에 따라 왕에게 만일 그가 딘스모어를 통해 요청한다면, 오마하 호의 배치 이동 시기가 그때이고 미국 정부가 본국으로의 귀환을 명령하였기 때문에 미국 정부가 사절단을 오마하 호에 태워 미국까지 호송할 수도 있을 것이라고 제안하였다. 딘스모어 씨는 고국으로부터 자신을 지원할 것이며 중국이 한국에 대하며 미국에 제안한 모욕에 유의한다는 것을 추측할 수 있는 공문을 받지 않는 한 그 요청을 전달하지 않을 것이라고 말하였다.

박 공사가 도착할 즈음에, 왕은 나에게 박 공사의 외아들이자 상속인이 죽어가고 있으니 그 아버지는 현재 떠날 수 없지만 만일 음력 9월[65] 5일(10월 21일)까지 떠날 수 없다면 왕은 새로운 사람을 임명할 것이라는 편지(대필한 편지)를 보냈다. 같은 날짜로 박 씨의 아들이 여전히 아파 내륙으로 400리 떨

---

65) 원문에는 8월로 잘못 적혀 있다.

어진 곳에 거주하는 관리(官吏)인 김 씨가 새로이 임명될 것이라는 내용의 다른 편지가 왔다. 그가 준비하는데 시간이 걸릴 것이고, 내가 언급한 바와 같이 제물포의 편의 시설이 열악하며, 나는 더 이상 허치슨 씨의 집을 붐비게 하고 싶지 않았다. 나는 내 가족, 그리고 통역인 이하영과 요코하마로 가서 공사 일행의 도착을 기다릴 수 있다.

나는 9월 26일 '히고 마루[日向丸]'를 타고 고베와 요코하마를 향하여 떠날 것이고, 이하영은 제물포에서 공사를 기다리는 것이 더 나을 것이며, 왕은 반드시 음력 9월 25일(양력 11월 10일)에 쓰루가 마루[敦賀丸] 편으로 공사를 보내야 하고, 만일 그가 그렇게 할 수 없다면 해외에서는 이미 불가능한 흥미로운 소문이 있고 박의 아들의 병은 지연에 대한 부분적인 핑계가 될 것이기 때문에 현재의 시도를 포기해야 하며, 위의 날짜에 나에게 공사의 출발에 대한 전보를 보내야 하고, 만일 그때까지 전보가 오지 않는다면 나는 음력 10월 1일 경(양력 11월 20일 또는 30일)에 미국으로 가서 미국 정부로 보내는 왕의 친서를 전달할 뿐 아니라 왕실 직인이 찍힌 편지로 세관 업무에 대하여 폐하를 위해 200만 달러의 대출 협상을 시도하며, 이를 위하여 사절단이 출발하지 못하는 경우 나의 경비에 충당하기 위하여 사금(砂金) 꾸러미 400개를 받았다고 답하였다.

또한 나는 요청받은 대로 군 장교를 훈련 교관으로 고용할 것이다. 하지만 딘스모어 씨는 지금 미국 정부가 오래 전에 요청하였던 교관을 기꺼이 파송할 것이라는 내용의 전보를 방금 받았다.

Dr. Allen's Diary No. 2 (1887~1888) (Oct. 1st, 1887)

Oct. 1st[1887 (Sat.)]

I rode to Seoul in 4 hours, saw Russian Minister Waeber and Mr. Dinsmore, latter pushed sending mission at once at all hazards, former (an old and trusty diplomat) said wait till we get telegraphs answer to our dispatches to our Gov'nt so that we may know on what to depend. Whether good or bad we argued that the mere fact of the receipt of a dispatch would be sufficient to intimidate the

Chinese who would thereupon suppose that they were acting upon authority from home. I followed his advice and came back next day in company with Mr. Dinsmore.

During the next week the latter received a telegram from Secretary Bayard to the effect that his telegram was unintelligible requesting him to repeat which he did. As the Chinese who operate the telegraph had done as they have done before, mixed up the ciphers, it is doubtful if his later dispatch reached home intact. I therefore advised the King to send the Minister at once. He said he would do so and Mr. Dinsmore offered the U. S. S Omaha to convey the mission to Nagasaki. Acting upon the suggestion of the Omaha's officers, I suggested to the King that if he made the request thro' Mr. Dinsmore, the U. S. Gov'nt might send the mission all the way to America on the Omaha as her time was about up and her home orders had been issued. Mr. Dinsmore said he would not forward the request unless he got such dispatches from home as should lead him to infer that the Gov'nt would support him and notice the insult offered by China to America over Korea.

About the time for the arrival of Minister Pak, the King writes me (dictated the letter) that Pak's only son and heir was dying and that the father could not leave at present, but that if he could not leave on the fifth of eight moon (Oct. 21st), he would appoint a new man. On the date named another letter came saying that as Pak's son was still sick a new man would be appointed, Kim, an official residing some 400 li in the interior. As it would take some time for him to get ready and as I had stated that conveniences were poor at Chemulpoo and I did not wish longer to crowd Mr. W. D. Hutchison out of his house. I could proceed to Yokohama with my family and Yi Ha Yung, interpreter, and await the coming of the Minister.

I answered that I would leave by "Higo Maru" Sept. 26th for Kobe and Yokohama, that Yi had better wait at Chemulpoo for Minister, that the King should by all means send Minister on "Tsuruga Maru" 9th moon 25th day (Nov. 10th), that if he could not do so then he should give up present attempts as it was already exciting impossible comments abroad and the illness of Pak's son would be a partial excuse for delay, that they should telegraph me of the departure of the Minister by the above date, and that if telegram did not come, I would proceed to America on or about first of 10th moon (Nov. 20th or 30th), and convey messages for the King to the American Gov'nt as well as attempt to negotiate a loan of $2,000,000 for His Majesty on Customs services as for letter given me under Royal Seal, and for which purpose I had been given 400 pkgs. of gold dust to defray my expenses in case the mission did not get off.

Also I would engage military officers as drill instructors as requested. Mr. Dinsmore however has just received a telegram to the effect that the U. S. Gov'nt is now willing to send the officers long since applied for.

존 W. 헤론(서울)이 프랭크 F. 엘린우드(미국 북장로교회 해외선교본부 총무)에게 보낸 편지 (1887년 10월 1일)

한국 서울,
1887년 10월 1일

엘린우드 박사님께,

당연히 박사님은 지난번 제가 편지를 쓴 이후,[66] 이곳에서 우리들의 사역에서 있었던 변화에 대하여 아실 것입니다. 그 당시 알렌 박사는 아직 떠나지 않았으며, 아마도 박사님께서 아시는 것처럼 일주일 이상 이전에 갔던 항구에 현재 있습니다. 의심할 여지없이 그는 사절단의 출발을 가로막았던, 그리고 제 생각에 아마도 그들의 출발을 가로 막을 문제들에 대하여 [박사님께] 편지를 썼을 것입니다. 중국인들은 처음부터 그 출발을 반대하였지만, 그것을 가로 막을 권리가 없다고 주장하면서 중국과 먼저 협의하지 않고 보내는 것이 매우 잘못된 것이라고 주장합니다. 그러나 폐하를 떠났던 관리는 그의 관저로 가기 전에는 자신의 집으로 다시 가는 것을 허락하지 않는 한국의 관습에 따라, 대표로 선출된 사람이 성 밖으로 나간 바로 그날 제물포로 여정을 시작하였고, 중국 공사의 명령에 따라 행동하는 중국인 군대에 의해 붙잡혀 공사의 집으로 호송되어 그곳에 머물라고 명령하였고, 왕이 위안스카이에게 전언을 보낼 때까지 중국인들의 경호를 받았습니다. 현재로서는 왕은 그를 파견하지 않으려 합니다. 현재 왕은 데니 판사와 한국인 관리를 중국에 보내 이 문제와 관련하여 리훙장과 협의를 하고 있으며, 그 문제가 어떻게 끝날지 말하기는 불가능하지만, 만일 한국이 이 일을 포기한다면 한국의 미래와 관련된 문제는 안정될 것입니다. 조약 당사국이 문제를 삼지 않는 한, 조선은 중국의 속국이 될 것입니다.

저는 한국의 미래가 그렇게 불확실할 때 우리 사역을 그리 확장하는 것이 현명하지 않다는 박사님의 견해에 동의하지 않습니다. 만일 중국이 조선을 차지한다면 우리는 중국에서 활동하는 우리 선교사들과 동일한 특혜를 받게 될 것이고, 만일 조선이 러시아의 수중에 떨어진다면 의심할 여지없이 종교의 자

---

66) John W. Heron (Seoul), Letter to Frank F. Ellinwood (Sec., BFM, PCUSA) (Sept. 11th, 1887)

유가 부여될 것입니다. 이곳에서 학교, 선교사, 그리고 모든 개혁을 중국이 허용하지 않는 것의 비밀은 단순한데, 그것은 중국이 조선에 최고의 친구가 아니라는 것을 알도록 어느 나라가 도와주는 것을 두려워하기 때문입니다. 하지만 저는 그 결과에 대해 거의 걱정하지 않는데, 데니 판사는 조선 정부의 진실한 친구이고, 그는 목적이 정직하고 확고하며, 이 문제를 올바르게 해결하는 데 모든 노력을 강구할 것입니다.

지금까지 이 문제로 가장 고통을 받고 있는 사람은 당연히 알렌 박사인데, 그에게는 대단히 안 된 일입니다. 그것은 가장 싫은 상황이며, 그의 편지에 의하면 그는 무엇을 해야 하는지 아직 결정을 내리고 있지 못하고 있습니다. 최근의 편지에서 그는 "왕의 조롱을 받고 외국인들의 웃음거리가 될까봐 결코 서울로 돌아가지 못할 것이라고" 언급하였습니다. 저는 그에게 ___ ____ 편지를 보내 모든 사람들이 그를 동정하고 있고, 제 생각으로는 그가 돌아오는 것이 가장 최선일 것이라고 썼습니다. 그러나 어제 그는 편지에서 '구름이 지나가고 있고,' 돈은 떨어졌으며, 자신이 원한다면 자유롭게 떠날 수 있다고 말하였으며, 만일 가지 못한다면 제가 딘스모어 씨로부터 듣기로 그는 적어도 6,000달러의 배상을 요구할 것이라고 합니다. 알렌 박사는 제물포에 정착하기 위하여 선교부 승낙을 얻는 것에 대하여 말했으며, 그는 그곳에서 독자적으로 살 수 있으나 _____한 선교사로 있는 것이 더욱 좋은 것이라고 말합니다. 저는 만일 그가 한국에 남는다면 서울로 돌아와서 그가 떠났던 사역을 계속하는 것이 훨씬 나을 것이라고 생각합니다.

제가 아는 한, 그의 환자 중 단지 두 명만이 스크랜턴 박사에게 갔으며, 그들은 연간 단지 60달러에 불과할 뿐이므로 선교부에 금전적으로 특별한 영향은 주지 않을 것입니다. 저는 지금까지 세관(총세무사의 누이), 중국 공사관, 길모어 부인, 벙커 씨, 세관과 연관을 갖기 전에 저와 계약을 맺을 것을 제안한 한 신사 등을 진료하였기에 의료 사업의 모든 경비를 충당할 정도로 충분한 진료를 하고 있으며, 호튼 박사가 도착하면 벙커 부인이 모든 의료 사업을 즉시 중단할 것이라고 저에게 말하였기에 아마 더 많은 진료를 하게 될 것입니다.

그녀가 도착한 후 집도하고 싶은 몇몇 어려운 외과 수술에서 제가 그녀의 도움이 필요하기 때문에 우리는 호튼 박사가 빨리 도착하기를 바라고 있습니다. 우리는 박사님께서 말씀하신 보충 인원이 조만간 이곳에 올 것으로 믿습니다. 우리는 그들이 크게 필요합니다. 현재 제가 늘어난 일들을 하는 것에 덧붙여 교육을 해야 한다면 어떻게 제가 [한국어] 공부를 계속할 수 있을지 모르겠습니다. 저는 알렌 박사의 계획에서 이루어질 어떠한 변경이 박사님의 계획을 변경 시킬 필요는 없다고 생각하며, 벙커 부인, 그리고 자신(알렌 박사)의 장래에 대해 저보다 더 자유롭게 말을 나누었던 사람들은 알렌 박사가 이곳에 살기 위해 돌아올 것으로 결코 기대하지 않는다고 저에게 말합니다.

알렌 박사의 집은 거주할 모든 준비가 되어 있습니다. 우리는 매서운 추위가 오기 전에 즉시 필요한 약간의 수리를 할 것이며, 그러면 즉시 그곳에서 한 가정이 살 수 있게 할 수 있고, 아마도 박사님께서 보내신다면 두 가족이 일시적으로 살 수 있을 것입니다. 그러나 또 다른 집을 사도록 박사님께서 허락해 주시는 것이 대단히 현명할 것이라고 생각되는데, 알렌 박사가 돌아왔을 때 당연히 그의 옛 집을 원할 것이기 때문입니다. 바로 지금 우리는 우리 선교부 근처에 위치해 있으며 가격이 적당한 큰 부지를 구입할 기회가 있으며, 박사님으로부터 답변을 듣기까지 그것에 대한 우선권을 가졌으면 좋겠습니다. 그것은 이 지역에서 매물로 나온 최상의 부동산인데, 그 옆의 공터 역시 확보해야 합니다. 이것은 저만의 판단이 아니라 알렌 박사 및 언더우드 씨의 판단이기도 합니다.

제가 살고 있는 집의 한쪽 귀퉁이가 내려앉고 있는 것을 발견하여 새 목재를 넣으려고 벽의 일부를 헐어냈는데, 그 옆의 벽이 손가락으로 부서질 수 있다는 것을 알게 되어 벽의 다른 부분을 헐었는데, 지붕의 무게를 지탱하는 세 개의 기둥이 연달아 모두 썩어 있는 것을 발견하였습니다. 저에게 배정된 100달러로 필요한 모든 수리를 하는 것이 불가능할 것이며, 그렇게 큰 금액은 아니지만 추가 비용을 요청하고자 합니다. 지금 저의 집 기둥들 모두가 너무 오래되어 그중 많은 것들이 제가 여기 오기 전 이미 교체되었어야 할 것들이었습니다. 처음 수리를 하였을 때, 그 일을 하였던 일꾼은 분명 그 작업을 꺼렸습니다. 하지만 저는 현재 세관의 의무관이기 때문에 어떤 세금도 내지는 않는다는 것을 언급하고자 합니다. 어쩌면 저는 집을 수리하기 위하여 필요한 추가 비용을 저의 운송 및 세금으로 지불할 돈으로 충분히 상쇄할 수 있을지 모르겠습니다.

박사님의 지난 번 편지와 관련하여, 박사님께서는 제가 가족에게 보낸 사적 편지의 일부를 갖고 계신다고 언급하였습니다. 그 편지에서 저는 관련된 사실들뿐 아니라 그것들에 대해 의견을 달았는데, 제가 선교본부에 보낸 편지에서 저는 단순히 의견 없이 사실만을 언급하였을 뿐입니다. 박사님께서 보신 그 편지들은 공적으로 쓴 것이 아니기 때문에, 박사님께서 그것들을 폐기하시든지 아니면 동 테네시, 녹스 카운티, 애덤스 크릭의 제 부친 E. S. 헤론 목사께 돌려보내 주셨으면 합니다. 저는 그것들에 큰 무게를 두지 않을 것이며, 그것들은 소멸된 과거에 속한 것입니다. 괴로움에 그 편지들을 쓴 것은 아니며, 그렇다 해도 작은 불안이었을 것입니다. 하지만 저는 그 편지들이 알렌 박사처럼 그럴듯하게 쓴 편지와는 대조되는 그런 암울한 상황에 제가 있었다는 것을 보여 준다는 것을 알 수 있습니다.

저의 장모인 깁슨 부인의 편지에 대하여, 그렇게 헌신적인 기독교인인 그녀가 진정으로 사랑했던 사람에게 그런 많은 고통을 일으킨 일들을 알게 되면 그녀는 대단히 격앙할 것입니다. 지금 그 일은 과거의 일이지만, 이 문제에서 선교본부는 저를 정당하게 대하였다고 느끼지 않지만, 박사님의 편지에 나타난 몇 가지 언급에 대하여 제가 답할 필요가 없다면 더 이상 그것에 대하여 말하지 않겠습니다. 사람들의 칭찬과 비난에 상관없이 저는 저의 일을 충실하게 할 것입니다.

우리의 사역은 이곳에서 빠르게 확장되고 있습니다. 병원을 개원한 이래 어느 때보다 많은 환자들이 병원에 찾아오고 있습니다. 저는 평일에 하루 평균 55명의 환자를 진료하며, 때로 90명 정도나 되는 사람들을 진료합니다. 지난 6주일 동안 발과 팔의 절단 수술을 시행하였고, 모두 수술이 잘 되었습니다. 벙커 부인도 현재 평소 때보다 더 많은 환자를 진료하는데, 때로 하루에 110명 혹은 115명이나 되는 많은 사람들을 치료하고 있습니다.

기독교 사역 역시 발전하고 있습니다. 당장 여성들을 위한 사역을 시작하라고 강하게 요청을 받고 있으며, 우리가 세례를 주었던 남자들 중 일부는 우리가 그들에게 실망감을 안겨주자, 스크랜턴 부인에게 그 일을 해 달라고 요청하고 있습니다. 우리는 그 일을 감당할 사람이 없습니다. 벙커 부인도 결혼 전만큼 그렇게 건강하지 않으며, 우리 집에도 16개월 된 어린 아이가 있어 제 아내는 다소 집에 갇혀 있지만 그녀는 가르치기를 열망하고 있으며, 다시 학생들이 들어오면 이내 그 일을 다시 시작할 것입니다. 저의 지식으로 다른 어떤 선교지도 선교 사역을 위해 이렇게 무르익었다고 저는 믿지 못하겠습니다. 감당할 우리의 능력보다 사역의 기회가 많습니다. 우리는 그것과 보조를 맞출 수 있기를 바라지만, 그렇게 할 수 없을 것 같습니다. 많은 사람들이 성경을 읽고 있으며, 가르쳐 주기를 요청하고 있습니다. 그리고 많은 여성들이 삶의 방식을 주도록 갈망하고 있다고 합니다. 우리들의 모습이 충실하고 진실 되게 보이도록 기도해 주십시오.

사무실에서 모두 분들께 인사를 드립니다.

안녕히 계십시오.

J. W. 헤론, 의학박사

추신: 편지 쓰는 것을 끝냈을 때 저는 벙커 부인으로부터 며칠 동안 제물포로 갈 예정이라는 쪽지를 받았습니다. 그래서 우리는 조만간 알렌 박사의 계획에 대하여 알 수 있게 될 것입니다.

John W. Heron (Seoul),
Letter to Frank F. Ellinwood (Sec., BFM, PCUSA) (Oct. 1st, 1887)

Seoul, Korea,
October 1, 1887

Dear Dr. Ellinwood,

Of course you know of the change in our work here since I wrote last. At that time, Dr. Allen had not gone, but as you perhaps know already he is now at the port where he went more than a week ago. He has doubtless written of the trouble which so far has prevented the departure of the Embassy and which possibly, & perhaps I may say probably, will prevent its departure altogether. The Chinese have opposed it from the first, not however claiming any right to prevent it, but say that it was very wrong to send it without first consulting with China. But after the minister-elect had gone outside the city walls, according to a Korean custom which does not allow an official after taking leave of his majesty to again go to his house before setting out on his journey to his official residence, and on the very day on which he was to set out on his journey to Chemulpo, he was seized by a band of Chinese acting under the Chinese minister's orders, taken to his own house and ordered to stay there and was guarded by Chinese until the King sent word to Mr. Yuan Shikai. For the present, he, the king, would not send him. Now the king has sent judge Denny & a Korean official to China to consult with Li Hung Chang concerning the matter, how it will end, it is impossible to say, but if Korea gives up this thing, her future will be settled. Unless the treaty nation take it up, she will be a dependency of China's.

I do not agree with you in your view that it is not wise to extend our work much while Korea's future is so uncertain. If China takes her, we shall have the same privileges, which are granted to our missionaries in China, & if she falls into the hands of Russia, freedom of religion will undoubtedly be granted. The whole secret of China's intolerance of schools, missionaries, & all innovations here is simply this, that she fears for any one to help Korea to the knowledge that China is not her best friend. I have very little fear of the result, however, judge Denny is a true friend of the Korean Government, and honest and inflexible of purpose as he is, will leave no stone unturned to set this matter right.

So far the chief sufferer by all this trouble has been of course Dr. Allen, for him we are all exceedingly sorry. It is a most unpleasant position in which to be placed and I gather from his letters that he is most undecided as to what to do. In a late letter he states that he "will never return to Seoul to be made sport of by the King and laughed at by the foreigners." I have written saying him ___ ___ ___ that the sympathy of all was with him, that in my opinion a return would be the best possible thing. In his yesterday's letter however he said that "the clouds are rolling by" that his allowance had gone & that he was now free to go if he desired, if he does not go, I hear from Mr. Dinsmore he will claim damages of at least $6,000. He spoke of getting mission permission to settle in Chemulpho he can he think make an independent living there, but prefers, he says, to be a missionary ___ and ___. I think that if he remains in Korea it would be much better for him to return to Seoul, and take up his work just where he left it.

So far as I know, only two of his patients have gone to Dr. Scranton, but this will not make much difference pecuniarily to the mission as they only represent $60 per annum. I have been called so far to the customs (the chief commissioner's sister), to the Chinese Legation, Mrs. Gilmore, Mr. Bunker and a gentleman before connected with the customs who offers to make a contract with me, so that I shall have enough practice to cover all expenses of the medical work and perhaps more as Mrs. Bunker tell me that she shall at once give up all medical work on Dr. Horton's arrival.

We are hoping for Dr. Horton's speedy arrival as I need his assistance in some difficult surgical operations I hope to perform upon her reaching here. We trust also that the reinforcements you speak of will very soon be here. We need them greatly. At present I do not see how I can continue my studies if I have to go on teaching in addition to the increased work I now have. I think that the change which must be made in Dr. Allen's plans now need not change yours, as Mrs. Bunker & those to whom he has spoken more freely of his (Dr. A's) future than he has to me tell me that they never expect to see him return here in live.

Dr. Allen's house is all ready for an occupant. We shall proceed to do the slight repairing it needs at once before extreme cold weather comes, so that we can at once put a family in there and perhaps two for a short time should you send out two, but I think it would be very wise of you to give us permission to buy another house, as when Dr. Allen returns he will of course want his old house. Just now we have an opportunity to buy a large place, very suitably located near us for a reasonable price, & we hope to get the refusal of it until we can hear from you. It is now the best property in this section of the city which is for sale, while adjoining it is a vacant lot, which should also be secured. This is not only my judgment, but also that of Dr. Allen and Mr. Underwood.

Found that one corner of my own house was sinking and on taking out a part of the wall to put in a new timber, I found that the next to that could in places be broken off by one's fingers and taking out another piece of wall found that the three timbers in succession which support the whole weight of the roof were all rotten. It will scarcely be possible to do all that needs to be done with my allowance of $100 for repairs, and I shall have to ask for an additional sum, though not very large. I found now that the timbers in my house are all very old & that many which should have been taken out before I came, when the first repairs were done, but the man who did it then evidently shirked his work. I may however state that as I am now medical officer of the customs service, I do not pay any duties. I may be able to save sufficient from the sum allowed me for freights and duties to pay the additional amount needed for repairing my house.

In reference to your last letter, you state that some of my private letters to my family were left with you. In those I not only related facts but made comments on them, while in my letters to the board I simply stated facts without comment. It is needless to say that those letters which were shown to you were not intended for public use, & if you will either destroy them or return them to my father, Rev. E. S. Heron, Adams Creek, Knox Co., E. Tenn. I shall feel greatly obliged, they belong to a dead past. I did not write them in bitterness, but even if I had it would have been small wonder, however I can readily see how those letters should show me in a bad light, when contrasted with the letters of so plausible a man as Dr. Allen.

With reference to the letters of Mrs. Gibson, my mother-in-law, it is very easy to see how even such a devoted Christian as she is should been exasperated greatly when she knew of conduct which caused so much distress to those whom she loved so dearly. This is past now, and while I do not feel that the Board have done me justice in this matter, I shall say nothing more about it, unless some further allusion in your letters should need to be answered. I shall do my work faithfully without regard to the praise or the condemnation of men.

Our work is increasing rapidly here. There are now more patients coming to the hospital than at anytime since its first opening, I often have an average of 55 a day for the week, sometimes seeing as many as 90 in one day. We have had an amputation of the foot & one of the arm within the past six weeks, which have both done well. Mrs. Bunker too has more than usual just now so that sometimes as many as 110 or 115 are treated in one day.

Christian work is also progressing. We are strongly urged to begin work for women right away, and some of our baptized men are, as we have discouraged them, asking Mrs. Scranton to take it up. We have no one to take charge of it. Mrs. Bunker is not so strong as before her marriage, and we have a young baby (16 months old) so that my wife is somewhat closely confined, however she is more than willing, indeed anxious to teach, and will begin again to do so as soon as scholars again come in. I do not believe from my knowledge of mission fields that ever any place was so ripe for mission work. The opportunities are away a head of our ability to do the work; we long to be able to keep pace with it, but seem unable to do so. Many men are reading the Scriptures and asking to be taught and it is told us that there are many woman anxiously in giving the way of life. Pray that we may be found faithful and earnest.

With best wishes to all in the office, I am,

Very sincerely,

J. W. Heron, M. D.

P. S.   Just as I finish I have received a note from Mrs. Bunker who is going to Chemulpo for a few days, so that we shall soon know about Dr. A's plans.

호러스 N. 알렌(제물포)이 프랭크 F. 엘린우드(미국 북장로교회 해외선교본부 총무)에게 보낸 편지 (1887년 10월 2일)

한국 제물포,
1887년 10월 2일

F. F. 엘린우드 박사,
　　뉴욕 시 센터 가(街) 23

친애하는 박사님,

　　저를 주미 한국 공사관의 서기관으로 임명한다는 것이 공식 관보에 발표된 후, 저는 그것을 완전히 수락하기로 결정하였습니다. 수락한 후에 저는 지시에 순종하여, 짐을 싸고, 처분한 다음 9월 24일에 출발하였습니다. 27일에 공사와 저는 작별 인사를 하고 도시를 떠났는데, 그는 중국인들에게 억류되었습니다. 왕은 지금 다소 겁을 먹고 있지만, 러시아와 미국의 격려를 기다리고 있습니다. 중국은 조약을 위반하고 조약 열강들을 모독하였으며, 매우 나쁜 입장에 처해 있습니다. 우리는 이곳의 중국 대표가 자신의 정부의 허가도 받지 않고 행동하고 있다고 믿을 만한 충분한 이유가 있으며, 이 사람이 가하는 다양한 위협을 리[홍장]에게 알리기 위하여 관리 한 명을 중국으로 파견하였습니다. 미국과 러시아의 공사들은 자국 정부에 네 통의 전보를 보냈고, 이에 대한 답장을 받으면 무엇을 해야 할지 우리가 알게 될 것입니다. 미국 군함 오마하 호는 임무를 수행하고 있으며, 왕은 제가 가장 좋다고 생각할 때 사절단을 파송하겠다고 저에게 알렸습니다. 제가 안심하도록 왕은 꽤 많은 돈을 지불하였으며, 미국 정부에 전달할 편지를 가져가고, 그 밖의 다른 일들을 처리해 달라고 저에게 요청하고 있습니다. 사절단을 어느 일정 기간 지체 시키는 것이 타당한 것 같다면, 저는 편지를 운송하는 우편선으로 고국으로 갈 것입니다.

　　저의 출발은 그럴 것이라고 제가 알고 있었던 영향을 선교부에 미쳤습니다. 언더우드의 일본 여행에 대하여 제가 박사님께 편지를 보내고, 저 자신과 선교부에 대한 책임을 짐으로써 언더우드가 진정될 것이고, 박사님의 조그마한 위로를 받아 상처받은 마음이 회복될 것이라고 저는 생각합니다. 헤론의 경우 그는 다른 사람입니다. 그는 저에게 기회를 주었다면 제가 그를 위하여 많은 일을 할 수 있었고, 또 하였을 것이라는 것을 깨닫는 것 같습니다. 우리는 일을 만족스럽게 정리하였고, 저는 저의 일을 그에게 넘겼으며 큰 문제가 없었습니다. 두 사람만이 그를 받아들이기를 거부하였는데, 그 중 한 사람은 세관 계약을 통하여 온 사람입니다. 다른 한 사람은 연간 총 <u>60.00</u>달러에 불과합니다. 자유롭고 세상과 좋은 관계를 유지하는 것은 큰 위안입니다. 저는 어떻게 그 일이 일어났는지 전혀 몰랐고, 이 변화는 매우 시의적절한 것으로 보입니다. 동양에서 저에게 온 모든 기회는 제가 추구한 것이 아니고 섭리적인 것이었습니다. 저는 이것을 그렇게 여기고 있습니다. 또한 저는 박사님의 승인을 받고 갈 수 있게 된 것이 기쁜데, 제가 전보를 받지 못하였기 때문에 박사님이 반대하지 않는다고 추측하고 있습니다. 머지않아 박사님과 장시간 만족스러운 대화를 갖게 되기를 기대하고 있습니다. 그동안 박사님께서 이 중요한 선교지를 강화하기 위하여 노력하실 것이라고 믿고 있습니다.

　군사 교관들에 대해서는 신경 쓰지 마십시오. 저는 박사님 주장의 중요성을 알고 있습니다. 고국에 갈 때 저는 적절한 사람을 확보할 것입니다. 저는 벌써 그들에게 농부, ＿ 그리고 궁궐의 집사를 구해 주었습니다.

　안부를 전합니다.

　안녕히 계십시오.
　H. N. 알렌

Horace N. Allen (Chemulpho),
Letter to Frank F. Ellinwood (Sec., BFM, PCUSA) (Oct. 2nd, 1887)

Chemulpoo, Korea,

Oct. 2nd, 1887

Dr. F. F. Ellinwood,

23 Centre St., N. Y.

My dear Doctor: -

After my appointment as Secretary of Legation here to U. S. was announced in the official Gazette, I fully decided to accept, not before. After acceptance I obeyed orders, packed up, sold out and started Sept 24th to leave. On 27th Minister and self made our adieus, left the city and he was captured by the Chinese. The King is now somewhat intimidated but is waiting encouragement from Russia and America. China has violated the treaties, insulted the treaty powers and placed herself in a very bad position. We have reason to believe that the Chinese Representative here has been acting without authority from his Govn't and an official has been dispatched to China to lay before the Hung Li Yamen the various threats made by this man. Four telegrams have been sent by the American and Russian Ministers to their Govnt's and upon receipt of answers, we will know what to do. The U. S. S. "Omaha" is at the disposal of the Mission and the King has informed me that when I think it best he will dispatch the mission. To make me safe he has paid me quite well and requests me to go with letters to the U. S. Govn't, and to transact some other business. If it seems advisable to detain the Mission any length of time, I shall proceed home by the mail that carries this communication.

My departure has had the effect upon the mission that I knew it would. By writing the letter I did to you concerning Underwood's Japan trip and by taking the blame upon myself and the mission, I think Underwood will quiet down and with a little conciliation from you, will get over his injured feeling. As for Dr.

Heron, he is a different man. He seems to realize that had he given me the chance, I could and would have done much for him. We arranged things satisfactorily, I turned over my work to him and had not much trouble. Only two persons refused to take him, and one of those comes under the Customs contract. The other only amounts to $60.00 a year. It's an intense relief to feel free and on good terms with the world. I had no idea how the thing were upon me and this change seems very timely. All the opportunities that have come to me in the East have been unsought and Providential. I regard this one so. I am glad also that I can go with your sanction for as I received no cablegram, I infer you do not object. I hope to have a long and satisfactory talk with you ere long. In the meantime I trust you will look there to the reinforcing of this important field.

Never mind about the military officers. I see the weight of your argument. I will secure proper one when I go home. I have just gotten them a farmer, an ____strician, and a butler for Palace.

With regards,

Yours truly,
H. N. Allen

단신. *The Japan Weekly Mail* (요코하마) (1887년 10월 15일), 368쪽

9월 22일 서울의 통신원은 다음과 같이 말한다. 한국은 외국 궁정으로 사절단을 파견하는 것이 그렇게 해석된다면 중국에 대한 독립을 주장하려 한다. 이 편지를 운반하는 기선으로 몇 년 전에 일본을 방문하였던 박진탁 씨가 한국에서 미국으로 공사로 떠난다. 의학박사 H. N. 알렌 씨가 공사관 서기관으로 그를 동행한다.

Notes. *The Japan Weekly Mail* (Yokohama) (Oct. 15th, 1887), p. 368

A Correspondent writing from Söul, September 22nd, says: - Korea is about to assert her independency of China, if the sending of ambassadors to foreign courts may be so interpreted. By the steamer carrying this letter Mr. Pak Chin Tak, who visited Japan several years ago, leaves as Minister from Korea to the United States. Mr. H. N. Allen, M. D., accompanies him as Secretary of Legation.

호러스 N. 알렌(제물포)가 오티스 T. 메이슨(워싱턴, D. C.)에게 보낸 편지 (1887년 10월 19일)

제물포, 1887년 10월 19일

친애하는 메이슨 씨,

나는 매번 우편으로 떠나고 귀하를 만나서 반가워할 것을 기대하면서 귀하게 편지를 쓰는 것을 때때로 미루어 왔습니다. 나는 귀하의 편지 두 통을 받았으며, 귀하의 결정은 왕이 해외에 공관을 세우는 것과 관련하여 많은 어려움을 겪고 있었던 것과 마찬가지로 왕에게 슬픈 타격을 가했음을 확신합니다. 나는 귀하를 폐하를 위한 업무에 초청하는, 적절하게 서명된 수정된 문서를 가지고 있습니다. 나는 귀하를 볼 수 있기를 바라면서 그곳에 대하여 아무 것도 하지 않았습니다. 나는 군사 고문으로서 우리의 자리와 관련하여 우연히 매닉스 대령을 언급하였지만, 그를 만나 의논할 때까지 더 이상 아무 것도 하고 싶지 않습니다. 만일 그가 직책을 원한다면 나는 그것이 주선될 수 있다고 생각한다.

귀하가 떠나면서 미주 사절단은 폐하가 정한 날짜인 9월 27일부터 본격적으로 출발 준비를 시작하였습니다. 주한 중국 공사는 온 힘을 다하여 사절단의 출발을 막았지만 시간이 가까워질수록 친중파도 중국인들이 너무 느리며 사절단이 떠나야 한다는 것을 인정하였습니다.

딘스모어 씨의 부재는 많은 문제에 대하여 그의 조언을 구하였던 한국인들에게 깊이 느껴졌습니다. 20일 대원군은 공사의 생명을 위협하였다고 알려졌습니다. 왕실은 큰 걱정을 하고 미국 공사가 자리를 비우자 미국 공사관에 사절단을 위한 은신처를 요청하였습니다. 이것은 당연히 허락될 수 없었습니다. 그러자 왕은 나에게 제물포에 있는 미국 군함에 사절단을 태우고 일본으로 가는 길을 위험에서 벗어나게 해 달라고 요청하였습니다. 나는 딘스모어 씨가 부재중인 상황에서 그 요청을 전달할 자격이 있다고 느끼지 않았고, 데니 판사와 논의하였더니 그가 저넬 대령에게 편지를 썼지만 후에 그의 편지는 회수되었습니다. 그런 다음 나는 저넬 대령에게 편지를 썼는데, 그것은 사절단의 출발이 사실상 중단된 후인 25일까지 그에게 건네지지 않았습니다.

20일 저녁 주미 공사와 나는 왕께 작별 인사를 드리고 다음날 아침 서울을 떠나 제물포로 향하기로 하였습니다. 한국인 관리들은 왕에게 작별 인사를 한 후 성안으로 돌아오지 않을 수 있기에 공사는 나를 다음날 아침 성밖에서 만나기로 약속을 하고 같은 날 저녁 도시를 떠났습니다. 한국인들이 시간을 엄수하지 않는다는 것을 알고 있었기 때문에 나는 그를 만날 것이라고 기대하지 않고 항구로 왔습니다. 그 공사는 나타나지 않았고, 다음 날 나는 중국 공사가 마지막 순간에 쭝리 관아(官衙)에서 온 것으로 사칭하는 전보를 만들어 사절단이 떠날 경우 선전포고를 하겠다고 위협하였다는 것을 알게 되었습니다. 이것은 왕을 겁나게 하였고 당장 공사를 불러들였습니다. 한편 딘스모어 씨는 25일 도착하여 27일 서울로 향하였습니다. 그는 중국인들이 너무 오랫동안 현장을 장악하고 있었기 때문에 아무것도 할 수 없었습니다. 왕은 나에게 '미국인과 러시아인'과 협의해 달라는 전언을 보냈고, 만약 그들의 정부가 한국을 지지할 것 같으면 즉시 사절단을 파견할 것이라고 하였습니다. 나는 서울로 가서 베베르 씨와 딘스모어 씨를 만났습니다. 후자는 모든 위험을 무릅쓰고 사절단을 보내는 것을 선호하였습니다. 전자는 전보에 대한 응답으로 각 정부로부터 소식을 들을 수 있을 때까지 기다리라고 조언하였습니다. 나는 후자의 조언에 따라 행동하였습니다.

다음 주 동안 베이야드 장관은 딘스모어에게 그의 전보 발송을 이해할 수 없다고 전보를 보내며 세부 정보를 보내달라고 요청하였습니다. 그는 이렇게 하였지만 중국인 통신원이 이전에 암호를 혼동하였기 때문에 그대로 목적지에 도달하였는지는 의심스럽습니다.

그 사이에 데니 판사는 리훙장을 만나 다양한 서면 위협을 제시하면서 위안이 명령 없이 행동하였다는 것을 알아낼 수 있기를 희망하면서 독일 증기선을 타고 중국으로 떠났습니다. 이것은 자신을 한동안 놓아주기를 거부하고 그가 어쨌든 갈 것이라는 것을 알았을 때 서류를 주었던 왕에게 설명한 대로 판사가 방문하는 목적이었습니다. 중국인은 판사가 자신들에게 급여를 받으며(그는 나에게도 이를 부인하였고 중국이 그에게 봉급을 지급하였다는 사실도 부인하였다), 사절단이 가는 것에 대한 중국의 허가를 요청하기 위하여 가는 것이라고 말하였다고 말하고 있습니다. 이것은 나에게 돌려 이야기하는 방식으로 들렸지만 나는 약간의 근거를 갖고 있다고 말하는 것이 유감스럽습니다. 중국인은 이 허가를 신청만 하라고 요청하고 있습니다. 왕은 신청하지 않겠다고 주장하고 있습니다. 그러나 한국 정부의 고위 관리가 요청한다면 중국인은 틀림없이 만족해 할 것이며 자신들의 큰 이득으로 이용할 것입니다.

딘스모어 씨가 정부로부터 답신을 받았고, 그가 보낸 전보가 훼손되었다는 것을 알게 된 나는 즉시 사절단을 보내도록 조언하였습니다. 왕은 그렇게 하겠다고 말하였지만 바로 그때 신하의 외아들이 병에 걸렸고 아버지는 휴가를 요청하였습니다. 휴가는 허용되었고 왕은 공사가 10월 21일 내려갈 것이라고 말하였습니다. 만일 박이 아들의 병 때문에 떠날 수 없다면 새로운 사람이 파송될 것입니다.

그러는 동안 오마하 호의 장교들은 귀국 명령이 내려졌다는 소식을 들었고 왕이 요청하면 그 배는 사절단을 미국으로 데려가는 계획을 짤 것입니다. 이 문제에 관하여 자문을 받은 딘스모어 씨는 한국이 봉신(封臣)이라고 주장하며 해외에서 독립적인 활동을 허용하지 않을 것이라는 편지에 근거하여, 본국 정부가 중국에 대항하여 이 문제를 다루기로 결정하는 전보 공문을 받지 않는 한 요청을 전달하지 않을 것이라고 말하였습니다. 그는 중국 공사로부터 서면으로 받은 모든 것을 미국 국무부에 보냈습니다.

하지만 딘스모어 씨는 공사가 일본으로 가는데 오마하 호의 사용을 제안하였습니다. 그들은 며칠 내로 그 배에서 출발할 것으로 예상하고 있습니다.

그것은 한국으로서는 가장 불행한 일입니다. 중국은 다른 정부가 이 문제를 맡는다면 그렇게 할 충분한 이유가 있을 것이라고 주장하였습니다.

왕은 분명히 불쌍해 질 것입니다. 그 자신은 거의 극도로 진보적이지만 그의 신하들은 쉽게 중국의 위협을 받습니다. 그에게는 그가 온전하게 의논할 수 있다고 생각하는 사람이 아무도 없으며, 모든 짐은 자신의 어깨에 있습니다. 그래도 그는 용감하게 견디며 자신이 아는 한 최선을 다합니다.

나는 귀하께서 그의 업무를 맡는 길이 열리지 않아 유감스럽습니다. 그것은 한국인들에게는 큰 축복이겠지만, 만일 매닉스 대령도 아직도 그것을 시도할 의향이 있다면 주선할 수 있을 것이라고 생각합니다. 귀하께서 응원하고 우리의 친절한 안부를 전한다면 대령에게 이 편지를 보여주실 수 있습니다.

우리 부부의 안부를 전합니다.

안녕히 계세요.
H. N. 알렌

나는 아직 ___ 시련에 대한 완전한 전말을 작성하지 않았기 때문에 이것의 사본을 만들 것입니다.

Horace N. Allen (Chemulpo),
Letter to Otis T. Mason (Washington, D. C.) (Oct. 19th, 1887)

Chemulpoo, Oct. 19th, 1887

My dear Mr. Mason,

I have been putting off writing to you from time to time, expecting to leave by every mail and have the pleasure of seeing you. I received your two letters and assure you your decision was a sad blow to the King coming as it did just as he was having so much trouble concerning the establishment of his missions abroad. I have the corrected document, properly signed inviting you to enter His Korean Majesty's service. I have done nothing with it, hoping so as to see you. I have mentioned Capt. Mannix incidentally in connection with our position as military advisor, but do not wish to do anything further until I have seen and conferred with him. If he wishes the position I think it can be arranged.

Upon your departure the mission to America began making active preparations for departure on Sept 27th the date picked by His Majesty. The Chinese Minister at Seoul began to do all in his power to prevent the departure of the mission but as the time drew nigh, even the pro-Chinese people admitted that the Chinese had been too slow and the mission must go.

Mr. Dinsmore's absence was deeply felt by the Koreans who wished his advice on many matters. On the 20th the Tai Won Khun was said to have threatened the life of the minister. The Royal Family were greatly worried and asked assylum (sic) for the minister at the American Legation as the minister (U. S. A.) was away. This of course could not be granted. The King then asked me to request the American man-of-war at Chemulpoo to take the minister on board and give him passage to Japan out of harms way. I did not feel qualified in the absence of Mr. Dinsmore to forward the request and conferred with Judge Denny who wrote to Capt. Jernell but afterwards recalled his letter. I then wrote a despatch to Capt Jernell that was not handed to him till the 25th, after the minister had been effectively stopped.

In the evening of the 20th the Minister to America, and myself, made our adieus to the King and arranged to leave Seoul for Chemulpoo next morning. As Korean officials may not return within the city walls after saying good bye to the King, the minister left the city the same evening promising to meet me outside, next morning. Knowing the lack of punctuality on the part of Koreans, I did not expect to meet him and came on to the Port. The minister did not put in appearance and next day I learned that the Chinese minister had, at the last moment, produced a telegram, purporting to be from the Tsung-li Yamen, threatening to declare war in case the mission left. This so intimidated the King that he recalled the minister temporarily. In the meantime Mr. Dinsmore arrived on the 25th and proceeded to Seoul on the 27th. He could do nothing as the Chinese had had the field all to themselves for too long a time. The King sent word to me asking me to confer with the "Americans and Russians" and if their governments seemed inclined to support Korea, he would despatch the mission at once. I went to Seoul and saw Mr. Waeber with Mr. Dinsmore. The latter favored sending the mission at all hazard. The former advised waiting till they could hear from their respective governments in answer to their telegram. I acted upon the latter advice.

During the next week Secretary Bayard telegraphed Mr. Dinsmore that his telegram despatch was uninteligible and requested him to send details. This he did but as the Chinese operators had mixed up the cipher previously, it is doubtful if the latter messages reached its destination intact.

In the meantime Judge Denny had left for China on a German S.S. (Signal), with the intention of seeing Li Hung Chang and laying before him the various written threats of Minister Yuan, with the hope of finding that the latter had acted without orders. This was the purpose of the Judge's visit as explained to the King, who for some time refused to let him go and only gave him the papers when he found that he would go anyway. The Chinese say that the Judge told them he was going to receive his salary (he denied this to me and also denied that China paid him a salary) and to ask China's permission for the mission to go. This came to me in a roundabout way but I am sorry to say I have some foundation. The Chinese only ask that this permission be applied for. The King insists that he will not apply for it. But should it be asked by a high official in the Korean government, the Chinese would doubtless be satisfied and would use it to their great advantage.

On learning that Mr. Dinsmore had received an answer from his govm't and that the message sent by him had been mutilated, I advised that the mission be sent at once. The King said he would do so but just then the minister's only son was taken very ill and the father asked for leave. The leave was granted and the King stated that the minister would be sent down on Oct 21st. If Pak could not leave on account of his son's illness a new man would be sent.

In the meantime the officers of The Omaha were informed that their orders home had been issued and they thought that if the King requested it the ship would be detailed to take the mission to America. Mr. Dinsmore on being consulted concerning the matter stated that he would not forward the request unless he received such telegraphic despatches as should show that his government had decided to take up the matter against China, on the grounds of the letters claiming Korea as a vassal state and refusing to allow her an independent representative abroad. All of which he had obtained in writing from the Chinese Minister and had forwarded to the U. S. State Department.

Mr. Dinsmore did however offer the use of the Omaha in transporting the minister to Japan. They expect to get off by her in a few days.

It is altogether a most unfortunate affair for Korea. While China has so committed herself that if the other governments which to take up the matter they will have ample reason for so doing.

The King is certainly to be pittied. He himself is almost ultraprogressive, but his nobles are easily intimidated by China. He has no one with whom he feels that he can counsel fully, and the whole burden rests upon his own shoulders. Still he bears up bravely and does the best he knows how.

I am sorry you do not see your way open to enter his service. It would be a great blessing to the Koreans, but if Capt. Mannix is still inclined to try it I think it can be arranged. You may show the Captain this letter if you cheer and give him our kind regards.

With kind regards from Mrs. Allen and myself.

I remain

Yours very truly,

H. N. Allen

As I have not yet written so full an account of the ___ trials. I shall make a copy of this.

오티스 T. 메이슨(Otis T. Mason)

오티스 T. 메이슨(Otis T. Mason, 1838~ 1908)은 미국의 민족학자이며, 스미스소니언 협회의 학예사이었다. 그는 1861년 콜롬비안 대학교를 졸업한 후에 대학교 예비학교의 교장으로 23년 동안(1961~1884) 활동하였다. 그는 1872년 미국 국립박물관과 관계를 맺어 민족학을 공동으로 연구하였으며, 1884년 전임 학예사가 되었다.

그림 8-11. 오티스 T. 메이슨.

프랭크 F. 엘린우드(미국 북장로교회 해외선교본부 총무)가
호러스 G. 언더우드(서울)에게 보낸 편지 (1887년 10월 24일)

(188)7년 10월 24일

H. G. 언더우드 목사,
　　한국 서울

친애하는 형제여,

　　나는 알렌 박사의 편지를 통하여 귀하가 일본으로 가는 문제와 관련하여 여전히 귀하가 불만을 갖고 있고, 그 주제에 관한 나의 마지막 편지는 그 문제와 관련하여 사실이 아닌 것들에 대하여 혹은 바로 그 문제와 관련하여 귀하를 나무랐으며, 또한 그것 때문에 예산도 삭감되었다는 것을 알게 되었습니다.

(중략)

　　헤론 박사의 편지는 알렌 박사가 이미 떠났음을 알리고 있습니다. 이것은 우리가 예상하였던 대로입니다. 신문에 실린 전보를 보면 리홍장이 외국 정부에 사절단과 공사를 외국 정부로 보내는 것과 관련하여 문제를 제기하는 경향이 있다는 것을 알고 있기 때문에 나는 이곳에서 그의 임무의 결과가 어떨지 모르겠습니다. 나는 한국의 정치적 상황에 대한 불확실성 속에서 우리가 움직이고 있음을 항상 느끼고 있습니다.

(중략)

Frank F. Ellinwood (Sec., BFM, PCUSA), Letter to Horace G. Underwood(Seoul) (Oct. 24th, 1887)

Oct. 24th, (188)7

Rev. H. G. Underwood,
Seoul, Korea

My dear Brother:

I learn by a letter from Dr. Allen that there is still a grievance on your part in regard to the matter of your going to Japan, - that my last letter on that subject accused you of certain things which were not true or just in regard to that matter, and also that the estimates were cut down on account of it.

(Omitted)

Dr. Heron's letter informs me that Dr. Allen has already left. This is as we expected. I do not know what the results of his mission here will be, for I see by the telegraphic dispatches in the papers that Li Hung Chang is quite disposed to make trouble about the sending of ambassadors and ministers to foreign governments. I feel all the while that we are moving in the midst of uncertainties with regard to the political situation in Korea.

(Omitted)

호러스 N. 알렌(제물포)이 프랭크 F. 엘린우드(미국 북장로교회 해외선교본부 총무)에게 보낸 편지 (1887년 10월 25일)

한국 제물포,
1887년 10월 25일

F. F. 엘린우드 박사,
　　뉴욕 시 센터 가(街) 23번지

친애하는 박사님,

　제가 한국인 사절단과 함께 귀국하는 것과 관련된 박사님의 친절한 편지는 아직 이곳에서 기다리고 있는 우리에게 배달되었습니다. 중국이 일으킨 소동에 대한 두려움이 가라앉은 이후, 왕은 공사를 막 보내려고 하였지만 공사의 외아들이 위독하여 그의 아버지의 출발을 지체시켰습니다. 얼마 후, 기다리는 것이 소용없다는 것을 알게 된 왕은 새로운 사람을 보내겠다는 의사를 밝혔으며, 그 와중에 그는 헤론 박사를 보내 아픈 아들을 진료하도록 하였습니다. 박사는 간헐적으로 발생하는 매우 심각한 발작을 발견하였으며, 며칠 내로 치료할 수 있다고 생각하고 있습니다. 그래서 왕은 그(공사란 뜻입니다.)가 며칠 내로 가게 될 것이라고 선언하였습니다. 3주일 동안의 마지막 배가 내일 출발합니다. 날씨가 너무 추워서 이곳의 불편한 숙소에서 더 이상 머물 수가 없습니다. 그래서 저는 왕에게 연락을 보냈고, 왕은 제가 요코하마에 가서 기다리는 것을 허락하였습니다. 그 사절단은 아마 미국 군함을 타고 가게 될 것입니다. 그것은 놀랄 만한 일이지만, 어쩔 수 없는 것입니다. 만약 왕이 믿을 만한 사람이 데니의 자리에 있다면, 이것은 그를 위해 훨씬 쉬웠을 것이기에 유감스럽습니다.

　저는 박사님의 친절한 편지에 진심으로 감사드립니다. 저는 박사님이 충고해 주신 방식의 지혜를 알고 있으며, 이전에 그것을 알았더라면 그 방식을 채용하였었을 것이고 박사님도 만족하셨을 것입니다. 여기 제 사직서를 첨부하여 보내면서 박사님의 후원 하에 제가 선교사로서 다시 한국에 돌아오길 기대합니다. 그 동안에는 비록 제가 쓸 것이 많지 않겠지만 이전처럼 가끔 박사님과 교신을 하고 싶습니다.

제가 떠난 것이 선교부에 좋은 일이 되었습니다. 헤론 박사와 벙커 부인이 충돌하였다고 말씀 드리게 되어 유감스럽습니다. 두 사람 모두 저에게 모든 문제에 대하여 편지를 보내었으며, 헤론 박사는 저를 보기 위하여 [제물포로] 내려왔다가 돌아갔습니다. 저는 그들 모두에게 벙커 부인이 헤론 박사의 청구 전표에 답을 해 주었다면 불미스런 일은 일어나지 않았을 것이라고 말하였습니다. 그 결과 두 사람 모두 예전같이 다정하지 않다는 것입니다. 저는 그들의 편지를 보내드리오니, 박사님의 뜻에 따라 그것들을 읽으시거나 읽지 않으시기 바랍니다. 헤론 박사는 그가 원하였던 자리를 얻게 되어 의기양양하고 행복해 하며, 그는 어쩌면 약간 거드름을 피울지도 모릅니다. 그는 제가 동등하게 대우해주었던 간호사이며, 자신을 어쩌면 조금 강탈자로 여겼던 벙커 부인을 결코 잊지 못하는 것 같습니다. 박사님은 그 두 일이 어떻게 일어날 수 있었는지 아실 수 있습니다. 저는 박사님이 알고 계신 것이 더 좋다고 생각하지 않으며, 적어도 지금 당장은 언더우드를 포함하여 그들 중 누구도 꾸짖지 말아 주십시오.

곧 뵙게 되기를 바랍니다.

안녕히 계십시오.

H. N. 알렌

Horace N. Allen (Chemulpho), Letter to Frank F. Ellinwood (Sec., BFM, PCUSA) (Oct. 25th, 1887)

Chemulpo,
October 25th, (18)87

Dr. F. F. Ellinwood
    23 Centre St, N. Y.

My dear Doctor,

Your kind letter concerning my going home with the Korean Mission found us still waiting here. After the fear of trouble from China had subsided and the King was about to send the Minister, the only son, of the latter was taken dangerously ill and delayed his father. After some time, finding it useless to wait, the King announced his intention of sending a new man, but in the meantime he sent Dr. Heron to see the sick son. The Dr. finds it a very severe attack of intermittent, which he thinks he can cure in a few days. Wherefore the King announced that he would go in a few days. (The Ministers I mean). The last ship for three weeks leaves tomorrow. It is so cold that we cannot remain here longer in our uncomfortable quarters. I sent then to the King and he allows me to go on to Yokohama and wait. The Mission will probably come by U. S. man-of-war. It is amazing but it can't be helped. I am sorry for the King and if he had a trusty man in Denny's place, it would be much easier for him.

I thank you very much for your kind letter. I see the wisdom of the course you advise and should have adopted that course before, had had I known it would be satisfactory to you. I herewith send my resignation and shall expect to come to Korea again as missionary under your auspices. In the meantime I wish to be in correspondence with you somewhat as before though I shall not have so much to write about.

My coming away has done the mission good. I am sorry to say Dr. Heron and Mrs. Bunker had a collision. Both wrote the whole matter to me and Dr. Heron was down and back to see me. I told them both that had Mrs. B. answered Dr. H's chit, the trouble could not have occurred. The result is that neither of them is as cordial as before. I send their letters, you may read them or not, as you please. Dr. Heron is elated, he is happy and having attained the position he wished, he may possibly be a little puffed up. He never seems able to forget that Mrs. B. is a nurse having been treated as an equal by me, and looking on Heron a little as a usurper maybe. You can see how the two could happen. I don't think you had better notice, at least don't scold any of them, including Underwood, just now.

Hope soon to see you,

I am yours truly,
H. N. Allen

호러스 N. 알렌(제물포)이 오티스 T. 메이슨(워싱턴, D. C.)에게
보낸 편지 (1887년 10월 25일)

한국 제물포,
1887년 10월 25일

O. T. 메이슨 님,
  스미소니언 협회,
  워싱턴, D. C.

안녕하십니까,

　귀하의 편지는 제가 워싱턴으로 파견되는 한국 사절단과 함께 떠나는 바로 이곳에 도착하였습니다. 귀하가 이 편지를 받은 직후 우리는 틀림없이 그곳에 갈 것입니다. 저는 그런 다음 귀하가 원할 모든 정보를 기꺼이 제공하고, 사절단의 다른 일원들에게 문의하여 제가 빈약하게 알고 있는 사실들을 보완할 수 있어 대단히 행복할 것입니다. 저는 사절단이 정착된 직후 귀국할 것이기에 우리는 추가의 서신 교환과 귀하가 원하는 물건들을 매우 현명하게 수집할 준비를 할 수 있다고 생각합니다.

　다시 만나는 것이 크게 기쁠 글로버 씨 가족에게 안부를 전해 주십시오. 요청과 함께 호의적으로 대해주신 귀하께 감사드리며, 우리는 귀하가 대표하는 기관에 대한 봉사와 두 사람 모두에게 유익한 교제를 할 수 있을 것으로 믿고 있습니다.

　안녕히 계십시오.
　H. N. 알렌, 의학박사

Horace N. Allen (Chemulpo),
Letter to Otis T. Mason (Washington, D. C.) (Oct. 25th, 1887)

Chemulpoo, Korea,
Oct. 25th, 1887

O. T. Mason Esq.,
    Smithsonian Institute,
    Washington, D. C.

My dear Sir: -

Your letter reached me at this place just as I am leaving with the Korean Mission to Washington. We will doubtless be there soon after you receive this letter. I shall then be most happy to give you any information you may wish and can sup[p]lement my own meagre stock of facts by referring to the members of the mission. As I shall return soon after getting the mission settled, I think we can arrange for a further correspondence and the collection of such things as you desire very intelligently.

Remember me kindly to Mr. Glover and family whom I shall take great pleasure in meeting again. Thanking you for favoring me with your request and trusting we may make an acquaintance profitable to both and of service to the great institution which you represent.

I remain Dear Sir,

Yours sincerely,
H. N. Allen, M. D.

호러스 N. 알렌(제물포)이 미국 북장로교회 해외선교본부로 보낸 편지
(1887년 10월 26일)

한국 제물포,
1887년 10월 26일

저는 제가 지금 맡고 있는 선교사직 사임을 수락해 주실 것을 박사님께
삼가 요청 드립니다.

안녕히 계십시오.
H. N. 알렌, 의학박사

미국 북장로교회
해외선교본부 귀중

Horace N. Allen (Chemulpo),
Letter to the Board of Foreign Missions, PCUSA (Oct. 26th, 1887)

Chemulpo,

October 26th, 1887

I have the honor to ask you to accept my resignation as the position I now hold as missionary.

Yours truly

H. N. Allen, M. D.

To The Board of Foreign Missions
of the Presbyterian Church in the United States of America

알렌 박사의 일기 제2권(1887~1888년) (1887년 10월 29일)

[1887년] 10월 29일 [(토)], 부산

우리는 수요일 26일 아침에 히고 마루 호에 탑승하여 요코하마로 출발하였지만, 왕으로부터 홍콩의 민영익67)에게 가서 그에게 중요한 문서를 전달하고 돈을 받아, 그것을 내가 의심할 여지없이 사절단을 만나기로 되어 있는 나가사키로 가지고 가라는 요청이 담긴 편지가 왔다.

브루클린 호의 챈들러 제독은 제물포로 향하고 있으며, 틀림없이 공사를 태울 것이다. 슈펠트 제독은 탑승하고 있다. 그는 제물포를 방문하였다가 돌아왔는데, 왕의 알현을 초대 받지 못하여 매우 실망하였다고 한다. 유럽 사절단은 준비하라는 명령을 받았다.68) 데니는 그들의 서류를 담당하고 있다. 우리는 힘든 여행을 하였다. 브로마이드 덕에 김과 실은 아프지 않았다.69) 패니와 아기들은 그렇지 않았다. 그들은 브로마이드를 복용하지 않았다.

---

67) 중국을 반대하는 정책에 반대하였던 민영익은 1886년 8월 한러 밀약설을 위안에게 알렸고, 위안이 꾸민 국왕 폐위 음모를 다시 한국 정부에 알렸다. 이로 인해 양측으로부터 입장이 곤란해져 더 이상 서울에 있기 곤란해진 민영익은 8월 말에 홍콩으로 떠났다.
68) 한국 정부는 1887년 9월 16일 영국, 독일, 러시아, 프랑스 및 이탈리아 등 5개국을 담당하는 주구5국 전권공사로 조신희(趙臣熙, 1851~?)를 임명하였다. 그는 이용선 참찬관을 대동하고 홍콩까지 갔지만 중국의 간섭으로 부임하지 못하였다.
69) 김노미(金老美)는 알렌의 수행 몸종이었고, 실은 알렌의 개인 비서이었다.

Dr. Allen's Diary No. 2 (1887~1888) (Oct. 29th, 1887)

Fusan, Oct. 29th[1887]

We went on board Higo Maru Wed. morn, 26th and started for Yokohama but a letter came from the King asking me to take a big dispatch to Min Yong Ik at Hongkong and to get the money and bring it to Nagasaki where I would doubtless meet the mission.

Admiral Chandler on the Brooklyn is going to Chemulpo and will doubtless take off the Minister. Admiral Shufeldt is on board. He made a trip to Chemulpoo and return and is said to be much disappointed at not receiving an invitation to visit the King. The European mission has orders to get ready. Denny is working on their papers. We had a rough trip. Thanks to Bromide, Kim and Sill were not sick. Fannie and babies were. They didn't take it.

알렌 박사의 일기 제2권(1887~1888년) (1887년 10월 30일)

[1887년] 10월 30일 (일)

나가사키에 도착하였다. 나는 류마티스 성 말라리아를 앓고 있다.

Dr. Allen's Diary No. 2 (1887~1888) (Oct. 30th, 1887)

Sunday, Oct. 30th[1887]

Reached Nagasaki. I am having a rheumatic malarial attack.

알렌 박사의 일기 제2권(1887~1888년) (1887년 11월 2일)

[1887년] 11월 2일 (수)

어제 몹시 앓았다. 오늘 아침 나는 베이야드 씨에게 전보를 보냈는데, 사본은 이 책 뒤에 있다. 나는 가지고 있던 400온스의 금을 은으로 교환하기 위하여 홈 링거[앤드 컴퍼니]에 입금하였다. 우리 호텔에서 스미스 재무관 부인, 빅웰 소령 부인, 그리고 데니그 중위 부인을 발견하였다. 오늘 우편선 테헤란호를 타고 홍콩으로 떠난다.

Dr. Allen's Diary No. 2 (1887~1888) (Nov. 2nd, 1887)

Wed., Nov. 2nd[1887]

Very ill yesterday. This morn sent telegram to Mr. Bayard, copy in back of book. Deposited my 400 ounce of gold with Holme Ringer[and Company] to change into silver. Find Mrs. Paymaster Smith, Mrs. Lieut. Comd'r Bickwell, and Mrs. Lieut. Denig at our hotel. Leave today on P. & O. Ship Teheran for Hongkong.

단신. *The Japan Weekly Mail* (요코하마) (1887년 11월 5일), 442쪽

10월 17일자로 서울에서 기고한 통신원은 다음과 같이 말한다. "내가 아는 한 이곳의 상황에서 새로운 것은 없다. 미국에 가려 했던 박 씨는 돌아와서 지금은 가지 않는다고 말한다. 하지만 사절단은 가고 있고 모두가 말하고 있으며, 나는 그것을 믿는다. 언제 갈지는 아무도 알 수 없다. 데니 판사는 아직 베이징에서 돌아오지 않았다. 그의 방문은 조회를 위한 것이며, 우리는 한국의 독립에 대한 중국의 입장을 분명히 밝히는 결과가 되기를 바란다. 모든 것이 조용하다. 한국인들은 대단히 소극적이다. 하지만 왕은 상당한 용기에 대한 증거를 제시하고 있으며, 나는 가능하다면 그가 자신만의 방식을 택할 것이라고 믿는다. 나는 국정에 대한 그의 일반적인 태도를 언급한다. 중국 혹은 중국이 이곳에 갖고 있는 사람은 왕립 대학을 반대하였지만, 폐하는 막 두 번째 학급을 임명하였다. 그는 새로운 개념을 그들의 머리에 집어넣는 것을 의미한다. 진보적인 정신이 자라고 있다. 주미 사절단의 서기관이 될 H. N. 알렌 박사는 본부로부터의 소식을 기다리며 제물포에서 조용히 지내고 있다."

Notes. *The Japan Weekly Mail* (Yokohama) (Nov. 5th, 1887), p. 442

A correspondent, writing from Soul, under date October 17th, says: - "There is nothing new in the situation here so far as I know. Mr. Pak who was to go to the United State, has come back and now says *he* is not going. The Embassy however is going, so everybody says, and I believe it. Just when it will go, no one can tell. Judge Denny has not yet returned from Peking. His visit is one of inquiry, and will result in a clear declaration, we hope, of China's position as to the independence of Korea. Everything is quiet. The Koreans are very reticent. The King, however, gives evidence of considerable backbone, and I believe intends to have his own way - if at all possible. I refer to his general attitude in respect of national affairs. China, or the man she has here, opposed the Royal College, but His Majesty has just appointed the second class. He means to get new ideas into their heads. The progressive spirit is growing. Dr. H. N. Allen, who was to have been secretary of the Embassy to the United States, is living quietly at Chemulpo waiting for word from head-quarters."

한국의 정치.
The Japan Weekly Mail (요코하마) (1887년 11월 5일), 451쪽

한국의 정치

*Japan Mail*의 편집자 귀중,

안녕하십니까, - 독자들에게 흥미로울 수 있는 한국의 정치 문제와 관련하여 지난 우편으로 받은 사적인 편지에서 발췌한 내용을 보내드립니다.

"지금 이곳의 정치적 전망은 매우 의심스럽습니다. 물론 여러분은 주미 사절단의 임명에 대하여 알고 있습니다. 중국인들은 처음부터 반대하였지만, 그들의 반대가 큰 영향을 미칠 것이라고는 생각되지 않았습니다. 알렌 박사는 토요일에 이곳에서 제물포로 떠났지만, 공사는 떠나지 않았고, 후자는 일요일 아침에 서울을 떠날 생각이었습니다. 중국인들은 공사가 가지 않아야 한다고 마음을 정하고 그를 붙잡아 강제로 집으로 돌려보냈고, 가지 않겠다고 약속할 때까지 그곳을 떠나게 못하게 하였습니다. 왕은 같은 취지로 그에게 전갈을 보냈습니다. 그 결과 지연이 되었습니다. 알렌 박사는 아직 제물포에 있으며, 언제 갈지는 미지수입니다. 이곳의 중국 대표는 공식적이라고 공언하는 성명을 발표하였는데, 만일 사절단이 간다면 중국이 선전포고를 할 것이며, 이제 알렌 박사를 수행원으로 파견하는 것을 제안하였기 때문에 그런 경우에도 전쟁이 일어날 것이라고 덧붙였습니다. 물론 그런 행동과 말투에는 상당한 흥분이 있었습니다. 막부 시대의 사람들은 대부분 반중국적 견해를 표명하고 있습니다. 이 문제는 한국의 입장을 안정시켜야 할 것입니다. 만일 사절단이 간다면 한국은 당연히 독립국이 되고, 만일 이 소란이 계속된다면 한국은 중국의 성(城)이 될 것이나 다름없습니다. 영국과 독일은 모든 일에서 중국과 함께 하고 있으며, 한국에 대한 큰 희망은 미국과 함께 러시아와 일본이 한국의 독립을 주장하는 것입니다.

"러시아는 공사를 미국에 파견해야 한다고 주장할 것으로 이해됩니다. 데니 판사는 중국 측의 대화가 공식적인 것인지 아니면 중국 대표단의 도발적인 것인지 알아보기 위하여 톈진에 갔습니다."

안녕히 계십시오.

요코하마, 1887년 10월 29일

Politics in Korea.
The Japan Weekly Mail (Yokohama) (Nov. 5th, 1887), p. 451

Politics in Korea.

To the Editor of the "Japan Mail"

Sir, - I send you an extract from a private letter received by the last mail in regard to political matters in Korea, which may be interesting to your readers.

"The political outlook over here just now is very doubtful indeed. Of course you know about the appointment of an Embassy to the United States. The Chinese opposed it from the start, but it was not thought that their opposition would have much effect. Dr. Allen left here for Chemulpo on Saturday, but the Minister did not, the latter intending to leave Söul on Sunday morning. The Chinese made up their minds that the Minister should not go, and seizing him, brought him back to his house by force, refusing to leave him there till he promised not to go. The King sent word to him to the same effect. The consequence is that there is delay. Dr. Allen is still at Chemulpo, and it is not known when he will go. The Chinese representative here makes the statement, which he professes to be official, that if the Embassy goes China will declare war, and now that it has been proposed to send Dr. Allen as full Minister, he adds that even in that case there will be war. Of course with such actions and such talk there is a great deal of excitement. The people during the period of the Shogunate the interests for the most part are expressing opinions that are anti-Chinese. This matter will have to settle Korea's position. If the Embassy goes, of course Korea is independent, and if this bluster should its going, Korea might as well become a province of China. England and

Germany are with China in all that she is doing, and the great hope for Korea is that Russia and Japan with the United States are insisting upon the independence of Korea.

"It is understood that Russia will insist on the Minister being sent to the United States. Judge Denny has gone to Tientsin to learn whether the talk on China's side is official or only bluster on the part of their representative here."

Yours, &c., ...
Yokohama, October 29th, 1887.

알렌 박사의 일기 제2권(1887~1888년) (1887년 11월 6일)

1887년 11월 6일 (일)

　　매우 유쾌한 항해 끝에 홍콩에 도착하였다. 선실은 영국인 남녀, ___ 부인과 그녀의 딸들로 만원이었다. 나는 프랑스 영사의 부인인 어머니와 도쿄 주재 영국 부영사 롱포드 부인70) 이외에는 아는 사람이 없었다. 나는 특히 평범한 _____을 좋아하였지만, 롱포드 부인을 기쁘게 하였다. 나는 사교계 인사가 아니며, 매우 어색함을 느꼈다고 고백한다. 나는 사교적인 사람이 아니며, 사람들과 어울리지 못한다. 나는 어떻게 나의 미래를 관리해야 할지 모르겠다. 나는 농부가 되어야 한다. 영국인들은 그들의 언어로 운율적인 방식으로 말하여 나를 대단히 즐겁게 하였다. 그것은 운율이 광둥어와 유사하지만 이해하기가 어려웠다. 어쩌면 내가 귀머거리가 되고 있는지도 모른다.

Dr. Allen's Diary No. 2 (1887~1888) (Nov. 6th, 1887)

Nov. 6th, 1887 (Sun.)

　　Arrived Hongkong after a very pleasant voyage. The cabin was full of English men and women, Mrs. Lo__ and daughters. I didn't get much acquainted with except the mother, a French lady lovely Yoke to Consul and Mrs. Longford of Tokio (H. B. M.). I liked especially the plain _____ but pleasing Mrs. L. I confess I felt terribly out of place. I am not a society man and cannot get along with people. I don't see how I shall ever manage my future. I ought to be a farmer. The English were very amusing to me with their musical way of speaking their language. It resembles the Cantonese in rhythm, but I have trouble in understanding them. Maybe I am getting deaf.

---

70) 조셉 H. 롱포드(Joseph H. Longford, 1849~1925)는 당시 도쿄의 영국 부영사이었다.

알렌 박사의 일기 제2권(1887~1888년) (1887년 11월 7일)

[1887년] 11월 7일

[홍콩에] 도착하자마자 나는 민영익을 찾기 시작하였다. 우리 [미국] 영사71)는 그에 대하고 아무 것도 몰랐고, 호텔 사람도 그랬기에 우리는 지쳤다. 나는 상하이의 굴릭 박사72)를 만났는데, 그는 나에게 동료가 선원들에게 하는 설교를 듣게 하려고 기독 청년회로 데리고 갔다. 나는 되돌아가는 것이 두렵다. 나는 그것을 좋아하지 않았다.

오늘 아침 나는 경찰서로 갔더니 그들이 민(영익)의 행방을 알고 있음을 알게 되었고, 경찰관 중 한 명이 민의 매우 친한 친구이자 고문이었다. 내가 민에게 설명하였듯이, 만일 한국이 이런 많은 고문들을 갖는 것을 중단하지 않는다면 산산이 조각 날 것이다.

그는 빅토리아 호텔의 좋은 방에서 거처하고 있다. 나는 홍콩에 있다. 우리는 모든 업무들을 이야기하였으며, 이 책의 뒤에 있는 예산을 그에게 주었다. 그는 수행단 규모가 너무 커 줄여야 한다는데 나에게 동의하였다. 나는 그와 점심을 먹었으며, 민영익과 아서 씨와도 저녁을 함께 하였다. 나는 양복 한 벌을 주문하였고, 모자도 하나 구입하였다. 매우 필요하였던 것은 저녁에 위더스 영사와 그의 딸을 방문한 것이었는데, 거만한 나이든 남부 출신 부인과 어여쁜 세 딸들이 방을 가득 채운 낯선 사람들과 함께 있어 내 컵을 거의 잡을 수 없을 만큼 너무 놀랐다. 하지만 나는 로마인들이 하는 것처럼 하였다.

---

71) 당시 홍콩 주재 미국 영사는 로버트 E. 위더즈(Robert E. Withers, 1821~1907)이었다. 그는 1885년부터 1889년까지 영사로 활동하였다. 그는 버지니아 주에서 출생하였으며, 역시 버지니아 주에서 출생한 메리 V. 로얄(Mary Virginia Royall, 1827~1901)과 결혼하여 1남 11녀의 자녀를 두었다.

72) 루터 H. 굴릭 시니어(Luther Halsey Gulick Sr., 1828~1891)는 상하이에서 *The Chinese Recorder and Missionary Journal*의 편집장으로 활동하였다.

Dr. Allen's Diary No. 2 (1887~1888) (Nov. 7th, 1887)

Nov. 7[1887]

As soon as I arrived I began looking for Min Yong Ik. Our Consul knew nothing of him neither did the hotel people and tired out. I met Dr. Gulick of Shanghai who took me off to hear a fellow preach a Y. M. C. A. sermon to sailors. I fear I am backsliding. I didn't like it.

This morn I went to the Police Station and found that they knew Min's whereabouts, in just one of the officers is Min's great chum and adviser. Korea will go to pieces if she don't stop having so many advisers, as I explained to Min.

He lives in fine quarters at the Victoria Hotel. I am at the Hongkong. We talked over all the business and I gave him the estimates of expenses as contained in the back of this book. He agreed with me that the suite was too large and should be cut down. I tiffined with him and dined with Min, with Mr. Arthur also. I ordered a suit of clothes and got a new hat. Very necessary, in the evening I called on Consul Withers and daughters and was so scared that I could hardly hold my cup at meeting a pompous old Southern lady and three charming daughters with a whole room full of strangers. I did as the Romans do however.

알렌 박사의 일기 제2권(1887~1888년) (1887년 11월 9일)

1887년 11월 9일 (수)

나는 어제 저녁 W. M. B. 아서73) 댁에서 민영익과 식사를 함께 하였다. 아서는 민영익에게 상당한 영향력을 행사하는 것 같다. 그는 허치슨과 매우 흡사하다. 흔한 이야기인 '많은 요리사'와 같다.74)

Dr. Allen's Diary No. 2 (1887~1888) (Nov. 9th, 1887)

Nov. 9th[1887 (Wed.)]

I dined with Min Yong Ik at W. M. B. Arthurs last night. The latter seems to exert quite an influence over Min. He is much like Hutchison. It is the same old story of "many cooks."

---

73) 윌리엄 M. B. 아서(William M. B. Arthur, 1839~1912)는 당시 홍콩 순리청(巡理廳)의 제1서기이었다.
74) '사공이 많으면 배가 산으로 올라간다.'는 속담과 같은 의미이다.

알렌 박사의 일기 제2권(1887~1888년) (1887년 11월 10일)

[1887년] 11월 10일

나는 어제 홍콩에서 50년제를 구경하였다. 중국인 행렬은 한 장소를 통과하는데 3시간이 걸렸으며 매우 화려하였다. 영국 군인들의 의상 열병식은 흥미로웠으며, 민영익과 저녁 내내 함께 하느라 바빠 불꽃놀이는 볼 수 없었다. 그는 매우 귀찮게 하고 있다. 그는 사절단 규모를 적절한 숫자로 축소하기를 원하고 있다. 그는 그것을 유지하는데 원하는 돈과, 그것을 매달 우리에게 송금하는 것에 관하여 새로운 생각들을 가지고 있다.

나는 광범위하게 협상을 한 후, 그런 상황에서는 사절단 없이 가야할지도 모른다고 말하였다. 나는 은행에서 한국 사절단에게 지불 가능한 모든 금액을 준비하자고 제안하고, 공사와 나 자신의 공동 명의가 필요하다는 것을 제안하여 그를 진정시켰다. 이는 다른 한국인에 의해 자행되는 서명 위조를 방지하고, 공사가 돈을 인출하여 전체 예산을 무분별하고 사치스럽게 사용하는 것을 예방한다. 한국이 은행 제도를 가졌을 때 모든 일이 원활하게 될 것이다. 민(영익)은 나가사키에서 제물포로 귀환하는 4명의 3등 선실 운임을 지불하고, 나의 이번 여행에 쓰인 경비 100달러를 지불하는데 동의하였다. 20,000달러와 140달러는 50년제 축제로 은행이 문을 닫은 관계로 인출에 어려움이 있을 수 있다.

Dr. Allen's Diary No. 2 (1887~1888) (Nov. 10th, 1887)

Nov. 10th[1887]

I witnessed the jubilee at Hongkong yesterday. The Chinese procession lasted 3 hours in passing one spot and was very gaudy. The dress review of English soldiers was interesting. I could not see the fireworks as I was busy, the whole evening with Min Yong Ik. He is most annoying. He wants the numbers of the mission cut down which is very proper. He has some new ideas about the money wanted to keep it and remit to us monthly.

I said I should go with no mission under such circumstances after extensive palaver. I got him pacified by proposing to make all money payable from Bank to Korean Mission and requiring both the name of the Minister and myself. This is to prevent forgery on the part of other Korean and it will prevent the minister's drawing out and lavishly expending the whole sum rashly. When Korea has banking facilities all will work smoothly. Min agreed to pay steerage passage Nagasaki to Chemulpo for the four men returning, and to pay my expenses on this trip $100.00. The $20,000.00 and the $140. inc. may have difficulty in obtaining as banks are closed for jubilee.

알렌 박사의 일기 제2권(1887~1888년) (1887년 11월 11일)

[1887년] 11월 11일

　낮에 일본으로 출발하기 위하여 저녁에 P. & O. 증기선을 탔다. 민(영익)은 사절단을 위한 20,000달러 수표와 공사에게 전하는 편지를 나에게 주었다. 50년 축제로 은행이 문을 닫았기 때문에 환어음을 살 수 없었고, 수표는 아더씨에게 내일 전신환으로 바꿔 보내 달라며 맡겼다. 나는 민에게 영수증을 써 주었다. 아더는 나에게 영수증을 써주었다. 민영익 또한 나의 경비로 100달러를 주었으며, 사절단원들이 나가사키에서 제물포로 돌아가는 비용으로 40달러를 주었다. 나는 홍콩을 오가는 배 삯으로 60달러를 지출하였으며, 그곳에 머무는 동안 63.10달러를 사용하였다. 그래서 나는 정말로 돈이 없었고, 22달러는 정장 구입에 지불한 것이었다. 해상에서 본 홍콩의 모습은 아름다운데, 전체가 밝게 빛나 보였고 수많은 불꽃놀이가 진행되고 있다. 바람이 강해지고 있다. 우리는 폭풍우 통과를 예상하고 있다.

　이 민영익 공(公)은 내가 그의 생명을 구해준 사람이다. 그는 왕비의 친척이다. 그는 겁이 아주 많았으며, 회복되자 도망쳤고 왕의 돈을 은행에 입금하였다. 그는 부자이었다. HNA

Dr. Allen's Diary No. 2 (1887~1888) (Nov. 11th, 1887)

Nov. 11th[1887]

Evening on board P. & O. S. S. to start at daylight for Japan. Min gave me cheques for $20,000 for mission and letters to Minister. As Bank was closed for jubilee could not buy draft, left cheques with Mr. Arthur to buy telegraphic transfer tomorrow. I gave receipt to Min. Arthur gave me receipt. Min also gave me $100.00 for my expenses and $40 for expenses of members of mission to be returned from Nagasaki to Chemulpoo. I spent 60.00 for my tickets to & from Hongkong and $63.10 while there, so that I am really out but $22.00 the am't I paid for my suit of clothes. The city looks well from the water, all illuminated and numerous displays of fireworks are taking place. Wind is rising. We expect stormy passage.

This Prince Min Yong Ik is the man whose life I saved. He was cousin to Queen. He was a great coward & fled on recovery & banked the King's money. He was rich. HNA

오웬 N. 데니(서울)가 프랭크 F. 엘린우드(미국 북장로교회 해외선교본부 총무)에게 보낸 편지 (1887년 11월 16일)

(중략)

두 명의 성실한 기독교인 친구인 헤론 박사와 언더우드 씨도 마찬가지이었는데, 그들은 제가 이곳에 온 이후로 저를 최대한 따뜻하게 지지해 주었으며, 저는 기회가 있을 때마다 그들을 지원할 것입니다. 알렌 박사도 저의 친구이며, 그가 출발할 때까지 저의 주치의이었던 만큼 저는 확신을 가지고 있습니다. 박사님이 저에게 보낸 편지에서 언급된 것을 동료들에게 설명하지 않은 것은 그의 부주의이었습니다.

안녕히 계십시오.
O. N. 데니

Owen N. Denny (Seoul),
Letter to Frank F. Ellinwood (Sec., BFM, PCUSA) (Nov. 16th, 1887)

(Omitted)

Such was the case with Dr. Heron & Mr. Underwood, two conscientious Christian gentlemen friends of mine, and who have supported me as warmly as they could since I came here, and whom I shall support in turn whenever opportunity offers. Dr. Allen too is a friend of mine and has had my confidence to that degree that he was my physician up to the time of his departure. It was carelessness on his part, though, in not explaining to his colleagues the reference in your letter to me.

Sincerely yours,
O. N. Denny

알렌 박사의 일기 제2권(1887~1888년) (1887년 11월 17일)

(18)87년 11월 17일, 나가사키

폭풍우가 휘몰아치는 가운데 항해하였고, 나는 배 멀미를 하지 않은 유일한 승객이었다. 선장과 1등 항해사는 50년제 무도회에 너무 빠졌고, 며칠 동안 아무것도 하지 못하였다. 18일 나가사키에 도착하였다. 패니는 괜찮았지만 아기들은 심한 감기에 걸려 있었다. 민영익과 함께 지냈던 첫날에 우리는 한국 왕궁에서 "공사 출발"이라는 내용의 전보를 받았다. 나는 민영익을 위하여 유럽 사절단도 떠났는지 알아보기 위하여 나가사키 영사에게 전보를 보냈다. 답신은 오지 않았고, 나가사키에 도착하였을 때 사절단이 도착하지 않았음을 알게 되었다. '오마하' 호가 몇 시간 내로 [도착할 것으로] 예상되며, 사절단을 데리고 올 수 있다.

나는 패니가 유쾌하게 보냈다는 것을 알게 되었고, 우리와 함께 파송되었으며, 우리를 무시하고 배 멀미로 내가 브로마이드를 복용한 것과 아내의 심한 질병 때문에 나에 대하여 나쁜 소문을 유포시키려 하였던 선교사들이 지금은 우리를 알게 되었다는 것을 알게 되어 나는 매우 기쁘다. 그들 중 세 명은 남편의 인색함 때문에 예민한 아내를 두고 있으며, 다른 이들은 사회에서 인정받지 못하고 있다. 그들 중 누구도 나처럼 성공을 거두지 못하였고, 내가 개척자이었던 한국 같은 작은 식민지에서처럼 선교사들이 분명히 그렇게 환영받고 고려를 받는 곳은 어디에도 없다.

어제 밤 슈펠트 제독은 나에게 캘리포니아에 있는 그의 사람에게서 온 편지를 보여주었는데, 한국 정부가 타운센드에게 주었으며, 제독이 관여하였던 광산 채굴권과 관계를 갖는 것을 거절하는 내용이었다. 이 편지는 광산 사업을 중단시키고, 한국의 채무를 갚고 중국과 청산하기 위한 차관의 전망도 차단한다. 나는 2백만 달러의 차관 교섭에 실패할까봐 염려스럽다. 우리 (미국) 국민들이 선견지명이 없는 것은 불행한 일이며, 그들은 일본과 중국 무역을 잃었고, 이제 한국이 그들에게 들어와서 무역을 하라고 애원할 때 그들은 머뭇거리고 결국 아주 좋은 이 기회를 잃게 될 것이다.

Dr. Allen's Diary No. 2 (1887~1888) (Nov. 17th, 1887)

Nov. 17th, (18)87, Nagasaki

Had a very stormy passage, I was sole passenger not sea sick. Jubilee ball too much for Cap't., and 1st officer who were incapacitated for a couple of days. Arrived Nagasaki 18th. Found Fannie well, babies with bad colds. While with Min Yong Ik, the first day we received a telegram from Korean Palace saying "Minister found gone." I telegraphed for Min to Consul, Nagasaki to know if the European mission had also left. No answer came and on my arrival at N. I found that the mission had not arrived. Tho' the "Omaha" is hourly expected and may bring the mission.

I find Fannie has had a nice time and it is gratifying to me to know that the missionaries who came out with us and who tried to snub us and circulate bad reports about me owing to my taking bromide for sea sickness and the serious illness of my wife are now very glad to know us. Three of them have such delicate wives due to stinginess of the husbands in some cases and the others are not recognized in society. None of them have had the success that I have had and apparently in no place are the missionaries so well received of and thought of as the little colony I was the pioneer of in Korea.

Last night Admiral Shufeldt showed me a letter from his people in Cal. declining to have anything to do with the mining concession given Townsend by Korean Gov'nt and into which the Admiral had entered. This stops the mining business and cuts off the prospect of a loan with which to pay Korea's debts and clear her of China. I fear I may be unsuccessful with the S2,000,000 loan. It is unfortunate that our people cannot be more far-sighted, they have lost Japanese and Chinese trade and now when Korea is begging them to come in and take this trade they hold back and will eventually lose this very good chance.

18871118

존 W. 헤론(서울)이 프랭크 F. 엘린우드(미국 북장로교회 해외선교본부 총무)에게 보낸 편지 (1887년 11월 18일)[75]

한국 서울,
1887년 11월 18일

친애하는 엘린우드 박사님께,

저는 한 달 전에 편지를 쓰기 시작하였는데, 끝낼 시간을 찾지 못하다가 이제 다시 씁니다. 저는 모든 일을 해 본 이후 충분한 시간이 지났기에 여러 일들에 대하여 말씀드릴 수 있습니다. 두 명을 제외하고 알렌 박사의 외국인 구환(舊患)들은 제게 오던지 약을 타러 사람을 보냅니다. 저는 놓친 한 명 대신 사람들과 두 건의 새로운 계약을 맺을 것이며, 그렇게 되면 선교부는 재정적으로 알렌 박사가 이곳에 있을 만큼 될 것이고, 현재까지 매년 약 50달러 정도 더 확보하게 됩니다. 환자들의 상태가 제게 생소하였기 때문에, 지금까지 제가 기대 이상으로 치료에 성공한 것이 대단히 감사합니다. 저는 궁궐에 네 번 부름을 받았습니다. 하지만 한 번은 알렌 박사를 만나기 위하여 제물포에 갔었기에 궁궐로 갈 수 없었습니다. 다른 세 번은, 알현이 짧긴 하였지만 매우 만족스러웠습니다.

(중략)

알렌 박사의 집이 비어 있는 동안, 겨울에 서울에서 살 예정인 제물포의 독일인 상인 발터 씨에게 세를 놓았습니다. 그렇지 않았으면 집을 관리할 사람을 고용하여 살게 했었을 텐데, 이것이 그것보다 낫다고 생각하였습니다. 그는 한 달에 25달러를 지불하며, 우리가 집이 필요할 때 한 달 전에 통보하면 나가기로 하였습니다. 만일 우리가 그렇게 하지 않으면 그는 아마도 4월이나 5월까지 체류할 것입니다. 이 집들은 계속해서 관리해야 하기 때문에 집을 비워두는 것보다 이것이 진정 집을 덜 손상시킬 것입니다. 이 문제에 대한 우리의 결정을 승인해 주시기를 바랍니다.

(중략)

---

75) 이 편지의 일부는 다음의 잡지에 실렸다. Korea. *The Church at Home and Abroad* 3(3) (Mar., 1888), pp. 300~301

John W. Heron (Seoul),
Letter to Frank F. Ellinwood (Sec., BFM, PCUSA) (Nov. 18th, 1887)

Seoul, Korea

Nov. 18, 87

Dear Dr. Ellinwood,

I began a letter to you a month ago, but never having found time to finish it, will begin again. It is now a sufficient length of time since I have had all the work to do to be able now to tell of the condition of things; with two exceptions, all of Dr. Allen's old patients among the foreigners have either called me in or sent tome for medicine and I shall have two new contracts with individuals to take the place of the one I have lost, so that the mission financially is as well off as when Dr. Allen was here and a little better about $50 per annum so far. I have had most gratifying success so far in my treatment, better than I expected, since the conditions of the patients were so new to me. I have been called to the palace on four occasions. Once however I could not go, as I had gone to Chemulpo to see Dr. Allen. On the other three occasions, my interviews though brief, were very satisfactory.

(Omitted)

In the interval when Dr. Allen's house is not occupied, we have rented it to a German, Mr. Walter, a merchant of Chemulpho, who is going to live in Seoul through the winter. We thought this would be better than having to hire a man to live in it as we should have had to have done otherwise. He pays $25 per month and is to go out at a month's notice, if we require the house. If we do not, he will probably stay until April or May. This will really not damage the house as much as having no one in it for these houses need constantly looking after. I hope you will approve our action in this matter.

(Omitted)

[알렌 신수].
인천항 관초 제1권 (1887년 11월 19일, 고종 24년 10월 5일)
Official Document of Incheon (Chemuopo) Port (Nov. 19th, 1887)

(...) 제중원 의사 알렌의 8월 신수 서양 은화 50원, (...)[76]

(...) 濟衆院 醫師 安連 八月 薪水 洋銀 五十元, (...)

---

76) 다른 달의 같은 내용이 다음의 자료에서 확인된다. 1887년 10월(음력)분 - 인천항 관초 1(1888년 1
월 20일, 고종 24년 12월 8일)

한국에서의 교훈.
The New York Times (뉴욕 시) (1887년 11월 19일), 4쪽

한국에서의 교훈.

작년 9월에는 아시아 콜레라라는 끔찍한 전염병이 몇 달 동안 한국에서 만연하였고, 이미 100만 명 이상의 주민이 사망하였다는 보고가 있었다. 최근 상하이에서 해관 총감독에 의하여 간행된 책에는 한국에서 우리 외교 사절이 계획을 하였고 수도에 2년 전에 설립된 병원의 책임자인 H. N. 알렌 박사가 쓴, 수도 서울에서 이 전염병에 관한 설명이 들어 있다.

지난 해에 간행된 중국의 급보(急報)에는 사망률이 과장된 것으로 보인다. 일본으로부터 전파되어 온 이 질병은 부산항에서 처음 발견되었다. 그것은 그 항구에서 수도로 전파되었으며, "반도를 가로질러 넓은 지역에서 전국을 휩쓸었다." 서울 밖에서 얼마나 큰 피해를 입었는지 알렌 박사의 보고서에서는 확인할 수 없다. 사례에 대한 보고가 없었다. 그러나 인구가 15만 명인 그 성벽 안에서는 한 달 반 동안 사망자가 약 7,000명이었다. 성벽 바로 바깥에는 15만 명의 인구가 있다. 그곳에서 죽은 사람의 수를 알아낼 방법은 없으며, 사망률은 매장을 위하여 성문을 통하여 운반된 죽은 자들에 대한 매일 보고를 조사한 후 추정하였다. 이 질병은 7월 15일 서울에서 처음 나타났다. 알렌 박사는 다음과 같이 말한다.

"그것은 그 도시의 상태가 전반적으로 더럽고, 사람들은 추수를 위하여 무르익어 있었다. 그들은 적절한 예방 조치를 취하려 하지 않았고, 외국인들의 하인들마저 우리의 항의에도 불구하고 온갖 설익은 쓰레기를 고집스럽게 먹는다. 그들은 숙명론자처럼 행동하였고, 일단 걸린 친구들은 거의 돌보지 않고 죽게 내버려 두었다. 그 도시에 상당한 비용을 들여 임시 오두막을 지었고, 콜레라 신에게 기도를 드렸다. 병사들 집단은 그를 궁전에서 쫓아내기 위하여 발포를 거듭하였다. 병원에서 관리들은 황산, 아편, 장뇌, 그리고 고추로 이루어진 콜레라 혼합물을 투여하는 방법에 대하여 교육을 받았다. 어떤 사람은 밤낮으로 약을 나누어주었다. 외국인들은 모두 그 일에 뛰어들었고, 그들의 집에서 약을 나누어주었다. 중국 외교관은 자신의 계정으로 수백 개의 아편 알약을 보냈다. 9월 1일 경에 이 질병이 사라졌다.

그것은 틀림없이 사용 가능한 모든 재료가 고갈되었다는 사실 때문이었다. 질병이 들불처럼 퍼지기에 좋은 조건이었기 때문에 그것은 대단히 빠른 작업이었다."

전염병은 서울에서 북쪽으로 퍼졌다. 알렌 박사가 보고서를 작성하였을 때 한국에는 질병이 없었지만 시베리아 항구에서는 만연하고 있었다.

서울의 여건이 질병의 확산에 유리하다는 것은 그 도시에 대한 설명으로 잘 드러난다. 사람들이 사용하는 물이 오염되었다. 그것은 길가에 위치한 우물에서 가져오는데, 하수가 흘러 들어가는 열린 배수구와 매우 가까우며 그것의 오물들이 우물로 넘쳐흐른다. 사람들이 먹는 돼지고기와 소고기는 병에 걸려 있다. 이러한 이유와 다른 이유로 끔직한 질병이 너무도 흔해 언급하기 어렵다. 천연두는 모든 곳에서 발견된다. 모든 형태의 나병이 만연하고 있다. 마을의 상태와 사람들의 습성이 그토록 좋은 곳에서 47일 동안 겨우 7,000명의 희생자 밖에 없었다는 것은 놀라운 일이다.

서울에는 56명의 유럽인들이 있는데, 그 중 단 한 명도 이 병을 앓지 않았다는 것이 눈에 띈다. 알렌 박사는 다음과 같이 말한다.

"외국인들은 걸리지 않았다. 준수한 예방 조치는 구내를 깨끗하게 유지하고, 식수와 요리에는 끓이고 정수한 물만 사용하며, 한국인 시장에서 음식물 구입을 피하는 것이었다."

아시아 콜레라에 노출될 수 있는 모든 지역 사회에 대한 교훈이 있다. 그 더러운 도시에서도 지적인 사람들은 마실 것과 먹을 것을 정결하게 하여 건강을 지켰다. 콜레라가 주위에 만연하는 동안 아르헨티나 공화국의 내륙 도시에 남아 있어야만 했던 미국인들도 같은 방식으로 오염을 피하였다. 오염되지 않은 물과 감염되지 않은 음식의 가치는 콜레라 균이 인간의 생명을 지탱하는 음식과 음료와 함께 위(胃)로 들어갈 기회를 기다리고 있을 때보다 더 클 수 없다.

A Lesson from Korea.
The New York Times (New York) (Nov. 19th, 1887), p. 4

A Lesson from Corea.

It was reported in September of last year that a terrible epidemic of Asiatic cholera had for some months been raging in Corea and had already caused the deaths of more than a million of the inhabitants. In a volume recently published at Shanghai by the Inspector-General of Customs there is an account of this epidemic, so far as the capital city of Seoul was concerned, written by Dr. H. N. Allen, manager of the hospital planned by our diplomatic representative in Corea and established at the capital two years ago.

It appears that the mortality was exaggerated in the dispatches from China which were published last year. The disease was first noticed at the port of Fusan, to which it had been carried from Japan. From that port it advanced upon the capital, "taking all the country in a wide belt across the peninsula." How great its ravages were outside of Seoul cannot be ascertained from Dr. Allen's report. There was no record of cases. But within the walls of that city, where there are 150,000 people, the number of deaths was about 7,000 in one month and a half. Just outside of the walls there is a population of 150,000. There was no way of discovering the number of deaths there, and the mortality within the walls was estimated after inspection of the daily returns of the dead borne out through the gates for burial. The disease first appeared in Seoul on July 15. Dr. Allen says:

"It found the city generally in a filthy condition and the people ripe for the harvest. They would not take the proper precautionary measures, and even the servants of foreigners would persist in eating all sorts of unripe trash, notwithstanding our remonstrances. They acted like fatalists, and let their friends die almost uncared for once they were taken. Booths were erected at considerable expense about the city, and the cholera god was prayed to. Battalions of soldiers fired off chance after charge to scare him out of the palace grounds. At the hospital officers were instructed as to the manner of giving the cholera mixture, composed of sulphuric acid, opium, camphor, and capsicum. Some one was on hand day and night giving out the medicine. The foreigners all entered into the work, and dispensed medicine from their houses. The Chinese representative sent out hundreds of opium pills on his own account. By about Sept. 1 the disease bad disappeared. Its disappearance was doubtless due to the fact that all the available material was exhausted. It was very quick work, for the conditions were so favorable that the disease spread like wildfire."

From Seoul the epidemic went northward. When Dr. Allen wrote his report Corea was free from the disease, but it was prevailing in Siberian ports.

That the condition of Seoul was favorable for the spread of the disease is shown by descriptions of that city. The water used by the people is polluted. It is taken from wells situated by the sides of the streets and very near to the open drains, from which sewage overflows into them. The pork and beef eaten by the people is tainted with disease. For these and other reasons terrible ailments are so common as scarcely to excite remark. Smallpox is found everywhere. Leprosy in all its forms abounds. It is surprising that the pest was satisfied with only 7,000 victims in a period of forty-seven days where the condition of the town and the habit of the people were so inviting.

There are fifty-six Europeans in Seoul, and it is noticeable that not one of them suffered from the disease. Dr. Allen says:

> "Foreigners were not attacked. The precautions observed consisted in keeping the compounds clean, using only boiled and filtered water for drinking, cooking, and the toilet, and avoiding purchasing food from the Corean market."

There is a lesson in this for all communities that may be exposed to Asiatic cholera. Even in that filthy city intelligent persons preserved their health by purifying their drink and their food. Americans who were forced to remain in the interior cities of tho Argentine Republic while cholera was raging all around them escaped infection in tho same way. The value of uncontaminated water and uninfected food is never greater than when the germs of cholera are waiting for an opportunity to enter the stomach with the food and drink that support human life.

애니 E. 벙커(서울)가 프랭크 F. 엘린우드(미국 북장로교회 해외선교본부 총무)에게 보낸 편지 (1887년 11월 20일)

한국 서울,
1887년 11월 20일

친애하는 엘린우드 박사님,

우리는 이제 모두 잘 지내고 있습니다. 업무는 가능한 한 잘 진행되고 있습니다. 저는 언더우드 씨가 없는 동안 고아원에서 매일 한 시간 씩 가르칩니다. 저는 그가 원하였던 바를 이룰 수 있기를 바랍니다. 공사는 지난 일요일 아침에 나가사키를 향하여 이곳을 떠났으며, 이제 곧 알렌 박사와 그가 책임을 맡고 있는 사람들이 뉴욕에 도착할 것입니다. 저는 저를 파송한 여자들이 저의 결혼에 대하여 다소 화를 내고 있으며, 이전과 같이 제가 활발하지 않다고 느낄 것이라고 생각합니다. 저는 그 어느 때보다 해야 할 일이 더 많습니다. 박사님이 그들을 조금 화해시켜 주실 수 없을까요? 박사님은 그 사안을 이해하고 계신데, 그들은 그렇지 않은 것 같습니다. 최근 제가 박사님께 쓴 편지들과 관련하여 박사님이 그것들을 갖고 있지 않은 것처럼 그들에게 대해 주세요. 저는 그것을 쓴 것에 대하여 유감스럽지 않지만, 알렌 박사가 더 많은 기도와 인내로 저에게 베풀었던 것과는 다른 대우를 견딜 수 있다는 것을 알게 되었습니다. 알렌 박사가 저를 망쳐 놓지나 않았는지 걱정이 됩니다. 그는 저에게 너무 좋았습니다.

새 항구가 열리면, 저의 열렬한 바람은 그곳에서 선교 사업을 하는 것입니다. 호튼 양이 올 때 그녀는 저에게서 이곳의 문제를 한 마디도 알지 못할 것이고, 저는 모든 것이 하나님께서 허락하실 것이라고 생각합니다.

왕비는 다시 아팠지만 우리는 그녀를 조금 편하게 해주었고 그녀는 잘 있다고 보고되었습니다.

우리는 곧 학교 업무에서 더 많은 도움이 되기를 바라고 있습니다. 만일 도움 요청이 없으면 호튼 양이 온 후에 소녀들을 위하여 제가 할 수 있는 일을 하려고 노력할 것입니다.

엘린우드 부인께 안부 전합니다.

안녕히 계십시오.
애니 엘러즈 벙커

Annie Ellers Bunker (Seoul),
Letter to Frank F. Ellinwood (Sec., BFM, PCUSA) (Nov. 20th, 1887)

Seoul, Korea,
November 20th, 1887

Dear Dr. Ellinwood,

We are all getting along nicely now. The work is going on as well as it can. I teach one hour daily at the Orphanage during Mr. Underwood's absence. I hope he will be able to accomplish what he went for. The minister left here on the morning for Nagasaki last Sunday and soon now Dr. Allen and his charges will arrive in New York. I think the ladies who sent me out, in short of the Silb B. are a little vexed at my marriage and feel that I am not active as formerly. I am more so, I have more to do than ever before. Can you not reconcile them a little? You understand the case and they do not seem to. With regard to the letters I wrote you lately, treat them as though you had them not. I am not sorry that I wrote them, but find I can stand a different treatment than such as Dr. Allen gave me better with more prayer and patience, I am afraid Dr. Allen spoiled me. He was so good to me.

When the new port opens it is my ardent desire to go there for missionary work. Miss H when she comes shall not know a word of the trouble which was here from me and I think all will be well God grant it.

The Queen has again been sick but we relieved her some and she is reported well.

We are hoping to have more help in school work soon. If no help is sent I shall try and do what I can for the girls after Miss. H comes.

With kindest regards to Mrs. Ellinwood,

Very Sincerely,
Annie Ellers Bunker

알렌 박사의 일기 제2권(1887~1888년) (1887년 11월 21일)

[1887년] 11월 21일 (월)

10명의 한국 사절단은 미군 군함 오마하 호를 타고 토요일에 도착하였는데, 옷, 김치, 건어물 등 상당히 많은 양의 짐으로 선장실의 절반을 채웠고, 또한 그 밑에 짚으로 싼 43개의 큰 상자가 있었다. 공사는 이 모든 짐을 그가 체류할 일본 호텔로 나르도록 요구하였으며, 나의 말은 전혀 들으려 하지 않았다. 일요일에 나는 공사와 1등 서기관, 통역과 하인을 위하여 홍콩으로 가는 표를 확보하였는데, 그는 모든 반대를 뿌리치고 가기를 고집하였다. 지난 밤 나는 상당한 고생 끝에 그를 독일 우편 증기선인 제네럴 베르더 호에 승선시켰으며, 오늘 오전 그들은 떠났다.

어제 나는 그들의 지출금 총액을 확인하려 노력하였지만 헛수고이었다. 나의 업무는 내부 일이 아니라 외부 일이라고 나에게 정중히 알려주었다. 그것은 나의 책임을 많이 덜어 준다. 오늘 하루 종일 나는 그들의 짐을 내렸는데 모두 약 50꾸러미의 화물이었으며, 민에게 전보를 보내고, 그들을 요코하마 마루에 태우고 요코하마로 가기 위하여 표를 구하였으며, 그곳에서 공사의 도착을 기다릴 것이다.

Dr. Allen's Diary No. 2 (1887~1888) (Nov. 21st, 1887)

Monday, Nov. 21st[1887]

Korean mission of ten persons arrived on Sat. by U. S. Gunboat Omaha, with any quantity of luggage such as clothing, kimche, dried fish, and stuff, filling half of the Captain's after cabin, also 43 large straw covered cases below. Minister insisted on all this stuff being carted to his japanese Hotel and would listen to me in nothing. On Sunday I procured tickets for the Minister, First Secretary, interpreter and servant to go to Hongkong where he insisted upon going against every protest. I got him aboard Gen'l Werder, German Mail S. S. last night after a deal of trouble and they got off this A. M.

Yesterday I made an attempt to ascertain the am't of their appropriation and money in vain. I was politely informed that my business was outside not inside. It relieves me of much responsibility. All day today I have been getting off their luggage, some 50 pkgs in all by freight, telegraphing to Min, procuring tickets and getting them aboard Yokohama Maru for Yokohama where we will await arrival of Minister.

최근 운항.
The Japan Weekly Mail (요코하마) (1887년 11월 26일), 530쪽

최근 운항
도착

...

요코하마 마루, 일본 증기선, 1,298톤, 선장 - 해스웰, 11월 24일 도착 - 상하이와 여러 항구 경유, 우편 및 일반. - 일본 우선(郵船)회사

...

승객
도착

상하이를 떠나 여러 항구를 경유한 일본 증기선 요코하마 마루를 통하여 – 알렌 박사 부부와 두 아이들, ...

Latest Shipping.
The Japan Weekly Mail (Yokohama) (Nov. 26th, 1887) p. 530

Latest Shipping.

Arrivals.

...

Yokohama Maru, Japanese steamer, 1,298, Haswell, 24th November, - Shanghai and ports, Mails and General. - Nippon Yusen Kaisha.

...

Passengers

Arrived

Per Japanese steamer *Yokohama Maru*, from Shanghai and ports: - Dr. and Mrs. Allen and two children, ...

호러스 N. 알렌(요코하마)이 프랭크 F. 엘린우드(미국 북장로교회 해외선교본부 총무)에게 보낸 편지 (1887년 11월 27일)

<table>
<tr><td>
그랜드 호텔,
J. 보이어 앤드 컴퍼니,
18, 19 및 20호,
요코하마
</td></tr>
</table>

요코하마,
1887년 11월 27일

F. F. 엘린우드 박사,
뉴욕 시 센터 가(街) 23번지

친애하는 박사님,

우리 정부는 분명히 한국을 돕기로 결정하였습니다. 그들은 최근 아무런 요청도 없이 오래전부터 요청하였던 장교들의 파견을 자진해서 제의하였습니다. 그들은 딘스모어에게 그의 방침을 승인한다는 전보를 보냈습니다. 그들은 덴비 대령에게 전보를 보내어 중국 정부의 최근 행동에 대한 놀라움, 유감 등을 알리고, 조약상의 권리를 인용하였습니다. 중국인들은 즉시 _____을 구하는 임무에 대하여 불안해하였고, 리홍장은 그것을 용이하게 하기 위하여 위안[袁]에게 전보를 보냈습니다. 그것을 받은 공사는 미국 오마하 호를 타고, 제가 홍콩에서 돌아와 그들을 기다리고 있던 나가사키로 왔습니다.

공사는 나가사키에서 홍콩으로 가서 '한국의 권력자'인 민영익을 만났습니다. 저는 우리가 미국으로 출발할 때 그의 도착을 기다리는 이곳으로 다른 사람들을 데리고 왔습니다.

혹시라도 박사님이 한국에서 중국의 음모에 대하여 관심이 있으시면, 제가 박사님을 뵙게 될 때 잠시 동안 흥미롭게 해 드릴 수 있습니다.

안부를 전합니다.

안녕히 계십시오.
H. N. 알렌

Horace N. Allen (Yokohama),
Letter to Frank F. Ellinwood (Sec., BFM, PCUSA) (Nov. 27th, 1887)

| Grand Hotel, |
| J. Boyer & Co., |
| No. 18, 19 and 20, |
| Yokohama, |

Yokohama,

Nov. 27th, 1887

Dr. F. F. Ellinwood,

   23 Centre St., N Y

My dear Doctor,

Our Government has apparently decided to help Korea. Without any recent request, they voluntarily offered to dispatch the army officers long since asked for. They telegraphed Dinsmore their approval of his course. They telegraphed Col. Denby to inform Chinese Govn't of their surprise, regret etc. at China's late action and cited treaty rights. The Chinese at once became anxious for the mission to get ____, and Li Hung Chang telegraphed Yuan to facilitate the same. The Ministers ___ having received, the Mission came to Nagasaki on U. S. S. "Omaha" where I was awaiting them, having returned from Hong Kong.

The Minister went from N. to Hong Kong then to see Min Yong Ik who seems to be the man of Korea. I brought the others on here as I await his arrival when we will proceed to the States.

If you have any interest in Chinese intrigues in Korea, I can amuse you for some time when I see you.

With kind regards,

Yours very truly,

H. N. Allen

알렌 박사의 일기 제2권(1887~1888년) (1887년 11월 29일)

요코하마, (18)87년 11월 29일

11월 25일 금요일 6명의 한국인과 6톤이 넘는 수하물이 이곳에 도착하였다. 요코하마 마루를 타고 즐거운 여행을 하였다. 챈들러 제독과 저니건 영사77)는 고베에서 우리의 체류를 즐겁게 해주었다. 제독은 그가 하고 있는 이곳에서의 우리의 체류를 즐겁게 하기 위하여 이곳에 정박 중인 [미국 해군 전함] 모노카시 호의 글래스 함장에게 전갈을 보냈다. 모스,78) 총영사,79), 애스톤 씨* 및 다른 사람들이 우리를 즐겁게 해주고 있다. 우리는 그랜드 호텔에 투숙하고 있다. 이곳에서 우리는 당분간 민영익과 왕을 위한 업무를 논의하기 위하여 홍콩으로 갔던 공사, 1등 서기관, 통역 및 하인이 도착하기를 기다려야 할 것이다.

　　* 서울의 영국 총영사. 내가 그의 생명을 구해주었다. 그는 요코하마로 전근되었다.

나는 200만 달러 차관 교섭을 모스, 타운젠드 앤드 컴퍼니로 넘기려고 하고 있다. 나는 어제 헵번 박사 부부를 방문하였는데, 헵번 박사로부터는 환대를 받았지만, 헵번 부인에게는 그렇지 못하였다. 어제 밤 모스 집에서 저녁 식사를 하면서 나는 헵번 부인이 모스 부인에게 한국에서 나의 행동에 대한 평판이 좋지 않았으며, 이에 그녀는 나에게 호의적으로 충고의 편지를 보냈는데 (비열한 거짓말), 내가 모욕적으로 답장을 보냈으며(또 다른 거짓말), 이제 내가 뻔뻔스럽게도 그녀를 찾아와서 놀랐다고 이야기하였다는 것을 알게 되었다. 나는 그녀가 이곳에서 대체로 남을 중상 모략하는 험담 꾼으로 여겨지고 있다고 듣고 있으며, 그녀의 딸도 자기 어머니가 진실을 이야기하기보다는 쉽게 거짓말을 하고 있다고 말하고 있다. 그러나 박사는 이와 반대로 모든 사람들의 깊은 존경을 받고 있었다. 나는 또한 나의 친구인 리 스콰이어스 목사가

---

77) 토머스 R. 저니건(Thomas R. Jernigan, 1847~1920)은 1885년부터 1889년까지 고베 주재 미국 영사로 활동하였다. 알렌은 'Jernigan'을 'Jernicken'으로 잘못 적었다.

78) 요코하마의 아메리카 무역상사의 제임스 R. 모스(James R. Morse)를 말한다.

79) 당시 주 요코하마 주재 미국 총영사는 클래런스 R. 그레이트하우스(Clarence R. Greathouse, 1846~1899)이었다.

오랫동안 그들 선교부(감리교회)의 해미스파 양[80])과 간통을 해 왔다는 끔찍한 이야기도 들었다.

이곳에서 선교사의 추문이 많이 일어나고 있는 것 같지만, 내 자신은 그들과 함께 나 자신을 회상하고 싶지 않다. 나는 어제 헤론 박사에게 친절한 편지를 썼지만, 헵번 박사로부터 그들이 헤론 부부의 편지를 막 받았다는 사실을 들었다. 나는 그(헤론)가 나에 관하여 계속 거짓말을 할 것임에 틀림없었기에 그 편지를 찢어버렸다. 그는 제물포에서 내게 편지를 썼는데, 그가 마땅히 받아야 할 것보다 내가 더 그에게 친절하였으며, 그가 나에게 잘못을 많이 저질렀다는 내용이었다. 사실 그는 이전에 이 사실을 고백하였지만, 만일 그가 나를 잘못 표현하였던 사람들에게 같은 글을 쓸 만큼 충분한 인간이 아니라면 나는 그와 더 이상 관계를 맺고 싶지 않다.

Dr. Allen's Diary No. 2 (1887~1888) (Nov. 29th, 1887)

Yokohama, Nov. 29th, (18)87

Arrived here Friday November 25th with six Koreans and over six tons baggages. Had a pleasant trip on Yokohama Maru. Admiral Chandler and Consul Jaenicken made our stay in Kobe pleasant. The Admiral sent word to Capt. Glass of Monocacy here to make our stay pleasant which he is doing. Morse, Consul Gen'l, Mr. Aston* and others are making it pleasant for us. We are at the Grand Hotel. We may wait here some time for the Minister, 1st Secretary, interpreter & servant to arrive from Hongkong where they went on business for the King with Min Yong Ik.

* Consul Aston, Seoul. I saved his life. He was transferred to Yokohama.

I am about to turn over the negotiation of S2,000,000 loan to Morse, Townsend

---

80) 일본 홋카이도 남단의 하코다테[函館]에 있었던 미국 북감리교회의 지부에서 활동하던 플로렌스 N. 해미스파(Florence N. Hamisfar)이다. 알렌은 'Hamisfar'를 'Hamisphar'로 잘못 적었다.

& Co. I called on Dr. and Mrs. Hepburn yesterday, was received by Dr. but not by Mrs. H. While dining at Morses last night I learned that Mrs. Hepburn had told Mrs. Morse that my conduct had been disreputable in Korea, and that she had written me a kind letter in expostulation (a base lie), and that I had replied in an insulting manner (another lie) and now she wondered if I would have the impudence to call on her. I hear that she is generally considered a backbiter here and her own daughter says she can lie easier than tell the truth, but the Dr. is profoundly respected by all. I also heard of the horrible disgrace to my friend Rev. Lee Squier who has for a long time had illicit intercourse with Miss Dr. Hamisphar of their mission (Methodist).

There seems to be much missionary scandal going on here and I don't much wish to recollect myself with them. I had written a kind letter to Dr. Heron yesterday but hearing from Dr. Hepburn that they had just received letters from the Herons. I destroyed my letter to the latter for he must be continuing to lie about me. He wrote me at Chemulpo that I had treated him more kindly than he deserved and that he had wronged me. In fact he confessed that before, but if he isn't man enough to write the same to people to whom he has misrepresented me I want no more to do with him.

18871200

[제목 없음.] *Woman's Work for Woman and Our Mission Field* 2(12) (1887년 12월호), 309쪽

한국 정부로부터 미국으로 보낼 사절단의 서기관 직을 요청받은 알렌 박사는 그 직책을 수락하기 위하여 선교본부와 연결을 잠시 사임하였다. 미국으로 가기 위하여 탑승하려 해안에 도착하였던 사절단이 중국인 관리들에 의하여 억류되었을 때, 알렌 박사는 미국 시민권 덕분에 여행을 계속할 수 있었고 그와 알렌 부인은 곧 도착할 것으로 예상된다.

[No Title.] *Woman's Work for Woman and Our Mission Field* 2(12) (Dec., 1887), p. 309

Dr. Allen having been solicited by the Korean Government to act as Secretary of an Embassy from that country to the United States, for the time being resigns his connection with the Mission Board to accept the office. The Embassy had reached the coast to embark for America when they were detained by Chinese officials, but Dr. Allen, by virtue of his American. citizenship, was allowed to proceed on his way, and he and Mrs. Allen are expected soon.

18871200
한국. *Woman's Work for Woman and Our Mission Field* 2(12) (1887년 12월호), 320쪽

(중략)

왕은 공사를 미국에 파견하기로 결정하였으며, 사절단은 10월에 출발할 것이다. 그는 알렌 박사가 그들과 동행하여 한국을 위하여 일하기를 원한다. 중국의 손아귀를 피하려는 불쌍한 작은 나라! 그들은 최선을 다하고 있다. 그들이 우리 대통령에게 보낼 편지는 한문이 아닌 한글로 쓸 예정이라 한다. 지금까지 궁궐의 모든 문서는 한문으로 작성되었다.

(중략)

Korea. *Woman's Work for Woman and Our Mission Field* 2(12) (Dec., 1887), p. 320

(Omitted)

The King has decided to send a minister to the United States, and the embassy will start in October. He is desirous Dr. Allen should accompany them and work in behalf of Korea. Poor little country, trying to elude the grasp of China! They are doing all they can. It is said the letter which they will send to our President is to be written in their own language, and not in Chinese. All court writing has heretofore been in Chinese.

(Omitted)

민영익(홍콩)이 호러스 N. 알렌(워싱턴, D. C.)에게 보낸 편지[81)
(1887년 12월 1일)

안련 참찬관에게 회답합니다.

　공사(公使) 편으로 편지를 받아 보고 기쁘며,[82) 이 사이 의연(毅然)하여 사람들이 태평한지 간절히 알고 싶습니다. 나는 무고합니다. 알려준 말씀 자세히 보았으며, 공사가 행하는 모든 일을 공(公)만 완전히 믿으니 극력 주선하여 낭패가 없기를 바랍니다. 공(公)은 이왕 조선의 외아문에서 월급과 선가(船價)와 잡비를 다 받았으니 그 돈은 공(公)의 범절(凡節)에 쓰시고, 공사가 행하는 일에 쓰이는 돈은 공사가 책임을 맡을 것이니 공(公)은 상관할 것이 없기 때문에 공사께도 그 돈으로는 공(公)에게 더 주지 말고 공사가 책임을 맡도록 하였으니 그리 알고 구태여 아는 체하지 말고 모든 일을 주선하는 데에만 전념하시기를 바랍니다. 활동 중인 10명이 많은 듯 하며, 행구불소(行具不少)하다 하니 염려되지만 이미 지나간 일은 할 길이 없으니 아무쪼록 낭패 없게 하세요.

　[음력 10월] 십칠일[83) 민영익 조아립니다.

---

81) 이 편지는 민영익이 남기 유일한 친필 한글 편지로 알려져 있다. 이해를 돕기 위해 번역과 원문의 일부에 일부러 한자를 병기하였다.
82) 박정양은 11월 21일 민영익을 만나기 위하여 홍콩으로 출발한 바 있다.
83) 양력으로 환산하면 1887년 12월 1일이다.

Min Yung Ik (Hong Kong),
Letter to Horace N. Allen (Washington, D. C.) (Dec. 1st, 1887)

안련 참찬(參贊) 회답

공사(公使)편 편지를 바다 보옵고 깃쓰오며 이소이 의연(毅然)하여 긱듕틱평(客中太平)하온지 알고져 간절하오며, 나는 무고하홉 가릇친 말솜 조셔이 보왓쓰오며 공소 힝듕 범빅소(公使 行中 凡百事)를 공(公)만 젼혀 밋쓰온니 극녁 주션하와 낭픽(狼狽) 업게 하오기 쳔만 바라보며 공(公)은 이왕 죠션 외아문셔 월급과 션가(船價)와 잡비을 다 타왓다 하오니 그 은듕(銀中)으로 공(公)의 범졀(凡節)은 쓰옵고 공소 힝듕 은젼(銀錢)은 공소의게 주장(主掌)한 거시온즉 공(公)은 상관할 거시 업기로 공소게도 말솜하옵기을 공소 힝듕 은듕(銀中)으로 난 공(公)을 더 주지 말고 공소쎄셔 주장(主掌)하게 하여스니 그리 아옵고 구타여 아른체 마옵고 범빅(凡百) 주션만 극진이 하옵기 바라옵 힝듕십인(行中十人)이 마난듯 하옵고 힝구불쇼(行具不少)하다 하오니 염녜(念慮)오나 이과지소(已過之事)을 할길 업쓰오니 못죠록 낭픽(狼狽) 업게 하옵

[음력 10월] 십칠일 민영익 돈(頓)

알렌 박사의 일기 제2권(1887~1888년) (1887년 12월 7일)

요코하마, [1887년] 12월 7일

우리는 홍콩에서 오션익 호를 타고 몇 시간 내에 오는 공사를 기다리고 있다. 우리는 바로 그 배로 호놀룰루를 경유하여 갈 것으로 예상한다. 매우 바빴고, 사람들은 우리가 관심을 둘 수 있는 것보다 훨씬 더 계속해서 우리에게 관심을 주었다. C. R. 그레이트하우스 총영사는 자신의 마차를 우리 마음대로 사용하도록 하는 등 다른 많은 관심을 보여주었다. R. B. 허바드 공사 또한 우리를 보기 위하여 내려와 우리에게 저녁 식사 등을 요청하는 등 매우 세심한 주의를 기울였다. 그래서 그의 서기관 I. S. 맨스필드와 식사를 하였다.

공사는 차관 문제에 많은 관심을 갖고 있으며, 이를 위하여 할 수 있는 모든 것을 할 의향이 있다. 그는 베이야드 국무장관, 윌슨 장군[84]과 기타 인사들에게 보내는 강력한 소개장을 써주었다. 모스도 역시 자기 친구들에게 보내는 차관 문제를 도와 달라는 내용의 편지를 전해 주었으며, 나에게 서류와 금과 금광석 표본을 주었다.

---

84) James H. Wilson

Dr. Allen's Diary No. 2 (1887~1888) (Dec. 7th, 1887)

Yokohama, Dec. 7th[1887]

We are hourly expecting the Minister in "Oceanic" from Hongkong. We expect to go by same via Honolulu. Have been very busy, people have been persistent in forcing attentions upon us and we have had more than we could attend to. Consul Gen'l C. R. Greathouse has put his carriage at our disposal and shown many other attentions. Minister R. B. Hubbard has also been very attentive, coming down to see us, asking us to dinner etc. So has his Sec. I. S. Mansfield.

The Minister is much interested in the loan and is willing to do all he can to further it. He has given me very strong letters to Sec. Bayard, Gen'l Wilson and others. Morse has also written his people very strongly about it and supplied me with paper and specimen of gold and ore.

호러스 N. 알렌, 요코하마에서 한국의 폐하께 보낸
나의 경비 보고서 사본 (1887년 12월 7일)

금요일, 1887년 12월 7일

요코하마에서 한국의 왕에게 보낸 나의 경비 보고서 사본

	은 화
총수입 금화	9,287.26달러
순수입	9,159.88

내 급여 금화 3,000	은화	4,000.00달러
왕복 여비	"	4,000.00
	금화	3,225.00달러
이튼 호텔 경비 3개월 지연		300.00달러
	은화	8,300.00
	금화	6,225.00달러

환전 .76
    잔액 은화   859.88달러
    잔액 금화   644.91달러

잔액인 금화 644.91달러는 공사에게 넘기거나 전보 비용 및 차관 교섭과 관계되는 다른 임시비로 사용될 것임.

(18)88년 11월 1일. 여행비, 전보비 등으로 732.15달러가 사용되었고 알렌에게 87.24달러를 지불해야 함.

Horace N. Allen, Copy of Statement of My Acc't Sent to K. H. Majesty from Yokohama (Dec. 7th, 1887)

Friday, Dec. 7th, 1887

Copy of Statement of My Acc't sent to H. K. Majesty from Yokohama

		Silver
Gross returns gold (400M)		$9,287.26
Net "		$9,159.88

Salary self gold 3,000	Silver	$4,000.00
Expenses both ways	"	4,000.00
	Gold $3,225.00	
Eaton Hotel expenses	3 months delay	300.00
	Silver	$8,300.00
	Gold $6,225.00	

Exchange .76	
Balance Silver	$ 859.88
Balance Gold	$ 644.91

Balance in gold of $644.91 will be handed to Minister or used for telegrams and other incidental expenses connected with negotiation of loan.

Nov. lst, 88. Spent in travelling telegrams etc. 732.15 leaving bal. due Allen 87.24.

알렌 박사의 일기 제2권(1887~1888년) (1887년 12월 9일)

[1887년] 12월 9일

공사가 어제 아침에 도착하였다. 나는 대낮에 그를 만나기 위하여 증기선에서 내렸지만, 그는 거룻배로 상륙하여 일본 호텔로 갔다. 나는 그들의 표를 구입하였는데, 1등석 5장, 2등석 2장, 3등석 3장이었고, 화물 40상자를 선적하였다. 그들은 여전히 자신의 일을 스스로 처리하고 싶어 하였고, 나는 이곳에 머물고 있는 동안 그렇게 하도록 하였다. 나가사키에 있는 동안 슈펠트 제독과 중위[85]는 중위가 주미 한국 공사관의 해군 무관에 임명되기를 매우 열망하였다. 나는 그것이 소용없고 필요 없다는 등의 항의를 하였고, 압력을 가한 후 공사에게 언급하였더니 그는 "우리는 해군 무관을 쓸 형편이 못 된다."고 말하였다. 나는 그 문제가 그 대목에서 진정될 것으로 생각하였지만, 딘스모어 씨는 오마하 호를 타고 제물포로 돌아갔고, 슈펠트는 외국인에게 절대 거절할 수 없는 왕에게 그의 전언을 전달한 것 같다. 그 결과 오늘 오후에 나는 나가사키에 체재 중인 슈펠트로부터 "한국 사절단이 출항할 때 한국 국왕은 본인의 합류를 요청하고 있음"이라는 내용의 전문을 받았다. 나는 "내일 아침 출항"이라는 답전을 보냈다. 나는 지금 이 문제로 기다리라는 요청이 있을 것으로 기대하였지만, 우리는 이미 화물을 선적하였고, 우리의 여객권도 구입하였으므로 출항을 중단할 수 없을 것이다.

하나님의 뜻이라면 우리는 내일 호놀룰루를 경유하는 오션익 호를 타고 떠날 것이다.

---

85) 슈펠트 제독의 차남 메이슨 A. 슈펠트(Mason A. Schufeldt, 1852~1892)를 말한다.

Dr. Allen's Diary No. 2 (1887~1888) (Dec. 9th, 1887)

Dec. 9th[1887]

Minister arrived yesterday morn. I went off in steam launch to meet him at daylight, but he had slipped ashore in a sampan, and went to a Japan Hotel. I got them their tickets 5 1st class, 2 2nd class, 3 3rd class, shipped 40 cases as luggage. They still like to run their own affairs and I let them do it while here. While in Nagasaki Admiral and Lieut. Shufeldt were very anxious to have the latter appointed Naval Attache to the Korean Legation. I protested that it was useless, needless, etc., after pressure I mentioned it to the Minister who promptly said "We can't afford it." I thought the matter would rest there but it seems the "Omaha" returned to Chemulpoo with Mr. Dinsmore and Shufeldt got his message to the King who can never say No to a foreigner. The result is that this p. m. I received a telegram from Shufeldt, Nagasaki, "When does mission sail King requests my joining." I telegraphed "Sail tomorrow morning." I now expect to get a request to wait but we have shipped the stuff, purchased our tickets and will not stop.

D. V. We will leave on S. S. Oceanic via Honolulu tomorrow.

한국 사절단이 요코하마에서 금으로 바꾼 돈 (1887년 12월 9일)

금요일, 1887년 12월 9일

한국 사절단이 요코하마에서 금으로 바꾼 돈

	은화 달러	금화 달러
박정양	14,000	10,640
이하영	2,000	1,520
이채연	900	684
이완용	100	76

환전 .76

Moneys Exchanged into Gold at Yokohama by Korean Mission (Dec. 9th, 1887)

Friday, Dec. 9th, 1887

Moneys Exchanged into Gold at Yokohama by Korean Mission

	$ Silver	$ Gold
Park Chung Yun	14,000	10,640
Yi Ha Yung	2,000	1,520
Yi Cha Yun	900	684
Yk Wan Yung	100	76

Exchange .76

존 W. 헤론(서울)이 프랭크 F. 엘린우드(미국 북장로교회 해외선교본부 총무)에게 보낸 편지 (1887년 12월 16일)

(중략)

저는 알렌 박사가 아직 요코하마를 떠나지 않았다고 알고 있습니다. 공사는 민(영익) 공을 만나기 위해 홍콩으로 갔습니다. 그것은 이 임무를 위하여 그에게 지불되어야 할 돈이 아직 지불되지 않았기 때문이라고 이곳에서 알려져 있습니다. 알렌 박사는 그를 만나러 갔으며, 그래서 보고에 의하면 여러 이유 때문에 출발이 지연되고 있는데, 첫째 알렌 박사를 위하여 지속적인 지연은 매우 견디기 어려울 것에 틀림없으며, 두 명의 어린 아이와 늦은 계절에 여행하는 것은 결코 즐겁지 않을 것입니다. 둘째, 이 지연이 한국인들 및 다른 국가들에 미칠 영향 때문입니다. 그것은 한국이 이 사절단의 경비를 계산하지 않았던 것 같아 보입니다. (중략)

John W. Heron (Seoul),
Letter to Frank F. Ellinwood (Sec., BFM, PCUSA) (Dec. 16th, 1887)

(Omitted)

I hear that Dr. Allen has not left Yokohama yet. The minister has gone to Hong Kong to see prince Min. It is said here that it is because as yet the money which has been paid over to him for these missions has not been as yet given to them. Dr. Allen went to see him, so report says for this purpose, I am sorry for the delay for several reasons, first for Dr. Allen's sake, for these continual delays must be very trying and travelling with two young babies so late in the season will be anything but pleasant. Second because of the effect this delay has on the Koreans and the other nations as well. It looks as if Korea had not counted the cost of these missions. (Omitted)

한국. *The Japan Weekly Mail* (요코하마) (1887년 12월 17일), 597쪽

(......)

중요한 한 가지는 왕의 시의이자 개원 이래 제중원의 책임을 맡고 있던 알렌 박사가 신임 공사의 조수 겸 서기관으로 동행한다는 점이다. 박사는 의사로서 그의 가장 귀중한 봉사와 모든 면에서 그 나라의 최고의 복지를 증진하기 위한 적극적인 노력으로 왕과 정부의 신뢰와 존경을 얻었다. (......)

알렌 박사가 도착하기 전에 왕과 왕비를 돌보는 임무를 맡은 한의사가 왕궁에 있었다. 그들은 이제 해고되었고, 폐하는 가장 현대적이고 효과적인 치료 방법의 혜택을 누리고 있다.

(......)

Korea. *The Japan Weekly Mail* (Yokohama) (Dec. 17th, 1887), p. 597

(......)

One item of importance is the fact that Dr. Allen, who has been Physician to the King, and in charge of the Royal Hospital from the time it was opened, goes with the newly appointed Minister as Assistant and Secretary. The doctor has secured the confidence and esteem of the king and Government by his most valuable services as a physician, as well as by his active efforts to promote the highest welfare of the country in every way.

(......)

Before the arrival of Dr. Allen there was a staff of Chinese physicians connected with the Royal Palace, whose duty it was to attend upon the King and Queen. They have now been discharged, and Their Majesties enjoy the benefit of the most modern and effective methods of medical treatment.

(......)

한국. *The Japan Weekly Mail* (요코하마) (1887년 12월 17일), 602쪽

출발

(......)

오셔닉 호, 영국 증기선, 3,107톤, 선장 - 메트칼프, 12월 10일, - 샌프란시스코, 우편 및 일반

(......)

최근 운항

승객.

출발

(......)

샌프란시스코로 떠나는 영국 증기선 오셔닉 호를 통하여: - 주미 한국 공사 박정양 각하, 공사관원 이완용, 이하영, 이상재, 이채연, 강진희, 이헌용, 이종하, 김연우, 알렌 박사 부부, (......)

전체 사절단 명단[86]

전권 공사	박정양(朴定陽)
공사 수행비서	강진희(姜璡熙)
공사 수행하인	이종하(李鐘夏)
1등 서기관	이완용(李完用)
1등 서기관 수행비서	이헌용(李憲用)
1등 서기관 수행하인	허용업(許龍業)
2등 서기관	이하영(李夏榮)
3등 서기관	이채연(李采淵)
번역관	이상재(李商在)

---

86) 알렌의 개인 비서인 실(Sill)은 제외한 것이다.

하인	김노미(金老美)
외국인 서기관	H. N. 알렌

Korea. *The Japan Weekly Mail* (Yokohama) (Dec. 17th, 1887), p. 602

Departures

(......)

Oceanic, British steamer, 3,107, Metcalfe, 10th December, - San Francisco, Mails and General – O. & O. S. S. Co.

(......)

Latest Shipping.
Passengers.
Departed.

(......)

Per British steamer *Oceanic,* for San Francisco: - H. E. Pak Chun Yun, Korean Minister to United States, Yi Wan Yun, Yi Ha Yung, Yi Sang Jay, Yi Chah Yun, Kong Chun He, Yi Hun Yun, Yi Chung Ha, Kim Yun Yu, members of the Embassy, Dr. and Mrs. Allen, (......)

Complement of Mission

Minister	Pak Chun Yun
Minister, Private Secretary	Kang Chin He
Minister, Private Servant	Yi Chun Ha
1st Secretary	Yi Wan Yung
1st Secretary, Private Secretary	Li Hyun Yun
1st Secretary, Private Servant	Huh Yung Up

2nd Secretary	Yi Ha Yung
3rd Secretary	Yi Chah Yun
Interpreter	Yi Sang Jay
Servant at large	Kim Nyum Yi
Foreign Secretary	H. N. Allen

오셔닉 호(S. S. Oceanic)

오셔닉 호는 북아일랜드의 벨파스트에서 건조된 증기선으로 총 등록 톤수는 3,707톤, 길이는 129.12m, 선폭은 12.45m, 속도는 14.5노트이었으며, 1등실이 166개, 3등실이 1,000개, 그리고 승무원이 143명이었다. 1871년 3월 첫 항해를 한 이후 영국 리버풀에서 뉴욕 구간에 취항하다가 1875년부터 20년 동안 샌프란시스코, 요코하마 및 홍콩 구간에 취항하였다.

그림 8-12. 오셔닉 호.

존 W. 헤론(서울)이 프랭크 F. 엘린우드(미국 북장로교회 해외선교본부 총무)에게 보낸 편지 (1887년 12월 19일)[87]

(중략)

일본 공사관에 대하여 이야기하니 알렌 박사가 약 2년 동안 유지하였던 자문 의사의 자리를 제가 맡아 달라는 요청이 있었는데, 저는 그들에게 알렌 박사가 1년 내에 돌아올 것으로 예상한다고 말하며 수락하지 않았습니다.

(중략)

John W. Heron (Seoul),
Letter to Frank F. Ellinwood (Sec., BFM, PCUSA) (Dec. 19th, 1887)

(Omitted)

Speaking of the Ja. Legation reminds me to say that the place of Consulting Physician & Surgeon, which Dr. Allen held for some two years, was offered to me in my own name but I declined to accept telling them I expected Dr. Allen back within a year.

(Omitted)

---

87) 이 편지의 12월 16일자 편지의 추신이며, 편의상 따로 분류하였다.

알렌 박사의 일기 제2권(1887~1888년) (1887년 12월 26일)

[1887년] 12월 26일

우리는 예정대로 [12월] 10일에 요코하마를 떠났다. 6일 동안 심한 폭풍우가 계속되었다. 한국인들은 뱃멀미를 하였으며, 자신들과 다른 사람들에게 골칫거리이었다. 그들은 1등석 표가 5장밖에 없었지만, 나머지 5명이 선실에 머물며 함께 밥을 먹었는데, 참을 수 없을 정도로 더러웠다. 마침내 그들은 차액을 지불하고 1등석 표 2장을 더 구하였으며, 나도 35달러를 더 지불하여 총 85달러를 더 내고 해리(우리 아들)와 함께 식사를 하는 김(우리 하인)[88]을 위하여 선실을 구해 주었다. 두 한국인인 강진희(기웃거리기를 좋아하는 사람)와 더러운 남자 이상재는 내내 아팠기에 그들의 객실에서 공사와 함께 식사하였으며, 그들의 방에서 식사를 함으로써 3명의 하인들을 위한 음식을 얻었다. 공사는 나약하고 우둔한 인물이다. 정식으로 임명한 번역관[89]은 바보이고, 영어를 할 줄 모른다. 서기관[90]과 이하영은 매우 좋지 않은 인상을 남길 전체 사절단을 상쇄해 주고 있다. 그들은 항상 더러워진 벽장 좌석에서 계속 일어서는 것을 고집하며, 대가리가 큰 징이 박힌 신발로 바닥에 심한 자국을 내었다. 그들은 계속 똥냄새를 맡고 있으며, 씻지 않은 몸, 똥, 썩은 소변, 한국 음식, 연기 등 끔찍한 냄새가 나는 방에서 계속 담배를 피운다.

배의 사람들은 대단히 친절하지만, 내가 그렇게 하려는 것같이 그들을 제거하는 것을 대단히 감사해 할 것이다. 나는 매일 정기적으로 공사를 만나 그를 갑판으로 데려 간다. 나는 그들의 옷에 이[蝨]가 묻은 것을 지적해야 하고, 그것이 그들에게 악취와 별 차이를 만들지 않는 것 같았기에 그들의 방에서 오래 머물 수 없었다. 나는 그들 중 누구에게도 무례하지 않았지만, 강진희는 담화실에 있겠다고 고집을 피웠고 옷을 반쯤 입고 지극히 더러운데도 아무 곳이나 다녀 한동안 주의를 주지 않았다. 나는 공사에게 그가 옷을 제대로 입고 깨끗이 하게 하도록 요청하였다. 그는 아주 기웃거리기를 좋아하는 사람으로 모두를 짜증나게 한다.

---

88) 김노미이다.
89) 이채연이다.
90) 이완용이다.

내가 예상한대로 젊은 슈펠트는 나에게 샌프란시스코에서 자신을 기다리라고 전보를 보냈다. 그는 "다음 히고 마루 편까지 국왕의 임명을 기대하고, 제독이 국무부에 휴가 신청을 하면 샌프란시스코에서 귀하와 합류할 것이다." 라는 내용이었다. 나는 모노카시 호의 글래스 함장에게 모든 것을 말하였다. 그는 (슈펠트) 제독에게 설명해 줄 것이며, 너무나 어리석은 행위는 아마 멈출 것이다. 왕이 더 쉽게 '아니오'라고 말 할 수 없는 것이 유감스럽다.

우리는 12월 21일 수요일 오후 9시에 호놀룰루에 입항하였고, 목요일 오전 1시 30분에 출항하였다. 승객 중 천연두 환자가 있었기에 아무도 하선하지 못하였다. 우리는 2주일 동안 격리되었다. 우리는 섬에 오게 된 원인인 6톤의 아편을 내리고 떠났다. 우리는 낮에 사탕수수 밭이 있는 섬과 주변 공장을 보았다.

성탄절 전야. 우리는 담화실에서 연회를 가졌다. 나는 연설을 하였다. 펀치와 샴페인이 자유롭게 제공되었다. 모두가 참여하였다. 밤 11시에 여자들은 돌아갔고 남자들 중 일부는 만취할 때까지 아침까지 계속 소란을 피웠다. 우리는 (여자들이 자리를 뜬 후에) 각자 이야기를 하거나 노래를 부르게 하였다. 나는 그들에게 한국에 대하여 이야기하는 것이 허용되었지만, 내 다음에는 모두들 엉터리 노래를 부르거나 대단히 엉터리인 이야기를 하였다. 나는 상당히 놀랐다. 나는 12시에 자리를 떠났다.

어제 일요일은 성탄절이었다. 패니는 진주 팔찌, 반지 및 브로치 등으로 꾸몄다. 그녀는 나에게 잠옷을 담는 가방을 주었다. 해리는 몇 개의 사탕과 장난감에 아주 만족해하였다. 승객들 대부분은 차(茶) 상인들이었다. 승객 중 알렌 부인 이외에 한 사람의 다른 여자가 있었는데 미국인 매춘부이었다. 우리는 12월 28일 수요일 밤에 [샌프란시스코에] 도착할 것으로 예상한다. 우리는 하루를 벌었고, 우리의 여정은 19일이 될 것이다.

Dr. Allen's Diary No. 2 (1887~1888) (Dec. 26th, 1887)

Dec. 26th[1887]

We left Yokohama as intended on 10th. Had very stormy weather for 6 days. Koreans were sick and a nuisance to themselves and everyone else. Although they had but 5 first class tickets, the other five stayed in the cabins ate together, and were filthy beyond endurance. At last they paid the difference and took two more 1st class tickets, I also paid $35 more $85 in all and got a cabin for Kim (our servant) who eats with Harry (our son). Two Koreans Kang Chin He (the snoop) and Yi Sang Jay, the dirty man eat with the Minister in their rooms as they have been sick all the way and also by eating in their rooms they get food for the three servants. The Minister is a weak imbecile of a fellow. The regular interpreter is an idiot and cannot speak English. The Secretary and Yi Ha Yung are the redemption of the whole party which otherwise creates a very poor impression. They persist in standing up on the closet seats which they keep dirtied all the time, and have severely marked with their hob nailed shoes. They smell of dung continually, persist in smoking in their rooms which smell horribly of unwashed bodies, dung, stale urine, Korean food, smoke, etc.

The ship's people are very kind but will be exceedingly grateful to be rid of them, as I will myself. I go regularly every morning to see the Minister and get him up on deck. I can't stop long in their rooms, as I have had to point out lice to them on their clothes, which with the bad smell seems to make no difference to them. I am not rude to any of them but Kang Chin He, whom I refused for a time to notice because he insisted on being in the saloons and everywhere half dressed and exceedingly dirty even tho'. I had asked the Minister to insist on his dressing & cleaning himself. He is a great snoop too and annoys everyone.

As I expected young Schufeldt telegraphed me to wait for him in San F. He said "Expect King's commission by next Higo will then get Admiral to telegraph Dep't. for leave would like to catch you in San F." I told Capt. Glass of Monocacy the whole thing. He will explain to Admiral and the t___ foolery will probably be stopped. It is a pity, the King cannot say No! more easily.

We arrived at Honolulu Wednesday Dec. 21st. 9 P. M. and left Thursday 1:30 A. M. As we had small-pox on board no one went ashore. We were put in quarantine for two weeks. We discharged 6 tons of opium - the cause of our coming to the islands and left. However during the day we saw the islands with fields of cane, and the neighboring factories.

Christmas eve. We had a banquet in the saloon. I had a speech. Punch and Champagne flowed freely. Every one took part. At 11 the ladies withdrew and till morn the men kept up a terrible row till some of them got very drunk. We had each to tell a story or sing a song (after ladies had gone). I was permitted to tell them about Korea but after me everyone either sung a smutty song or told a very smutty story. I was rather surprised. I left at 12.

Yesterday, Sunday, was Xmas. Fannie got her pearl bracelet, ring and pin. She gave me a bag for my night clothes. Harry was amply pleased with some candies and toys. Most of our passengers are tea merchants. There is one other lady besides Mrs. Allen, and also an American whore. We expect to arrive on Wed. night Dec. 28. As we gained 1 day, our trip will be 19 days.

한국 사절단. *The Independent-Record* (헬레나, 몬태나 주)
(1887년 12월 29일), 8쪽[91]

한국 사절단.

샌프란시스코, 12월 28일. - 오늘 홍콩과 요코하마에서 도착한 증기선 오셔닉 호에 따르면, 미국으로 파견된 한국 사절단이 승선해 있던 미국 군함 오마하 호가 11월 23일 일본 나가사키에 도착하였는데, 중국 정부는 최근 출국을 바로 앞둔 상황에서 이들의 파견을 금지하였다. 중국인이 결국 그 문제에 굴복하였는지, 아니면 중국의 명령이 무시될 경우 선전포고를 할 것이라는 위협에도 불구하고 조선인이 떠났는지의 여부는 해결되지 않았다. 내려가는 길에 오마하 호는 제물포로 향하는 중국 군함 함대를 만났지만 그것이 평화적인 임무를 위한 것인지, 아니면 조선에 대한 중국의 권위를 지원하기 위한 것인지는 물론 알려지지 않았다. 그 배들이 지나갈 때 오마하 호에는 한국 국기가 게양되었다. 2명의 고위 관리와 그 수행원으로 구성된 사절단과 외국인 서기관인 H. N. 알렌 박사는 요코하마로 향하였다.

천연두 환자가 승선하였다.

오세아닉 호는 3등 객실의 중국인들 중에서 2명의 천연두 환자가 발견되어 격리 조치되었다. 서류와 우편물은 훈증 처리되고 옮겼다. 증기선은 아마도 10일 또는 2주일 동안 검역소에 격리될 것이다.

---

91) 이 기사의 앞쪽 부분은 다음의 신문에 실렸다. A Corean Embassy Coming to Washington. *The Sun* (New York) (Dec. 29th, 1887), p. 1, Another Ambassy. *The Montgomery Advertiser* (Montgomery, Ala.) (Dec. 29th, 1887), p. 1, Corea's Embassy. *The Morning News* (Savannah, Ga.) (Dec. 29th, 1887), p. 1, Samoa. *Deseret Evening News* (Salt Lake City, Utah) (Dec. 29th, 1887), p. 1, The Coreans Coming. *Chicago Tribune* (Chicago, Ill.) (Dec. 29th, 1887), p. 1. The Coreans Coming. *Pittsburgh Daily Post* (Pittsburgh, Pa.) (Dec. 29th, 1887), p. 1, The Mongolian Muddle. *The Philadelphia Inquirer* (Phil., Pa.) (Dec. 29th, 1887), p. 4

The Corean Embassy. *The Independent-Record* (Helena, Mont.) (Dec. 29th, 1887), p. 8

The Corean Embassy.

San Francisco, Dee. 28. - The steamship Oceanic, which arrived from Hong Kong and Yokohama to-day, says the United States man of war Omaha reached Nagasaki, Japan, November 23, having on board the Corean embassy accredited to the United States, the dispatch of which the Chinese government recently prohibited, just as they were on the point of leaving. Whether the Chinese eventually gave way in the matter, or whether the Coreans left in spite of the threats that China would declare war if her injunctions were disregarded, is not settled. On the way down the Omaha met a squadron of Chinese men of war, bound to Chemulpo, but whether on a peaceful mission or to support Chinas authority over Corea, it was of course not known. The Corean flag was hoisted on the Omaha as they passed. The embassy, consisting of two high officials and their attendants, and Dr. H. N. Allen, as foreign secretary, proceeded to Yokohama.

Had Smallpox Aboard.

The Oceanic was placed in quarantine, as two cases of smallpox were discovered among the Chinese steerage passengers. The papers and mails were fumigated and removed. The steamer will probably be kept in the quarantine station for ten days or two weeks.

한국 사절단. *The Atlanta Constitution* (조지아 주 애틀랜타)
(1887년 12월 30일), 1쪽[92]

한국 사절단

우리를 보기 위하여 [태평양을] 횡단한 이완용 씨와 다른 여러 명들.

워싱턴, 12월 29일. - 국무장관은 이 달 20일 증기선 '시티 오브 리우·데자네이루' 호를 타고 일본 가나가와 현을 떠나 한국 사절단이 미합중국으로 출발하였다는 사실을 통보 받았다. 사절단은 다음과 같이 구성되어 있다. 박정양 씨, 전권 공사; 이완용 씨, 1등 서기관; 이채연, 통역; 이헌용, 1등 서기관 의 개인 비서; 이하영 씨, 2등 서기관; 이상재 씨, 3등 서기관, 그리고 H. N. 알렌 씨, 외국인 서기관. 방문을 통보받은 페어차일드 국무장관은 샌프란시스코의 세관원에게 사절단이 항구에 도착하면 통상적인 예의를 갖추고 수하물과 개인 소지품을 신속하게 통관하도록 지시하였다.

샌프란시스코, 12월 29일. - 미국 군함 오마하 호에 승선하여 요코하마에 도착한 한국 사절단은 증기선 오셔닉 호를 타고 이곳에 도착하였는데, 현재 검역소에 격리되어 있다.

---

92) 이 기사의 앞쪽 부분은 다음의 신문에 실렸다. Washington Notes. *The News and Observer* (Raleigh, N. C.) (Dec. 30th, 1887), p. 1; A Corean Embassy Coming. *The Macon Telegraph* (Macon, Ga.) (Dec. 30th, 1887), p. 1

The Corean Embassy. *The Atlanta Constitution* (Atlanta, Ga.) (Dec. 30th, 1887), p. 1

The Corean Embassy

Mr. Yi Wun Yun and Several Other Yum-Yums Crossing to See Us.

Washington, December 29. - The secretary of state has been informed of the departure for the United States of the Corean embassy which left Kanagawa, Japan, per steamship "City of Rio De Janeiro," on the 20th instant. The embassy is composed as follows: Mr. Pak Chunyun, minister plenipotentiary; Mr. Yi Wunyun, first secretary of the legation; Mr. Yi Chaiyun, interpreter; Mr. Yi Hyun Yun, private secretary to the first secretary of the legation; Mr. Yi Hayung, second secretary of legation; Mr. Yi Sangjay, third secretary of legation and Mr. H. N. Allen, foreign secretary of the legation. Secretary Fairchild, having been informed of the proposed visit has instructed the collector of customs at San Francisco to accord the embassy the usual courtesies on their arrival at that port, and to facilitate the speedy passage of their baggage and personal effects.

San Francisco, December 29. - The Corean embassy, which was landed at Yokohama on the United States man-of-war Omaha, arrived here on the steamer Oceanic, which k now being detained in quarantine.

호러스 N. 알렌(서울),
[W. H. 쉐펠린 앤드 컴퍼니(뉴욕 시)로 보낸 주문] (1887년)

H. N. 알렌

2 파운드	초산(醋酸)	화학적 순수93)	.80
2 "	석탄산(石炭酸)	"	1.00
5 "	구연산(枸櫞酸)	"	3.15
1 "	염산(鹽酸)		1.30
1 "	질산(窒酸)		.30
1 "	인산(燐酸) Stgr. W. H. 쉐펠린 사(社)		.65
2 "	암모니아 수 Stgr.		.95
2 "	" Spts. 방향성		1.00
1 "	탄산 암모늄		.75
5 "	염화 암모늄		1.50
2 "	이서 ____ (호프만)		1.10
1 "	빻은 느릅나무 껍질, 2그램 포장		.25
5 "	장뇌(樟腦), 압축한 판 모양		1.60
½다스	목탄(木炭) 분말, 병.		.80
1파운드	포수(抱水) 클로랄		1.60
2 "	염화(鹽化) 이서		1.80
2 "	____를 위한 농축 이서		3.50
5 "	글리세린		2.25
2 "	브롬화 칼륨		.76
2 "	인산화 칼륨		1.00
2 "	파울러 용액		.25
2 "	파라핀		.60
1갤론	올리브 유(油)		1.00
½파인트	벨라돈나 근(根)	유동 추출액	.30
" "	검은 딸기	" "	.19

---

93) C. P.는 Chemically Pure의 약자이다.

"	"	검은 코호시	"	"	.24
"	"	혈근초(血根草)	"	"	.21
"	"	_____	"	"	.24
1	"	부쿠 나무	"	"	1.15
¼	"	카다몬 커피	"	"	.99
1	"	캐스커러 나무껍질	"	"	2.00
1	"	체리나무 껍질	"	"	.90
1	"	콜키쿰 씨	"	"	1.35
¼	"	콜로신스	"	"	.92 41.70
1파운드		다니아나	유동 추출액.		1.75
2	"	용담(龍膽)	"	"	1.50
1	"	생강(生薑)	"	"	1.10
1	"	히드라스티스[94] 뿌리	"	"	1.15
¼	"	홉	"	"	.74
¼	"	토근(吐根)	"	"	.41
¼	"	시럽을 위한 토근	"	"	.68
1	"	마전[馬錢]	"	"	1.20
2	"	탈취(脫臭) 아편	"	"	3.00
2	"	시럽을 위한 사사파릴라	"	"	2.30
_	"	시럽을 위한 세네가	"	"	1.75
2	"	해총(海葱)			1.60
1	"	스틸링기아			1.00
2병		알로에 알약, 미국 약전 100			1.00
2	"	항구토 "			1.50
1	"	아위(阿魏) 알약, 2그램			.50
1	"	사리풀 및 힐초(纈草) 장뇌 "			2.00
2	"	하제	알약		1.20
1	"	소화제	"		2.00
1	"	디너 채프먼스	"		.60
1	"	구연산 및 스트리크닌 철 "			.75
5	"	수은 _____	"		2.50
5	"	_____	"		2.50

---

94) Hydrastis

1 "	브라운 시쿼드 신경통 "	2.00
1 "	철 및 마전자 퀴니네 "	1.80
1 "	다니아마 "	1.25
1파운드	탄산칼슘, 화학적 순수	1.50
1 "	알로에 분말	.50
4 "	아선약(阿仙藥) "	1.20
8 "	감초(甘草) "	1.05
1 "	대황(大黃) "	1.00
1 "	_____ 시럽	.85
1 "	____와 ____ 시럽	1.25
1 "	칼륨 시럽	.85
1 "	소다 시럽	.85

88.73

2파운드	요도 철 시럽	.90
5갤론	탈취(脫臭) 알코올	12.50
5 12다스	처방 용기병, 타원형, ½~8온즈 각종 1통	13.00
1 "	알약 상자, 둥근 것, ¾~½	.35
1 "	분말 상자, 슬라이딩, 각종	2.00
150	긴 상자, 주석, 덮개. 82 2온스, 28 4온스,	
	149 6온스. 각 50개	2.20
1 dz	각종 낙타 모발솔	.80
1 "	" " 모발 후두솔	1.50
1 "	칫솔, 영국제. 261~264까지 모음	2.50
6 12다스	코르크 1-6, 6-10. 각각 3 12다스	2.10
5	눈금 용기. 1, 3, 6, 16온스 원뿔형	3.95
4 상자	의사들의 단순한 라벨	4.00
1	유리 끓이개	.50
½다스	멜빵 붕대, 재단된, 코바늘로 뜬	1.50
1 "	고무 젖꼭지	.15
1 "	윈저 젖병	1.00
	프리시스 약포지 - 약 ½평방인치, 2x3, 4x4	3.00
2 ___	포장지, 차(茶), 14x20	1.50
2다스	팩커의 비누	3.00
1 "	압착탈지면	1.00

2	유니언 고무 주사기	2.00	
1	의료용 온도계 - 가장 믿을 만한 것	1.50	
2다스	꼰 핑크색 솜	1.50	
2파운드	" 아마포	1.00	
1	꼰 '벌집' 상자	.50	
5파운드	일반적인 병의 봉인 밀랍	.60	
2 "	캐러멜 - 착색(着色)	.40	
½다스	분무기 - '인기 있는 것'	2.00	
1 12다스	각종 고무줄	1.50	
1	철제 막자사발	.80	
1다스	모스 반창고, 작은 것	.95	
1	포다스트 플라스크, 가죽 덮개, 최상의 것	1.00	
1	휘어 있고 똑바른 예리한 _____ 1개씩	3.00	161.43
__파운드	파인애플 시럽	1.50	
"	딸기 시럽	1.50	
1다스	씨버리 앤드 존슨, 벨 붕대	6.30	
½ "	" " " " 및 아편 붕대	4.05	
½ "	" " " , 머스터드	1.50	
½ "	구강 위생 제품 소조덴트	3.00	
1다스	송진 토치	1.75	
1파운드	알렌의 장미향 당제	.90	
1	페이지의 특허 증발기, 유성(油性)	1.50	
1다스	크레졸렌, 2그램 병	1.75	
1 "	호스포드의 인산, 작은 것	4.00	
½ "	펠로우의 하이포아인산염 시럽	6.00	
1대	좌약 기계, 주석, 6공(孔)	1.00	196.18

주소
H. N. 알렌, 의학박사,
　한국 서울
W. H. 쉬펠린 앤드 컴퍼니,
　뉴욕 시 윌리엄 가(街) 170 및 172

Horace N. Allen (Seoul),
[Order to W. H. Scheiffelin & Co. (New York City)] (1887)

H. N. Allen

2 lbs	Acid Acetic	C. P.	.80
2 "	" Carbolic	"	1.00
5 "	" Citric	"	3.15
1 "	" Hydrochloric		1.30
1 "	" Nitric		.30
1 "	" Phosphoric Stgr W. H. S.		.65
2 "	Ammonia (Liq) Stgr		.95
2 "	" Spts. Aromatic		1.00
1 "	" Carb		.75
5 "	" Chlorid		1.50
2 "	Aether Spts Co. (Hoffman)		1.10
1 "	Elm bark ground, 2g pkgs		.25
5 "	Camphor, Compressed plates		1.60
½ dz	Charcoal pulv. in bot.		.80
1 lb	Chloral Hyd.		1.60
2 "	Aether Chloric		1.80
2 "	" Conc. for Spts Nitric Dulc.		3.50
5 "	Glycerine		2.25
2 "	Potassium Brom.		.76
2 "	" Iodid.		1.00
2 "	Fowler Solution		.25
2 "	Parafine		.60
1 gal	Olive oil		1.00
½ pt.	Fl. Ext. Belladonna root		.30
" "	" " Blackberry		.19
" "	" " Blk Cohosh		.24
" "	" " Blood root		.21

" "	" "	Bogony		.24	
1 "	" "	Buchu		1.15	
¼ "	" "	Cardamom Co.		.99	
1 "	" "	Cascara Sagrada		2.50	
1 "	" "	Cherry Bark		.90	
1 "	" "	Colchicum Sem.		1.35	
¼ "	" "	Colocynth		.92	41.70
1 lb	Damiana	Fl. Ext.		1.75	
2 "	Gentian	" "		1.50	
1 "	Ginger	" "		1.10	
1 "	Golden Seal	" "		1.15	
¼ "	Hops	" "		.74	
¼ "	Ipecac	" "		.41	
"	" for Syr	" "		.68	
1 "	Nux Vomica	" "		1.20	
2 "	Opii Deod.	" "		3.00	
2 "	Sarsaparilla Co	" " for Syr		2.30	
___	Senega for Syr	" "		1.75	
2 "	Squill			1.60	
1 "	Stillingia			1.00	
2 box	Pills Aloes, Comp.	USP. 100		1.00	
2 "	" Anti billious beg.	"		1.50	
1 "	" Assafoetida, 2 gr			.50	
1 "	" Camphor Hyocyamus et Valerian, "			2.00	
2 "	" Cathartic Co.			1.20	
1 "	" Digestive			2.00	
1 "	" Dinner Chapmans			.60	
1 "	" Ferri Cit. et Strychnia			.75	
5 "	" Hydrarg U. S. P. ½ gr			2.50	
5 "	" " Prot Iod.			2.50	
1 "	" Neuralgic Brown Sequard			2.00	
1 "	" Quina Ferri et Nux			1.80	
1 "	" Darniana			1.25	

1 lb	Calc. Carb. Chem pure	1.50	
1 "	Aloes Pulv	.50	
4 "	Catechu "	1.20	
8 "	Liquorice "	1.05	
1 "	Rhubarb "	1.00	
1 "	Syrup Lime g___dness	.85	
1 "	" ___ et ___	1.25	
1 "	" Potas	.85	
1 "	" Soda	.85	88.73
2 lb	Syrup Iod Iron	.90	
5 gal	Alcohol Deodorized	12.50	
5 gro	Precis bottles, Union Oval, ½~8oz assrd. 1 case	13.00	
1 "	Pill boxes, Sound plain. gold star, ¾~½	.35	
1 "	Powder " , Sliding " " " assrd.	2.00	
150	Long. boxes, tin, rim covers. 82 2oz, 28 4oz,		
	149 6oz. 50 ea.	2.20	
1 dz	Camels hair brushes assrd	.40	
1 "	" " throat brushes wire	1.50	
1 "	Brushes tooth, but English. 261~264 assrd	2.50	
6 gro	Corks 1-6, 6-10, 3 gross each	2.10	
5	Graduates, nx. 1oz, 3oz, 6oz, 16oz conical	3.95	
4 books	Physician plain labels	4.00	
1	Glass percolator, qt.	.50	
½ dz	Suspensory bandages, cut, crocheted	1.50	
1 "	Nipples blk	.15	
1 "	Windsor Nursers complete	1.00	
	Prescis powder paper about ½ in. sq. 2x3, 4x4,		
	to about	3.00	
2 ___	Wrapping paper, tea, 14x20	1.50	
2 dz	Packers tar soap	3.00	
1 "	Sponge tents	1.00	
2	Union Rubber syringes	2.00	
1	Clinical Thermometer - best reliable for	1.50	

2 dz	Twine pink cotton	1.50	
2 lb	" Linen	1.00	
1	"Bee hive" twine box	.50	
5 lb	Sealing wax, common bottle	.60	
2 "	Caramel - colouring	.40	
½ dz	Atomizers - "Favorite"	2.00	
1 gro	Rubber bands assd	1.50	
1	Iron mortar	.80	
1 dz	Maws court plaster small books	.95	
1	Podast flask, leather cover, best for	1.00	
1	_____, ____ ____ containing 1 curved and		
	straight sharp bist___	3.00	161.43
___lb	Syrup Pine apple	1.50	
"	" Strawberry	1.50	
1 dz	Seabury & Johnson, Bell plaster	6.30	
½ "	" " " " & Opium "	4.05	
½ "	" " " mustard	1.50	
½ "	Sozodent	3.00	
1dz	Pine Tree Tar Torches	1.75	
1 lb	Allens confection rose	.90	
1	Pages patent vapourizer, oil	1.50	
1 dz	Cresolene 2g bot	1.75	
1 "	Horsefords acid Phospate, small	4.00	
½ "	Fellows Syrup, Hypophosphitis	6.00	
1	Suppository machines, tin, 6 hole	1.00	196.18

Address
H. N. Allen, M. D.
Seoul Korea

W. H. Schieffelin & Co
170 & 172 Wm St
New York.

한국 서울 제중원을 위한 주문, H. N. 알렌 (1887년)

한국 서울 제중원을 위한 주문, H. N. 알렌

5파운드	초산(醋酸)	화학적 순수	2.00
10 "	석탄산(石炭)	" "	5.00
5 "	아황산(亞黃酸)	" "	.90
1 "	타닌산		2.00
4 "	명반(明礬)		2.00
4 "	탄산 알루미늄		3.00
5 "	염화 "		1.50
4병	아트로핀 황산염 ⅛ 온스 병		5.00
2파운드	차질산 비스무트, W. H. 쉬펠린 사 제품		4.80
2 "	감홍(甘汞)		1.50
5 "	장뇌 복합판		1.60
1다스 자루	버드나무 목탄 분말		1.75
1파운드	포수(抱水) 클로랄		1.60
	코케인		2.00
2 "	승홍(昇汞) 분말		1.70
2 "	디너 분말		2.40
4 "	염소산 이서		3.20
2 "	_____를 위한 포화 이서		8.50
10 "	글리세린, W. H. 쉬펠린 사 제품		3.50
2 "	수지 아편 가루		11.50
1 "	요오드포름		4.00
20 "	철 - __ 염화물을 위한 용액		4.00
5 "	시트르 산철(酸鐵)		3.30
1온스	질산은(窒酸銀)		.90
1 "	모르핀 황산염		3.25
1 다스.	피마자유(蓖麻子油)		3.75
10 파운드	초산 칼륨		3.60

20	"	브롬화 칼륨			7.60
5	"	염소산 칼륨			1.00
40	"	요도화 칼륨			64.00
4온스		산토닌			2.00
40파운드		파울러 용액			4.80
5	"	도노반 용액			1.35
1 상자		파리 소석고(燒石膏) (만일 그것이 석고 깁스에 부합한다면)			1.75
10파운드		산화 아연(酸化 亞鉛)			1.20
50	"	바셀린			11.00
10갤런		올리브유, 말라가			10.00
1파운드		레몬 연고			.50
1	"	벨라도나 뿌리	유동 추출액		1.25
1	"	———	"	"	1.00
10	"	부쿠 나무	"	"	11.50
1	"	카스카라 나무껍질	"	"	2.00
5	"	콜키쿰 씨	"	"	6.25
2	"	다미아나	"	"	3.50
4	"	용담(龍膽)	"	"	3.00
1	"	생강(生薑)	"	"	1.10
2	"	하이드라스티스	"	"	2.30
2	"	토근(吐根)	"	"	4.50
5	"	마전(馬錢)	"	"	5.00
10	"	탈취(脫臭) 아편	"	"	15.00
2	"	대황(大黃)	"	"	3.00
10	"	해총(海葱)	"	"	8.00
5	"	스틸링기아	"	"	5.00
6	"	아위(阿魏)	분말		3.30
5	"	아선약(阿仙藥)	"		1.50
5	"	키노	"		1.65
5	"	감초(甘草)	"		1.65
5	"	대황(大黃)	"		5.00
2	"	토근(吐根)	"		2.20

10 "	요오드화 철(鐵) 시럽		4.50
10갤런	대구 간유(肝油), 뉴펀들랜드 산(産)		9.00
5 "	95% 알코올		12.50
200매	판 탈지면, 외과용		3.00
1 ___	보통의 아마인 유(油)를 바른 견사(絹絲)		4.00
8다스	팅크 병, 둥근 것, 반죽 마개, 1파인트		16.00
2 "	" " " ½ "		3.50
5 "	소금 병, " " 1 "		12.50
3 "	" " " ½ "		.75
1 ___	___ ___		3.00 ___.___

For Royal Hospital, Seoul, Korea, H. N. Allen (1887)

For Royal Hospital, Seoul, Korea, H. N. Allen

5 lb	Acid Acetic	C. P.	2.00
10 "	" Carbolic	"	5.00
5 "	" Sulphurous	"	.90
1 "	" Tan[n]ic		2.00
4 "	Alum		2.00
4 "	Aluminum Carb.		3.00
5 "	" Chlorid.		1.50
4 bot	Atropia Sulp. ⅛oz bottle		5.00
2 lb	Bismuth Sub Nit., W. H. S.		4.80
2 "	Calomel		1.50
5 "	Camphor compound plates		1.60
1 dz, bg	Charcoal willow pulv.		1.75
1 lb	Chloral hydrate		1.60
	Cocaine to about		2.00
2 "	Corrosive sublimate pulv.		1.70

2 "	Dener powder	2.40
4 "	Ether Chloric	3.20
2 "	" Conc. for Spts Nit. ____	8.50
10 "	Glycerine, W. H. S. bulk	3.50
2 "	Gum Opium Pulv.	11.50
1 "	Iodoform	4.00
20 "	Iron - Solution for T_ Chloride	4.00
5 "	" Citrate	3.30
1 oz	Lunar Caustic	.90
1 "	Morphia Sulphate	3.25
1 dz.	Castor oil	3.75
10 lb	Potash. Acetate	3.60
20 "	" Bromide	7.60
5 "	" Chlorate	1.00
40 "	" Iodide	64.00
4oz	Santonin	2.00
40 lb	Solution Fowler	4.80
5 "	" Donovan	1.35
1 bx	Plaster Paris (If it will answer for	
	Plaster casts)	1.75
10 lb	Zinc oxide	1.20
50 "	Vaselin	11.00
10 gal	Olive oil, Mallaga	10.00
1 lb	Citrine ointment	.50
1 "	Fl. Ext. Belladonna root	1.25
1 "	" " Be_ny	1.00
10 "	" " Buchu	11.50
1 " ·	" " Cascara Sagrada	2.00
5 "	" " Colchicum Sem.	6.25
2 "	" " Darniana	3.50
4 "	" " Gentian	3.00
1 "	" " Ginger	1.10
2 "	" " Golden Seal	2.30

2 "	" "	Ipecac	4.50
5 "	" "	Nux Vomica	5.00
10 "	" "	Opium Deod.	15.00
2 "	" "	Rhubarb	3.00
10 "	" "	Squill	8.00
5 "	" "	Stillingia	5.00
6 "	Powdered Asafoetida		3.30
5 "	"	Catechen	1.50
5 "	"	Kino	1.65
5 "	"	Liquorice	1.65
5 "	"	Rhubarb	5.00
2 "	"	Ipecac	2.20
10 "	Syrup, Iodide of Iron		4.50
10 gal	Cod liver oil, Newfoundland		9.00
5 "	Alcohol 95%		12.50
200 sheets	Sheet Cotton, Surgical dressing		3.00
1 ___	Oiled silk, ordinary		4.00
8 dz	Tincture bottles, Round, mush stop, 1 pint		16.00
2 "	" " " " " ½ "		3.50
5 "	Salt " " " " 1 "		12.50
3 "	" " " " " ½ "		_.75
1 ___	___ ___		3.00 ___.__

제2장 1888년
Chapter 2. 1888

18880102

릴리어스 S. 호튼(일리노이 주 시카고)이 프랭크 F. 엘린우드
(미국 북장로교회 해외선교본부 총무)에게 보낸 편지
(1888년 1월 2일)

(중략)

알렌 박사가 저에게 썼던 대로,[95] 병원에 이미 기구들이 갖추어 있기 때문에 완전한 기구가 필요하지 않을 것이라고 박사님께 말씀드렸다고 생각합니다. 제가 계속적으로 사용하기 위하여 가지고 가야 할 몇 가지 특별한 기구들을 위한 40달러는 제가 그것들을 위하여 지불해야 하는 비용을 충분히 충당할 것입니다. 검안경은 나머지 모든 기구를 합친 것보다 비용이 더 많이 들지만 반드시 필요합니다.

(중략)

---

95) Horace N. Allen (Seoul), Letter to Lillias S. Horton (Chicago, Ill.) (July 31st, 1887)

Lillias S. Horton (Chicago, Ill.),
Letter to Frank F. Ellinwood (Sec., BFM, PCUSA) (Jan. 2nd, 1888)

(Omitted)

I think I told you, what Dr. Allen wrote me, that I shall not need a complete outfit of instruments, as the hospital is already provided with them, only a few special ones to carry about with me for mine constant use - forty dollars will fully cover what I shall need to spend for them - an ophthalmoscope will cost more than all the rest together, but is must necessary.

(Omitted)

그들은 한국을 원한다. *The San Francisco Examiner*
(캘리포니아 주 샌프란시스코) (1888년 1월 2일), 8쪽

그들은 한국을 원한다.
은자의 왕국은 강대국 사이의 다툼의 핵심이다.
박 씨의 모자 2개.
평화와 전쟁에 대한 미국인의 교육 - 중국의 허세

주미 한국 공사관의 서기관으로 부임한 H. N. 알렌 박사는 4년 동안 (한국) 왕실의 의사로 일하면서 사회적으로나 국가적으로 한국 문제에 대하여 매우 친숙해졌다. 은자의 왕국에 정착하기 3년 전 알렌 박사는 중국에 도착하여 그곳에 머물면서 어느 정도 유창하게 언어를 습득하였다. 그가 한국에 도착할 즈음에 한국에 반란이 일어났고 민영익 공의 생명에 대한 맹렬한 공격이 이루어져, 한국인이 휘두른 칼에 의해 자상을 입어 치명적인 모든 징후를 보여주었다. 환자 진료를 위해 왕진을 요청 받은 알렌 박사는 생명이 영원히 흘러가는 것을 막으려 간신히 도착하였다. 그는 몇 개의 동맥을 묶고 신체의 거의 모든 부분에 생긴 소름끼치는 상처를 꿰매었다. 의사의 솜씨 좋은 수술에 모두 민영익 공이 평생 빚을 졌다는 사실을 인정하였고, 왕실의 (민영)익은 그를 왕의 주치의이자 서울의 왕립 병원 및 의학교의 책임자로 임명함으로써 자신의 수호자에게 감사를 표하고 보상하였다. 알렌 박사는 오셔닉 호로 도착한 후 팰리스 호텔의 그의 숙소에서 가진 면담에서 "내가 어제 발표된 그 편지를 *Examiner* 지(紙)로 보낸 목적은 박정양이 주미 한국 공사 및 전권공사가 아니라 대리 공사에 불과하다는 인상을 바로잡기 위한 것입니다."라고 말하였다. 사절단은 *Examiner* 지(紙)가 사실을 기사화하려는 의사를 알고 기뻐하였다.

주권 국가 한국
"전체 문제에 대하여 정확한 개념을 얻으려면 아마도 1864년 한국이 많은 프랑스 신부를 죽였다는 것을 언급해야 합니다.[96] 1868년 그들은 또한 쉐리단 호에 승선해 있는 모든 사람들을 죽이고 배를 불태웠습니다.[97] 이 마지막 사

---

96) 병인박해를 말한다.

건은 미국의 불법 침입 탐험이었습니다. 중국은 항상 한국을 종속국이라고 주장해왔기 때문에 프랑스와 미국은 중국에 이러한 불법 행위에 대한 배상을 요구하였지만, 그 국가는 한국이 주권 국가이며 자신의 행동에 대한 책임이 있다고 선언하였습니다. 여러분은 이후 프랑스와 한국 사이에 갈등이 이어지고, 이어 미국이 약간의 징벌을 시도하였다는 것을 기억하지만, 우리는 첫 번째 시도에서 최악의 결과를 얻었습니다. 하지만 1년이 지나면서 우리는 다시 시도하여 더 나은 성공을 거두었고, 그들에게 국가의 예의에 대한 유익한 교훈을 제공하였습니다. 이것은 1870년 이전의 일입니다. 1875년에 한국인은 일본과 조약을 맺었는데, 이는 중국과 마찬가지로 항상 한국에서 일종의 소유권을 주장해 왔습니다. 여러분은 한국이 중국과 일본 사이에 위치하며, 항상 한국의 항구에 대해 막연한 주장을 함으로써 자신들이 출구를 혹한의 시베리아에 제한하는 대신 남쪽 항구를 통해 태평양에 접근할 수 있도록 하는 러시아의 지원을 받는 반도라는 사실을 기억할 수 있습니다. 약 5년 전에 미국과 또 다른 조약이 체결되었습니다. 이런 개략적인 역사는, 저는 한국이 오랫동안 주권 국가이었고, 지금도 그러하며, 중국은 그 사실을 가장 먼저 선언한 국가이었음을 매우 분명하게 보여주고 있다고 생각합니다. 그러나 한국이 그렇게 빠른 속도로 발전하는 것을 보고 중국인들은 몹시 질투하게 되었습니다. 그들은 한국에 상주 공사를 두어 일종의 총독 역할을 하게 하였고, 한국은 이를 무의미하고 무해한 조치로 간주하고 감수하였지만, 미국과 유럽 각국에 전권 공사를 파견하자는 제의가 있을 때 중국은 한국이 자신의 종속국중 하나라는 이유로 반대하고 상주 공사를 그 사실의 증거로 지적하였습니다! 한국은 언급된 국가들과 소통 통로를 열었고, 자신의 제안된 행동에 대한 도덕적 지원을 요청하였으며 이것은 확인되었습니다. 상황은 다소 섬세하고 독특하였습니다.

세계와의 교류

"영국은 중국의 요구를 기꺼이 지지할 것이지만 러시아는 이미 언급한 바와 같이 한국의 합당한 처분에 대하여 나름의 생각을 가지고 있으며, 중국과 영국의 생각과 심각하게 충돌하고 있음을 알 수 있습니다. 프랑스나 독일도 한국이 다른 나라에 흡수되는 것을 바라지 않습니다. 그러나 한국이 자문과 지원을 가장 많이 찾는 나라는 미국입니다. 이미 한국 정부는 국가의 최선의 이익을 증진하기 위한 국내 및 국제 문제에 대한 자문을 제공받기 위하여 미국인 고문을 유지하고 있습니다. 또한 자신들의 직업과 관련된 모든 문제에

---

97) 1866년의 제네럴 셔먼 호 사건을 잘못 적은 것으로 판단된다.

대하여 교육을 제공할 의무가 있는 3명의 미군 장교, 역시 미국인인 3명의 학교 교사와 한 명의 농부가 있습니다. 정부 농장에는 최상의 캘리포니아 혈통의 종자들이 있습니다. 사실, 나는 그곳에 있는 모든 것이 미국산이라고 말할 수 있습니다. 전권 공사를 보낼 때 한국은 워싱턴에 한 사람을 보내고 유럽의 5개국에 한 사람을 보냅니다. 후자는 우리보다 먼저 출발하였습니다. 그는 홍콩을 지나 미국 아칸소 출신의 휴 A. 딘스모어 공사와 동행하여 홍콩으로 갔습니다. 유럽 공사는 영국, 프랑스, 독일, 러시아, 이탈리아와 외교 관계를 맺고 그가 좋아하는 곳에서 거주할 것이지만, 모든 나라를 방문할 것입니다. 박 공사는 워싱턴에 남아 있을 것입니다. 바로 이곳이 중국을 고정시키는 지점입니다. 여러분은 시간이 지나면서 한국의 공사가 중국의 공사와 어깨를 겨룰 가능성이 대단히 높다는 것을 알 것이며, 이 문제는 재직 중인 연공서열에 의해 결정됩니다. 예를 들면, 하와이 공사는 장난감 왕국을 대표하였을 뿐이었지만 오랫동안 워싱턴에서 다른 나라들의 공사와 어깨를 겨루었습니다. 중국은 '(한국은) 공사를 보내서는 안 된다. 대리 공사를 보내면 목적에 충분히 부응할 것이다.'라고 말하였습니다. 한국은 공사를 보내겠다고 말하였지만, 중국이 위협하는 전쟁을 조장하고 싶지 않아 열강들의 소식을 듣기 위해 잠시 기다려야 했습니다. 마침내 공사관은 미국의 군함인 오마하 호를 타고 출발하였고, 한국의 국기가 배 위에서 펄럭이는 것을 보고 오마하 호의 총성이 울리는 소리를 들었을 때 무엇을 의미하는지 잘 알고 있던 제독이 지휘하는 6척의 중국 함대와 마주쳤습니다. 우리 행동의 결과로, 전쟁이 선포되기 불과 두 달 전이었지만, 그는 할 수 있는 한 최선을 다하여 경례를 하지 않을 수 없었습니다.

검역을 좋아하지 않았다.

"사절단이 격리 상황을 받아들이는 정신은 분명히 뒤섞인 것이었습니다. 한국에는 검역 규정이 없습니다. 그곳이었다고 가정하면, 배에 천연두가 창궐하더라도 왕은 사절단에게 대표를 보내라고 명령할 것입니다. 박 공사는 이곳에서 이런 일이 시행되어야 한다고 생각하였습니다. 그는 이 나라의 의사들이 그것을 관리하는지 알고 싶어 하였습니다. 나는 배에 탄 중국인이 천연두에 걸렸다고 믿기 때문이 지연된 것이고, 중국인이 이곳에서 큰 문제를 일으켰기 때문에 그 결과 우리가 고통을 받아야 한다고 설명하였습니다. 분노와 체념이 뒤섞인 어조로 그는 다음과 같이 말하였습니다. '나는 고국을 떠날 때 중국과 그들의 고통에서 벗어나야 한다고 생각하였지만, 나는 약 4,000마일 떨어진 곳에 있고 그들 때문에 상륙할 수 없다.' 설상가상으로 우리의 항해는 길고 지루

하였습니다. 우리는 호놀룰루로 내려가 밤에 도착하였으며, 그곳에서 6톤의 아편을 버리고 동이 트기 전에 다시 떠났기에, 우리는 우리가 땅에 닿았다는 것을 거의 알지 못하였습니다. 병에 걸린 중국인은 전염의 위험이 전혀 없었고, 그것은 경미한 유사 천연두의 증례일 뿐이었으며 즉시 격리되었고 옷은 불태웠고, 다음 16일 동안 다른 환자가 나타나지 않았습니다. 하지만 우리 모두는 다시 해변에 상륙하게 되어 기쁩니다. 우리는 이번 주말까지 계속해서 워싱턴으로 갈 것입니다."

They Want Corea. *The San Francisco Examiner* (San Francisco, Ca.) (Jan. 2nd, 1888), p. 8

They Want Corea.

The Hermit Kingdom a Bone cf Contention Among the Powers.

Mr. Pak's Two Hats.

American Instruction in the Arts of Peace and War - China's Bluff.

Dr. H. N. Allen, who comes as Secretary of the Corean Embassy, has been physician to the royal family for four years, during which time he has become very familiar with Corean affairs, both socially and nationally. Three years prior to his settling in the Hermit Kingdom Dr. Allen arrived in China, where he remained and acquired a certain fluency in the language. About the time of his arrival In Corea an emeute broke out, and a most determined attack was made on the life of Prince Min Yong Ik, who was slashed with native knives and swords in a manner which gave every indication of proving fatal. Dr. Allen, being summoned to attend to the patient, arrived barely in time to stop the life-tide from flowing out forever. He tied up several arteries and sewed up the frightful gashes made in almost every part of the body. To the physician's skillful surgery all acknowledged that Prince Min Yong Ik was indebted for his life, and the royal Ik acknowledged and rewarded his preserver by having him appointed physician to the King and

Director of the Royal Hospital and Medical College at Seoul. "My object in writing to the *Examiner* that letter published yesterday," said Dr. Allen during an interview in his apartments at the Palace Hotel upon his arrival from the Oceanic, "was to correct the impression which appeared to have gone out, to the effect that Pak Chun Yun was not an Embassador and Minister Plenipotentiary from the Kingdom of Corea to the United States, but merely a *charge d'affaires.* The embassy was gratified to notice the *Examiner*'s willingness to publish the facts of the case.

Corea A Sovereign State.

"To get at a correct idea of the whole matter I should probably state that in 1864 the Corean killed a number of French priests. In 1868 they also killed all on board the Sheridan and burned the ship. This last was an American filibustering expedition. As China had always claimed Corea as a dependency, both France and the United States demanded reparation for these outrages from China, but that nation declared that Corea was a sovereign State, and as such responsible for her own acts. You remember the conflict which followed between France and Corea, which was succeeded by the United States attempting to administer a little chastisement, but we got the worst of it on the first attempt. In the course of a year, however, we tried it again with better success, giving them a salutary lesson in national amenities. This was as long ago as 1870. In 1875 the Coreans secured a treaty with Japan, which, like China, had always laid claim to a sort of proprietary right in Corea. You may remember that Corea is a peninsula lying between China and Japan and backed by Russia, who has always laid an indefinite sort of claim to a port in Corea, thus affording the claimant access to the Pacific ocean by a southern port, instead of confining the outlet to frigid Siberia. About five years ago another treaty was effected with the United States. This epitome of its history goes to show very clearly, I think, that Corea is, and for a long time has been, a sovereign State, China herself being among the first to proclaim the fact. But, finding Corea making such rapid strides, the Chinese have grown intensely jealous of her. They established a Resident Minister in Corea, who was intended to act as a sort of Governor. Corea submitted, deeming it a meaningless and harmless sort of arrangement; but when it was proposed to send Ministers

Plenipotentiary to the United States and the nations of Europe, China objected, on the ground that Corea was one of her dependencies, and pointed to the Resident Minister in substantiation of the fact! Corea opened up a correspondence with the nations referred to, asking for their moral support in her proposed action, and this has been assured. The situation was rather delicate and peculiar.

Intercourse with the World.

"You see, that while England would willingly enough support China in her demands, Russia, as already stated. has ideas of her own about the proper disposition of Corea, and they conflict seriously with those of China and England. Neither France nor Germany cares to see Corea absorbed by any other nation. But the country to which Corea looks most for counsel and aid is the United States. Already an American adviser is retained by the Corean Government to lend such counsel in national and international affairs as is calculated to advance the best interests of the nation. There are also three American military officers, whose duty it is to impart instruction in all matters pertaining to their profession; three school-teachers, also Americans, and a farmer. On the Government farms there is some of the best California blooded stock. In fact, I may, say that everything over there is American. In sending forth her Ministers Plenipotentiary, Corea sends one to Washington and one to the five nations of Europe. The latter set out before we did. He went by Hongkong, and was accompanied to that place by the United States Minister, Hugh A. Dinsmore of Arkansas. The European Minister will hold diplomatic relations with England, France, Germany, Russia and Italy, making his residence in the one he likes best, but visiting all. Minister Pak will remain in Washington. Just here is where the shoe pinches China. You see that it is quite within the range of probability that in the course of time the Corean Minister may rank the Chinese Minister, this matter being determined by seniority in office. For instance, the Hawaiian Minister for a long time ranked those of other nations at Washington, though he only represented a toy kingdom. China said: 'You must not send a Minister. Send a *charge d'affaires*; that will answer your purpose well enough. Corea said she would send a Minister, but she had to wait a while to hear from the powers, not wishing to precipitate the war threatened by China. At length the Embassy set out on the United States man-of-war Omaha and was met by a Chinese fleet of six warships under the Admiral, who well knew what was meant when he saw the Corean flag run up to the peak and heard the Omaha's guns bark. Though but two months before war had been declared as the consequence of our act, he found himself constrained to return the salute with the best grace he could.

Didn't Like Quarantining.

"As to the spirit in which the embassy accepted the situation in being quarantined, it was decidedly mingled. In Corea there are no quarantine regulations. Assuming that there were, the King would order a delegation to receive Embassadors, even though smallpox raged in the ship. Minister Pak thought something of this kind should be done here. He wished to know if the doctors in this country ruled it. I explained that the delay was owing to the belief that a Chinaman on board had the smallpox and, as the Chinese caused a great deal of trouble here, we had to suffer in consequence. In tones of mingled exasperation and resignation, he said: 'I thought when I left home that I should get away from the Chinese and their torments, but here I am, about 4.000 miles away, and cannot land because of them.' What made matters worse was that the voyage had been long and tedious. We went down to Honolulu, where we arrived into at night and left again before dawn, after discharging six tons of opium, so that we hardly knew we had touched land. There was no danger at all from contagion from the Chinaman who was sick, it being only a mild case of varioloid, and he having been quarantined immediately, his clothing burned and no cases showing during the next sixteen days. However, we are all glad to be ashore again. We shall very likely continue on to Washington toward the end of the week."

H. N. 알렌 박사 - 사직. 미국 북장로교회 해외선교본부
실행이사회 회의록, 1837~1919 (1888년 1월 6일)

H. N. 알렌 박사 - 사직. 한국 선교부의 H. N. 알렌 박사는 (1887년) 10월 26일자 편지98)에서 주미 한국 공사관에 임명을 수락하였다는 이유로 선교본부에 사직서를 제출하였으며, 그의 사임은 선교본부에 의해 수락되었다.

Dr. H. N. Allen - Resignation.
Minutes [of Executive Committee, PCUSA], 1837~1919
(Jan. 6th, 1888)

Dr. H. N. Allen - Resignation. Dr. H. N. Allen of the Korea Mission, in a letter dated Oct. 26th having presented his resignation to the Board in view of the fact that he had accepted an appointment upon the Korean Embassy to the United States, his resignation was accepted by the Board.

---

98) Horace N. Allen (Chemulpo), Letter to the Board of Foreign Missions, PCUSA (Oct. 26th, 1887)

18880108

존 W. 헤론(서울)이 프랭크 F. 엘린우드(미국 북장로교회 해외선교본부 총무)에게 보낸 편지 (1888년 1월 8일)

한국 서울,
1888년 1월 8일

친애하는 엘린우드 박사님께,

우편이 막 떠나려 하고 제가 바빴기에 박사님께 편지를 쓸 시간이 거의 없지만, 폐하께서 저에게 다른 은혜를 베풀어 더 높은 품계를 수여하였다는 것을 말씀드리려 편지를 씁니다.[99] 그래서 지금 저는 알렌 박사가 떠나기 전에 주어졌던 것과 같은 품계를 갖게 되었습니다. 동시에 벙커 부인도 추가적인 품계를 받았습니다. 저는 이것을 자랑하려는 것이 아니라 박사님께서 흥미로우실 것으로 생각하여 쓰는 것입니다. 폐하가 제가 이곳에서 하는 일에 관심을 보이시니 감사했습니다.

제가 최근에 집도한 수술 및 진료한 환자에 대하여 폐하는 깊은 관심을 가져 사자(使者)를 병원에 보내 환자를 만나도록 하였습니다.

저는 벙커 부인으로부터 호튼 양이 봄까지는 출발하지 않을 것이라는 소식을 듣고 실망하였습니다. 저는 적어도 초봄에는 그녀가 이곳에 있을 것으로 기대하였기 때문에 이것이 대단히 유감스럽습니다. 저는 박사님께서 다른 의사도 보내주시는 것이 더 좋을 것이라고 생각합니다. 알렌 박사가 제물포에 체류하는 동안 기거하였던 집의 주인인 허친슨 씨는 알렌 박사가 선교사로 한국으로 돌아오지는 않을 것이라고 단호하게 이야기하였다고 제게 확인하여 주었습니다. 만일 이 말이 사실이라면 다른 사람을 파송하는 것을 지체할 필요가 없을 것입니다. 좋은 사람, 즉 단지 질문에 답을 할 수 있을 정도가 아니라 상식이 훌륭하고 자신의 직업에 열성적인 진실한 기독교인을 파송해 주십시오.

(중략)

알렌 박사는 떠나기 전에 자신이 박사님께 W. H. 셔플린 앤드 컴퍼니에 약품 주문을 해 주실 것을 부탁하는 편지를 썼다고 저에게 말하였습니다. 박사님께서 편지를 받으신 적이 있습니까? 저는 약품에 대해서 아무 것도 듣지

---

99) 헤론은 1888년 1월 6일 2품 가선대부(嘉善大夫)를 제수 받았다.

못하고 있습니다. 제중원에서 사용하는 약이 거의 다 떨어졌습니다. 거의 쓰지 않는 약품들은 많았지만 매일 사용하는 것들은 거의 소진되었기 때문에 저는 중국에서 재고를 보충을 해야만 하였습니다. 다음 우편으로 저는 약품 주문서를 발송하겠는데, 만일 이전 편지가 도착하지 않았으면 메저즈 셔플린 회사로 보내주십시오. 저는 이곳에서 약 값을 지불하거나 혹은 원하시면 돈을 이곳에서 선불하겠다는 이곳 재무의 주문서를 보내 드리겠습니다.

(중략)

John W. Heron (Seoul), Letter to Frank F. Ellinwood (Sec., BFM, PCUSA) (Jan. 8th, 1888)

Seoul, Korea,
Jan. 8, '88

Dear Dr. Ellinwood: -

I have scarcely time to write you by this mail for it is just going & I have been busy but write to tell you that His Majesty has bestowed another mark of favor on me, namely giving me higher rank, so that I have now the same rank as was given the Dr. Allen before he went away. At the same time, additional honors were given to Mrs. Bunker. I write this not in any peril of boasting, but because I think you will be interested in it. To me it was gratifying as showing the appreciation of their Majesties of my work here.

Some recent operations and cases, I have had here, interested His Majesty so much that he sent a messenger to the Hospital to see the patients.

I regret to learn from Mrs. Bunker that Miss Horton will not leave until the Spring. I am very sorry for this, as I hoped she would be here in the early Spring time at least. I think too you had better send out another physician also. Mr. Hutchison in whose house Dr. Allen lives while at Chemulpho assured me that Dr. Allen told him positively that he would not return to Korea as a missionary. If this is true, it is not worth while to delay in sending out a man. Send a good one, not simply a man who can answer questions, but one who has good common sense, enthusiastic in his profession & an earnest Christian.

(Omitted)

Dr. Allen told me before he left that he had written to you asking you to forward to W. H. Schieffelin & Co. an order for drugs. Did you ever get the letter? I hear nothing of the medicines. The medicines we use at the Hospital are almost gone. My own stock I have had to replenish from China, for while I had plenty of things I seldom or never needed, the things in every day use were all out. By next mail I shall forward an order for drugs, which I shall ask you to place with Messrs. Schieffelin if the other has not turned up. I will pay for the drugs here or if you prefer will send an order from our treasurer stating that the money is paid in here in advance.

(Omitted)

프랭크 F. 엘린우드(미국 북장로교회 해외선교본부 총무)가
애니 엘러즈 벙커(서울)에게 보낸 편지 (1888년 1월 9일)

(중략)

알렌 박사는 사절단과 함께 이 나라에 도착하였지만 아직 이곳 뉴욕에는 나타나지 않았습니다. 나는 그가 올 때까지 매일 그를 기다릴 것입니다. 우리는 비록 그것이 다른 정부의 압력에 의해 초래되었음에도 불구하고 중국이 한국에 대한 입장을 바꾸게 된 것을 매우 기쁘게 생각합니다.

(중략)

Frank F. Ellinwood (Sec., BFM, PCUSA),
Letter to Annie Ellers Bunker (Seoul) (Jan. 9th, 1888)

(Omitted)

Dr. Allen with his Embassy has arrived in this country but has not yet appeared here at New York. I shall expect him now every day until he comes. We are very glad that China has so changed her position with regard to Korea, even though it had to be brought about by pressure from other Governments.

(Omitted)

18880111

프랭크 F. 엘린우드(미국 북장로교회 해외선교본부 총무)가
호러스 N. 알렌(워싱턴, D. C.)에게 보낸 편지 (1888년 1월 11일)

뉴욕 시 12가(街) 모퉁이의 5 애버뉴 53

(188)8년 1월 11일

H. N. 알렌, 의학박사,
　　워싱턴, D. C.

친애하는 박사님,

　　나는 박사님이 워싱턴에 있고, 아마도 다음 주에 뉴욕에서 박사님을 만날 것으로 예상하고 있습니다. 나는 일본에서 보낸 박사님의 편지를 받았으며, 그래서 며칠 동안 박사님만을 찾았습니다.

　　나는 친구인 한국 총영사 에버릿 프레이저에게 박사님에 대한 소개를 방금 전하였습니다. 박사님은 그가 지적이고 따뜻한 마음을 가진 기독교인 신사인 것을 알게 될 것이며, 미국에 체류하는 동안 박사님이 알게 된 것을 기뻐할 것이라고 확신합니다.

　　나는 박사님이 여태껏 한국 문제에 관한 소식을 알려주었기 때문에 바쁘겠지만 이곳에 체류하는 동안 내게 가끔 소식을 전해주어야 할 것 같습니다. 나는 박사님이 나에게 제공한 모든 사실들을 현명하게 사용하는데 실패한 적이 없으며, 국가 기밀을 누설하는데 있어 예의의 한계를 넘은 적이 없기에 박사님이 나에게 계속 알리는 것에 충분히 안심해도 됩니다.

　　나는 박사님이 그토록 호의적인 ____ 후원하에 미국에 도착하였고, 중국 정부가 아마도 훨씬 더 강력하고 설득력 있는 ____보다 우리 정부가 귀에 넣은 ____에 의해 이익을 얻은 것을 기쁘게 생각합니다.

　　한국에서 온 편지는 전반적으로 호의적이며, 모든 것이 의료진 사이에서 조화를 이루고 있습니다. 언더우드는 성공적으로 내륙을 방문하였고, 한국인 교회에 현재 20여 명의 신자가 있다고 보고하고 있습니다. 나는 조선 정부가 그의 종교 활동을 눈감아 줄 것이라고 생각하고 싶으며, 특히 왕이 이제 자신

제8부 주미 한국 공사관 서기관　553

의 위치가 조금 더 강해지고, 중국 및 중국 파벌에 대한 두려움이 줄어들고 있으며, 점점 더 미국과 우호적으로 되고 싶어 할 것임에 틀림없습니다.

박사님이 뉴욕에 오게 되면 박사님 부부가 우리 집에서 나와 함께 식사할 수 있을 만큼 충분히 오랫동안 한국인 친구들을 남겨두도록 준비를 해야 하며, 그에 따라 계획을 세우세요.

나는 또한 박사님을 한국 선교부의 설립을 위하여 처음으로 5,000달러를 기부하였던 맥윌리엄스 씨에게 소개하고 싶습니다.

안녕히 계세요.
F. F. 엘린우드

Frank F. Ellinwood (Sec., BFM, PCUSA),
Letter to Horace N. Allen (Washington, D. C.) (Jan. 11th, 1888)

53 5th Ave. cor. 12th St., N. Y.

Jan. 11th, (188)8

H. N. Allen, M. D.,
    Washington, D. C.

My dear Doctor:

I see that you are in Washington and shall expect to see you in New York possibly next week. I received your letter sent from Japan, so that I have been looking but for you for a number of days.

I have just given a note of introduction to you to my friend, Dr. Everett Frazer, Consul General for Korea. You will find him an intelligent and warm hearted Christian gentleman, one whom I am sure you will be glad to know during your stay in the Unites States.

I suppose that you are very busy, but you must let me hear from you occasionally while you are here, because you know that up to the present time you have kept me posted, in regard to Korea matters. I believe that I have never failed to make a wise use of whatever facts you have given me, and have never gone beyond the limits of propriety in divulging any state secrete, so that you are entirely safe in keeping me posted.

I am glad that you reached the United States under so favorable _____, and that the Chinese Government has profited by the _____ placed in its ear by our Government than well as the _____ which was perhaps, still more robust and persuasive.

The letters from Korea are on the whole favorable everything is harmonious in the medical faculty. Underwood ha been successful in his visit to the interior and now reports about twenty members of the Korean church. I am inclined to think that the Government will wink at his religious work, and particularly as the King must now feel a little stronger in his position and less afraid of China and any Chinese faction, and more and more inclined to be friendly with the United States.

When you come on to New York you must arrange to leave your Korean friends long enough to enable you and Mrs. Allen to come up and dine with me at my house, so make your plans accordingly.

I want to introduce you also to Mr. McWilliams, who gave the first $5,000 to establish the Korean Mission.

Very heartily yours,
F. F. Ellinwood

한국의 사절단.

The Courier-Journal (켄터키 주 루이빌) (1888년 1월 11일), 1쪽[100]

한국의 사절단
워싱턴에서 그림 같은 현지인 일행.

워싱턴, 1월 10일. - 이 나라에 온 사절단 중 가장 독특하고 그림 같은 사절단 중 하나가 어제 저녁에 이 도시에 도착하였다. 그것은 한국 사절단이었다. 모두 11명인데, 양반이 7명, 하인이 3명, 그리고 외국인 서기관을 맡은 오하이오 태생인 H. N. 알렌 박사이다. 그들은 에빗 호텔로 갔으며, 새로운 등록부의 첫 쪽에 그들의 이름을 다음과 같이 썼다. 공사 박정양, 서기관 이완용, 2등 서기관 이하영, 3등 서기관 이상재, 통역 이채연, 공사 개인 비서 강진희, 1등 서기관 비서 이헌재, 의학박사 H. N. 알렌 그리고 3명의 하인. 그들은 한국에서 온 것으로 등록하였다. 사절단은 무심코 호텔 복도를 배회하여 상당한 주목을 받았다. 그들은 모두 검은색 꼬리 모자를 썼고, 넓고 곧은 챙과 한 끝을 자른 관이 있었는데, 그것은 선량한 총독 페테르 스타위베산트[101] 시대의 차림과 다르지 않았다. 이 모자들은 머리에 너무 높게 씌워져 있어 사리를 모르는 미국인들의 마음에 그 모자를 어떻게 쓰고 있는지 궁금해 한다. 저명한 외국인들은 화려한 의상을 입고 저녁 식사를 하고 구식 냄비 모자를 썼다.

식탁의 상석에 공사가 앉고 그 양쪽에 서기관이 서열에 따라 앉았다. [알렌 박사는 공사의 맞은편에 앉았다.] 식사를 마친 후 그들은 호텔 주변에 흩어졌고, 이하영은 순수한 미국식으로 여송연을 피웠다. 공사관의 모든 구성원은 머리 꼭대기에 매듭으로 묶은 머리를 얹어 결혼하였음을 나타낸다. 그들과의 관계는 알려져 있지 않다. 소년들은 우리 여학생처럼 땋은 머리를 한다. 결혼하면 정수리에 머리를 묶는다. 한국에서 남자는 결혼하지 않으면 아무 소용이 없는 것으로 여겨진다. 사절단의 모든 구성원은 아내가 있지만 어떤 여자도 함께 오지 않았다. 그리고 데려오지 않을 것입니다. 한국인들은 터키 인보다

---

100) 이 기사는 다음의 신문에도 실렸다. The Corean Embassy. *Independence Daily Report* (Independence, Kansas) (Jan. 11th, 1888), p. 1; The Corean Embassy. *The Daily British Whig* (Kingston, Ont.) (Jan. 12th, 1888), p. 1

101) 페테르 스타위베산트(Peter Stuyvesant, 1610~1672)는 네덜란드의 식민지인 뉴네덜란드(현재의 뉴욕주와 인근 지역)의 마지막 총독이었다.

아내에게 훨씬 더 엄격하다. 한국 여자는 결코 거리에 나오지 않는다.

사절단의 주요 인사들이 오늘 국무부를 방문하여 베이야드 장관에게 경의를 표하였다. 며칠 내로 대통령을 방문하는 일정이 잡혔다. 따라서 현 정부로부터 사절단을 공식적으로 인정하는 것이 사실상 확정된 것이다.

Corea's Embassy.
The Courier-Journal (Louisville, Ky.) (Jan. 11th, 1888), p. 1

Corea's Embassy
A Picturesque Party of Native in Washington.

Washington, Jan. 10. - One of the most unique and picturesque Embassies that ever came to this country arrived in this city last evening. It was the Corean Legation. There were eleven in all - seven full-fledged Corean nobles, three Corean servants, and one American, who acted as Foreign Secretary, Dr. H. N. Allen, a native of Ohio. They went to the Ebbitt, and on the first page of a brand-new register their names were written as follows: Pak Chung Yang, Minister; Yi Wan Yong. Secretary of Legation; Yi Ha Yong, Second Secretary; Yi Sang Jay, Third Secretary; Yi Chah Yong, Interpreter; Kang Chin He, Private Secretary to the Minister; Yi Hyuu Jay, Secretary to the First Secretary; H. N. Allen, M. D., and three servants. They registered as from Corea. The Legation attracted considerable attention as they uuconcernedly perambulated through the halls of the hotel. They all wore black tail hats, with broad, straight brims with a sawed-off pipe, not unlike the styles worn in the time of the good Gov. Peter Stuyvesant. These hats are worn so high on the head that to the unenlightened American mind the wonder is how they are kept on. The distinguished foreigners went into supper in their gaudy costumes and wore their old-fashioned pot hats.

The Ministers at the head of the table, the Secretaries on either hand, arranged in the order of precedence. [Dr. Allen sat opposite to him.] After supper they scattered about the hotel, and Yi Hang Yong smoked a cigar in pure American style. Every member of the Legation wears his hair tied in a knot at the top of his head to signify that he is married. Ques with them are unknown. Boys wear their heir in braids, as our school girls do. As soon as one marries he ties his hair on the crown of his head. A man is considered of no consequence in Corea if he is not married. Although every member of the Embassy has a wife, no women came over with them. Nor will they bring them over. The Coreans are far more strict with their wives than the Turks. A Corean lady is never soon on the street.

The principal members of the Embassy called at the State Department to-day and paid their respects to Secretary Bayard. Arrangements were made for their presentation to the President in a few days. It is, therefore, practically settled that the Embassy will be officially recognised by this Government.

프랭크 F. 엘린우드(미국 북장로교회 해외선교본부 총무)가
릴리어스 S. 호튼(일리노이 주 시카고)에게 보낸 편지
(1888년 1월 12일)

(중략)

나는 알렌 박사에 관하여 귀하의 아버지께 편지를 썼습니다. 나는 그가 시
카고에 있는 동안 그를 만날 기회를 갖기를 바라고 있습니다.

(중략)

Frank F. Ellinwood (Sec., BFM, PCUSA),
Letter to Lillias S. Horton (Chicago, Ill.) (Jan. 12th, 1888)

(Omitted)

I wrote your father in regard to Dr. Allen. I hope that he found an opportunity of seeing him while he was in Chicago.

(Omitted)

호러스 N. 알렌(워싱턴, D. C.)이 프랭크 F. 엘린우드
(미국 북장로교회 해외선교본부 총무)에게 보낸 편지
(1888년 1월 12일)

에빗

C. C. 월라드 재단

워싱턴, D. C., 1888년 1월 12일

F. F. 엘린우드 박사,
　　뉴욕 시 센터 가 23

친애하는 박사님,

　　박사님의 친절한 편지와 프레지어 씨를 소개하는 편지를 받았습니다.[102] 영사에 대한 박사님의 의견에 동의합니다. 저는 그에게 박사님께서 한국 소식을 충분하게 알려드리도록 요청할 것이며, 조만간 박사님을 뵙고 싶습니다. 바쁜 일들이 끝나는 대로 조속히 뉴욕으로 가겠습니다.

　　제 가족은 오하이오 주에 있으며, 제가 그곳에 먼저 갈 수도 있습니다. 우리는 제법 큰 싸움을 하였는데 우리가 승리하였습니다.

　　안녕히 계십시오.
　　H. N. 알렌

---

102) Frank F. Ellinwood (Sec., BFM, PCUSA), Letter to Horace N. Allen (Washington, D. C.) (Jan. 11th, 1888)

Horace N. Allen (Washington, D. C.),
Letter to Frank F. Ellinwood (Sec., BFM, PCUSA) (Jan. 12th, 1888)

The Ebbitt

C. C. Willard, Prop.

Washington, D. C., Jan. 12th, 1888

Dr. F. F. Ellinwood,
    23 Centre St., N. Y.

My dear Doctor,

Your kind letter and the one introducing Mr. Frazier to hand. I concur in your opinion of the Consul. I will ask him to post you fully on Korean news and shall hope to see you soon myself. 1 will run up to N. Y. as soon as the rush is over.

My family are in Ohio and I may go there first. We have had quite a fight here but have won the day.

Yours sincerely,
H. N. Allen

알렌 박사의 일기 제2권(1887~1888년) (1888년 1월 13일)

1888년 1월 13일 (금) 워싱턴

우리는 1887년 12월 28일 수요일 샌프란시스코에 도착하였으며, 중국인 승객 중 생후 16일 된 유사 천연두 환자가 있었기 때문에 1888년 1월 1일 일요일 정오까지 격리 수용되었다. 해변에 도착한 나는 팰리스 호텔로 갔다. 화요일 정오에 해변에서 짐을 받아 열고 다시 포장한 후, 화물로 탁송하고 기차표 등을 구입하였으며, 수요일 센트럴 퍼시픽 철로, 유니언 퍼시픽 철로, 벌링턴 앤드 펜실베이니아 철로를 지나는 기차 편으로 떠났다. 우리는 눈 때문에 센트럴 퍼시픽 철로에서 지연되었다. 침대칸의 난방이 얼어붙어 나는 흡연자가 되어야 했다. 유니언 퍼시픽 철로에서 철로를 벗어나 5시간이 지연되었으며, 영하 13도이었다.103) 일요일 오후에 시카고에 도착하였다. 나는 패니와 아이들을 톨리도로 보냈다. 우리는 월요일 저녁에 워싱턴에 도착하였다. 에빗 하우스로 갔다. 한국인들과 끊임없는 불화가 있었다. 화요일에 _____ 브라운을 만났다. 오후에 (베이야드) 국무장관을 만나기로 약속하였다. 이완용 및 이채연과 함께 갔다. 도착하였으며 신임장을 제출할 준비가 되었다는 내용의 (박정양) 공사의 편지를 소지하였다. 그는 13일 금요일을 그날로 정하였다.

우리는 오늘 갔고 즐겁고 만족스러운 면담을 가졌다. 중국 측은 공사가 먼저 자신들을 만나고 자신들이 소개해야 한다고 반박하였다. 공사가 그들을 방문하려하지 않자 중국 측은 공사를 방문하였다. 어제 공사는 중국 측을 방문하자고 주장하였다. 나는 할 수 있는 모든 말을 하였고, 마지막 수단으로 국무장관을 방문하기 전에 중국 측을 방문하거나 명함을 보낸다면 나는 사직하고 그들을 떠날 것이라고 말하였다. 우리는 그들이 국무부에 있을 것이라고 들었고, 우리가 일찍 갔지만 비가 많이 내려 다른 사람들이 그곳에 없었다. 우리는 1월 17일 화요일 (글로버 클리블랜드) 대통령을 방문한다.

나는 O가(街)에 공사관을 위한 훌륭한 주택을 얻었다. 1층에 응접실, 큰 현관, 식당, 주방 및 식료품 창고가, 2층에 침실 5개, 연회장 및 욕실이, 3층에는 큰 사무실과 창고가 있다. 두 사람 모두 한 달에 30달러로 흑인을 고용하였다.

---

103) 영하 13도는 화씨로 판단되며, 섭씨로 변환하면 영하 10.6도가 된다.

주택은 1년에 780달러에 구하였다. 완전한 가구를 1,250달러, 아마도 그 이하로 구입하였다. 많은 사람들이 방문하였고, 신문 기자들과 사이가 좋고 그들을 잘 이용하고 있다.

Dr. Allen's Diary No. 2 (1887~1888) (Jan. 13th, 1888)

Washington, Jan. 13, (18)88

We arrived in San F. on Wed., Dec. 28, 87, and were quarantined till Sunday noon Jan. 1st, 88 because of a case of varioloid 16 days old among Chinese steerage. Got ashore I went to Palace Hotel. Got baggage ashore on Tuesday at noon, opened, repacked, shipped, got tickets, etc. etc. and left on Wed. by Central Pacific, Union P., Burlington & Penn vestibule train. Were delayed in Central by snow. Sleeping car heater got frozen up I had to go into smoker. Got off track on Union and were delayed 5 hours 13° below 0. Got to Chicago Sunday P. M. Sent Fannie & babies on to Toledo. We got to Washington on Monday eve. Went to Ebbit House. Had endless trouble with Korean. Saw <u>Sevylon</u> Brown on Tuesday. Appointed to meet Sec. Bayard in afternoon. Went with Yi Wan Yung and Yi Chae Yun. Took a letter from Minister, stating that he had arrived and was ready to present his credentials. He appointed Friday 13th as the day.

We went today and had a pleasant and satisfactory interview. The Chinese had refuted that Minister would first call on and be introduced by them. Chinese called on Minister as he would not call on them. Yesterday Minister insisted on calling on Chinese. I said all I could and finally as a last resort I said I would resign and leave them if they either called on Chinese or sent cards before calling on Secretary. We heard that they were to be at State Dep't, when we called but we went early, and as it was raining hard no other persons were there. We visit President on Tuesday Jan. 17th.

I got a good house for legation on O St. Parlor, large hall, dining room, kitchen, & pantry on first floor, five bedrooms, ball & bath room on second, large office & storeroom on third. Got two black men for $30 for month both. Got house for $780, for year. Got furnitures complete for $1,250, perhaps less. Have many calls and am on good terms with newspaper men, am using them well.

프랭크 F. 엘린우드(미국 북장로교회 해외선교본부 총무)가
존 W. 헤론(서울)에게 보낸 편지 (1888년 1월 13일)

(중략)

알렌 박사는 그의 사절단과 함께 워싱턴에 있지만 우리는 뉴욕에서 그를 만나지 못하였습니다. 나는 모든 일이 순조롭게 진행되고 있는 것으로 알고 있으며, 우리나라(미국)와 한국 사이에 새로운 유대의 좋은 결과가 도출되리라는 것을 믿어 의심치 않습니다.

(중략)

Frank F. Ellinwood (Sec., BFM, PCUSA),
Letter to John W. Heron (Seoul) (Jan. 13th, 1888)

(Omitted)

Dr. Allen is at Washington with his Embassy but we have not seen him in New York. I understand that everything goes on smoothly, and I doubt not that good results will come from the new bond established between this country and Korea.

(Omitted)

애니 엘러즈 벙커(서울)가 프랭크 F. 엘린우드(미국 북장로교회 해외선교본부 총무)에게 보낸 편지 (1888년 1월 15일)

(중략)

언더우드 씨도 알렌 박사도 좋은 재정가는 아니며, 어쨌든 일이 꼬였습니다. 알렌 박사는 박사님과 이야기할 것이며, 그는 모든 것에 대하여 저보다 더 잘 말씀드릴 수 있습니다. 그는 우리 선교부를 위해 돌아와야 합니다. 모든 한국인들이 그를 좋아합니다. 헤론 박사는 좋아하지 않습니다. 이것은 여자가 쓴 것이므로 제가 말씀드린 것에 대하여 박사님께서 어느 정도 참작하실 것이라고 알고 있습니다.

(중략)

Annie Ellers Bunker (Seoul),
Letter to Frank F. Ellinwood (Sec., BFM, PCUSA) (Jan. 15th, 1888)

(Omitted)

Neither Mr. U. nor Dr. A. are good financers and some how things get twisted. Dr. A. will talk with you & he can tell you far better than I all about it. For the good of our Mission he should come back. All the Koreans like him. Dr. H is not liked. Knowing you will ever allow a margin for what I have said as coming from a woman's pen.

(Omitted)

존 W. 헤론(서울)이 프랭크 F. 엘린우드(미국 북장로교회 해외선교본부 총무)에게 보낸 편지 (1888년 1월 15일)

(중략)

저는 *Woman's Work for Woman*에서 "이번 여름에 병원에서 할 일이 있는 알렌 박사와 저 자신을 제외하고 이곳 서울의 모든 선교사들이 휴가를 가졌습니다."라는 9월 3일자 벙커 부인의 편지 발췌문을 읽고 많이 놀랐습니다.[104] 왜 그녀가 그것이 사실이 아니라는 것을 알면서도 그런 언급을 해야 했는지 저는 당혹스럽습니다. 저는 휴가를 갖지 않았을 뿐만 아니라 저의 일 이외에도 스크랜턴 박사의 병원을 맡아 일주일에 적어도 서너 번 그곳으로 갔습니다. 그녀의 결혼 전에 제가 그녀의 일을 1주일 동안 하였고, 결혼 후에는 알렌 박사가 1주일 동안 하였기에 실제로 그녀는 우리 의료진 중에서 휴가를 가졌던 사람 중의 하나입니다. 그녀는 결혼 후 두 달 동안이나 교회에 나가지 않고 휴가를 냈지만, 그래서 자주 교회에는 원로인 스크랜턴 부인(이틀 동안 제물포에 다녀온 것 외에는 여름 내내 자기 자리를 지켰습니다), 아펜젤러 씨, 언더우드 씨, 그리고 저만 있었으며, 한강변의 집에서 4마일 떨어진 교회에 출석하였습니다. 이곳에 있는 사람들은 그녀의 이러한 언급을 비웃겠지만, 고국에 있는 사람들은 우리가 이런 식으로 일을 매우 게을리 한다고 생각할 것이며, 한 개인으로 저는 어떤 일이건 진행되고 있는 동안에 휴가를 갖지 않는다고 말씀드리고 싶습니다. 알렌 박사가 아픈 동안에 저는 그의 환자들까지 맡았다가 저까지 병이 나는 바람에 말을 타지 못할 지경이었습니다.

(중략)

---

104) Korea. *Woman's Work for Woman and Our Mission Field* 2(12) (Dec., 1887), p. 320

John W. Heron (Seoul),
Letter to Frank F. Ellinwood (Sec., BFM, PCUSA) (Jan. 15th, 1888)

(Omitted)

I have just been very much astonished at reading in *Woman's Work for Woman* an extract from a letter dated Sept 3, from Mrs. Bunker which reads "all missionaries here in Seoul have had a vacation this summer except Dr. Allen and myself, hospital demanding our attention." Why she should write such a statement as that knowing that it has not true, puzzles me. I had not only no vacation but in addition to my own work, took charge of Dr. Scranton's hospital going 3 or 4 times a week at least there. Indeed Mrs. Bunker herself is the one of our medical staff who took a vacation, as I did her work for a week before her marriage while Dr. Allen did it the week after. She took a vacation from going to church even for two months after her marriage, while very often the only people at church were Mrs. Scranton, the elder (who was at her post all summer, with the exception of a two day trip to Chemulpoo), Messrs. Appenzeller, Underwood and myself and we came up from our riverside home, four miles to attend church. Folks here laugh at such statements, but people at home will think we are a lot of shirks to do in that way and I for one intend to have it understood that while there is any work going on, I don't take vacations. During Dr. Allen's sickness, I had charge of his patients, coming up when I myself was so sick that I could not ride on horseback.

(Omitted)

프랭크 F. 엘린우드(미국 북장로교회 해외선교본부 총무)가
릴리어스 S. 호튼(일리노이 주 시카고)에게 보낸 편지
(1888년 1월 18일)

(중략)

귀하는 알렌 박사를 만났는지의 여부를 말하지 않았습니다. 그가 한국 공사관을 맡은 임무의 부담에 크게 몰두하였기 때문에 귀하가 그렇게 하지 못하였을까 염려됩니다. 나는 박사로부터 단 한 통의 짧은 편지를 받았는데, 그 편지에서 그는 워싱턴 주재 중국 공사가 한국 공사관을 '억누르는 것'을 막기 위하여 열심히 노력해야 했던 것으로 보입니다. 지금까지 그는 그 시도를 당혹스럽게 만들었다고 이야기 하는 것이 기쁘며, 한국 공사는 독립적인 권력으로서 자신의 신임장을 제출하였습니다.

(중략)

Frank F. Ellinwood (Sec., BFM, PCUSA),
Letter to Lillias S. Horton (Chicago, Ill.) (Jan. 18th, 1888)

(Omitted)

You do not state whether you saw Dr. Allen. I fear that you did not, as he has been greatly engrossed with the burden of his mission in charge of the Korean Minister. I has had but one brief letter from him, from which it appears that he has had to strive hard to prevent the Chinese Ambassador at Washington from "pocketing" the Korean Embassy. Thus far he has baffled the attempt, I am happy to say, and the Korean Minister has handed in his credentials as from an independent power.

(Omitted)

수도에서의 만필(漫筆).
New-York Tribune (뉴욕 시) (1888년 1월 22일), 13쪽

수도에서의 만필(漫筆)
한국 공사 및 그의 수행원.
백악관 환영회 사건 - 영리한 로비스트 - 일화

워싱턴, 1월 21일. - 한국 공사관의 냉정함은 계속해서 새로운 공사관을 응시하는 다른 사람들의 호기심에 의해 능가된다. 아마도 공사와 서기관들은 미국의 호기심에 대하여 미리 주의를 받았을 것이다. 여하튼 그들은 '창백한 얼굴'의 행동에 항상 동요하지 않는 인디언처럼 무관심하고 냉철한 것처럼 보인다. 화요일 백악관에서 대통령에게 (신임장을) 증정한 후, 10명의 한국인들은 현관에서 나와 몇 분 동안 말 그대로 '추위에 남겨졌다.' 나는 그들이 약간의 오해로 인하여 곧 블루 룸에서 나와 통역인 알렌 박사가 회견을 끝내기 전에 서둘러 나갔다고 생각한다. 세 대의 마차가 현관 계단 앞에 줄지어 서 있었지만, 한국인들은 그곳에서 붉은 갈색 얼굴에 놀라는 표정으로 떨며 서서 기다리고 있었다. 아무도 마차에 타려고 꿈쩍도 하지 않았고, 그들은 아마도 미국의 눈 위에서 미국 눈보라의 가장자리에 서 있는 그 지연이 그들에게 설명되지 않은 미국인들의 일종의 예의라고 생각하였을 것이다. 5분 동안 그것은 확실히 고통을 받고 있는 사절단이었다.

나는 한국인의 의상이 중국과 일본의 고유 의상을 반반 섞은 의상이라고 해야 한다. 일본 옷보다는 자수가 적고 중국 옷보다는 짧은 겉옷 같다. 독특한 특징이며 순수한 한국인 의상은 허리에서 고리 모양으로 서 있는 혁대, 똑바르고 둥근 둘레를 가진 높은 원뿔꼴 모자이다. 그 모자를 어떻게 머리에 쓰고 있는지는 워싱턴 사람들에게 불가사의하다. 그것들은 밤처럼 검고 버크럼[105] 처럼 뻣뻣하다. 세 가지 특징이 한국인의 계급을 보여준다. 모자 측면의 작은 단추와 혁대는 각각 계급의 휘장이다. 혁대는 종종 조개와 보석으로 상감된다. 그러나 가장 눈에 띄는 계급 표시는 겉옷 뒤에서 어깨 사이에 착용하는 작은 사각형 자수이다. 나는 한국에 있는 미국인들이 더 적절한 이름이 없기에 이

---

105) 버크럼은 아교나 고무 따위로 굳힌 발이 성긴 삼베를 말한다.

장식을 '방패'라 부르는 것 같으며, 방패가 등에 착용되지 않는다는 사실을 완전히 무시하고 있다. 하지만 신임 공사 박정양이 착용한 '방패'는 어두운 바탕에 흰 비단으로 수놓아진 황새 한 쌍의 문양이 매우 아름답다. 황새는 한국에서 달성한 가장 높은 문학적 지위를 보여준다. 따라서 박정양은 그의 문학적 자질 때문에 말하자면 기사 작위를 받은 것이다. 세 명의 서기관인 이완용, 이하영, 이상재는 황새 한 마리가 있는 장식을 착용하고 있는데, 이는 계급이 낮다는 의미이다. 나머지는 황새가 없어도 잘 지낼 수 있다.

한국의 외교관이 입는 외투의 양식은 어깨부터 발끝까지 의복 전체를 덧입지 않고, 중국 외교관이 즐겨 입는 깔때기 모양의 짧은 겉옷이나 웃옷을 가미하였다. 자연스럽게 겉옷을 입는 여자들은 한 눈에 박정양이 일전에 대통령에게 신임장을 제출할 때 입었던 초록색 비단 옷이 '귀족 겉옷'이 확실하다고 내게 말하였다. 그럴 수도 있다. 나는 문직(紋織)이 두꺼운 천으로 되어 있고, 색상이 틀림없이 짙은 녹색이라는 것만 알고 있다.

두 명의 수행원인 강진희와 이헌용은 여러 가지 이유로 공사관의 모든 사람들에서 가장 눈에 띈다. 그들은 키가 크고 각진 체격을 가진 남자이다. 파란색 비단 겉옷의 전체 소매는 두 가지 단색, 즉 핏빛 적색과 밝은 주황색이 반반으로 되어 있다. 이 독특하고 완전히 한국적인 양식은 상당히 놀랍게도 전쟁 전통에서 유래된 것이라고 들었다. 한국의 전사(戰士)는 전쟁터에 나갈 때 소매의 붉은 비단에 칼을 닦아 핏자국이 남지 않는다.

한국 공사관의 2명은 미국인 교사가 담당하고 있는 정부 학교에서 배운 영어를 구사한다. 공사관은 이미 Q가(街)106)에 있는 멋진 새 집에 설치되었으며, 한국인들이 중국인들에 비하여 상당히 강력한 사회적 경쟁자임을 증명해야 하는지 궁금하지 않다. 두 정부 사이에 호의가 사라지지 않았다는 것은 잘 알려져 있으며, 새 공사관이 중국이 이미 달성한 사회적 발판을 확보하려는 야심을 보여도 아무도 놀라지 않을 것이다. '태양 아래 새로운 것'이라면 무엇이든 공식적인 사회를 기쁘게 하며, 한국인들은 새롭고 호기심을 끌며 흥미롭다. 중국 제국의 장인후안[張蔭桓]107)이 그의 월계관을 바라보게 하라.

---

106) O가(街)를 잘못적은 것이다.
107) 장인후안(張蔭桓, 1847~1900)은 1885년 7월 27일부터 1889년 9월 28일까지 주미 중국 공사로 활동하였다.

Gossip at the Capital.
New-York Tribune (New York) (Jan. 22nd, 1888), p. 13

Gossip at the Capital.

The Corean Minister and His Suite.

Incidents of the White House Reception - A Clever Lobbyist - Anecdotes

Washington, Jan. 21. - The equanimity of the Corean embassy is only surpassed by the curiosity of other people who are continually gazing at the new Legation. Possibly the Minister and secretaries were warned beforehand of American Curiosity. At any rate they appear as indifferent and stoical as the Indian, who is always unmoved by the doings of the "palefaces." At the White House on Tuesday, after their presentation to the President, the Coreans, ten in number, came out on the portico, where for some minutes they were literally "left out in the cold." I believe they had through some misunderstanding come from the Blue Room soon, hurrying away before the Interpreter, Dr. Allen, could terminate the interview. The three carriages were brought up in line before the portico steps; but there the Corean group stood, shivering and waiting, with wonder in their red brown faces. Not one budged to enter a carriage, and they probably thought this delay of standing on American snow, and getting the edge of an American blizzard, was a form of American etiquette that had not been explained to them. For five minutes certainly it was a suffering embassy.

The Corean costume is, I should say, a half-and-half mixture of the Chinese and Japanese native dress. There is less embroidery than in the Japanese dress, and fewer tunics or short gowns than the Chinese wear. Distinctive features and purely Corean are the belts, standing out from the waist like hoops, and the tall sugar loaf peak hats, with straight round brims. How those hats are kept on the head is a mystery to the Washington public. They are black as night and stiff as buckram. Three peculiarities show Corean rank. A small button on the side of the hat and the belt are each insignia of rank. The belt is often inlaid with shell and precious stones. But the most striking mark of rank is the small square of embroidery worn on the back of the gown, just between the shoulders. I believe Americans in Corea call this decoration a "shield," for want of a more suitable name, and with utter disregard of the fact that shields are not worn on the back. However, the "shield" worn by Pak Chung Yang, the new Minister, has the design of a pair of storks very beautifully embroidered in white silk on a dark ground. The storks show the highest literary rank attained in Corea. Pak Chung Tang, therefore, has been knighted, so to speak, for his literary qualities. Three secretaries, Ye Wan Yong, Ye Ha Yong and Ye Sang Jay, wear the decoration having one stork ind denoting a lesser degree of rank. The rest get along the best they can without a stork.

The fashion of the coat or gown worn by the Corean diplomat shows the garment as a whole, from the shoulders to the feet, without additions and with cone of the short tunics or jackets such as the Chinese diplomat delights in. Women who naturally take in a gown at a glance assure me that Pak Chung Yang's green brocade, worn when he presented his credentials to Hie President the other day, is a "Priness (sic) coat." It may be. I only know the brocade is of the richest fabric and the color unmistakably dark green.

Two attaches, Kang Chin Yun and Ye Hyun Yun, are the most striking of all the Legation, for several reasons. They are tall men and of angular physique. The full sleeves of their blue silk gowns are blood red and bright orange, half and half, in the two solid colors. This peculiar and entirely Corean fashion. I am told, come from a war tradition, rather startling than otherwise. When the Corean warrior goes to battle he wipes his sword on the red silk of his sleeve and it leaves no stain of blood.

Two of the Corean Legation speak English, learned at the Government school in charge of American teachers. The Legation is already established in a pretty new house In Q-st., and I should not wonder if the Coreans should prove rather formidable social rivals to the Chinese. It is well known that there is no love lost between the two Governments, and nobody will be surprised if the new embassy shows its ambition to gain the social foothold already attained by the Chinese. Anything "new under the sun" delights official society, and the Coreans are new, curious and interesting. Let Chang Yen Hoon, of the Celestial Empire, look to his laurels.

주미 한국 공사관 개설 경과
History of the Opening of the Korean Legation in the United States

1887년	8월 18일	박정양, 주미 한국 특파전권공사로 임명됨
	9월 22일	박정양과 알렌, 고종에게 출국 인사를 함
	9월 27일	알렌, 헤론에게 제중원 업무를 인계함
	10월 26일	알렌, 제물포를 떠남
	10월 30일	알렌, 나가사키에 도착함
	11월 2일	알렌, 홍콩으로 떠남
	11월 6일	알렌, 홍콩에 도착함
	11월 7일	알렌, 민영익을 만남
	11월 11일	알렌, 홍콩을 출발함
	11월 18일	알렌, 나가사키에 도착함
	11월 19일	사절단, 오마하 호를 타고 나가사키에 도착함
	11월 21일	박정양, 민영익을 만나기 위하여 홍콩으로 감
	11월 24일	알렌, 요코하마에 도착함
	11월 25일	사절단 6명, 수하물과 함께 요코하마에 도착함
	12월 8일	박정양, 홍콩의 민영익을 만나고 요코하마에 도착함
	12월 10일	사절단, 오셔닉 호를 타고 요코하마를 출발함
	12월 21일	오셔닉 호, 하와이 호놀룰루에 입항함
	12월 22일	오셔닉 호, 호놀룰루를 출항함
	12월 28일	오셔닉 호, 샌프란시스코에 도착하였으나 천연두 환자 때문에 1월 1일까지 승객들이 격리됨
1888년	1월 1일	하선하여 팰리스 호텔에 투숙함
	1월 4일	대륙 횡단 열차를 탐
	1월 8일	시카고에 도착함
	1월 9일	워싱턴, D. C.에 도착하여 에빗 호텔에 투숙함
	1월 13일	베이야드 국무장관과 면담함
	1월 17일	클리블랜드 대통령을 예방하고 국서를 전달함
	1월 18일	첫 공사관 건물(Fisher House)로 이사함

그림 8-13. 버지니아 주 마운트버넌에 있는 조지 워싱턴의 생가를 방문한 주미 한국 공사관 직원들(1889년 5월 6일 촬영). 왼쪽부터 이하영(주미 한국 임시대리공사), 이채연(2등 서기관) 부부, 알렌, 이완용(1등 서기관, 1889년 6월부터 1890년 9월까지 한국 임시대리공사를 역임함) 부부. 알렌 앞의 아이는 알렌의 둘째 아들인 모리스로 추정된다. The Fred W. Smith National Library for the Study of George Washington at Mount Vernon 소장.

18880123

프랭크 F. 엘린우드(미국 북장로교회 해외선교본부 총무)가
호러스 G. 언더우드(서울)에게 보낸 편지 (1888년 1월 23일)

(중략)

알렌 박사는 중국 공사가 한국 공사를 '억눌러' 그의 임무가 마치 바퀴 안의 바퀴에 불과하며, 한국이 독립 국가가 아닌 중국에 종속되어 있는 국가로 보이게 하는 것을 막기 위하여 워싱턴에서 크게 분투하였습니다. 나는 지금까지 한국 공사가 독립의 승인을 확보하는데 성공하였다고 생각합니다.

(중략)

Frank F. Ellinwood (Sec., BFM, PCUSA),
Letter to Horace G. Underwood (Seoul) (Jan. 23rd, 1888)

(Omitted)

Dr. Allen has had a good deal of a struggle in Washington to prevent the Chinese Minister from 'pocketing' the Korean Minister and making it appear that his mission was simply a wheel within a wheel, and that Korea was to be represented here as a dependent of China and not as an independent State. The Korea Minister has succeeded thus far, I believe, in securing to independent recognition.

(Omitted)

알렌 박사의 일기 제2권(1887~1888년) (1888년 1월 28일)

(1888년) 1월 28일, 토요일

우리는 17일 대통령을 예방하였고 대단히 유쾌한 면담을 가졌다. (박정양) 공사는 제복을 입은 위대한 미국 왕을 보기를 기대하였지만, 평범한 옷을 입은 남자임을 보고 깜짝 놀랐다. 그는 연설을 할 정도로 충분한 목소리를 거의 낼 수 없었다. 알현을 마치고 화요일 오후에 우리는 48차례 방문하였는데, 단순히 차를 타고 명함을 보냈다. 모든 외교관, 포터 제독[108]과 셰리든 장군[109] 그리고 판사들.

수요일에 우리는 공사관으로 이사하였으며, 방문을 받았다. 나는 첫날밤을 그들과 함께 머물렀다. 그들은 숙소에 만족해하였다. 목요일 나는 나 자신을 위한 가구를 선택하였는데, 50달러에 임대하였다. 주택은 한 달에 30달러에 임대하였는데, 가구가 비치된 지하실, 1층과 2층, 그리고 요리용 기름 난로가 있다. 19일 목요일 밤, 나는 델라웨어로 출발하여 다음날 저녁에 도착하였다. 나는 아버지와 가장 불쾌한 시간을 보냈고, 가련한 어머니가 깨어나지 않고 걱정하는 것을 발견하였다. 조지아는 아들(둘째)을 낳았다. 1월 22일 일요일 아침. 나는 일요일 밤에 장로교회의 사람이 붐비는 건물에서 강연을 하였다. 김(金)[110]을 돋보이게 하였다.

월요일 아침 위싱턴을 향해 떠났으며, 화요일 아침에 도착하였다. 스토턴가(街) 1411의 우리 집으로 직접 갔다. 모든 것이 정돈되어 있음을 보았다. 공사관에서는 일들이 조용함을 보았다. 26일 목요일 저녁 대통령의 환영회 초대를 수락하기로 결정하였다. 포르투갈 공사의 사망으로 인하여 우리는 다른 외교사절들과 함께 그것을 거절하였다. 26일 목요일 오전 11시에 장례식에 참석할 예정이었지만 마차가 오지 않아 가지 못하였다.

목요일에 셰리던 장군을 만났는데, 그는 국무부의 지시에 따라 한국으로 파견할 전직 장교를 선발하였고 그들은 공사를 만나기만을 기다리고 있었다는

---

108) 데이비드 D. 포터(David D, Porter, 1813~1891)는 해군사관학교 교장을 역임하였던 해군 대장이다.
109) 필립 H. 셰리든(Philip H. Sheridan, 1831~1888)은 남북전쟁 당시 북군의 장군이었으며, 최종 원수의 계급까지 승진하였다.
110) 알렌의 몸종이었던 김노미를 말한다.

것을 알게 되었다. 그들은 다이 장군, 책임자 (전에 이집트에서 복무), 어드먼즈 커민즈 대령, 그리고 리 소령이다. 첫 번째 사람은 너무 늙어 보이고, 다른 사람들은 만나지 못하였다. 앞의 두 사람은 공사관을 방문하였다.

어제 밤 휘트니 해군장관111)의 환영회 겸 만찬에 참석하였다. 공사는 여자가 맨살을 크게 보여주는 것에 충격을 받았다. 그는 여자들을 보는 것이 괜찮은지 물어보았다. 거대한 기차를 탄 그들 중 한 명이 추위로 몸을 떨었을 때 그는 그녀가 두루마기를 들어 올려 목에 감싸면 그렇게 춥지 않을 것이라고 말하였다. 우리는 처음 갔고 가장 먼저 떠났다. 오늘 밤 우리는 페어차일드 장관112)의 환영회에 참석한다.

패니와 나는 오늘 매닉스 대령 부인을 방문하였는데,113) 처음 방문에서 그녀의 작은 아들114)이 장티푸스에 걸려 있는 것을 발견하였다.

Dr. Allen's Diary No. 2 (1887~1888) (Jan. 28th, 1888)

Jan. 28, Sat.

We saw the President on 17th and had a very pleasant interview. Minister expected to see the great American King in uniform and was thrown off his guard by seeing simply a man in ordinary dress. He could hardly get his voice enough to sing off his speech. Tuesday afternoon after audience we made 48 calls, simply driving up and sending in our cards. Called on all diplomats, cabinet officers, Admiral Porter and Gen'l Sheridan and the Judges.

Wednesday we moved into the legation and received calls. I stayed with them first night. They were delighted with their quarters. Thursday I selected furniture

---

111) 윌리엄 C. 휘트니(William C. Whitney, 1841~1904)는 1885년 3월부터 1889년까지 3월까지 해군 장관으로 활동하였다.

112) 찰스 S. 페어차일드(Charles S. Fairchild, 1842~1924)는 1887년부터 1889년까지 재무장관으로 활동하였다.

113) 대니얼 P. 매닉스(Daniel P. Mannix, 1840~1894)의 부인은 엘라 버틀러 스티븐스 매닉스(Ella Butler Stevens Mannix, 1855~1915)이다.

114) 대니얼 P. 매닉스 3세(Daniel P. Mannix III, 1878~1957)를 말한다.

for myself, hired at $50, house for $30 a month furnished basement, first & second floor, with oil stove for cooking. Thursday night 19th I started for Del., got there next evening. Had most disagreeable time with Father, found poor Mother unawaked and worried. Georgia gave birth to boy (second). Sunday morning January 22nd. I delivered an address to a crowded house at Pres. Church Sunday night. Showed off Kim.

Monday morn started for Washington, arrived Tuesday morning. Went direct to our house 1411 Stoughten St. Found everything in order. Found things quiet at Legation. Decided to accept invitation to President's reception on Thursday evening 26th. Owing to death of Portugese Minister, our diplomats declined one with others. Arranged to attend funeral Thursday 11 A. M. 26, but carriage failed to come so did not go.

Saw Gen'l Sheridan on Thursday, found he had under instructions from State Dep't., selected three ex-military officers to go to Korea, and they were only waiting to see Minister. They are Gen'l Dye, Chief of Staff (formerly in Egyptian Service), Col. Edmund Cummins, and Major Lee. The first seem rather too old, other man did not see. First two called at Legation.

Last night went to a reception and supper at Sec. Whitney's. Minister was shocked at great display of feminine nakedness. Asked me if it was all right to look at the ladies. When one of them with an enormous train shivered with cold, he said if she would pick up her "tur-um-agy" off the floor and wrap it around her neck she would not be so cold. We were first there and first to leave. Tonight we go to reception at Secretary Fairchild's.

Fannie and I called today on Mrs. Capt. Mannix, our first call found her little boy down with typhoid.

18880128

한국 사절단. *Harper's Weekly* (뉴욕 시) 32권(1623호)
(1888년 1월 28일), 60, 67쪽

한국 사절단

중국과 일본을 제외한 다른 나라에 한국의 왕국이 파견한 최초의 사절단이 이번 달에 워싱턴에 도착하였다. 그것은 클리블랜드 대통령에 의하여 공식적으로 인정되었으며, 한국의 외교 이익을 대표하기 위하여 수도에 체류할 것이다. 일행에는 공사 박정양, 서기관 이완용, 2등 서기관 이하영, 3등 서기관 이상재, 통역 이채연, 공사 수행원 이헌용과 강진희를 포함하며, 서울에서 수년 동안 궁궐의 의사로서 근무하였던 오하이오 주 출신의 H. N. 알렌 박사는 외국인 서기관으로서 일행의 총책임을 맡고 있다. 이름이 밝혀지지 않은 한국인 하인도 3명이 함께 하고 있지만, 귀빈의 이름 철자에도 불확실성이 있는 만큼 대수롭지 않은 일이다.

중국과 일본의 고위 인사들이 이 나라에서 친숙한지 오래지만, 한국인의 의상과 풍습이 참신한 것은 수도에서 큰 관심을 끌기에 충분하다. 그들의 걸음걸이는 '위엄 있게 미끄러지는' 것으로 묘사되며, 특히 공사는 평균 키에 거의 미치지 못하지만 '잔잔한 미소'로 시작되는 예외적으로 위엄 있는 걸음걸이로 평가된다. 가장 풍부한 비단으로 만든 두루마기와 현란한 장식은 걸을 때 바스락거리는 그들 의복의 주요 특징이다. 1월 13일 베이야드 씨와의 예비 면담에서 그들의 '머리카락이 감겨 있는 두정부에 우아하게 장식된 말털로 된 길고 검은 모자'는 벗지 않았다고 한다. 공기가 순환할 수 있는 이 쓸 것은 미국인이 연중 이맘때에 상상하는 것과 거의 같지 않지만, 연습하지 않은 미국인들은 모자의 균형을 거의 잡을 수 없었다. 물론 그들의 특징은 진정한 몽골식이며 방문객들은 그들의 새로운 환경과 관습에 만족하는 것처럼 보이는데, 관습은 외국인 고문인 오리건 주 출신의 오웬 N. 데니 판사, 총세무사인 매사추세츠 주 출신의 H. F. 메릴 씨, 그리고 정부 병원의 알렌 및 헤론 박사를 한국의 왕이 몇 년 동안 선호하지 않았다면 의심할 여지없이 더 독특한 것이었을 것이다.

THE MEMBERS OF THE COREAN LEGATION BEING CONDUCTED INTO THE PRESENCE OF THE PRESIDENT.
FROM SKETCHES BY J. H. MOSER.—[SEE PAGE 67.]

실제로, 현재의 사절단은 딘스모어 공사가 서울의 항구인 제물포에서 나가사키로 향하는 미국 군함 오마하 호로 출항하도록 준비함으로써 미국의 직접적인 후원으로 이루어졌다. 이 예방 조치는 부분적으로 한국에 대한 명목상의 권위를 보유하고 있는 중국이 미국 공사와 유럽 공사의 파견과 같은 절대적인 독립의 표시를 막기 위하여 간섭하지 않을까 하는 두려움에서 취한 것으로 보인다. 1876년 일본이 한국의 독립을 최초로 인정한 반면, 우리 나라는 서방 열강 중 가장 먼저인 1882년에 한국과 우호통상조약을 체결하였다. 그 이후로 서울에서는 미국의 영향력이 지배적이었고, 전등에서 개틀링 총에 이르기까지 미국의 발명품이 그곳에서 발견되었다.

The Corean Embassy. *Harper's Weekly* (New York) 32 (No. 1623) (Jan. 28th, 1888), pp. 60, 67

The Corean Embassy.

The first embassy ever sent by the kingdom of Corea to any country save China and Japan arrived at Washington during the present month. It was officially recognized by President Cleveland, and will remain at the capital to represent there the diplomatic interests of Corea. It includes Pak Chung Yang, Minister; Yi Wan Yong, Secretary of Legation; Yi Ha Yong, Second Secretary; Yi Sang Ja, Third Secretary; Yi Chah Yong, Interpreter; Yi Hun Yong and Kang Chin Hi, Minister's private secretaries; while Dr. H. N. Allen, of Ohio, who has been for several years at Seoul, attached to the court as physician, takes general charge of the party as foreign secretary. There are also three Corean servants with the party, whose names are not given, but the loss is slight, inasmuch as a shade of uncertainty rests even upon the orthography of the names of the more distinguished visitors.

Although Chinese and Japanese dignitaries have long been familiar in this country, there is enough that is novel in the costumes and customs of the Coreans to excite great attention at the capital. Their walk is described as a "stately glide," and the Minister especially, although hardly up to the average height, is credited with an unusually dignified gait, set off by "a serene smile." A mass of skirts and furbelows of the richest silks is a leading feature in their garments, rustling as they walk; while their "tall black hats of horse-hair, set daintily on the crown of the head, which is itself topped by the coil of hair," were not removed, it is said, during their preliminary interview with Mr. Bayard on the 13th of January. This head-gear, through which the air can circulate, is hardly such as an American would fancy for this time of the year; but then Americans without practice could hardly balance the hats at all. Their features, of course, are of the true Mongolian type, and the visitors seem well pleased with their novel surroundings, and with customs which would doubtless appear more singular had not Americans been for years in favor with the King of Corea, who has Judge Owen N. Denny, of Oregon, as his foreign adviser, Mr. H. F. Merritt, of Massachusetts, as Inspector General of Customs, and Drs. Allen and Heron in the government hospital.

Indeed, the present mission is made directly under American auspices, Minister Dinsmore having arranged for its departure from Chemulpo, the port of Seoul, to Nagasaki, in the United States war vessel Omaha. This precaution seems to have been taken partly from fear lest China, which still holds a nominal authority over Corea, should interfere to prevent so marked a sign of absolute independence as the despatch of an ambassador to the United States and another to Europe. While Japan was first to recognize Corean independence in 1876, our own country was foremost among Western powers to conclude a treaty of friendship and commerce with the peninsula, which it did in 1882. Ever since, American influence has been predominant in Seoul, and American inventions, from electric lights to Gatling guns, have found their way there.

새러 A. 깁슨(엘리자베스턴, 테네시 주)이 호러스 N. 알렌
(워싱턴, D. C.)에게 보낸 편지 (1888년 2월 4일)[115]

1888년 2월 4일

알렌 박사

친애하는 친구여,

　　나는 귀하가 한국에 있는 우리의 아이들인 혜론 박사 부부와 관계를 갖고 있기에 감히 편지를 쓰고 있습니다. 우리는 서로 모르는 사람이 아니기에, 나는 귀하를 만나 꼭 이야기를 나누고 싶습니다. 우리가 깊게 관심을 갖고 있는 문제를 이야기하고 싶지 않지만, 깁슨 박사와 나를 위해 나는 귀하에게 오늘 편지를 씁니다.

　　우리는 한국 사절단이 언제 돌아가는지 알고 싶습니다. 또한 만일 귀하가 지금으로부터 3~4개월 안에 갈 예정이라면 깁슨 박사, 그리고 아마도 나를 데리고 가도록 그들에게 영향력을 행사해줄 수 있겠지요. 그리고 그것은 안전하고, 즐거우며 바람직할 것입니다. 우리는 둘 중 한 명이 가도록 결정해야 합니다.

　　해티는 초봄 혹은 여름까지 누워있어야 할 것이며, 선교부가 현재 난감한 상황이고 규모가 작기 때문에 깁슨 박사가 그곳에 있다면 큰 위안이 될 것입니다. 나는 혜론 박사와 해티의 과로가 대단히 염려스럽습니다. 사절단이 깁슨 박사를 무료로 데리고 가서 그가 한국에서 체류하는 동안 병원에서 혜론 박사를 돕게 할 수 없을까요? 그리고 그들이 알렌 부인과 귀하를 미국으로 데리고 온 것같이 우리 둘을 데리고 갈 수 없을까요. 혹은 이렇게 이야기하는 것이 더 나을 텐데, 내 생각에 전적으로 귀하의 영향력에 좌우될 것이기에, 귀하는 그들에게 이것을 하도록 영향력을 행사해 줄 수 있습니까. 선교본부는 1년 동안 귀하의 직책을 맡을 임시 선교사의 파송을 선호하지 않고 있습니다. 현재 혜론 박사는 도움을 받아야 한다는 것이 절대 필요합니다. 귀하는 내 이러한 질문에 답을 해주시겠습니까. 우리는 귀하로부터의 소식을 간절하게 바라고

---

115) 존스보로에서 활동하던 깁슨 박사 부부는 1887년 후반에 테네시 주의 북동쪽에 위치한 엘리자베스턴으로 이주한 것으로 판단된다.

있습니다. 나는 귀하와 알렌 부인이 오래 끌었던 여행을 한 후 건강하고, 귀하는 이 은총 받은 기독교의 땅, 즉 귀하의 고국을 방문한 것과 결국에는 이교도 땅에서의 경험을 즐기고 있다고 믿습니다.

알렌 부인에게 안부를 전합니다. 또한 깁슨 박사 및 새러 A. 깁슨이 귀하에게 안부를 전합니다.

주소 D. L. 깁슨 부인
엘리자베스턴 (카터 카운티), 테네시 주

Sarah A. Gibson (Elizabethton, Tenn.), Letter to Horace N. Allen (Washington D. C.) (Feb. 4th, 1888)

Feb. 4th, 1888

Dr. Allen,

Dear friend,

I dare address you this, because of the relation you have sustained to our Children in Corea, Dr. & Mrs. Heron. For we are no strangers to each others, Dr. Gibson & I have a great desire to see you and talk over. In my matters of deep interest to us, but pressing engagements forbid this, and so on behalf of Dr. Gibson and myself, I write to you today.

We are eager to know about the time the Corea Embassy will return home. Also if you could have the influence with them to induce them to take Dr. Gibson, & perhaps me with them if they are to go in three or four months from the present time. And would it be safe & pleasant & desirable. Should we conclude one of both of us to go.

Hattie is to be confined in the early Spring, Summer, and it would be a great relief to have Dr. Gibson there as the Mission is now so helpless & small. And I fear very much from the overwork of both Dr. Heron & Hattie. Could the Embassy take Dr. G. with them free of charge and let him help Dr. Heron in the Hospital while he remained there? And would they take us both as they brought Mrs. Allen & yourself to America. Or better laid perhaps you. Could you be able to influence them to do this for it will depend on your influence, entirely, I suppose - The Board do not feel like sending a temporary missionary to take your place for a year. Yet it is quite imperative that Dr. Heron should have help now. Will you kindly answer these questions of mine as we are quite anxious to hear from you. I trust you & Mrs. Allen are well, after your protracted journey and that you are enjoying your visit in this blessed Christian land, your Home, after all your experiences in Heathen.

Give our kindest regards to Mrs. Allen. Also accept the best wished for yourself from Dr. Gibson, and Sarah A. Gibson

Address Mrs D. L. Gibson
Elizabethton (Carter Co.), Tennessee

18880211

프랭크 F. 엘린우드(미국 북장로교회 해외선교본부 총무)가
윌리엄 가디너(일리노이 주 시카고)에게 보낸 편지
(1888년 2월 11일)

(중략)

나는 선교부를 설립하고 지금 이 나라에 있는 알렌 박사로부터 한국이 매력적인 선교지라고 들었습니다. 기후는 일본이나 중국보다 더 알맞은데, 한국은 일본보다 안개와 구름이 적고 반도이기 때문에 기후가 더 온화합니다. 이 나라는 숲이 우거져 있고 여름에는 풀이 무성하고 화창합니다. 알렌 박사는 한국인들이 중국인이나 일본인보다 타고난 능력과 인격이 우월한, 즉 행복한 사람들이라고 생각하고 있습니다. 우리의 모든 선교사들은 모두 일본보다 더 빨리 그 나라가 기독교에 개방될 것이라고 생각하고 있습니다. 그 나라는 생각보다 인구가 많습니다. 1,200만 명 대신에 적어도 1,500만 명이 있습니다. 한국인들 스스로는 3,000만 명이라고 주장합니다. 그 자원은 많습니다. 재배를 잘할 수 있으며, 모든 종류의 과일에 잘 적용시킵니다. 그 나라의 소는 중국의 소보다 우수합니다. 이 나라는 양의 방목에 잘 적응하였습니다. 알렌 박사는 1톤당 금화 800달러를 산출하는 약간의 금광석을 고국으로 가져왔습니다. 하나님의 축복과, 특히 기독교의 자비로운 영향력으로 그것이 위대하고 번영하는 나라가 되기를 원합니다. 다른 사람들과 함께 그런 땅에 복음의 기초를 놓는 것이 얼마나 큰 특권입니까.

(중략)

Frank F. Ellinwood (Sec., BFM, PCUSA), Letter to William Gardiner (Chicago, Ill.) (Feb. 11th, 1888)

(Omitted)

I am told by Dr. Allen, who established the Mission, and who is now in this country, that Korea is an attractive mission field. The climate is more favorable than that of Japan or China, Korea has less of mist and cloud than Japan, and owing to its peninsula formation the climate is of a milder character. The country is wooded and in the Summer is grassy and bright. Dr. Allen considers the people superior in natural ability and character to either Chinese or Japanese, in other words, a happy medium. All our missionaries think that country will open to Christianity more rapidly than even Japan did. It is more populous that had been supposed. Instead of 12,000,000 there are at least 15,000,000. The Koreans themselves claim 30,000,000. Its resources are great. It is capable of high cultivation and is well adapted to all kinds of fruits. Its cattle are everyway superior to those of China. The country is well adapted to sheep grazing. Dr. Allen brought home some gold ore which yielded 800 gold dollars to the ton. With the blessing of God and especially with the benign influence of Christianity it bids fair to be a great and flourishing country. What a privilege it is to be permitted with others to lay the foundations of the Gospel in such a land.

(Omitted)

호러스 N. 알렌(워싱턴, D. C.)이 프랭크 F. 엘린우드(미국 북장로교회 해외선교본부 총무)에게 보낸 편지 (1888년 2월 16일)

한국 공사관

워싱턴, D. C., 1888년 2월 16일

친애하는 엘린우드 박사님,

　박사님이 원하시는 서류 사본을 보내 드립니다. 그것이 일간 신문에 실렸다는 것을 주의해서 언급해 주십시오. 그렇지 않으면 저에게까지 추적이 될 것이고, 제가 관리하는 공사관 서류를 너무 자유롭게 다루었다는 비난을 받을 수 있습니다.

　저는 또한 윌리엄 랜킨 박사를 위하여 제 계정에 대한 몇몇 계산서들을 보냅니다. 저의 계정이 정리되면 좋겠습니다.

　또한 그 자체로 잘 알 수 있는 편지를 동봉합니다. 저는 그녀116)에게 기꺼이 편지를 써서 공사관은 항구적인 것이며, 그들이 돌아가도, 그녀가 그들과 동행하기 전에 서울에서 예산을 받아야 한다는 것을 알려주었습니다. 그리고 그 문제는 헤론 박사가 반대편에서 가장 잘 처리 할 수 있을 것이라고 제안하였습니다.

　박사님, 저는 제물포나 또는 그 근처 어딘가에 다른 의사가 있어 헤론 박사가 병이 났을 때 그의 일을 스크랜턴에게 넘겨주지 않아도 되기를 바라고 있습니다. 포크가 처음부터 저에게 경고한 것처럼 스크랜턴은 아주 사악하고 파렴치한 사람입니다. 그가 다른 사람들이 한 것에 비해 공개적으로 저에게 한 것은 없지만, 사실 제가 한국에서 싫은 감정을 가진 유일한 사람이라고 생각합니다.

　제 계획은 전혀 서 있지 않습니다만, 제가 박사님께 돌아간다면 부산이나 평양에 배치해 달라고 요청하게 될 것 같습니다. 제가 떠난 것이 선교부에 얼마나 좋은 영향을 미쳤는지 알게 되어 기쁩니다.

　린튼 씨가 방문하였습니다. 그는 서울의 공사나 제물포의 영사가 되기를

---

116) 헤론의 장모인 새러 A. 깁슨 부인을 말한다. Sarah A. Gibson (Tenn,), Letter to Horace N. Allen (Washington, D. C.) (Feb. 4th, 1888)

원하고 있습니다.

안녕히 계십시오.

H. N. 알렌

Horace N. Allen (Washington, D. C.),
Letter to Frank F. Ellinwood (Sec., BFM, PCUSA) (Feb. 16th, 1888)

Legation of Korea

Washington, Feb. 16th, 1888

My dear Dr. Ellinwood,

I send you herewith the copies you desired. Please be careful to mention that they appeared in the Daily paper, else it may be traced to me and I might be, accused of making too free with Legation matters in my hands.

I also send some statements of my account for Dr. Wm(?) Rankin. I will be glad to settle my bills.

I also enclose a letter which explains itself. I wrote kindly, informing her that the Legation was a permanent thing and even if they did return it would be necessary to obtain an appropriation from Seoul before she could accompany them, which matter I suggested Dr. Heron could best arrange at the other end.

I do wish, Dr., that you had another physician at Chemulpo, or somewhere near so that in case of sickness, Dr. Heron would not have to hand over his work to Scranton. The latter is thoroughly bad and unscrupulous as Foulk warned me from the very first. Really, I think he is the only person in Korea that I really have any feeling against, though he has openly done nothing to me compared to what some of the others have.

My plans are not at all formulated, but I think if I return for you, I shall ask to be located at Fusan or Peng Yan. I am delighted to see what a good effect my departure has had on the mission.

Mr. Linton called. He wishes to be Minister to Seoul or Consul at Chemulpo.

Yours very truly,

H. N. Allen

18880218

프랭크 F. 엘린우드(미국 북장로교회 해외선교본부 총무)가
호러스 N. 알렌(워싱턴, D. C.)에게 보낸 편지 (1888년 2월 18일)

1888년 2월 18일

친애하는 알렌 박사님,

편지를 받았는데,117) 계산서는 동봉하지 않았군요. 나는 계산서를 랜킨 씨에게 넘겼습니다.

나는 박사님이 잘 있기를 바랍니다. 우리는 가능한 한 조속히 한국에 파송할 의사를 확보하기 위하여 노력할 것입니다. 우리는 깁슨 박사의 파송을 고려하고 있지 않습니다.

안녕히 계세요.
F. F. 엘린우드

---

117) Horace N. Allen (Washington, D. C.), Letter to Frank F. Ellinwood (Sec., BFM, PCUSA) (Feb. 16th, 1888)

Frank F. Ellinwood (Sec., BFM, PCUSA),
Letter to Horace N. Allen (Washington, D. C.) (Feb. 18th, 1888)

Feb. 18th, (188)8

Dear Dr. Allen:

The letters came and the accounts, but not the copies. You failed to enclose them. I passed over the accounts to Mr. Rankin.

I hope you are well. We shall try to secure a physician for Korea as soon as possible. We do not take to the idea of sending Dr. Gibson.

Very truly yours,
F. F. Ellinwood

프랭크 F. 엘린우드(미국 북장로교회 해외선교본부 총무)가
호러스 N. 알렌(워싱턴, D. C.)에게 보낸 편지 (1888년 2월 24일)

1888년 2월 24일

H. N. 알렌, 의학박사,
　워싱턴, D. C.

친애하는 박사님:

　헤론 박사는 박사님이 _____으로 주문하였다고 말하고 있는 몇 가지 약물에 대하여 쓰고 있습니다. 박사님은 _____와 관련한 어떤 정보를 알려주실 수 있습니까?

　____는 진심으로 더 많은 인력들을 원하며, 우리는 그들이 얻을 수 있는 한 빨리 우리가 보낼 사람을 찾으려고 노력하고 있습니다.

　헤론 박사는 다음 구절을 썼습니다.[118] 박사님께 문제를 기밀로 처리하도록 요청하되 알고 있는 한 사실을 알려주세요. 두 사람에게서 받은 편지를 보면 헤론 박사와 벙커 부인의 사이가 좋지 않다는 것이 분명합니다.

　　"저는 9월 3일자로 벙커 부인이 쓴 편지에서 발췌한 *Woman's Work for Woman*에서 "이번 여름에 병원에서 할 일이 있는 알렌 박사와 저 자신을 제외하고 이곳 서울의 모든 선교사들이 휴가를 가졌습니다."라는 것을 읽고 많이 놀랐습니다. 왜 그녀가 사실이 아니라는 것을 알면서도 그런 언급을 해야 했는지 당혹스럽습니다. 저는 휴가를 갖지 않았을 뿐만 아니라 저의 일 이외에도 스크랜턴 박사의 병원을 맡아 일주일에 적어도 서너 번 그곳으로 갔습니다. 실제로 우리 의료진 중에서 휴가를 간 사람은 벙커 여사 자신뿐인데, 그녀의 결혼 전에 제가 그녀의 일을 1주일 동안 하였고, 그 후에는 알렌 박사가 1주일 동안 하였습니다. 그녀는 결혼 후 두 달 동안이나 교회에 나가지 않았고, 그래서 자주 교회에는 스크랜턴 부인(이틀 동안 제물포에 다녀온 것 외에는 여름 내내 자기 자리를 지켰습니다), 아펜젤러, 언더우드 씨, 그리고 저만 있었으며, 한강변의 집에서 4마일 떨어진 교회에 출

---

118) John W. Heron (Seoul), Letter to Frank F. Ellinwood (Sec., BFM, PCUSA), (Jan. 15th, 1888)

석하였습니다. 이곳에 있는 사람들은 그녀의 이러한 언급을 비웃겠지만, 고국에 있는 사람들은 우리가 이런 식으로 일을 매우 게을리 한다고 생각할 것이며, 한 개인으로 저는 어떤 일이건 진행되고 있는 동안에 휴가를 갖지 않는다고 말씀드리고 싶습니다. 알렌 박사가 아픈 동안에 저는 그의 환자들까지 맡았다가 저까지 병이 나는 바람에 말을 타지 못할 지경이었습니다.

벙커 부인의 언급은 너무 허술하며, 중국 및 고국의 신문에서 각양각색의 보고서를 볼 수 있습니다. 저는 그동안 왕비로부터 1년에 5,000달러에서 17,000달러를 받았고, 그녀를 위해 병원이 건립되었다는 등등을 언급한 것을 보았습니다. 이러한 몇몇 기사의 근거는 그녀가 고국으로 보낸 편지가 세인트루이스의 신문에 실린 것으로 추적되었습니다. 선교 사업에서 매우 자주 불신을 일으키는 것이 바로 이런 일입니다."

박사님으로부터 소식을 들었으면 좋겠습니다.

안녕히 계십시오.
F. F. 엘린우드

Frank F. Ellinwood (Sec., BFM, PCUSA),
Letter to Horace N. Allen (Washington, D. C.) (Feb. 24th, 1888)

Feb. 24th, (188)8

H. N. Allen, M. D.
　　Washington, D. C.

Dear Doctor:

Dr. Heron writes of some drugs which he says you ordered by _____ which have not been heard from. Can you give me any information in regard to ____?

The _____ is earnest for more men, and we are trying to find some whom we will send as soon as they can get.

Dr. Heron has written the following passage. A____ ____ to ask you to treat the matter confidential but to let me know the facts, so far as you know them. It is evident from the letters received, from both, that Dr. Heron and Mrs. Bunker do not get on well.

"I have just been very much astonished at reading in *Woman's Work for Woman* an extract from a letter dated Sept 3, from Mrs. Bunker which reads "all missionaries here in Seoul have had a vacation this summer except Dr. Allen and myself, hospital demanding our attention." Why she should write such a statement as that knowing that it has not true, puzzles me. I had not only no vacation but in addition to my own work, took charge of Dr. Scranton's hospital going 3 or 4 times a week at least there. Indeed Mrs. Bnnker herself is the one of our medical staff who took a vacation, as I did her work for a week before her marriage while Dr. Allen did it the week after. She took a vacation from going to church even for two months after her marriage, while very often the only people at church were Mrs. Scranton, the elder (who was at her post all summer, with the exception of a two day trip to Chemulpoo), Messrs. Appenzeller, Underwood and myself and we came up from our riverside home, four miles to attend church. Folks here laugh at such statements, but people at home will think we are a lot of shirks to do in that way and I for one intend to have it understood that while there is any work going on, I don't take vacations. During Dr. Allen's sickness, I had charge of his patients, coming up when I myself was so sick that I could not ride on horseback.

Mrs. Bunker is so loose in her statements that all sorts of reports are to be seen in the papers, both Chinese and home. I have seen statements that she received all the way from $5,000 to $17,000 per annum from the queen and that the hospital was founded in her honor and etc. Some of these reports were traced to a home letter she wrote which was printed in a St. Louis paper. It is such things as this which bring discredit on mission work very often."

Please let me hear from you and oblige,

Yours very truly,
F. F. Ellinwood

호러스 N. 알렌(워싱턴, D. C.)이 프랭크 F. 엘린우드
(미국 북장로교회 해외선교본부 총무)에게 보낸 편지
(1888년 2월 25일)

한국 공사관

워싱턴, D. C., 1888년 2월 25일

친애하는 엘린우드 박사님,

(2월) 24일자 박사님의 편지를 받았습니다.[119] 약품이 너무 지연되어 유감스럽습니다. 이때쯤 이면 서울에는 그것들이 다 떨어졌을 것입니다. 저는 기사복사 책에서 서둘러 목록의 사복을 만들었고 그것들을 아직 보내지 않았다면 박사님께서 그것들을 즉시 보내주실 것이라고 믿습니다.

한국에서 오는 소식은 거의 듣지 못하지만, 모든 것이 잘되고 있다고 생각하였습니다. 벙커 부인은 헤론 및 그의 수술 성공에 대하여 친절하게 썼습니다. 박사님께서 언급하신 것들이 신문에 실리는 것은 불행한 일이며, 저는 그녀가 15,000달러의 급여를 받는다는 여러 번의 언급과, 종종 그것을 부인하는 기사를 보았습니다. 그것은 전혀 그녀 때문이 아니었지만, 그 금액을 받는다고 하는 데니 판사와 벙커 부인을 비교한 것이 원인으로 저는 추적할 수 있습니다. 저는 가장 신중하고 양심적이며 오해의 소지가 있는 글을 쓰지 않았을 총세무사 메릴에 대해서도 똑같이 잘못된 언급을 보았습니다.

저는 또한 *Woman's Work*에서 벙커 부인의 글을 보았는데, 선교지에서 반감을 유발시킬 수 있음을 알았습니다. 저는 그녀가 다른 사람들이 떠나 있는 동안 우리는 도시에 남아 있었다고 말하려고 했다고 추측합니다. 스크랜턴 박사와 가족들은 제물포에서 여름을 보냈고, 헤론 박사, 언더우드와 아펜젤러 목사는 도시에서 약 4마일 떨어진 강가에 있는 한 집을 얻었습니다. M. F. 스크랜턴 부인은 대부분의 시간을 집에 머물렀습니다. 헤론 박사는 근무하는 주간(週間)에 규칙적으로 병원 업무를 하였으며, 제가 아플 때에는 제 환자들을 진료하였습니다. 하지만 제가 근무하는 주간에 너무 아팠을 때 이틀 정도만 그

---

119) Frank F. Ellinwood (Sec., BFM, PCUSA), Letter to Horace N. Allen (Washington, D. C.) (Feb. 24th, 1888)

가 시간을 내주었으며, 저는 다음 근무 주에 돌아왔습니다. 제가 요청했더라면 그는 더 많은 일을 하였을 것입니다.

그러한 차별적인 글이 덜 공표될수록 더 좋을 것이지만, 한 사람은 다른 사람만큼 비난 받아야 합니다. 예를 들어 제가 헤론 부인이 쓴 글을 보고 때때로 상당히 분개하였지만, 저는 지금 그것들을 넘겨 버린 것에 대하여 기쁘게 생각합니다.

박사님께서 제가 그런 기사에 관심을 갖도록 요청하신 것에 감사드립니다. 신문들은 한국과 선교사들 모두에게 문제를 일으키고 있습니다. 저의 많은 시간이 신문 기사를 바로잡는 데 사용되고 있습니다.

안녕히 계십시오.
H. N. 알렌

Horace N. Allen (Washington, D. C.),
Letter to Frank F. Ellinwood (Sec., BFM, PCUSA) (Feb. 25th, 1888)

Legation of Korea

Washington, Feb. 25th, 1888

My dear Doctor,

Yours of 24th to hand. I am sorry the drugs are so delayed, they will be out at Seoul by this time. I hastily copy the list from my press copy book and trust you will have them forwarded at once, if they have not already gone.

I hear very little from Korea and inferred that all was smooth. Mrs. Bunker has written most kindly of Dr. Heron and his success in surgery. It is unfortunate that such statements as you refer to, have gotten into the papers I saw many times the statement about her receiving a salary of $15,000 and took occasion to deny it. It was not at all due to her but I traced it to a comparison of Mrs. Bunker with Judge Denny who is said to receive that sum. I saw an equally erroneous statement lately concerning Commissioner Merrill, who is a most careful and conscientious man and would not write anything misleading.

I also saw the statement from Mrs. Bunker in *Woman's Work* and found it might induce ill feeling on the field. I suppose she meant to say we remained in the city while the others went away. Dr. Scranton and family summered at Chemulpo, Dr. Heron, Revs. Underwood and Appenzeller took a house on the river some four miles from the city. Mrs. M. F. Scranton stayed at home most of the time. On his week, Dr. Heron attended regularly to his hospital work and called on my patients while I was sick. That, however, only took his time for two days while I was too sick during my own week and returned to duty on my next week. Had I requested it, he would have done more.

The less published of such discriminating articles the better, but one is as much to blame as the other. For instance, I have seen articles from Mrs. Heron's pen that I was quite inclined to resent at times but am glad now that I let them pass.

I thank you for calling my attention to the notices. The newspapers are giving both Korea and the missionaries trouble. And much of my time is taken up in correcting newspaper articles.

Yours very truly,
H. N. Allen

호러스 N. 알렌(워싱턴, D. C.)이 프랭크 F. 엘린우드(미국 북장로교회 해외선교본부 총무)에게 보낸 편지 (1888년 2월 25일)

조선 공사관,
워싱턴, D. C.

오(O) 가(街) 1513,
1888년 2월 25일

친애하는 박사님,

저는 옛 상처들이 다시 열리게 되어 대단히 유감스럽습니다. 저는 박사님이 선택하신다면 사용하실 수 있도록 글을 동봉합니다. 저는 또한 약품이 즉시 배송되었으면 하는 바람입니다.

한국에서 스크랜턴 박사가 궁궐로 들어가기 위하여 애를 쓰고 있지만 혜론이 잘 하고 있다고 듣고 있습니다. 언더우드의 사역은 서류상으로는 상당하며, 그는 잘 하고 있습니다.

저는 박사님께서 전도자 몇 명을 파송하실 수 있기를 바라고 있습니다. 왕은 그들이 중국인들과 문제를 갖고 있기에 제가 돌아오기를 원하고 있지만, 저도 이곳에서 같은 일을 겪고 있으며 이 한국인 공사를 제거하려는 과감한 시도를 막아냈습니다.

영사관 설립과 관련하여 조만간 보스턴과 필라델피아에 갈지도 모르겠습니다. 가게 되면 박사님과 저녁 시간을 보내기 위하여 노력하겠습니다.

벙커 부인이 쓴 것은 아주 적절하였으며, 분쟁의 원인으로 혜론 부인의 일부 글과 혼동되지 않을 것입니다.

저는 사업 문제에 관하여 혜론에게 기분 좋은 편지를 쓰고 있습니다. 저는 박사님의 편지에 대해서는 언급하지 않을 것입니다.

벙커는 박사님이 한국에서 얻을 수 있는 가장 훌륭한 사람이지만 화평을 위하여 호튼 양이 궁궐로 들어가고, 벙커가 박사님과 함께 하기로 결정한 후 새 지부를 열도록 하는 것이 좋을 것입니다. 혜론과 언더우드는 어느 누구와도 잘 지낼 수 없으며, 그래서 그들은 '잘 될' 수가 없습니다.

박사님의 부인, 따님들 그리고 박사님께 안부를 전합니다.

안녕히 계십시오.

H. N. 알렌

박사님, 편지와 함께 대통령과 공사의 발언 사본을 받으셨습니까?

Horace N. Allen (Washington, D. C.),
Letter to Frank F. Ellinwood (Sec., BFM, PCUSA) (Feb. 25th, 1888)

Legation of Korea
Washington.

1513 O. St.,
Feb. 25th, (18)88

My dear Dr.: -

I am very sorry that the old sores are opening again. I write enclosed in such a manner that you may use it if you choose. I also so hope the medicines will be promptly sent.

I hear from Korea that Dr. Scranton is trying to get into the Palace but Heron is doing well. Underwood's work is considerable on paper, but he is doing well.

I do hope you can send some preachers out. The King wants me to return as they are having trouble with Chinese, but I am having the same here and have just headed off a bold attempt for the removal of this Minister Korean.

I may have to go to Boston and Phila. soon in connection with establishment of Consuls. Will try and spend an evening with you, if I go.

What Mrs. Bunker wrote was perfectly proper and will not confuse with some of Mrs. Heron's writings as a cause of trouble.

I am writing Heron a pleasant letter on a matter of business. I shall not allude to your letter.

Bunker is the best man you can have in Korea but for peace, you had better let him open a new station after Miss Horton gets broken in at the Palace, and B.

decides to come with you. Heron and Underwood will not get along with anyone that they cannot "run."

With very kind regards to Mrs. Ellinwood, the young ladies and yourself,

Yours truly,
H. N. Allen

Did you receive copies of President's and Minister's remarks on presentations with letters.

한국. *Star Tribune* (미네소타 주 미니애폴리스)
(1888년 2월 26일), 16쪽

한국.
한국 공사관의 인솔자 – 아직 대중에게 알려지지 않은 몇 가지 사실

한국 공사관과 그 중요한 임무가 오늘 화두로 떠오른 가운데, 고위 인사들의 다양한 색상의 의상과 두툼한 옷자락, 말총 모자, 그리고 독특한 '미끄러지는' 걸음이 워싱턴에서 많은 관심을 받고 있지만, 이 공사관의 짐을 싣는 사람과 서기관에 대하여 지금까지 출판되지 않은 몇 가지 사실을 독자들에게 알리는 것은 부적절하지 않을 것이다.

의사와 그의 아내는 오하이오 주 태생이며, 레아 판사가 학위를 받은 같은 기관인 델라웨어의 오하이오 웨슬리언 대학교를 졸업하였다. 그들은 또한 미니애폴리스에 거주하는 H. F. 벤튼 씨와 존 H. 쿡 부인의 동급생이다. 알렌 박사의 원래 목적은 장로교회의 지도하에 선교사로 한국에 가는 것이었으며, 이 선교지를 준비하기 위하여 신시내티에 있는 마이애미 의과대학에서 의학을 공부하였다. 1883년 가을에 그는 한국으로 항해하였다. 서울에 도착하지마자 그는 그곳에 있는 병원의 책임자가 되었으며, 거의 즉시 시작된 일련의 사건은 그를 왕족의 마음에 들도록 급속히 이끌었다.

반란이 일어났다. 공(公)은 중상을 입었다. 의료 선교사가 부름을 받아 공의 생명을 구했다. 이 사건으로 그는 필연적으로 궁궐의 주목을 받았다. 왕은 그와 면담하였고, 그의 학식과 솜씨에 만족하였으며, 국내에서 자신의 개혁 계획을 실행하고 국사들 사이에서 인정받기 위하여 높은 급여에 그를 외국인 서기관으로 임

명하였다.

그리하여 오하이오 주의 소년은 가난한 선교사로서 대학을 졸업한 후 몇 년 만에, 왕의 은총을 누리고 왕국에서 가장 높은 지위가 뒤 따르는 탐이 나는 직책을 맡아 인솔자로서 조국으로 돌아온다.

한국인들의 기이한 풍습의 일부를 예시로, 우리는 서울에 정착한 후 선교사의 아내로부터 받은 편지를 인용한다.

"우리는 이곳에 있었지만 5주 후에 폭동이 일어나 박사가 중국인, 일본인, 한국인 사이에서 할 수 있는 것보다 더 많은 일을 해야 했습니다. 도시에 있는 소수의 외국인들은 폭동의 첫 신호가 나타나자 보호를 위하여 미국 공사관으로 소환되었습니다. 왕은 안전을 위하여 그들에게 궁으로 가라고 하였지만, 중국과 일본이 싸우고 있을 때 아무도 감히 가려고 하지 않았습니다. 부상당한 귀족 민영익과 대부분의 시간을 보낸 알렌 박사를 제외하고는 궁궐 바깥에서 동요하지 않은 외국인은 없었습니다. 저는 거리에서 그가 지켜본 모든 무시무시한 광경과 부상자들을 보지 않았지만, 한국인들이 추격하는 일본군이 도시에서 탈출하는 것과 화염에 휩싸인 그들의 아름다운 공사관을 보았습니다.

사건이 진정되자 외국인들은 달아났고 저는 12월부터 6월까지 여자를 보지 못하였습니다. 우리 집은 쾌적하였고, 우리는 30마일 떨어진 항구에서 온 미국 군함의 얼굴을 가끔 보았기 때문에 저는 결코 외롭지 않았습니다. 우리는 우리가 위험에 처해 있다는 것을 알았고 휴식을 취하려고 누웠을 때 다른 날의 빛을 볼 수 있을 지 확신할 수 없었습니다. 총기는 우리의 침실에 있었고 지금도 보관되어 있습니다. 무사(武士)의 검이 제 무기로 제 침대 머리에 매달려 있지만, 제 자신을 방어하기 위하여 그것을 사용할 수는 없다고 확신합니다.

Mrs F.M.Allen

"우리는 200년이 되었다고 하는 한옥에 살고 있습니다. 이 고색(古色)을 보여주는 썩어가는 거대한 소나무 목재가 있습니다. 우리의 거실에는 시골 헛간에서 볼 수 있는 것처럼 노출된 대들보와 서까래가 있습니다. 대들보와 기둥은 거대한 목재로, 한국 건축에서 유일하게 중요한 것입니다. 벽은 단순하게 진흙과 종이로 되어 있고, 문과 창문은 종이로 되어 있습니다. 바닥은 두꺼운 종이로 덮인 돌이고, 그 아래에 있는 돌로 된 난방로에 의해 열기가 제공됩니다. 우리는 창문용 유리 조각을 갖고 있고, 바닥용으로 아름다운 밀짚 돗자리를 구할 수 있습니다. 한국인 친구들이 우리에게 이것들과 발[가리개]을 계속 공급하여 주었습니다. 이 발은 대단히 예쁘고, 대나무로 만들어져 있으며, 모든 한국인 여자에게 필요한데 그들은 볼 수 있지만 여전히 보이지 않도록 만들어졌기 때문입니다. 한국 여자가 남자에게 보이는 것, 심지어 남자 앞에서 언급되는 것조차 끔찍한 일입니다. 우리 집 중앙에는 식물과 거북과 비둘기 등의 몇 마리 애완동물을 기르는 사각형의 마당이 있습니다. 집 주변에는 대부분 잠겨 있는 문으로 들어가는 높은 담이 있습니다. 우리는 우리가 감당할 수 있는 모든 현대적인 가구로 집을 꾸몄습니다. 우리 식품의 대부분은 뉴욕에서 수입된 우유, 프랑스에서 수입된 버터, 중국에서 수입된 커피와 설탕입니다. 저는 상하이에서 장을 봅니다. 실 한 뭉치와 바늘 한 꾸러미를 원한다고 결정한 때부터 상점에서 그것을 얻을 때까지 세 달 정도 걸립니다. 만일 우리가 이곳에 오래 머문다면 충분한 인내가 완벽한 일을 시작할 수 있게 할 것입니다.

"한 여자가 저를 방문하였고 저는 그녀의 집에 갔습니다. 왕비는 외국인 의사의 아내를 보고 싶어 합니다. 그러나 의사는 관리가 아니므로 왕을 알현할 수 없으며, 왕비는 만족할 수 없었습니다.

"제가 방문하였던 여자는 저에게 14살 된 며느리를 보여주었습니다. 그녀는 붉은 비단과 보석으로 장식된 신부 의상을 입고 있었습니다. 그 떨고 있는 작은 것이 저에게 보여지는 동안 움직이지 않고 서 있는 그녀가 색을 칠한 조각상처럼 보였습니다. 그녀의 모든 보석은 제가 볼 수 있도록 수 놓은 가방과 상자로 제작되었으며, 금, 옥, 산호, 호박, 진주의 아름다운 모든 장신구를 볼 수 있다는 것은 참신한 일이었습니다. 어린 신부의 진주는 숨을 쉴 때마다 떨리는 용수철에 박혀 있었습니다. 저는 병원에서 훔친 놋쇠 숟가락으로 다과를 먹었습니다(한국인들이 훔칠 것입니다.) 이 여자는 매우 잘 자랐고, 그녀의 아들로부터 가장 섬세한 관심을 받았습니다. 그 아들은 저에게 1만 개의 이름을 수놓은 아름다운 견수자 옷을 보여주었습니다.

"그들은 골동품에 대한 우리의 열광을 알고 있으며 우리에게 오래된 도자기와 돈을 보여 주었습니다. 도자기 한 점은 아들이 6만 년 전의 것이라고 주장하였습니다. 우리는 매우 오래되었다고 알려진 몇 개의 도자기를 갖고 있습니다. 그것들은 확실히 금이 가 있고, 오래된 것이라고 생각하기에 충분하게 갈색이며, 결코 아름답지 않습니다.

"몇 달 전 다섯 명의 예쁜 기생이 의사에게 주어졌습니다. 그는 그들을 간호원으로 만들기 위하여 병원으로 보냈지만 그들이 원하지 않는다는 것을 알고 중국 공사에게 넘겼습니다. 불쌍한 작은 것들은 너무 슬퍼하고 있으며 의사가 와서 그들을 구해주기를 원하고 있습니다. 그들은 모두 어느 날 가상의 제 생일을 축하하기 위하여 악대와 함께 왔습니다.

"이곳에서 다과는 바닥에서 몇 인치 높이가 되는 작은 상에 제공됩니다. 저는 현지 음식을 좋아하지 않습니다. 한국인들은 하나의 연속된 휴일에 살고 있습니다. 그들은 원하는 것이 적고 쉽게 충족되기 때문에 거의 일하지 않고 대단히 자주 휴일을 즐기고 있습니다."

J. H. C.

Corea. *Star Tribune* (Minneapolis, Minn.) (Feb. 26th, 1888), p. 16

Corea.

The Leader of the Corean Embassy - Some Facts Not Yet Given to the Public.

Now that the Corean embassy and its important mission are among the topics of the day, and while the varied colored costumes of its dignitaries, their massy skirts, their horse hair hats, and their peculiar 'gliding' walk are attracting so much attention at Washington it may not be out of place to present to your readers a few facts not hitherto published in regard to the loader and secretary of this embassy.

The doctor and his estimable wife are natives of Ohio, and graduates of the Ohio Wesleyan University, of Delaware. O., the same institution from which Judge Rea took his degree. They are also classmates of Mr. H. F. Benton and Mrs. John H. Cook, residents of Minneapolis. Dr. Allen's original purpose was to go to Corea as a missionary physician under the direction of the Presbyterian church, and as a preparation for this field he took a course in medicine at the Miami Medical College in Cincinnati. In the fall of 1883 he sailed for Corea. Upon his arrival at Seoul he was put in charge of the hospital situated there, and almost immediately there began a series of events which rapidly led him into favor with the royalty.

An insurrection broke out; the prince was seriously wounded; the missionary physician was called, and the life of the prince was saved. This occurrence necessarily brought the physician into notice at court. The King had an interview with him, was pleased with his learning and address, and with a view to carrying out his projects of reform at home and recognition among the nations appointed him foreign secretary, with a princely salary.

Thus an Ohio boy, in a few short years after leaving college a poor missionary, returns to his native land at the head of an embassy, enjoying the favor of a King and holding an office which is coveted next to the highest in the kingdom.

In illustration of some of the queer customs of the Corean people, we quote from a letter received from the wife of the missionary, after taking up their residence in Seoul.

"We had been in this place but five weeks when the riot broke out and gave the doctor more work than he could attend to among the Chinese, Japs and Coreans. The few foreigners in the city were summoned to the United States legation for protection at the first signal of a riot. The King sent for them to go to the palace for safety, but none dared to go when the Chinese and Japanese were fighting. Not a foreigner stirred outside the wall except Dr. Allen, who spent most of his time with the wounded noble Minpin, I. K. I was spared all the dreadful sights and wounds that met his gaze on the streets, but I saw the Japanese flee from the city, pursued by the Coreans. and their beautiful legation building in flames.

When the trouble subsided the foreigners fled, and I did not see a woman from December till June. I was never lonely, for our home was pleasant, and we occasionally saw faces from the United States man-of-war at the port, 30 miles away. We knew we were in peril, and when we lay down to rest, never felt sure of seeing the light of another day. Firearms were, and are still, kept in our sleeping rooms. A warlike sword hangs from the head of my bed as my weapon, but I am sure I never could use it to defend myself.

"We live in a Corean house said to be 200 years old. There are immense pine timbers in decay that show this antiquity. Our sitting-room has the beams and rafters exposed as you see them in a country barn. The beams and pillars are huge timbers - the only substantial thing in Corean architecture. The walls are of simple mud and paper, and the doors and windows are paper. The floors are stones covered with a thick paper, and the fire is furnished by a stone furnace under these. We have bits of glass for our window panes and can get beautiful straw mats for the floor. Corean friends have kept us supplied with these and with blinds. These blinds are very pretty, made from bamboo, and necessary for all Corean women, because they are so made that one can see out and still not be seen. It is an awful thing for a Corean woman to be seen by a man, or even to be mentioned in the presence of men. In the center of our house is a square court where I keep plants and a few pets - a turtle and pigeons. About the house is a high wall entered by gates which are locked most of the time. We have furnished our house with all the modern furniture we could afford. Most of our food is imported milk from New York, butter from France, coffee and sugar from China. My shopping is done at Shanghai. It takes about three months from the time I determine I want a spool of thread and paper of needles to the time I get them from the store. If we remain here long enough patience will have in usher perfect work.

"One lady has visited me and I have been to her house. The Queen wants to see the foreign doctor's wife; but as the doctor is not an official and cannot be presented to the King, the Queen cannot be gratified.

"The lady whom I visited showed me her 14-year-old daughter-in-law, who was attired in her bridal costume of rich red brocade silk and jewels. The trembling little thing looked like a painted statue as she stood motionless while being shown to me. All her jewels were produced from embroidered bags and boxes for me to see; and it was a novelty to be permitted to see all the beautiful ornaments of gold, jade, coral, amber and pearls. The pearls on the little bride were set on w re springs that trembled with almost every breath. I ate refreshments with brass spoons stolen from the hospital (the Coreans will steal). This lady was exceedingly well bred, and received the most delicate attentions from her son. The son showed me a beautiful satin robe with 10,000 names embroidered upon it.

"They know of our craze for ancient things and never fail to show us old pieces of pottery and money. One piece of pottery the son claimed was 60,000 years old. We have a few pieces of pottery said to be very ancient. They are certainly cracked and brown enough to be old and are by no means beautiful.

"Five pretty dancing girls were presented to the doctor a few months ago. He put them in the hospital to make nurses of them, but finding he did not want them they were turned over to the Chinese minister. The poor little things are so unhappy and want the doctor to come and rescue them. They all came with a band of musicians one day to celebrate my supposed birthday.

"Refreshments here are brought and served on a little table elevated a few inches from the floor. I do not like native food. The Corean people live in one continual holiday. Their wants are few and easily satisfied, so they work little and celebrate holidays very often."

J. H. C.

프랭크 F. 엘린우드(미국 북장로교회 해외선교본부 총무)가
대니얼 L. 기포드(일리노이 주 시카고)에게 보낸 편지
(1888년 3월 6일)

(중략)

그 나라에 대한 일반적인 지식을 얻으려면 가디너 씨와 워싱턴, D. C.의 주미 한국 공사관의 H. N. 알렌 박사와 연락하여 바람직하다고 생각되는 질문을 하는 것이 좋습니다. 그는 그 주제를 잘 알고 있으며, 귀하가 선교부를 보강하려 한다는 것을 알게 되어 기뻐할 것입니다.

(중략)

Frank F. Ellinwood (Sec., BFM, PCUSA),
Letter to Daniel L. Gifford (Chicago, Ill.) (Mar. 6th, 1888)

(Omitted)

For a general knowledge of the country I would advise yon and Mr. Gardiner to communicate with Dr. H. N. Allen, of the Korean Legation, Washington, asking whatever questions may seem desirable. He is full of the subject, and will be glad to know that you are to reinforce the Mission.

(Omitted)

프랭크 F. 엘린우드(미국 북장로교회 해외선교본부 총무)가
윌리엄 가디너(일리노이 주 시카고)에게 보낸 편지
(1888년 3월 6일)

(중략)

나는 한국과 관련하여 워싱턴, D. C.의 한국 공사관을 담당하고 있는 H. N. 알렌 박사에게 편지를 보낼 것을 제안하는 내용의 편지를 기포드 씨에게 썼습니다. 나는 그가 귀하에게 실용적인 것들과 관련하여 몇 가지 중요함 점을 알려 줄 수 있다고 생각합니다. 그는 매우 바쁘지만 그가 질문에 답하는 것을 기뻐할 것이라는 데에는 의심의 여지가 없습니다.

(중략)

Frank F. Ellinwood (Sec., BFM, PCUSA),
Letter to William Gardiner (Chicago, Ill.) (Mar. 6th, 1888)

(Omitted)

I have written Mr. Gifford in regard to Korea, suggesting that a correspondence be opened with Dr. H. N. Allen, who is at Washington in charge of the Korean Legation. I think he will be able to give you some important points in regard to practical things. His time is a good deal occupied, but I have no doubt, that he will take pleasure in answering questions.

(Omitted)

호러스 N. 알렌(워싱턴, D. C.)이 프랭크 F. 엘린우드(미국 북장로교회 해외선교본부 총무)에게 보낸 편지 (1888년 3월 20일)

스토턴 가(街) 1411,
워싱턴, D. C.,
(18)88년 3월 20일

친애하는 엘린우드 박사님,

공사관의 1등 및 2등 서기관인 이완용, 이하영 그리고 수행원 이훈영이 오늘 볼티모어로 떠났으며, 다음 주 월요일 이후에 며칠 동안 뉴욕 '매디슨'에 체류하게 될 것입니다.

박사님께서 아마도 그들을 보고 싶어 할지 모른다고 생각하였습니다. 저는 박사님이, 저를 중국과 한국으로 보냈고 지금은 언더우드와 헤론을 후원하고 있는 자선 단체를 대표하는 분이라고 설명하였습니다. 박사님이 묻고 싶은 것은 무엇이든 물어보시되, 말씀을 조금 조심하셔야 합니다.

저는 지난 우편으로 헤론 박사로부터 아주 상세한 편지를 받았습니다. 벙커 부인은 저에게 상세한 편지를 쓰기로 약속하였습니다. 저는 그녀에게 왕을 위한 문제에 대하여 많이 썼지만, 그녀의 편지들은 대개 우편이 떠나기 직전에 막 휘갈겨 쓴 파편 같은 글이었기에 헤론의 편지가 가장 마음에 듭니다. 그는 잘하고 있는 것 같으며, 저의 자리를 채울 뿐 아니라 제가 할 수 있는 것보다 더 잘하고 있습니다.

대통령과 공사 사이의 대화 사본, 청구서에 대한 의견 요청, 헤론 박사와 벙커 부인 사이의 문제에 관한 저의 최근 편지 세 통을 받으셨습니까? 그렇다면 동봉된 카드에 서명해서 우편으로 보내주십시오.

박사님의 사모님과 가족에게 안부를 전합니다.

안녕히 계십시오.
H. N. 알렌

Horace N. Allen (Washington, D. C.),
Letter to Frank F. Ellinwood (Sec., BFM, PCUSA) (Mar. 20th, 1888)

1411 Stoughton,

Washington, D. C.,

Mch. 20th, (18)88

Dear Dr. Ellinwood: -

Messrs. Ye Wan Yung and Ye Ha Yung, First and Second Secretaries of Legation, and Ye Hun Yung, Attache, left for Baltimore today and will be "The Madison," New York after next Monday for a few days.

I though perhaps you might wish to see them. I have explained that you represent the benevolent society that sent me to China and Korea, and that you now support Underwood and Heron. Ask anything you like, but be a little guarded in your statements.

I received a very good full letter from Dr. Heron by last mail. Mrs. Bunker promised to write me fully and I have written her much matter for the King, but her letters are usually little scraps scratched off just as mail was leaving, so that Heron's letter was most acceptable. He seems to be doing well and is filling the place as well or better than I could.

Did you receive my last three letters containing copy of conversation between President and Minister, request for sentiment of account, and concerning trouble between Dr. Heron and Mrs. Bunker. If so, sign enclosed card and drop it in mail.

With kind regards to Mrs. Ellinwood and your family,

Yours truly,

H. N. Allen

프랭크 F. 엘린우드(미국 북장로교회 해외선교본부 총무)가
호러스 N. 알렌(워싱턴, D. C.)에게 보낸 편지 (1888년 3월 22일)

1888년 3월 22일

H. N. 알렌, 의학박사,
 워싱턴, D. C.

친애하는 박사님,

 박사님이 아시다시피 우리는 이 도시에 장로교회 클럽이 있으며, 4월 1일 월요일에 신축 선교부 건물에서 가벼운 식사와 함께 거대한 모임을 갖기를 기대하고 있습니다. 우리는 조지 윌리엄 녹스 목사의 '일본의 새로운 문명'에 대한 발표가 있을 것입니다. 또한 우리는 박사님으로부터 부분적으로는 선교적인, 그리고 부분적으로 외교적인 20분 분량으로 '한국'에 대하여 듣고 싶습니다. 이것은 한국 공사관과 박사님의 입장을 손상시키지 않을 것입니다. 우리는 박사님의 경비를 지불할 것이며, 꼭 참석하도록 촉구합니다. 전체 상황에 대한 박사님의 완벽한 친숙함으로 박사님에게 허락된 짧은 시간에 최대한의 노력으로 원고를 준비할 수 있을 것으로 기대하고 있습니다. 박사님의 지난 편지들은 박사님이 적임자라는 것을 보증하고 있습니다. 그것은 참석할 300명 내지 400명에게 큰 관심을 불러일으킬 기회가 될 것이며, 박사님은 그 요구를 충족시킬 수 있습니다. 나는 어떠한 국가 기밀도 누설하지 않을 것이라고 확신합니다.

 안녕히 계세요.
 F. F. 엘린우드

Frank F. Ellinwood (Sec., BFM, PCUSA),
Letter to Horace N. Allen (Washington, D. C.) (Mar. 22nd, 1888)

March 22nd, (188)8

H. N. Allen, M. D.,
  Washington, D. C.

Dear Doctor:

We have in this city, as you know, a Presbyterian Club, and we expect to have a grand meeting with a collation in the new Mission House on the 1st Monday of April. We are to have a page from Rev. George William Knox on "The New Civilization in Japan". We want, also, one from you, say twenty minutes long, upon "Korea", not altogether missionary partly so and partly diplomatic. This will not compromise your position with the Legation. We will pay your expenses, and we urge you by all means to come. Your perfect familiarity with the whole situation enables you to prepare a paper with which I hope you will take such pains as to give the most possible in the short space allowed you. Your letters in the past are an assurance that you are the men to do it. It will be an occasion of great interest between 300 and 400 people will be present, and you can meet the demand. I am sure, without betraying any state secrets.

Sincerely yours,
F. F. Ellinwood

18880323

호러스 N. 알렌(워싱턴, D. C.)이 프랭크 F. 엘린우드(미국 북장로교회 해외선교본부 총무)에게 보낸 편지 (1888년 3월 23일)

워싱턴, D. C.,
(18)88년 3월 23일

친애하는 엘린우드 박사님,

　박사님의 22일자 편지를 받았습니다.[120] 제가 참석하면 기쁠 것이라고 생각합니다. 데니 양에게 가능하면 제가 참석하겠다고 편지를 썼는데, 저는 그것이 다 같은 것이라고 생각합니다.

　지금 우리 아기가 이질 때문에 극도로 위독한 상태입니다. 저는 어젯밤 그 아이가 죽을 것으로 예상하였지만 오늘은 조금 나아졌습니다.

　안부를 전합니다.

　안녕히 계십시오.
　H. N. 알렌

---

120) Frank F. Ellinwood (Sec., BFM, PCUSA), Letter to Horace N. Allen (Washington, D. C.) (March 22nd, 1888)

Horace N. Allen (Washington, D. C.),
Letter to Frank F. Ellinwood (Sec., BFM, PCUSA) (Mar. 23rd, 1888)

Washington, D. C.,

Mch. 23rd, (18)88

Dear Dr. Ellinwood: -

Yours of 22nd to hand. I think I shall be glad to come. I wrote Miss Denny I would come if possible, I presume it is all the same.

At present our baby is exceedingly low with dysentery. I expected him to die last night but he is a very little better today.

With kind regards,

Yours very truly,

H. N. Allen

[한국의 금(金).]
Evening Star (워싱턴, D. C.) (1888년 3월 24일), 1쪽

이 도시에서 목요일 필라델피아에 도착한 한국 공사관의 서기관들은 어제 아침에 조폐국을 방문하여 폭스 책임자로부터 영접을 받았으며, 달러 화폐의 제조소를 견학하였다. 서기관들은 한국의 광산에서 가져온 금괴를 가방에 넣어 가지고 다녔다. 그들은 그것을 미국 금으로 처분하고 싶다는 의사를 표명하였다. 그 막대의 무게를 달았고, 분석자가 그 덩어리를 검사하자마자 그 가치에 상응하는 현금을 전달할 것이다.

[Korean Gold.] *Evening Star* (Washington, D. C.)
(Mar. 24th, 1888), p. 1

The Secretaries of the Corean Legation, who arrived in Philadelphia Thursday from this city, visited the mint yesterday morning and were received by Superintendent Fox, who showed them through Uncle Sam's money manufactory. The secretaries had with them in a satchel a bar of gold taken from the mines in Corea. They signified a desire to dispose of it for American gold. The bar was weighed, and as soon as its fineness is tested by the assayer they will be forwarded the amount in cash equivalent to its value.

프랭크 F. 엘린우드(미국 북장로교회 해외선교본부 총무)가
호러스 N. 알렌(워싱턴, D. C.)에게 보낸 편지 (1888년 3월 26일)

1888년 3월 26일

친애하는 알렌 박사님,

　박사님의 연락을 제때에 받았습니다.[121] 나는 아이가 아픈 것에 대하여 박사님과 깊게 공감하며, 그 아이가 완쾌되기를 기대하며 기도를 드립니다.

　나는 박사님께 보낸 초대장이 데니 양의 초대장과 일치하지 않는다고 생각합니다. 나는 박사님을 4월의 첫 번 월요일 장로교회 클럽 모임에 초대하였습니다. 약 300명 정도가 참석할 것입니다. 나는 데니 양이 박사님께 아마도 4월 11일 열리는 여자 해외선교모임에서 연설을 해달라는 뜻이었을 것으로 생각하고 있습니다. 물론 그것들은 겹치지 않으며, 첫 번 월요일은 내가 담당합니다.

　안녕히 계세요.
　F. F. 엘린우드

---

121) Horace N. Allen (Washington, D. C.), Letter to Frank F. Ellinwood (Sec., BFM, PCUSA) (Mar. 23rd, 1888)

Frank F. Ellinwood (Sec., BFM, PCUSA), Letter to Horace N. Allen (Washington, D. C.) (Mar. 26th, 1888)

March 26th, (188)8

Dear Dr. Allen:

Your note was duly received. I sympathize with you deeply in the illness of your child, and hope and pray that he may be spared to you.

I do not think that the invitation which I went you corresponds with the one from Miss Denny. I invited you to be present on the 1st Monday of April, at the meeting of the Presbyterian Club. There will be about 300 present. I think that Miss Denny probably meant to ask you to address the Woman's Foreign Missionary meeting to be held on the 11th of April. Of course they need not conflict, but I am responsible for the 1st Monday.

Sincerely yours,
F. F. Ellinwood

프랭크 F. 엘린우드(미국 북장로교회 해외선교본부 총무)가
호러스 N. 알렌(워싱턴, D. C.)에게 보낸 편지 (1888년 3월 28일)

1888년 3월 28일

친애하는 알렌 박사님,

나는 장로교회 클럽의 저녁 모임이 4월 2일이 아니라 4월 9일 월요일임을 발견하였습니다. 나는 어쨌건 박사님이 (일정을) 조정하여 방문할 것으로 기대하고 있으며, 가능한 한 조속히 통지해 주세요.

안녕히 계세요.
F. F. 엘린우드

Frank F. Ellinwood (Sec., BFM, PCUSA),
Letter to Horace N. Allen (Washington, D. C.) (Mar. 28th, 1888)

March 28th, (188)8

Dear Dr. Allen:

I find that the evening for the meeting of the Presbyterian Club is Monday April 9th, instead of April 2nd. I hope that by all means you will arrange to come, and meanwhile please give me the earliest possible notice.

Sincerely yours,
F. F. Ellinwood

프랭크 F. 엘린우드(미국 북장로교회 해외선교본부 총무)가
호러스 N. 알렌(워싱턴, D. C.)에게 보낸 편지 (1888년 3월 29일)

(188)8년 3월 29일

친애하는 알렌 박사님,

　박사님의 어제 편지는 나를 불안과 동정으로 가득 채웠습니다. 내 가족과 나는 우리의 단합된 동정의 말을 박사님에게 전하며, 박사님의 작은 아이가 삶과 죽음 사이에서 실에 의해 달려 있게 하는 질병에서 빨리 회복하기를 바라는 것이 우리의 희망이자 기도입니다. 분명히 박사님은 4월 9일의 원고에 의한 어떠한 걱정도 짊어질 수는 없겠지만, 생각의 전환으로 다른 사람이 읽을 수 있는 글을 쓰는 것이 박사님에게 위안이 된다면 우리는 기쁠 것입니다.

　나도 만일 박사님의 큰 걱정 속에서도 기회가 된다면 병원 업무에 대한 보고서 역할을 할 수 있는 개요를 나에게 써주었으면 합니다. 나는 헤론 박사로부터 그런 종류의 것을 아무 것도 받지 못하였고, 더 이상 기다리기에는 너무 늦었습니다.

　박사님 부부를 깊이 동정하며,

안녕히 계세요.
F. F. 엘린우드

Frank F. Ellinwood (Sec., BFM, PCUSA),
Letter to Horace N. Allen (Washington, D. C.) (March 29th, 1888)

March 29th, (188)8

Dear Dr. Dr. Allen:

Your letter of yesterday filled me with anxiety and sympathy. My family and myself bear you our united messages of sympathy, and it is our hope and prayer that your little one may soon be restored from the sickness which causes her to hang as by a thread between life and death. Evidently you cannot burden yourself with any anxiety by a paper for the 9th of April, though should it be a relief to you, as a diversion of your thought, to write out something which might be read by another, we would be glad of it.

I wish too, that if you have opportunity amid your heavy anxieties, you would write me a little sketch which might serve as a report of the hospital work. I have received nothing of the kind from Dr. Heron, and it is too late to wait longer.

With deep sympathy for you and Mrs. Allen, I remain,

Sincerely yours,
F. F. Ellinwood

18880400

한국. *The Medical Missionary Record* 2(12) (1888년 4월호), 313쪽

　　한국. - 최근 콜레라가 유행하였을 당시 한국인들은 미국인 선교사인 알렌 박사와 헤론 박사의 탁월한 의학적 치료에 깊은 인상을 받았다. 12명의 학생들은 의학에 대한 과학적 학습을 하고 있으며, 모두 선교사들의 집에서 열리는 영어 예배에 참석하고 있다. 한국의 왕은 학교, 병원 및 고아원을 후원하고 있다. 알렌 박사는 지금 한국 정부를 대표하여 중요한 업무로 미국을 방문 중에 있다.

Corea. *The Medical Missionary Record* 2(12) (Apr., 1888), p. 313

　　Corea. - The inhabitants of Corea, during a recent visitation of cholera, were much impressed by the superior medical treatment of the American missionaries, Dr. Allen and Dr. Heron. Twelve students are making a scientific study of medicine, who all attend the English services in the missionaries' homes. The king of Corea patronizes schools, hospitals, and orphanages. Dr. Allen is now on an important visit to America in behalf of the Corean government.

18880400

중국에서 의료 선교사의 부족.
The Medical Missionary Record 2(12) (1888년 4월호), 315쪽

(중략)

의료 선교사에 의한 병자들의 치유를 통하여 복음을 전파하기 위한 특별한 시설을 갖게 된 선교사의 경험을 완전히 열거하는 것은 불가능하다. 어떤 경우에는 병자를 고침으로써 복음 전파를 위하여 그 나라에 남을 수 있는 자유를 얻었다. 가장 놀랍고 가장 최근에 일어난 예는 약 2년 전인 지난 12월에 한국에서 일어났다. 수도에서 폭동이 일어났을 때 많은 정부 관리들과 군인들이 부상을 입었다. 부상당한 관리 중에는 왕의 조카도 있었다. 부상당한 이 사람들과 관리들이 치료된 결과, 알렌은 그 유일하고 은둔하는 땅에서 특별한 시설을 얻게 되었다. 왕은 알렌 박사가 책임을 맡는 병원을 설립하였다.

Need of Missionary Physicians in China.
The Medical Missionary Record 2(12) (Apr., 1888), p. 315

(Omitted)

It is impossible to compile a complete enumeration of the very many instances in the experience of missionaries where special facilities for propagating the Gospel have come through the healing of the sick by Medical Missionaries. In some cases the liberty to remain in the country to preach the Gospel has been obtained through the healing of the sick. The most remarkable as well as the most recent instance happened some two years ago last December in Corea. During a riot in the capital city a number of officers of the government were wounded, as well as many soldiers. Among the wounded officers was a nephew of the king. In consequence of healing these wounded men and officers, Dr. Allen has obtained special facilities in that exclusive and seclusive land. The king has established a hospital, which is under Dr. Allen's charge.

호러스 N. 알렌(워싱턴, D. C.)이 프랭크 F. 엘린우드(미국 북장로교회 해외선교본부 총무)에게 보낸 편지 (1888년 4월 7일)

워싱턴, D. C.,
(18)88년 4월 7일

친애하는 엘린우드 박사님,

　중요한 일 때문에 가능한 한 빨리 캘리포니아로 가야 합니다. 월요일 아침에 출발할 예정이어서 먼저 뉴욕에 가지 못할 것 같아 죄송합니다.

　안녕히 계십시오.
　H. N. 알렌

Horace N. Allen (Washington, D. C.),
Letter to Frank F. Ellinwood (Sec., BFM, PCUSA) (Apr. 7th, 1888)

Washington,
Apl. 7/ (18)88

My dear Dr. Ellinwood,

　Business of importance demands my presence in California as soon as possible. I shall start on Monday morning and regret that I will not be able first to come to New York.

　Yours very truly,
　H. N. Allen

개인 만필(漫筆). *Los Angeles Evening Express* (캘리포니아 주 로스앤젤레스) (1888년 4월 17일), 2쪽

한국 공사관의 외국인 서기관인 H. N. 알렌은 뉴 유나이티드 스테이츠 호텔에 체류하고 있다.

Personal Gossip. *Los Angeles Evening Express* (Los Angeles, Ca.) (Apr. 17th, 1888), p. 2

H. N. Allen, foreign secretary of the Corean Legation is stopping at the New United States Hotel

귀국 여정.
Detroit Free Press (미시건 주 디트로이트) (1888년 4월 24일), 4쪽

귀국 여정.
한국 공사관의 직원 4명이 톨리도를 통과한다.

톨리도, 4월 23일 - [특별]. 이날 워싱턴, D. C.에 주재하는 한국 공사관 직원 4명이 오늘 우리 도시에 체류하였다. 그들은 1등 서기관 이완용, 2등 서기관 이하영, 통역 이채연, 3등 서기관 이헌용 그리고 하인인 이휴업122)이다. 그들은 H. N. 알렌 박사가 인솔하고 있으며, 오늘 밤 시카고로 떠나 5월 1일 샌프란시스코에서 요코하마로 항해한다.123)

알렌 박사는 이 도시의 에버릿 부인의 동생이며, 1883년 의료 선교사로 한국으로 갔다. 1884년 반란 당시 부상자를 치료하는, 특히 공(公)의 생명을 구한 의술로 명성을 얻었다. 그는 한국인이 계몽된 귀족이라고 말하며, 왕은 미국에만 우호적이고 그 나라를 본보기로 삼는다고 말한다.

---

122) 허용업으로 판단된다.
123) 이들 중 이완용, 이헌용 및 이채연은 5월 2일 샌프란시스코를 출항하였던 시티 오브 뉴욕 호(號)에 승선하여 5월 21일 요코하마에 도착하였다.

En Route Home.
Detroit Free Press (Detroit, Mich.) (Apr. 24th, 1888), p. 4

En Route Home.

Four Members of the Corean Legation Pass Through Toledo.

Toledo, April 23 - [Special]. Four members of the Corean legation at Washington, D. C, were in the city to-day. They are Ye Wan Yong, first secretary of the legation; Ye Ha Yung, second secretary; Ye Cha Yun, interpreter; Ye Hun Yun, third secretary and Ye Hyu Up, servant. They are in charge of Dr. H. N. Allen, of Washington, and left to-night for Chicago and sail for Yokohama from San Francisco May 1.

Dr. Allen is a brother of Mrs. Capt. Everett, of this city, and went to Corea in 1883 as a medical missionary. During the insurrection in 1884 he gained fame by his skill of caring for the wounded, particularly in saving the Prince's life. He speaks of the Coreans as enlightened noblemen, and says the King is friendly only to the United States, after which country he patterns.

화가 나서 나가다. *The San Francisco Examiner* (캘리포니아 주 샌프란시스코) (1888년 4월 24일), 2쪽

화가 나서 나가다.
한국 공사관의 직원들 대부분이 귀국한다.
그들은 분노에 차 있다.
그들은 중국 세탁인처럼 취급을 받는다고 말한다.

[*Examiner* 특별 기사.]

뉴욕, 4월 23일. - 오하이오 주 톨리도에서 온 특별 소식이다. 한국 공사관에는 왕족이 있다. 공사관의 직원들은 향수병에 시달리고 있으며, 그들은 한국으로 돌아갈 것이라고 말하고 있다. 그들은 이 나라를 좋아하지 않는 이유를 대고 있다. 그들은 '제기랄!'이라고 외치며 그들에게 진흙을 던지고, 그들은 중국인 세탁인처럼 자신들을 대하는 어린 소년들에 의해 고통을 받았다.

워싱턴의 H. N. 알렌 박사는 그들과 함께 공사관의 거의 모든 구성원이 아시아에 있는 머나 먼 고향으로 향하고 있다고 말한다. 그들은 오늘 밤 시카고를 떠나 샌프란시스코로 간다. 5월 1일에 그들은 시티 오브 뉴욕 호(號)를 타고 요코하마로 항해한 다음 그곳에서 고향인 한국 해안으로 항해할 것이다.

공사관을 담당하는 알렌 박사는 왕으로부터 특별한 임무를 맡고 있다. 그 업무가 끝나면 알렌 박사는 한국으로 돌아갈 것이다.

그는 업무 차 샌프란시스코에 갔다가 워싱턴으로 귀환하는 중, 톨리도에서 귀국 중에 있는 공사관의 일부 구성원의 도착을 기다리라는 급전을 받았다.

이곳에 도착한 그는 외교관 자리를 채우는 것이 얼마나 어려운 일인지 알고, 그들에게 워싱턴으로 돌아가도록 설득하였지만 그들은 그렇지 않겠다고 말함으로써 허사였다. 그들은 미국이 싫증났고, 미국과의 관계를 끊으려 하고 있다.

Got Mad and Quit. *The San Francisco Examiner* (San Francisco, Ca.) (Apr. 24th, 1888), p. 2

Got Mad and Quit.

Most of the Members of the Corean Embassy Bound Home.

They are in a Rage.

They Say They are Treated Like a Chinese Laundryman.

[Special to the Examiner.]

New York, April 23. - A special from Toledo, Ohio, says: There is a right royal row in the Corean Legation. The members of the legation are homesick and say they will return to Corea. They give as the reason that they don't like the country. They have been tormented by small boys, who throw mud on them with shouts of "Rats!" and treat them the same as they would Chinese laundryman.

Dr. H. N. Allen of Washington is with them, and says that nearly all the members of the embassy are bound for their far-away home in Asia. They leave to-night for Chicago, whence they go to San Francisco. On May 1st they will sail on the City of New York for Yokohama, and thence for their native Corean shores.

Dr. Allen, who has charge of the embassy, bears a special mission from the King. On the completion of his business Dr. Allen will return to Corea.

He had been to San Francisco on business and was returning to Washington when he received a dispatch to await the arrival of certain members of the legation at Toledo, who were returning.

Upon his arrival here, knowing how difficult it will be to fill their places in the diplomatic service, he has in vain tried to induce them to return to Washington, but this they say they will not do. They are tired of America and are through with the country.

버지니아 주 마운트버넌의 조지 워싱턴 사저(私邸) 방문
(1888년 4월 26일)

Visit of a Private Residence of George Washington, the First President of the United States at Mount Vernon (Apr. 26th, 1888)

그림 8-14. 버지니아 주 마운트버넌에 있는 조지 워싱턴의 생가를 방문한 박정양 일행(1888년 4월 26일 촬영). 왼쪽부터 이종하, 박정양(1888년 11월까지 공사로 재임), 강진희, 이하영(당시 2등 서기관이었으며, 1888년 11월부터 1889년 6월까지 임시대리 공사로 재임함)이다. The Fred W. Smith National Library for the Study of George Washington at Mount Vernon 소장.

한국 공사관.
Springville Journal (스프링빌, 뉴욕 주) (1888년 4월 27일), 2쪽

한국 공사관.
미국에 대한 불만의 이야기에는 진실이 없다.

워싱턴, 4월 26일. - 2주일 만에 샌프란시스코에서 돌아온 한국 공사관의 알렌 박사는 공사관 직원들 사이에 문제가 있다는 것을 부인하며, 공사관 직원 중 몇 명은 [고국에] 체류할 의도로 귀국하였다는 것을 부인하였다.

알렌 박사는 공사관의 1등 서기관인 이완용은 한동안 몸이 좋지 않아 최근 건강 회복을 위하여 뉴욕으로 여행을 갔지만 성공하지 못하였다고 말한다. 성공하지 못한 그는 임시 휴가를 위하여 고국에 전보를 보내는 것이 허용되었고, 그것은 승인되었다. 그는 곧 가족과 함께 돌아와 이곳에서 거주할 것으로 기대하고 있다. 그는 그의 사촌, 수행원 한 명, 한 명의 하인, 그리고 통역을 동반하고 지난 토요일 워싱턴을 떠났다.

알렌 박사는 약속에 따라 톨리도에서 그 일행을 만났으며, 몇 가지 사소한 일을 돌보았다. 톨리도까지만 동행하려던 일행 중 한 명은 화요일 밤 박사와 함께 돌아왔다.[124]

알렌 박사는 공사관에 문제가 없었으며, 일반적으로 직원들이 이 나라에 대하여 매우 만족해하고 있다고 선언하고 있다.

---

124) 이하영을 말한다.

The Corean Legation.

Springville Journal (Springville, New York) (Apr. 27th, 1888), p. 2

The Corean Legation.

No Truth in the Story of Their Discontent with America.

Washington, April 26. - Dr. Allen of the Corean legation, who returned from San Francisco after two weeks' absence, denies that there is trouble among the members of the legation and that several of them have returned home with the intention of remaining.

Dr. Allen says the first secretary of the legation, Ye Wan Yung, has been sick for some time and recently took a trip to New York in the hope of regaining his health. Not succeeding he was allowed to telegraph home for temporary leave of absence to visit Corea, which was granted. He expects soon to return with his family and take up his residence here. He left Washington last Saturday and was accompanied by his cousin, one of the attaches, a servant, and an interpreter.

Dr. Allen met the party by appointment at Toledo and attended to some minor matters of business. One of the party who only intended to go as far as Toledo returned with the doctor Tuesday night.

Dr. Allen declares that there has been no trouble at the legation, and that as a rule the members are well pleased with this country.

한국의 선교. 1888년 5월 총회에 제출된 미국 북장로교회 해외선교본부 제51차 연례 보고서, 168쪽

(중략)

처음으로 들어갔고, 탁월한 성공으로 왕과 궁중의 신임을 받아 보답을 받았던 알렌 박사는 이제 워싱턴 주재 한국 공사관과 기밀 관계에 대한 책임을 맡게 되었고, 그의 동료인 헤론 박사는 현재 한국 수도의 정부 병원을 책임지고 왕의 주치의가 되었으며 그의 의술로 신임을 얻었다.

(중략)

Mission in Korea. *Fifty-first Annual Report of the BFM, PCUSA. Presented to the General Assembly, May, 1888*, p. 168

(Omitted)

Dr. Allen, the physician who first gained access, and who was rewarded by the confidence of the king and court for his distinguished success, is now entrusted with the responsibility of a confidential relationship to the Korean Legation in Washington, while his associate, Dr. Heron, now in charge of the Government hospital at the Korean capital and physician to the king, has won a like confidence by his skill.

(Omitted)

18880500

한국. *Woman's Work for Woman and Our Mission Field* 3(5)
(1888년 5월호), 129~130쪽

한국

애니 엘러즈 벙커 부인은 출판된 원고 몇 줄이 잘못된 인상을 줄 수 있다고 우려하여 우리에게 다음과 같이 출판해 줄 것을 요청하였다. 벙커 부인은 그녀가 언급한 편지 전체가 출판되었다면 오해의 여지가 없었을 것이라고 말해야 할 것이다.

"귀 잡지 12월호에는 제가 쓴 사신의 일부가 게재되어 있습니다.

"이 편지에서 저는 알렌 박사와 저를 제외한 모든 선교사들이 휴가를 위하여 서울을 떠났다는 사실을 언급하고 있습니다. 이 언급은 한 가지 점에서 오해의 소지가 있습니다. 헤론 박사와 그의 가족은 여름 동안 서울을 떠나 강가에 머물었지만, 의사는 주중에 병원 업무를 하러 말을 탔습니다.

(중략)

Korea. *Woman's Work for Woman and Our Mission Field* 3(5) (May, 1888), pp. 129~130

Korea.

Mrs. Annie Ellers Bunker fears that some published lines of hers may have given a wrong impression, and requests us to publish the following. It is due Mrs. Bunker to say that if the letter to, which she refers had been printed in its entirety there would probably have been no chance for misconception. -

"In your December number you have part of a private letter of mine published.

"In this letter I mention the fact that all missionaries except Dr. Allen and myself left Seoul for a vacation. This statement is misleading in one particular. Although Dr. Heron and his family left Seoul for the summer, and resided at the river, Doctor rode up to attend to his hospital duties during his week.

(Omitted)

프랭크 F. 엘린우드(미국 북장로교회 해외선교본부 총무)가
호러스 N. 알렌(워싱턴, D. C.)에게 보낸 편지 (1888년 5월 14일)

1888년 5월 14일

친애하는 알렌 박사님

　나는 귀하로부터, 그리고 성공적인 소식을 듣게 되어 기쁩니다. 신문 지상에 한국 사절단이 와해될 것 같다는 소문이 실렸습니다. 나는 사실을 알고 싶습니다.

　나는 박사님이 총회가 끝난 후 첫 번째 수요일인 선교사의 날에 관심을 가질 것이라고 생각합니다. 나는 총회에 참석하지 않을 것입니다. 나는 다음 주말까지 이곳에 있을 것이기에 박사님이 뉴욕으로 올 수 있다면 대단히 좋겠습니다.

　우리는 두 명의 새 남자와 한 명의 미혼 여자를 한국으로 파송 중에 있습니다.

　안녕히 계세요.
　F. F. 엘린우드

Frank F. Ellinwood (Sec., BFM, PCUSA),
Letter to Horace N. Allen (Washington, D. C.) (May 14th, 1888)

May 14th, (188)8

My dear Dr. Allen:

I am glad to hear from you and to hear of your success. There have been some rumors in the papers which looked as though the Korean Embassy might collapse. I should like to know the facts.

I think that you would be interested in Missionary Day at the General Assembly, which will be the first Wednesday after the Assembly convenes. I shall not be at the Assembly. I should like very much if you could run on to New York, as I shall be here until the end of next week.

We are sending two new men to Korea and one unmarried lady.

Sincerely yours,
F. F. Ellinwood

호러스 N. 알렌(워싱턴, D. C.)이 프랭크 F. 엘린우드(미국 북장로교회 해외선교본부 총무)에게 보낸 편지 (1888년 5월 23일)

워싱턴, D. C.,
(18)88년 5월 23일

친애하는 엘린우드 박사님,

　　박사님은 제가 도무지 알 수 없는 사람이라고 생각하실 것입니다. 저는 이곳에서 사소한 사교적 일들 때문에 총회와 뉴욕 여행을 연기해야만 합니다. 하지만 저는 곧 박사님을 뵙게 되기를 기대하고 있으며, 그동안 한국 문제가 좋아지고 있으니 안심하십시오. 데니 판사는 중국인들에게 '앙갚음'하였으며, 가장 무자비하게 폭로하는 1만 단어의 짧은 글을 썼습니다. 요약본은 이미 출판되었으며, 전체 내용이 *Herald*에 실릴 수도 있습니다.

　　우리는 이곳에서 그들에게 또 다른 승리를 얻었고 오직 전쟁만이 우리를 괴롭힐 수 있습니다. 그리고 그것은 아마도 전혀 가능하지 않습니다.

　　저는 한국에서 좋은 소식을 받았습니다. 선교사들은 잘 지내고 있고 그 일은 대단히 잘 진행 중에 있는 것 같습니다. 헵번 부인은 저에 대하여 비방함으로써 호튼 박사를 흥분하게 만들었다고 들었습니다. 저는 그녀를 잘 알고 있지만, 제 소유인 천국의 _____를 그녀의 것과 바꾸지는 않을 것입니다.

　　제가 박사님께 전해드리고 싶었던 물건 꾸러미가 있습니다. 제가 뉴욕으로 올라가지 못할 수 있어 그것들을 지금 속달로 보낼 것입니다.

　　사모님께 안부를 전합니다.

　　안녕히 계십시오.
　　H. N. 알렌

Horace N. Allen (Washington, D. C.),
Letter to Frank F. Ellinwood (Sec., BFM, PCUSA) (May 23rd, 1888)

Washington, D. C.,

May 23rd, 1888

Dear Dr. Ellinwood: -

You will think I am rather an uncertain quantity. I am now compelled by petty social duties here to postpone my trip to Assembly and N. Y. I hope to see you ere long however, and in the meantime, rest assured that Korean matters are booming. Judge Denny has "given back" in the Chinese and has written a 10,000 word brief exposing them most mercilessly. An abstract has already been published and the whole paper may appear in the *Herald*.

We have just received another victory over them here and only war can trouble us now, and that is not at all probably.

I have good news from Korea. The missionaries are doing well and the work seems very progressive. I hear that Mrs. Hepburn charged Dr. Horton up full with slander against me. I know her well, however, and wouldn't exchange my own _____ of Heaven for hers.

I have a package of things I have been hoping to hand you. I will express them now lest I do not get up to N. Y.

With regards to Mrs. E.

Yours,

H. N. Allen

프랭크 F. 엘린우드(미국 북장로교회 해외선교본부 총무)가
호러스 N. 알렌(워싱턴, D. C.)에게 보낸 편지 (1888년 5월 24일)

1888년 5월 24일

친애하는 알렌 박사님,

　　나는 오늘 아침 박사님의 편지를 받았고, 박사님이 말하듯이 한국 사업이 활기를 띠고 있다는 언급을 발견하고 기뻤습니다.[125] 나는 크게 안심이 됩니다. 나는 아마도 관심 있는 사람들이 출판하였던 몇 가지 것들을 읽어본 후에 다소 걱정스러웠습니다.

　　우리는 지금 두 명의 목회자, 한 명의 의료 선교사 및 미혼의 젊은 숙녀를 한국에 임명하였습니다. 나는 가엾은 헵번 부인이 박사님이 지적한 방식으로 사역을 했다고 느끼는 것에 유감스럽습니다. 나는 그녀의 좋은 의견을 박사님과 충분히 공유한다는 데 의심의 여지가 없지만, 우리 둘 다 참을 수 있다고 생각합니다.

　　런던에 가기 전에 박사님을 만나지 못 할 것이 유감스럽습니다. 나는 토요일에 출발합니다. 귀국 후 빠른 시일 내에 만날 수 있기를 바랍니다.

　　안녕히 계세요.
　　F. F. 엘린우드

---

125) Horace N. Allen (Washington, D. C.), Letter to Frank F. Ellinwood (Sec., BFM, PCUSA) (May 23rd, 1888)

Frank F. Ellinwood (Sec., BFM, PCUSA), Letter to Horace N. Allen (Washington, D. C.) (May 24th, 1888)

May 24th, 1888

My dear Dr. Allen:

I was glad to get your letter this morning, and to find, as you say, that the Korean business is booming. I am greatly relieved. I was a little anxious about it after seeing some things which probably interested persons had published.

We have now appointed two clerical men, a medical missionary, and a young unmarried lady for Korea. I am sorry that poor Mrs. Hepburn feels that she has a service to render in the way you indicate. I have no doubt that I share fully with you in her good opinion, but we can both stand it, I think.

I am sorry that I shall not see you before going to London. I sail on Saturday. I hope that I may see you soon after returning.

Sincerely yours,
F. F. Ellinwood

18880524

프랭크 F. 엘린우드(미국 북장로교회 해외선교본부 총무)가
찰스 W. 파워 (오하이오 주 클리블랜드)에게 보낸 편지
(1888년 5월 24일)

(중략)

나는 워싱턴의 알렌 박사로부터 한국뿐만 아니라 한국 공사관의 성공에 대하여 매우 희망적으로 말하는 편지를 막 받았습니다.

(중략)

Frank F. Ellinwood (Sec., BFM, PCUSA),
Letter to Charles W. Power (Cleveland, Oh.) (May 24th, 1888)

(Omitted)

I have just received a letter from Dr. Allen of Washington, in which he speaks very hopefully of Korea not only, but of the success of the Embassy here.

(Omitted)

18880604

아서 미첼(미국 북장로교회 해외선교본부 총무)이
찰스 W. 파워 (오하이오 주 클리블랜드)에게 보낸 편지
(1888년 6월 4일)

(중략)

귀하의 출발 시간과 관련하여 워싱턴, D. C.의 주한 한국 공사관의 H. N. 알렌 박사에게 몇 자 적어 보낼 수 있다면 좋은 것입니다.

(중략)

Arthur Mitchell (Sec., BFM, PCUSA),
Letter to Charles W. Power (Cleveland, Oh.), (June 4th, 1888)

(Omitted)

As regards the time of your leaving, it would be well if you could drop a line to Dr. H. N. Allen, at the Korean Legation, Washington.

(Omitted)

호러스 N. 알렌(워싱턴, D. C.)이 존 C. 로우리(미국 북장로교회 해외선교본부 총무)에게 보낸 편지 (1888년 6월 11일)

한국 공사관

워싱턴, D. C., 1888년 6월 11일

로우리 박사,
　뉴욕 시 5 애버뉴 53

친애하는 박사님,

　저는 다음과 같은 일로 뉴욕에 가려고 했었지만, 이곳을 떠날 수 없어 편지로 그 문제를 먼저 알려 드립니다.

　최근 한국에서 온 보고들은 한국 정부가 선교사들 때문에 상당한 어려움을 겪고 있다는 내용이며, 우리의 공사도 저에게 편지를 써서 그들은 제어하기가 아주 어렵고 법을 어기기로 작정하였으며, 언더우드와 아펜젤러 목사가 주요 선동자들이고, 다른 사람들(아마도 교사들)은 그들을 제지하려고 노력하지만 헛된 것이었으며, 그들은 대중 집회를 열고, 한국어로 설교하고, 개종자들에게 세례를 주고 있다고 말하였습니다. 이것은 예수회 수도사들을 매우 자극하였으며, 똑같이 활기차게 일하고, 공공장소의 고지대에 대성당을 짓고 있습니다. 그래서 정부는 그들에게 기다리라고 점잖게 타이르고 그들에게 손실을 보상하겠다고 제안하였습니다. 그들의 반응은 대단히 무례하였습니다.

　저는 한국에서 선교 사업의 놀라운 성공에 대하여 누구보다 더 자부심을 갖고 있고, 제가 인정할 수 있는 것보다 더 많은 기여를 하였지만, 언더우드 씨는 저의 주의 촉구를 직접적인 반대라고 여기고 헵번 부인에게 제가 한국에서의 자신들의 사역을 방해하기 위하여 노력하고 있다고 보고하였다는 것을 알고 있습니다. 이제 저도 같은 방향으로 알려 드려야겠습니다.

　박사님은 예수회 수도사들의 찬탈 행위가 사제들과 수백 명의 추종자들을 죽음에 이르게 하고, 기독교에 대한 엄청난 불신을 초래한 것이 20여 년 밖에 지나지 않았지만, 조약이 체결될 때 종교 조항은 배결되었다는 것을 기억하셔야 합니다. 즉 프랑스가 1886년 봄에 조약을 비준하려 할 때, 특사는 미리 외아문에 종교의 자유를 부여하는 조항이 삽입되지 않는다면 자신은 개항장에서 나오지 않을 것이라고 확실하게 통보하였습니다. 그러나 한국은 프랑스와 조약을 맺기를 바라면서도 이 조항의 삽입을 완강하게 거부하였고 사절단은 한국의 조건에 따라 조약을 체결해야 했습니다.

이러한 사실로부터 박사님은 _____에 대한 엄청난 반대임을 쉽게 아실 수 있습니다. 그러나 박사님이 한국인들은 사실상 종교가 없고 본질적으로 확실히 종교적인 사람들이며, 그들의 반대는 그러한 나라들에서 로마 가톨릭에 대하여 갖고 있는, 흔히 경험하는 반작용의 결과라는 것을 기억할 때, 개신교 선교사들의 박애주의적 성격이 완전히 이해되고 기독교의 주요 진리가 조용히 알려지면 반대는 사라질 것이라는 것을 아실 것입니다. 종교에 대한 개인적인 대화에는 조금도 이의가 없습니다. 그리고 저는 이 공사관이 기독교에 대하여 배우고 있는 것(즉 기독교가 우리에게 놀라운 영향력을 미치고 이곳에서 널리 보급되고 있음)에 대하여 말해야 합니다. 우리는 고국의 사람들에 대하여 큰 영향을 미치고 있습니다. 이미 공사는 아름답고 큰 성경책을 선물로 받았고, 교회에 다녀왔습니다. 저는 그들에게 우리 문명의 기초가 된 이 종교를 받아들이는 것에 반대하는 것은 무익하다고 말하고 있으며, 그들은 우리가 가진 다른 모든 것을 받아들이기를 열망하며 대개는 진리를 인정하지만 "우리는 아직 준비가 되지 않다."고 말합니다.

그들은 그곳에 나가 있는 사람들이 선교사이고, 교육자 및 의사로서 그들을 환영한다는 사실을 충분히 알고 있습니다. 그러한 일은 풍부한데, 그것이 실행되어 분명한 종교적인 가르침을 받아들일 수 있게 사람들의 마음을 준비시킬 때쯤이면, 반대는 사라질 것입니다. 만일 정부 학교의 교사[126]들이 올해 계약을 갱신하지 못하면, 그들은 언더우드 및 아펜젤러 목사와 그들과의 관계를 전적으로 감사해 할 것입니다.

한국에 대한 전망들이 결코 그렇게 공정하지 않습니다. 모든 것이 어름답게 작동하고, 폭도가 서울의 교회 건물에 피해를 입힌다면 선교사들은 전적으로, 불필요하게 그리고 책임이 있는 것으로 비난을 받을 것입니다.

안녕히 계십시오.
H. N. 알렌

---

126) 육영공원의 호머 B. 헐버트, 조지 W. 길모어 및 달젤 A. 벙커를 말한다.

Horace N. Allen (Washington, D. C.),
Letter to John C. Lowrie (Sec., BFM, PCUSA) (June 11th, 1888)

Legation of Korea

Washington, June 11th, 1888

Dr. Lowry,

    53 5th Ave., N. Y.

My dear Doctor,

I had expected to come to N. Y. on the following business, but as I cannot well leave here, I will open the subject with a letter.

Latest advices from Korea are to the effect that the Government is having considerable trouble with the missionaries, and our Minister also writes me that he finds them quite unmanageable and determined to violate the laws. That Revs. Underwood and Appenzeller are the principal agitators and that some of the others - perhaps teachers - endeavor in vain to restrain them. That they are holding public meetings and preaching in Korean in baptizing converts. This has so aroused the Jesuits that they have gone to work equally vigorously and are building a cathedral on an elevation in a very public place. That the Government has kindly admonished them to wait and offered to make good any losses. They have been quite insolent in return.

While I have as much pride in the marvellous success of missionary work in Korea as anyone, and have contributed more than I shall ever get the credit for, yet I am aware that Mr. Underwood chose to look upon my urging of caution as direct opposition and reported to Mrs. Hepburn that I was trying to prevent their work in Korea. I must now put myself on record in the same line.

You must remember that it has been but a score of years since the usurping acts of the Jesuits caused the death of the priests and hundreds of their followers, and engendered such a distrust of Christianity, but when treaties came to be made, religious clauses were carefully excluded: that when the French came to ratify their treaty in the spring of 86, the Ambassador notified the Foreign Affairs office that unless he was assured in advance that a clause would be inserted in the treaty granting religious liberty, he would not come up from the port, but that in spite of Korea's desire for a treaty with France, she steadfastly refused to allow the insertion of the clause and the Ambassador had to _____ his ___d make the treaty on Korean terms.

From this you can readily see what an immense opposition this is to _____. And yet when you remember that the Koreans are practically without a religion, that they are decidedly a religious people by nature, that their opposition is the result of the usual reaction that sets in, in such countries towards Romanism, you will see that once the philanthropic nature of Protestant missionaries is fully understood, and the main truth of Christianity becomes quietly known, the opposition will vanish. There isn't the slightest objection to private conversing on religion, and I must say that what is being learned about Christianity - its wonderful hold on us, and general dissemination here - by this legation. We have a great effect on the people at home. Already the Minister has accepted a present of a handsome large Bible and has been to church. I tell them it is useless for them to object to accepting the religion upon which our civilization is founded, which they are so anxious to accept everything else we have, and they usually admit the truth of it, but say, "We are not ready yet."

They are fully aware of the fact that the people out there are missionaries and as education and physicians, they welcome them. Such work is abundant and by the time its prosecution has properly prepared the minds of the people for distinctively religious teaching, the opposition will have vanished. If the government teachers fail to get their contracts renewed this year, they will have Revs. Underwood and Appenzeller - and their association with them - wholly to thank.

The prospects for Korea were never so fair. All is working beautifully and if a mob causes damage to church buildings in Seoul, the missionaries will be wholly, needlessly and culpably to blame.

Yours very truly,
H. N. Allen

호러스 N. 알렌(워싱턴, D. C.)이 존 C. 로우리(미국 북장로교회 해외선교본부 총무)에게 보낸 편지 (1888년 6월 22일)

친전

워싱턴, D. C.,
(18)88년 6월 22일

친애하는 로우리 박사님,

저는 박사님이 신문 기사 때문에 걱정하시지 않도록 지난 며칠 간 한국에서 일어난 사건들에 대하여 몇 줄 적습니다.

폭도가 몇 명의 한국인을 살해하였고, 공사관을 지키기 위하여 제물포의 군함에서 해병대원들을 소집하는 것을 정당화하기에 충분한 정도의 흥분을 불러 일으켰습니다. 그것은 선교사들과는 관계가 없었으며, 한 아버지가 부도덕한 목적으로 일본인에게 아들을 판 부자연스러운 행동 때문이었습니다. 대중들은 심하게 분노하여 법률을 거치지 않고 멋대로 그 아버지를 죽였으며, 그들이 진정되기 전에 일부 다른 사람들이 살해되었습니다. 오늘 아침 전보에 따르면 모든 것이 잠잠하며, 군대는 복귀하라는 명령을 받았다고 알리고 있습니다.

그것은 우리에게 개인적인 제재를 가하는 것 이상은 아니었습니다(아마도 그렇게 많지 않았습니다). 그런데 저는 제가 지난 번에 언급하였던 적개심 외에 선교사들을 해치려는 시도도 하지 않고 폭도들이 해산하였다는 점은 대단히 좋은 징조라고 생각합니다. 한국인들은 언더우드 씨의 집에 있는 어린 소년들이 이상한 목적을 위한 것이라고 굳게 믿고 있습니다. 이 사람들은 우리의 도덕성을 믿지 않을 것이기에 미혼 남자를 한국으로 파송하는 것에 대한 보상이 있을지 대단히 의심스럽습니다. 언더우드 씨의 경우, 그의 아이들 중 한 명은 포크 씨가 자신을 속인 것을 알고 쫓아낸 아이입니다. 저 또한 하인 중 한 명이 제가 고용하는 동안 같은 일을 저지르는 것을 알게 되었습니다. 그는 나중에 쫓겨났습니다.

친애하는 박사님, 어제의 친절한 말씀에 감사드리며, 제가 이곳에 온 것이 왕이 저를 훨씬 더 높게 평가하는 수단이 되었다고 말씀드릴 것입니다. 박사님은 이곳에 있는 한국인들이 우리와 함께 하는 기독교의 중요성에 대한 적절한 관념을 갖고 있고, 이미 그 결과를 내고 있다는 것을 제가 지켜보고 있다고 안심하셔도 됩니다. 이 사절단을 파송한 것은 기독교가 할 수 있는 가장 좋은 일이었습니다.

제 아내가 저와 함께 안부를 전합니다.

안녕히 계십시오.
H. N. 알렌

Horace N. Allen (Washington, D. C.),
John C. Lowrie (Sec., BFM, PCUSA) (June 22nd, 1888)

Confidential

Washington,
June 22, (18)88

My dear Dr. Lowrie: -

I just drop you a line to post you in regard to the troubles of the past few days in Korea, lest you might be worried by newspaper accounts.

A mob has killed a few Koreans and caused sufficient excitement to warrant the summoning of the Marines from the ships at Chemulpoo to guard the Legations. It had nothing to do with the missionaries but was caused by the unnatural act of a father in selling his son to a Japanese for immoral purposes. The populace became so angered that taking justice into their own hands they killed the father and before they were quieted, some others were killed. A cablegram this morning announces that all is quiet and the troops have been ordered back.

I amounted to little more (or perhaps not so much) than a lynching with us. Yet I regard it as a most favorable sign in that the mob was dispersed without having made any attempts to injure the missionaries for in addition to the animosity I referred to in my last. The Koreans firmly believe that the young boys at Mr. Underwood's house are for purposes unnatural. It is very doubtful if it pays to send unmarried men to Korea, since the people will not believe in our morality. In the case of Mr. U., one of his boys had been discharged by Mr. Foulk, who had found a Korean buggering him. I also found one of my servants doing the same thing with him while in my his employ. He was afterwards discharged.

I thank you, Dear Dr., for the kind words of yesterday, and will say that my coming here has been the means of raising me much higher in the King's estimation. You may rest assured that I see to it that these Koreans here get a proper idea of the importance of Christianity with us, and already it is having its result. The sending of this Mission was the most favorable thing to Christianity that could have been done.

Mrs. Allen unites with me in kind regards.

Yours very truly,
H. N. Allen

호러스 N. 알렌(워싱턴, D. C.)이 윌리엄 랜킨(미국 북장로교회 해외선교본부 재무)에게 보낸 편지 (1888년 7월 6일)

워싱턴, D. C.,

(18)88년 7월 6일

윌리엄 랜킨 님,

뉴욕 시 5 애버뉴 53

안녕하십니까,

벙커 부인의 10달러 주문을 동봉하였으니 귀하 장부의 제 계정으로 해주십시오.

귀하께서는 어떤 것을 최소할 수 있도록 저의 부채 명세서를 저에게 주실 수 있습니까.

저는 귀하께서 저를 위하여 아직도 목회자 생명 보험을 지불하고 있다고 믿고 있습니다.

안부를 전합니다.

안녕히 계세요.

H. N. 알렌, 의학박사

Horace N. Allen (Washington, D. C.),
Letter to William Rankin (Treas., BFM, PCUSA) (July 6th, 1888)

Washington, D. C.,

July 6th, (18)88

Wm. Rankin Esq.,

53 5th Ave., N. Y.

My dear Sir: -

Enclosed please find Mrs. Bunker's order for $10.00 which please place to my credit on your books.

Will you kindly let me have a statement of my indebtedness to you that I may cancel some.

I trust you are still paying my Clerical Mutual Life Ins. assessments for me. With kind regards,

Yours very truly,

H. N. Allen, M. D.

호러스 N. 알렌(워싱턴, D. C.)이 마이클 H. 드 영 (캘리포니아 주 샌프란시스코)에게 보낸 편지 (1888년 7월 9일)

(18)88년 7월 9일

M. H. 드 영 님,
    샌프란시스코

안녕하십니까,

귀하는 제가 귀하게 보내야 할 민속학의 일부 번역을 검토하는데 동의하였습니다. 그러나 저는 최근 번역을 할 수 없었습니다. 저는 대신 귀하게 한국에 대하여 거의 아는 것 같지 않은 이곳 미국 사람들이 저에게 끊임없이 질문하는 요점을 다루는 한국에 대해 설명하는 글을 보내드립니다.

한 주제가 너무 길면 두세 개로 쉽게 만들 수 있습니다. 그리고 저는 그것을 다른 어떤 신문에도 주지 않았기 때문에 우리 사람들의 지시에 따라 자유롭게 복사될 것이라고 믿습니다.

만일 귀하께서 그것에 관심이 없다면, 제 비용으로 반환해 주십시오. 지불수표는 저에게 수령 및 수락 여부를 확인시켜 줄 것입니다.

안녕히 계세요.
H. N. 알렌

스토턴 가(街) 1411

Horace N. Allen (Washington, D. C.),
Letter to Michael H. de Young (San Francisco, Ca.) (July 9th, 1888)

July 9th, 88

M. H. de Young Esq.,
San Francisco

Dear Sir,

You agreed to look at some translation of Folk Lore I should send you. But I have been unable to get down to translation of late. I send you instead however a descriptive article on Korea covering the points of inquiry constantly put to me by people here in America, who seems as a rule to know little of Korea.

If too long for one issue you can easily make two or three sections of it. And as I have not given it to any other paper I trust it will be liberally copied per the instruction of our people.

If you do not care for it, return it to me at my expense. A cheque for payment will assure me of its receipt and acceptance.

Yours very truly
H. N. Allen

1411 Stoughton St.

호러스 N. 알렌(워싱턴, D. C.)이 마이스터샤프트 P. 컴퍼니
(매사추세츠 주 보스턴)로 보낸 편지 (1888년 7월 11일)

스토턴 가(街), 1411,
워싱턴, D. C.,
(18)88년 7월 11일

안녕하십니까,

5달러의 우편 주문을 동봉하였으니 저를 프랑스어 학생으로 등록하고 필요한 책을 저에게 보내주십시오.

안녕히 계세요.
H. N. 알렌, 의학박사

마이스터샤프트 P. 컴퍼니 귀중,
워싱턴 가(街) 257,
매사추체츠 주 보스턴

Horace N. Allen (Washington, D. C.),
Letter to Meisterschaft P. Co. (Boston, Mass.) (July 11th, 1888)

1411 Stoughton St.,

Washington, D. C.,

July 11th, (18)88

Dear Sir: -

Enclosed please find P. O. order for five dollars ($5.00) for which please enroll me as a pupil in French and send me the necessary books.

Yours very truly,

H. N. Allen, M. D.

To

Meisterschaft P. Co.,

257 Washington St.,

Boston, Mass.

호러스 N. 알렌(워싱턴, D. C.)이 미국 북장로교회 해외선교본부 재무에게 보낸 편지 (1888년 7월 12일)

워싱턴, D. C.,
(18)88년 7월 12일

미국 북장로교회 해외선교본부 재무

일리노이 주 시카고의 목회자 생명보험협회에 제 보험료를 지불해 주시고, 그것을 제 계정으로 청구해 주시겠습니까.

H. N. 알렌, 의학박사
전(前) 한국 파송 선교사

Horace N. Allen (Washington, D. C.), Letter to the Treasurer of the Board of Foreign Missions of the PCUSA (July 12th, 1888)

Washington, D. C.,
July 12th, 88

The Treasurer of the Board of Foreign Missions of the Presbyterian Church in the United States.

Kindly pay for me my assessments in the Clerical Mutual Life Ins. Association of Chicago Ills. as they occur and charge the same to my account.

H. N. Allen, M. D.,
Former missionary to Korea

호러스 N. 알렌(워싱턴, D. C.)이 길버트 K. 해로운(미국 북장로교회 해외선교본부)에게 보낸 편지 (1888년 7월 12일)

워싱턴, D. C.,
(18)88년 7월 12일

H. 해로운 님,127)
뉴욕 시 5 애버뉴 53

안녕하십니까,

벙커 부인의 10달러 주문을 동봉하였으며, 제 계정으로 해주십시오. 또한 제 생명 보험을 불입하기 위한 '특별 주문'도 동봉하였습니다.

안녕히 계세요.
H. N. 알렌

---

127) 길버트 K. 해로운(Gilbert K. Harroun, 1835~1901)

Horace N. Allen (Washington, D. C.),
Letter to Gilbert K. Harroun (BFM, PCUSA) (July 12th, 1888)

Washington D. C.,
July 12th, (18)88

H. Harroun Esq.,
53 5th Ave., N. Y.

Dear Sir: -

Enclosed please find enclosed order from Mrs. Bunker for ten dollars which I wish placed to my credit. Also a "specified order" covering my life insurance assessments.

Yours very truly,
H. N. Allen

상당히 조용하다. *The San Francisco Examiner*
(캘리포니아 주 샌프란시스코) (1888년 7월 13일), 1쪽

상당히 조용하다.
한국의 문제에 대한 기사는 공식적으로 부인되었다.

[*Examiner* 특별 기사.]

워싱턴, 7월 12일. - 흥미로운 소식 한 묶음이 전보로 한국 공사관에 막 접수되었다.

공사관의 미국인 서기관인 H. N. 알렌 박사는 한국의 문제에 대한 소식을 반박하며, 한국은 평화롭고 번영하는 상태에 있다고 말한다.

최근 병가로 이곳을 떠난 공사관 서기관은 도착하였고 사임이 허가되었다. 그의 후임자와 통역이 임명되었다. 그들은 곧 이 나라로 떠날 것이다. 영사관이 샌프란시스코, 필라델피아 및 뉴욕에 설치될 예정이다. 미국 신사들이 그 자리에 임명될 것이다. 부산을 경유하여 일본까지의 한국 전보 및 전신선이 완성되었고, 나라의 풍부한 천연 자원 개발을 위한 적극적인 조치가 취해지고 있다.

전 중국 주재 총영사이었던 O. N. 데니 판사가 추가 기간 동안 정부 고문으로 재임명되었다는 통지도 받았다.

쌀의 많은 수출은 상당히 많은 은(銀)을 만들었다.

또한 유럽 열강으로 파견할 공사가 중병으로 홍콩에 체류하고 있는 것으로 알려졌다.

Quiet Prevails. *The San Francisco Examiner* (San Francisco, Ca.) (July 13th, 1888), p. 1

Quiet Prevails.

The Reports of Trouble in Corea Authoritatively Denied.

[Special to the Examiner.]

Washington, July 12. - A budget of interesting news has just been received at the Corean legation by cable from that country.

According to Dr. H. N. Allen, the American Secretary of the legation, the reports of trouble in Corea are contradicted, and a peaceful, prosperous condition of the country in said to obtain.

The Secretary of Legation, who recently left here on sick leave, has arrived and been allowed to resign. His successor and his interpreter have been appointed. They will soon start for this country. Consulates are about to be established at San Francisco, Philadelphia and New York. American gentlemen will be appointed to those positions. The Corean telegraph and cable line has been completed to Japan by way of Tusan, and active steps are being taken toward developing the rich, natural resources of the country.

Advices are also received to the effect that Judge O. N. Denny, ex-United States Consul-General to China has been reappointed governmental advisor for a further period.

The heavy exports of rice have made silver quite plentiful.

It is also learned that the Minister accredited to the European Powers has been detained in Hongkong by serious illness.

한국의 금광. *The San Francisco Examiner*
(캘리포니아 주 샌프란시스코) (1888년 7월 20일), 1쪽

한국의 금광.
자본가들은 투자를 원한다고 말하였다.
중국의 질투.
신속하고 직접적인 의사소통을 보장하기 위하여 취한 수단 - 보류 중인 협상

[*Examiner* 특별 기사.]

뉴욕, 7월 19일. - 주미 한국 공사관의 외국인 서기관인 H. N. 알렌 박사가 오늘 중요한 업무로 워싱턴에서 도착하였다. 알렌 박사가 *Examiner* 통신원에게 말한 자신의 주요 용건은 일본을 통해 공사관의 모든 전보 통신을 보내고 받을 수 있도록 준비하는 것이다. 지금까지 그들은 상하이를 거쳐 시베리아를 통해야 했고, 그 회선이 실제로 중국의 통제 하에 있기 때문에 이른바 '알맞은 손상'이라 부를 수 있는 것에 의해 통신이 지연되고 때로는 배달되지 않았다. 계속해서 알렌 박사는 "나는 노빈 그린 박사와 에커트 장군을 오늘 만났으며, 필요한 모든 조치를 취하였습니다. 나는 워싱턴의 국무부가 비슷한 조치를 취한 것으로 알고 있습니다. 그 사실은 심지어 미국 정부까지 이전 방법이 얼마나 신뢰할 수 없는지 보여줍니다. 이제 사절단은 우리 정부와의 왕래에 대하여 더 안전함을 느낄 것이며, 그것은 큰 위안과 만족의 원천입니다."라고 말하였다.

상업적 협상.

"뉴욕을 방문하는 다른 목적은 없었습니까?"하고 특파원이 물었다.

"네, 있습니다. 지금 당장은 말씀드릴 수 없는 일이지만, 한국과 큰 교역을 하고 있는 이 도시의 어떤 회사와 연락을 하고 있다고 해도 과언이 아닙니다. 우리 회의의 결과는 한국의 이익에 크게 기여하고, 우리나라의 무역을 확대할 것입니다. 우리는 미국에서 한국에 대한 관심이 증가하고 있음을 알게 되었습니다. 한국의 풍부한 금광은 태평양 연안에서 주목을 받았습니다. 금광을 이해하는 캘리포니아의 일부 자본가들은 우리의 금 자원 개발에 투자하기를 매우

열망하고 있습니다. 그들은 이미 그런 방향으로 거류지를 요청하였고, 특권이 한국에 공정하고 유리하기 때문에 적절한 시기에 부여될 것이라고 의심하지 않습니다. 이 캘리포니아 사람들은 즉시 일을 시작할 준비가 되었음을 발표하고 있으며, 이는 물론 유인책입니다.

수호자로서의 러시아.

"중국이 지배권을 얻는다면 영국이 진정한 지배력을 갖게 될 것이기 때문에 한국의 지리적 위치는 러시아가 반드시 그 나라의 독립을 유지하게 해야 하는 위치에 있습니다. 그것은 러시아의 이익에 적대적일 것입니다. 영국은 의심할 여지없이 이 통제권을 얻게 되어 기뻐할 것이며, 미국인인 즈푸의 영국 영사는 한국 공사관이 아직 미국 정부에 의해 공식적으로 접수되거나 승인되지 않았다고 영국에 보고된 것으로 알고 있습니다. 나는 사절단이 워싱턴에서 환영을 받았고 영국 정부가 주재 공사를 통하여 그 사실을 알았을 것이기 때문에 그러한 언급이 해외로 나가는 것이 놀랍습니다. 클리블랜드 대통령은 한국 공사를 진심으로 환영하였습니다. 한국이 이룬 진전의 증거로 나는 러시아, 프랑스, 영국, 이탈리아 궁전에 전권공사와 특사를 임명하는 것을 언급할 수 있습니다. 공사가 홍콩까지 갔지만 그는 그곳에서 병에 걸렸고 여전히 그곳에 있습니다. 이곳은 한국 정부가 유럽에 지체 없이 대표를 두고 싶어 하기 때문에 다른 공사를 임명해야 할 수도 있습니다." 라고 박사는 말하였다.

Corean Gold Mines. *The San Francisco Examiner* (San Francisco, Ca.) (July 20th, 1888), p. 1

Corean Gold Mines.

Capitalists Said to Be Desirous of Making Investments.

Chinese Jealousy.

Means Taken to Insure Speedy and Direct Communication - Negotiations Pending.

[Special to the Examiner.]

New York, July 19. - Dr. H. N. Allen, Foreign Secretary of Legation for the Corean Embassy, arrived from Washington to-day on important business. His principal errand, Dr. Allen said to the *Examiner* correspondent, is to make arrangements for sending and receiving all the Embassy's cable messages via Japan. Heretofore they had to go by way of Siberia, through Shanghai, and as those lines are really under Chinese control the messages were delayed and sometimes were never delivered, caused by what might be called convenient breakages. Dr. Allen continuing, said: "I saw Dr. Norvin Green and General Eckert to-day and have made all the necessary arrangements. I understand that the State Department in Washington has made similar arrangements. That fact shows how unreliable the old route was, even to the United States Government. Now the Embassy will feel more secure in its communications with our Government, and that is a source of great comfort and satisfaction."

Commercial Negotiations.

"Had you no other purpose in visiting New York?" asked the correspondent.

"Well, yes, I had, though it is a matter on which I cannot enlighten you just now, but I don't mind saying that I am in communication with a certain firm in this city which has large trading interests with Corea. The result of our conference will greatly redound to the benefit of Corea and enlarge the commerce of onr country. We find a growing Interest in the United States concerning Corea. Her rich gold mines have attracted attention on the Pacific Coast. Some capitalists of

California who understand gold mining are quite anxious to in vest in the development of our gold resources. They have already asked for concessions in that direction, and, as the privileges are fair and advantageous for Corea, I have no doubt they will be granted in due time. These Californians announce their readiness to begin operations at once, which is, of course, an inducement.

Russia as a Protector.

"Corea's geographical position," said the Doctor, "is such that Russia is bound to maintain its independence, for should the Chinese gain control it would mean that Great Britain was the real controlling power. That would be antagonistic to Russian interest. England would undoubtedly bo glad to get this control, and I learn that the British Consul at Chepoo, who is an American, says it is reported in England, that the Corean Embassy has not yet been formally received or acknowledged by the United States Government. I am surprised that such a statement should go abroad, for the Embassy has been cordially received at Washington and the British Government must have learned that fact through its resident Minister. President Cleveland has been very hearty in his reception of the Corean Minister. As a proof of the progress made by Corea, I might mention the appointment of a Minister Plenipotentiary and Envoy Extraordinary to the courts of Russia, France, England and Italy. The Minister got as far as Hongkong, where he fell ill and is still there. This may necessitate the appointment of another Minister, for the Corean Government desires to have a representative in Europe without delay."

존 W. 헤론(서울)이 프랭크 F. 엘린우드(미국 북장로교회
해외선교본부 총무)에게 보낸 편지 (1888년 7월 23일)

(중략)

지금 저는 선교본부에 단 1센트라도 더 많은 봉급을 달라고 요구하지는
않겠지만, 제가 왕을 진료하여 받은 진료비를 사용할 수 있도록 허락해 주시
기를 요청 드립니다. 알렌 박사는 이 돈이 선교부 회계로 넘겨지지 않는다고
분명히 저에게 말하였기에 병원에서 약품 구입에만 사용하였으며, 약품 구입
을 위하여 왕이 하사한 예산은 병원 관리들에 의해 대부분 탕진되었습니다.
이 돈은 매달 은화 50달러입니다.

(중략)

John W. Heron (Seoul),
Letter to Frank F. Ellinwood (Sec., BFM, PCUSA) (July 23rd, 1888)

(Omitted)

Now I don't ask the Board to give me one cent more, but I ask you to allow
me to use the money which his majesty gives for my personal service to him.
This Dr. Allen told me was given to him with the distinct understanding that it
was not to be turned over to the mission treasure, so that it has only been used
for buying drugs for the hospital which could have been bought just as well from
the fund the king gave for that purpose and which has been largely squandered by
the Hospital officials. This money is Mex. $50 per month.

(Omitted)

18880727

저명한 인사의 호텔 도착.
New-York Tribune (뉴욕 시) (1888년 7월 27일), 8쪽

국내 소식.
저명한 인사의 호텔 도착.

브레브트 - 뉴저지의 존 K. 맥퍼슨 상원의원, 몬트리올의 알렉산더 게이트
경, 매사추세츠 주 스프링필드의 새뮤얼 보위스와 워싱턴 주재 한국 공사관
서기관인 H. N. 알렌과 이하영. (......)

Prominent Arrivals at the Hotels.
New-York Tribune (New York City) (July 27th, 1888), p. 8

Home News.
Prominent Arrivals at the Hotels.

Brevoort - Senator John K.
McPherson, of New Jersey; Sir
Alexander Gait, of Montreal;
Samuel Bowies, of Springfield,
Mass., and Dr. H. N. Allen and
Ye Ha Yong, secretaries of the
Corean Legation at Washington.
(......)

그림 8-15. 브레브트 호텔.

위험에 처한 선교사들.
Evening Express (메인 주 포틀랜드) (1888년 7월 30일), 1쪽

위험에 처한 선교사들

뉴욕 시, 7월 30일. - 6월 20일 한국의 수도 서울에서 발생하였다는 보고와 그곳에 거주하고 있는 선교사들에 대한 흥분된 감정은 한국 사정에 정통한 장로교회 사람들의 관심을 불러 일으켰다. 해외 선교본부의 최근 보고서에 따르면 한국의 상황은 아직 위급하며 전반적인 전망은 완전히 안심할 수 없다. 이 일이 발생한 수도 서울은 한강에서 서해안 근처에 위치해 있다. 1887년 장로교회 해외 선교본부는 H. N. 알렌 박사, 애니 J. 엘러즈 박사, J. W. 헤론 박사 부부와 H. G. 언더우드 목사가 한국에 거주하였다. 알렌 박사는 더 이상 선교부와 관련이 없다. 애니 엘러즈 박사는 한국에 갔을 때 왕가의 영접을 받았다.

한국 사정에 밝은 한 사람은 인쇄된 기사에서 위험이 과장되었다고 생각한다고 말하였다. 그러나 그의 생각에 상황은 여전히 위급한 상황이었다.

The Missionaries Who are in Danger.
Evening Express (Portland, Maine) (July 30th, 1888), p. 1

The Missionaries Who are in Danger

New York, July 30. - The report of the outbreak in Seoul, the capital of Corea, on June 20, and the feeling which has been excited against the missionaries stationed there, has aroused the interest of those Presbyterians who are familiar with Corean affairs. The last report of the Board of Foreign Missions says that the situation in Corea is as yet critical and the general outlook not altogether reassuring. Seoul, the capital and scene of this alleged outbreak, is situated near the west coast on the Han river. The Presbyterian Board of Foreign Missions in 1887 had stationed in Corea Dr. H. N. Allen, Dr. Annie J. Ellers, Dr. J. W. Heron and wife and Rev H. G. Underwood. Dr. Allen is no longer connected with the mission. Dr Annie Ellers was received by the king's family when she went to Corea.

A man who is posted in Corean affairs said that be thought the danger was exaggerated in the reports printed. The situations, however, in his opinion was still a critical one.

호러스 N. 알렌(워싱턴, D. C.)이 존 길레스피(미국 북장로교회 해외선교본부 총무)에게 보낸 편지 (1888년 8월 4일)

한국 공사관
워싱턴, D. C.

(18)88년 8월 4일

친애하는 길레스피 박사님,

저는 델라웨어에서 막 돌아왔습니다. 우리의 우편은 어제 저녁에 도착하였습니다. 우리는 '외국인들'이 부도덕한 목적으로 소년을 사서 그들의 눈을 약품으로 사용한다고 비난하는 이야기가 현재 한국에서 유통되고 있다는 소식을 받았습니다. 외국 공사가 왕을 알현하였는데, 왕은 ____ ____라고 말하였으며, 그 이야기를 반복하다가 적발되면 모든 사람이 죽임을 당할 것이라는 포고령을 발표하였습니다. 지금까지 우리는 아들을 판 아버지가 살해되었다는 소식을 전해 들었을 뿐입니다.

알렌 부인 또한 놀라지 않은 것 같은 벙커 부인으로부터 편지를 받았습니다. 일본에서도 아주 사소한 일로 여겨졌다고 개인적으로 들었습니다. 어떠한 이유로 지금 우리의 우편이 ____하지만, 우리는 매주 1~3개의 전보를 받고 있으며 사업 활동과 점진적인 발전의 분위기에서 판단해보면 저는 놀라거나 계획을 변경할 이유가 없다고 말씀드려야 합니다. 박사님께서 파송하는 모든 새로운 선교사들은 현재로서는 조심하고 언어에 전념하도록 하셔야 합니다. 만일 일찍 출발하는 것에 대한 준비가 되었다면 저는 늦지 않을 것입니다.

안부를 전합니다.

안녕히 계십시오.
H. N. 알렌

Horace N. Allen (Washington, D. C.),
Letter to John Gillespie (Sec., BFM, PCUSA) (Aug. 4th, 1888)

Legation of Korea

Washington

Aug. 4th, (18)88

My dear Dr. Gillespie,

I have just returned from Delaware. Our mail arrived last evening. We have advice to the effect that stories now circulated in Korea accusing the "foreigners" of buying boys for immoral purposes, and to use their eyes as medicine. The foreign minister had an audience with the King, the latter, said _____ ____ _____ _____ _____ by the country back, and He issued a proclamation stating that all persons caught repeating the story would be killed. So far we have only news of the killing of the father who said a son. Mrs. Allen also had a letter from Mrs. Bunker who did not seem to be alarmed. I heard privately from Japan also that it was regarded as a very trivial affair. For some reason our mail this time is _____ _____ _____ but we are receiving from one to three cablegrams weekly and to judge from the business activity and airs of progressive prosperity I should say there is no cause for alarm or change of program. Any new people you send out should be instructed to be cautious and devote themselves to the language for the present. I should not delay if my arrangements were made for an early start.

With kind regards.

Yours truly,

H. N. Allen

존 길레스피(미국 북장로교회 해외선교본부 총무)가
메리 E. 헤이든(미주리 주 아이론튼)에게 보낸 편지 (1888년 8월 9일)

(중략)

귀하와 귀하의 친구들은 아마도 한국에서 사람들과 우리 선교사들 사이에 심각한 문제가 있다는 신문 보도를 보고 약간 겁을 먹었을 것입니다. 이 기사들은 현지에서 보낸 우리(선교사)들의 편지로는 절대 확인되지 않습니다. 또한 나는 이전에 우리 선교본부와 연결되어 있었고 지금은 워싱턴 주재 한국 공사관에 있는 알렌 박사에게 편지를 썼습니다. 그는 그 기사가 크게 과장되어 있으며, 편지와 전보에 의한 그들의 최근 조언은 그들이 항해할 준비가 되자마자 선교사를 파송하는 것이 적절하다는 것을 의심할 여지가 없다고 나에게 확신시켜 주었습니다.

(중략)

John Gillespie (Sec., BFM, PCUSA),
Letter to Mary E. Hayden (Ironton, Mo.) (Aug. 9th, 1888)

(Omitted)

You and your friends perhaps may be a little alarmed by the newspaper reports of a serious difficulty in Korea between the people and our missionaries. These reports are by no means confirmed by our letters from the field. Moreover I wrote to Dr. Allen, formerly connected with our Board, who is now with the Korean Legation in Washington. He assures me that the reports are greatly exaggerated, and that their latest advice, by letter and by cable, leaves no room to doubt the propriety of sending missionaries forward as soon as they are ready to sail.

(Omitted)

호러스 N. 알렌(워싱턴, D. C.)이 휴 A. 딘스모어
(주한 미국 공사)에게 보낸 편지 (1888년 8월 9일)

워싱턴, D. C.,
(18)88년 8월 9일

친애하는 딘스모어 씨,

저는 오랫동안 귀하로부터 소식을 듣지 못하였기 때문에 귀하께서 제가 계속 보내는 편지를 받지 못하였을까 걱정이 됩니다. 만일 그것들이 잘못 배달되었다면 누군가 이곳에서 우리의 업무에 대하여 잘 알려드릴 것입니다.

저는 특히 최근의 불쾌한 일에 대하여 정확한 설명을 듣고 싶었으며, 그것은 저는 효과적으로 안정시켰습니다. 귀하께서는 전보로 제가 차관 업무를 개시하여 이번에는 남다른 솜씨로 놀랄만한 성공을 거둔 것을 알고 계십니다. 월 가(街)의 가장 큰 회사 중의 하나가 마침내 그것을 담당하려는 의사를 표시하고 제가 뉴욕에 도착하는 날 오도록 전보를 보냈습니다.

'영아 먹기'와 '살해' 소식이 도착하였고, 은행가들은 차관을 건드리지 않겠다고 저에게 정중하게 말하였습니다.

*N. Y. Herald*의 영 씨는 분명히 데니의 적극적인 적(敵)이며, 따라서 한국의 적입니다. 그는 또한 중국과 관련하여 몇 가지 원대한 계획을 가지고 있었습니다. 탄탄한 내용 없이 위의 데니의 기사 중 선정적인 내용을 공개함으로써 그는 이롭기는커녕 해롭습니다. 그러다가 자신의 돈을 잃고 사임할 수밖에 없었던 록힐은 다른 사람들과 마찬가지로 이리저리 뒤지다가 8월 6일자 *Herald*에 더 큰 피해를 주는 기사를 실었습니다. 제가 실제로 나가서 광산 사업을 하기로 동의하였지만 더 나은 것으로 증명되기를 바라는 몇 가지 계획이 아직 남아 있기 때문에, 이것은 불쾌한 사설과 함께 저를 거짓말쟁이로 만들고 제 계획을 심각하게 손상시켰습니다. 그래서 저는 한국의 현황에 대하여 간략한 설명을 썼는데, 그것은 신중하게 수정한 후 더 높은 수준의 표제로 던 씨가 원하던 대로 *Sun*에 보냈습니다. 공사는 처음에는 기뻐했지만, 중국 공사관에 갔다 와서 매우 우울해 하였습니다. 만일 중국인이 이 사실을 톈진으로 전보 보낸다면 그가 그것은 사실이 아니며, 알렌이 거짓말을 하였으며 중국은

한국의 종주국이라고 진술을 해야 할지도 모른다고 그가 말하는 것을 우연히 들었습니다. 그래서 저는 기사가 게재되는 것을 막기 위하여 전보를 보냈고, 지금 공사가 한국의 독립을 믿는지 확인하려 합니다.

저는 그가 한국인 관리들이 그들의 왕에게 알려주는 것처럼 그가 이곳에 와서 엎드려 대통령의 말에 귀를 기울여야 한다는 것을 알았습니다. 그러나 우리들의 사업 방식이 끊임없이 그를 짜증나게 합니다. 귀하께서 원하신다면 이하영의 사건을 말씀하셔도 됩니다. 그것은 해변에서 그가 그녀를 방문함으로써 공개되었습니다. 저의 요청에 그는 자신의 상태에 대하여 명확하게 진술하였지만 아직 그녀의 마음이 갈망하고 있기에 저는 그가 그것을 하고 자신을 구할 수 있기를 바라고 있습니다. 저는 그 과부가 부자가 아니지만 (혼인을 선호하는) 그녀의 어머니는 대단히 부유하다는 것을 확인하였습니다.

귀하께서 원하시는 만큼 타운젠드 씨에게 알려주시고, 제 편지를 받았음을 확인하는 짧은 편지를 저에게 보내주십시오.

저는 베리 상원의원을 대략 매달 만나고 있습니다.[128] 아내가 안부를 전합니다. 우리는 모두 놀라울 정도로 건강하고 대단히 행복합니다.

안녕히 계십시오.
H. N. 알렌

---

[128] 아칸소 주의 상원의원인 제임스 H. 베리(James H. Berry, 1841~1913)로 주정된다.

Horace N. Allen (Washington, D. C.),
Letter to Hugh A. Dinsmore (U. S. Minister to Korea)
(Aug. 9th, 1888)

Washington,

Aug. 9/ (18)88

My dear Dinsmore: -

I have not heard from you for so long that I fear you have not received my continual letters. If they have gone astray some one will be well posted on our business here.

I was especially anxious to hear from you on exact account of the late unpleasantness, which so effectually settled me. You see by cable request I had opened up the loan business, this time with remarkable facilities and marvelous success. One of Wall St.'s largest firms finally signified their intention of taking it up and telegraphed me to come the day I arrived in N. Y.

The "baby eating" and "man killing" news arrived and the bankers politely told me they would not touch the loan.

Mr. Young of the *N. Y. Herald* is apparently an active enemy of Denny's and therefore of Korea. He also had some grand scheme in regard to China. By publishing the sensational matter above of Denny's article without the solid stuff, he did more harm than good. Then Rockhill, who has lost his money, and has been compelled to resign and forage around like the rest of us, published an article in the *Herald* of Aug. 6th that was even more damaging. This with the nasty editorials made me a liar and seriously injure my plans, for though I have practically agreed to go out and do the mine business yet I still have some schemes on hand, that I hope will prove better. I therefore wrote a short concise statement of Koreas present condition, which after carefully revising and submitting to a more level head than my own, I sent to the Sun, as Mr. Dunn wanted it. The Minister was at first pleased but went to the Chinese Legation and on his return he was very glum. I overheard him say that if the Chinese telegraphed this to Tientsin he might have to make a statement that it was not true, that Allen lied and China was the suzerain of Korea. So I telegraphed to suppress the article and am now trying to ascertain if the Minister believes in Korean independence.

I learned that he was expected to come here, lay low and get the ear of the President whom he was to staff as Korean officers stuff their King, but our business like ways constantly annoy him. You may talk of Ye Ha Yong's affair now if you so desire. It has become public through his visiting her at the seashore. At my request he made a clear statement of his condition and yet her heart yearns so I hope he will do it, and save himself. I ascertained that while the widow is not wealthy herself, her mother (who favors the match) is very wealthy.

Tell Townsend as much of this as you like, and do send me a note assuring me that you have received my letters.

I see Sen. Berry about monthly. Mrs. Allen sends kind regards. We are all remarkably well & most happy.

Yours _____,
H. N. Allen

찰스 W. 파워(오하이오 주 클리블랜드)가 존 길레스피
(미국 북장로교회 해외선교본부 총무)에게 보낸 편지
(1888년 8월 16일)

(중략)

알렌 박사는 여권이 필요하다고 말하지는 않았지만, 모든 미국 시민들은 필히 여권을 가지고 미국의 보호를 받는 것이 가장 좋을 것이라고 생각하며, 나는 한국에 분쟁이 있었던 동안 그 나라가 그것을 요구할 수 있다고 생각하였습니다.

(중략)

Charles W. Power (Cleveland, Ohio),
Letter to John Gillespie (Sec., BFM, PCUSA) (Aug. 16th, 1888)

(Omitted)

Dr. Allen did not say it was necessary to have one but I think it would best every American citizen of U. S. shd take the passport and be under the protection of the U. S. and I thought that during the trouble in Korea that the country might demand one.

(Omitted)

호러스 N. 알렌(워싱턴, D. C.)이 존 길레스피(미국 북장로교회
해외선교본부 총무)에게 보낸 편지 (1888년 8월 20일)

사신

한국 공사관
워싱턴, D. C.

(18)88년 8월 20일

친애하는 길레스피 박사님,

한국에서 지금 막 도착한 소식은 가장 확실한 것입니다.

딘스모어 씨는 최근의 좋지 않은 일을 농담 삼아 몇 줄로 처리하였습니다. 그는 육영공원 교사들에 대한 반감은 그들과 밀접하게 연관되어 있는 선교사들의 공격성 때문이라고 말하고 있습니다.

그는 길모어에 대한 월 300달러의 지급이 승인되지 않아 그가 집으로 돌아가고 있다고 말하고 있습니다. 헐버트도 결혼 한 다음 돌아가기 위하여 함께 할 것이라고 하며, 그와 벙커는 매달 225달러에 3년 계약을 맺었습니다.

만일 벙커 부인이 아직도 박사님의 관할 아래 있다면, 박사님께서 그녀를 한 달간 일본으로 보내시라고 제안 드리고 싶습니다. 제가 그곳에 있을 때 헤론 박사가 그녀를 수치스럽게 대하고 있었고, 지금은 저에게 잘 대해 주지만 저는 그가 벙커 부인의 삶을 최대한 불쾌하게 만든다는 것을 여러 출처를 통해 알고 있습니다. 벙커 부부는 그곳에서 가장 강한 사람들이고 벙커 씨는 이 일을 참지 않을 것입니다(그가 그렇게 말한 것은 아닙니다.) 시간이 되었을 때 그들이 감리교회로 갈 위험이 있기 때문입니다. 저는 혼란이 얼마나 끔찍하고 변화가 얼마나 좋은지 알고 있습니다.

비록 헤론이 저에게 대단히 친절한 편지를 쓰고, 제가 그가 원하는 것보다 더 많이 대접해 주었다는 것을 인정하였지만, 호튼 양이 본국에 보내는 첫 편지에서 저에게 제보하는 사람이 저를 아주 나쁜 사람으로 여기도록 만드는 방식으로 모든 문제에 대한 소문을 퍼뜨렸습니다.

공격적으로 하지 말라는 당부와 함께 신임 선교사들을 파송하십시오. 한국은 머지않아 기독교를 받아들일 수밖에 없습니다.

안녕히 계십시오.

H. N. 알렌

Horace N. Allen (Washington, D. C.),
Letter to John Gillespie (Sec., BFM, PCUSA) (Aug. 20th, 1888)

Personal

Legation of Korea

Washington, D. C.

Aug. 20/ (18)88

My dear Dr. Gillespie: -

News just arrived from Korea is of the most assuring nature.

Mr. Dinsmore disposes of the recent unpleasantness in a few joking lines. He says that the animosity to the Govn't teachers was due to the aggressiveness of the missionaries with whom they were closely associated.

He says Gilmore's $300 per month was not granted and he is returning home. Hulbert is coming with him to be married and return, and he and Bunker have a three year contract for $225.00 per month.

Let me suggest that if Mrs. Bunker is under your jurisdiction still, that you send her to Japan for a month. Dr. Heron was treating her shamefully when I was there, and though he treats me alright now, I know from several sources that he makes life as unpleasant for Mrs. Bunker as he can. The Bunkers are the strongest people there, and Bunker won't stand this business. (He hasn't said so). So that there is danger of their going to the Methodist when their time is up. I know how terrible the mess is and how much good a change does.

Although Heron writes me very kindly and though he acknowledged that I had done more for him than he desired, yet Miss Horton was able in her first letters home to retail the whole matter in such a way as to cause my informant to regard me as a very bad man - to say the least.

Send out your new people with instructions not to give offense. Korea is bound to accept Christianity before very long.

Yours very truly,
H. N. Allen

호러스 N. 알렌(워싱턴, D. C.)이 존 길레스피(미국 북장로교회 해외선교본부 총무)에게 보낸 편지 (1888년 8월 21일)

한국 공사관
워싱턴 D. C.

1888년 8월 21일

친애하는 길레스피 박사님,

최근 한국에 가려는 한 미국인 신문 기자에게 여권이 발급되었습니다. 영국은 여권 없이 자국인들이 한국을 여행하는 것을 허락하고 있지 않습니다.

미국인들이 개항장 내에만 머문다면 여권이 필요 없지만, 지방으로 여행을 할 수도 있기 때문에 그들에게 여권을 발급해 주는 것이 현명하다고 말하고 싶습니다. 여권은 서울에 있는 공사관이나 이곳의 국무부에서 발급받을 수 있습니다.

헐버트 씨가 무사히 도착하였다는 소식을 들으니 기쁩니다. 저는 그의 주소를 모릅니다.

저는 어제 최근 소식에 관하여 박사님께 편지를 썼습니다.

안녕히 계십시오.
H. N. 알렌

Horace N. Allen (Washington, D. C.),
Letter to John Gillespie (Sec., BFM, PCUSA) (Aug. 21st, 1888)

Legation of Korea
Washington, D. C.

Aug. 21st, (18)88

My dear Dr. Gillespie: -

One passport was issued lately to an American newspaper man going to Korea. The English allow none of their people to travel in Korea without passports.

So long as Americans confine themselves to the open ports, passports are not necessary, but as they are liable to make trips into the country, I should say it would be wise to provide them with passports. These may be obtained from the Legation in Seoul or from the State Dep't. here.

I am glad to hear Mr. Hulbert has arrived safely, I don't know his address.

I wrote you yesterday concerning latest news.

Yours very truly,
H. N. Allen

존 길레스피(미국 북장로교회 해외선교본부 총무)가
메리 E. 헤이든(미주리 주 아이론튼)에게 보낸 편지 (1888년 8월 22일)

(중략)

이전에 우리의 한국 선교사 중 한 명이었지만 지금은 워싱턴의 한국 공사관에 부속되어 있는 알렌 박사는 나에게 한국으로 가는 우리의 선교사들이 여권을 소지하고 가는 것이 현명할 것이라고 편지를 썼습니다.[129]

(중략)

John Gillespie (Sec., BFM, PCUSA),
Letter to Mary E. Hayden (Ironton, Mo.) (Aug. 22nd, 1888)

(Omitted)

Dr. Allen, formerly one of our missionaries in Korea, but now attached to the Korean Legation in Washington, writes me that it will be wise for our missionaries going to Korea to procure passports.

(Omitted)

---

129) Horace N. Allen (Washington, D. C.), Letter to John Gillespie (Sec., BFM, PCUSA) (Aug. 21st, 1888)

알렌 박사의 일기 제2권(1887~1888년) (1888년 8월 23일)

(18)88년 8월 23일

공사관이 정착된 후, 나는 2월에 대출과 관련하여 제임스 H. 윌슨 장군[130]과 상의하기 위하여 윌밍턴으로 갔다. 그는 나와 함께 월 가(街) 사람들을 만나러 갔지만 그들 중 누구도 한국에 대한 대출을 고려하지 않았다. 나는 광산 독점권의 일을 하였던 로스앤젤레스와 샌프란시스코의 알프레드 제임스 및 W. B 킹 씨와 편지를 교환하기 시작하였다. 나는 3월에 그들을 만나러 가려고 하였지만, 아래층에서 넘어져 머리를 다친 후 소장결장염에 걸린 모리스의 거의 치명적인 병 때문에 지체되었다. 나는 4월에 갔다. 4월 15일 로스앤젤레스에 도착하였고, 다음날 집으로 출발하였다. 그 회사는 이미 자신들의 서류를 갖고 있었다. 그들은 10%의 수수료로 업무를 제안하였고, 나중에는 조건부 20%로 변경하였다. 그들은 나에게 수수료로 1%를 제안하였지만 나는 거절하였다. 톨리도를 거쳐 집으로 가는 길에 하인, 수행원[131] 및 통역[132]과 함께 귀국하는 1등 서기관 이완용을 만났다. 그런 다음 나는 그에게 회사의 제안을 주었으며, 왕에게 이 계획이 충분하지 않으면 광산을 내가 직접 시작하겠다는 제안을 하는 각서를 썼다.

6월에 공사는 그가 밀반입한 여송연(呂宋煙)을 처리하는데 어려움을 겪었다. (딘스모어에게 보내는 편지 사본철을 볼 것).

7월과 8월에 우리는 활발한 신문 논쟁을 벌였다. 뉴욕 헤럴드의 J. R. 영 씨는 한국에 대하여 대단히 낙담한 것 같다. 7월에 나는 왕이 보낸 전보에 순종하여 대출을 늘리려고 여러 번 뉴욕에서 노력하였다. 이번에 나는 한국에서 가스, 수도, 철도 업무를 시작하기 위하여 한국 독점권을 원하는 가스 분야 사람들과 일하면서 특이한 솜씨를 가졌다.

그들은 훌륭한 뉴욕 거래처를 가지고 있었기에 그들은 나에게 많은 도움이 되었다. 나는 뉴욕의 주요 은행가들을 만났고, 그들은 나를 친절하게 대해

---

130) 제임스 H. 윌슨(James H. Wilson, 1837~1925)은 남북전쟁 당시 북군의 소장이었으며, 1870년 전역하였다.
131) 허용업(許龍業, 1855~?)이다.
132) 이채연이다.

주었다. 그들 중 일부는 한국에 대하여 충분하게 물어볼 정도로 관심이 많았지만 아무도 대출을 해 줄 수 없었다. 적어도 우리가 더 활동적인 국무부가 있을 때가지는 그렇지 않았다. 이제 나는 한국에 가며, 광산에서 왕에게 총액의 33⅓%를 주기로 거의 동의한 일부 사람들을 찾았다. 그들은 내일 이곳으로 올 것이며, 내 조언이 충분히 설득력 있고 왕이 동의한다면 나는 그들이 단순한 기계와 함께 파견할 전문가와 함께 즉시 갈 것이다. 만일 모든 것이 내가 대표하는 계약이 이루어지면 기계는 발송될 것이다. 나는 제공되는 수수료를 나와 함께 공유하겠다고 약속한 가스 분야의 사람을 통하여 들었다. 나는 그들을 위하여 독점권(한국인은 그것이 그들에게 갈 것이라고 말하고 있다)을 얻으려 노력하고 있다. 나는 왕에게 전보를 보냈지만, 그는 만족스럽지 못한 방식으로 대답하였다. 나는 다시 전보를 보냈다.

Dr. Allen's Diary No. 2 (1887~1888) (Aug. 23rd, 1888)

Aug. 23rd, 88

After getting Legation settled, I in Feb. went to Wilmington to consult Gen'l James H. Wilson concerning the loan. He went with me to see some Wall St. people but none of them would even consider making a Korean loan. I began corresponding with Mr. Alfred James and W. B. King of Los Angeles & San F. man who worked mining franchises. I intended going to see them in Mch., but was detained by the almost fatal illness of our Maurice, who had an attack of entero-colitis after injuring his head in a fall downstairs. I went in April. Arriving in Los Angeles Apr. 15th and starting home next day. The Co. had their paper already. They offered to do the work on a royalty of 10% and later in changed it to a conditional 20%. They offered me 1% as a commission, I declined. Going home via Toledo, I met Ye Wan Yong, 1st Secretary going home with his servant, attendant and the interpreter. Then I gave him the Co.'s offer and wrote a memorial to the King, offering to open the mines myself if this plan were not sufficient.

In June the Minister got into trouble thro' endeavoring to dispose of cigars he had smuggled. (See copy book letter to Dinsmore.).

During July and Aug. we had a lively newspaper controversy. Mr. J. R. Young of the *N. Y. Herald* seeming to be very much down on Korea. In July I was many times in N. Y. endeavoring to raise the loan in obedience to a cablegram from the King. I had unusual facility this time as I worked thro' some gas men who wanted to get a Korean franchise for opening up gas, and water works and a Railroad in Korea.

As they had good N. Y. connections, they were of much services to me. I saw the principal N. Y. bankers and was kindly treated. Some of them really interested themselves enough to ask fully about Korea, but no one could to make a loan. At least not until we had a more active U. S. State Department. Now I have found some parties who have nearly agreed to go to Korea, and mine giving the King 33⅓% gross. They come here tomorrow and if my advice is strong enough and the King consents I will go at once with an expert whom they will send with simple machinery. If all is as I represent contracts will be made and machinery will be dispatched. I remembered this thro' the gas people who promise to share their commission with me providing. I obtain their franchises for them told Koreans it would go to them. I cabled the King but he answered in an unsatisfactory way. I have cabled again.

프랭크 F. 엘린우드(미국 북장로교회 해외선교본부 총무)가
호러스 N. 알렌(워싱턴, D. C.)에게 보낸 편지 (1888년 8월 28일)

(188)8년 8월 28일

친애하는 알렌 박사님,

나는 토요일133)에 집에 도착하였으며, 한국 선교에 대한 여러 문제를 알게 되었습니다. 무엇보다도 먼저 우리는 결혼한 두 남자를 임명하였는데, 그들은 자신들이 아내가 없이 가는 것은 거의 쓸모가 없을 것이라는 인상을 받았습니다. 그들은 그 문제에 대하여 무엇인가 밝혀지기를 기다리고 있습니다. 그들은 두 명의 훌륭한 목회자이며, 이 문제를 제외하고 파송될 준비가 되어 있습니다. 저는 그 문제가 조만간 조정될 것이라고 믿고 있습니다. 우수한 의과대학 졸업생인 파워 박사는 의료 업무에 종사하기 위해 파송 중에 있습니다.

벙커 씨를 영입하는 문제는 벙커 씨와 헐버트 씨가 정부와 계약을 갱신하였기 때문에 싹이 잘려졌다고 생각합니다. 박사님은 헐버트의 주소와 언제 그가 항해하는지 알고 있습니까? 나는 그가 결혼한 상태로 파송되기 때문에 젊은 여선교사를 그와 함께 파송해야 한다고 생각하고 있습니다.

나는 어떤 출처로부터 한국인 집단을 찍은 훌륭한 사진을 받았습니다. 그것은 출처의 표시 없이 롤러 위로 올라 왔습니다. 그것을 언더우드로부터 받았음에 틀림없습니다. 그것은 대단히 인상적인 사진입니다. 사람들은 주로 어린 소녀들로 구성되어 있습니다. 그 사진에는 2명의 어른이 있는데, 그 중 한 명은 상당히 늙었습니다.

벙커 부인에 관해서는 귀국한 후의 상황을 충분히 파악하지 못하여 그녀를 선교사 급여를 지급하고 유지하는 것이 현명한지 아닌지 말할 수 없습니다. 그녀의 남편의 수입은 이제 너무 좋아질 것이고, 아마도 그녀가 선교부로부터 완전히 떨어져서 헤론 박사로부터 독립하면서 선교 사업에서 그녀의 재능을 행사하는 것이 더 나을 것입니다. 나는 그토록 자극이 많았던 그 선교부가 평화로운 상태로 안착할 수 있도록 모든 마찰을 없애는 것이 매우 바람직하다고 생각합니다.

---

133) 8월 25일이다.

나는 언더우드로부터 대단히 좋은 편지를 받았으며, 다양한 출처로부터 정부의 반대가 줄어들고 있는 것 같다는 것을 알게 되어 기쁩니다. 나는 그것이 단지 일시적인 장애에 불과하다는 것을 내내 느껴왔습니다. 아마도 그것은 좀 더 신중하게 일부 선교사들에게 영감을 주기 위해 필요하였을 것입니다.

나는 박사님의 8월 20일자 편지134)에서 형제들에게 화해 조치의 중요성에 관하여 알린 조언에 주목하고 있습니다. 우리는 이것을 주의할 것이며, 당연히 그들이 그리스도인의 노력을 끈기 있게 해야 하지만 뱀처럼 지혜로우면서도 비둘기처럼 무해해야 한다고 이해하고 있습니다.

지금 박사님은 외교 관계를 잘 수행하고 있으며, 사절단이 무엇을 하고 있습니까? 나는 과거에 한국과 관련하여 박사님에게 너무 많이 의존하였기 때문에 앞으로 올 박사님의 편지가 필요없다고 할 여유가 없습니다.

우리 부부는 대단히 흥미로운 여름을 보냈으며, 나는 위대한 선교 사업을 위해 우리의 조그만 영향력을 행사할 수 있었기를 바라고 있습니다.

안녕히 계세요.
F. F. 엘린우드

---

134) Horace N. Allen (Washington, D. C.), Letter to Gillespie (Sec., BFM, PCUSA) (Aug. 20th, 1888)

Frank F. Ellinwood (Sec., BFM, PCUSA),
Letter to Horace N. Allen (Washington, D. C.) (Aug. 28th, 1888)

Aug. 28th, (188)8

My dear Dr. Allen:

I reached home Saturday and found various matters twisting to the Mission in Korea. First of all we have two men appoints who are married and they have received the impression that it will be of little use for them to go without wives. They are waiting for something to turn up on that subject. They are two good clerical men and are ready to go but for this hitch. I trust that the matter will soon be adjusted. Dr. Power, a good medical graduate, is going to engage in the medical work.

The case of getting Mr. Bunker, I take it, is nipped in the bud, as a renewal of contracts has been made with the Government, that is by Messrs. Bunker and Hurlbut. Do you know Hurlbut's address and when he sails? I think that we should like to send out a young lady missionary with him, as he is to go out married.

I have received from some source a capital picture of a Korean group. It came on a roller without any indication of its source. It must have come, I think, from Underwood. It is a very striking picture. The group consists mainly of little girls. I should take it, but there are three adults, one of them are pretty old.

In regard to Mrs. Bunker, I have not sufficiently grasped the situation since I returned, to be able to say whether it is wise or not to retain her on a missionary salary. Her husband's income will be so good now that perhaps it may be better for her to stand entirely aloof from the Mission, and thus be independent of Dr. Heron, at the same time exercising her gifts in missionary limes. It would be very desirable, I think, to remove all occasions of friction in order that that Mission, which has had so much of irritation, can settle down into a peaceful state.

I have a very good letter from Underwood, and I am glad to know from various sources that the Governmental opposition seems abated. I have felt all along that it was only a temporary hitch. Possibly it was necessary in order to inspire some of the missionaries with a little more prudence.

I note your advice in your letter of Aug. 20th to instruct the brethren in regard to the importance of conciliatory action. This we shall heed, it being understood, of course, that they are to persevere in Christian effort, but to be as harmless as doves at the same time that they are as wise as serpents.

Now are you getting along in your diplomatic relations, and what are the Embassy accomplishing? I have depended upon you so much in the past in regard to Korea, that I cannot afford to dispense with your letters in the time to come.

Mrs. Ellinwood and I have had a very interesting Summer, and I hope that we have been able to add our mite of influence in favor of the great work of Missions.

Sincerely yours,
F. F. Ellinwood

호러스 N. 알렌(워싱턴, D. C.)이 프랭크 F. 엘린우드(미국 북장로교회 해외선교본부 총무)에게 보낸 편지 (1888년 8월 29일)

워싱턴, D. C.,
1888년 8월 29일

친애하는 엘린우드 박사님,

돌아오신 것을 환영하며, 여행이 박사님 부부께 크게 유익하였다는 것을 알게 되어 저는 기쁩니다.[135]

오늘 받은 저의 우편물에는 한국에서 온 선교와 나라와 관련된 아주 만족스러운 소식이 포함되어 있습니다.

저는 헐버트 씨의 주소를 모르고 알아 볼 방법도 모릅니다.

저는 머지않아 박사님을 뵙고 긴 대화를 나누고 싶습니다. 뉴욕에서 저의 사업은 '한국인의 난폭함'에 관한 추문성의 신문 보도로 인하여 거의 완전히 망가졌다는 것을 알게 되었습니다. 그들은 몇 사람을 죽였지만 그것은 그들 자신의 문제이었고 현재 루이지애나, 노스캐롤라이나에서 일어나고 있는 것만큼 나쁘지 않으며, 외국인들이 뉴욕에 있는 것보다 서울에 있는 것이 훨씬 더 안전합니다.

폐허가 된 상태에서 저는 거의 완전한 성공에 도달할 수 있었고, 이번 가을에 사업이 완전히 마무리 되었을 것이지만 계절이 늦어서 우리는 필요한 여행을 다음 봄으로 연기하였습니다.

저는 우리가 시작할 수만 있다면 한국의 미래가 보장되고 기독교의 수용도 그 계획에 포함되어 있다고 확신합니다. 박사님을 만나 뵐 때 길게 말씀드리겠습니다.

저는 언더우드 씨와 아펜젤러 씨가 이제는 합리적인 것에 좀 더 잘 따르고 있다는 것을 알게 되어 기쁩니다. 그들은 한 번 그들이 기다리던 바로 그 기회를 중국인들에게 줌으로써 선한 사역을 완전히 망칠 뻔하였습니다.

저는 계속해서 박사님께 소식을 전해드리면 기쁠 것입니다.

---

135) Frank F. Ellinwood (Sec., BFM, PCUSA), Letter to Horace N. Allen (Washington, D. C.) (Aug. 28th, 1888)

박사님의 사모님과 따님들, 그리고 박사님께 안부를 전합니다.

안녕히 계십시오.
H. N. 알렌

박사님이 런던으로 떠나시기 직전에 저는 박사님께 한국에 관한 기사들을
보내드렸습니다. 커터 씨가 그것들을 찾는데 도움을 줄 것입니다.

Horace N. Allen (Washington, D. C.),
Letter to Frank F. Ellinwood (Sec., BFM, PCUSA) (Aug. 29th, 1888)

Washington, D. C.,
Aug. 29th, (18)88

My dear Dr. Ellinwood,

I am very glad to welcome you back, and am happy to learn that Mrs.
Ellinwood and yourself are so much benefitted by the trip.

My mail just received today, contains only very satisfactory news from Korea
- both mission and State.

I do not know Mr. Hulbert's address and know no way of obtaining it.

I hope to see and have a long talk with you before long. My business in N.
Y. was I found almost wholly ruined by the scandalous newspaper report
concerning "Korean outrages." They did kill a few people but it was their own
affair and not as bad as is now going on in Louisiana, N. Carolina and on the
maximum grant. Foreigners are far safer in Seoul than in New York City.

Well out of the ruin, I have been able to reach almost complete success, and
the business would have been fully consumated this fall, but owing to the lateness
of the season we have deferred the necessary trip till next Spring.

I am perfectly confident that if we can just get a start, Korea's future is assured and the acceptance of Christianity is included in the plan. When I see you I will explain at length.

I am glad to learn that Messrs. Underwood and Appenzeller are now more amenable to reasoning. They bade fair at one time to wholly upset the good work, by giving the Chinese just the opportunity they were waiting for.

I will be glad to keep you posted.

With kind regards to Mrs., the Misses Ellinwood and yourself.

Yours very truly,

H. N. Allen

I sent you some Korean articles just before you left for London. Mr. Cutter may help you find them.

호러스 N. 알렌(워싱턴, D. C.)이 조시아 스트롱
(복음주의 동맹 사무총장)에게 보낸 편지 (1888년 8월 30일)

(18)88년 8월 30일

신학박사 조시아 스트롱 목사,
　복음주의 동맹 사무총장
　뉴욕 시 바이블 하우스 42

안녕하십니까,

　어제 한국에서 온 호소를 동봉한 박사님의 편지를 받았으며, 만반의 준비를 다한 상태에서 바로 답장해 드리겠습니다.
　저는 호소에서 한국에서 선교를 개척하였다고 언급된 사람이며, 현재 사역자들이 성공할 수 있었던 것은 84년의 반란과 관련하여 언급된 섭리적인 사건들 때문입니다.
　저는 한국인들을 아주 잘 이해한다고 생각합니다. 저는 또한 이 사람들보다 더 기독교를 받아들이고 싶어 하는 사람들이 없고, 이를 위하여 더 열심히 일을 하는 사람들이 없으며, 추가 협상을 중단하기 위하여 여전히 양보를 요구해야 한다면 매우 긍정적입니다. 이것은 10년 전의 일이고 이의가 있는 조항 없이 체결된 조약으로 1882년 기독교인 미국 사절이 겪은 어려움은 1886에도 컸습니다.
　한 마디도 설명하지 않으면 귀하께서 한국이 그다지 유망하지 않은 선교지라고 생각하실까 염려됩니다. 한국만큼 선교 사업에 유리한 선교지를 제공하는 나라가 없다고 말씀드리고 싶습니다. 사람들은 똑똑하고 유순하며 놀라울 정도로 가르칠 수 있습니다. 그들은 탁월하게 종교적으로 헌신적인 사람들입니다. 그들은 ＿＿에 대해 도덕적인 인종입니다.
　선교본부와의 현역 관계에서 사임하기 전에, 저는 제가 계속해서 많은 오해를 받았다는 것을 알고 있습니다.
　한국의 상황은 다음과 같습니다. 이전에 예수회의 공격성과 그로 인한 개종자들에 대한 박해로 인하여 기독교는 대중의 적대감을 얻었습니다. 저는 선교사가 아니라 공사관 부속 의사의 신분으로 한국에 들어갔습니다. 저는 다른 의사들과 교사들을 불러들일 수 있었고, 그들의 업무가 높이 평가되자 그들은 기독교 사업의 적극적인 실행에 대한 모든 반대가 사라졌다는 결론을 내리기 시작하였습니다.

이것이 사실이 아니라는 것은 프랑스와의 조약 협상에 대한 한국 정부의 도발로 충분히 입증되었습니다. 사제들을 돕고자 하는 간절한 열망으로 한국에 도착한 프랑스 사절은 외아문에 자신의 도착을 알리고 조선 정부가 조약에 종교 자유 조항을 삽입하는데 동의하지 않는 한 협상에 응하지 않을 것이라고 말하였습니다.

저는 한국의 큰 적(敵)인 중국과 특별히 우호적이지 않은 국가와 이 새로운 조약을 체결하려는 한국의 열망을 귀하게 잘 설명할 수 없습니다. 그러나 외아문 독판은 이러한 양보를 하기보다는 우리보다 더 큰 해명을 구하라고 지시를 받은 것은 사실입니다. 이 모든 것에도 불구하고 그들은 조상의 공격과 고난을 받을 때에 하늘에 호소하는 경건함 외에는 어떠한 종교도 가지고 있지 않습니다.

주(註). 498년 전 현 왕조가 시작되면서 불교는 폐지되었습니다. 그 이후 수도승이 존재하였지만 그들은 성곽 안으로는 들어갈 수 없고 산에 있는 그들의 절은 지금처럼 종교적 목적을 위한 장소에 불과합니다.

저는 그들에게 현대 국가의 모든 놀라운 발전을 열렬히 받아들이는 데 있어 그들은 이 국가들의 기초가 되는 기독교를 받아들여야 한다고 반복해서 말하였습니다. 저의 주장을 완전히 인정하면서도 항상 "우리는 아직 준비가 덜 되었습니다"라는 다소 절제된 언급으로 받은 호의적인 답변에 귀하께서는 놀랄 것입니다. 격려와 관계된 호소의 언급은 모두 것이 매우 공격적이 되었고, 부도덕한 추종자들을 가지고 있는 그들의 오랜 적인 왕의 아버지가 왕실과 좋은 관계는 아니지만 여전히 살아 있고 대부분 중국의 통제 하에 있다는 것에 기반 합니다.

그러므로 중국인들은 한국의 도덕적 상태에는 신경 쓰지 않고 그들이 원하는 구실을 제공하는 기독교 사역을 선호하고 있습니다.

그 점에 대한 사례가 호소에 명시되어 있습니다. 저는 장로교회의 장로인 기독교인의 아들인 주한 미국 공사의 이의 제기에 반대하여 행해진 언더우드 및 아펜젤러 씨의 내지 여행을 언급하고자 합니다. 그 결과 (한국) 정부는 적극적인 간섭 조치를 취해야 했고, 왕은 저에게 자신의 백성이 많은 좋은 점을 지닌 종교를 받아들이는 것을 보고 싶다고 말하였습니다. (이것은 그의 말만큼 강력하지 않습니다.)

귀하께서는 그렇다면 기독교 사역을 적극적으로 수행하는 데 반대하는 이유가 무엇인지 물어볼 수 있습니다. 국정과 관련된 위험을 무릅쓰고 저는 한국이 중국에 의해 서면으로 보증된 정치적 보전을 바탕으로 오늘날에 이르렀지만 후자는 최근에 작은 이웃 나라를 통제하려는 간절한 욕망을 드러냈다는 것으로 설명드릴 수 있습니다. 이것은 중국을 통하여 동양에서 정치적 이해관계가 있는 열강과 한국 사이에 조약이 체결되어 중국이 충분한 이유 없이 새로 조약을 맺은 열강과 전쟁을 하는 것이 안전하지 않다는 것이 아니었다면 쉬운 문제이었을 것입니다.

따라서 중국은 젊은 이웃(또는 형제)이 자신의 외국인 손님을 제대로 보호할 수 없다는 명백히 정당한 핑계로 중국군이 한반도에 오는 것을 허용하는 것과 같은 외국인에 대한 폭력 행위를 무지한 민중들이 하도록 세 번이나 선동하였습니다. '형'은 와서 질서를 유지하고 어려운 대외 협상을 도와야 합니다.

이것은 공식 사회에서 충분히 이해되며, 선교사들이 그들의 길을 너무 막았기 때문에 사역자들이 이제 그들이 맹목적으로 배치한 장애물을 제거하기 위하여 정부 지원을 요청한다는 사실 때문에 계획은 실행하기 쉽습니다. 이것이 다가 아닙니다. 이곳에서 한국의 전망에 매우 큰 타격을 입힌 최근의 '아이먹기'와 '살인' 소동은 단순히 중국의 목적을 달성하기 위하여 서민을 선동하는 수단으로 선교 사업을 이용하는 중국의 행위이었습니다.

모든 책임을 예수회에 돌리는 것은 불공평합니다. 그들은 조객(弔客)의 차림으로 한국에서 살았습니다. 저는 병들어 있는 그들을 진료하였고 그들이 변변찮은 현지인처럼 살고 있다는 것을 알고 있습니다. 그들은 오랫동안 일하였으며, 일본의 경우와 마찬가지로 이곳에서도 정부는 토대(기독교)가 없는 현대 물질의 미신을 볼 때 그 토대를 채택할 것입니다.

박사님의 시간을 뺏은 것을 용서해 주십시오. 저는 한국에 대하여 열성적이며, 공동의 이익을 위하여 진정으로 일하는 사람들의 잘못 인도된 열정에 의해 발생하는 이러한 완전히 불필요한 지연에 참을 수가 없습니다.

저는 박사님께 한국 문제의 모든 단계에 대하여 제가 그에게 편지를 쓰도록 허락하신 F. F. 엘린우드 박사와 상의하시기를 진심으로 권해드립니다. 그는 박사님께 추가 정보를 드릴 수 있습니다.

안녕히 계십시오.
H. N. 알렌

Horace N. Allen (Washington, D. C.),
Letter to Josiah Strong (Gen. Sec., Evang. Alliance) (Aug. 30th, 1888)

Aug. 30th, (18)88

Rev. Josiah Strong, D. D.,
  Gen'l Secretary, Evangelical Alliance,
  42 Bible House, N. Y. City

My dear Sir,

Your letter of yesterday enclosing appeal from Korea is just to hand and as I am fully prepared I will answer at once.

I am the person mentioned in the appeal as having opened the mission work in Korea, and the present success of the workers is due to the Providential occurrences mentioned as connected with the emeute of '84.

I think I understand the Korean people very well. I am also quite positive that no one is more desirous of seeing the people adopt Christianity and that no one is more diligent in working for this end, and if the concession should be still demanded to drop further negotiations. This was ten years ago, and the treaty was made without the objectionable clause, showing that the difficulty experienced by the Christian Envoy of America in '82 was as great in '86.

Without a word of explanation, you will, I fear, think that Korea offers a not very promising field. Allow me to say that I know of no country which offers so favorable a field for the prosecution of mission work as Korea. The people are intelligent, docile and teachable to a remarkable degree. They are preeminently a religious devotional people. They are a moral race to __.

Yet previous to my resignation from active connection with the Board, I know I was much and continually misunderstood.

The condition in Korea is as follows. Owing to the aggressiveness of the Jesuits in former years and the resulting persecutions of their converts, Christianity won the animosity of the masses. I went to Korea not as a missionary, but as a physician in the employ of the Legations. I was enabled to bring in other physicians and teachers, and their work was highly appreciated, so much so that they began to conclude that all opposition to the active prosecution of the Christian work had passed away.

That this was not the case was fully evidenced by the a[c]tion of the Korean government relative to the French treaty negotiations. With an earnest desire to aid the priests, the French Envoy on his arrival at the port, sent a dispatch to the Foreign Office announcing his arrival and stating that unless His Majesty's government agreed in advance to the insertion of a religious liberty clause in the treaty, he would not open negotiations.

I cannot well explain to you the keen desire on the part of the Koreans to secure this new treaty with a nation not especially friendly to Korea's great enemy - China. Yet it is true that, rather than make this concession, the Foreign Minister was instructed to seek an explanation greater degree than we are. In spite of all this they possess no religion aside from the reverence of their ancestors and their devout appealing to Heaven in times of distress.

> Notes. Budhism was abolished at the advent of the present dynasty 498 years ago. Since even tho' priests exist they are not allowed inside walled cities and their mountain temples are mere places of present - for religious purposes.

I have repeatedly told them that in accepting so eagerly all the wonderful improvements of the modern nations, they must accept the Christianity on which these nations are founded. You would be surprised at the favorable replies I have received fully admitting my assertions yet always with the somewhat qualifying statement "We are not quite ready yet". The statement in the appeal concerning encouragement is based on the all becoming very aggressive and their old enemy the King's father, who has an immoral following, still lives and is largely under Chinese control, though not on good terms with the Royal Family.

The Chinese, therefore, while they care not as for Koreas moral condition, favor Christian work as it gives them the pretext they desire.

An instance to the point is noted in the appeal. I refer to the trip into the country of Messrs. Underwood and Appenzeller which was done against the protest of the U. S. Minister who by the way is a Christian son of a Presbyterian Elder. It resulted in forcing the government to take active steps in interference and has King's own remarks to me that he would like to see his people embrace a religion of so many good points. (These are not as strong as his own words.)

Why then, you may well ask, should their (sic) be any objections to the active prosecution of Christian work. At the risk of relating state affairs, I will explain that while Korea came down to the present day with her political integrity vouched for in writing, by China, yet the latter country has of late evinced an earnest desire to get control of her small neighbor. This would be an easy matter were it not that it was through China that treaties were negotiated between Korea and the nation powers certain of whom have such political interests in the East that it would not be safe for China to make war upon the new treaty power without sufficient reason.

Three times therefore, China has incited the more ignorant common folk to acts of violence to foreigners such as would allow of Chinese troops coming to the peninsular with the apparently just excuse that as the young neighbor (or brother) was unable properly to protect her foreign guests, the "elder brother" must come over and preserve order, assisting meanwhile in their difficult foreign negotiations.

This is fully understood in official circles and the plan is easy of execution because of the fact that the missionaries so blocked their way that the workers now ask government aid in removing the obstruction they blindly placed in the way. That is not all. The recent "baby eating" and "man killing" excitement which has so materially injured Korean prospects here, was simply an act of the Chinese, using the missionary work as a means of inciting the common folk to acts of vengeance that would accomplish Chinese aims.

It is unfair to place the whole blame upon the Jesuits. They have lived in Korea in the guise of mourners. I have tended them in sickness & know that they live as do the humble natives. They have worked long and far and as in the case of Japan so here, the government will adopt the foundation (Christianity) when they see the superstitions of modern material _____ without it.

Pardon me for trespassing so upon your time. I am enthusiastic in regard to Korea and am impatient at these utterly needless delays caused by ill guided zeal on the part of those who are really working for the common and with all their well wishers.

I earnestly advise you to consult Dr. F. F. Ellinwood who has kindly allowed me to write him every phase of the Korean problem. He can give you further information.

Yours very truly,
H. N. Allen

호러스 N. 알렌(워싱턴, D. C.)이 프랭크 F. 엘린우드(미국 북장로교회 해외선교본부 총무)에게 보낸 편지 (1888년 8월 30일)

워싱턴, D. C.,

(18)88년 (8월) 30일

친애하는 엘린우드 박사님,

저는 한국에 있는 선교사들로부터 선교 사업에 관한 조약 개입에 대한 호소를 조시아 스트롱 박사로부터 받았습니다. 저는 그것에 대하여 자세하게 답장을 하였으며,136) 더 많은 정보를 위하여 그에게 박사님을 언급하였습니다.

저 자신의 협력에 대해서는 아무 말도 하지 않았으며, 이곳에 왔을 때보다 50% 더 개방적인 공사와 상의하였습니다. 그는 제가 말한 내용에 동의하고 있습니다.

중국에 있는 선교사들이 앞으로 자신들의 사역에 대한 박해에 대하여 영사 도움을 요청하지 않을 것이라고 공개적으로 선언한 사실에 비추어, 저는 그러한 근거만으로도 이 문제의 실효성이 의심스럽다고 생각합니다. 그런데 저의 설명에도 불구하고, 동맹국이 여전히 도움을 요청하기로 결정해야 합니다. 저는 이 문제에 대하여 한국인을 준비함으로써 돕기 위하여 제가 할 수 있는 일을 할 것입니다.

개인적으로 저는 우리 정부가 이러한 생각을 받아들일 것이라고 거의 생각하지 않습니다. 확실히 아닙니다. 심지어 딘스모어가 그것을 찬성하였을 때, 서울에 있는 사람들이 그의 협조를 먼저 받았을 것입니다. 그러나 그가 저에게 그것에 대하여 아무 말도 하지 않았기 때문에 저는 그에게 조언을 구하였다고 생각하지 않습니다.

박사님은 제가 너무 강하다고 생각할 수 있고, 아마도 제 믿음이 현명하지 못하다고 생각하실 수도 있습니다. 그러나 저는 다만 우리 동료들이 이미 가지고 있는 많은 (그리고 거의 개선되지 않은) 기회에 만족한다면 머지않아 모든 것이 잘 될 것이라고 확신합니다.

안녕히 계십시오.

H. N. 알렌

---

136) Horace N. Allen (Washington, D. C.), Letter to Josiah Strong (Gen. Sec., Evang. Alliance) (Aug. 30th, 1888)

Horace N. Allen (Washington, D. C.),
Letter to Frank F. Ellinwood (Sec., BFM, PCUSA) (Aug. 30th, 1888)

Washington,

[Aug.] 30th, (18)88

My dear Dr. Ellinwood: -

I have received from Dr. Josiah Strong, an appeal from the missionaries in Korea, for treaty intervention concerning mission work. I have answered it at length and referred the Dr. to yourself for further information.

I said nothing as to my own cooperation or otherwise I have consulted with the Minister, who by the way is 50% more liberal than when he came here. He agrees with me in the substance of what I have said.

In view of the fact that the missionaries in China have publicly declared that they will not ask consular help in the persecution of their work in the future, I think even on such grounds alone, the matter is of doubtful expediency. Yet if not-withstanding my explanation, the alliance should still decide to ask for assistance. I will do what I can to help the matter, chiefly by preparing the Koreans for the matter.

Personally, I hardly think our government would entertain the idea, certainly not when even Dinsmore favors it, the people in Seoul would have received his cooperation first, but as he has said nothing to me about it I don't think he has been consulted.

You may think me too strong, perhaps unwise in my belief. Yet I feel convinced that all will be well before long if only our people will be content with the abundant (and almost unimproved) opportunities they already have.

Yours truly,

H. N. Allen

호러스 N. 알렌(워싱턴, D. C.)이 휴 A. 딘스모어
(주한 미국 공사)에게 보낸 편지 (1888년 9월 1일)

워싱턴, D. C.,
(18)88년 9월 1일

친애하는 딘스모어 씨,

귀하께서 의심할 여지없이 궁궐에서 들었듯이 저는 마침내 많은 성공을 거두었습니다.

저는 각서를 보내는데, 저는 귀하께서 그것을 이인탁을 통해 왕에게 보내어 저에게 큰 호의를 베푸시리라 믿고 있습니다.

'영아 먹기'와 '살해' 보도로 인한 승리 중에서, 저는 많은 자본가를 포함하는 뉴욕의 많은 장로교인들 사이의 저의 이전 명성을 통하여 성공할 수 있었습니다.

최고의 뉴욕 회사 중 5개는 매장량을 조사하기 위하여 전문가와 기계를 보내는데 1만 달러를 투자하였습니다. 충분히 많다면 그들은 사용료로 총액의 33⅓를 (한국) 정부에 지급하는 계약을 맺을 것이며, 그들이 보증한다면 상당한 대출을 할 것입니다.

귀하께서 읽어보시도록 동봉한 비망록처럼 설명 드리고 싶습니다. 저는 전문가와 동행할 것이며, 모든 것이 호의적이라면 우리는 1월에 떠날 것입니다. 저는 귀하, 타운젠드, 모스 및 포크 외에는 아무도 이 사실을 아는 것을 원하지 않습니다.

귀하의 7월 16일자 편지가 최근 우편으로 왔습니다. 귀하께서 사건에 대하여 자세히 알려주시지 않아 유감스럽습니다. 우리의 조언은 신뢰할 수 없습니다.

저는 허친슨과 헤론이 계속 험담을 만들어낼 것이라고 믿고 그들의 편지에 즉시 답장을 보냈지만, 전자는 그가 저에게서 도움을 받지 못하기 때문에 아마도 역겨워 했을 것입니다. 후자는 저의 편지가 충분하지 않았기에 _____
____. 적어도 저는 소식에 대하여 관심이 없습니다.

베리 상원의원은 귀하께서 봄에 그곳에 있을 것이라고 믿도록 저를 격려하고 있습니다. 저 자신을 위하여 그렇게 되기를 진심으로 바라고 있습니다. 우리 부부의 안부를 전합니다.

안녕히 계십시오.
H. N. 알렌

Horace N. Allen (Washington, D. C.),
Letter to Hugh A. Dinsmore (U. S. Minister to Korea)
(Sept. 1st, 1888)

Washington, D. C.,
Sept. 1st, (18)88

My dear Dinsmore: -

I am abundantly successful at last, as you have doubtless heard from the Palace.

I send a memorandum, which I trust you will send to the King promptly by Ye In Tak, and do me a great favor thereby.

Out of the win caused by the report of "baby eating" and "man killing", I was able to win success principally through my previous reputation among the large number of N. Y. Presbyterians which include a number of capitalists.

Five of the best N. Y. firms have put up $10,000 with which to send an expert and machinery to examine deposits. If good enough, they will contract at royalty to government of 33⅓% gross, and will advance a considerable loan if so warranted by them.

I want explanations as the enclosed memorandum will be given you to read. I will accompany expert and if all is favorable we will leave in Jan. I don't want any one but yourself, Townsend, Morse & Foulk to know of this.

Yours of July 16th came by last mail. Sorry you didn't give me details about the trouble. Our advices are not reliable.

I answered Hutchinson and Heron's letters promptly trusting they will continue sending over gossip, but the former is perhaps disgusted because he does not get help from me. The latter _____ _____ my letters were not being enough. At least I am hard up for news.

Senator Berry encourages me to believe that you will be there in the spring. I sincerely hope so for my own sake. With regards from Mrs. Allen and self.

Yours very truly,
H. N. Allen

사회란. *Detroit Free Press* (미시건 주 디트로이트)
(1888년 9월 16일), 17쪽

위싱턴의 한국 공사관의 책임을 맡고 있는 H. N. 알렌 박사는 지난 주에 이 도시에 체류하였는데, 형인 왓슨 가(街) 147의 T. H. 알렌 씨의 손님이었다.

Society. *Detroit Free Press* (Detroit, Mich.) (Sept. 16th, 1888), p. 17

Dr. H. N. Allen, who has charge of the Corean Embassy at Washington, was in the city last week, the guest of his brother, Mr. T. H. Allen. No. 147 Watson street.

프랭크 F. 엘린우드(미국 북장로교회 해외선교본부 총무)가
호러스 N. 알렌(워싱턴, D. C.)에게 보낸 편지 (1888년 9월 21일)

1888년 9월 21일

친애하는 알렌 박사님

　5월에 내가 뉴욕을 떠날 때, 박사님으로부터 간단한 언급을 담은 편지 한 통과 함께 한 꾸러미의 소포가 배달되었고, 나는 그것들에 대하여 급한 마음에 짧게나마 편지를 쓴 것으로 생각하였습니다. 그러나 일전에 나는 박사님의 편지 중 하나에 언급된 내용을 보고 내가 그렇게 하지 않았다고 판단하고 있습니다. 사실, 나는 박사님이 보낸 물건을 살펴볼 시간조차 없었고, 그것이 아내에게 주는 선물이라고 추측하였습니다. 나는 그 문제를 찾아보았고 박사님의 편지를 발견하였으며, 한국의 이 기념품에서 보여지는 박사님의 친절한 기억에 대하여 우리가 얼마나 감사해하는지 지금 박사님께 말하고 싶습니다. 아내가 박사님께 좀 더 자세한 편지를 쓸 것입니다. 나는 박사님의 편지를 검토하지 않고 그것들을 외국 선교를 위하여 팔기 위해 보낸 것인지, 아니면 아내에게 선물로 준 것인지 이해하지 못하였습니다. 만일 우리가 후자라고 잘못 이해하였다면 친절하고 솔직하게 말해 주겠습니까. 어쨌건 그것들을 보내준 것에 박사님께 감사드립니다. 내가 사용할 칼 지팡이는 거의 없고 극소수에 불과합니다. 아마 나는 전문가가 되지 못할 것입니다. 한편 한국에서도 이러한 기구가 이동 수단만큼 많이 쓰이게 되는 날이 빨리 오기를 바랍니다. 그것은 매우 호기심을 끄는 고안이며, 우리는 그것이 한국을 나타내는 것으로 매우 높게 평가할 것입니다.

　나는 한국에서 아주 좋은 고무적인 편지를 받았습니다. 정부의 간섭과 관련된 어려움이 모두 사라지기를 바라고 있습니다. 우리가 한국에 임명한 두 명의 목회 선교사들은 아내가 없어 주저하는 것 같습니다.

　많은 감사를 드립니다.

안녕히 계세요.
F. F. 엘린우드

Frank F. Ellinwood (Sec., BFM, PCUSA),
Letter to Horace N. Allen (Washington, D. C.) (Sept. 21st, 1888)

Sept. 21st, (188)8

My dear Dr. Allen:

Just as I was leaving New York in May a package of things came from you with a brief reference in a letter, and I had the impression that I wrote you, though briefly, amid the hurry of getting off, in regard to them. But I judge from a reference in one of your letters the other day, that I did not. Indeed, I did not even have time to examine the thing which you sent, and which I inferred were a present to Mrs. Ellinwood. I have looked the matter up and found your letter, and I want to say to you now how very grateful we are for your kind remembrances as shown in these souvenirs of Korea. Mrs. Ellinwood will write you on her own part more fully. I did not without examining your letter, understand whether they were sent to be sold for the cause of Foreign Missions, or whether they were designed as a present to Mrs. Ellinwood. If we are mistaken in understanding that they were the latter, will you kindly and frankly tell us. It was very kind of you in any case to send them on. The sword cane I shall use but very little and only *in extremis*. Probably I shall not become expert. Meanwhile, let us hope that the time will be hastened when such implements will come to be used as much of locomotion even in Korea. It is a very curious contrivance, and we shall prize it very highly as indicating the Korea that was.

I get very good and encouraging letters from Korea. I hope that all the difficulties connected with the Government interference will pass away. The two clerical missionaries whom we have appointed for Korea seem to hesitate on account of not finding wives.

With many thanks I remain,

Sincerely yours,
F. F. Ellinwood

존 W. 헤론(서울)이 프랭크 F. 엘린우드(미국 북장로교회 해외선교본부 총무)에게 보낸 편지 (1888년 9월 25일)

(중략)

왜 미첼 박사가 *New York Observer* 지(紙)에 알렌 박사의 편지가 게재되도록 허락하였습니까? 한 편지에서 알렌 박사는 선교사들이 아이들을 사왔다는 소문과 관련하여 "단지 우리 선교사들이 아니길 바랄 뿐이다."라고 말하였습니다. 사실 도처에서 선교사들 때문이라고 말들을 하지만, 처음에는 일본인들이 아이들을 사왔다는 소문으로 시작되어 다른 외국인들처럼 선교사들도 연루되었고, 딘즈모어 씨와 감리교회 목사는 한 번에 네 명을 먹었다는 소문이 있었습니다.

(중략)

John W. Heron (Seoul),
Letter to Frank F. Ellinwood (Sec., BFM, PCUSA)
(Sept. 25th, 1888)

(Omitted)

Why did Dr. Mitchell allow Dr. Allen's letter to be published in the *New York Observer*? The one in which he says, "I only hope that is was not our missionaries who did it" referring to the report that the missionaries had been buying children. As a matter of fact while it is stated in every place that it was account of the missionaries, the report was first started that the Japanese were buying them & the missionaries were no more implicated that any other foreigner. Mr. Dinsmore, the M. E. minister is was stated ate four at one time.

(Omitted)

18881005

프랭크 F. 엘린우드(미국 북장로교회 해외선교본부 총무)가
호러스 N. 알렌(워싱턴, D. C.)에게 보낸 편지 (1888년 10월 5일)

(188)8년 10월 5일

친애하는 알렌 박사님,

지불을 끝낸 박사님의 보험 증권이 간과되어 유감입니다. 나는 박사님의
이전 편지에서 박사님이 말하는 참조를 찾지 못하였습니다. 의심할 여지없이
누군가가 잘못 놓았습니다. 박사님이 요청을 갱신해 주시면 처리하겠습니다.

급여 문제에 대하여 박사님이 말하는 것은 혜론 박사의 경우에 무엇을 해
애 하는지에 대하여 여전히 불확실합니다.

안녕히 계세요.
F. F. 엘린우드

추신. 우리의 재무는 보험 증권을 찾았으며, 다음 날짜에 보냈습니다.

Frank F. Ellinwood (Sec., BFM, PCUSA),
Letter to Horace N. Allen (Washington, D. C.) (Oct. 5th, 1888)

Oct. 5th, (188)8

My dear Dr. Allen:

I regret that the matter of your paid up policy has been overlooked. I fail to find the reference of which you speak in any of your back letters. Doubtless some one has been mislaid. Will you please renew the request and it will be attended to.

What you say about the salary question leaves me still in doubt as to just what ought to be done in the case of Dr. Heron

Sincerely yours,
F. F. Ellinwood

P. S. Our Treasurer has found the policy & sent it on -

호러스 N. 알렌(워싱턴, D. C.)이 프랭크 F. 엘린우드(미국 북장로교회 해외선교본부 총무)에게 보낸 편지 (1888년 10월 6일)

워싱턴, D. C.,
(18)88년 10월 6일

친애하는 엘린우드 박사님,

어제 날짜의 박사님 편지를 막 받았습니다.[137] 저는 벙커 부인을 위한 소포를 박사님께 보낼 것입니다. 박사님께서는 고든 씨나 벙커 부인에게 전해 줄 다른 사람에게 전해주시겠습니까?

이퀴터블 보험회사에서 저를 위하여 받은 보험 증권에 대하여 지불해 달라는 저의 요청을 받으셨습니까?

더 많은 급료를 요구하는 헤론 박사에 대하여. 같은 대화에서 그가 저에 대하여 말한 후에 그것을 요청하는 것은 ＿＿＿에 거의 일관되지 않습니다.

그것은 단순히 기금의 수령과 함께 그가 선교본부로 넘기는 것에 반대하는 일부 사람들의 지속적인 ＿＿＿이 그를 유혹하고 있음을 증명하고 있음을 보여주고 있습니다. 그는 지금 연간 금화 1,400달러 또는 해당 국가의 통화로 1,866.66달러를 받고 있습니다. 필수 조건이 2,000달러 이상으로 올라가면서, 저는 같은 액수로 빚을 지게 되었지만 저는 그가 하지 못한 약간의 손실을 보았고 저의 학교 교육을 위하여 400달러의 빚을 갚았습니다. 제가 떠날 때 저는 모든 가구를 가져갔지만 저는 절약하기 시작하였고 지금 제가 어떻게 그 일을 쉽게 감당할 수 있었는지 알고 있습니다.

(만일 박사님께서 저를 부산이나 평양으로 가게 해 주신다면) 저는 박사님께 돌아갈 것 같고 요구한 급여 이상은 바라지 않을 것이라고 간단하게 말씀드립니다. 만일 제가 부산이나 제물포에 있다면, 저는 진료과에서 외국인 진료 업무를 할 수 있을 것이라고 생각하고 있습니다.

저는 며칠 내에 뉴욕에서 업무가 있을지 모르겠습니다. 그렇게 되면 박사님을 뵙겠습니다.

---

137) Frank F. Ellinwood (Sec., BFM, PCUSA), Letter to Horace N. Allen (Washington, D. C.) (Oct. 5th, 1888)

모든 분께 안부 전합니다.

안녕히 계십시오.
H. N. 알렌

Horace N. Allen (Washington, D. C.),
Letter to Frank F. Ellinwood (Sec., BFM, PCUSA) (Oct. 6th, 1888)

Washington, D. C.,

Oct. 6th, 88

My dear Dr. Ellinwood,

Yours of yesterday just to hand. I will send the package for Mrs. Bunker to you. Will you kindly give it to Mr. <u>Gordon</u> or some one who will take it to Mrs. B.

Did you receive my request for the paid up policy you obtained for me from the Equitable Ins. Co.?

About Dr. Heron's request for more money. It is hardly consistent in ___ to ask it after what he has said of me in the same conversation.

It simply shows that the continual _____tions of some of the people there against his being forward to the Board, together with the receipt of the funds is proving a temptation to him. He now has $1,400 a year gold or $1,866.66 in the currency of the country. With prerequisites bringing it up to more than $2,000.00, I had the same and ran in debt, but I had some losses that he had not and paid a debt of $400.00 for my schooling. When I left I took all my furniture to pay my mission indebtedness but I had begun to be economize and see now how I would have gotten along on that easily.

I will simply say that it looks very much as though I might go back to you, (if you will let me go to Fusan or Ping Yang) and I will not expect any more than the requested salary. While if I am at Fusan or Chemulpo I think I can make the foreign work run the medical dep't.

I may have business in N. Y. in a few days. If so I will come and see you. With kind regards to all.

Yours very truly,
H. N. Allen

18881006

개인 소식.
The New York Times (뉴욕 시) (1888년 10월 6일), 5쪽

워싱턴의 한국 공사관의 H. N. 알렌 박사와 몬트리올의 조셉 힉슨은 브레
브트 호텔에 숙박 중이다.

Personal Intelligence.
The New York Times (New York City) (Oct. 6th, 1888), p 5

Dr. H. N. Allen of the Corean Legation at Washington and Joseph Hickson of
Montreal are at the Brevoort House.

호러스 N. 알렌(워싱턴, D. C.)이 프랭크 F. 엘린우드(미국 북장로교회 해외선교본부 총무)에게 보낸 편지 (1888년 10월 8일)

워싱턴, D. C.,
(18)88년 10월 8일

친애하는 엘린우드 박사님,

저는 박사님이 그 정책을 세우시게 되어 기쁩니다. 아마도 때가 되면 그 것이 이루어질 것입니다.

저는 토요일[138]에 대화가 너무 짧아 아쉬웠으며, 그래서 헤론 박사의 요 청에 대한 저의 이전 발언에 몇 말씀 덧붙이고자 합니다. 저는 다음의 제 설명이 확실하다는 것에 대하여 전 주한 대리공사이었으며, 지금은 워싱턴 에 있는 락힐 씨에게 박사님을 소개하였습니다. 연장자인 스크랜턴 부인이 만들어 놓았고, 다른 선교사들, 특히 언더우드와 헤론 씨가 따라했던 생활 방식에 대한 것인데, 이것은 적절하지 않을 뿐 아니라 그들 중 일부는 부끄 럽게도 외교 사절을 괴롭혔으며, 제가 떠나기 1년 전에 그것에 반대하는 일 치된 행동을 하게 하였습니다.

언더우드의 만찬은 서울에서 제공되는 어떤 만찬만큼 훌륭한 것이며, 제 가 손님 중 한 명이 아니었고 제 자신이 직접 보지는 못하였지만 헤론도 그 만큼 했다고 알고 있습니다.

우리는 접시가 6개 밖에 없고, 한 번도 그 이상의 숫자를 넘은 적이 없 었으며, 아내가 만찬을 대단히 무서워했기 때문에, 우리는 보답으로 해야 하 는 만찬도 하지 않았습니다.

제가 하고 싶은 것은 이것입니다. 만약 헤론 박사가 외국인을 위한 의사 라는 직책 때문에 2,000달러가 넘는 급여로 생계를 유지하지 못한다면, 박사 님은 그의 업무(저는 그것을 맡을 기독교인 남자를 구할 수 있습니다)의 원 인이 되는 그것을 집어 던지고 자신의 본연의 임무만 하도록 제한하셔야 합 니다.

제가 한국에서 보낸 편지를 참조하시면, 박사님은 그 직책이 이익보다

---

138) 10월 6일이다.

해가 더 많았던 것을 근거로 제가 여러 차례 저 자신을 위하여 이런 방침을 제안하였다는 것을 아시게 될 것입니다. 물론 그는 병원과의 관계 때문에 여전히 왕을 위해서는 일하게 될 것입니다.

안녕히 계십시오.
H. N. 알렌

Horace N. Allen (Washington, D. C.), Letter to Frank F. Ellinwood (Sec., BFM, PCUSA) (Oct. 8th, 1888)

Washington,
Oct. 8/ (18)88

My dear Dr. Ellinwood: -

I am glad you found the policy. It will probably come in due time.

I regret that I had so little time for conversation on Saturday and will therefore add a little to my former remarks upon Dr. Heron's request. I refer you to Mr. Rockhill, former charge for U. S. at Seoul, now in Washington in corroboration of my statement that the style of living set by the elder Mrs. Scranton and followed by the other missionaries, especially Messrs. Underwood and Heron, is not only not proper, but it annoys the representation by putting some of them to shame, and caused them to take concerted action against it a year before I left.

Underwood's dinners are as elaborate as any given in Seoul and Heron, I understand, did as much, though I was not one of his guests and did not see for myself.

As we had a dessert service with but six plates, we never had more than that number at a time, and as Mrs. Allen had a great horror of dinners, we did not even return our obligations.

What I would suggest is this. If Dr. Heron can't make ends meet on a salary of more than $2,000 owing to his position as Dr. for the foreigners, you must ask him to throw up that because of his work (I can get a Christian man to take it) and confine himself to his legitimate duties.

By reference to my Korean letter you will see that I several times proposed this course for myself, on the grounds that it didn't pay while the somewhat equivocal positions in which I was placed did more harm than the position did good. Of course he will still work for the King, by virtue of his hospital connection.

Yours very truly,
H. N. Allen

호러스 N. 알렌(워싱턴, D. C.)이 클레이턴 W. 에버릿
(오하이오 주 톨리도)에게 보낸 편지 (1888년 10월 8일)

사신

(18)88년 10월 8일

클레이턴 W. 에버릿,
　　오하이오 주 톨리도

친애하는 매형께,

　　저는 회사와 상관없이 직접 광산 사업을 맡으라고 전보로 지시를 받았고, 돈은 모두 이곳의 저에게 보내졌으며 필요한 것을 확인하고 기계를 주문하기 위하여 즉시 전문가를 보내라는 지시를 받았습니다. 저는 충분히 유능할 뿐 아니라 정직하고 자신의 계획을 지킬 만큼 책략에 능한 사람을 원하고 있습니다. 이론 외에 상당한 경험이 있는 사람, 즉시 갈 수 있고 필요에 따라 오래 머물 수 있는 그런 사람입니다. 그것은 적합한 사람에게 좋은 미래를 제공합니다. 매형은 그런 사람을 알고 있으세요? 아니면 그런 사람을 찾는 길을 알려 주실 수 있으세요? 저는 필요하다면 오하이오 주와 미시건 주로 갈 수 있습니다.
　　저를 도와주실 수 있으면 저에게 전보를 보내 주세요. 그렇지 않으면 저는 다른 ＿＿＿에서 알아 볼 것입니다.

　　안녕히 계십시오.
　　H. N. 알렌

Horace N. Allen (Washington, D. C.), Letter to Clayton W. Everett (Toledo, O.) (Oct. 8th, 1888)

Personal

Oct. 8, 88

Clayton W. Everett,
Toledo, Ohio

My dear brother,

I am ordered by cable to take up the mining business myself regardless of a Co., money is all sent me here and I am ordered to send an expert at once to see what is needed & order machinery. I want a man, who is not only thoroughly capable, but honest as well, and diplomatic enough to keep his own counsel. One who has had considerable experience in addition to theoretical instruction, and one who can go at once and remain as long as needed. It offers a fine future to the proper man. Do you know of such a man or can you put me in the way of finding one. I can come out to Ohio & Michigan if necessary.

Wire me if you can be of service to me, else I will work in another ___tion.

Yours truly,
H. N. Allen

한국. 미국 북장로교회 해외선교본부 실행이사회 회의록, 1837~1919
(1888년 10월 15일)

한국. 급여 문제와 관련하여 헤론 박사, 알렌 박사, 그리고 H. G. 언더우드 박사로부터 편지를 받았으며, 한국의 급여와 관련된 전체 문제는 웰즈, 부스 박사, 그리고 제임스 씨로 구성된 위원회에 회부되었다.

Korea. *Minutes [of Executive Committee, PCUSA], 1837~1919*
(Oct. 15th, 1888)

Korea. Letters having been received form Dr. Heron, Dr. Allen, and Rev. H. G. Underwood in regard to the question of salaries in Korea, the whole subject of Korean salaries was referred to a Committee consisting of Drs. Wells, Booth, and Mr. James.

프랭크 F. 엘린우드(미국 북장로교회 해외선교본부 총무)가
호러스 N. 알렌(워싱턴, D. C.)에게 보낸 편지 (1888년 10월 15일)

뉴욕, 1888년 10월 15일

친애하는 알렌 박사님,

일전에 나는 길모어 씨와 헤론 박사의 급여와 한국에서의 생활 조건에 대하여 이야기를 나누었습니다. 그는 헐버트 씨와 함께 확대가 있어야 한다고 생각하지만, 다른 선교사들이 질투할 위험이 있기 때문에 왕이 지불한 비용을 사용하도록 허용하는 것은 좋지 않을 것이라고 생각하고 있습니다.

우리는 막 파워 박사를 파송하고 있으며, 가드너와 기포드 씨도 파송하기로 결정하였습니다. 그런 점에서 파워 박사에게는 어떻게 해야 할까요? 다른 한편으로, 급여가 인상된다면 전체 선교부에서 그에 상응하는 ____을 올려야 하고, 현재의 ____에서 우리의 예산 규모에 상당히 ____한 문제가 될 것입니다. 만일 ___이 있다면 서울에서 ____ 액수에 대한 박사님의 출처가 무엇인지 말해 주겠습니까? 나는 그들을 ___하기 위해 또는 ___을 확인하기 위하여 ____를 취한 적이 없지만, 나는 박사님이 헤론 박사와 같은 것을 받았다고 생각하였습니다. 이 문제로 불편을 끼쳐 미안합니다. 하지만 박사님이 하는 말은 무엇이든 철저히 기밀로 취급되므로 안심해도 됩니다.

안녕히 계세요.
F. F. 엘린우드

Frank F. Ellinwood (Sec., BFM, PCUSA),
Letter to Horace N. Allen (Washington, D. C.) (Oct. 15th, 1888)

New York, Oct. 15th, 1888

My dear Dr. Allen:

I was talking the other day with Mr. Gilmore in regard to Dr. Heron's salary and the requirement of living in Korea. He thinks, with Hulbert, that there should be an enlargement, but he thinks that it would not be well to allow a physician to use the fees given by the king, as there might be danger of jealousy on the part of other missionaries.

We are just sending out Dr. Power, and Messrs. Gardner and Gifford have also decided to go. How would it be with Dr. Power in such a distinction were made. On the other hand, if the salary is enlarged it would have to _____ correspondingly raised through the whole Mission, and that, with the present ____ers would be quite ___erious matter in our scale of estimates. Will you please tell me what were your sources _____ _____ the amount _____ in Seoul that is, if there is ____ _____ion. I never took _____ to _____ them up or to ascertain ____, but I supposed that you and Dr. Heron received the same. I am sorry to trouble you in this matter, but you may rest assured that whatever you say will be regarded as strictly confidential.

Sincerely yours,

F. F. Ellinwood

호러스 N. 알렌(워싱턴, D. C.)이 프랭크 F. 엘린우드(미국 북장로교회 해외선교본부 총무)에게 보낸 편지 (1888년 10월 17일)

한국 공사관
워싱턴, D. C.

(18)88년 10월 17일

친애하는 엘린우드 박사님,

저는 세관에서 1,300달러(이것에 궁궐 업무가 포함됨), 외아문에서 병원의 추가 비용으로 500달러, 영국 공사관에서 750달러(환율에 따른 추정치임), 일본 공사관으로부터 500달러(지금은 중단됨), 중국 공사관에서 100달러, 독일 공사관에서 50달러, 미국 공사관에서 50달러, 외국인 각각으로부터 50달러, 그리고 외부 진료를 통해 1년간 최소 500달러, 총 3,950.00달러를 받았습니다. 그 돈은 한 푼도 빠짐없이 정식으로 재무에게 넘기거나, 선교부의 완전한 승인을 받아 사용되었습니다.

만약 박사님께서 박사님이 관할하는 의료인이 이 돈 중 일부를 가지도록 허용한다면 박사님은 심각하고 지속적인 문제에 빠지게 될 것입니다. 저는 때때로 제가 이것의 일부에 대한 권리를 가지고 있다고 느꼈던 유혹을 알고 있습니다. 게다가 저는 박사님의 입장을 알았으며, 만일 제가 이 수입에 대하여 금전적 이해관계를 갖도록 허용 받았다면 합법적인 업무를 소홀히 하고 제 자신의 목표를 추구하려는 경향이 있음을 깨달았습니다. 개인적으로 저는 박사님이 그곳에 있는 사람들에게 주시는 보수는 충분하다고 절대적으로 확신하고 있습니다. 하지만 그것은 저의 일이 아닙니다. 그러나 보수를 올리고 싶으시다면 박사님은 전반적으로 올리시고 한 푼도 빠짐없이 박사님께 넘기도록 요구함으로써 안전하게 그렇게 하실 수 있습니다.

언더우드가 요구하는 어류에 관한 출판물은 찾아보겠습니다.

저는 다른 사람들이 무사히 출발하고 있다니 기쁩니다.

안녕히 계십시오.
H. N. 알렌

Horace N. Allen (Washington, D. C.),
Letter to Frank F. Ellinwood (Sec., BFM, PCUSA) (Oct. 17th, 1888)

Legation of Korea
Washington

Oct. 17, (18)88

My dear Dr. Ellinwood: -

I had from Customs $1,300.00 (Palace work included in this). $500 from Foreign Office for Hospital beside extras, $750 (about owing to exchange) from English Legation, $500 from Japanese Legation (now stopped), $100 from Chinese Legation, $150 German Legation, $50 American Legation, $50 each from the foreigners, and at least $500 from outside practice for year in all $3,950.00. Every cent of which was duly turned over to the treasurer or spent with and by the full sanction of the mission.

You will get yourselves into serious and lasting trouble if yon allow any medical man in your service to keep back a part of this. I know the temptation I felt at times that I had a right to a part of this. Yet I realized your position and the tendency to neglect legitimate work and further my own aim if I were allowed to have a pecuniary interest in these receipts. Personally I am perfectly confident that your allowance for your people over there is ample. That is not my affair, however. But if you wish to advance the compensation you can only do so safely by advancing all around and requiring every cent of receipts to be paid over to you.

I will look up the fish publication Underwood asks for.

I am glad the others are going to get off alright.

Yours very truly,
H. N. Allen

18881024

호러스 N. 알렌(워싱턴, D. C.)이 제임스 M. 호튼
(일리노이 주 시카고)에게 보낸 편지 (1888년 10월 24일)

한국 공사관,
워싱턴, D. C.,
(18)88년 10월 24일

제임스 M. 호튼 님,
   시카고

안녕하십니까,

   귀하의 딸 친구들이 무분별한 행동을 하였다는 소식을 들으니 유감입니다. 이곳의 사람들은 한국에 관하여 발표된 모든 언급은 영어를 사용하는 한국인들의 주의를 분명 환기시킬 것이며, 저는 왕이 300명이 넘는 후궁을 가지고 있다는 헤론 부인의 인쇄된 언급을 설명하는 데 어려움을 겪었습니다. 왕비는 그에게 단 한 명도 허용하지 않을 것입니다. 선교사들은 한국의 최상의 이익을 위하여 일해야 하며, 또 일하고 있지만, 최근 그들 중 일부는 그들의 열의가 지혜를 압도하여 선교 사업을 완전히 죽일 뻔하였습니다.
   따님이 아프다는 소식을 들으니 유감입니다.
(이하 판독 불가)
안부를 전합니다.

안녕히 계십시오.
H. N. 알렌

Horace N. Allen (Washington, D. C.),
Letter to James M. Horton (Chicago, Ill.) (Oct. 24th, 1888)

Korean Legation,
Washington, D. C.,
Oct. 24th, 88

Jas. M. Horton Esq.,
Chicago

My dear Sir,

I am sorry to hear your daughter's friends have been indiscreet. People here are sure to call the attention of the English speaking Koreans to any published statement concerning Korea and I have just had a hard time explaining away a printed statement by Mrs. Heron to the effect that the King has over 300 concubines while the fact is the Queen will not allow him a single one. The missionaries should be and are working for Koreas best interest, but of late some of them have allowed their zeal to so overcome their wisdom that they come near killing the mission work outright.

I am sorry to hear that your daughter has been sick. The _____ has been rather a severe one then but the being winter will _____ ____ her up.

(undecipherable)

With kind regard

Yours very truly,
H. N. Allen

한국의 독립. *The Los Angeles Times*
(캘리포니아 주 로스앤젤레스) (1888년 10월 29일), 4쪽[139]

한국의 독립

워싱턴, 10월 28일. - 주미 한국 공사관의 서기관인 H. N. 알렌 박사는 어제 발행된 샌프란시스코로 보낸 급보에서 중국으로부터의 독립을 확보하려는 한국의 의도에 대하여 다음과 같이 말하였다. "우리는 한국의 독립 선언에 관한 소식을 갖고 있지 않습니다. 중국은 서울에 외교관이 상주하는 일류 열강과의 독립 조약을 체결하는 것을 도운 뒤 조선의 독립을 의심하는 듯한 모습을 보이며 자신이 최근 차지하고 있는 애매모호한 입장을 버리기로 한 것 일 수도 있다."

Corea's Independence.
The Los Angeles Times (Los Angeles, Ca.) (Oct. 29th, 1888), p. 4

Corea's Independence.

Washington, Oct. 28. - Dr. H. N. Allen, American Secretary of the Corean Legation, referring to a San Francisco dispatch printed yesterday, regarding Corea's intention of, securing her independence from China, said: "We have no news concerning the declaration of Corea's independence. It may mean that China has chosen to forsake the ambiguous position she has lately occupied In appearing to doubt Corean independence after assisting her in making treaties of independence with first-class powers, whose diplomatic representatives reside at the court at Seoul."

---

139) 다음의 신문에도 실렸다. Corea and China. Morning Oregonian (Portland, Or.) (Oct. 29th, 1888), p. 1

호러스 N. 알렌(워싱턴, D. C.)이 길버트 K. 해로운
(미국 북장로교회 해외선교본부) (1888년 10월 29일)

O가(街) 1513,
(18)88년 10월 29일

G. K. 해로운 님,
  뉴욕 시 5 애버뉴 53

안녕하십니까,

  귀하가 '한국 공사관 서기관'에게 보낸 26일자 편지를 받았습니다. 저는 대단히 주의 깊게 검색하였지만 귀하께서 저에게 보낸 중요한 편지의 흔적을 찾을 수 없었습니다. 우리는 이전에 우편물에 문제가 발생한 적이 없으며, 저는 이 공사관에 우편물이 결코 배달되지 않았다고 확신합니다.

  안녕히 계세요.
  H. N. 알렌, 의학박사
  (한국) 공사관 서기관

Horace N. Allen (Washington, D. C.),
Letter to Gilbert K. Harroun (BFM, PCUSA) (Oct. 29th, 1888)

1513 O St.,

Oct. 29th, (18)88

G. K. Harroun Esq.,
   53 5th Ave., N. Y.

Dear Sir: -

Yours of the 26th addressed to "Secretary of the Korean Embassy" received. I have searched most carefully and can find no trace of the important letter you sent to me. We have never had trouble with mail previous to this and I am quite positive it was never delivered at this legation.

Yours very truly,
H. N. Allen, M. D.,
Secretary of Legation

호러스 N. 알렌(워싱턴, D. C.)이
워싱턴, D. C.의 우체국장에게 보낸 편지 (1888년 10월 31일)

(18)88년 10월 31일

안녕하십니까,

　　장로교회 해외선교본부의 재무인 G. K. 해로운 씨가 10월 5일자 우편으로 이퀴터블 보험 회사의 증권을 보냈다고 들었습니다. 그것은 다른 우편과 함께 뉴욕 시 5 애버뉴 53에서 선교본부의 주머니에 넣어 뉴욕 시의 D 우체국으로 보내졌고, 그것은 평소와 같이 개봉되어 목적지로 전달되었습니다.

　　문제가 되는 우편을 받지 못하여 저는 알고 싶어 29일자 편지를 썼습니다. 문의는 뉴욕에서 하였고, 저는 이곳에서 하라는 요청을 받았습니다. 따라서 저는 귀하께 자유롭게 이 사실을 밝힙니다.

　　귀하께서 필요한 조치를 취하실 것으로 믿습니다.

　　안녕히 계세요.
　　H. N. 알렌, 의학박사
　　한국 공사관 서기관

　　시(市) 우체국장 귀중

Horace N. Allen (Washington, D. C.),
Letter to Washington, D. C. Postmaster (Oct. 31st, 1888)

Oct. 31, 88

Dear Sir,

I am informed that Mr. G. K. Harroun Treasurer of the Presbyterian Board of Foreign Missions mailed to me an Equitable Insurance policy in a cover on Oct 5th. The cover with other mail was placed in a bag of the Society at 53 5th Ave, New York City, and sent to Station D, N. Y. City where it was, as usual, opened and the mail forwarded to destinations.

Not having received the cover in question, I wrote for information on the 29th. Inquiries have been made at New York and I was requested to do so here. I therefore take the liberty of laying the facts before you.

Trusting you may give the necessary instructions.

I remain

Yours very truly,
H. N. Allen, M. D.
Sec. Korean Legation

To the City Postmaster

프랭크 F. 엘린우드(미국 북장로교회 해외선교본부 총무)가
호러스 N. 알렌(워싱턴, D. C.)에게 보낸 편지 (1888년 10월 31일)

(188)8년 10월 31일

H. N. 알렌, 의학박사,
　　워싱턴, D. C.

친애하는 박사님,

　해로운 씨는 보험 증권을 동봉한 편지의 발송과 관련하여 박사님께 편지를 보냈다고 내게 말하고 있습니다. 나는 박사님이 우체국에 'H. M. 알렌'에게 보낸 편지를 요청하면 그것을 찾을 수 있다고 믿고 있습니다.

　스터버트 박사가 나를 보러 왔고, 나는 그의 파송과 관련하여 모든 것이 혜론 박사와 파워 박사가 그것에 대하여 뭐라고 말하느냐에 달려 있다고 말하였습니다. 나는 혜론 박사가 외국인 진료를 포기할 의향이 있는지 의심스럽습니다.

　한국 급여의 모든 문제는 위원회의 손에 달려 있습니다.

　안녕히 계세요
　F. F. 엘린우드

Frank F. Ellinwood (Sec., BFM, PCUSA),
Letter to Horace N. Allen (Washington, D. C.) (Oct. 31st, 1888)

Oct. 31st, (188)8

H. N. Allen, M. D.,
Washington, D. C.

My dear Doctor:

Mr. Harroun tells me that he has written you in regard to the way in which his letter to you enclosing the policy was sent. I trust that if you call at the office for a letter to H. M. Allen, you may be alble to find it.

Dr. Stubbert called to see me, and I said to him in regard to his going out, that everything would depend upon what Dr. Heron and Power would say to the thing. I doubt whether Dr. Heron would be willing to give up the foreign practice.

The whole question of Korean salaries is in the hands on a Committee.

Sincerely yours,
F. F. Ellinwood

18881000

호러스 N. 알렌(워싱턴, D. C.)이 프랭크 F. 엘린우드(미국 북장로교회 해외선교본부 총무)에게 보낸 편지 (1888년 10월)

워싱턴,
(18)88년 ___

친애하는 엘린우드 박사님,

저는 그 정책에 대하여 상당히 불안해하고 있습니다. 그것은 이곳에서 받은 적이 없습니다. 박사님은 만일 그것이 없어졌다면 하나를 더 얻을 수 있다고 생각하십니까.

박사님은 저에게 *Woman's work for Woman*의 지난 11월호를 보내 주실 수 있습니까? 저는 호튼 양이 쓴 글을 보고 싶습니다.[140] 저의 ___를 적절한 사람에게 주시고, _____해 주시겠습니까. 저는 한국 공사관에서 ____ _____.

저는 헤론 박사를 생각하면 오히려 그는 ___라고 생각하며, 만일 박사님께서 그의 요청을 거부하시면 그는 외국인 진료에 전념할 것이라고 생각합니다. 만일 그가 그렇게 하면 후회할 것입니다.

저는 그가 오래 전에 한국에서 그를 도와달라고 부탁하였기 때문에 ___를 그 자리의 ___에 놔두었습니다.

기독교인이고 선교 사업을 이해하는 사람으로서 저는 그가 외국인 진료 업무에 적임자라고 생각합니다.

안녕히 계십시오.
H. N. 알렌

---

140) Letter. Korea. [Lillias S. Horton] Woman's Work for Woman and Our Mission Field 3(11) (Nov., 1888), p. 301

Washington,

___ ___/ 88

My dear Dr. Ellinwood,

I am quite disturbed about that policy. It was never received here. Do you suppose you can get another if it is lost.

Can you send me the "Woman's Work for Woman" for Nov. last! I want to see an article by Miss Horton. Please give my ____tion to the proper person & for the '____' are the ___ _____ it. I ____ ____ ___ at Korean Legation _____.

In thinking over Dr. Heron ___ ___ I am rather inclined to think he was ___ and devote himself to the foreign work if you refuse his request. He will regret it if he does.

I took the liberty of putting ___ ___ on the ___ of the place, as he long ago asked me to help him to Korea.

Being a Christian and understanding mission work I think he would be the right man for the place ___ ___ ___ ___ ___ the position of physician to the foreigners.

Yours very truly,
H. N. Allen

알렌 박사의 일기 제2권(1887~1888년) (1888년 11월 1일)

(18)88년 11월 1일

왕은 뉴욕 회사에 독점권을 부여하는 것을 거부하였다. 광산 기계 및 인력을 구매하고 처리하며, 1년 동안 한 사람의 인건비로 3만 달러를 보냈다. 그런 다음 공사는 휴가를 얻었고, 나는 남아 광산을 조사하고 기계를 주문하며 작동할 사람을 보내라는 통지를 받았다. 뉴욕과 세인트루이스를 방문하였으며, 좋은 사람을 확보하는데 큰 어려움을 겪었다. 마침내 뉴욕의 레이몬드 교수, 하프닝 씨 등이 추천한 윌러드 이드 피어스를 확보하였다. 매우 훌륭한 사람이다. 1년 급여 및 여행 경비로 금화 5,000달러.

뒤에 일부 계정, 예산, 암호, 광산 및 대출 문제, 그리고 일부 공식 문서를 번역한 것이 있다.[141)

광산(1887년 5월~6월)
윌러드 이드 피어스 (1887~1888년)
한국 사절단이 요코하마에서 금으로 바꾼 돈(1887년 12월 9일)[142)
요코하마에서 한국의 왕에게 보낸 나의 경비 보고서 사본(1887년 12월 7일)[143)
주미 한국 공사의 신임장 번역 (1887년 9월 23일)[144)
사절단 전체 정원
한국 사절단 경비
주미 한국 공사관의 지출에 대한 비망록(1차 년도)[145)
한국 왕이 이탈리아 국왕에게 보낸 조회문
휴 A. 딘스모어(주한 미국 공사)가 토머스 F. 베이야드(미국 국무부장관)에게 보낸 전보(1887년 10월 25일)

---

141) 아래의 내용은 『알렌 박사의 일기 제2권』 뒤에 첨부되어 있는 자료들의 제목이다. 자료들 중 이 자료집에 수록한 것은 각주로 표시하였다.
142) Moneys Exchanged into Gold at Yokohama by Korean Mission (Dec. 9th, 1887)
143) Copy of Statement of My Acc't Sent to K. R. Majesty from Yokohama (Dec. 7th, 1887)
144) Translation of Credentials, Korean Minister to U. S. A. (Sept. 23rd, 1887)
145) Memoranda of Appropriation for Korean Mission to Washington

박정양이 클리블랜드 대통령에게 보낸 편지 번역 (워싱턴, D. C., 1888년 1
   월 17일)
클리블랜드 대통령의 답사, 1888년 1월 17일 오전 11시 백악관 청실에서
여객선 출항 일정
영수증
민영익(홍콩)이 호러스 N. 알렌에게 보낸 편지 (1887년 12월 1일)[146]
주미 한국 공사관 H. N. 알렌이 사용한 광산 교섭 경비 내역(1888~1889년)

Dr. Allen's Diary No. 2 (1887~1888) (Nov. 1st, 1888)

Nov. 1st, (18)88

King declines to grant franchise to N. Y. Co. Sends $30,000 to me to buy &
conduct mining machinery & man for 1 year. Then the Minister obtain leave and
I am advised to remain, and send a man to inspect mines, order and operate
machinery. Have been to N. Y. & St. Louis, and had great trouble in securing
good man. Finally got my Willard Ide Pierce, recommended by Prof. Raymond of
N. Y., Mr. Harpening _____ and others. Very good men. $5,000 gold for
year and travelling expenses.

Farther on there are some accounts, budgets, codes, mining and loan matters
and some translations of official documents.

Mining (May~June, 1887)
Willard Ide Pierce (1887~1888)
Moneys Exchanged into Gold at Yokohama by Korean Mission (Dec. 9th,
   1887)
Copy of Statement of My Acc't Sent to K. R. Majesty from Yokohama (Dec.
   7th, 1887)

---

146) Min Yung Ik (Hong Kong), Letter to Horace N. Allen (Dec. 1st, 1887)

Translation of Credentials, Korean Minister to U. S. A. (Sept. 23rd, 1887)

Complement of Mission

Expenses for Korean Mission

Memoranda of Appropriation for Korean Mission to Washington

The King of Korea to the King of Italy

Hugh A. Dinsmore (U. S. Minister to Korea), Telegram to Bayard (Sec. of State, Washington, D. C.) (Oct. 25th, 1887)

Translation of Letter of Pak Chung Yung to President Cleveland, Washington, Jan. 17, 88

Answer of Pres. Cleveland, Jan. 17, 88, 11 A. M. in Blue Room of White House

Ship leaves

Receipts

Min Yung Ik (Hong Kong), Letter to Horace N. Allen (Dec. 1st, 1887)

Account of Mining Expenditures by H. N. Allen, Sec., Legation (1888~1889)

호러스 N. 알렌(워싱턴, D. C.)이 길버트 K. 해로운
(미국 북장로교회 해외선교본부)에게 보낸 편지
(1888년 11월 2일)

한국 공사관,
워싱턴, D. C.,
(18)88년 11월 2일

G. K. 해로운 님,
　뉴욕 시 5 애버뉴 53

안녕하십니까,

　저는 보험 증권을 받았습니다. 그것은 '워싱턴의 H. M. 알렌'에게 배달되었습니다. 머리글자의 오류와 저의 소재에 대한 주소가 없었기 때문에 저에게 배달되지 못하였습니다. 저는 귀하께 내 빚 32달러에 대한 환어음을 보냅니다. 제 계정을 정리해주시고 영수증을 모두 보내주십시오.

　안녕히 계십시오.
　H. N. 알렌

Horace N. Allen (Washington, D. C.),
Letter to Gilbert K. Harroun (BFM, PCUSA) (Nov. 2nd, 1888)

Korean Legation,
Washington, D. C.,
Nov. 2nd, 88

G. K. Harroun Esq.,
53 5th Ave., N. Y.

Dear Sir,

I have received my policy. It was addressed to "H. M. Allen Washington". Owing to the mistake in initials and the absence of any designating address as to my location it did not reach me. I send you draft for the am't of my indebtedness thirty two dollars $32.00. Kindly ballance my account and send me receipt in full.

Yours very truly,
H. N. Allen

호러스 N. 알렌(워싱턴, D. C.)이 길버트 K. 해로운
(미국 북장로교회 해외선교본부)에게 보낸 편지
(1888년 11월 5일)

한국 공사관,
워싱턴, D. C.,
(18)88년 11월 5일

G. K. 해로운 님,
　뉴욕 시 5 애버뉴 53

안녕하십니까,

　저는 시카고의 목회자 상호보험회사의 G. M. 트로우브리지 씨에게 이후로 저의 모든 보험 불입액을 제 주소로 직접 보내어 그것들로 귀하를 괴롭히지 않도록 부탁하였습니다. 저는 또한 74차 불입금을 지불하였으니 그것을 지불하지 말아 주세요. 만일 귀하께서 이미 지불하였다면 저는 선교본부의 장부에 저의 부채가 완전히 정리되기를 원하기 때문에 반환될 것입니다.

　안녕히 계십시오.
　H. N. 알렌, 의학박사

Horace N. Allen (Washington, D. C.),
Letter to Gilbert K. Harroun (BFM, PCUSA) (Nov. 5th, 1888)

Korean Legation,

Washington, D. C.,

Nov. 5th, (18)88

G. K. Harroun Esq.,

    53 5th Ave., N. Y.

My dear Sir,

I have asked Mr. G. M. Trowbridge of the Clerical Mutual Ins. Co., Chicago to hereafter send all ins. assessments due from me direct to my address and not to trouble you with them. I have also paid assessments No 74, so please do not pay it. If you have already done so it will be returned as I want my debt fully ballanced in the books of the Board.

Yours very truly,

H. N. Allen, M. D.

프랭크 F. 엘린우드(미국 북장로교회 해외선교본부 총무)가
호러스 N. 알렌(서울)에게 보낸 편지 (1888년 11월 10일)

(188)8년 11월 10일

H. N. 알렌, 의학박사,
　　워싱턴, D. C.

친애하는 박사님,

　　급여의 실질적인 인상에 대한 헤론 박사의 호소는 환율 상승, 또는 다른 관점에서 볼 때 은화의 평가절하를 강조하였습니다. 나는 박사님께 급여가 금화로 지급되는지 아니면 은화로 지급되는지를 문의하는 전보를 방금 보냈습니다. 우리는 모든 선교부에서 우리의 규칙에 따라 당연히 전자로 항상 생각해 왔습니다. 이제 금본위가 안정적으로 고정되어 있고, 은화 가격과 현금 사이에 변동이 있다고 우리가 생각하는 것이 맞습니까? 우리가 그렇게 가정하는 것이 옳습니까? 헤론 박사는 현재 1달러로 2~3년 전보다 절반 정도의 현금만을 살 수 있다고 언급하고 있습니다. 그가 의미하는 것이 금화인지 은화인지 나는 모릅니다. 만일 그가 금화가 이전과 같이 구매력이 절반에 불과하다는 것을 의미한다면, 당연히 그들의 급여는 너무 낮은 것입니다. 나는 이 주제에 대하여 박사님이 조금이라도 알려주시면 기쁠 것입니다. 우리는 공정하게 되기를 원하지만 또한 우리는 그 일을 올바르게 이해하고 싶습니다.

　　안녕히 계세요.
　　F. F. 엘린우드

Frank F. Ellinwood (Sec., BFM, PCUSA),
Letter to Horace N. Allen (Washington, D. C.) (Nov. 10th, 1888)

Nov. 10th, (188)8

H. N. Allen, M. D.,
    Washington, D. C.

Dear Doctor:

Dr. Heron's appeal for a virtual increase of salary urged the rise in the price of cash, or to view it in another light, the depreciation of Mexicans. I have just telegraphed asking you whether the salaries are paid in gold or in Mexican? We have always supposed the former of course, according to our rule in all missions. Now are we correct in supposing that the gold basis remains stably and fixed, and that the fluctuations are between the prices of Mexicans and cash? Are we correct in thus supposition? Dr. Heron states that a dollar will buy only about half as many cash now as it would two or three years ago. Whether he means a dollar in gold or a Mexican I do not know. If he means that a gold dollar has only about half the purchasing power as formerly, then of course their salaries are altogether too low. I will be glad if you can give me a little light on this subject. We wish to be just but we wish also to understand the thing rightly.

Very truly yours,
F. F. Ellinwood

한국의 신사. *The Evening Journal* (델라웨어 주 윌밍턴)
(1888년 11월 15일), 2쪽[147]

한국의 신사.

일단 신사가 된 한국인은 독특하게 느리게 흔들리는 보폭에 영향을 미치며, 결코 빠르게 '원하는 대로 가는' 걸음걸이에서 벗어나지 않는다. 이 독특한 보폭은 의자에 앉아 오랜 시간 다리를 꼬고 앉아 있기 때문에 발생하는 것으로 추정되며, 그것을 보면 원하는 대로 그 사람이 신사이고 걷기보다는 이곳저곳을 다니는 것에 익숙해져 있음을 즉시 추측한다. 또한 고귀한 신분으로 상승함에 따라 말과 태도도 변한다. 한국인의 말투로 그가 신사임을 단 번에 알아 차릴 수 있다. 평민의 저속한 모습은 버리고 신사의 보다 우아한 표정을 수련한다. 집에 있는 동안 신사는 아내, 자녀, 친척 및 친구로부터 마땅히 받아야 할 모든 존경의 관례를 요구한다. 노동계급에서는 가정생활이 더 많은데, 그들은 함께 모여 앉아 식사를 하고, 원하는 때에 담배를 피우지만, 아들이나 신사의 아내는 신사의 특별한 허가가 있어야만 그의 앞에서 담배를 피울 수 있다. - 의학박사 H. N. 알렌이 *San Francisco Chronicle*에 기고함

---

147) 이 기사는 다음의 신문에도 실렸다. The Gentleman in Corea. *Portage Daily Register* (Portate, Wisc.) (Nov. 17th, 1888), p. 3; The Gentleman in Corea. *Public Ledger* (Memphis, Tenn.) (Nov. 30th, 1888), p. 8; The Gentleman in Corea. *The Montclair Times* (Montclair, New Jersey) (Dec. 8th, 1888), p. 1

The Gentleman in Corea.
The Evening Journal (Wilmington, Dela.) (Nov. 15th, 1888), p. 2

The Gentleman in Corea.

Once having become a gentleman, the Corean affects a peculiar slow swinging stride, and never breaks out into a rapid "go as you please" gait. This peculiar stride is supposed to be caused by sitting cross-legged so long in riding in the chair, and seeing it one at once infers, as is desired, that the person is a gentleman and accustomed to being borne about from place, to place rather than to walking. Also the speech and manners change with the promotion to gentility. A Corean can instantly detect a gentleman by his form of speech. The vulgar forms of the commoner are dropped and the more elegant expressions of the gentleman are cultivated. While in the house the gentleman is strict in enjoining the observance of all the respect due him from his women, children, relatives and friends. With the laboring classes there is more home life; they sit down together to eat their meals, and they smoke when and as they please, while the son or wife of a gentleman may only smoke in his presence on special permission. - H. N. Allen, M. D., in *San Francisco Chronicle*.

호러스 N. 알렌(워싱턴, D. C.)이 프랭크 F. 엘린우드(미국 북장로교회 해외선교본부 총무)에게 보낸 편지 (1888년 11월 16일)

워싱턴, D. C.,
(18)88년 11월 16일

친애하는 엘린우드 박사님,

착오가 있어 박사님의 전보가 저에게 5시까지 배달되지 않았습니다. 박사님의 사무실에서 뵙기에는 너무 늦었습니다. 이것은 아침에 전보를 보내는 것만큼 빨리 박사님에게 도착할 것입니다(저는 박사님의 집 주소를 잊었습니다.) 저는 전보를 보내지 않을 것입니다.

한국 선교부의 급여는 금화 1,200달러입니다.

안녕히 계세요.
H. N. 알렌

추신. 저는 지금 한국으로 사람들을 보내느라 대단히 바쁩니다. 공사도 다음 증기선으로 돌아갑니다. 그는 병가(病暇)로 가는 것입니다. 저는 그들을 위하여 광산 업무를 시작하였지만 변화가 일어나고 있기 때문에 한동안 이곳에 있어야 합니다.

Horace N. Allen (Washington, D. C.),
Letter to Frank F. Ellinwood (Sec., BFM, PCUSA) (Nov. 16th, 1888)

Washington,

Nov. 16/ (18)88

My dear Dr. Ellinwood: -

Through a mistake your telegram did not reach me till five o'clock - too late to reach you at your office. As this will reach you as soon as I could wire you in the morn (I forget your home address) I will not telegraph.

The Korean mission salaries are $1,200 gold.

Yours very truly,

H. N. Allen

P. S.   I am very busy now getting off people to Korea. The Minister also returns by next S. S. He goes on sick leave. I have started the mining work for them, but must remain here for a time, owing to the changes taking place.

주미 한국 공사관의 지출에 대한 비망록(1차 년도)
(1888년 12월)

주미 한국 공사관의 지출에 대한 비망록(1차 년도)

공사, 박정양, 급여	금화	3,000.00
보좌관, H. N. 알렌, 급여		3,000.00
1등 서기관, 이완용, 급여		2,000.00
2등 서기관, 이하영, 급여		1,500.00
3등 서기관, 이상재, 급여		1,000.00
번역관, 이채연, 급여		1,000.00
공사관의 현재 경비 - 만찬, 등등		2,000.00
주택 임대		1,000.00
가구		1,000.00
한국인 하인 3명, 식사 제공		400.00
미국인 하인 2명		500.00
문구류		100.00
합계	금화	16,500.00
70%	은화	23,571.42

여행비 계정

5명의 한국인 관리, 서울에서 워싱턴까지	은화	3,000.00
알렌 가족 및 하인 1명	은화	2,000.00
하인 3명	은화	600.00
총 여행비		5,600.00
첫 해 총액	은화	29,171.42

Memoranda of Appropriation for Korean Mission to Washington
(Dec., 1888)

Memoranda of Appropriation for Korean Mission to Washington

Minister, Pak Chung Yuan, Salary	Gold	3,000.00
Assistant, H. N. Allen, Salary	Gold	3,000.00
1st Secretary, Yi Wan Yung, Salary	Gold	2,000.00
2nd Secretary, Yi Ha Yung, Salary	Gold	1,500.00
3rd Secretary, Yi Sang Jay, Salary	Gold	1,000.00
Interpreter, Ye Chah Yun, Salary	Gold	1,000.00
Current expenses of Legation - Dinners, etc. etc.		2,000.00
House Rent		1,000.00
Furniture		1,000.00
3 Korean Servants, Chow furnished		400.00
2 American Servants		500.00
Stationery		100.00
Total	Gold	16,500.00
70% "	Silver	23,571.42

Travelling Expense Account

5 Korean Officials, Seoul to Washington,	Silver	3,000.00
Allen & family with one servant	"	2,000.00
3 Servants at large	"	600.00
Total Traveling Ex.		5,600.00
Total for 1st Year Silver		29,171.42

호러스 N. 알렌(워싱턴, D. C.)이
민영익(홍콩)에게 보낸 편지 (1888년 12월 10일)

(18)88년 12월 10일

민영익 공(公),
   중국 홍콩

친애하는 친구에게,

   나는 귀하가 잘 있기를 바랍니다. 나는 여러 번 편지를 보냈지만 서울에서 온 워싱턴 소식은 다 알고 계신다고 생각하고 있습니다.

   우리의 적(敵)들은 항상 우리의 공사가 귀국할 것이라고 말하였고, 그가 돌아가자 그들은 신문에 중국 공사가 그를 멀리 보냈다는 기사를 실었기 때문에 저는 박 공사가 돌아간 것이 유감스럽습니다. 저는 모든 큰 신문사를 알고 있으며 정정 사항에 저의 이름을 서명하지 않고도 항상 이 기사들을 정정하였습니다.

   우리는 지금 이곳에서 좋은 평가를 받고 있지만, 우리에게 너무도 변화가 많아 이곳의 사람들은 우리가 정착하지 못하였다고 생각하고 있습니다. 먼저 이완용과 다른 세 명이 귀국하였습니다(이채연은 좋은 사람이지만 대단히 나쁜 통역이었기에 그가 귀국한 것이 기뻤으며, 이곳의 사람들은 그가 귀 나라에서 가장 좋은 사람이라고 생각하였습니다). 우리는 이완용이 더 이상 공사관의 서기관이 아니라는 소식을 들었습니다. 공사는 국무부 장관에게 이 소식을 보냈고, 우리는 이완용이 다시 온다는 소식을 들었습니다. 끊임없는 이러한 변화는 사람들이 우리에 대하여 웃게 만들었고 우리를 장난치는 어린애로 생각하게 만듭니다.

   이하영은 훌륭한 임시 대리공사이며, 강진희는 훌륭한 작가이자 서기관입니다. 더 이상 서기관을 보내지 말고, 귀하께서 할 수 있다면 힘이 있는 고위 관리를 공사로 보내세요. 그것이 좋게 보이고, 우리의 적을 실망시킬 것입니다.

   한국의 독립은 이 공사관을 유지하는데 달려 있습니다. 저는 제가 새 대통령과 그의 가족을 알고 있다고 말하게 되어 기쁩니다. 내 친구 역시 국무부

장관이 될 것입니다. 그리고 내 친구들은 강한 공화당원들이기에 나는 차기 행정부 동안 이곳에서 귀하를 상당히 도울 수 있을 것입니다.

귀 나라의 광산을 개발하는 것도 매우 중요합니다. 저는 피어스 씨가 금광 업무를 하도록 확보하는데 성공하여 기쁩니다. 그는 정직하고 일을 잘 할 것입니다. 강하고 정직한 한국인을 임명하여 그를 도와주면 모든 일이 잘 될 것입니다.

광산 기사를 돕기 위하여 제가 이곳에서 그곳으로 가는 것은 매우 나쁠 것입니다. 제가 이곳에서 훌륭한 봉사를 할 수 있는 동안 나는 그를 많이 도울 수 없으며, 제가 그곳에서 떠나면 공사관이 와해될 까 두렵습니다.

만일 데니 판사가 떠나고 그 자리를 딘스모어 씨가 차지하게 되는 것이 사실이라면, 그는 저보다 광산 업무를 더 잘 할 수 있고 저는 이곳에서 도와 드릴 수 있습니다.

나는 지금 언어를 꽤 잘하고 있고, 이하영이나 이계필이 이곳에 있는 한 우리는 다른 통역사가 필요하지 않습니다.

나의 급여는 내 직위가 요구하는, 겸손하게 이곳에서 살기에 충분하지 않습니다. 만일 귀하께서 그것을 인상시킬 수 있다면 고맙겠습니다.

귀하가 저에게 (이 편지를 받았다는) 통지를 하지 않으면 저는 귀하가 이 것을 받았는지 알 수가 없고 다시 편지를 쓰지 못할 수도 있습니다.

안녕히 계세요.
H. N. 알렌

Horace N. Allen (Washington, D. C.),
Letter to Min Yong Ik (Hong Kong) (Dec. 10th, 1888)

Dec. 10th, (18)88

H. E. Prince Min Yong Ik,
　　Hongkong, China

My dear friend,

　　I hope you are well. I have sent you several letters but I think you have all of the Washington news from Seoul.

　　I was sorry to have Minister Pak go back because our enemies always said he would soon return and when he did they published in the newspaper that the Chinese Minister sent him away. I know all of the great newspaper men and always had these stories corrected without having to sign my name to the corrections.

　　We are getting along very well now but we have too many changes so that people here think we are not settled. First Ye Wan Yong and three others went back (I was glad to have Ye Cha Yun go for though he is a good man he is a very bad interpreter and people here thought he was the best you had in your country). Bye and Bye we had news that Ye Wan Yong was not Secretary of Legation any longer. The Minister sent that news to the State Department and we hear that Ye Wan Yong is coming again. This constant changing makes people laugh at us and think we are children at play.

　　Ye Ha Yong is a good *Chargé d'Affairs* (acting minister) and Kang Chin He is a good writer and secretary. Don't send any more secretaries but if you can, send a strong, high officer, as minister. That will look well and disappoint our enemies.

　　The independence of Korea depends upon maintaining this legation. I am happy to say that I know the new President of the United States and his family. My friend also is to be Secretary of State. And my friends are strong

Republicans, so I can be of much help to you here during the next administration.

It is also very important to develop your mines. I am glad I succeeded in getting Mr. Pierce to go and work the gold mines. He is honest and will do well. Have them appoint a strong and honest Korean man to help him and all will go well.

It will be very bad if I am taken from here to help the mining man. I cannot help him much while I can be of great service here and I fear the legation will break up if I go away from it.

If it is true that Judge Denny goes away and Mr. Dinsmore takes his place, he can attend to the mining work better than I can and I can assist over here.

I get along speaking the language pretty well now and so long as Ye Ha Yong or Ye Kay Pill are here we need no other interpreter.

My salary is not enough for me to live here in the modest manner my position demands. If you can have it increased I will be much obliged.

Unless you send me your card I will not know that you have received this and may not write again.

Yours very truly,
H. N. Allen

호러스 N. 알렌(워싱턴, D. C.)이 마이클 H. 드 영
(캘리포니아 주 샌프란시스코)에게 보낸 편지 (1888년 12월 11일)

(18)88년 12월 11일

안녕하십니까,

저는 한국에 관하여 귀하의 신문에 실린 기사를 수집하고 싶습니다. 제가 어떻게 할 수 있을까요. 저는 이곳에서 귀 신문의 통신원을 찾았지만 찾지 못하였습니다. 그리고 지난 몇 년 동안 의회 도서관에 *Chronicle*이 보관되어 있지 않습니다. 제가 원하는 것을 확보하는데 도와주시겠습니까.

1888년 7월 9일자로 제가 한국에 관하여 귀하께 보낸 긴 설명 기사가 출판되었는지 여쭈어 봐도 될까요?

안녕히 계세요.
H. N. 알렌

M. H. 드 영 님,
샌프란시스코

Horace N. Allen (Washington, D. C.),
Michael H. de Young (San Francisco, Ca.) (Dec. 11th, 1888)

Dec. 11/ (18)88

Dear Sir: -

I wish to collect the articles that have appeared in your paper concerning Korea. How can I do it. I have searched in vain for your correspondent here and the *Chronicle* does not appear on file at the Congressional library for the last few years. Can you put me in the way of securing what I wish.

May I ask if you published the long descriptive article I sent you on Korea under date of July 9th, 88?

Yours very truly,
H. N. Allen

M. H. De Young Esquire,
San Francisco

여행자의 이야기.
Evening Star (워싱턴, D. C.) (1888년 12월 14일), 8쪽[148]

'여행자의 이야기',

　　기독교 청년회에서.

　　네 번째 이야기: 금요일, 12월 14일 오후 8시

의학박사 H. N. 알렌, 한국 공사관 외국인 서기관

　　　　주제: '한국 여행'

　　표로 입장하며, 뉴욕 애버뉴 1409에 신청하는 젊은이는 모두 무료로 받을 수 있다. 이 강연은 남자들 전용이다.

Talks by Travellers.
Evening Star (Washington, D. C.) (Dec. 14th, 1888), p. 8

> **"TALKS BY TRAVELERS,"**
> at Young Men's Christian Association.
> **Fourth Talk: FRIDAY, Dec. 14, at 8 p.m.**
> **H. N. ALLEN, M.D.,** Foreign Secretary of Legation for
> Korea.
> **Subject: "Travels in Korea."**
> Admission by ticket, to be had *free* by any young
> man applying at 1409 N. Y. ave. The course is
> for men only.　　　　　　　　　　n19-m,w&f2m

8-16. *Evening Star* (Washington, D. C.) (Dec. 14th, 1888).

---

148) 이 기사는 다음의 신문에도 실렸다. Talks by Travellers. *Evening Star* (Washington, D. C.) (Dec. 15th, 1888), p. 8

[여행자의 이야기.]
Evening Star (워싱턴, D. C.) (1888년 12월 15일), 5쪽

한국 공사관의 서기관인 H. N. 알렌 박사는 어젯밤 기독교 청년회의 방에서 그 나라에서의 여행에 대하여 강연을 하였다.

[Talks by Travellers.]
Evening Star (Washington, D. C.) (Dec. 15th, 1888), p. 5

Dr. H. N. Allen, the secretary of the Corean legation, delivered a lecture at the rooms of the Young Men's Christian association last night on his travels in that country.

한국의 흡연가. *Manhattan Mercury* (캔자스 주 맨해튼)
(1888년 12월 18일), 3쪽[149]

한국의 흡연가.

담배는 한국에서 보편적으로 사용된다. 아이는 연장자의 담뱃대에 불을 붙이며 담배를 피우는 법을 배우며, 그는 그것의 진정 효과를 결코 포기하지 않는다. 담뱃잎은 절대 씹지 않으며, 직경이 큰 놋쇠 대통을 가진 대가 긴 담뱃대에서 태운다. 어떤 계급의 관리는 만일 그것을 어느 정도 떨어진 거리에 있는 숯에 대는 것 이외에는 대가 너무 길어 불을 붙일 수 없는 담뱃대를 사용한다. 이 고관들 중 몇 명이 담배를 피우기 위하여 한 방에 모여 방 한쪽에 있는 공용 재떨이에 대통을 놓으면 산책할 공간이 거의 남지 않는다. 시간의 부분은 담배로 가득 찬 담뱃대로 계산되며 일반적으로 담뱃대 댐배를 여유롭게 피우는데 소비되는 시간은 약 10분에 해당한다. 다음 문장에서 볼 수 있듯이 "나는 너를 만나러 네 집에 갔으나 너는 집에 없었다. 나는 담뱃대로 한 번 피웠고 너는 오지 않아 나는 떠났다." - 의학박사 H. N. 알렌이 *San Francisco Chronicle*에 기고함

---

149) 이 기사는 다음의 신문에도 실렸다. The Smokers of Korea. The Weekly Teller (Lancaster, Wisc.) (Mar. 28th, 1889), p. 2; The Smokers of Korea. The Garnett Republican-Plaindealer (Garnett, Kansas) (May 3rd, 1889), p. 8

The Smokers of Corea. *Manhattan Mercury* (Manhattan, Kansas) (Dec. 18th, 1888), p. 3

The Smokers of Corea.

Tobacco is used universally in Corea. The child learns to smoke in lighting his elder's pipe, and he never forsakes its soothing influence. The weed is never chewed, but is smoked in long stemmed pipes with brass bowls of generous caliber. An official of some rank uses a pipe with a stem so long that he cannot light it if he would, except, by touching it to a coal at some distance. When several of these dignitaries assemble in a room for a smoke and rest their pipe bowls in a common tray at one side of the room there is little space left for promenading. Fractions of time are reckoned by the pipe, full of tobacco, meaning the amount of time ordinarily consumed in leisurely smoking a pipe of tobacco, which is equal to about ten minutes. As is seen in the following sentence, "I went to your house to see you; you were not in. I smoked one pipe of tobacco, and you not having arrived, I left." - H. N. Allen, M. D., in *San Francisco Chronicle*.

한국 공사관의 관원 및 동거인 명단, 1888년 12월 (1888년 12월)

한국 공사관의 관원 명단, 1888년 12월 (1888년 12월)

사무실 및 숙소: 워싱턴, D. C. O가(街) 1513

박정양, E. E. & M. P.	부재중
이하영, 서기관 겸 임시 대리공사	
이상재, 부서기관	부재중
강진희, 수행원	
H. N. 알렌 박사, 외국인 서기관	스토턴 가(街) 1411
알렌 부인	"

한국 공사관 동거인 명단 - 공식 관원은 아님, 1888년 12월

이계필 - 콜롬비아 대학교의 한국인 학생   워싱턴, D. C.
찰스 리, 유색인 하인
넬슨 맥고언, 유색인 하인

Names of Members and Inmates of Korean Legation, December 1888 (Dec., 1888)

Names of Members of Korean Legation, December 1888 (Dec., 1888)

Office and Residence: 1513, O St., Washington, D. C.

Pak Chung Yang, E. E. & M. P.   Absent
Ye Ha Yung, Secretary and *Chargé d'Affares ad interim*
Ye Sang Jay, Assistant Secretary   Absent
Kang Chin He, Attaché
Dr. H. N. Allen, Foreign Secretary of Legation 1411 Stoughton St., N. W.
Mrs. Allen,   "

Names of Inmates of Korean Legation - Not Official Members of the Same, December 1888

Ye Kay Pill - Korean Student of Columbia University   City
Charles Lee, Colored servant
Nelson McGowan, Colored servant

18890107
프랭크 F. 엘린우드(미국 북장로교회 해외선교본부 총무)가
호러스 N. 알렌(워싱턴, D. C.)에게 보낸 편지 (1889년 1월 7일)

1889년 1월 7일

친애하는 알렌 박사님

오늘 아침 중국이 한국의 독립을 막으려는 노력과 관련하여 *Sun* 지(紙)에 실린 기사[150]는 나를 조금 불안하게 만듭니다. 중국이 성공할 것 같습니까? 우리 정부는 어떤 입장을 취하고 있으며, 워싱턴의 기류는 어떠합니까? 물론 박사님이 나에게 쓰는 모든 것은 기밀로 간주되며, 배신하지 않을 것입니다. 나는 이 점들 중 일부에 대하여 알고 싶습니다.

안녕히 계세요.
[F. F. 엘린우드]

---

150) China Bulldoging Corea. *The Sun* (New York City) (Jan. 7th, 1889), p. 2

Frank F. Ellinwood (Sec., BFM, PCUSA),
Letter to Horace N. Allen (Washington, D. C.) (Jan. 7th, 1889)

Jan. 7th, (188)9

My dear Dr. Allen:

An article in the *Sun* this morning in regard to the effort of China to head off Korean independence, makes me a little anxious. Is China likely to succeed? What position is our Government taking, and what is the state of feeling at Washington? Of course anything that you write to me is considered confidential, and will not be betrayed. I should much like to know about some of these points.

Sincerely yours,
[F. F. Ellinwood]

데니가 위험에 처할 수 있다.
Morning Oregonian (오리건 주 포틀랜드) (1889년 1월 7일), 2쪽

데니가 위험에 처할 수 있다.

샌프란시스코, 1월 6일 - 워싱턴에서 보낸 *Examiner* 특별 기사는 다음과 같이 언급한다. 한국 공사관의 미국인 서기관인 H. 알렌 박사는 오늘 다음과 같이 언급하였다.

"전 서기관 이완용은 어젯밤 샌프란시스코에서 이 공사관으로 보내는 전보와 함께 도착하였다. 지금까지 우리는 오늘 전보에서 언급된 중국의 요구에 대한 소식을 갖고 있지 않다. 사실이라면 왕의 폐위와 섭정 수립을 위하여 데니 판사가 폭로한 계획을 공개적으로 인정한 것이다. 무력, 속임수 및 악행이 명백히 실패한 최근의 단계에서 그들이 요구에 의하여 달성할 수 있는 것이 무엇인지 알 수 없다. 이러한 '무력' 위협은 최근 중국이 한국과 거래하면서 매우 흔한 일이지만, 지난 4년 동안 그 이상은 아무 것도 아니었다. 중국 정부는 한두 차례 한국에 파견될 함대를 출항시키는 척하였지만, 더 이상 나아가지 않으려고 조심하였다.

"데니 판사의 위험에 관해서는, 역사는 중국인들이 이 효과적인 방법으로 공격적인 외국인들을 어떻게 스스로 제거하는지를 증명할 것이기 때문에 그것은 참으로 실제일 수 있다. 나는 많은 경우를 언급할 수 있는데, 나 자신이 위협을 받았다. 하지만 데니는 상당한 용기를 가지고 있다고 생각하며, 중국인이 괴롭힐수록 그는 한국에 충성을 다하고 그들에게 복수할 것이다."

Denny May be in Danger.
Morning Oregonian (Portland, Or.) (Jan. 7th, 1889), p. 2

Denny May be in Danger.

San Francisco, Jan. 6 - A special to the *Examiner* from Washington says: Dr. H. Allen, the American secretary of the Corean Legation, said to-day:

"Ye Wan Young, the former secretary here, arrived from San Francisco last night with dispatches for this legation. So far we have no news of the demands of China alluded to in the cable dispatches to-day. It is, if true, but an open acknowledgement of the plan that Judge Denny exposed for the dethronement for the king and the establishment of a regency. I can not see what, at this late stage, they can hope to accomplish by the demand, when force, subtiety and villainy have signally failed. Such threats of 'force' are very common in China's dealings with Corea of late, but for the past four years they have amounted to nothing more. On one or two occasions the Chinese government has pretended to get out a fleet to be dispatched to Corea, but they were careful to go no further.

"As to Judge Denny's danger, that may indeed be real, for history will prove how the Chinese are to rid themselves of aggressive foreigners by this effectual method. I could cite a number of cases, in fact I have been threatened myself. I think Denny has considerable nerve, however, and the more the Chinese badger him the more loyal he will remain to Corea and vindictive to them."

호러스 N. 알렌(워싱턴, D. C.)이 프랭크 F. 엘린우드(미국 북장로교회 해외선교본부 총무)에게 보낸 편지 (1889년 1월 9일)

조선 공사관
워싱턴 D. C.

1889년 1월 9일

친애하는 엘린우드 박사님,

우리의 고문들, 국무부와 일본 공사관의 사람들에 관한 한, 언급된 신문 보도는 근거가 없습니다. 그러나 저는 중국이 이웃 나라들로부터 한국을 다루는데 있어 일관성이 없고 너무 망설이고 있다고 비난을 받고 있기 때문에 중국이 무엇인가를 하는 모습을 보여야 한다고 스스로 생각하고 있다고 생각하고 있습니다. 하지만 중국은 한국과 전쟁을 ___할 여건이 되지 않으며, 한국과의 전쟁이 발발할 경우 관심을 가질 것으로 보이는 다른 강대국은 말할 것도 없습니다.

어제 *Herald* 지(紙)를 참조하십시오.

안녕히 계세요.
H. N. 알렌

Horace N. Allen (Washington, D. C.),
Letter to Frank F. Ellinwood (Sec., BFM, PCUSA) (Jan. 9th, 1889)

Legation of Korea
Washington.

Jan. 9/ (18)89

My dear Dr. Ellinwood: -

So far as our own advisors and those of the State Dept. and Japanese Legation are concerned, the newspaper reports referred to are without foundation. Yet I am inclined to think China feels herself compelled to make a show of doing something, for she is accused by her friends of being too vacillating in her treatment of Korea. She is, however, in no condition to engage herself in war _____ with Korea, not to mention the other powers that seem inclined to take an interest in the struggle should it come off.

See yesterdays *Herald.*

Yours very truly,
H. N. Allen

호러스 N. 알렌(워싱턴, D. C.)이 길버트 K. 해로운 (미국 북장로교회 해외선교본부)에게 보낸 편지 (1889년 1월 10일)

(18)89년 1월 10일

G. K. 해로운,
　뉴욕 시 5 애버뉴 53

안녕하십니까,

　11월 8일 귀하는 제 보험의 74차 불입액으로 G. M. 트로우브리지 씨에게 5달러를 지불하였다고 저에게 편지를 썼습니다. 저는 귀하와 제 계정을 정산하였지만, 귀하는 저에게 5달러가 아직 미납되었고 만일 제가 그 금액을 송금한다면 귀하의 장부에서 제 계정을 폐쇄할 것이라고 알렸습니다. 그 동안 저는 그것(74차)을 위하여 트로우브리지 씨에게 5달러를 지불하였으며, 그에게 5달러를 귀하께 환불해 달라고 요청하였습니다. 저는 귀하로부터 아무 것도 듣지 못하였기에 저는 지난 주 75차 불입금에 대한 서신에서 그가 귀하께 5달러를 환불하였고 그것에 대한 귀하의 영수증을 보관하고 있다고 알릴 때까지 그가 그렇게 하지 않았다고 추측하였습니다.
　기꺼이 제 계정을 폐쇄하고 모든 영수증을 보내주시면 고맙겠습니다.

　안녕히 계세요.
　H. N. 알렌

Horace N. Allen (Washington, D. C.),
Letter to G. K. Harroun (BFM, PCUSA) (Jan. 10th, 1889)

Jan. 10, 89

G. K. Harroun,
    53 5th Ave., N. Y.

Dear Sir: -

Nov. 8th you wrote me that you had paid G. M. Trowbridge $5.00 on the 74th assessment of my insurance. I had settled my account with you but you informed me that this $5.00 was still due and if I would remit the same you would close my account on your books. In the meantime I had also paid Mr. Trowbridge $5.00 for the same (74th) assessment and I asked him to refund $5.00 to you. As I never heard from you I inferred he had not done so till in correspondence concerning the 75th assessment last week he informs me he did refund the $5.00 to you and holds your receipt for the same.

Will you have the kindness to close my account and send me receipt in full and oblige.

Yours very truly,
H. N. Allen

호러스 N. 알렌(워싱턴, D. C.)이
민영익(홍콩)에게 보낸 편지 (1889년 1월 19일)

(18)89년 1월 19일

민영익 공,
　　중국 홍콩

친애하는 친구에게,

　　나는 귀하가 건강하고 행복하기를 바랍니다. 비록 답장을 받을 때까지 다시 편지를 쓸 생각은 없었지만, 한국 정부의 사업은 그것에 대한 충분한 설명을 귀하께 보낼 필요가 있습니다. 나는 박(정양) 씨로부터 몇 달 동안 일본에 머물 계획이라는 편지를 방금 받았기 때문에 즉시 이 일을 하고 있습니다.

　　그가 아파서 유감스럽지만 그가 미국으로 파견되는 것이 더 유감입니다. 그는 우리의 관습을 이해하지 못하였고 배우려 하지 않았습니다. 그는 사회에서 불쾌한 인상을 주었고, 그의 하인들은 내가 설명하기가 매우 어려웠던 문제(여송연 밀수와 같은)를 항상 일으켰습니다.

　　그가 떠나는 것도 불행하였지만 우리는 최선을 다하였고, 그는 광산 기술자를 돕기 위하여 광산 자금의 일부를 인출하였습니다. 또한 그는 계약과 관련하여 몇 가지 중요한 문서를 받았고 이제 그가 일본에 몇 달 동안 체류한다면 그는 광산 자금을 다 써버릴 것입니다. 그는 자신의 문서를 지참하지 않을 것이며, 광산 업무와 철도 계약은 처리되지 않을 것입니다.

　　그는 내가 빨리 와서 자신을 도와야 한다고 말하고 있습니다. 이것은 불가능합니다. 나는 공사관의 가장 작고 가장 큰 일을 처리해야 합니다. 만일 내가 그것을 놔두면 그것은 곧 끝날 것이며, 내 자신의 입장이 위험에 처해 있기 때문에 나는 그것을 헛되이 놔두지 않을 것입니다.

　　이하영은 아주 잘 해왔으며, 이곳에서 모두가 그를 좋아합니다. 그는 영어를 잘하며, 신사다워 공사관은 작년보다 지금 더 좋은 상태입니다. 그러나 그마저도 혼자서는 일을 꾸려나갈 수 없었습니다.

　　이제 이채연과 함께 이완용이 내일 이곳으로 올 것입니다. 이완용은 똑똑

하지만 작년에 향수병에 걸려 너무 빨리 돌아갔으며, 그의 복귀는 좋지 않아 보입니다. 이채연은 통역을 못해서 대신 좋은 통역사를 얻기 위해 나는 대단히 힘들게 노력하였습니다. 그는 대단히 어리석으며, 작년에 그와 대화를 나누었던 사람은 나에게 "한국 사람들은 언어 습득 능력이 별로 없는 것 같다."고 말하였습니다. 나는 이 공사관이 이곳에 있는 다른 공사관처럼 입지를 갖게 되기를 원하지만 우리는 작년에 많은 어려움을 겪었습니다. 올해 우리는 대단히 잘 했지만 너무 많은 변화가 대단히 만족스럽지 못하였고 사람들을 웃게 만들고 있습니다.

나는 귀하께 광산 사업에 대한 보고서를 보냅니다.

안부를 전합니다.

안녕히 계세요.

H. N. 알렌

Horace N. Allen (Washington, D. C.), Letter to Min Yong Ik (Hong Kong) (Jan. 19th, 1889)

Jan. 19th, 89

H. E. Prince Min Yong Ik,
    Hongkong, China

Dear friend,

I hope you are well and happy. Although I had not intended to write you again till I received an answer from you, the Korean government business demands my sending you a full explanation of affairs. I do this at once as I have just received a letter from Mr. Pak in which he says that he intends to remain in Japan some months.

I am sorry he is sick but I am more sorry that he was ever sent to America.

He did not understand our customs and would not learn. He made an unpleasant impression in society and his servants were always getting into trouble (like the smuggling of the cigars) which gave me great trouble to explain.

His going away was also unfortunate, but we made the best of it and he drew out by himself a portion of the mining money as he intended to help the mining engineer. He also took some important despatches concerning contracts and now if he stops in Japan several months he will use up the mining money. He will not deliver his despatches, and the mining work and the railroad contracts will not be attended to.

He says I must come quickly and help him. This is impossible. I have to attend to the smallest and greatest business of the legation. It would soon end if I left it and as my own representation is at stake I shall not leave it for nothing.

Ye Ha Yong has done very well and every one likes him here. He speaks English well and is a gentleman so that the legation stands better now than last year. But even he could not get along alone.

Now Ye Wan Yong with Ye Cha Yun will be here tomorrow with mines. Ye Wan Yong is smart but as he got homesick and went back so soon last year, his coming back looks bad. I have tried very hard to have a good interpreter sent instead of Ye Cha Yun, for he can not interpret. He is very stupid and people who talked with him last year have said to me "The Korean people don't seem to have much ability in acquiring languages". I want this legation to stand as well as any one here but last year we had very much trouble. This year we have done very well but so many changes are very unsatisfactory and make people laugh at us.

I send you a statement of the mining business.

With kind regards.,

Yours truly,
H. N. Allen

18890200

서북 장로교회 여자 선교부. *Woman's Work for Woman and Our Mission Field* 4(2) (1889년 2월호), 53쪽

서북 장로교회 여자 선교부

마지막으로 우리는 한국으로 가는 길에 있는 가드너 목사 및 가드너 양을 만나 반갑게 인사를 나누었다. 가드너 씨는 우리에게 워싱턴에서 알렌 박사와 한국 대사관 직원들을 만났고, 그가 사람들과 나라에 대하여 그들로부터 배운 많은 사실들에 대하여 말하였다. 그의 누이인 가드너 양은 그들과 다른 모든 사람들을 위하여 "우리는 우리를 통하여 영광을 받으시도록" 우리에게 기도를 드려 주었다.

Woman's Presbyterian Board of Missions of the Northwest. *Woman's Work for Woman and Our Mission Field* 4(2) (Feb., 1889), p. 53

Woman's Presbyterian Board of Missions of the Northwest.

Lastly, we have been glad to meet and greet Rev. and Miss Gardner, *en route* for Korea. Mr. Gardner told us of meeting Dr. Allen and members of the Korean embassy at Washington and of many facts he had learned from them of the people and the country. His sister, Miss Gardner, gave us as a prayer for them as well as all others, "that the Lord may be glorified by us."

프랭크 F. 엘린우드(미국 북장로교회 해외선교본부 총무)가
호러스 N. 알렌(워싱턴, D. C.)에게 보낸 편지 (1889년 2월 11일)

1889년 2월 11일

친애하는 알렌 박사님,

　귀하가 "중국과 한국의 관계"[151]에 관한 데니 판사의 소책자 사본을 갖고 있고, 내가 귀하게 돌려주겠다는 굳은 약속 하에 그것을 빌려줄 수 있다면 고맙겠습니다.

　안녕히 계세요.
　F. F. 엘린우드

Frank F. Ellinwood (Sec., BFM, PCUSA),
Letter to Horace N. Allen (Washington, D. C.) (Feb. 11th, 1889)

Feb. 11th, (188)9

Dear Dr. Allen:

　If you have a copy of Judge Denny's pamphlet on the "Relation of China to Korea" and can loan it to me, under strong promise of mine to return you.
　I shall be greatly obliged

　Sincerely yours,
　F. F. Ellinwood

---

151) 47쪽짜리 소책자이다. N. O. Denny, China and Korea (Kelly and Walsh, 1888)

존 W. 헤론(서울)이 프랭크 F. 엘린우드(미국 북장로교회 해외선교본부 총무)에게 보낸 편지 (1889년 2월 17일)

(중략)

푸트 장군, 슈펠트 제독, 그리고 알렌 박사는 모두 주한 미국 공사로 거론되고 있습니다.

(중략)

John W. Heron (Seoul),
Letter to Frank F. Ellinwood (Sec., BFM, PCUSA) (Feb. 17th, 1889)

(Omitted)

Gen. Toole, Admiral Shufeldt & Dr. Allen are all talked of as ministers for Korea.

(Omitted)

호러스 N. 알렌(워싱턴, D. C.)이 클레이턴 W. 에버릿
(오하이오 주 톨리도)에게 보낸 편지 (1889년 2월 23일)

사신

(18)89년 2월 23일

클레이턴 W. 에버릿,
    오하이오 주 톨리도

친애하는 클레이턴,

저는 진정으로 비밀리에 매형께 약간의 개인적인 문제에 대하여 편지를 쓰고 싶습니다.

저의 이름이 주한 미국 공사관과 관련하여 여러 번 언급되었습니다.

저는 행정부가 의무를 다하기 위하여 그러한 직책(연봉 7,500달러)이 대단히 필요하고, 선거 운동 기록이 훌륭한 사람만이 자격이 있다는 것을 알았기에 여태껏 그것에 대하여 거의 관심을 두지 않았습니다.

저는 또한 그러한 직책을 기대하는 것이 다소 주제넘다는 것도 알고 있습니다. 그러나 저는 실제로 서울에 체류하는 동안 최근에 미국 공사뿐 아니라 왕의 고문 역할을 하였고, 저는 그 정부의 정책, 국가가 필요로 하는 것, 이 국가 및 다른 국가와의 과거 및 현재 관계에 대하여 완전히 알고 있습니다. 그러므로 저는 저보다 큰 전반적인 능력을 소유하고 있다할지라도 새로운 사람을 그 직책에 임명하는 것보다 저에게 더 안전하게 주어질 수 있다는 것을 알고 있습니다. 또한 경험을 통하여 외교 관습과 관례를 어느 정도 알게 되었습니다. 게다가, 언어에 대한 저의 지식은 헤아릴 수 없는 이점이 될 것이며, 저는 미국 정부가 저를 그 자리에 임명하는 것보다 한국 정부에 더 큰 경의를 표할 기회가 없다고 생각합니다. 사실 저는 그런 임명을 공식적으로 요청 받을 수 있었고, 외아문으로부터 그런 것이 관례이거나 요구되는 일이었습니다.

또한 저는 미국의 이익이 제 손에 있다고 확신하며 이미 1,600만 명의 한국인들 사이에서 미국의 이익을 증진시키기 위하여 누구보다 많을 일을 하였습니다.

가필드 은행(정부 예금 보관소), 모튼 블리스 앤드 컴퍼니, 펠프스 닷지 앤드 컴퍼니의 중역 등 뉴욕의 몇몇 자본가, 그리고 몇몇 뉴욕의 가장 활동적인 정치인들이 한국에 관심을 갖고 있으며, 그 나라의 발전에 기꺼이 투자할 의향이 있는데, 제가 매우 안전한 점은 그들이 자신들의 권리가 보호되고 양 당사자에 대하여 잘 알고 있는 사람이 궁전에서 적절하게 대표할 것이라는 보장을 원하고 있습니다.

따라서 그들은 제가 한국 주재 공사 겸 총영사로 가는 것을 제안하였습니다.

당연히 저는 실패가 저의 현재 입장을 불쾌하게 만들 것이기에 성공을 확신하지 않는 한 이 문제와 관련하여 제 이름이 공개적으로 언급되는 것을 원하지 않습니다.

따라서 그들은 해리슨 씨에게 그 자리가 아직 약속되지 않은 경우 후보자를 지명할 수 있는 권한을 자신들에게 부여해 줄 것을 요청할 것입니다. 그리고 부통령으로서, _____와 다른 사람들은 관심이 있으며, 그들은 성공을 확신하고 있습니다. 그러나 요구 사항이 너무 많은 곳에서 그들은 가능한 한 강력하게 사례를 만드는 것이 필요하다고 생각하고 그 문제에 대하여 개인적으로 무엇을 할 수 있는지 저에게 물었습니다. 저는 단지 매형과 매형의 영향력에 대해서만 언급할 수 있었지만, 톨리도에서의 매형의 위치와 최근의 선거 운동 노력에 대하여 말한 것을 볼 때 그들은 매형이 훌륭한 봉사를 할 수 있다고 생각하였습니다. 매형의 도움을 믿어도 될까요?

제가 성공하는 경우 저는 매형을 3,000달러에 제 자리에 임명하거나, 한국이 다른 열강의 손에 넘어간다 해도 강제되는 몇 년 동안의 계약과 함께 12,000달러에 왕의 고문직을 확보할 것입니다.

적어도 처음에는, 아마도 매형이 이곳에서 저의 직책을 가장 좋아할 것입니다. 저는 매형께 집세를 무료로 해 줄 수 있다고 생각하며, 제가 1년에 500달러의 집세를 내고 있기 때문에 두 명의 하인을 유지하고 한 달에 200달러로 잘 살고, 매형은 3,000달러와 주택으로 잘 살 것입니다. 그러나 제가 그 길을 꽤 잘 뚫어 놓았고 매형은 제가 하는 모든 일을 할 필요가 없을 것이기 때문에 매형은 추가로 하루에 2시간씩 공사관 업무를 수행할 수 있을 것입니다. 이곳에서 알 만한 가치가 있는 모든 사람을 만나고 톨리도에서 기대할 수 있는 것보다 더 흥미롭고 보수를 받는 일을 할 수 있으며 이 공사관에 무슨 일이 생기거나 지칠 경우에 갈 수 있는 곳입니다.

물론 이러한 약속이 없어도 매형이 저를 도울 것이라는 것을 알고 있지만,

그 변화는 매형께 신체적, 정신적, 재정적으로 도움이 될 것이라고 생각합니다. 어떤 일을 하시기 전에 알려주세요. 제니는 괜찮습니다.

안녕히 계세요.
H. N. 알렌

Horace N. Allen (Washington, D. C.),
Letter to Clayton W. Everett (Toledo, Ohio) (Feb. 23rd, 1889)

Personal

Feb. 23rd, 89

Clayton W. Everett,
   Toledo, Ohio

My dear Clayton,

I wish to write you concerning a little personal matter in strict confidence.

My name has been many times mentioned in connection with the U. S. Mission to Korea.

I have paid little attention to it hitherto, as I knew that such places (the salary is $7,500) were greatly needed by the Administration in satisfying its obligations, and only a man with a good record for campaign services rendered would be eligible.

I know also that it is somewhat presumptive for one of my years, to look toward such a position. Yet as I was in reality the advisor to the King, as well as to the U. S. Minister during the latter part of my residence in Seoul, and as I am fully acquainted with the policy of that government, the needs of the country, and the relations - past and present - with this and other countries: I know the position could be more safely entrusted to me than to a new man, even though he might possess greater general ability than myself. Also by experience I have been compelled to become somewhat acquainted with diplomatic customs and usages. Further, my knowledge of the language would be of incalculable advantage, while I chance to be held in such esteem that the U. S. government could in no way pay the Korean government a greater compliment than in appointing me to the place. In fact I could get a formal request for such an appointment, from the Foreign Office were such a thing customary or called for.

In addition, I am quite sure that American interests would be safe in my hands, and I have already done more than any other person toward furthering American interests among Koreas sixteen millions of people.

Some New York capitalists, among whom are the directors of the Garfield Bank - the govm't depository - Morton Bliss & Co., Phelps Dodge and Co. and some of New York's most active local politicians as well, are interested in Korea and are willing to invest largely in the development of the country - a matter that I am greatly safe they want some guarantee that they will be protected in their rights and be properly represented at court by one who is thoroughly acquainted with both parties.

Therefore they have proposed my going as Minister Resident & Consul General to Korea.

Naturally I do not wish to have my name publicly mentioned in connection with this matter unless I am pretty certain of success as a failure would render my present position unpleasant.

They will therefore request of Mr. Harrison that if the position is not already promised, they will be given the priviledge [sic] of naming the candidate. And as the Vice President, ____ ____ and others are interested they feel confident of success. Yet where their [sic] are so many demands they find it necessary to make the case as strong as possible and asked me what I could do personally in the matter. I could only mention you and your influence, but from what I said of your position in Toledo and you recent campaign efforts, they thought you could be of great service. May I count on your assistance?

In case I am successful, I will either have you appointed to my position at $3,000, or secure for you the position of advisor to the King at $12,000 with a contract for a term of years which would be bound to be enforced, even should

Korea fall in the hands of another power.

Perhaps you would like best my position here - at least at first. I think I could get you house rent free and as I pay $500 a year for rent, keep two servants and live well on $200 a month you would do well on $3,000 and house. But in addition you would be able to do your legation work in two hours a day as a rule for I have them pretty well drilled and you would not have to do all that I do. You would meet every one worth knowing here and would be able to build up for yourself a practise for more interesting and remunerated than anything you can hope for in Toledo, and to which you could go should anything happen to this legation, or in case you tire of it.

Of course I know you would help me without these promises but I think the change would be beneficial to you bodily, mentally and financially.

Let me know before you do any thing. Jennie is well.

Yours very truly,
H. N. Allen

호러스 N. 알렌(워싱턴, D. C.)이
민영익(홍콩)에게 보낸 편지 (1889년 3월 3일)

워싱턴, D. C.,
1889년 3월 3일

민영익 공,
　　중국 홍콩

친애하는 친구에게,

　　지난 우편으로 귀하의 편지와 사진을 받았습니다. 그것들에 대해 감사합니다. 우리 공사관은 워싱턴에서 상당한 평가를 받고 있으며, 우리는 이곳에서 많은 친구들을 가지고 있습니다. 우리는 새 집을 갖고 있고, 최근에 중국 공사가 다른 나라 공사들, 그리고 많은 고위 관리들이 함께 참석한 큰 연회를 가졌습니다.

　　일부 사람들은 이제 한국의 철도 건설 계약을 요청하고 있는데, 이는 미국인들이 한국의 성공에 대하여 더 자신감을 갖고 있음을 보여줍니다.

　　몇몇 친구들은 내가 주한 미국 공사로 한국으로 파견되기를 원하고 있습니다. 하지만 나는 이 공사관에서 어떻게 내가 대체될 수 있을지 모르겠습니다. 이하영은 너무 잘하고 있지만, 내가 이곳에 없다면 그들이 잘 지낸 수 있다고 생각하지 않을 정도로 내가 오랫동안 모든 것을 담당해왔습니다.

　　내일 미국의 대통령이 취임합니다.152) 우리는 취임식에 참석할 것입니다. 나는 새 정당과 잘 맞으며, 한국에 많은 도움을 줄 수 있게 되기를 희망합니다.

　　안부를 전합니다.

안녕히 계세요.
H. N. 알렌

---

152) 미국의 제23대 대통령 벤저민 해리슨(Benjamin Harrison)을 말한다.

Horace N. Allen (Washington, D. C.),
Letter to Min Yong Ik (Hong Kong) (Mar. 3rd, 1889)

Washington, D. C.,

March 3, 1889

Prince Min Yong Ik,

Hongkong, China

Dear friend,

Your letter and photograph came by the last mail. I thank you for them. Our legation now is much thought of in Washington and we have many friends. We have a new house and gave a large reception recently which the Chinese Minister attended together with the other ministers and many high officers.

Some people are now asking for contracts for rail roads in Korea which shows that American people are now more confident of Korea's success.

Some of my friends want me to be sent as minister from America to Korea. I don't see however how I can be replaced from this legation. Ye Ha Yong does very well but I have had charge of everything so long that I don't think they could get along without me here.

Tomorrow the new President of the United States will be inaugurated. We will attend the ceremonies. I stand well with the new party and hope to be able to help Korea very much.

With kind regards

Yours very truly,

H. N. Allen

호러스 N. 알렌(주미 한국 공사관 서기관), 한국의 거리.
The Kingston Daily News (온타리오 주 킹스턴)
(1889년 3월 7일), 2쪽[153]

한국의 거리.
공사관 서기관인 H. N. 알렌이 그것에 대하여 쓰다.
좁은 미로길 - 한국인 상류층, 극도로 화려한 그들의 복장 - 흡연을 즐기는 곳

[특별 기사.]

워싱턴, 3월 5일. - 한국의 수도 서울은 약 30만 명이 거주하는 도시이다. 그것은 높은 산과 돌출된 능선으로 둘러싸인 화강암 모래 분지에 놓여 있으며, 그 위로는 높고 두꺼운 석조 벽이 세워져 있고, 편리한 곳에 거대한 탑 지붕이 있는 문이 뚫려 있으며, 이 거대한 은둔의 유물을 건설할 당시 사용 중인 전쟁 무기에 대한 방어를 위하여 충분히 강력하다.

도시에는 가로지르는 넓은 길이 있으며, 그것에서 완벽한 미로의 좁은 길이 뻗는다. 원래 이 거리 중 어느 것도 너비가 20피트보다 좁지 않았으며, 궁궐의 위풍당당한 문으로 이어지는 길 중 일부는 오늘날에도 폭이 200피트이다. 그러나 거리가 모두 소규모 소매상들의 작은

A SEOUL STREET.

153) 이 기사는 다음의 신문에도 실렸다. Horace N. Allen, The Korean Streets. *The Journal Times* (Racine, Wisc.) (Mar. 9th, 1889), p. 7; Horace N. Allen, The Korean Streets. *Fort Scott Daily Tribune and Monitor* (Fort Scott, Kansas) (Mar. 9th, 1889), p. 6; Horace N. Allen, The Korean Streets. *St. Joseph Gazette-Herald* (St. Joseph, Missouri) (Mar. 10th, 1889), p. 3; Horace N. Allen, The Korean Streets. *The Atchison Daily Globe* (Atchison, Kansas) (Mar. 13th, 1889), p. 2; Horace N. Allen, The Korean Streets. *The Fort Scott Weekly* (Fort Scott, Kansas) (Mar. 14th, 1889), p. 3; Horace N. Allen, The Korean Streets. *The St. Joseph Weekly Gazette* (St. Joseph, Missouri) (Mar. 14th, 1889), p. 11; Horace N. Allen, The Korean Streets. *Cedar Vale Star* (Cedar Vale, Kansas) (Mar. 15th, 1889), p. 4

임시 초가 매점으로 잠식되어, 궁궐로 가는 길을 제외하고는 길이 끊어지고 거리는 구불구불하게 되어 이곳저곳에서만 넓은 열린 지점이 도로의 원래 너비를 나타낸다. 원래 모든 거리에는 하수도가 설치되어 있었는데, 작은 거리에서는 개방되어 있는 반면, 길에서는 석조물로 덮인 커다란 하수구로 배수되었다. 가끔 작은 임시 매점 중 하나의 주인이 구조 밑에 하수구를 가로지르는 기초를 놓기도 하였지만, 지금까지 거리는 구불구불한 골목으로 변해버린 경우가 많으며, 풍부한 비로 자연 배수가 잘되고 토질과 사망률이 일반 미국 도시보다 낮지 않고 대단히 좋았다. 거리 장식은 도둑의 주의를 끌 수 있기에 시도하지 않았다. 인공 연못, 화원, 물에 닳은 오래된 암석 기둥, 기이한 뒤틀린 나무가 있는 양반의 멋진 마당은 그 끔찍한 외관 속에 숨겨진 아름다움을 결코 나타내지 않을 연기로 오염된 하인 숙소로 둘러싸여 있을 수 있다.

'세계 관광 여행자'는 동양의 거리가 두 지점 사이의 '길'에 불과하다는 사실을 결코 깨닫지 못하는 것 같다. 평범한 동양의 냄새가 그들의 콧구멍을 맞이하고 그들의 눈이 더러운 하인과 그들의 더러운 오두막집에 머물면서 그들은 즉시 도시 전체를 비난한다.

하지만 한국의 거리에는 낯선 풍경을 찾는 사람이라면 누구에게나 충분히 매력이 있다. 성벽의 한 지점에서 서울의 넓은 도로 중 한 곳을 내려다보면, 황소와 조랑말 사이를 어슬렁거리며 걷는 보행자의 밝은 색 겉옷에 떨어지는 태양 광선은 확실히 매력적인 만화경 효과를 만들어낸다. 군중 속으로 내려가면 대부분이 남자로 구성되어 있는 것이 보일 것이며, 여기저기서 일반 여자들의 무리가 면밀히 덮개를 쓰고 남자의 긴 겉옷과 같은 밝은 녹색 겉옷을 입고 작은 소매를 가지고 있는 것이 보일 것이다. 이 이상한 의복은 한 번도 입지 않았지만 항상 고운(?) 얼굴을 가리기 위하여 필요하다. 전통에 따르면 전쟁이 잦았던 고대에는 덮개를 벗고 아내와 자매가 이 겉옷을 입었으며, 갑자기 전쟁에 소집된 경우 남편과 형제들에게 주어 전투에 참가하여 붉은 소매에 피투성이 칼을 닦도록 했다고 한다.

그토록 많이 언급되었던 남자들의 독특한 거즈로 된 연통 모자 역시 다음과 같은 전통에 그 기원을 두고 있다. 고대에는 음모가 흔하였다. 이를 막기 위하여 모든 남자에게 우산 크기의 큰 토기 모자(후자는 가늘게 짠 바구니 세공으로 만든 것을 제외하고는 오늘날 한국의 상모(喪帽)의 유형)를 쓰도록 명령하는 칙령이 내려졌다. 이 법은 매우 혐오스러웠는데, 그 이유는 모자를 만

든 사람 이외에 극소수의 사람들이
가까이 모일 수 없었고, 그때도 정
탐꾼들은 필연적으로 시끄러운 속
삭임을 들을 수 있었기 때문이다.
따라서 사람들이 말총, 비단 및 대
나무로 된 현재의 통풍이 잘 되는
구조에 이르기까지 조금씩 법을 어
기기 시작하였다.

그들은 그렇게 광범위하게 흰색
옷을 입는 관습도 전통에 의해 설
명된다. 애도(哀悼)는 한국에서 심각
한 일인데, 아버지가 사망하면 아들

A KOREAN TAVERN.

은 화려한 옷을 벗고 매우 거친 질감의 표백하지 않은 면직물을 입어야 하기
때문이다. 그는 밧줄로 허리를 감싸고 상체 전체를 가리는 우산 모양의 모자
를 쓴다. 침입에 대한 추가 보호를 위하여 그는 흰색 부채를 들고 다니며, 담
배를 피워야 하는 경우 그의 담뱃대는 흰색으로 감싸야 한다. 3년 동안 이 가
면을 쓰고 일을 하지 않아야 하기에 크고 부유한 가족의 재력을 다 써버릴 수
도 있다.

왕이 죽으면 온 나라가 이 애도의 옷을 입거나 오히려 조문의 색인 흰색
옷을 입어야 할 것이다. 한 번은 10년 동안 세 명의 왕이 죽어 백성들은 끊임
없이 옷을 갈아입었는데, 한국의 의상은 방대하고 값비싸기 때문에 사람들이
많이 지출해야 했다. 따라서 전통에 따르면 그는 미래에 왕의 변덕에 대비하
기 위하여 사람들이 흰색을 국가 색으로 채택하였다.

그것을 감당할 수 있는 귀족과 부유한 사람들은 화려하고 화려한 비단으
로 옷을 입으며, 평범한 사람들조차도 겉옷에 약간의 파란색이나 녹색을 더한
다. 그래서 그들이 매우 아름답고 잘 보존된 경치의 자연적 아름다움에 감탄
하는 가장 좋아하는 취미로 아름다운 푸른 언덕 위를 배회할 때 그들의 밝은
겉옷이 전반적인 효과를 더한다. 그리고 높은 산의 절에서 나와 푸른 산길을
따라 내려가는 승려들의 긴 행렬은 학식이 풍부한 영혼의 무리로 간주될 수
있다. 일반적으로 절 지역이 구름으로 뒤덮인 경우 특히 그렇다.

그러나 거리에서 가정생활은 거의 볼 수 없으며, 대문을 지나 귀족의 훌륭한 안채로 이어지는 여러 개의 마당을 가로지르는 호의를 받은 사람들은, 여자들이 자신들의 거처를 가지고 있고 가족의 남자들만 볼 수 있기 때문에, 가정생활을 거의 볼 수 없다.

THE GATE OF A GENTLEMAN'S GROUNDS.

하지만 노동계급의 작은 무리가 저녁 식사를 요리하며, 동시에 요를 펴고 잠을 자는 침실의 바닥으로 사용될 돌을 덮는 종이와 시멘트로 된 바닥을 난방하는 불 주위에 앉아 있는 것을 보는 것은 즐겁다. 그들은 모두 담배를 피우는 것으로 밝혀질 것이며, 담배가 누구에게나 축복이 되었다면 그것은 한국의 하층 계급에게 가장 큰 위안이 될 것이다. 담배를 축복하지 않고는 아무도 그의 담뱃대를 지닌 한국인 노무자의 확고한 즐거움을 볼 수 없었다. 불이 약하게 타오르고 흡연자들이 담뱃대에서 재를 하나씩 끄집어 내고 따뜻한 돌바닥을 찾으면서 깊은 고요함이 심오한 도시에 자리 잡고 있다. 중앙에 위치한 큰 종의 풍부하고 깊은 음은 파수꾼이 매달려 있는 거대한 나무 기둥을 뒤로 끌어 당겨 무거운 종의 청동 면을 때리면 울려 고요한 밤공기에 진동이 전달된다.

성문 쪽에서는 스코틀랜드의 백파이프에 비유되는 기이한 음악이 들리고, 여전히 거리를 헤매고 있는 여행자는 제때 도착한 것에 감사함을 느끼는데, 거대한 문이 닫혀 있고 왕의 허락 없이는 누구도 들어갈 수 없기 때문이다. 저녁 종과 새벽의 접근을 알리는 종이 울리는 사이에는 모든 사람이 거리에서 빠져 나와야 하기 때문에 거리 여행자 또한 집이나 숙박지로 서둘러 갈 것이다. 그런 다음 거리는 여자들에게 점령당하지만, 그들은 작은 제등을 들고 집집마다 이리저리 돌아다니며 지나가는 관리들이 그들의 얼굴을 볼 수 없도록 덮개를 씌운다.

한밤중의 고요함은 셀 수 없이 많은 개들의 짖는 소리로 깨졌지만 고양이들은 싫어해서 그들의 세레나데는 거의 들리지 않는다. 바쁜 시간에 밤새도록 또 다른 소리가 종종 들린다. 그것은 한국 특유의 것이고, 그 나라에서 오래 산 사람에게는 큰 의미가 있다. 그것은 한국 세탁물의 두드리는 소리이다. 밝은 색상의 겉옷에 최고로 광채를 주기 위해서는 잘 두드려야 한다. 이를 위해 낮은 틀에 고정된 손으로 사용하는 긴 굴림판에 천을 감는다. 그런 다음 두 명의 여자가 작은 야구 방망이 같은 둥글고 단단한 막대기를 각각의 손에 잡고 서로 마주보고 앉아 천을 번갈아 가며 상당히 음악적인 소리를 낸다.

멀리서 들리는 이 율동적인 소리는 불쾌하지 않으며, 도시 전체에 장막처럼 자리 잡은 깊은 밤에 두 사람이 동떨어져 깨어 부지런히 일을 하고 있는 반면, 두드리는 소리가 잠시 멈추면 가난한 사람들이 험담을 많이 하고 있다는 생각에 위안을 얻거나, 다림질을 마친 친구가 운이 좋다는 생각에 위안을 받는다. H. N. 알렌

Horace N. Allen (Sec., Korean Legation to U. S.),
The Korean Streets. *The Kingston Daily News* (Kingston, Ont.)
(Mar. 7th, 1889), p. 2

The Korean Streets.
H. N. Allen, Secretary of the Legation, Writes about Them.
The Labyrinths of Narrow Ways - The Upper Class of Koreans, and the Extreme Gorgeousness of Their Attire - Where Tobacco Smoking is Enjoyed.

[Special Correspondence.]

Washington, March 5. - Seoul, the capital of Korea, is a city of some 300,000 inhabitants. It lies in a basin of granite sand, surrounded by high mountains and their projecting ridges, over which climbs the high, thick, encircling wall of masonry, pierced at convenient points by massive, pagoda roofed gates, amply strong enough for defense against the weapons of war in use at the time of building this great relic of seclusion.

The city is traversed by broad avenues from which runs a perfect labyrinth of narrow streets. Originally none of these streets were less than twenty feet wide, and some of the avenues leading up to the imposing gates of the palaces ere even now a good 200 feet in width. But the streets have all been encroached upon by the little temporary thatched booths of the petty retail dealers, so that, with the exception of the approaches to the palaces, the line is broken, the streets made tortuous and only here and there a broad open spot indicates the original width of the thoroughfare. Originally every street was furnished with the sewer - open in the smaller streets, while the avenues were drained by great covered sewers of stone work. Occasionally the proprietor of one of the little temporary booths would put a foundation under his structure, bridging over the sewer, until now the streets have in many cases become mere crooked alleys, and but for the bountiful rains, the excellent natural drainage and the character of the soil, the mortality would be very great instead of being less than in ordinary American cities. No attempt is made towards street decoration, as that would attract the attention of thieves. The magnificent grounds of a nobleman, with their artificial lakes, flower gardens, water worn pillars of ancient rock and quaintly twisted trees, may be inclosed by a row of tumble down, smoke begrimed servant quarters that would never indicate the beauty to be found hidden within its hideous exterior.

"Globe trotters" never seem to realize that a street in the east is apt to be but a "way" between two points, and as the usual oriental odors greet their nostrils and their eyes rest on the dirty servants and their dirtier hovels, they at once denounce the whole town.

There is attraction enough, however, in a Korean street for any one who is in search of strange sights. Looking down one of the broad thoroughfares of Seoul from a point on the city wall, the sun's rays, falling on the light colored gowns of the pedestrians as they saunter along amid the bulls and ponies, produces kaleidoscopic effect that is certainly charming. Passing down into the throng it will be seen to be made up mostly of men, with here and there a clump of common women, each closely veiled, with a bright green gown made like the long outer garment of the men, and possessing little sleeves of crimson. This strange garment is never worn, but is always need as a covering for the fair (?) face. Tradition teaches that in ancient times, when wars were frequent, veils were discarded and these gowns were worn by the wives and sisters, that, in case of sudden call to arms, they could be given to their husbands and brothers to be worn to battle - hence the red sleeves, upon which the gory sword was to be wiped.

The peculiar gauze "stove pipe" hat of the men, about which so much has been said, also has its origin in tradition, as follows: In ancient days conspiracies were common: to prevent these an edict was issued compelling all men to wear great earthen ware hats, the size of an umbrella (type of the mourner's hat in Korea today, except that the latter is made of finely woven basket work). This law became very odious, for, in addition to the wright of the hats, not more than a very few men could come close enough together to convene, and even then spies could hear their necessarily loud whispering. Little by little, therefore, the law began to be infringed upon till the people got down to the present airy structure of horse hair, silk and bamboo.

The custom af wearing white so extensively as they do is also accounted for by tradition. Mourning is a serious business in Korea, for on the death of father the son must lay aside his gay robes and clothe himself in unbleached cotton of a very coarse texture. He wraps his waist with a rope girdle and puts on the umbrella hat which conceals the whole upper portion of his person. For further protection against intrusion he carries a white fan, and, should be smoke, his pipe must be wrapped with white. For three years he must wear this guise and must do no work, so that the resources of even a large and prosperous family may be thus exhausted.

Should a king die the whole nation would be compelled to don this mourning grab, or rather they would be compelled to dress in white - the mounting color. Once, during a period of ten years, three kings died, necessitating a constant change of dress on the part of the people and a great outlay of many, for a Korean wardrobe is extensive and costly. Tradition has it, therefore, that to he ready for the caprice of their kings in the future the people adopted white as the national color.

The nobility and wealthy persons who can afford it dress in rich, gayly colored silks, and even the common people add a little blue or green to their outride robes; so that when they wander about over the beautiful green hills in their favorite pastime of admiring the natural beauties of a remarkably beautiful and well preserved landscape, their bright gowns but add to the general effect. And a long procession of monks emerging from their high mountain temple and descending along the green mountain path might be taken for a company of the spirits with which their literature abounds; especially will be the case if, as is common, the region of the temple is shrouded with clouds.

But little of home life is seen along the streets, and the favored ones who may pass the great gates and traverse the many courts which lead to the fine inclosures of the nobility would see little of home life, as the women have quarters by themselves and are only seen by the men of their own family.

It is pleasant, however, to see the little groups of the working class sitting around the fire which is cooking their evening meal and at the same time heating the platform of paper and cement covered stones which form the floor of their bed chamber, and on which they will spread thier mats and sleep. They will all be found to be smoking, and if tobacco was ever a blessing to any people it is to the lower classes in Korea, who find in it their greatest comfort. No one could see the solid enjoyment taken by a Korean coolie with his pipe without blessing the weed. As the fires burn low, and one by one the smokers have knocked the ashes from their pipes and sought the warm stone floor, a deep stillness settles over the profoundly dark city. The rich, deep notes of a great centrally located bell ring out as the watchman draws back a huge suspended beam of wood and releasing it lets it strike the bronze side of the heavy bell, from which vibration is sent forth upon the still night air.

Some weird music, which has been likened to that of Scotch bagpipes, is heard from the direction of the city gates, and the traveler, who is still threading the streets to his abode, feels thankful that he has arrived in time, for now the massive gates are closed, and none may enter without royal permission. The street traveler will also hasten to his home or stopping place, for between the ringing of the evening chimes and the tolling of the bell to announce the approach of dawn all men must absent themselves from the streets, which then are taken possession of by the women, who even then, as they flit about from house to house with their little paper lanterns, go veiled lest some passing official should see their faces.

The midnight stillness is broken by the barking of countless dogs, but as cats are in disfavor their serenades are seldom heard. Another sound is often in busy times heard throughout the whole night. It is peculiar to Korea, and to one who has lived long in the country it means much. It is the drumming of the Korean laundry. To give the light colored gowns their highly prized luster they must be well pounded. For this purpose the cloth is wrapped around long hand roller which is fixed in a low frame. Two women then sit facing each other with, in each hand, a round, hard stick, something like a small baseball bat, and they commence beating the cloth, alternating so as to make quite a musical tinkle.

Heard at some distance this rhythmic rattle is not unpleasant, and one is assured that in the deep night that has settled so like a pall over the city two persons are wide awake and industriously engaged, while, when the tapping ceases for a bit, one is comforted with the thought that the poor things are enjoying a rich bit of gossip, or welcoming a friend who is more fortunate in having finished her ironing. H. N. Allen

호러스 N. 알렌(워싱턴, D. C.)이 프랭크 F. 엘린우드(미국 북장로교회 해외선교본부 총무)에게 보낸 편지 (1889년 3월 9일)

사신

워싱턴, D. C.,
1889년 3월 9일

친애하는 엘린우드 박사님,

제가 마침내 한국에 대하여 관심을 가지게 하는데 성공한 뉴욕의 일부 자본가들은 그들의 이익이 정직하게 보호될 것이라는 보장으로 나를 미국 공사로 서울에 파견하기를 원하고 있습니다.

Mail and Express 지(紙)의 셰퍼드 대령이 (내가 모르는 사이에) 접근하였고, 그는 이곳에서 저와 몇 차례 이야기를 나누었습니다. 그는 저에게 시도하라고 조언하고 있습니다. 그는 제가 이런저런 이야기를 해 주면서 저에게 시도해보라고 충고했습니다. 제가 가기를 바라는 그의 이유는 (기독교) 선교적 이익이 보호될 수 있기 때문입니다.

한국인들은 이 문제에 대하여 대단히 흥분하고 있으며, 저는 그들이 저의 임명을 확보하기 위하여 외교적 관례가 허용하는 것 이상으로 일을 하는 것을 막는 것이 어렵습니다. 이 업무를 성공적으로 수행한 덕분에 저는 왕과 그의 백성들로부터 제가 받아야 할 것보다 훨씬 더 높은 위치에 있게 되었으며, 그들은 제가 이 정부 아래에서 한국의 공식 직위에 있게 되면 그들이 안전할 것이라고 생각하고 있습니다.

저에 대한 그들의 신뢰에 대한 예로서, 저는 데니 판사와 다른 사람들이 계약을 위하여 모든 노력을 기울이고 있으며, 이제 저는 미국인들이 관심을 갖게 하는데 성공하였습니다. 왕은 그들을 일언지하에 거절하였지만, 일전에 저에게 제가 최상으로 생각하는 대로 행동하도록 자유 재량권을 주는 전보를 보냈습니다.

저를 공사로 임명하는 것보다 미국 정부가 한국에 더 큰 경의를 표하는 것은 없으며, 제가 젊었을 때 서울에 있는 공사관에서 일을 많이 했기 때문에 혼자 하는 것이 부적절하다고 느끼지 않을 것입니다.

한국에서 박사님(혹은 우리들)의 이익에 관해서는 제가 서약할 필요가 없을 것입니다. 저는 선교 사업을 더욱 발전시키기 위하여 모든 노력을 기울일 것이고, 그들(한국인들)은 제가 종교적 양보가 현명하고 합당하다고 주장하는 길을 열어줄 것입니다.

만일 박사님이 그 문제가 충분히 중요하고, 박사님 편에서 조치가 필요하다고 생각하신다면, 박사님은 대단히 영향력 있는 방식으로 대통령에게 접근할 수 있을 것입니다. 개인적으로 저는 적극적인 조치를 취할 수 없는, 손발이 묶여 있는 입장에 있습니다. 한국인들이 논의 끝에 제가 그 자리를 확보하기 위한 모든 노력을 다할 것을 요청하는 것이 아니라면, 저는 그것에 대하여 아무 것도 하지 않을 것입니다. 제가 박사님으로부터 소식을 들을 수 있을까요?

안녕히 계십시오.
H. N. 알렌

Horace N. Allen (Washington, D. C.),
Letter to Frank F. Ellinwood (Sec., BFM, PCUSA) (Mar. 9th, 1889)

Personal

Washington, D. C.,

Mch. 9th, (18)89

My dear Dr. Ellinwood: -

Some capitalists in N. Y. whom I have at last succeeding in interesting in Korea, wish to have me sent as U. S. Minister to Seoul as a guarantee that their interests will be honestly guarded.

Col. Shepard of *Mail & Express* was approached (without my knowledge) and he has had several talks with me here. He advises me to try. His reason for wishing me to go being rather that mission (Christian) interests may be protected.

The Koreans themselves are remarkably excited over the matter and I can with difficulty restrain them from doing more than diplomatic rules would allow, in their desire to secure my appointment. My success with this Mission has raised me to a far higher position in the estimation of the King and his people, than I deserve, and they feel that with me in an official position in Korea under this government, they will be safe.

As an instance in their confidence in me, I will say that while Judge Denny and others are using every endeavor to obtain promises, now that I have succeeded in interesting American people. The King has denied them all rights, but cabled me Carte blanche the other day to act as I thought best.

This Govn't could pay no greater compliment to Korea than in making me Minister, and while I am young I have done so much of the work of the Legation at Seoul that I would not feel out of place in trying it alone.

As to your (or rather our) interests in Korea, it would not be necessary for me to pledge myself. I would use every endeavor to further the mission cause and in urging me for the place, they (the Koreans) would open the way to my insisting on whatever religious concessions are deemed wise and proper.

If you think the matter of sufficient importance to you, to call for action on your part, you might reach the President in a very influential way. Personally my hands are tied as my position precludes my taking any aggressive action. I would do nothing about it were it not that the Koreans, after any discussion, have demanded that I use every effort to secure the place. May I hear from you?

Yours very truly,
H. N. Allen

호러스 G. 언더우드(서울)가 프랭크 F. 엘린우드(미국 북장로교회 해외선교본부 총무)에게 보낸 편지 (1889년 3월 11일)

(중략)

저는 그 소문을 이미 들었지만, 그런 이야기가 근거 없이 시작되는 경우가 있다는 것을 잊지 않았습니다. 알렌 박사는 한국에 처음 왔을 때는 완전 금주자이었고, 건강상 맥주를 마셔야 할 때까지 그렇게 남아 있다가, 그런 다음 물보다 진한 음료를 마시기 시작하였습니다. 이것은 제가 한국에서 그를 알게 된 후에 일어난 일이지만, [작년에] 제가 일본에 있었을 때, 선교사들을 포함하여 그곳 사람들은 알렌 박사가 태평양을 건너올 때 내내 그가 완전히 술에 취해 있었다는 말을 들었습니다. 이것이 거짓임을 알았기 때문에, 저는 파워 박사에 대한 소문이 거짓일 가능성이 있다고 생각하였고, 이 문제에 대하여 제 의견을 바꿀 이유가 생길 때까지 그대로 두었습니다.

(중략)

Horace G. Underwood (Seoul),
Letter to Frank F. Ellinwood (Sec., BFM, PCUSA) (Mar. 11th, 1889)

(Omitted)

I had heard the rumors before, but I did not forget that at times such stories start from nothing. When Dr. Allen first came out, he was a total abstainer and remained so till his health demanded the use of beer, and thus he began to take anything stronger than water. This happened after I knew him in Korea, and yet when I was in Japan, I had been told by people, and that too missionaries, that when Dr. Allen crossed the Pacific he was drunk all the way over. Knowing that this was false, I thought that the rumors about Dr. Power were also likely to be false, and put them down as such until I should see some reason to change my opinion about the matter.

(Omitted)

프랭크 F. 엘린우드(미국 북장로교회 해외선교본부 총무)가
호러스 N. 알렌(워싱턴, D. C.)에게 보낸 편지 (1889년 3월 12일)

1889년 3월 12일

친애하는 알렌 박사님,

나는 수요일에 워싱턴의 ____ 호텔에 체류할 것으로 예상하고 있으며, ____와 관련된 업무로 ____할 예정입니다. 그 문제와 관련하여 나는 편지를 썼습니다. 나는 박사님이 쓴 편지에서 언급한 직책에 부름을 받을 수 있기를 바랍니다. 나는 박사님이 그 직책에 대한 탁월한 자격을 가지고 있으며, 거론될 가능성이 있는 다른 누구보다도 한국에 대하여 더 많이 알고 있다고 생각하고 있습니다.

안녕히 계세요.
F. F. 엘린우드

Frank F. Ellinwood (Sec., BFM, PCUSA),
Letter to Horace N. Allen (Washington, D. C.) (Mar. 12th, 1889)

Mar. 12th, 1889

My dear Dr. Allen: -

I expect to be in Washington on Wednesday at the _____ House, and shall be _____ to _____ ___ on business related to the _____ _____ _____ _____ _____ _____ _____ _____ thing and _____ have written a _____ letter to _____ in relation to the matter. I wish for ___ _____ that you might be called to the position of which you write. I think you have eminent qualifications for it, and know more of Korea that are any one else who would be likely to be suggested.

Sincerely yours,
F. F. Ellinwood

18890327

프랭크 F. 엘린우드(미국 북장로교회 해외선교본부 총무)가
존 W. 헤론(서울)에게 보낸 편지 (1889년 3월 27일)

(중략)

나는 박사님이 한국 및 전반적인 상황에 대하여 나에게 정보를 준 사실에 감사를 드립니다. 내가 믿기로 알렌 박사는 주한 공사에 대하여 다소의 이야기를 하였지만, 일전에 내가 워싱턴에 있었을 때 그가 이야기한 것에 비추어 보면 그가 희망적이 아닐 뿐 아니라 그것에 대하여 크게 염려하고 있지 않다고 생각하게 되었습니다.

(중략)

Frank F. Ellinwood (Sec., BFM, PCUSA),
Letter to John W. Heron (Seoul) (Mar. 27th, 1889)

(Omitted)

I thank you for the facts which you have given me in regard to Korea and matters in general. Dr. Allen in somewhat talked of, I believe, as Minister to Korea, but from something that he said to me the other day while I was in Washington, I was led to think that he was not hopeful, nor did he seem to be over anxious about it.

(Omitted)

호러스 N. 알렌(워싱턴, D. C.)이 프랭크 F. 엘린우드(미국 북장로교회 해외선교본부 총무)에게 보낸 편지 (1889년 4월 18일)

워싱턴, D. C.,
1889년 4월 18일

친애하는 엘린우드 박사님께,

아마도 박사님은 *New York Mail & Express* 지(紙)에 실린 서울 공사관과 관련된 저에 대한 기사를 보셨을 것입니다. 당연히 그것은 과장되었습니다. 저는 외교적 관례를 깨뜨리지 않고 그 주제에 대하여 행정부를 _____할 수 없기 때문에 그런 의미에서 저는 공직 구직자 후보자가 아닙니다. 하지만 그들이 저를 임명하기로 결정하는 것보다 한국인들을 더 기쁘게 하는 것은 없을 것이며, 당연히 저는 그 영예를 받아들일 것입니다.

제가 이 글을 쓰는 이유는 선교본부가 보스턴의 파울러 씨의 지원을 승인하였다는 사실을 알고 대단히 놀랐기 때문입니다. 파울러 씨는 미 해군의 행정 부사관으로 메리언 호를 타고 한국에 와서 일반 해병대 몇 명과 함께 언더우드 씨를 방문하였습니다. 이것은 불명예가 아니지만 장교들이 알현을 허락받았을 때 이 사람들은 왕을 만나러 갈 수 없었고, 그것은 설명을 해야만 했습니다. 이제 배의 장교들과 어울리기에는 너무도 격이 낮은 이 사람은 이전에는 들어갈 수 없었던 궁궐에 사절로 가겠다고 요청하였습니다. 박사님께서 추측해 보십시오. 더욱이 그는 외교에 대한 지식이 조금도 없고 상관들로부터 신뢰도 받지 못하였습니다. 저는 최근 그들에게 문의하였는데 어느 정도 좋은 평가를 받고 있었으며, 선교본부의 평가는 저에게 어느 정도 의무가 있다고 생각합니다.

안녕히 계십시오.
H. N. 알렌

Horace N. Allen (Washington, D. C.),
Letter to Frank F. Ellinwood (Sec., BFM, PCUSA) (Apr. 18th, 1889)

Washington, D. C.

Apl. 18/ (89)

My dear Dr. Ellinwood,

Perhaps you noticed an article in the *N. Y. Mail & Express* concerning myself in relation to the Seoul Mission. It was exaggerated of course. I am not a candidate in the sense that the office seekers are such, for I cannot _____ the administration on the subject without violating the rules of diplomatic etiquette. Yet should they choose to appoint me, nothing would please the Koreans more and of course I would accept the honor.

The reason I write is that I was very greatly surprised to learn that the Board had endorsed the application of a Mr. Fowler of Boston. Mr. Fowler came to Korea on the U. S. S. Marion as yeoman, and visited Mr. Underwood with some common marines - this is no discredit, but when the officers were granted an audience, these men could not go to see the King, which had to be explained. Now this man - too inferior to associate with - ship officers - asked to go as envoy to the court, when he could not enter before. Draw your own inference. Further, he has not the slightest knowledge of diplomacy and was not trusted by his superior officers. (I have asked them recently) and yet he has many good endorsements among them that of the Board - which we would suppose was under some obligations to me.

Yours very truly,

H. N. Allen

프랭크 F. 엘린우드(미국 북장로교회 해외선교본부 총무)가
호러스 N. 알렌(워싱턴, D. C.)에게 보낸 편지 (1889년 4월 19일)

1889년 4월 19일

친애하는 알렌 박사님,

    나는 한국의 자리가 채워진 줄 생각하였기 때문에 박사님의 4월 18일자 편지를 받고 상당히 놀랐습니다.[154] 나는 그렇게 이해하였고, 사람들의 이름을 받았습니다. 2~3주일 전에 파울러 씨가 브루클린의 맥윌리엄스 씨의 편지를 가지고 방문하였습니다. 그는 매사추세츠에서 꽤 좋은 추천을 받았습니다. 나는 이미 박사님을 강력히 추천하였다고 그에게 말하였습니다. 그는 박사님을 알고 있고 하루 이틀 전에 박사님을 보았다고 말하였으며, 박사님이 그 직책을 기대하지 않았다고 생각하였습니다. 그런 다음 나는 "관련이 있는 사람"에게 보내는 비망록에서 박사님을 그 자리에 추천하였지만, 만일 박사님이 후보자가 아니라면 파울러 씨를 추천해야 한다고 말하였습니다. 나는 그가 가져온 좋은 추천장에 따라 반드시 우리 일에 동조하는 기독교인이 있어야 한다고 생각하여 이렇게 하였습니다. 만일 파울러 씨가 선교본부를 대표하여 박사님에게 불리한 영향력을 행사한다면 그는 나의 기록을 왜곡한 것입니다. 박사님이 나의 첫 번째 선택이라는 것은 그와 나 사이에서 완전히 이해되었습니다. 나는 상황에 따라 국무부에 편지를 써서 그 사실을 이중으로 확인할 것입니다. 나는 박사님이 그 사람이 되기를 진심으로 바랐지만 최근에 박사님으로부터 아무 소식도 듣지 못하였기 때문에, 나는 박사님이 이런저런 이유로 그 문제를 포기하고 공사가 선택되었다는 소식을 들었을 것이라고 생각하였습니다. 이 점에 대해서는 분명하게 확인하고 즉시 알려 주세요. 만일 임명이 되지 않았으면 나는 국무부로 편지를 쓰겠습니다.

안녕히 계세요.
F. F. 엘린우드

---

154) Horace N. Allen (Washington, D. C.), Letter to Frank F. Ellinwood (Sec., BFM, PCUSA) (Apr. 18th, 1889)

Frank F. Ellinwood (Sec., BFM, PCUSA),
Letter to Horace N. Allen (Washington, D. C.) (Apr. 19th, 1889)

Apr. 19th, (188)9

My dear Dr. Allen:

I have received your letter of April 18th with much surprise, as I supposed that the position in Korea was filled. I had so understood and the name of the men had been given to me. Some two or three weeks ago a Mr. Fowler called, with a letter from Mr. McWilliams of Brooklyn. He had some fairly good recommendations from Massachusetts. I said to him that I had already recommended you strongly. He said he know you and had seen you a day or two before, and he thought that you were not expecting the place. I then said in a note "To whom it might concern", that I had recommended you for the place, but that if you were not a candidate, I should recommend Mr. Fowler. I did this upon the high testimonials which he brought, thinking that by all means we should have a Christian man and one in sympathy with our work. If Mr. Fowler has represented the Board as throwing its influence on his side as against you, he has falsified my record. It was fully understood between him and me that you were my first choice. I shall in the circumstances write to the State Department and make the thing doubly sure. For my own part I heartily wish that you might be the man, but having heard nothing from you lately, I had supposed that for one reason or another you had given the matter up, and then had heard that a Minister had been chosen. I wish you would ascertain in this regard definitely and let me know at once, and if no appointment has been made I will write to the Department.

Sincerely yours,
F. F. Ellinwood

호러스 N. 알렌(워싱턴, D. C.)이 투니스 S. 햄린
(워싱턴, D. C.)에게 보낸 편지 (1889년 4월 20일)

(18)89년 4월 20일

친애하는 햄린 박사님,

　박사님은 한국인들이 이곳에 도착하였을 때 기독교를 매우 두려워하였고 교회와 종교 행사를 조심스럽게 피하였다는 것을 알고 계실 것입니다. 저는 이제 이것이 대부분 사라졌고 오늘 아침에 우리의 부활절 축하와 그 중요성을 설명하면서 내일 아침 교회 예배에 참석할 의사를 표명하였다고 말할 수 있게 되어 기쁩니다.

　제가 보기에 기독교 국가에 영구적인 공사관을 설립하는 것과 동등하게 중요한 사건으로 보이는 이 모든 것의 완전한 의미는 설명할 수 없습니다.

　저는 그들의 첫 무대를 위하여 박사님의 교회를 택하였고, 지금 박사님이 우리를 위하여 6명을 위한 좌석을 예약할 수 있는지 알기 위하여 편지를 씁니다.

　박사님께서 이 경우의 중요성을 인식하고 저와 협력하실 것을 믿습니다. 안부를 전합니다.

　안녕히 계십시오.
　H. N. 알렌

Horace N. Allen (Washington, D. C.),
Letter to Teunis S. Hamlin (Washington, D. C.) (Apr. 20th, 1889)

Apl. 20/ 89

My dear Dr. Hamlin: -

You perhaps know that when the Koreans arrived here they were quite afraid of Christianity and carefully avoided churches and religious celebrations. I am glad to be able to say that now this has largely passed away and in explaining, this morning, our Easter celebration and its significance they expressed a willing- ness to attend a church service tomorrow morning - ladies and all.

I can't well express to you the full meaning of all this which to me seems an event of equal importance to the establishment of a permanent legation in a Christian country.

I selected your church for their debut and now write to know if you can have sittings for six reserved for us.

Trusting you may appreciate the importance of the event and cooperate with me. I am, with kind regards,

Yours very truly,
H. N. Allen

투니스 S. 햄린(Teunis S. Hamlin)

투니스 S. 햄린(1847~1907)은 뉴욕 주 글렌빌에서 태어났으며, 유니언 대학을 졸업하고, 뉴브런즈윅 신학교 및 유니언 신학교에서 수학한 후 1871년 트로이 노회에서 목사 안수를 받았다. 그는 1884년까지 뉴욕 주 트로이의 우드사이드 장로교회에서, 이후 1886년까지 오하이오 주 신시내티의 마운트 어번 장로교회에서 시무하다가 1886년 이후 워싱턴, D. C.의 커버넌트 장로교회에서 시무하였다.

그림 8-16. 투니스 S. 햄린 목사.

호러스 N. 알렌(워싱턴, D. C.)이 프랭크 F. 엘린우드(미국 북장로교회 해외선교본부 총무)에게 보낸 편지 (1889년 4월 24일)

한국 공사관
워싱턴, D. C.

1889년 4월 24일

친애하는 엘린우드 박사님,

우리는 한국 공사직을 위한 경쟁에서 파울러라는 사람이 눈에 띄는 것이 크게 짜증이 나며, 제가 가든 아니든 그가 가는 것을 절대 원하지 않습니다.

박사님은 19일자 편지[155]에서 "내가 이미 박사님을 강력히 추천하였다고 그에게 말하였다. 그는 박사님을 알고 있고 하루 이틀 전에 박사님을 보았다고 말하였으며, 박사님이 그 직책을 기대하지 않았다고 생각하였다."라고 말씀하셨습니다. 그는 제가 언더우드 씨 집에서 미 군함 메리언 호의 해병대 모임이 있었을 때 소개 받은 적이 있다는 것 이상으로는 저를 알지 못합니다. 저는 그와 대화를 나누지 않았으며 그가 누구인지 전혀 모릅니다.

그는 공사관의 서기관에게 편지들을 보냈으며 저는 공사관의 서기관으로서 답장을 하였습니다. 그는 지난 며칠 동안, 심지어 한국에 있을 때부터 저를 보지 못하였습니다. 그는 신문에서 한국에 이미 5,000만 달러를 투자하여 커다란 무역회사를 설립하였다고 언급하였습니다. 이것은 가장 심각한 거짓말입니다. 그는 지난 몇 년 동안 한국에 거주하였는데, 학생으로 그곳에 갔다고 말하였습니다. 박사님은 이것에 진실이 없다는 것을 아실 것입니다.

만일 그가 거짓된 허위 진술로 박사님으로부터 보증을 얻었다면, 블레인 씨에게만큼은 말씀해 주시면 기쁠 것입니다. 박사님이 저에게 유리하게 말하고 싶은 것이 무엇이든 간에, 저는 다른 글과 함께 발표하는 것을 선호합니다. 이 일로 인하여 박사님을 골치 아프게 하지 않는다는 것을 믿어 주십시오.

안녕히 계십시오.
H. N. 알렌

---

155) Frank F. Ellinwood (Sec., BFM, PCUSA), Letter to Horace N. Allen (Washington, D. C.) (Apr. 19th, 1889)

Horace N. Allen (Washington, D. C.),
Letter to Frank F. Ellinwood (Sec., BFM, PCUSA) (Apr. 24th, 1889)

Legation of Korea

Washington

Apl. 24th, (18)89

My dear Dr. Ellinwood,

We are greatly annoyed at the prominence of the man Fowler in the contest for the position as Minister to Korea, and whether I go or not we by all means do not want him to go.

In your letter of the 19th you say, "I said to him that I had already recommended you strongly. He said he knew you and had seen you a day or two before, and he thought that you were not expecting the place." He does not know me further than that I was once introduced to him with a party of marines from the U. S. Ship Marion at Mr. Underwood's house. I had no conversation with him and would not know him "from Adam" should I see him.

He has addressed letters to the Secretary of Legation which I have answered as Secretary of Legation. He has not seen me in the past few days - or since the time in Korea. He represents in the newspaper that he has organized a great commercial Co. in Korea which has already invested $50,000,000. This is the rankest falsehood. He says he has been a resident of Korea the past several years - and went there as a student. You know there is no truth in this.

If he obtained the endorsement from you on false misrepresentation, I would be glad if you would say as much to Mr. Blaine. Tho' anything you may wish to say in favor of me, I would prefer to present with my other papers.

Trusting I am not annoying you with this business. I am

Yours truly,

H. N. Allen

프랭크 F. 엘린우드(미국 북장로교회 해외선교본부 총무)가
호러스 N. 알렌(워싱턴, D. C.)에게 보낸 편지 (1889년 4월 25일)

1889년 4월 25일

친애하는 알렌 박사님,

나는 어제 내가 할 수 있는 한 강한 내용의 편지를 귀하에게 보냈지만, 내가 할 수 있는 일에 대하여 더 알아보겠습니다. 박사님은 내가 모든 수단을 다 사용할 것이라는 것을 확신할 수 있습니다.

안녕히 계세요.
F. F. 엘린우드

Frank F. Ellinwood (Sec., BFM, PCUSA),
Letter to Horace N. Allen (Washington, D. C.) (Apr. 25th, 1889)

Apr. 25th, (188)9

My dear Dr. Allen: -

I send you yesterday as strong a letter as I could, but I will see about something further that I can do. You may be assured that I will leave no stone unturned.

Sincerely yours,
F. F. Ellinwood

호러스 N. 알렌(워싱턴, D. C.)이 프랭크 F. 엘린우드(미국 북장로교회 해외선교본부 총무)에게 보낸 편지 (1889년 4월 25일)

한국 공사관
워싱턴, D. C.

1889년 4월 25일

친애하는 엘린우드 박사님,

　박사님이 저를 극찬해주신 편지를 보내주셔서 대단히 감사드립니다. 저의 오하이오 주 서류가 도착하는 대로 블레인 씨[156]에게 제출하겠습니다.

　제가 가든 말든, 저는 박사님의 친절한 그 노력에 대하여 충분히 감사를 드리며, 저와 관련하여 박사님이 표현해 주신 훌륭한 견해의 이점을 살리도록 노력할 것입니다.

　안녕히 계십시오.
　H. N. 알렌

---

156) 당시 미국무부 장관이었던 존 G. 블레인(John G. Blaine, 1830~1893)을 말한다. 그는 메인 주의 정치인으로 1881년과 1889년부터 1892년까지 2차례 국무부 장관을 역임하였다.

Horace N. Allen (Washington, D. C.),
Letter to Frank F. Ellinwood (Sec., BFM, PCUSA) (Apr. 25th, 1889)

Legation of Korea

Washington

Apl. 25th, (18)89

My dear Dr. Ellinwood: -

I thank you very much for your very complimentary letter. I shall present it to Mr. Blaine when my Ohio papers arrive.

Whether I go or not, I shall fully appreciate your very kind efforts, and endeavor to merit the good opinion you have expressed concerning me.

Yours very truly,

H. N. Allen

호러스 N. 알렌(워싱턴, D. C.)이 프랭크 F. 엘린우드(미국 북장로교회 해외선교본부 총무)에게 보낸 편지 (1889년 4월 28일)

워싱턴, D. C.

(18)89년 4월 28일

친애하는 엘린우드 박사님,

존 파울러157)의 적극적인 입후보 때문에 한국인들은 제가 한국 공사직을 얻기 위하여 노력할 것을 주장하고 있습니다. 저는 오하이오 주에 추천을 요청하는 편지를 썼으며, 만일 박사님께서 하실 수 있는 한 강력한 개인 보증 편지를 보내주신다면 대단히 감사하겠습니다.

안녕히 계십시오.

H. N. 알렌

---

157) 후에 노스캐롤라이나 주의 미국 하원의원을 역임하였던 존 E. 파울러(John E. Fower, 1866~1930)로 추정된다.

Horace N. Allen (Washington, D. C.), Letter to Frank F. Ellinwood (Sec., BFM, PCUSA) (Apr. 28th, 1889)

Washington, D. C.,

Apl. 28th, (18)89

My dear Dr. Ellinwood: -

Owing to the active candidacy of Jno. Fowler, the Koreans insist on my trying to obtain the Korean Mission. I have written to Ohio for endorsements and will be greatly obliged if you will send me as strong a personal letter of endorsement as you can.

Yours very truly,

H. N. Allen

18890500

의료 선교는 보답을 하는가?

The Medical Missionary Record 4(1) (1889년 5월호), 10쪽

의료 선교는 보답을 하는가?

이 질문은 이 도시의 *Mail and Express*에서 가져온 다음 기사로 만족스럽게 답변되고 있다. 기독교 교회 전체가 그것을 읽고, 기록하고, 배우고, 내적으로 소화시키도록 하자. 그것은 의료 선교의 가치를 설명하는 것 외에도 많은 중요한 교훈을 포함하고 있다. 무엇보다도 이 일에 전념하는 사람들이 거의 모든 직책을 채울 능력이 있다는 사실을 증명하고 있다. 그것은 몇 년 전 주중 미국 공사로 선택된 의료 선교사 피터 파커이었다.

워싱턴, D. C. 4월 12일 (특약) - 한국의 흥미롭고 진취적인 사람들에 대한 공관은 켄터키 주의 윌리엄 O. 브래들리 님의 사퇴로 공석인 상태에 있다. 이곳의 한국 대리 공사인 이 씨는 H. N. 알렌 박사가 우리 공사로 임명되기를 희망한다는 사실을 숨기지 않고 있다. 알렌 박사는 의사이며, 처음부터 장로교회 해외선교본부로부터 1,500달러의 연봉을 받고 한국으로 파송되었다. 그는 곧 매우 수익성이 좋은 사업에 뛰어 들어 연간 수입이 5,000달러에서 8,000달러에 이르렀고, 수입 전체를 자신을 고용한 해외선교본부로 넘겼다. 그는 언어를 숙달하고, 왕의 주치의가 되었으며, 왕이 이 나라에 사절단을 보내기로 결정하였을 때 비서관이 되어 지금 그 자리에 있다. 당연히 그는 자신의 이름을 내세우는 일과 관련하여 아무 것도 할 수 없지만, 그를 아는 모든 사람들은 그가 주한 미국 공사 자리를 채우기에 얼마나 유능한지 알고 있다. 알렌 박사는 오하이오 주에서 태어난 철저한 공화당원이며, 한국에서 그의 경력은 자기 희생적인 유용성, 눈에 띄는 정직성, 지적이고 두려움이 없고 친절한 활동이었다. 그는 한국과 일본 사이, 그리고 또한 한국과 미국 사이의 협상에서 정치가로서의 자질을 키웠다. 한국과 사업을 하였던 모든 미국 상인들은 그의 조언에 감사해 하고 있고, 만일 그들에게 맡겨진다면 그는 분명히 주한 미국 공사로 임명될 것이며, 그의 임명은 한국과의 무역 및 기타 관계를 강화할 것이다. 한국의 왕은 미국인을 고문으로 고용함으로써 기독교 문명에 대한 그의 의지를 보여주었다. 이교도들 가운데 미국 선교의 정당한 목적 중의 하나가 그들을 기독교로 인도하는 것이라면 누구도 의심할 수 없는 것처럼 한국에 관해서는 다른 사람으로 채워지는 것보다 알렌 박사로 채워지면 훨씬 더 성공적일 것이다.

[우리는 기독교 자선가인 엘리엇 F. 셰퍼드 대령의 지휘 하에 *Mail and Express*와 같은 일간지(일요일은 제외)가 이 도시에 존재하는 것을 기쁘게 생각한다. - 편집장]

Do Medical Missions Pay?
The Medical Missionary Record 4(1) (May, 1889), p. 10

Do Medical Missions Pay?

This question is satisfactorily answered in the following article taken from the *Mail and Express* of this city. Let the Christian Church at large read, mark, learn and inwardly digest it. It contains many important lessons, besides illustrating the value of Medical Missions. Among others it evidences the fact that the men who give themselves to this work have ability to fill almost any position. It was Peter Parker, a Medical Missionary, who was chosen as United States representative to China years ago:

Washington, April 12 (Special). - The mission to the interesting and enterprising people of Korea is vacant by the declination of the Hon. Wm. O. Bradley, of Kentucky. Mr. Yee, the Korean *Charge d'Affairs* here, makes no secret of his hopes that Dr. H. N. Allen may receive the appointment as our Minister. Dr. Allen is a physician, and first went to Korea for the Presbyterian Board of Foreign Missions on a salary of $1,500 a year. He soon got into so lucerative a practice that his income was from $5,000 to $8,000 a year, all of which he turned over to his employers, the Foreign Board. He mastered the language, was made physician to the King, and when the King decided to send an embassy to this country, be was made the secretary thereof, and is now here in that capacity. Of course he can do nothing in respect to suggesting his own name, but everybody who knows. him is aware how competent he is to fill the position of United States minister to Korea. Dr. Allen was born in Ohio, is a thorough-going Republican, and his career has been one of self-sacrificing usefulness and conspicuous honesty, and of intelligent, fearless and kindly activity in Korea. He has developed the qualities of a statesman in negotiations between Korea and Japan, and also between Korea and the United States. Every American merchant who has done any business with Korea is indebted to him for his advice, and if left to them he would certainly be appointed Minister to Korea, and his appointment would strengthen our trade and other relations with that country. His Majesty, the King has shown his leaning toward Christian civilization by employing an American as an adviser. If one of the legitimate objects of the mission of America among heathen nations is to bring them to Christianity, as no one can doubt, then this mission would be apt to be much more successful in respect to Korea if filled by Dr. Allen than it could be if filled by any other.

[We rejoice in the existence of a daily (but not Sunday) newspaper in this city like the *Mail and Express*, under the leadership of a Christian philanthropist, Colonel Elliott F. Shepard. - Ed.]

호러스 N. 알렌(워싱턴, D. C.)이 메리 J. 에버릿
(오하이오 주 톨리도)에게 보낸 편지 (1889년 6월 3일)

워싱턴, D. C., (18)89년 6월 3일

친애하는 제니 누님,

누님의 지난 주 편지를 받았습니다. 제가 '투쟁'을 포기하였고 매크렐런이 자신의 패배에 대하여 사용하였던 것처럼 그것에 대하여 만족한다는 것을 제외하고는 '전쟁의 현장'에 대한 소식이 없습니다.

비벌리 터커의 사건은 저를 깨닫게 하였습니다. 모든 것을 제쳐두고 터커의 역사를 언급하는 사람은 거의 없습니다. 만일 대통령이 (사람들을) 임명을 하는 데 너무 부주의해서 그렇게 중요한 사람 중 한 명을 거의 즉시 철회해야 한다면 말입니다. 그는 제 경우를 고려하는 것을 좋아하고 있지 않습니다. 블레인의 친구인 실망한 일부 "중노동자"는 한국의 공관으로 위안을 받을 것이며, 저는 누님이 제가 소유하고 있다고 생각하는 바로 그 "운"으로 많은 힘든 일을 면하게 될 것입니다. 정말 누님은 불의를 의미하지만, 저는 제가 아는 한 가장 불행한 사람입니다. 저는 가장 열심히 일하지 않고는 아무 것도 얻지 못합니다. 누님은 제가 가진 모든 것을 선교 사업을 위하여 학교 교육에 사용하기로 한 저의 결정이 대단히 운이 좋았다고, 제가 떠났다고도 생각할 수 없습니다. 저는 마지막에 뒤로 물러날 뻔하였고 어둠 속으로 뛰어드는 것 같았지만, 그것이 제 의무라고 믿고 가야 한다고 스스로 일깨웠습니다. 패니의 병, 중국에서 우리의 비참한 '운', 돈을 잃은 것 등, 그리고 무엇보다도 그 혁명에 맞추어 제 시간에 제 가족과 세속적인 재산을 서울로 옮긴 것은 더 나쁜 것이었습니다. 모든 외국인들이 도망갔을 때 저는 부상자들을 떠날 수 없었고 패니는 저를 떠날 수 없었는데, 그것은 별로 운이 좋지 않았습니다. 제가 그녀에게 제 연발 권총을 사용하는 것을 보여주었을 때 그녀는 제가 없을 때 폭도들이 오면 해리를 먼저 죽이고 자살하겠다고 주장하였습니다. 저는 제 '운'이 저와 함께 있다고 확신하였을 뿐입니다. 후에 군함이 오고 미국인들이 공사관에 있으며 제가 '도시에서 가장 중요한 사람'이 되었을 때, 저는 장화를 신고 떨고 있었고 삶보다 죽음에 더 가까이 있던 공(公)을 살리지 못한다면 저는 파멸되어 폭도들에게 죽임을 당할 것이라는 것을 알았습니다. 그때 저는 세상에서 한 번 해야 했던 것처럼 다시 '잡초를 뽑을' 기회를 받았을 것입니다. 그런데 이곳으로 오는 것은 운이 없었습니다. 서울에 있는 선교사들(그들은 스스로를 인정하였습니다)의 지독한 질투로 저는 괜찮은 사람이 들어갈 수 있는 가장 비참하게 불행한 상황에 처해 있었고, 그것을 벗어나기 위하여 이 업무를 진행하였고 열심히 노력해서 성공하였습니다. 고국에 돌아온 이후로 저는 약간의 투자에서 잘 하였지만, 제가 친구의 말을 들었을 때 크게 잃었습니다. 메릴 왓슨은 제가 주식을 알 수 없는 곳에서 갓 돌아 왔고 그의 말을 믿었기 때문에 시중에서 40센트에 팔고 있던 주식을 1달러에 팔았습니다. 그것이 저의 잘못이었다는 것을 상관하지 않습니다. 사람은 그의 아버지의 말조차도 받아들일 권리가 없습니다. 저는 다른 일로 그것을 만회하였고, 아마도 그는 아직 그것을 알고 있지 못하지만 그것에 의해 잃었습니다. 아니 제니 누님 전 운이 좋지 않아요. 혹시나 해서 한번 해봤습니다. 저는 홍콩에 있는 동안 와닐라 복권에서 번호를 선택하였습니다. 저는 구매는 하지 않고 구경만 하였습니다. 제 번호는 아무 결과를 얻지 못하였습니다. 저는 이곳에서도 같은 것을 한 번 하였지만 같은 결과이었습니다. 패니는 "리글러"로서의 내 능력에 대한 무한한 믿음을 가지고 있습니다. 나는 다른 사람이 될 때까지 긁힌 자국에서 거의 벗어나지 못하지만 항상 그럭저럭 빠져나갈 수 있습니다. 예를 들어, 나는 7월 1일까지 급여를 받았지만 6월 1일에는 28센트만 남아 있었고 1센트도 지불하지 않았습니다. 나는 또 다른 신문 신디케이트를 썼는데, 그 기사는 반달 동안 할 것이고(그것은 받아들여졌다) 나머지는 내가 아무 것도 팔지 않고도 괜찮을 것입니다.

캘리포니아 주 클레이턴, 그리고 이곳과 뉴욕의 관심 있는 사람들은 그 상황에서 의심할 여지없이 그 자리를 확보하기에 충분하였지만 문제의 '운'은 일부 이전 또는 더 큰 선호가 저의 주장과 저의 증명에 대한 적절한 검토를 방해할 것이라는 사실에 있습니다. 저는 누님이 저에게 너무 많은 것을 기대하고 있을지도 모르는 '운이 좋은 사람'으로 간주되는 것은 당연히 상관하지 않습니다. 저는 정말로 열심히 일을 하고 결코 게으르지 않으며, 당연히 그런 식으로 저는 무언가를 하거나 몸 상태가 좋지 않을 수밖에 없습니다. 제가 한국에서의 이 업무를 맡는다면 그것에는 운이 없을 것입니다. 클레이튼, 캘리포니아 _____, 그리고 여기와 뉴욕의 이해 당사자들은 그 상황에서 의심의 여지 없이 장소를 확보하기 위해 충분히 노력했지만 문제의 "운"은 일부 이전 또는 더 큰 선호가 내 청구 및 자격 증명에 대한 적절한 조사를 방해합니다.

저는 지금 펜실베이니아 주에서 그리고 수도에서 백악관으로 가는 방법을
보여주는 문서를 보내드리겠습니다.
모두에게 사랑을 보냅니다.

안녕히 계세요.
[H. N. 알렌]

Horace N. Allen (Washington, D. C.), Letter to Mary J. Everett (Toledo, O.) (June 3rd, 1889)

Washington, D. C., June 3rd, 89

My dear Jennie,

Yours of last week received. No news from the "seat of war" except that I have about given up the "struggle" and am as complacent over it as McClellan used to be over his defeats.

The Beverly Tucker episode has convinced me. Few with laying aside all mention Tuckers history - if the President is so careless in making his appointments that he has to withdraw one of such importance almost as soon as made. He is not like to consider my case. Some disappointed "heavy worker" - friend of Blaines - will be consoled with the Korean mission, and I will be saved a deal of hard work by that same "luck" you think I am possessed of. Really tho' you do mean injustice, I am the most unlucky fellow I know of. I never get a thing without the hardest kind of work. You can't consider my decision to spend all I had and more in schooling for mission work very lucky, nor my going off. I came near backing out at the last it seemed like such a plunge in the dark, but I had worked myself up to believe it to be my duty, and go I must. Take Fannie's sicknesses, our miserable "luck" in China, my losing my money, etc. and then worse than all to get my whole family and worldly possessions into Seoul just in time for that revolution. When all the foreigners ran away and I couldn't leave the wounded and Fannie wouldn't leave me, it wasn't very lucky. When I showed her to use my revolver and she argued to kill Harry first and then herself if the mob came in my absence. I was only sure that my "luck" was with me. Later when a man-of-war came and Americans were at the Legation and I was the "biggest man in town," I was shaking in my boots and knew that if the Prince who was nearer dead than alive should not pull through I would be ruined and likely killed by a mob. I would then have given any chance I had in the world to be "pulling weeds" again as I once had to. Then there was no luck in coming off here. By the infernal jealousy of those missionaries (they have admitted to themselves) in Seoul I was in the most wretchedly unlucky fit a decent man could be in, it was to get out of that that I progressed this mission, and by hard work it has been made a success. Since coming home I have done well in some investments but when I took a friends word I lost heavily. Merrill Watson sold me stock at $1.00 that was selling on the street at 40¢ because I was fresh from the land where stocks are unknown and took his word for it. I don't care it was my own fault. A man has no right to take even his Fathers word for a thing. I made it up on another thing though and he lost by it tho' perhaps he don't know it yet. No Jennie I am not lucky. I tried once to see if I were. I selected a No. in the Wanilla Lottery while in Hong Kong. I didn't buy but watched it. My No. drew a blank. I did the same thing here once with the same result. Fannie has unlimited faith in my powers as a "wriggler." I am seldom out of the scrape till I am into another yet I always manage to get out. For instance, I have been paid my salary till July 1st, yet June 1st we had but 28cts to run the month on, and not a cent due. I wrote another newspaper syndicate, article which will do for half a month (it is accepted) and the rest will come out alright without my selling anything.

I don't care of course to be considered "lucky" only you might expect too much of me. I really work hard and am never idle, of course in that way I am bound to either do something or get myself into a bad fit. Should I get this mission to Korea there would be no luck in it. Clayton, Ca. _____, and interested parties here and in N. Y. have done enough to secure the place, under the circumstances, without the shadow of a doubt, but the "luck" of the matter will lie in the fact that some previous, or greater preferences, will prevent a proper examination of my claims and credentials.

I will send you a paper showing how we go boating now on Pa. <u>and</u> from the Capital to the White House.

With love to all,

Yours affectionately,
[H. N. Allen]

호러스 N. 알렌(워싱턴, D. C.)이 프랭크 F. 엘린우드(미국 북장로교회 해외선교본부 총무)에게 보낸 편지 (1889년 7월 23일)

한국 공사관
워싱턴, D. C.

(18)89년 7월 23일

F. F. 엘린우드 박사,
　뉴욕 시 5 애버뉴 53

친애하는 박사님,

　헤론 부인이 신분이 높은 한국인을 개종시킨 결과 감옥에 갇혔다는 황당한 보도가 신문에 돌고 있습니다. 그 보도는 내슈빌로부터 시카고까지 퍼졌습니다. 우리는 방금 긴급 전보를 받았지만, 그 일들에 대한 언급이 없습니다. 저는 헤론 부인이 어머니에게 약간의 그러한 일에 대한 주장과 처벌을 두려워하는 다소 강력한 편지를 썼을 것이라고 생각하고 싶습니다. 그녀의 어머니는 그것을 약간 각색하였고 출판된 기사가 내슈빌에서 돌다가 다른 지역으로 타전되었을 수 있습니다.

　비록 제가 직접 질문하지는 못하였지만 딘스모어 씨가 지침을 위하여 즉시 전보를 보냈을 국무부는 그 문제에 대하여 아무 것도 모르는 것 같습니다.

　박사님이 그 보도에 대하여 걱정하시리라 생각하며, 저는 박사님께 그 일에 대한 제 생각을 말씀 드립니다. 헤론 부인이 세상을 놀라게 하는 경향이 있는 것을 저는 알고 있습니다. 그녀는 최근 한국의 왕이 300명의 후궁을 두고 있다는 것 등을 언급한 기사를 투고하였습니다.

　저는 주한 공사 자리가 가을 이전에 채워지지 않을 것으로 확신합니다. 저는 주지사와 2명의 전직 주지사를 포함한 오하이오 주 전체의 지지를 받고 있습니다. "희망은 늦어지는 것을 부인한다." 등은 그런 식으로 저의 열망을 치유해 주었습니다.

안녕히 계십시오.
H. N. 알렌

Horace N. Allen (Washington, D. C.),
Letter to Frank F. Ellinwood (Sec., BFM, PCUSA) (July 23rd, 1889)

Legation of Korea

Washington

July 23, (18)89

Dr. F. F. Ellinwood,
   53 5th Ave., N. Y.

My dear Doctor: -

An absurd report is going the rounds of the papers to the effect that in consequence of Mrs. Heron's converting a high Korean nobleman, she has been cast into prison. It was dispatched from Nashville to Chicago. And as we have no mention of any such occurrence, though we are just in receipt of cable dispatches. I am inclined to think that Mrs. Heron may have written a rather strong letter to her mother claiming credit of some such services and fearing some such penalty. The mother may have added her coloring to it and the report as published may thus have gotten into circulation in Nashville and been wired outside.

The State Dep't. to whom Mr. Dinsmore would cable for instruction at once, seem to know nothing of the matter, though I have not cared to go in person to question them.

Thinking you might be worried about the report I give you such my idea of the thing. I know Mrs. Heron tends to the sensational. She recently published an article in which she stated that the King of Korea kept 300 concubines, etc., etc.

I am assured that the Korean mission will not be filled before fall. I have the support of the whole of Ohio including the gov. and two ex-governors. "Yet hope deny deferred" etc. has about cured me of any aspiration that way.

Yours very Sincerely,
H. N. Allen

호러스 N. 알렌(워싱턴, D. C.)이 존 길레스피(미국 북장로교회 해외선교본부 총무)에게 보낸 편지 (1889년 7월 25일)

한국 .공사관
워싱턴, D. C.

(18)89년 7월 25일

친애하는 길레스피 박사님,

국무부는 서울의 미국 공사로부터 "헤론 부인에 관한 기사는 근거가 없는 것임"이라는 전보를 받았습니다.

이 모든 것은 한국에 가장 가혹한 '모욕'을 주는 것이었습니다. 우리는 한국이 가치 있고 존경받는 나라로 간주되기를 바라고 있습니다. 그리고 저는 외국인들에게 한국보다 더 안전한 다른 나라가 없다고 확신하지만, 우리는 지난 해 세 번에 걸쳐 비방이 있었습니다. 첫째, 1년 전 선교사들이 '아기를 먹는다'는 (영아) 소동. 그러다가 제가 확실한 근거를 가지고 어떠한 기근도 없다는 충분한 소식을 들었던 지난 봄, 기근의 엄청난 압박. 그러나 일본에서 돌아온 딘스모어 공사를 설득하여 기근이 맹위를 떨치고 있다며 한국 정부와 상의하지 않고 미국 정부에 도움을 요청하는 전보를 보냈습니다. 정정되었음에도 불구하고 한국인들은 아름답고 헌신적인 여자 선교사를 살해했다는 소문에 휩싸일 것입니다.

저는 박사님께서 한국에 대한 우리의 인상이 얼마나 잘못된 것인지, 그곳에 문제가 있다는 신문 보도를 믿는 것이 얼마나 현명하지 못한지를 보여주는 사설을 Church [at Home and Abroad]에 게재하는 것이 옳다고 생각합니다.

저는 퍼트넘스 손스 출판사와 함께 출판 중인 한국에 관한 책이 있습니다. 저는 그 책이 한국에 관한 악의적인 것들을 상쇄시켜 줄 것으로 바라고 있습니다. 저는 그들에게 박사님께 책 한 권을 보내드리라고 부탁하였으며, 박사님께서 Church [at Home and Abroad]에 호의적으로 소개해 주실 것으로 믿고 있습니다.

안녕히 계십시오.
H. N. 알렌

Horace N. Allen (Washington, D. C.), Letter to John Gillespie (Sec., BFM, PCUSA) (July 25th, 1889)

Legation of Korea

Washington

July 25/ (18)89

My dear Dr. Gillespie: -

State Department has been cabled, by the U. S. Minister in Seoul, "Report concerning Mrs. Heron wholly without foundation."

This whole thing has been a most aggravating "slap" to Korea. We wish nothing more than to be considered a worthy and respectable nation, and I am sure foreigners are not more safe in any country than in Korea, and yet we have had three periods of malignment during the past year. First, the "baby eating" of the missionaries a year ago. Then the tremendous strain of famine last spring when I am fully informed on unimpeachable authority that no famine existed, but the missionaries persuaded the Minister Dinsmore, on his return from Japan, that a famine was raging, and without consulting the Korean Govn't, he telegraphed America for aid. Now the Koreans - in spite of corrections - will have the credit of murdering beautiful and devoted Christian missionary women.

I assure you, Dr. that I think it no more than right for you to give the "Church" an editorial showing how erroneous are our impressions here of Korea, and how unwise it is to put any faith in newspaper reports of trouble over there.

I have a book on Korea in press with Putnam's Sons. I hope it will counteract the evil tendency. I have just written them to send you one and trust you will give it a favorable notice in the "Church."

I am,

Yours very Truly,

H. N. Allen

워싱턴에서.

The Baltimore Sun (메릴랜드 주 볼티모어) (1889년 7월 25일), 1쪽

워싱턴에서.
한국에서 인기 있는 미국인들.
선교사들이 가르치도록 허용되다.
정부의 실질적인 관용 - 해론 부인의 위험에 대한 진술은 근거가 없다는 설명

[*Baltimore Sun*에 보낸 특별 기사.]

워싱턴, 7월 24일. - 워싱턴에서 테네시 주 내슈빌을 통하여 온, 이전에 그곳에 살던 해티 G. 해론 부인이 기독교를 전도한 혐의로 사형 선고를 받았다고 주장하는 소식은 그다지 신빙성이 없다. 와튼 국무차관보는 딘스모어 공사에게 정보를 요청하는 정보를 보냈으며, 내일 답신이 올 것으로 예상하고 있다. 한국 공사관의 서기관인 H. N. 알렌 박사는 국무부를 방문하여 와튼 씨와 그 문제를 논의하였다. 알렌 박사는 *The Sun*의 대리인에게 자신은 여러 가지 이유로 그 이야기의 진실성을 의심하였다고 말하였다. 그는 기독교를 가르치는 것은 한국의 법에 어긋나고 외국인에게 가르칠 권리를 부여하는 조약도 아직 체결되지 않았다고 말하였다. 그러나 이러한 사실에도 불구하고 학교에는 교사로, 그리고 의사로 가장한 선교사들이 많았고, 정부는 그들의 존재와 행동을 눈감아 주었다. 문제가 되고 있는 부인의 남편인 해론 박사 자신은 정부 병원의 의사이었으며, 임명되었을 때 미국 종교단체에서 파견한 의료 선교사인 것으로 알려졌다.

알렌 박사가 그 이야기의 진실성을 의심한 또 다른 이유는 미국인들이 한국에서 높은 호의를 받고 있다는 사실을 알고 있었기 때문이다. 이것을 이야기하면서 그는 대단히 흥미로운 사건을 말하였다. 몇 년 전 에디슨 전기회사는 왕의 궁전에 발전소를 세우기 위하여 조선으로 전기 기술자를 파견하였다. 그 기술자는 대단히 좋은 연발 권총을 가지고 있었고, 많은 한국인에게 보여주었다. 그 중 한 명이 권총을 살펴보던 중 실수로 발사되어 미국인이 심각한 부상을 입고 짧은 시간 내에 사망하였다. 죽어가는 남자는 총격이 우발적이라고 진술하여 한국인의 혐의를 완전히 벗겨주었다. 그러나 그 나라의 법은 목

숨에는 목숨을 요구하고 있었고, 그의 용서를 요구하는 미국인 거주자들의 간섭이 없었다면 그는 죽음을 당하였을 것이다. 미국인의 이 행동은 그 사람의 목숨을 앗아갈 뿐만 아니라 막대한 피해를 입을 것을 예상하였던 한국인들에게 큰 영향을 미쳤다.

From Washington.
The Baltimore Sun (Baltimore, Md.) (July 25th, 1889), p. 1

From Washington.

Americans Popular in Corea.

Missionaries Permitted to Teach

Practical Toleration by the Government - The Statement as to Mrs. Heron's Danger Thought to be Unfounded.

[Special Dispatch to the Baltimore Sun.]

Washington, July 24. - Not much credence is given in Washington to the information coming by way of Nashville, Tennessee, alleging that Mrs. Hattie G. Heron, formerly of that place, is under sentence of death in Corea for preaching Christianity. Assistant Secretary of State Wharton has telegraphed to Minister Dinsmore asking for information, and an answer by cable is expected tomorrow. Dr. H. N. Allen, secretary of the Corean legation, called at the State Department and talked the matter over with Mr. Wharton. Dr. Allen said to a representative of *The Sun* that he doubted the truth of the story for several reasons. He said it was contrary to the laws of Corea to teach Christianity, and no treaty had yet been made giving foreigners a right to teach it in the country. In spite of this fact, however, there were many missionaries there in the guise of teachers in the schools and as physicians, and the government winked at their presence and proceedings. Dr. Heron himself, the husband of the lady in question, was a physician in the government hospital, and it was known when he was appointed that he was a missionary physician sent out by an American religious society.

Another reason for Dr. Allen's doubt of the truth of the story was his knowledge of the high favor in which Americans are held in Corea. When speaking of this he narrated an exceedingly interesting incident. A few years ago the Edison Electric Company sent an electrician to Corea to put up an electric plant in the Emperor's palace. The electrician had a very fine revolver which he was showing to a number of Coreans. While one of them was examining the pistol it was accidentally discharged, wounding the American so badly that he died in a short time. The dying man made a statement explaining that the shooting was accidental, and he completely exonerated the Corean. The law of the country, however, requires a life for a life, and the man would have suffered death but for the interference of tne American residents, who united in asking his pardon. This action of the Americans produced a great effect on the Coreans, who seemed to expect that not only the life of the man would be required, but that heavy damages would also be demanded.

프랭크 F. 엘린우드(미국 북장로교회 해외선교본부 총무)가
새뮤얼 A. 마펫(미주리 주 애플턴 시티)에게 보낸 편지
(1889년 9월 10일)

(중략)

나는 워싱턴 주재 한국 공사관을 관리하는 H. N. 알렌 박사에게 편지를 써서 그가 가지고 있는 그 나라 및 업무에 관한 정보를 요청하는 것이 좋겠다고 귀하께 조언 드립니다.

(중략)

Frank F. Ellinwood (Sec., BFM, PCUSA), Letter to
Samuel A. Moffett (Appleton City, Mo.) (Sept. 10th, 1889)

(Omitted)

I would advise you to write to Dr. H. N. Allen, care of the Korean Legation, Washington, asking him to give you information in regard to the country and work, such as may occur to him.

(Omitted)

한국의 설화. *Detroit Free Press* (오하이오 주 디트로이트) (1889년 9월 14일), 3쪽

한국의 설화.

오랫동안 '금단의 땅'이라고 불리던 한국은 서양 오랑캐들의 끈질긴 질문에 점차 비밀을 내어주고 있다. 주미 공사관의 외국인 서기관인 H. N. 알렌 박사는 한국의 민담을 번역한 이야기 모음집인 '한국의 설화'에서 이에 관한 대중적인 정보를 추가하고 있다. 이야기들은 대단히 기이하고 모든 민담이 그렇듯이 그것을 소중히 여기는 사람들에 대한 많은 빛을 던지고 있다. 소개 장(章)은 잘 알려지지 않은 이 나라의 사람들, 국가 및 정부에 대한 많은 흥미로운 사실을 제공한다.

(뉴욕: G. P. 퍼트넘스 손스. 디트로이트: 존 맥팔레인)

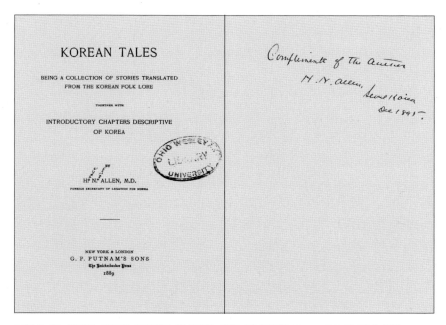

그림 8-17. 알렌이 모교인 오하이오 웨슬리언 대학교에 기증한 *Korean Tales*와 저자 서명.

Korean Tales. *Detroit Free Press* (Detroit, Ohio)
(Sept. 14th, 1889), p. 3

Korean Tales.

The "forbidden land," as Corea has so long been called, is gradually yielding up its secrets to the persevering inquiry of the western barbarians. Dr. H. N. Allen, foreign secretary of legation for the country, adds a good deal to the popular stock of information concerning it in a volume of "Korean Tales," a collection of stories translated from the Korean folk lore. The stories are very quaint and throw a good deal of light, as all folk-lore stories do, upon the thought of the people which cherishes them. An introductory chapter gives a good many curious facts as to the people, country and government of this little known nation.

(New York: G. P. Putnam's Sons. Detroit: John Macfarlane.)

호러스 N. 알렌(워싱턴, D. C.)이 프랭크 F. 엘린우드(미국 북장로교회 해외선교본부 총무)에게 보낸 편지 (1889년 9월 24일)

한국 공사관

워싱턴, D. C., 1889년 9월 24일

F. F 엘린우드 박사,
　뉴욕 시 5 애버뉴 53

친애하는 박사님,

　저는 한국 공사를 지원하는데 가장 큰 지원을 받았다고 합니다. 저는 셔먼 상원의원[158], 주지사, 전임 주지사이자 대통령인 헤이스[159](제 아내의 친척)와 오하이의 공화당 대표단 전체, 그리고 다른 중요한 사람들을 합해 모두 30통의 편지를 썼습니다.

　그러나 저는 그것에 관해 그렇게 낙천적이지 않으며, 한국인들은 제가 금광을 차지하기 위하여 그곳으로 오는 것으로 여기는 것 같은데, 그 일은 제가 정당하게 할 수 없고 실패하면 저와 국가에 해를 끼칠 수 있다는 단순한 이유로 여러 번 거절하였던 일입니다. 제가 서울에서 공사직을 받지 못하는 경우, 박사님께서는 저를 한국 부산에 의료 선교사로 보내주시겠습니까?

　박사님은 부산이 한국에서 사역을 확대하기 위해 제가 가장 좋은 장소라고 생각해왔던 것을 알고 계시며, 저는 그곳에서 성공할 것이라고 확신합니다.

　저는 두 가지 이유로 서울로 가지 않을 것입니다. 첫째, 그곳에 있는 좋은 사람들은 제가 없으면 더 잘 지낼 것입니다. 둘째, 저는 왕의 명령에 따르거나 정치와 관련된 일을 하고 싶지 않습니다.

　제가 생활비에 맞게 살아간다면, 저는 일반적인 경비, 즉 약값 200달러, 기

---

158) 존 셔먼(John Sherman, 1823~1900)은 1854년부터 1860년까지 공화당 소속의 연방 하원으로 선출되었고, 1861년 상원의원으로 선출되었다. 1877년부터 1881년까지 재무부 장관을 역임한 후 연방 상원의원으로 복귀하여 1897년까지 역임하였다.

159) 러더퍼드 B. 헤이스(Rutherford Birchard Hayes, 1822~1893)은 미국의 제19대 대통령(1877~1881)이었다. 그는 오하이오 주 델라웨어에서 출생하였으며, 1845년 오하이오 주 변호사 자격을 취득하였고 1864년 미국 하원 의원에 선출되었고, 1867년 오하이오 주지사로 선출되어 이후 두 번 연임하였다.

구와 설비비 각각 100달러(약)를 기대하고 있습니다. 저는 임시로 부산의 일본인 항구 근처에 숙소를 빌릴 수 있을 것이지만, 저는 제가 일하는 곳에서 가까운 곳에 살고 싶습니다.

저는 병원을 원하지 않을 것입니다. 저는 선교 사역이 전형적인 병원을 이용하는 것에 의해 정말 피해를 입는다고 생각하는데, 그곳에서 호기심으로 구경하는 사람들을 막기 위하여 약간의 수수료를 지불한 환자는 자신이 다른 상업적 거래에서와 마찬가지로 자신의 방식대로 지불하는 것같이 느끼며, 따라서 의사를 외국 상인들과 같은 부류로 취급하는 경향이 있습니다. 의사의 일상적인 진료가 점점 더 과학적이 되거나(그가 1등급의 의사라면), 혹은 그가 할 수 있는 모든 것을 무시하게 되면서 자주 전도하는 문제는 너무 자주 고려되지 않습니다. 저는 가능한 한 가정 왕진을 좋아하는데, 그렇게 함으로써 제 자신을 그들의 일상생활로 끌어 들이고 의학적 주제가 아닌 다른 주제에 대하여 그들과 이야기할 기회가 결코 소홀하게 되지 않기 때문입니다.

저는 제가 이곳에 오래 더 머물 것이라고 생각하지 않습니다. 저의 일은 실질적으로 끝났습니다. 저는 다른 일(광산)로 한국에 가는 것을 더 이상 거절할 수 없습니다. 저는 제가 주한 미국 공사 후보가 되었다고 해서, 그리고 제 자신에게 열려진 어떤 일들에 대하여 저의 친구들에게 느슨해졌다는 인상을 주고 싶지 않습니다. 저는 원래의 사역으로 돌아가기를 원하는데, 서울이 아니라 부산으로 돌아갈 수 있도록 해주십시오. 그것에 대한 박사님의 생각은 어떠신지요?

안녕히 계십시오.
H. N. 알렌

Horace N. Allen (Washington, D. C.),
Letter to Frank F. Ellinwood (Sec., BFM, PCUSA) (Sept. 24th, 1889)

Legation of Korea

Washington, Sept. 24th, 1889

Dr. F. F. Ellinwood,
　　53 5th Avenue., N. Y.

My dear Doctor: -

I am said to have by far the greatest support in my application for the Korean mission. I have the whole Ohio Republican delegation in Congress, with Senator Sherman, the Governor, Ex Gov. Pres. Hayes (my wife's cousin) and others of importance, making 30 letters in all.

Yet I am not very sanguine concerning it, and the Koreans seem bent on my coming over there to take charge of those gold mines, - a thing I have many times refused to do, for the simple reason that I would be unable to do the work justice and my failure would injure me, as well as the country. Thereupon, in case I don't get the mission to Seoul, will you send me as a missionary physician to Fusan, Korea?

You know Fusan has long been my favorite site for enlarging the work in Korea, and I am sure I would succeed there.

I won't go to Seoul for two reasons. First - I think the good people there would get along better without me. Secondly: I don't wish to be at the King's beck and call, or to have anything to do with politics.

As I have lived up to my means, I would expect the usual outfit, with $200 for medicines, $100 each for instruments and appliances & _____ (about). I could perhaps rent a temporary residence in the Japanese port of Fusan, but would like to have the privilege of locating where my work called me.

I would not want a hospital. I think mission work is really injured by the use of the ordinary hospital, where the patient, in giving the little fee to keep off curiosity seekers, feels that he has paid his way as in any other commercial transaction and is apt to class the Dr. with the foreign merchant class. While the Dr's routine work becomes more and more scientific (if he is a No. 1 Dr.) or he will neglect it all he can - the matter of religious instruction being too often never thought of. I would prefer house to house visits, where practicable, and thus bring myself into their daily life and never neglect an opportunity to chat with them on other than medical subjects.

I don't think I will remain here much longer. My work is practically finished. I can't well refuse longer to come to Korea in other work (mines). I have rather cut myself loose in the eyes of my friends by my candidacy for the Seoul mission, and of anything open to me. I prefer to return to my old work, providing I may go to Fusan - not Seoul. What think you of it?

Yours very truly,
H. N. Allen

18891000

프랭크 F. 엘린우드(미국 북장로교회 해외선교본부 총무)가
호러스 N. 알렌(워싱턴, D. C.)에게 보낸 편지 (1889년 10월경)

H. N. 알렌,
    한국 공사관,
    워싱턴, D. C.

선교본부는 귀하를 한국에 재임명하기 위하여 투표를 합니다.

F. F. 엘린우드

Frank F. Ellinwood (Sec., BFM, PCUSA),
Letter to Horace N. Allen (Washington, D. C.) (Oct., 1889)

H. N. Allen,
    Korean Legation,
    Washington, D. C.

Board's votes to reappointment you for Korea.

F. F. Ellinwood

H. N. 알렌 박사의 재임명. 미국 북장로교회 해외선교본부
실행이사회 회의록, 1837~1919 (1889년 10월 7일)

H. N. 알렌 박사의 재임명. H. N. 알렌 박사가 의료 선교사로의 재임명을 요청하는 10월 6일자 편지가 제출되었다. 알렌 박사는 재임명되어 한국 선교부로 배정되었으며, 경비를 충당하기 위하여 해당 선교부에 1,300달러가 배정되었다.

Re-appointment of H. N. Allen, M. D.
Minutes [of Executive Committee, PCUSA], 1837~1919
(Oct. 7th, 1889)

Re-appointment of H. N. Allen, M. D. A letter of Oct. 6th from H. N. Allen, M. D., asking for re-appointment as medical missionary was presented. Dr. Allen was re-appointed and assigned to the Korea Mission and an appropriating of $1,300 was made to said missions to meet the expense.

호러스 N. 알렌(워싱턴, D. C.)이 존 길레스피(미국 북장로교회 해외선교본부 총무)에게 보낸 편지 (1889년 10월 7일)

(18)89년 10월 7일

친애하는 길레스피 박사님,

저의 한국 재임명을 알리는 엘린우드 박사의 전보를 받았습니다. 저는 오늘 저녁 엘린우드 박사가 뉴욕을 떠나야 하는 것으로 알고 있고 지체할 틈이 없어 박사님께 바로 편지를 씁니다.

처음 한국에 갔을 때, 저는 약간의 속임수를 연습해야 했습니다. 이번에는 다릅니다. 저는 사직서를 제출하였고 제 계획을 한국인들에게 충분히 알렸습니다. 그들은 실제로 눈물을 흘리며 다시 생각해보거나 최소한 민영익을 만나기 전까지 결정을 발표하지 말라고 애원하였습니다. 제가 그를 홍콩에서 만나면(제가 그들을 위한 업무로 처음 갔었던 곳) 저는 그에게, 그리고 그를 통하여 왕에게 충분히 설명할 것인데, 왕은 저를 서울로 부를 것입니다. 저는 또한 그에게 설명할 것입니다. 그리고 저는 제가 이곳으로 오는 것, 이곳에 있는 동안 이 사람들의 생각, 그리고 수도에서 멀리 떨어져 있는 저의 이전 업무로의 자발적인 복귀에 대하여 박사님께 확신시켜 드립니다. 남아서 제가 할 수 있었던 것보다 업무를 더 잘 수행할 것입니다. 업무에 대한 반대는 빠르게 사라지고 있고, 저는 이 공사관의 설립이 이 결과를 가져오는 데 많은 영향을 주었다고 생각합니다.

저의 예산과 관련하여 제 방식대로 지불할 것입니다. 그러나 저는 도구가 없고 자금이 부족해서 조심해야 합니다. 제 부부를 위하여 11월 1일 캐네디언 퍼시픽 증기선의 표를 구해 주세요. 저는 제 경비를 지불하기 때문에 그런 다음 제 개인적인 표에 대한 것을 환불하겠습니다. 하지만 그들은 저를 홍콩까지 보낼 뿐이고, 그곳을 떠나 부산으로 가기 위해서는 경비를 받아야 합니다. 제 아이들은 3살과 5살이며, 박사님은 그들을 위하여 교통비를 확보하셔야 합니다. 저 자신의 기차표는 워싱턴, D. C.에서 오하이오 주 콜럼버스, 콜럼버스에서 시키고, 시카고에서 위니펙이 될 것이지만, 저는 그것에 대하여 프레이저 씨에게 편지를 쓸 것입니다.

저는 제 자신의 거처와 음식을 구입할 것입니다. 박사님은 제 가족과 지연에 대한 수당을 만들 수 있습니다. 제가 홍콩으로 내려가는 동안 저는 그들을 요코하마나 나가사키에 내려 둘 것이며, 12월 1일 저는 일할 준비가 될 것이고 급여가 시작될 것입니다.

엘린우드 박사는 박사님이 너무 열심히 일을 하기에 제가 박사님과 접촉하는 것이 쉬울 것이라고 말하고 있습니다. 일본에서 조달할 의약품과 도구에 대하여 각각 50달러(100달러)를 보내 주십시오. 그리고 (박사님이 할 수 있다면) ＿＿에 대한 50달러도 보내주십시오(제 것은 서울에 남겨두었고 그것들은 어쨌건 지금은 유통기간이 지났습니다.)

나는 채비가 없기 때문에 우리 물건을 가져가야 합니다. 우리는 침구, 탁자 아마포 및 은 제품, 의류 등 4개의 큰 가방을 가져 갈 것입니다. 박사님은 저에게 지켜야 할 일반 화물의 허용량을 알려주시고, 추가 수하물 요금을 지불해 주십시오. 임대와 관련하여 어떻게 될지 말씀드릴 수 없으며, 집을 구하는 것이 어려울 수 있습니다. 저는 나가사키 사람들이 지불하는 집세가 일시적으로 답이 될 것이라고 생각합니다. 저는 우리가 사람들 사이에서 나가는 것이 편리할 것이라고 알게 될 것으로 생각합니다.

저는 이곳에 금요일까지 머물다가 오하이오 주 델라웨어[메인 가(街) 남 140]로 가서 부모님과 작별할 것입니다. 그곳에서 다음 주에 떠납니다. 문제를 가능한 한 빨리 해결해 주십시오.

저는 전망에 만족합니다. 저는 (서울 선교부에서 평화로운 시간을 보낼 때) 그 감사하고 오래 고통 받는 사람들과 어울리고 그들을 돕기 위하여 노력하였을 때보다 일을 더 즐겼던 적은 없습니다.

안녕히 계십시오.
H. N. 알렌

Horace N. Allen (Washington, D. C.),
Letter to John Gillespie (Sec., BFM, PCUSA) (Oct. 7th, 1889)

Oct. 7th, (18)89

My dear Dr. Gillespie: -

I have received Dr. Ellinwood's telegram announcing my reappointment to Korea. As I believe Dr. E. is to leave N. Y. this evening, and as there is no time to lose, I write you at once.

When I first went to Korea, I had to practise some deception. This time it is different. I have handed my resignation and fully informed to Koreans of my plans. They actually wept and begged me to reconsider it, or at least not to announce my decision till after I have seen Min Young Ik. When I do see him at Hong Kong (where I go first on business for them) I shall also explain fully to him and through him to the King, should the latter call me to Seoul. I would also explain to him. And I assure you, that my coming off here, the impressions of these people while here, and my voluntary return to my former work - and away from the Capital at that. Will do well for missions than I could have done in remaining. The opposition to missions is fast passing away and I think the establishment of this Legation has had much - very much to do with bringing about this result.

As to my appropriations, I pay my own way, but as I am not to have an outfit and am quite out of funds I must go carefully. Please buy tickets for myself and wife over the Canadian Pacific via SS. on Nov 1st. I will then refund to you the sum due for my personal ticket - as I pay my own expense out. As they only send me to Hong Kong however, and I leave them there I ought to have an allowance to reach Fusan. My children are aged 3 & 5, and you ought to procure a pass for them. The R. R. ticket for myself would be Washington to Columbus, Ohio, Columbus to Chicago, Chicago to Winnipeg, but I will write Mr. Frazar about it.

I will buy my own berth and meals. You can make allowance for the family and delays. I will leave them in Yokohama or Nagasaki, while I run down to Hong Kong, and will be ready for work, and salary - Dec 1st.

Dr. E. says you are so hard up that I will be easy on you. Send me $50 each ($100) for medicines and instruments to be procured in Japan. And $50 (if you can) for __ks. (I left mine at Seoul & they are out of date now anyway.)

As I will have no outfit I will have to take our stuff ____ as. We will have five large trunks of bedding, table linen & silver, clothing etc. You may send me the usual freight allowance to keep, pay the extra baggage charge. As to rent I can't say what it will be, it may be hard to get a house. I think the rent paid by the Nagasaki people should answer temporarily. I think we would soon find it convenient to move out among the people.

I remain here till Friday, then go to Delaware, Ohio (140 S., Main St.) to bid good bye to my parents. Start from there next week. Please arrange matters as soon as possible.

I am pleased with the prospect. I never enjoyed work more than when (in some of our peaceful spells in the Seoul Missions) I mingled with and tried to aid that grateful and long suffering people.

With sincere regards, I am, etc.
H. N. Allen

호러스 N. 알렌(워싱턴, D. C.)이
에버릿 프레이저(뉴욕 시)에게 보낸 편지 (1889년 10월 7일)

(18)89년 10월 7일

친애하는 프레이저 씨,

저는 그것을 하였습니다. 저는 선교본부로 돌아갑니다. 한국인들에게 그들의 큰 슬픔을 설명하였습니다. 그들은 제가 공관을 맡을지도 모른다고 아직 희망하고 있기에 그것에 대하여 어느 것도 이야기하는 것을 원하지 않고 있습니다. 저는 이 문제를 해결하기 위하여 먼저 홍콩으로 갑니다. 저는 길레스피 박사에게 저와 아내, 그리고 두 아이를 위한 11월 1일 표를 사달라고 요청하였습니다. (저는 제 자신의 ___는 반환할 것입니다.) 나는 귀하께서 아이들을 관대히 봐주어야 한다고 생각합니다. 그들은 3세와 5세이며, 그들에게는 하나의 기차 층 침대를, 우리 부부에게 하나의 층 침대를 주어 한 칸에서 마주보는 아래쪽 층 침대가 되어야 한다고 생각합니다. 우리는 매우 건강하지 못한 승객이기 때문에 증기선 상갑판의 좋은 침대가 있는 좋은 선실을 확보해 주세요.

이곳에서 표를 구하도록 노력하여, 금요일에 이곳을 출발하여 오하이오 주 델라웨어의 메인 가(街) 140 사우스의 제 부모님과 며칠을 보낼 수 있도록 해 주세요. 표는 워싱턴에서 오하이오 주 콜럼버스, 콜럼버스에서 시카고로 가는 것이어야 합니다.

물론 우리 가족은 콜럼버스에서, 혹은 귀하가 콜럼버스에서 오하이오 주 톨리도를 경유하여 시카고까지라도 표를 끊는다면 톨리도에서 저를 만날 것입니다. 저를 위하여 할 수 있는 모든 일을 해 주세요.

필요한 경우 제가 잠시 머물 수 있도록 기차표를 준비해 주세요. 제 표는 워싱턴에서 홍콩으로, 제 아내는 콜럼버스(혹은 톨리도)에서 한국 부산까지 입니다. 저는 약간의 추가 화물이 있을 것입니다.

우리의 문제를 정리하기 위하여 이완용이 저의 빚을 떠맡았으며, 저는 귀하께 300달러에 대한 그의 쪽지를 보내드립니다. 이것은 200달러에 대한 그의 다른 쪽지와 함께 자금을 받는 즉시 귀하께 지급될 것입니다. 저는 민영익을 만나고 나면 즉시 그들에게 돈을 송금할 수 있을 것으로 확신합니다. 이것은 그런 이유로 더 이상 문제가 되지 않을 것입니다.

제가 없는 동안 _____ ___이 제 일을 돌볼 것입니다. 이것이 그들이 그에게 그것을 두는 방식이며, 그들은 제가 돌아올 것으로 기대하지 않는다는 것을 그가 알기를 원하지 않습니다. 적어도 지금은 아닙니다.

저는 요즈음 귀하께 상당한 일을 할 수 있지만, 저의 행동이 왕의 평가에서 저를 떠나지 않을 것이라고 확신합니다.

평소처럼 저 일을 도와주셔서 감사드립니다.

안녕히 계십시오.
H. N. 알렌

Horace N. Allen (Washington, D. C.),
Letter to Everett Frazar (New York City) (Oct. 7th, 1889)

Oct 7th, 89

My dear Mr. Frazar,

I have done it. I return to the mission Board. Have explained to the Koreans to their great sorrow. They don't want anything said of it as they still hope I may get the mission. I go first to Hong Kong to fix up this matter. I have asked Dr. Gillespie to buy tickets of you for Nov. 1st for myself, wife, and two children. (I will refund _____ for myself) The children I think you should pass. They are aged 3 & 5 and I think they should have one R. R. berth to themselves, and one even for my wife and self, making one section and a l____ berth opposite. Please secure me good cabin on S. S. upper deck preferred as we are very poor sailers, and one with there good berths.

Try and get the tickets here so I can leave on Friday next and spend a few days with my parents 140 S. Main St., Delaware, Ohio. The tickets should be Washington to Columbus, Ohio. Col. to Chicago. Chicago on to your _____.

My family of course would meet me at Columbus, or preferably Toledo if you can make your tickets read Columbus to Chicago via Toledo, O. Do all you can for me.

> Arrange R. R tickets so that I can stop over if necessary. My own tickets is Washington to Hong Kong, my wife's, Columbus (or Toledo) to Fusan, Korea. I will have some extra baggage.

To straighten up our matter, Yi Wan Yong has assumed my debt and I send you his note for $300. This with his other note for $200 will be paid to you at once in receipt of funds. I am sure I can cable money to them soon after seeing Min Young Ik. This will be no further trouble in that score.

Senellen Bruin will look after my work during my absence. This is the way they put it to him and they don't want him to know that I am not expecting to return - at least not now.

I may be of considerable service to you one of these days, but assured my action will not leave me in the King's estimations.

Kindly facilitate my matters with your usual despatch, and oblige.

Yours truly,
H. N. Allen

프랭크 F. 엘린우드(미국 북장로교회 해외선교본부 총무)가
호러스 N. 알렌(워싱턴, D. C.)에게 보낸 편지 (1889년 10월 8일)

1889년 10월 8일

H. N. 알렌, 의학박사

_____ 선교본부 회의에서 _____ 박사님은 부산으로 가야한다는 조건으로 한국의 선교사로 만장일치로 재임명되었습니다.

[알렌은 홍콩까지 가야하기 때문에 그 부분은 한국 정부가 부담해야 하고, 부인과 아이들은 우리 선교본부가 부담해야 할 것이라는 내용임]

선교본부는 수술 기구와 의약품에 대하여 150달러를 책정하였으며, 화물에 대한 일반적인 수당도 마련할 것입니다.

안녕히 계세요.
J. W. D____
F. F. 엘린우드를 대신하여

Frank F. Ellinwood (Sec., BFM, PCUSA),
Letter to Horace N. Allen (Washington, D. C.) (Oct. 8th, 1889)

Oct. 8th, 1889

Dr. H. N. Allen, M. D.

_____ _____ _____ _____ that at the meeting of the Board _____ _____ you were unanimously reappointed to the Korea _____ with the understanding that you should go to Fusan.

_____ _____ of the Board that insomuch as you go to Hong Kong _____ _____ _____ _____ _____ Korean Legation only the _____ _____ that of your wife and children should be _____ by our _____ _____ the _____ of your journey so far as Hong Kong to be met by the Korean Government.

The Board made an appropriation of $150 for surgical instruments and medicines, and will also make the usual allowance for freight.

Very truly yours,

J. W. D____

for F. F. Ellinwood

호러스 N. 알렌(워싱턴, D. C.)이 윌리엄 덜레스 주니어
(미국 북장로교회 해외선교본부 재무)에게 보낸 편지
(1889년 10월 10일)

(18)89년 10월 10일

윌리엄 덜레스 주니어,
　재무, 미국 북장로교회 해외선교본부, 뉴욕 시 5가 53

안녕하십니까,

　어제 시카고에서 부산, 그리고 홍콩으로 가는 표를 동봉한 귀하의 편지를 받았습니다.

　수표. 귀하의 수표는 동봉되어 있지 않았습니다. 나는 귀하가 그것을 알고 있었다고 생각합니다.

　홍콩 표. 귀하께서 저에게 홍콩까지의 표 가격을 보내주시면 기꺼이 환불해 드리고 제 계정과 귀하의 장부를 정리하겠습니다. 제가 빚을 진 상태로 (한국에) 도착하면 그곳 선교부의 재무를 난처하게 할 수 있기 때문입니다.

　부대 비용. 오하이오 주 콜럼버스에서 (우리 가족을 위하여) 시카고까지 가는 비용과 침대칸과 호텔 비용은 어떻게 합니까? 저는 엘린우드 박사께 제 일을 설명하였고, 제 자신의 채비를 해야 하므로 절약해야 합니다.

　보험. 시카고 목회자 공제회의 서기인 G. M. 턴브리지 씨에게 가을에 만기가 되는 저의 불입금을 지불해 주시겠습니까? 저는 그에게 그것들(각각 5달러)을 귀하게 보내도록 요청할 것입니다.

　저는 5가 53에 계신 다른 직원들 뿐 아니라 개인적으로 여러분들을 알지 못해 너무 유감스럽습니다만, 토요일에 너무 바빠서 뉴욕을 방문하였던 모든 시간이 매우 짧고 일로 가득 찼습니다.

　저는 귀하의 친절한 제안에 감사드리며, 우리가 공동 업무에서 서로 오랫동안 호의적으로 알고 있다고 믿고 있습니다.

　미국의 재외 공관. 제 친구들 중 일부가 저의 재외 공관 후보 일을 열심히 하였으며, 저는 거의 포기하였지만, 단순하게 블레인 씨에게 업무로 동양으로 가고 있으며 그의 부서에서 전보를 통하여 그렇게 하면 돌아올 것이라고 말하였습니다. 하지만 귀하께서는 이것이 귀 선교부인지 미국의 해외 공관인지에 대하여 불안해하지 마십시오. 저는 선교사로서의 자질과 기록을 유지하고 우리는 지금까지와 같이 전적으로 동감하는 마음으로 일할 것입니다.

주소. 대략 18일까지 저의 주소는 '오하이오 주 델라웨어 메인 가(街) 사우스 140'입니다. 아직 이 주소로 수표를 보내지 않은 경우 귀하께서는 그 주소로 수표를 보낼 수 있습니다.

안부를 전합니다.

안녕히 계십시오.

H. N. 알렌

운송료 추신. 만일 저에게 화물비가 허용된다면 저는 제가 짐을 가지고 가야 하기 때문에 추가 화물비로 사용하고 싶습니다.

저는 일본에서 의료 용품(이곳에서 나의 기구를 구입할 수 있음)을 구입할 것이며, 새로운 용품비를 지불하기 위하여 의료 업무에서 약간의 수익을 얻는 것이 안전할 것입니다.

Horace N. Allen (Washington, D. C.),
Letter to William Dulles Jr. (Treas., BFM, PCUSA) (Oct. 10th, 1889)

Oct. 10th, 89

William Dulles Jr.,

   Treasurer, P. B. F. M. 53 5th Ave., N. Y.

My dear sir,

Yours of yesterday enclosing tickets Chicago to Fusan and Hong Kong received.

Check. Your check was not enclosed. I presume you have noticed it.

Hong Kong Ticket. If you will send me the price of my Hong Kong ticket I will be glad to refund the money and keep my accounts and your books in shape. As it may embarrass the treasurer ___ ____ if I arrive in debt. Let this be as you desire however.

Incidental Expense. What about the expense of reaching Chicago (for my family) from Columbus, Ohio, and sleeping car and hotel charges. I explained my affairs to Dr. Ellinwood and as I permit my own outfit I must economize.

Insurance. Will you kindly pay my assessments in the Clerical Mutual Asso. of Chicago - G. M. Turnbridge Secty. as they <u>fall</u> due. I will ask him to send them to you ($5.00 each)

I regret very much that I cannot know you personally, as well as the other people at 53 5th Ave., but I was exceedingly rushed on Sat., and all my visits to N. Y. have been of very short duration and full of work.

I thank you for your kind offers and trust we may know each other long and favorably in our common work.

U. S. Mission. Just was some of my friends have taken up my U. S. mission candidacy with rigor, and while I have practically given it up, I simply told Mr. Blaine that I was going East on business and would return if cabled to do so by his Dept. Let this give you no uneasiness however - as whether in your mission or that of the United States. I will maintain my missionary character and record and as heretofore we will work in full sympathy.

Address. My address until about the 18th will be 140 S. Main St., Delaware, Ohio. You may send the check to that address - if you have not already forwarded it to this place.

With kind regards, I am,

Yours very truly,
H. N. Allen

Freight P. S. If I am entitled to a freight allowance I would like to use it for paying extra baggage as I must take my stuff with me.

The medical supplies I will buy in Japan (may buy my instruments here) and will safe to have some returns for medical work to pay for new supplies

[잡보]
Chicago Tribune (일리노이 주 시카고) (1889년 10월 24일), 8쪽

(……); H. N. 알렌 박사, 워싱턴, (……) 들이 그랜드 퍼시픽 호텔에 투숙 중이다.

[Miscellaneous] *Chicago Tribune* (Chicago, Ill.) (Oct. 24th, 1889), p. 8

Gen. R. A. Alger, Detroit; E. L. Sawyer, Tacoma, W. T.; S. H. Morrison, Nebraska City, Neb.; E. Clark. Iowa City. Ia.; Louis G. Descher and wife, Indianapolis; B. R. Taylor and wile, San Francisco; William Babcock Jr.m Fort Scott, Kas.; W. J. Babcock, Niles, Mich.; G. W. Holdrege, Omaha: Dr. H. N. Allen, Washington, D. C.; Ford Woods, Indianapolis; and Mrs. Judge H. D. Laughlin, St. Louis, are at the Grand Pacific.

프랭크 F. 엘린우드(미국 북장로교회 해외선교본부 총무)가 한국 선교부로 보낸 편지 (1889년 10월 26일)

1889년 10월 26일

한국 선교부 귀중,

친애하는 형제들,

최근 선교본부는 워싱턴의 알렌 박사를 남동 해안의 부산에서 사역해야 한다는 조건으로 한국의 선교사로 재임명하였습니다. 그의 사역은 당분간 잠정적인 것입니다. 그는 한 명 이상의 목회 선교사를 조기에 배치하고 영구적인 선교지부의 설립을 모색하는 동안 의료 선교사의 사역으로 항구에서 활동을 시작할 것입니다. 알렌 박사는 자신의 선택으로 부산으로 가며, 우리는 그가 사역이 좋게 번창할 수 있는 토대를 마련할 수 있기를 바라며 기도드립니다.

(중략)

Frank F. Ellinwood (Sec., BFM, PCUSA),
Letter to the Korea Mission (Oct. 26th, 1889)

Oct. 26th, 1889

To the Korea Mission,

Dear Brethren:

At the recent meeting of the Board Dr. Allen of Washington was reappointed as missionary to Korea with the understanding that he should _____ at Fusan on the Southeast coast. His work will for a time be tentative. He will open the port with medical missionary work meanwhile looking to the early location there of one or more clerical missionaries and to the establishment of a permanent station. Dr. Allen goes to Fusan by his own choice and our hope and prayer are that he will be able to lay foundations for a good and prosperous work.

(Omitted)

호러스 N. 알렌(주미 한국 공사관 서기관), 가장 진기한 나라.
The Topeka Daily Capital (캔자스 주 토피카)
(1889년 10월 27일), 11쪽[160]

가장 진기한 나라.

머나먼 한국 산악의 견고함.

그것들은 아름답고, 문화에 의해 더욱 그렇게 되며, 때로는 왕족의 안전한
은신처이다. 몇몇 흥미로운 여행을 설명하다.

[특별 기사.]

워싱턴, 10월 21일. - 한국 전역에서 일정한 간격으로 산 사이의 높은 곳에
이상한 은신처를 발견할 수 있는데, 자연은 구불구불하고 쉽게 보호할 수 있
는 하나의 접근로로 도달할 수 있는 위치에 분지를 준비한 것처럼 보였고, 측
면을 이루는 높은 봉우리와 접근할 수 없는 능선은 거의 난공불락의 견고함을
만들고 있다.

수도 근처에는 이러한 곳이 세 곳에 있는데, 필요에 따라 왕실이 보호를
받기 위하여 피난할 수 있다. 이중 두 곳은 역사적인 곳이다. 하나는 수도를
지나 흐르는 큰 강의 입구 근처에 위치한 곳인데, 궁궐의 숙녀들이 중국을 정
복하고 복종시킨 사나운 사람들이 정복하는 동안 안전을 꾀하였다. 관리의 배
신으로 숙녀들이 사나운 사람들의 장군 손에 넘어갔고, 그는 한국의 왕이 요
새에서 나와 항복하도록 하였다. 항복 조건을 나타내는 문자가 새겨진 큰 기
둥이 그 자리에 세워져 있으며, 여전히 황폐한 상태로 볼 수 있다. 여전히 중
국을 통치하고 있는 동안 그들은 이 기념물이 '무덤이 녹색으로 유지되는 것'
을 자연스럽게 전혀 개의치 않는 한국인들에게 조공을 요구하는데 만족해하는
것처럼 보인다.

이때 왕이 피신한 요새는 수도에서 남동쪽으로 약 12마일 떨어진 곳에 있
다.[161] 그것은 산등성이의 경계를 짓고, 도시를 둘러싸고 있는 강까지 뻗어 있

---

160) 이 기사는 다음의 신문에도 실렸다. Horace N. Allen, A Most Curious Land. Bismarck Weekly
Tribune (Bismark, N. D.) (Nov. 1st, 1889), p. 3; Horace N. Allen, A Most Curious Land. The
Atchison Daily Globe (Atchison, Kansas) (Nov. 5th, 1889), p. 3
161) 남한산성과 병자호란에 대한 설명이다.

는 낮은 평야에서 갑자기 끝나는 여러 봉우리로 연결된 분지이다. 이곳은 관리가 잘 되어 있고 전체를 둘러싸고 있는 벽이 있어 더욱 안전하게 보호할 수 있다. 성문은 계획된 경사면에 따라 배치된 정말 우수한 도로를 통하여 도달하며, 한쪽이 벼랑처럼 가라앉아 있는 보호 장치가 제공된다. 벽 안에서 구내는 자연 그대로의 샘에서 흐르는 멋있는 시냇물, 가장 높은 봉우리를 아름답게 덮고 있는 포루(鋪樓), 그리고 관목과 나무의 호화로움과 다양성으로 거대한 공원처럼 보인다.

큰 절과 석조 주택을 둘러싸고 있는 분지의 가장 낮은 부분에 아주 작은 마을이 자리 잡고 있는 것을 볼 수 있을 것이다. 자연은 그 선물을 전혀 아끼지 않았지만 이 장소의 아름다움은 인공적인 수단에 의해 결정적으로 향상되어 있다. 그러나 야생의, 길들지 않은 자연의 경우, 도시에서 북쪽으로 짧은 거리에 떨어져 있는 비슷한 곳이 더 탁월하다. 수도인 서울은 높은 산의 긴 능선 끝에 자리 잡고 있으며, 능선은 이곳에서 강과 인접한 저지대가 들어갈 수 있을 만큼 충분히 끊어져 있다. 도시에서 북쪽으로 몇 마일 떨어진 곳에는 일반적으로 구름에 가려진 봉우리와 같은 들쭉날쭉한 '빗살'을 많이 볼 수 있다. 이것들은 곧 설명하려는 요새의 북쪽 경계를 형성한다.

우리는 미군 전함의 장교들과 함께 어느 화창한 6월의 아침에 왕실의 허락을 받아 이곳을 방문하였다. 우리가 사용하기 위하여 새벽에 도착한 말들은 모두 종마(種馬)이었고, 기질이 그다지 매력적이지 않았기 때문에 일행 전체가 올라타기 전에 생동감 넘치고 웃기는 장면이 있었다. 안장은 다소 멕시코 형태를 따랐으며, 안장의 앞머리가 있어야 하는 앞쪽을 가로질러 원형의 테가 있었는데 이것은 잡는데 사용된다. 말을 편하게 하기 위하여 안장 깔개로 아주 두꺼운 멍석을 사용하며, 거친 작은 동물들이 그리 높지 않기 때문에 안장은 큰 사람의 발이 조랑말의 다리와 엉키지 않도록 하기에 충분한 높이를 얻게 된다.

마부는 바람을 모두 차단하는 데 지친 화난 짐승이 발로 차고 코를 킁킁거리기 시작할 때까지 몸을 움츠리고 뱃대를 끌어당겼지만, 당연히 그 정도 양의 깔개로 안장은 잘 고정될 수 없었다. 뱃대의 이러한 불안은 일행 중 한 명이 등자에 발을 얹고 우아하게 말을 타려 하였으나 곧 바닥에 쓰러진 자신을 발견하였을 때 확인되었다. 반면 그의 동물이 하나의 등자에 가해지는 큰 무게 때문에 미끄러진 그의 배에서 안장을 걷어차려고 시도하면서 다른 조랑말들 사이에서 굉장한 소란이 일어났다. 비슷한 시도와 '빨간 머리' 외국인이 자신을 안전하게 안장을 놓는 동안 머리를 감싸서 활기찬 짐승 한 마리에 성공적으로 탄 후, 우리는 10마일을 대부분 활기차게 질주하였다. 접근이 거의 불가능한 산을 오르기보다는 논과 산기슭을 따라 이어지는 좋은 길을 따라 계곡에서 흘러내리는 시냇물을 따라 더 쉬운 오르막길을 걸었다. 그건 그렇고 계곡에서 외문으로 가는 것은 좋은 오르막길이었는데, 이 문은 산의 두 지맥 사이의 벽으로 둘러싸인 계곡으로만 열렸고, 이 문으로 가는 길은 필연적으로 산 쪽의 자연 표면을 따라야 했기에 개틀링 총은 모든 접근을 완벽하게 제어할 수 있다.

이 문의 벽은 두께가 약 20피트인 반면, 적절한 문은 철판으로 덮인 무거운 나무로 되어 있었다. 문 위에는 보통의 정자가 있었는데, 이를 통하여 높은 곳에서 찬바람이 아래로 불어왔고, 그 위로는 우리의 구불구불한 길이 놓여 있는 부분을 통하여 계곡이 넓게 펼쳐져 있었다. 이 문에서 우리는 올라갈수록 더 거칠어지는 길을 따라갔고, 다리를 건너면서 때때로 우리 아래의 시원한 산 개울을 질주하였다. 모든 사람이 튼튼하고 발이 튼튼한 작은 짐승을 축복하는 길고 긴 등반 후에, 그 잉여 에너지가 이제 소진되어 때때로 갑자기 벼랑으로 끝나기도 하는 암벽이 닳은 경사진 길을 따라 안전하게 나아갈 수 있었다. 우리는 산의 두 높은 지맥 사이의 작은 틈을 가로질러 벽의 부분에 지어진 다른 문에 도착하였다. 아래에는 철창이 있는 수문이 산 개울이 빠져나갈 수 있도록 하였다.

거대한 인간의 몸이 거의 지나갈 수 없을 정도로 거칠고 위험하게 더럽혀진 사람만이 도달할 수 있는 이곳에서 우리의 길은 여전히 매우 가파르고 바위가 많았지만 오르기는 더 쉬웠으며, 산 속의 개울은 이제는 많은 송어의 서식지이었을 시원하고 맑은 웅덩이에서 때때로 쉬고 있는 것 같았다. 대단히 아름다운 한 곳에는 작은 정자가 개울 위의 큰 바위 기둥위에 세워져 반대편 끝에 있는 높은 산등성이에서 폭포의 길을 따라 안쪽 문으로 내려가는 경치를 볼 수 있게 되었다.

이 진귀한 자연을 바라보며 마음의 잔치를 하며 지친 몸을 기대고 휴식을 취한 후, 우리는 그곳의 중심인 듯한 곳으로 발걸음을 옮겼다. 이곳에서 우리는 위대한 불교의 절과 주변의 많은 건물을 둘러보는데, 그 중 하나는 해군 손님을 위한 연회장으로 꾸며졌다. 이곳에서는 외국인 접대의 훈련을 받은 요리사(왕국에서 파견됨)가 외국 음식을 대접하고, 밀워키에서 양조한 음료와 탄산수인 'Extra Day'를 마시며, 외국의 양과자, 견과류, 여송연, 진한 블랙커피로 마무리 지었고, 그런 다음 현악기를 연주하는 악단의 색다른 연주회가 개최되었다. 길들여지지 않은 환경과 너무나 잘 어울리는 거칠고 기이한 음악은 우리 자신의 존재와 우리가 방금 즐겼던 잔치의 현대적 성격을 매우 이상하게도 대조되게 하였다.

이곳에서 우리의 전망(前望)은 꾸밈없이 훌륭하였다. 우리 뒤에는 멀리서 보았던 '빗살' 봉우리가 황량한 암석의 개별더미로 보였으며, 원추형 모양의 가장 가까운 것은 거대한 둥근 지붕처럼 솟아오른 반면 다른 것은 볼 수 없었다. 이 봉우리들과 그것들을 연결하는 가파른 '칼날' 능선에 의해 형성되는 장벽보다 더 효과적인 장벽은 없을 것이다.

충분히 휴식을 취한 후 우리는 병사 복장을 하고 그곳을 수비하는 사제들의 호위와 함께 말을 타고 구내의 남쪽 끝에 있는 먼 문을 향하여 출발하였다. 도중에 우리는 필요할 때마다 끊임없이 공급되는 창고를 지나갔으며, 계곡 아래쪽의 경작지는 무기한 포위하여 공격하는 동안 거주자들에게 쌀과 야채를 충분히 공급할 수 있을 것 같았다.

우리의 길은 궁전을 지나 매력적인 전망을 자랑하는 완만한 경사면에 멋지게 위치해 있다. 이 건물들은 항상 정돈되어 있어 왕은 언제든지 올 수 있다. 궁전 구내에서 가파르지만 평탄한 길은 높은 벽에 검은 반점으로 보이는 곳까지 이어지며, 가까이 다가가자 우리는 그것이 성문 위에 세워진 일반적인 정자를 제외하고는 매우 튼튼한 문이라는 것을 알았다. 이곳에서 우리는 도시 속의 궁전에 있는 폐쇄된 문으로 이어지는 매우 가파른 길을 내려다보았다. 우리는 아침에 요새에 도착하기 위해 너무 멀리 가서 남쪽 경계선의 끝자락에 있었기 때문에 우리가 크게 점프하여 아래 도시에 착지할 것 같았다.

우리는 성벽을 따라 공중에 높이 우뚝 솟은 성문에 이르렀으며, 우리는 그곳에서 내려가야 했다. 이 지점에서 우리의 시야가 가장 넓었으며, 넓고 굼뜬 구불구불한 강이 그 밑의 평야에서 그 아래의 바다로 저지대를 감아 돌면서 뱀처럼 뻗어 있는 것 같았다. 안경을 쓰니 우리는 30마일 떨어진 항구에 정박해 있는 배들을 식별할 수 있었고, 우리 뒤의 산들은 크고 작은 봉우리들이 길게 이어진 것처럼 보였습니다.

이 문 근처, 그리고 멀리 절벽 옆에서 우리는 불교의 절을 발견하였는데, 수많은 작은 인형 같은 형상이 있고 절의 입구를 형성하는 긴 동굴 깊은 곳에서 샘솟는 놀라운 담수 샘으로 유명하다. 우리는 안으로 들어갔고, 우리의 발소리가 숨겨진 깊은 곳에서 울려 퍼지면서 어떤 경외감을 느끼지 않고 좋은 시원한 물을 마셨다.

이곳에서 내려온 것은 잊지 말아야 할 경험이었다. 여러 곳에서는 길이 없었고, 올라가는 것이 가장 어렵고 힘든 일이겠지만, 내려가는 것은 주로 한 발에서 다른 발로 뛰는 것이었으며, 일부 일행에게는 타박상과 누더기 같은 결과를 초래하였다. 그러나 우리는 아침의 여정에 비해 매우 짧은 시간에 그것을 해내었다. 무엇보다도 가장 이상한 것은 조랑말이 돌이 움직이는 이 끔찍한 길을 따라 우리를 따라왔다는 사실이었다. 그들은 천천히 내려왔지만 꾸준하게 하였다. 발이 미끄러졌을 때 그들은 몸을 지탱하고, 미끄러지거나 아마도 엉덩이로 앉았고, 마부는 꼬리를 잡고 뒷걸음질 쳐서 그들을 도왔다.

H. N. 알렌

Horace N. Allen (Sec., Korean Legation to U. S.), A Most Curious Land. *The Topeka Daily Capital* (Topeka, Kansas) (Oct. 27th, 1889), p. 11

A Most Curious Land.

The Mountain Fastnesses of Far Away Korea.

They are Naturally Beautiful, Are Rendered More so by Culture, and Are Sometimes the Safe Retreat of Royalty - Some Interesting Trips Described.

[Special Correspondence.]

Washington, Oct. 21. - Throughout Korea, at certain intervals, may be found, strange hiding places, high up among the mountains, where nature has seemed to prepare basins to situated as to be reached, perhaps, by but one tortuous and easily guarded approach, while the high peaks and inaccessible ridges which form the sides make a fastness almost impregnable.

There are three of these places near the capital, and when necessary the royal family may flee to them for protection. Two of them are historic. In one, situated near the mouth of the great river that flows past the capital, the ladies of the palace sought safety during the conquest by the Tartars, who had just conquered and subjected China. Through the perfidy of an officer the ladies were betrayed into the hands of the Tartar general, who then compelled the Korean king to come from his stronghold and surrender. A large pillar, engraven, with characters, denoting the terms of the surrender, was raised upon the spot, and may still be seen in a dilapidated condition, for while the Tartars still rule over China, they seem content with exacting a tribute from the Koreans, who naturally do not care to see that "the grave is kept green" in the case of this monument.

The fortress in which the king took refuge at this time is situated some twelve miles southeast from the capital. It is a basin joined by several peaks that terminate a ridge of mountains and end abruptly in a low flat plain extending away to the river that skirts the city. This place is well kept, and has a wall about the whole inclosure for further protection. The gates are reached by really excellent roads arranged after the plan of inclined planes and provided with a protecting guard where the one side sink off like a precipice. Within the walls the inclosure seems like a great park, with its dashing stream fed by living springs, the guard pavilions beautifully capping the loftiest peaks and the luxuriousness and variety of the shrubbery and trees.

Quite a little town will be seen nestling down in the lowest portion of the basin surrounding the great temples and stone houses. The beauty of this place is decidedly enhanced by artificial means, though nature has not been at all sparing in its gifts. But for wild, untamed nature, a similar place, a short distance north of the city, excels. Seoul, the capital, lies at the end of a long ridge of high mountains, which here break sufficiently to allow room for the river and its adjacent low lands. A few miles north of the city may be seen a number of ragged "comb tooth" like peaks that are usually shrouded in cloud. They form the northern border of the fastness about to be described.

In company with a party of officers from a United States man-of-war, we started out one bright June morning to visit this place by royal permission. Horses arrived for our use at daybreak, and as they were all stallions and not remarkably attractive as to disposition, some lively and laughable scenes took place before the whole party was mounted. The saddles are somewhat after the style: of a Mexican saddle, with a circular hoop across the front, where the pommel should be - this is for use in holding on. To make things easy for the beast, a very thick mat takes the place of a saddle cloth, and as the tough little animals are not very high, the saddle thus attains a sufficient elevation to keep a long man's feet from becoming entangled with those of his pony.

Naturally, with such an amount of padding, the saddle cannot be very well secured, though the grooms brace themselves and haul away at the girths till the angry beast, tired of having his wind all corded out of him, takes to kicking and snorting. This insecurity in the matter of girths was soon ascertained when one of our party, placing his foot in the stirrup, assayed to mount gracefully, but soon found himself on his bade on the ground, while his animal was creating a terrific commotion among the other ponies in his attempt to kick the saddle off his belly, where it had slipped owing to the great weight placed upon one stirrup. After similar attempts and the successful mounting of one lively beast that had to be held with muffled head while the "red haired" foreigner placed himself safely in the saddle, we started off on a lively gallop, which was kept up for the most of the ten miles. Instead of taking the near cut, up the almost inaccessible mountains, we went around by a good road, that led through the rice fields and around the spur of the mountains, to the easier ascent along the course of the stream that flows out from the fortress. It was a good climb from the valley to the outside gate, which, by the way, only opened into a walled in valley between two arms of the mountain, while the road to this gate necessarily so followed the natural surface of the mountain side that a Gatling gun could have a perfect command of the whole approach.

The walls of this gate were found to be some twenty feet thick, while the doors proper were of heavy wood, sheeted with iron plates. Above the gate was the usual pavilion, through which a cold wind blew down from the heights, above, and from which a wide stretch of valley could be seen, through a part of which our winding-path lay. From this gate we followed a path which grew rougher as we ascended, while alongside, and at times under us, as we crossed the bridges, dashed the cool, mountain stream. After a good, long climb, during which every man blessed the tough, surefooted little beast, whose surplus energies, now being worked off, bore him safely along slanting paths worn off rock sides, which at times ended in abrupt precipices, we arrived at another gate made in a piece of wall built across the small gap between two lofty arms of the mountain, and underneath which water gates with iron bars served to let the mountain stream escape.

From this place, only reached by such a rough and dangerous defile as to be almost impassable to large bodies of men, and easily guarded, our road was more easy to climb, though still very steep and rocky, while the mountain stream seemed now to rest at times in cool, clear pools that should have been the home of many trout. In one place of exceeding beauty a little pavilion had been built out over the stream, on tall rock pillars, so as to command a view from the lofty ridge at the extreme opposite side, down the course of the waterfall to the inner gate, and up wild valley at right angles to the one we were ascending, where tigers were known to abound.

After reclining and resting our weary bodies while feasting our minds on this rare piece of nature, we pushed on to what seemed to be the center of the place. Here we round great Buddhist temple and many surrounding buildings, one of which had been fitted up as a banquet hall for the naval guests. Here a foreign meal was served by cooks trained in foreign service (sent from the king's palace), and washed down with the beverage brewed at Milwaukee and the sparkling "Extra Dry," while foreign cakes, nuts and cigars, with strong black coffee, wound up the feast, which then gave place to a quaint concert by a band, of performers on stringed instruments. The wild, weird strains of the music, fitting in so aptly with the untamed surroundings, made our own presence and the modern nature of the feast we bad just enjoyed contrast very strangely wit all about us.

Our view from this place was simply magnificent. Back of us the "comb tooth" peaks we had seen in the distance dissolved themselves into individual piles of barren rock, the nearest one of a sugar loaf shape, rising like a great round dome into the clouds, while from our near proximity we could not see the others. No more effectual barriers could be wished than that formed by these peaks and the steep "knife edge" ridges that connected them, while opposite us the high encircling ridge seemed almost needlessly capped by a wall.

After a good rest we mounted, and with an escort of the priests, who, in soldier's garb, garrison the place, we started for the distant gate at the southern extremity of the enclosure. On our way we passed the storehouses kept constantly supplied against a time of need, while the arable land in the lower portion of the valley seemed sufficient to supply rice and vegetables enough for the occupants during a siege of indefinite length.

Our road lay past the palaces, nicely situated on a gentle slope commanding a charming view. These buildings are also kept constantly in order, that the king may come to them at any time. From the palace enclosure a steep but smooth road leads up to what seemed to be a black spot, in the lofty wall, but on nearing it we found it was a very strong gate, minus the usual pavilion built over gates. From this place we looked down over a very steep road leading to a closed gate in tl palace enclosure of the city, for, though we had gone so far in the morning to reach the fastness, we were how on its extreme southern border, and it seemed as though we might make a gigantic jump and land in the city below.

Following the wall we came to a gate perched high in the air, from which we were to make pur descent. A most extended view met our gaze from this point; the broad, lazy, winding river seemed stretched like a snake in the plain below as it wound through the lowlands to the sea beyond. With our glasses we could discern the ships at anchor at the port, thirty miles distant, while to the back of us the mountains seemed piled up in one long succession of great and little peaks.

Near this gate, and away up on the side of a cliff we found a Buddhist temple - noted for the number of little doll like images it possesses, and for a remarkable spring of fresh water that springs from the depth of a long cave of which the temple forms the entrance. We went in and had a good cool drink, not without a certain feeling of awe, however, as our footsteps echoed from the hidden depths.

The descent from this place was an experience not to be forgotten. There was no path in many places, and it would be a most difficult and trying task to ascend, but the descent consisted chiefly in jumping from one footing to another, a performance that resulted in bruises and tatters to some of the party. Yet we made it, and, perforce, in a very short time, as compared to our journey of the morning. Strangest of all was the fact that the ponies followed us over this horrible path of movable stones. They took it slowly, but kept steadily at work. When a foot slipped they would brace themselves and slide, or perhaps sit down on their haunches, while their grooms held on to their tails to assist them in holding back.

H. N. Allen.

알렌 박사 저(著) 한국의 설화. *San Francisco Chronicle* (캘리포니아 주 샌프란시스코) (1889년 10월 27일), 7쪽

문헌

알렌 박사 저(著) 한국의 설화

(......)

　　다른 어떤 외국인보다 한국인의 정치, 생활과 문학에 정통한 것으로 유명한 주미 한국 공사관의 외국인 서기관 H. N. 알렌 박사가 쓴 '한국의 설화'는 민담에 대한 흥미로운 연구 거리를 제공한다. 이 책의 서문에서 그는 관광객들의 인상이 대부분 한국의 개항으로 형성된 도시인 제물포를 잠깐 방문하여 얻은 것이기 때문에 오해의 소지가 있음을 보여 주는, 사람들의 특성에 대한 간략한 스케치를 제공하고 있다. 그는 한국이 일본만큼 아름다운 나라이며, 사람들이 일본만큼 아름다운 풍경에 대한 진정한 시적 감상을 가지고 있다고 선언한다. 한국인들은 3,000년을 거슬러 올라가는 기록을 가지고 있다고 주장하며, 그들의 전설에 따르면 그들이 북쪽에서 왔지만 그들이 북아메리카 인디언과 약간 비슷하긴 하지만 그들의 기원에 대한 사실은 없다. 이 기원의 주제를 더 흥미롭게 만드는 것은 그들의 구어가 다음절(多音節)이어서 공식 문서가 기록되는 중국어나 일본어와 그 성격이 다르다는 것이다. 한국인들은 상상력이 풍부하지만 그들의 전설에서 알 수 있듯이 실제로는 종교가 없다. 현 왕조 이전에는 불교가 통치하였으나 493년 동안 어떤 승려도 감히 성읍에 들어가지 못하고 산에 갇혀 영향력을 행사하지 못하였다. 사람들은 하늘에 기도하기 때문에 공격하는 것 같지만, 어떤 신조도 선택하지 않는다. 초기 선교사들의 잘못이 아니었다면 기독교는 많은 개종자들을 만들었을지도 모른다. 최근에는 궁궐에서 미국인들의 영향력으로 인하여 어느 정도 진전이 있었다.

　　알렌 박사는 사람들의 독특한 풍습에 대하여 아주 잘 설명하고 있다. 서울과 한국의 관계는 파리와 프랑스의 관계와 같다. 모든 고위 한국인들은 일 년 중 일부를 수도에서 보낼 것으로 기대한다. 민족의 의상은 흰색이며, 법에 따라 3년 동안 친척을 위한 상복으로 흰 옷을 입어야 하고, 왕을 위하여 온 국민이 같은 기간 동안 애도해야 했기에 채택되었다. 이렇게 의복을 갈아입는 파멸을 피하기 위하여 흰 옷을 입기로 결의하였고, 아버지의 죽음을 애도하는 3년 동안 아들은 일을 하지 말라는 부조리한 법에 의해 백성들은 아직도 가난하다.

　한국인의 민담은 그 범위가 넓지만 자연 경관에 대한 열렬한 감사에서 짐작할 수 있듯이 사람들은 동물을 가까이에서 관찰하고 짐승과 새에 대한 많은 전설을 가지고 있다. 남부 흑인처럼 특이하게도 그들은 토끼에게 큰 영리함을 부여하였다. 여기에서 말하는 이야기는 '엉클 레무스'의 모음집에서 추출한 것일 수 있다.[162] 물고기의 왕은 몸이 많이 아팠고 의사들은 토끼의 신선한 눈으로 만든 찜질 약을 처방해 주었다. 거북이는 토끼를 보호하기 위하여 나섰고 이상한 일이 일어날 것이라고 약속하며 그를 물가로 유인하였다. '타르 베이비' 이야기처럼 호기심에 토끼는 거의 파멸에 이르렀다. 그는 거북이가 자신을 등에 업고 물고기의 왕이 누워있는 곳으로 헤엄쳐가도록 허락하였다. 그곳에서 토끼는 큰 배려를 받았지만, 자신을 가장 잘 처리하고 그의 한쪽 눈을 확보하는 방법에 대한 토론을 듣고 이러한 대접에 대한 그의 자부심은 약해졌다. 즉시 그의 교활함이 그를 도왔고, 그는 모인 물고기들에게 대단히 유감스럽게도 이번에는 한 쌍의 인공 수정 눈을 착용하였고 나머지 눈은 해안에 묻었다고 말하였다. 그는 거북이가 자신의 진짜 눈을 파낼 수 있도록 육지로 데려가 준다면 물고기에게 한쪽 눈을 기꺼이 주겠다고 선언하였다. 그의 관대함은 물고기를 압도하였고, 그는 자신의 길을 가다가 다시 단단한 땅으로 뛰어들었을 때 거북이에게 자신의 눈이 한 쌍뿐이고 그가 눈이 필요하므로 스스로 땅을 파라고 말하였다. 그러나 그 사건 이후로 토끼는 거북이에게 넓은 자리를 제공하였다.

　'마법에 걸린 포도주 주전자'는 고양이와 개의 적대감에 대한 이유를 설명하고 있는 반면, 다른 이야기는 사람들의 삶을 다룬다. 이중 최고는 '춘향, 또는 충직한 기생 아내'이다. 춘향은 기생이었는데, 지방 관리의 아들의 넋을 빼앗아 그는 비밀리에 그녀와 결혼하였다. 그가 승진하여 서울로 가야만 하였을 때, 그녀의 어머니에게 돌아올 것이며, 자신이 궁궐에서 우대를 받게 되면 공개적으로 결혼을 하겠다고 약속하였다. 그 사이에 새로운 사또가 임명되었는데, 그는 춘향을 보고 정욕을 품게 되었다. 그녀는 부재 중인 남편에 불성실한 것을 거부하였고 감옥에 갇혔다. 부재한 연인은 과거시험에서 1등을 차지하였고 자신의 요청으로 암행어사가 되었다. 그는 변장을 하고 옛 집에 와서 그의

---

162) 엉클 레무스는 조엘 C. 해리스(Joel C. Harris, 1848~1908)가 편찬하고 각색하여 1881년에 책의 형태로 출간된 아프리카계 미국인 민화 모음의 가상적인 제목 인물이자 해설자이다.

연인이 여전히 충실하다는 것을 알게 되었고, 사악한 사또를 감옥에 가두고 아름다운 기생과 공개적으로 결혼함으로써 보상해 주었다. 이 이야기는 일본 최고의 전설 중 하나를 떠올리게 하는 많은 목가적인 특징으로 진행된다.

다른 이야기들은 각각이 이 낯선 사람들의 새로운 특성과 관습을 드러낸 다는 점에서 충분히 읽을 가치가 있다.

[뉴욕, G. P. 퍼트넘스 손스. 포스트 가(街) 208의 새뮤얼 카튼 앤드 컴퍼니 에서 판매함, 가격 1.25달러]

The Folk Lore of Corea, by Dr. Allen.
San Francisco Chronicle (San Francisco, Ca.) (Oct. 27th, 1889), p. 7

Literature
The folk Lore of Corea by Dr. Allen
(......)

An interesting study in folk lore is afforded by Korean Tales by Dr H. N. Allen the well-known foreign secretary of the Legation for Corea who is probably better versed In the politics, life and literature of the Coreans than any other foreigner in the preface to this volume he has given short sketch of the traits of the people showing that most of the impressions of tourists are misleading as they are gained from a short visit to Chemulpoo, which is simply a town built up by the opening of Corea to foreign commerce and destitute of national characteristics. He declares that Corea is as beautiful a country as Japan, and that the people have as much of the true poetical appreciation of charming scenery as the Japanese. The Coreans claim to have records running back for 3000 years; their legends show that they came from the north but there is no light on their origin, although they bear in some slight degree a resemblance to the North American Indians What makes this subject of their origin more interesting is that their spoken language is polysyllabic thus differing in its nature from either Chinese or

Japanese in either of which official documents are written. Although the Coreans have a great deal of imagination, as their legends show, they have practically no religion. Before the present dynasty Baddhism reigned, but for 493 years no Buddist priest dare enter a walled city, and being restricted to the mountains they exert no influence. The people appear to have much reverence for they pray to Heaven, but they will not select any creed. Christianity might have made many converts had it not been for the errors of the early missionaries. Recently it has made some progress owing to the influence of Americans at the court.

Dr. Allen gives a very good description of the peculiar customs of the people. Seoul is to Corea what Paris is to France. Every Corean of rank expects to pass a portion of the year at the capital. The national dress is white and it was adopted because the laws provided that white should be worn for three years as mourning for ones relatives while the whole nation bad to go into mourning for the same period for a king. To avoid ruin through this change of costume it was resolved to make white the national garb. The people are still impoverished by the absurd law that a son must do no work in the three years that he mourns the death of his father.

The folk lore of the Coreans covers a wide range but as might be expected from their ardent appreciation of natural scenery the people are close observers of animals and they have many legends of beasts and birds. Singular to relate like the Southern negro they attribute great shrewdness to the rabbit. The tale told here might have been extracted from Uncle Remus' collection The king of fishes was very sick and the doctors prescribed for him a poultice made from the fresh eye of a rabbit. The turtle set out to secure the rabbit and lured him to the water's edge by promises of strange things be would see. As in "The Tar Baby" story, curiosity led the rabbit almost to his destruction. He allowed the turtle to take him on his back and swim out to the place where the king of the fishes was lying. There the rabbit was treated with great consideration but his pride over this reception was dampened by hearing a discussion as to the best manner of disposing of him and securing one of his eyes. Instantly his cunning came to his aid and he told the assembled fishes he greatly regretted that he wore on this occasion a pair of artificial crystal eyes his rest eyes being buried on shore. He declared he would willingly give the fishes one eye if they would order the turtle to take him on shore so that be could dig up his real eyes. His generosity overpowered the fishes; he had his way but when he leaped again on firm land he told the turtle to dig for himself as he had only one pair of eyes and he needed them. But ever since that incident the rabbit has given the turtle a wide berth.

"The Enchanted Wine-Jug" explains the reasons for the enmity between the cat and the dog while the other stories deal with the life of the people. One of the best of these is "Chun Yang, or the Faithful Dancing-Girl Wife." Chun was a gee-sang, or professional dancing girl who so captivated the son of the local official that he secretly married her. When he was promoted and was forced to go to Seoul he left her with her mother promising to return and publicly marry her when he received further preferment at court. Meanwhile a new magistrate was appointed, who saw Chun Yang and lusted after her. She refused to be unfaithful to her absent husband and was cast into prison. The absent lover was successful in the literary competition secured first prize and at his own request was made Government Inspector. He came to his old home in disguise, found his mistress still faithful, cast the wicked magistrate into prison and rewarded the beautiful dancing girl by publicly marrying her. The story is told with many idyllic touches which remind one of the best Japanese lore tales.

The other stories are well worth reading for each reveals new traits of character and customs of this strange people.

[New York, G. P. Putnam's Sons. For sale by Samuel Carton & Co., 208 Post street; price $1.25.]

18891108

프랭크 F. 엘린우드(미국 북장로회 총무)가 호러스 G. 언더우드 및 존 W. 헤론(서울)에게 보낸 편지 (1889년 11월 8일)

(중략)

여러분의 편지를 받은 이후 이제 선교본부는 알렌 박사가 부산에서 활동하도록 승인하였습니다. 그는 선교사로 돌아가는 것입니다. ___ 서울에 가고 싶지만 부산을 선택하였습니다. 일시적으로 그곳에 간다는 생각에 대하여 여러분들은 무엇이라고 말하겠습니까? __ ___ __ ___ 언더우드 씨는 중앙 지부에서 _____ ____ 영적인 ___을 위한 그 기본 방침의 영향력 _____ ____ 그리고 선교부에 중요한 _____을 받았습니다, 그러나 특히 정부의 제한이 있는 현 상황에서, 내륙으로 들어가는 문제는 따르지만 한동안 떨어져 있어야 하는 것과의 사회적 관계에서 나타나는 다른 문제들이 있으며, 알렌 박사는 의료 사역으로 부산을 여는 데, 여러분들은 이것이 임시적인 조치인 줄 알고 그곳에 가는 것이 좋지 않을까요?

여러분들은 부산이 어떤 곳인지 알 수 있을 것이며, 동시에 알렌 박사는 종교적 영향력과 의료 활동을 결합할 것입니다. 나는 여러분들이 의사가 일반적으로 평화롭다는 것을 _____ 때문에 조화롭게 지낼 것이라고 믿습니다. 그리고 나는 그의 형제들의 평판에 영향을 미치는 의심스러운 ___에 관하여 큰 믿음을 주어야 합니다. 우리는 그 자리를 완전하게 차지했어야 했고, 그럴만한 가치가 있다면 다른 목회 선교사를 파송하는 길을 밀어붙일 수 있습니다.

(중 략)

Frank F. Ellinwood (Sec., BFM, PCUSA),
Letter to Horace G. Underwood, John W. Heron(Seoul)
(Nov. 8th, 1889)

(Omitted)

Now since your letter was received the Board has approved Dr. Allen to open Fusan. He goes back as a missionary ____ ____. __ wish to go to Seoul, but chose Fusan. What would you say to the idea of going over there temporarily? __ ____ ___ ___ Mr. Underwood from the central station be _____ ____ ____ _____ influence that the key note for the spiritual _____ _____ _____ and that the Mission has received a stamp and a character which are important. But in the circumstance, especially _____ _____ _____ is a degree of restriction of the Government ____ that ____ question of going into the interior is held in obeyance while there are other reasons growing out of your social relations with the Herons which make it being what a separation should occur for a time at the same time, that Dr. Allen, is opening Fusan by his medical work, would it not be a good thing for you to go over there with the understanding that it is a temporary arrangement?

You would be able to see what Fusan is like, and would at the same time couple a religious influence with the medical work as Dr. Allen. I believe that you would get on harmoniously for I _____ that the Doctor is pacific in his general int_____ and I must give him credit for great reference in regard to _____ that doubt effect the reputation of his brethren. We should have occupied the place fully, and if it is worth _____ _____ might push the way to our sending other clerical missionaries.

(Omitted)

은둔의 왕국 이야기.
The Pall Mall Gazette (영국 런던) (1889년 11월 18일), 3쪽

은둔의 왕국 이야기

이 책은 한국을 주제로 한 다른 출판물과 마찬가지로 다소 실망스럽다. 국가의 자원과 정부에 관한 정보를 제공한다고 공언하는 두 개의 장(章)이 제공되지만 현대 예술과 문명의 진보에 대한 장밋빛 색조는 슬프게도 실제 사실에 의해 가려진다. 하지만 학생의 주요 관심은 문헌학자와 학자들이 부지런하게 연구할 가치가 있는 변칙과 특성을 잘 제시하는 한국인들의 언어와 역사에서 찾을 수 있다. 중국을 제외하고 외국의 침입에 대하여 정부가 성공적으로 유지해온 고립 덕분에 주민들은 모국어나 파투아 어를 온전하게 보존하거나 새로운 개념의 필요성을 충족시키기 위하여 새로운 용어를 빌려 접목하고 동화할 수 있었다. 수 세기를 거슬러 올라가는 역사와 기록, 그리고 매우 단순하고 모든 어휘에 요구되는 사항에 잘 적응된 알파벳으로 인하여 학생은 자연스럽게 해당 언어의 도입 및 기원에 관한 특정 정보를 찾게 될 것이다. 중국의 정치와 문헌의 영향에 관한 가식과 추측이 이곳저곳에서 나타나고, 한국 문서의 권위에 근거한 확고한 사실이 두드러진다. 학식 있는 한 학자는 그가 한글 창제 일에 1천년 정도 오류를 범하고 있다. 참으로 그 나라의 언어는 오래되었지만, 문자는 비교적 현대적이며 15세기 중반에 등장하였다. 그것은 모든 면에서 독특하고 단순함과 규칙성이 탁월하다. 그러나 알렌 박사의 책에서 채택된 음역(音譯)에서 저자는 인정되거나 획일적인 체계에 전념하기를 거부하였으며, 적지 않은 경우에 한국어 어휘의 가치, 특히 장모음과 단모음의 구분을 잘못 이해하였다. 알렌 박사의 'yay gee'(대화)에서 독자는 한국어의 원래 'ni-a-ki'(이탈리아 어와 같은 모음 및 자음)를 추적하는 데 약간의 어려움을 겪을 것이다. 마지막 자음에서 광둥어 't'를 'l'로 대체한 한 가지 두드러진 것만 예외로 하고, 지금까지 어떤 권위자도 광둥어와 한국어, 그리고 한국어와 중국어의 정체성을 설명하려는 시도가 없었다. 중국학 학자에게 중국 표의 문자의 원시적 소리에서 이러한 가치의 유사성은 흥미로운 연구와 연구의 긴 전망을 열어준다. 다시 말하지만, 한국어 동사와 이 항목 아래에 형용사가 포함되어야 하며, 해당 품사의 기능을 수행하는 한국어 분사는 특히 변화형과 활용이 풍부하며, 그 복잡성과 다양한 형태는 바스크 어에 필적한다.

고립된 반(半) 문명화된 민족의 전통과 마찬가지로 한국의 민속학은 탐구와 연구의 넓은 영역을 제시하며, 알렌 박사는 대중들 사이에서 통용되는 일부 일반적인 이야기를 상당히 충실하고 정확하게 번역하여 재현하였다. 주목해야 할 주요 특징은 다음과 같다. (1) 한국인의 마음에는 모든 종교적 감정이 결여된 어떤 미신이 존재하지만, 이것은 부패한 불교 승려의 영향, (2) 사람들을 나누는 뚜렷한 계급 구분, 그 결과 오늘날에도 그 어느 때보다도 강력하게 지배되고 있는 억압과 강요, (3) 중국의 법 및 관습과 크게 대조되는 한국인의 가정생활에서 아내에게 부여되는 높은 지위와 첩의 자녀에게 부여되는 열등하고 부차적인 지위에 관한 것이다. 또한 중국 사상과 예절의 실용적이고 사무적인 경향에 비해 그들 마음의 특징은 돌아다니는 것을 좋아하고 아름다운 풍경을 섬세하게 감상하는 한국인의 마음을 알 수 있을 것이다. 그리고 언어학적으로 일본인과의 긴밀한 관계를 강조하기 위하여 생각할 수 있는 것은 바로이 특성이다. 실제로 후자의 민족은 조상이 한국에서 이주한 전통을 가지고 있다.

그러나 일본인과 한국인 사이에 어떤 유사성이 존재하든지 간에, 일본의 예술, 문학, 문명은 한국 기원의 산물인데, 그 경우 더 공정한 환경과 더 좋은 영향을 받는 위치에 있는 학생이 오랫동안 스승을 능가하였다는 것은 이제 역사의 문제이다. 하지만 일본어와 한국어 문법 구조를 통해 긴밀한 평행 현상이 발견되지만 동사 어근의 동일성은 아직까지 발견되지 않았다는 점을 주의 깊게 염두에 두어야 한다. 한국 사람들이 동물과 광물을 지칭하기 위해 사용하는 이름에는 특히 주의가 필요하다. 전자는 언어학적 관점에서, 후자는 원시적인 문화 상태를 나타내는 증거이다. 짧게 검토한 한계에서는 해당 국가의 토착 동물에 대하여 의성어 원리 또는 종종 '멍멍이' 이론이라고 불리는 이론을 언급하는 것으로 충분할 것이다. 예술과 과학에서 인종의 진보를 증명하기 위하여 그들이 알고 있는 동물과 금속의 고유 이름이 있다는 것보다 더 확실한 시험은 없다. 이 규칙은 한국인도 예외가 아니다. 철, 구리, 목탄에 그들은 일찍이 친숙하였으며, 토착 용어는 적절하게 보존되어 대대로 전해졌다. 반면 금, 은, 석탄은 비교적 최근에 도입된 것으로 중국에서 유래한 이름을 가지고 있다. '한국의 설화'는 주의 깊게 읽을 가치가 있다. 알렌 박사는 날랜 펜을 휘두르며, 뛰어난 번역 능력과 통찰력을 가지고 있다. 그가 한국의 풍속과 풍습을 관찰하고 연구할 수 있는 이례적인 기회를 갖고 있는 만큼, 한국에 대한 저술에서 첫 번째 모험의 성공에 힘입어, 1883년 '은자의 왕국'이 국가들의 공동체로 나온 이후로 지금 필요가 절실히 느껴졌던, 한국 역사와 문학을 설명하는 표준적인 성과물을 출판하도록 촉진될 수 있기를 바란다.

* '한국의 설화, 한국을 설명하는 소개 장(章)과 함께 한국 민속학에서 번역한 이야기 모음집.' 의학박사 H. N. 알렌, 한국 공사관 외국인 서기관 저(著) (퍼트넘 앤드 손스)

Stories from the Hermit Kingdom.
The Pall Mall Gazette (London, England) (Nov. 18th, 1889), p. 3

Stories From the Hermit Kingdom

The present volume, like, the few other publications on the subject of Korea, is somewhat disappointing. Two introductory chapters are given, professing to supply information regarding the resources and government of the country, but roseate hues of its progress in modern arts and civilization are sadly belied by actual facts. The chief interest, however, to the student will be found in the language and history of the Korean people, presenting as they do anomalies and peculiarities well meriting diligent study from philologists and scholars. The isolation which the Government of the country has been successful in maintaining against foreign intrusion - China excepted - has enabled the inhabitants to preserve intact their native tongue or patois, or where borrowing new terms to meet the necessities of new ideas, to graft and assimilate them as part and parcel of their own distinctive vernacular. With a history and record dating back for so many centuries, and with an alphabet so simple and so well adapted to every requirement of their vocabulary, the student will naturally seek for some specific information regarding the introduction and origin of their language. Platitudes and vague speculations concerning the influence of Chinese polity and literature appear everywhere, while hard solid facts based on the authority of Korean documents are conspicuous by their absence. One learned *savant* errs to the extent of a thousand years in the date he assigns to the invention of the Korean alphabet. Ancient, indeed, as is the language of the country, the native script is comparatively modern, and appeared only towards the middle of the fifteenth century. It is unique in every respect, and remarkable for its simplicity and regularity. In the transliteration, however, adopted in Dr. Allen's volume the author has declined to commit himself to any recognized or uniform system, and in not a few instances has mistaken the value of the Korean vocables, especially the distinction between long and short vowels. In the "yay gee" (talk) of Dr. Allen, the reader will experience some difficulty in tracing the Korean original *ni-a-ki* (vowels and consonants as in Italian) So far no attempt has ever been made by any authority to explain the identity of Canton-Chinese and Korean-Chinese, and especially the one striking exception in the substitution of *l* for the Cantonese *t* as a final consonant; and to the sinologue this similarity of value in the primitive sounds of Chinese ideographs opens up a long vista of interesting study and research. Again, the Korean verb - and under .this head the adjective has to be included, the Korean participle fulfilling the function of that part of speech - is peculiarly rich in inflexions and conjugations, and rivals the Basque in its complex and multifarious forms.

Korean folklore, in common with the traditions of isolated and semi-civilized races, presents a wide field for inquiry and study, and Dr. Allen has reproduced with considerable fidelity and accuracy of translation some of the commoner tales and stories current among the masses. The principal features to be noticed are: - (1) The absence of all religious feeling from the Korean mind certain superstitions exist, but these are due to the influence of a corrupt Buddhist priesthood; (2) the marked class distinctions or castes into which the people are divided, with consequent oppression and exactions ruling as strongly at the present day as ever; (3) the high status accorded to the wife in the Korean family life and the inferior and secondary position assigned to children by concubines, in wide contrast to the law and custom in China. One may also note the Korean love of roaming and keen appreciation of beautiful scenery as a special characteristic of their mind compared with the practical and matter-of-fact bent of Chinese thought and mannerism. And it is this trait which may be held to accentuate their close connection, philologically, with the Japanese. Indeed the latter nation have a tradition that their ancestors originally emigrated from Korea.

But whatever race affinity may exist between Japanese and Koreans, it is now a matter of history that Japanese art, literature, and civilization are products of Korean origin, in which the pupil located in fairer surroundings and under more congenial influences has long outstripped his master. It ought, however, to be carefully borne in mind that while a close parallelism is found running through Japanese and Korean grammatical construction, no identity in verbal roots has so far been discovered. The names employed by the Koreans to designate animals and minerals demand particular attention - the former from a philological point of view, the latter as evidence of their primitive state of culture. In the limits of a short review it will be sufficient to refer to the onomatopoetic principle - or "bow-wow" theory as it is often called, for animals indigenous to the country. No surer test can be sought for proof of the advance of a race in art and science than the presence of native names for the animals and metals with which they are acquainted. Koreans are no exception to this rule. With iron, copper, and charcoal they were early familiar, and the native terms have been duly preserved and handed down from generation to generation; while gold, silver, and coal are of comparatively recent introduction and have names derived from the Chinese. The "Korean Tales" are worthy of careful perusal. Dr. Allen wields a facile pen and is gifted with great skilly and acumen in translation. Possessing as he does exceptional opportunities for observing and studying Korean manners and customs, it is to be hoped that, encouraged by the success of his first venture in the field of Korean authorship, he maybe induced to publish a standard work elucidating Korean history and literature - a want now seriously felt since the admission into the community of nations in 1883 of the "Hermit Kingdom."

* "Korean Tales, being a collection of Stories translated from the Korean Folk Lore, together with introductory chapters descriptive of Korea." By H. N. Allen, M. D., Foreign Secretary of Legation for Korea. (Putnam and Sons.)

릴리어스 H. 언더우드(요코하마)가 프랭크 F. 엘린우드
(미국 북장로교회 해외선교본부 총무)에게 보낸 편지
(1889년 11월 22일)

요코하마,
1889년 11월 22일

친애하는 엘린우드 박사님,

　미첼 박사님이 귀하께 우리 서울 선교부의 상황에 대하여 잘 알려드렸다고 생각합니다. 그러나 그가 떠난 후, 그리고 우리가 떠나기 직전에 저의 일과 관련한 문제가 발생하여 선교부에서 이를 해결하는데 어려움이 있지 않을까 걱정됩니다. 미첼 박사의 조언과 헤론 박사의 제안, 그리고 저의 새로운 판단에 따라 저는 제중원에서의 일을 포기하였습니다. 저의 이유는 첫째로, 무능한 하인들과 함께 새로운 가정부에게 모든 근심과 의무를 맡기고 한낮에 집에서 멀리 떨어진 직장으로 가는 것이 시간과 원기에 너무도 큰 일임을 깨달았기 때문입니다. 게다가 저는 영예로운 기독교 활동을 하지 않을 수 없는 상황에서 계속 의료 활동을 하는 것에 만족하지 않았고, 항상 이점에 대하여 불만을 가지고 있었습니다. 저는 제가 하려고 온 일을 하는 것을 방해받는 입장에 제 자신을 두기를 원하지 않습니다. 만일 제가 착각하지 않는다면, 알렌 박사와, 지금은 헤론 박사가 우리의 기독교 전도를 강력하게 반대하였고 반대하는 비밀이 바로 여기에 있는데, 그들은 왕의 주치의이자 국록을 받으며 정부 병원의 책임을 지는 의사로서, 한국의 높은 지위에 있는 사람들이 왕의 신임을 받아 마땅히 받아야 할 영예를 느끼기 때문이라고 생각합니다. 그러나 이것은 탈선입니다.

(중략)

Lillias H. Underwood (Yokohama),
Letter to Frank F. Ellinwood (Sec., BFM, PCUSA) (Nov. 22nd, 1889)

Yokohama,

Nov. 22nd, 1889

Dear Dr. Ellinwood:

I presume Dr. Mitchell has acquainted you with the state of affairs in our mission in Seoul. But since he left and just before we left, the questions have arisen about my work, which I fear there will be difficulty about settling in the mission. According to Dr. Mitchell's advice, and Dr. Heron's suggestion, and my new judgment, I gave up my work in the hospital. My reasons were first that I found it too great a task in time and strength to go on far away from my home in the middle of the day, to my work, with all the cares and duties of a new housekeeper, with poor servants, upon me. Besides I was not content to go on doing medical work when I was in honor bound to do no Christian work. I have always been dissatisfied about this. I am not willing to place myself in a position where I am prevented doing the work I came to do. If I mistake not, here lies the secret of Dr. Allen's and now of Dr. Heron's strong feeling of opposition to our going in with Christian teaching, because in this position of physician to the king, a paid official and physician in charge of the government hospital, and bearing high Korean rank, they feel in honor bound, having the king's confidence, to deserve it. But this is a digression.

(Omitted)

한국의 대실패. *The San Francisco Examiner* (캘리포니아 주
샌프란시스코) (1889년 11월 28일), 6쪽

한국의 대실패.
알렌 박사가 캘리포니아 광부들을 얼마나 실망시켰는지.
1년의 계약이 이상하게 종료되다.
유니온 아이온 웍스에 의해 Story of on Order Filled - 전문가 피어스의 부당한
결론 – 원시적인 한국의 채광법 - 삽으로 일하는 세 사람 - 데니 판사의 조언

3명의 캘리포니아 주와 네바다 주 광부들이 한국에서 가장 극적인 경험을
하고 이곳에 도착하였다. 그들은 존 맥린, J. 라이언 및 F. A. 세인트 존이며,
은둔의 왕국에는 정말 멋진 광산이 지방에 있지만 더 이상 그 나라를 원하지
않는다고 말해도 무방하다. 그들이 광산의 이익을 태평양 연안에 남겨두고 떠
나게 된 경과는 다음과 같다.
지난 봄 초에 워싱턴 주재 한국 공사관의 서기관인 H. N. 알렌 박사는 피
어스라는 이름의 이른바 전문가로부터 한국에서 발견된 거대한 금광에 대하여
아첨하는 보고를 받고 즉시 이곳의 유니언 아이언 웍스에 훌륭한 기계를 제작
하여 그곳으로 보내라고 요청하였다. 유니언 아이언 웍스의 회장인 스코트 씨
도 몇 명의 기계공을 고용하여 공장을 가동하며, 3명의 숙련된 광부와 그들의
파견 비용과 함께 연간 계약을 맺어 한국인들에게 광산 방법을 가르치도록 요
청받았다.

유니언 아이언 웍스는 응하다.

유니언 아이언 웍스는 이러한 모든 요청에 즉시 응하였다. 그리고 선광기
가 있는 10개의 도광기를 제작하였으며, 6월 9일 맥린, 세인트 존 및 라이언
씨, 그리고 기술자 J. T. 스코트 및 유진 하비 씨가 애러빅 호에 실어 멋진 땅
으로 출항하였다.
그들은 요코하마를 거쳐 고베로 항행하였고, 그곳에서 인먼 증기선을 타고
한국의 항구인 제물포로 갔다. 그곳에서 사람들은 나라를 가로질러 큰 금광으
로 갈 생각으로 작은 증기선으로 갈아타고 해안에서 작은 강을 따라 마포로

올라갔다.

오래지 않아 일행 중 일부가 한국의 수도인 서울에 도착하여 그곳에서 이전에 오리건 주에서 살았고 지금은 왕의 고문으로 있는 데니 판사에게 실수가 있었고, 단지 2명의 기술자만을 원하였다는 사실을 듣고 깜짝 놀랐다.

예상치 않은 전환

특히 왕국이 빚을 지고 있고 갚을 수 있다는 돈이 없다는 사실을 알았을 때 그들은 매우 실망스러워 했다. 데니 판사는 상황이 좋지 않다고 솔직하게 말하였다. 한국은 이미 데니에게 많은 빚을 지고 있고, 이외에도 오랫동안 축적된 많은 액수가 있다는 이야기가 있었다. 하지만 데니 판사는 미국 광부들을 수용할 수 있도록 문제를 해결하기를 희망하였으며, 미국 광부들이 필요하며 서울에 잠시 머무는 것이 좋겠다고 말하였다.

그러는 동안 기술자인 스코트와 하비는 제물포로 돌아가 기계를 다른 증기선에 싣고 해안을 따라 7일 동안 평안도 항구까지 갔다. 그곳에서 그들은 설비를 남겨두고 조랑말을 타고 내륙으로 150마일 떨어진 광산 지역으로 달려갔다. 그들은 한국 서부에서 멀리 떨어져 있었다.

그곳에 도착하였을 때 피어스가 발견한 광산이 전혀 없다는 사실을 알고 놀라움을 금치 못하였다. 이에 관한 이야기가 나와 한국에 있는 세 명의 광부와 데니에게 전해졌다.

현지인이 바위를 나르다.

전문가 피어스는 그곳에 금광이 있다는 소식을 단지 들었고, 그곳에서 바위 한 조각을 가져오도록 현지인 한 명을 보냈다. 이제 한국인들은 자신들의 광산을 침입하는가 의심하고 마치 거짓말쟁이가 전문가를 넘어뜨리기 위하여 무엇인가를 하지 않는 것처럼 하였다. 그래서 그는 50마일 떨어진 절벽으로 가서 멋진 표본을 얻었다. 물론 그것은 잘 분석되었고 피어스는 그것에 힘입어 워싱턴의 H. N. 알렌 서기관에게 흥미로운 이야기를 들려주었는데, 그는 이 모든 기계화 인력을 보내달라고 유니언 아이온 웍스에 요청하는 책임을 지었다.

자연스럽게 두 기술자는 바닥을 쳤고, 광부들도 마찬가지이었다. 그들은 기계를 평안도에 두고 어떻게 돈을 벌고 돌아갈 수 있는지 알아보기 시작하였다.

서울에 내려와 있는 세 명의 광부들은 대단히 예의 바르고 최대한 순조롭게 일을 해결하는 데니 판사 및 미국 공사인 H. A. 딘스모어에게 상황을 논의할 수밖에 없었다. 결국 그들은 서울의 궁궐로 보낸 편지는 1년 동안의 가상 계약이었지만 그들은 얻을 수 있는 모든 것을 가지고 나가야 했는데, 그렇지 않으면 데니 판사가 말하였듯이 많은 사람들이 어쩔 수 없이 1년을 기다려야 할 수도 있었다.

경비를 받게 되어 기쁘다.

따라서 그들은 자신들이 들인 비용에 해당하는 액수를 가지고 9월에 떠났다. 기술자들은 아마도 아직 그곳에 있을 것이다. 그들은 10월에 나올 예정이 었지만, 그들은 자신들의 돈을 받기까지 그곳에 있을 가능성이 높다고 한다.

한 남자의 말에 따르면 좋은 광산 설비는 '그린 바다 위에 그린 배처럼 한 가롭게' 놓여 있다. 그것이 사용되기까지 아마도 오랜 시간이 걸릴 것이다.

네바다 주와 캘리포니아 주 광부들은 인구 30만 명의 도시로 묘사되는 서울을 둘러싸고 큰 성벽 주위를 주의 깊게 탐사하였다. 그들은 그곳에서 아주 좋은 전망을 발견하였고 근처에서 가는 곳마다 금을 발견하였다.

그곳에서 채굴은 매우 원시적이다. 삽으로 일을 하려면 세 사람이 필요하다. 한 사람은 손잡이를 조작하고 다른 두 사람은 칼날에 단단히 고정된 줄 끝에 매달려 있다. 그들의 진행은 매우 느리지만 원시적인 방법에도 불구하고 구식의 냄비로 산출하는 공정으로 채굴을 하여 그들은 연간 약 8,500,000달러의 사금을 채굴한다.

광산을 잘 생각하다.

그들의 은광과 금광은 완전히 미개발 상태이다. 광산이 있는 지방은 이곳과 네바다에서와 많이 비슷하다. 그것은 고지대에 위치하고 있는데, 건조한 눈이 있으며 겨울에는 매우 춥고 여름에는 덥다. 호랑이, 표범, 곰, 사슴이 많은 지역에서 발견된다. 한국에 현대적인 광산 기계가 있고 그것을 작동시킬 실용적인 사람이 있다면 좋은 결과가 있을 것이라고 광부들은 말한다.

선교사들은 한국에서 유일하게 잘사는 사람들이다. 그들은 최고의 집에 살고 있으며, 미국 광부들과 거리를 두고 캘리포니아 카우보이에 불과하다고 말하였다. 광산 전문가 피어스는 일종의 선교사이다. 그는 작년에 알렌 박사에 의해 뉴욕에서 파견되었다.

광부들은 캘리포니아 주의 처치 씨가 텐진으로부터 1주일 여행을 해야 하는 몽골에서 2개의 풍부한 은광에서 일하고 있는데, 8명의 미국인과 영국인 광부들이 있고 많은 돈을 벌고 있다고 보고한다. 그들은 처치 씨가 최고의 현대적 기계를 가지고 있다고 말한다.

한국에서의 대실패에 대한 모든 실망의 책임이 유니온 아이언 웍스에 있다는 인상이 떠올랐지만 그 사람들은 이를 부인하고 있다. 그들은 알렌과 피어스에게만 달려 있다고 말한다.

그 사람들은 즐거운 시간을 보냈다고 말하지만 여행과 관련하여 실망이 없다면 여행을 다시 하는 것을 개의치 않을 것이다.

A Fiasco in Corea. *The San Francisco Examiner* (San Francisco, Ca.) (Nov. 28th, 1889), p. 6

A Fiasco in Corea.

How Dr. Allen Seriously Disappointed California Miners.

A Year's Contract Ends Curiously.

Story of on Order Filled by the Union Iron Works - Expert Pierce's Unjustified Conclusions - Primitive Corean Mining Methods - Three Men to Work a Shovel - Judge Denny's Advice

Three California and Nevada mining men have arrived here, having had a most dramatic experience away out in Corea. They are John McLean, J. Ryan and F. A. St. John, and it is safe to say that they don't want any more of the Hermit Kingdom, although they say that there is really some magnificent mining country out there. The way they happened to leave their mining interests on the Pacific Coast and go there is this:

Early last spring Dr. H. N. Allen, Secretary of the Corean Legation in Washington, having received a flattering report on a certain alleged big gold vein out in Corea, by a so-called expert named Pierce, forthwith instructed the Union Iron Works here to manufacture a fine plant of machinery and forward it there. Mr. Scott, the President of the Union Iron Works, was also instructed to engage a couple of mechanics to go out and get the plant up, and also to engage three skilled mining men on year's contract, with their expenses, to go out and teach the Coreans how to mine.

The Union Iron Works Complied.

The Union Iron Works promptly complied with all these requests. It manufactured a ten-stamp mill, with concentrators. and on June 9th the plant was aboard the Arabic, accompanied by Messrs. McLean, St. John and Ryan, and the mechanics, J. T. Scott and Eugene Harvey, and steamed off for the fabled land.

They sailed to Kobe, via Yokohama, and then took the Inman steamer to Chemulpo, the seaport of Corea. There the men shifted to a small steamer, and went up a little river from the coast to Mapoo, thinking to cut across the country to the big gold ledge.

Ere long some of the party reached Seoul, the Corean capital, and were there startled to learn from Judge Denny, who used to live in Oregon, and is now adviser to the King, that there had been a mistake, and that only the two mechanics were wanted.

An Unexpected Turn.

There was sore disappointment, as may be supposed, especially when they learned that the kingdom was deeply in debt, and that there was no money at hand to pay them. Judge Denny candidly told them that things were in a bad fix. It was recounted that Corea already owed Denny a great deal of money, besides vast sums for one thing and another that had accumulated for a long time. Judge Denny hoped, however, to arrange matters so as to hold the American miners. He said the country needed them, and they had better stay in Seoul a little while.

Meantime Mechanics Scott and Harvey proceeded back to Chemulpo and put their machinery on another steamer and went a seven-days' run along the coast to the port of Pingan. There they left the plant, and, mounting ponies, plugged 150 miles in the interior into the mining country. They were then far out in West Corea.

What was their surprise to find on arrival there that there was no mine at all where Pierce had located it. Then tho story concerning it came out and reached the three mining men and Denny at Corea.

A Native Brings a Rock.

The expert Pierce had merely heard of a gold ledge there and had sent a native Corean to bring him a piece of rock from it. Now the Coreans are suspicious of interlopers in their mines and would just as lief do something to trip up the expert as not. So he went to a ledge fifty miles away and got a magnificent specimen. Of course it assayed well, and on the strength of it Pierce built up his interesting story to Secretary H. N. Allen at Washington, who took the responsibility on himself of asking the Union Iron Works to send out all this machinery and men.

Naturally enough the two mechanics were floored, as were the mining men. They left their machinery in Pingan and began to do some line figuring as to how they could get their money and got out.

The three mining men down in Seoul could do nothing but discuss the situation with Judge Denny and H. H. sic Dinsmore, the American Minister, who was exceedingly courteous and smoothed their paths as much as possible. Finally, although the letters which they bore to the Court of Seoul, were virtual contracts for a year, they were obliged to take what they could get and get out, else, as Judge Denny said, they might have to wait for a year, as many there were compelled to do.

Glad to Get Expenses.

They therefore took a sum equivalent to their expenses and came away, leaving in September. The mechanics are probably there yet. They expected to get off in October, but it is stated that there is a good probability that they will be there along while before they get their money.

The mining plant, which is a good one, in the words of one of the men, lies "as idle as a painted ship upon a painted ocean." Probably it will do a long while before it can bo used.

Careful prospecting was done by the Nevada and California miners about Seoul, which is described as a city of 300,000 people, with a great wall all the way around it. They found very good prospects there, and wherever they went in the vicinity they found gold.

Mining there is exceedingly primitive. It takes three men to work a shovel.

One man manipulates tho handle and two others hang on to the ends of a rice rope made fast to the blade. Their progress is very slow, but notwithstanding their primitive methods they manage to get out or the placer mines by the old panning process about $8,500,000 a year.

Think Well of the Mines.

Their silver and gold ledges lie entirely undeveloped. The mining country looks much as it does here and in Nevada. It lies at a high altitude, has a dry snow, and is very cold in winter and hot in summer. Tigers, leopards, bears and deer are found In many parts. If only there was modern mining machinery in Corea, and practical men to work them, there would be great results, so the miners say.

The missionaries are the only people in Corea that are getting along prosperously. They live in the best houses, and held aloof from the American miners, saying they were nothing but California cowboys. The mining expert, Pierce, is a sort of a missionary. He was sent out from New York last year by Dr. Allen.

The miners report that Mr. Church of California is working two rich silver mines, a week's Journey from Tientsin, in Mongolia, has eight American and English mining men with him, and is making a great deal of money. Church, they say, has the very best modern machinery.

An impression has gone out that the Union Iron Works is to blame for all the disappointment over the Corean fiasco, but this is denied by the men themselves. They say that it rests only with Allen and Pierce.

The men do not care to repeat their trip, although they say they had a pleasant time, barring the disappointment occasioned in connection with it.

미개발 상태의 금광맥. *The Boston Globe* (매사추세츠 주 보스턴) (1889년 11월 29일), 10쪽

미개발 상태의 금광맥.
한국에서 풍부하게 사금이 나온다 - 외국인 광산업자는 원하지 않는다

캘리포니아 주 샌프란시스코, 11월 29일. - 캘리포니아 주에서 온 2명, 네바다 주에서 온 1명의 광부들이 광산 업무를 하러 갔던 한국에서 최근 증기선을 타고 이곳에 도착하였다. 그들은 선광기가 있는 10개의 쇄광기, 그리고 그것을 올리는 두 가지 기술을 가져갔다. 그들은 워싱턴에 있는 한국 공사관의 서기관인 H. N. 알렌 박사에 의하여 고용되었는데, 그는 그 나라에서 부유한 광산에서 일한 조계지를 받았다. 그들이 서울에 도착하였을 때, 데니 판사는 외국인 광부 3명이 1년 계약을 하였음에도 불구하고 왕이 내륙에서 외국인 광부들을 허용하지 않을 것이기 때문에 기계공만 원한다고 말하여 그 사람을 놀라게 하였다. 3명의 광부들은 1년 계약을 하였지만 자신들의 경비를 돌려받고 귀국하였다.

광부는 서울 부근에서 면밀하게 시굴을 하였다. 그들은 근처에서 가는 곳마다 좋은 채광 유망지를 발견하였다. 그곳의 채광은 매우 원시적이지만, 그럼에도 불구하고 소유자는 오래된 팬 과정으로 매년 350만 달러의 수익을 올리는 사금 광산을 착수할 수 있다.

그들의 은과 금 광맥은 완전히 미개발 상태에 있다.

Gold Ledges Undeveloped.
The Boston Globe (Boston, Mass.) (Nov. 29th, 1889), p. 10

Gold Ledges Undeveloped.

Placers Pan Out Richly in Cores - Foreign Miners Not Wanted.

San Francisco, Cal. Nov. 29. - Two mining men from California and one from Nevada arrived here by the last steamer from Corea, where they went to work mines. They took out a ten-stamp mill with concentrators, and also two mechanics to put it up. They were hired by Dr. H. N. Allen, secretary of the Corean legation at Washington, who had received concessions to work a rich mine in that country. When they reached Seoul, Judge Denny amazed the man by saying that only mechanics were wanted, as the King would not permit foreign miners in the interior. The three miners recovered their expenses and returned, although they had contracts for a year.

Careful prospecting was done by the miners about Seoul. They found good prospects wherever they went in the vicinity. Mining there is exceedingly primitive, but notwithstanding the owners manage to set out of placer mines by the old panning process about $3,500,000 a year.

Their silver and gold ledges lie entirely undeveloped.

최근 운항.

The Japan Weekly Mail (요코하마) (1889년 11월 30일), 509, 510쪽

최근 운항

도착

(......)

포트 어거스타 호(號), 영국 증기선, 1,646톤, 선장 - J. 호그, 11월 24일, - 11월 2일 브리티시 콜롬비아 주 밴쿠버 출항, 일반 - 캐네디언 퍼시픽 회사

(......)

승객

도착

브리티시 콜롬비아 주 밴쿠버를 출항한 영국 증기선 포트 어거스타 호(號): - 알렌 박사 부부와 가족, (......)

Latest Shipping.

The Japan Weekly Mail (Yokohama) (Nov. 30th, 1889) pp. 509, 510

Latest Shipping.

Arrivals.

(......)

Port Augusta, British steamer, 1,646, J. Hogg, 24th November, - Vancouver, B. C. 2nd November, General – C. P. M. S. S. Co.

(......)

Passengers

Arrived

Per British steamer *Port Augusta*, from Vancouver, B. C.: - Dr. and Mrs. H. W. Allen and family, (......)

호러스 N. 알렌(서울)이 프랭크 F. 엘린우드(미국 북장로교회 해외선교본부 총무)에게 보낸 편지 (1889년 12월 13일)

한국 서울,
1889년 12월 13일

F. F. 엘린우드 박사,
뉴욕 시 5 애버뉴 53

친애하는 박사님,

제가 부산에서 거처를 찾지 못하였는데 괜찮습니다. 저는 그곳의 현재 모습과 이 지역의 한국인들이 너무 흩어져 있다는 사실에 많이 우울하였습니다. 그에 반해 저는 제물포가 5,000명이 넘는 인구와 매일 팔도에서 오는 수백 명의 사업가들로 아주 활기찬 곳이라는 것을 알게 되었으며, 의료 사역, 전도지 배포 및 교육에 좋은 곳입니다.

저는 선교부 연례회의163)에 참석하기 위하여 시간에 맞추어 이곳에 왔습니다. 한 사람이 예산에 대하여 이야기하였으며, 헤이든 양이 고상하게 지내고 있다고 말합니다. 저는 그녀가 기포드 씨와 약혼하고 도티 양이 틀림없이 조만간 마펫 씨와 비슷한 관계를 유지할 것이기 때문에 멋진 여학교 건물을 짓는 것은 적절하다고 생각하지 않습니다. 순회 여행에 관해서, 기포드 씨가 언어를 알지 못하고, 언더우드 씨는 그가 스스로 계획한 대로라면 전혀 시간이 없을 것이기에 헤론이 시간이 있습니다.

저의 집에 관하여, 저는 무너지려하는 빈집을 몇 달 동안 확보할 수 있습니다. 저의 집이 제 때에 지어지지 않으면 저는 호텔에서 잠시 묵을 수 있습니다. 소박하지만 충실한 집과 사무실을 건축하는 데 부산에서 2,500달러로 할 수 있는 것을 3,000달러로 예상하고 있습니다.

헤론 박사는 저의 오래된 기구들을 사용할 수 있도록 하였으며, 그래서 저는 파워 박사가 주문한 100달러 상당의 약품을 그들의 손에서 벗어날 수 있도록 하였습니다. 저의 옛 환자들이 저에게 머물도록 요청한 이곳이 아닌 다른

---

163) 1890년 1월 10일 개최되었다.

곳에 저를 정착시키려 애쓰는 헤론 박사의 모습에 모두들 즐거워하였습니다. 병원은 항상 '____'이고 관리들은 제가 그 병원을 맡기를 간청하였지만, 헤론 박사와 저는 결코 같은 마을에서 평화롭게 살 수 없습니다. 그는 자신의 일을 좋아하고, 저는 그를 방해하고 싶지 않습니다. 딘스모어 씨는 외국인 진료가 수지에 맞으면 헤론 박사는 2년 안에 선교부를 떠날 것이라고 단언하고 있으며, 또한 "나는 꼬리로 황소를 던질 수 있는 것보다 그를 신뢰하지 않는다."고 말하고 있습니다. 다른 곳에서 집을 구할 수 없기 때문에 저는 제물포로 와서 박사님의 지시에 따라 사역을 시작할 것입니다. 저는 그렇게 하도록 이곳 선교부의 허락을 받았습니다.

저는 이곳에서 여러 문제에 당면해 있었습니다. 저는 왕을 거부하는 것이 무엇인지 결코 알지 못하였습니다. 지난밤 왕을 알현하는 자리에서 왕비와 태후가 저에게 자연스럽게 다가와서 말을 걸었다는 사실에 어리둥절하였습니다. 그들은 제가 난처해 할 정도로 저를 칭찬하였으며, 저를 화나게 한 것이 무엇인지를 알려달라고 압박하였습니다. 저는 비록 (워싱턴에 있는 한국) 공사관이 방치되고 너무 힘들어서 빵을 사기 위하여 저의 가구를 팔아야했지만 저는 기분이 상하지 않았다고 그들에게 확신을 주어야 했습니다. 그들은 저에게 그것이 모두 슬픈 실수이었다고 저에게 확신시키며, 좀 더 나은 공사관 건물을 구입하겠다고 제안하면서 제가 돌아올 것을 부탁하였습니다. (그들은 대화 내내 힘들어 합니다.) 그런 다음 그들은 제가 이곳에서 공사가 될 가능성이 있는지 알고 싶어 하였으며, 제가 서기관 직을 받아들일 것인지에 대하여 물었습니다. 저는 제가 이 공사관에서 공사보다는 서기관으로 있으면 보다 일반적으로 유용할 것이라고 믿게 되었다고 인정하였고, 왕은 바로 딘스모어 씨에게 사람을 보내어 그에게 국무부로 한국을 위하여 저를 서기관으로 임명하도록 전보를 보낼 것을 요청하였습니다.

하지만 저는 내일 제물포로 가는데, 조용히 빠져나갈 것입니다. 저는 왕을 화나게 할 수는 없지만, 그들의 일을 하기 위해 돌아갈 수는 없습니다. 비상시 선교부에서 필요할 때 제가 도와줄 수 있고, 제가 부산에 있는 것보다 더 많은 일을 할 수 있다고 느끼는 제물포에서 살게 하도록 허락해 주실 것으로 믿으며, 집을 위한 지출(집이 없으면 체류할 수 없습니다)이 과도하게 보이지 않기를 바랍니다.

안부를 전합니다.

안녕히 계십시오.
H. N. 알렌

박사님께서는 이러한 한국 문제를 ___의 기밀로 해주시겠습니까.

Horace N. Allen (Seoul),
Letter to Frank F. Ellinwood (Sec., BFM, PCUSA) (Dec. 13th, 1889)

Seoul, Korea,
Dec. 13/ (18)89

Dr. F. F. Ellinwood,
   53 5th Ave., N. Y.

My dear Doctor,

It is well I could not find quarters at Fusan. I was much depressed with the present appearance of the place, and the fact that the Koreans are so scattered. On the contrary I find Chemulpoo brisk and lively, with a resident population of over 5,000, and hundreds of business men in daily from the eight provinces - a fine field for medical work and the scattering of tracts and instruction.

I came up here in time for the Annual Mission Meeting, in which I took part, but one say as to appropriations that, while Miss Hayden is doing nobly. I don't see the propriety of building an elaborate girls school building for her as she is engaged to Mr. Gifford and Miss Doty will doubtless soon sustain a similar relation to Mr. Moffett. As to itineration, Heron <u>hast</u> time for Mr. Gifford doesn't know the language, and Underwood, if he does what he has laid out for himself, will have no time at all.

As to house for me, I can secure for a few months an empty house that is about to be torn down. Should my own house not be built in time, I can board awhile at the hotel. I expect $3,000 to do what $2,500 would in Fusan - build a modest but substantial house and office.

Dr. Heron lets me have my old instruments, so that I can take a $100 lot of medicines ordered by Dr. Power, off their hands. All are amused at Dr. Heron's eagerness to have me settle anywhere but here, as some of my old patients have asked to. The Hospital is always a "carpre" and the officers implored me to take it up, but Dr. Heron and I could never live peaceably in the same town. He likes his work and I don't wish to disturb him. Mr. Dinsmore says that in two years he will be out of the mission - as soon as the foreign work will pay, and he also says, "I wouldn't trust him further than I could throw a bull by the tail."

As I can get a house nowhere else. I will come at over to Chemulpoo and begin operations subject to instructions form you. I have the permission of the Mission here to do so.

I have been in a sea of trouble up here. I never knew what it would be to refuse a King. Last night at an audience I was dumb founded by the Queen and Queen Dowager coming plainly out and talking to me. They praised me so much as to be embarrassing, and pressed me to know what had given me offense. I had to assure them I had taken no offense, though the Legation was neglected and got so hard up that I had to sell my furniture to buy them bread.

They assured me it was all a sad mistake and insisted on my returning, offering to buy a fine legation building etc. (They are very hard up for all their talk.) Then they wanted to know if I stood no chance of being Minister here and asked if I would accept the Secretaryship. I admitted that I believed now that I would be of more general utility as Secretary of this Legation than as Minister, and the King sent right off to Mr. Dinsmore and asked him to telegraph the Dep't to appoint me Secretary for the sake of Korea.

I go to Chemulpo tomorrow, however, and will quietly slip out. I can't afford to offend their Majesties, but I can't go back to their service. Trusting you may see fit to let me live at Chemulpoo, where I can be on hand if needed in the mission will in an emergency, and when I feel that I can do more than at Fusan, and hoping that the appropriation for a house (without which I would be unable to remain) may not seem exhorbitant.

I am with kind regards,

Yours very truly,
H. N. Allen

Will you kindly consider these Korean matters as confidential as of ___.

호러스 N. 알렌(제물포)이 프랭크 F. 엘린우드(미국 북장로교회 해외선교본부 총무)에게 보낸 편지 (1889년 12월 15일)

추신

제물포,
(18)89년 12월 15일

저는 마음에 두었던 집을 얻을 수 없다는 것을 알았습니다. 저는 방 3개와 부엌이 있는 작은 판잣집을 거절하기로 하였는데, 그 집은 바람직하지 않은 곳에 위치하고 있으며 주변에 마당이 없습니다. 저는 이 집이나 호텔을 선택할 수 있으나, 호텔은 저의 일에 적합하지 않기 때문에 저는 집을 선택하려고 합니다.

건물을 지으려면 벽돌을 굽고 목재를 확보해야 하기 때문에 일찍 시작해야 합니다. 또한 장마는 7월과 8월에 작업을 방해할 뿐 아니라 덮지 않은 작업도 망칩니다. 따라서 제가 집을 짓도록 허락해 주신다면 우리의 성으로 저(혹은 헤론 박사)에게 미국 공사관으로, 즉 '알렌 미국 공사관 서울 건축'의 내용으로 전보를 보내주십시오. 그러면 저는 부지를 확보할 시간을 갖게 될 것이며, 장마철이 오기 전에 집을 덮을 것입니다.

박사님이 제가 미국 공사관에 임명되었다는 통지를 보신다면, 제가 틀림없이 그것을 수락할 것이라는 것을 알게 될 것입니다. 저는 이것이 박사님의 바람에 따른 것이라고 믿고 있습니다.

알렌

Horace N. Allen (Chemulpo),
Letter to Frank F. Ellinwood (Sec., BFM, PCUSA) (Dec. 15th, 1889)

P. S.

Chemulpoo,

Dec. 15/ (18)89

I find I cannot obtain the house I had in mind. I have secures the refusal of a little shanty with three rooms and kitchen, situated in an undesirable place, and with no ground around it. I can take this or the hotel, but as the latter would hardly suit for my work, I think I shall take the house.

If any building is done, it must be begun early, as brick must be burned and timber secured. Then also the rainy season not only prevents work during July and August, but ruins any uncovered work. Therefore, should you decide to have me build, please cable me (or Dr. Heron) by our last name to U. S. Legation, i. e. "Allen American Legation Seoul Build." I would then have time to secure ground and get a house under cover before the rains come on.

In case you see a notice of my appointment to the U. S. Legation, you will know that I will doubtless accept it. I believe this is in accordance with your wishes.

Allen

호러스 N. 알렌(요코하마)이 프랭크 F. 엘린우드(미국 북장로교회 해외선교본부 총무)에게 보낸 편지 (1889년 12월 20일)

요코하마,
1889년 12월 20일

F. F. 엘린우드 박사,
　뉴욕 시 5 애버뉴 53

친애하는 박사님,

　저는 우리의 험난한 여행에 대하여 딜레스 씨에게 편지를 썼습니다. 저는 37일 동안 홍콩으로, 그리고 저의 가족을 남겨둔 요코하마로 25일 동안 여행하였습니다. 저는 민 공(公)과 매우 성공적인 면담을 가졌습니다. 그는 정부 자체가 광산을 개발하려는 것이 잘못되었음을 인정하고 제가 뉴욕에서 받은 제안을 받아들이지 않은 것을 후회하고 있습니다.

　그는 제가 워싱턴으로 돌아갈 것을 주장하였고, 이를 위하여 제가 서울로 가서 왕을 알현하도록 촉구하였지만, 서울에는 음모가 너무 많기 때문에 저는 그것과 섞이지 않겠다고 선언하였습니다. 몇몇 부패한 미국인들이 방금 퇴출되었고, 민은 데니가 곧 떠날 것이라는 긍정적인 확신을 가지고 있습니다. 선교사들, 해군 관계자들 그리고 관리들 등 이곳에 있는 모든 사람들이 저에게 매우 친절하게 대해 주었지만, 이곳에 있는 한국의 유일한 친구는 선교사인 것 같습니다.

　우리가 부산에서 집을 구할 수 없을 것이라고 말씀드리게 되어 유감입니다. 세관의 메릴 부인이 제 아내에게 보낸 편지를 박사님께 보내드립니다. 그 편지 이후에 다른 캐나다 인 선교사가 와서 오직 하나 남아 있던 방을 차지하였습니다. 저는 가족들을 나가사키에 남겨두고 그곳으로 가서 제가 할 수 있는 모든 것을 하겠습니다. 제 자신을 위한 방은 얻을 수 있으며, 만일 박사님께서 제가 건축하는 것을 허락하신다면 문제가 없을 것이라고 생각하고 있습니다. 민영익은 제가 선교 사역을 위해서 한국에 대한 봉사를 포기한 것에 큰 감명을 받았으며, 부산 지역의 무역을 총괄하고 있는 고위 관리인 그의 아저 씨에게 대단히 설득력이 있는 편지를 써서 저에게 주었습니다. 저에게는 문제가 없을 것이라고 생각합니다.

만일 박사님께서 3,000달러 혹은 적어도 2,000달러를 마련해 주실 수 있다면, 저는 쉽게 부지를 확보하고 집을 지을 수 있을 것입니다. 그렇지 않으면 우리가 어떻게 처리해야 할지 저는 모르겠습니다. 모든 것이 일본산이어야 하지만, 2,000달러로 좋은 단층집을 지을 수 있다고 저는 생각합니다. 만일 박사님께서 그러한 목적에 적합하다고 생각한다면 제가 할 수 있는 한 최선을 다할 것임을 확신합니다.

안녕히 계십시오.
H. N. 알렌

Horace N. Allen (Yokohama),
Letter to Frank F. Ellinwood (Sec., BFM, PCUSA) (Dec. 20th, 1889)

Yokohama,
Dec. 20th, 1889

Dr. F. F. Ellinwood,
　　53 5th Ave., N. Y. City

My dear Doctor,

I wrote Mr. Dulles of our severe trip. I was 37 days to Hong Kong, 25 days to Yokohama, where I left my family. I had a very successful interview with Prince Min. He admits that the Govn't was wrong in trying to develop its mines itself and regrets their not accepting the proposition I received for them in New York.

He insisted on my returning to Washington and to that end urged me to go direct to Seoul, and see the King, but I declared there are so many intrigues in

Seoul that I will not mix up in it. Several corrupt Americans have just been discharged and I have the positive assurance of Min that Denny leaves in a very short while. I have been very kindly treated over here by every one, missionaries, Naval people and Officials, but it really seems as tho' the only friends Korea has out here are the missionaries.

I am sorry to say that we will not be able to get a house in Fusan. I send you a letter from Mrs. Merrill of the Customs staff to my wife. Since that writing another Canadian missionary has gone in and taken the only room left. I shall leave my family in Nagasaki and go over and do all I can. I may get a room for myself, while if you will allow me to build, I think there will be no trouble. Min Yong Ik was greatly impressed with my forsaking the Korean service for the missionary work, and gave me a very strong letter to his uncle who is the Commissioner of Trade & highest officer of the Fusan district. I think I will have no trouble.

If you can make an appropriation of $3,000, or even $2,000, I will be able to get ground easily and build a house. Otherwise, I don't know how we will manage. $2,000 would build a fair bungalow I think, tho' everything would have to be but from Japan. Be assured I will make it go as far as I can if you see fit to appropriate for such purpose.

Yours very truly,
H. N. Allen

최근 운항.
The Japan Weekly Mail (요코하마) (1889년 12월 28일), 602쪽

최근 운항
출발

...

요코하마 마루[橫浜丸], 일본 증기선, 1,298톤, 선장 - 스웨인, 12월 24일 - 상하이 등의 항구, 우편 및 일반 - 일본 우선(郵船) 주식회사

(......)

승객
출발

...

상하이 및 항구들로 향하는 일본 증기선인 요코하마 마루[橫浜丸]를 통하여 - (......) 알렌 박사 부부와 2명의 아이들, (......), 선실; (......)

Latest Shipping.

The Japan Weekly Mail (Yokohama) (Dec. 28th, 1889), p. 602

Latest Shipping.

Departures

...

Yokohama Maru, Japanese steamer, 1,298, Swain, 24th December, - Shanghai and ports, Mails and General. - Nippon Yusen Kaisha.

(......)

Passengers

Departed

...

Per Japanese steamer *Yokohama Maru*, for Shanghai and ports: - Mr. and Mrs. G. Lewis, Dr. and Mrs. Allen and 2 children, (......) in cabin; (......)

존 W. 헤론(서울)이 프랭크 F. 엘린우드(미국 북장로교회 해외선교본부 총무)에게 보낸 편지 (1889년 12월 30일)

(중략)

제가 말씀드렸듯이 저는 이곳에서 걸림돌이 되고 싶지 않습니다. 제 사역이 중요한 것은 사역자 때문이 아니라 사역의 본질 때문입니다. 선교본부는 이곳의 사역을 손상시키지 않고 버리는 것을 허용할 수 없습니다. 알렌 박사를 이곳으로 돌려보내시고 우리가 부산으로 가는 것에 대하여 박사님은 어떻게 생각하십니까?

저는 박사님께 세 가지 제안을 드립니다. 첫째, 부산으로 가겠습니다. 잠시라도 제가 이곳의 사역을 그만두는 것을 원하는 것으로 생각하지 말아 주십시오. 저는 언더우드 씨의 방해가 되고 싶지 않으며, 서울을 떠나 그가 저와 함께 일을 해야 할 필요가 없게 되는 것을 기뻐할 것이라고 저는 확신합니다.

둘째, 제가 선교본부와의 관계를 완전히 사임하고 독립 선교사가 될 수 있도록 허락해 주십시오. 이것은 당연히 이곳에 새로운 사람을 보낼 필요가 있게 할 것인데, 당연히 저는 그를 돕는데 온 힘을 다할 것이며, 만일 정부가 원하면 제중원을 그에게 넘기고 그가 할 수 있으면 외국인 진료도 넘길 것입니다. 그렇지 않으면 저는 장로교회 선교부의 진료를 할 것이고, 그러면 다른 사람을 보낼 필요가 없을 것입니다. 당연히 저는 우리 선교본부 밑에 있는 것을 선호하지만 재정적으로 저는 성공할 것으로 확신합니다.

셋째, 제가 1년 동안 고국으로 돌아가 그 기간이 어떤 결과를 가져올지 볼 수 있게 해 주십시오. 저는 변화와 휴식이 대단히 필요합니다. 거의 5년 동안의 계속적인 힘든 업무는 저를 매우 지치고 피곤하게 만들었습니다. 게다가 정신적 및 영적 시련은 제가 견딜 수 있는 것보다 심한 것이었습니다. 우리는 어떠한 휴식도 갖지 못한 채 양쪽 선교부[164]에서 오래 이곳에 체류하였던 유일한 사람들입니다. 다른 모든 사람들은 중국 혹은 일본을 한 번 혹은 일부는 두 번 방문하였습니다. 제 아내와 저는 지난 해 우리의 치아를 많이 잃었기 때문에 어쨌건 조만간 돌아가야만 합니다. 이곳에는 치과의사가 없으며, 그래서 우리는 조만간 갈 것입니다.

(중략)

---

164) 미국 북장로교회와 북감리교회를 의미한다.

John W. Heron (Seoul),
Letter to Frank F. Ellinwood (Sec., BFM, PCUSA) (Dec. 30th, 1889)

(Omitted)

As I said, I do not want to be a stumbling block in the way here. My work is important, not because of the worker, but because of the nature of the work. The Board cannot allow it to drop without injuring our work here. What do you think of sending Dr. Allen back here & of our going to Fusan?

I have three proposals to make to you. First, to let us go to Fusan. Do not think for an instant I want to leave the work here, but I do not want to be a hindrance to Mr. Underwood & I am sure he would be glad to have me away from Seoul, where he need not have to work with me.

Second, to allow me to resign my connection with the Board altogether & become an independent missionary. This would render it necessary to send a new man here, of course, I would do all in my power to help him and if the Gov't so desired, turn over to him the Gov't Hospital & all the foreign practice he could get, or I would do the practice of the Presbyterian Mission, then no other man need be sent. Financially I am sure I should succeed, though I would of course prefer to be under our own Board.

Thirdly, allow me to return home for a year and see what that space of time would bring forth. I need the change & the rest very much. Nearly five years of continuous hard work has left me very worn & tired. Besides the mental & spiritual trials have been almost more than I could endure. We are the only ones here so long in either mission without any rest. All the others have been either to China or Japan once & some of them twice. I shall soon have to return at any rate for both my wife & I have lost many of our teeth in the last year. There are no dentists here, so they soon go.

(Omitted)

1887년 1월 18일 알렌, 철로 개폐기와 관련된 특허 신청서를 작성함

2월 4일 한국 선교부 연례회의가 개최됨

2월 19일 알렌, 염병 유행을 록힐 주한 미국 임시 대리공사에게 알림

3월 5일 알렌, 주한 독일 총영사인 T. 캠퍼만에 대한 진단서를 작성함

3월 7일 알렌, 베이야드 국무장관에게 제물포 영사로 지원함
미국 북장로교회 해외선교본부, 한국에서 선교사들 사이의 불화에 대하여 결의를 함

3월 9일 애디슨 전기 회사의 윌리엄 매케이가 사망함

7월 5일 엘러즈와 벙커가 결혼함

8월 2일 알렌, 한국 정부가 주미 한국 공사관 개설을 위한 사절단에 동행해 줄 것을 요청하고 있다고 엘린우드에게 알림

8월 18일 한국 선교부 연례회의가 개최됨
박정양, 주미 한국 특파전권공사로 임명됨

9월 6일 선교본부, 한국 사절단에 동행하기 위한 알렌의 휴가를 승인함

9월 10일 알렌, 주한 미국 공사인 딘스모어에 대한 진단서를 작성함
알렌, 해관 총사무사 메릴에게 해관 의무관으로서 1년 동안의 휴가를 요청함
알렌, 뉴욕 시의 메저즈 문 앤드 컴퍼니에 한국의 온돌을 응용한 기차 난방에 대한 특허안을 보냄

9월 20일	한국 선교부 회의, 알렌의 1년 휴가 요청이 승인됨	
	알렌, 자신 명의의 모든 권리증을 선교부로 넘김	
9월 22일	박정양과 알렌, 고종에게 출국 인사를 함	
9월 23일	알렌, 제물포로 내려감	
9월 27일	사절단, 본격적인 출발 준비를 시작함	
	알렌, 헤론에게 제중원 업무를 인계함	
10월 1일	알렌, 고종의 요청으로 사절단의 파송을 지지해주도록 미국 및 러시아 공사를 설득함	
10월 26일	알렌, 제물포를 떠남	
	알렌, 선교본부에 선교사 사임을 수락해 줄 것을 요청함	
10월 30일	알렌, 나가사키에 도착함	
11월 2일	알렌, 홍콩으로 떠남	
11월 6일	알렌, 홍콩에 도착함	
11월 7일	알렌, 민영익을 만남	
11월 11일	알렌, 홍콩을 출발함	
11월 18일	알렌, 나가사키에 도착함	
11월 19일	사절단, 오마하 호를 타고 나가사키에 도착함	
11월 21일	박정양, 민영익을 만나기 위하여 홍콩으로 감	
11월 24일	알렌, 요코하마에 도착함	
11월 25일	사절단 6명, 수하물과 함께 요코하마에 도착함	
12월 8일	박정양, 홍콩의 민영익을 만나고 요코하마에 도착함	
12월 10일	사절단, 오셔닉 호를 타고 요코하마를 출발함	
12월 21일	오셔닉 호, 하와이 호놀룰루에 입항함	
12월 22일	오셔닉 호, 호놀룰루를 출항함	
12월 28일	오셔닉 호, 샌프란시스코에 도착하였으나 천연두 환자 때문에 1월 1일까지 승객들이 격리됨	
1888년 1월 1일	하선하여 팰리스 호텔에 투숙함	
1월 4일	대륙 횡단 열차를 탐	
1월 6일	선교본부, 알렌의 선교사 사임을 수락함	
1월 8일	시카고에 도착함	
1월 9일	워싱턴, D. C.에 도착하여 에빗 호텔에 투숙함	
1월 13일	베이야드 국무장관과 면담함	

1월 17일	클리블랜드 대통령을 예방하고 국서를 전달함
1월 18일	첫 공사관 건물(Fisher House)로 이사함
1월 19일	알렌, 워싱턴, D. C.를 출발함
1월 20일	알렌, 델라웨어에 도착함
1월 22일	알렌, 델라웨어 장로교회에서 강연을 함
1월 23일	알렌, 델라웨어를 출발함
1월 24일	알렌, 워싱턴, D. C.에 도착함
1월 26일	알렌, 전직 장교들의 한국 파견과 관련하여 셰리던 장군을 만남
1월 26일	알렌, 휘트니 해군장관의 환영회 겸 만찬에 참석함
1월 27일	알렌, 페어차일드 장관의 환영회에 참석함
2월	알렌, 대출과 관련하여 윌밍턴의 제임스 H. 윌슨 장군을 방문함
3월	알렌, 아들 모리스가 넘어져 다침
3월 22일	엘린우드, 워싱턴, D. C.를 방문함 공사관 서기관들, 필라델피아를 방문함
3월 22일	공사관 서기관들, 조폐국을 방문함
4월 10일	알렌, 캘리포니아로 출장 예정임
4월 15일	알렌, 로스앤젤레스에 도착함
4월 16일	알렌, 톨리도로 출발함
4월 21일	이완용, 이헌용 및 이채연이 휴가로 귀국하기 위하여 워싱턴, D. C.를 떠남
4월 23일	알렌과 공사관 직원들(이완용, 이헌용, 이채연, 이휴업, 이하영), 톨리도에서 만남
4월 24일	이하영을 제외한 공사관 직원들, 시카고로 떠남 알렌과 이하영, 워싱턴, D. C.에 도착함
4월 26일	박정양 일행, 버지니아 주 마운트버넌의 조지 워싱턴 생가를 방문함
6월	박정양, 밀반입한 여송연이 문제가 됨
7월 19일	알렌, 대출 문제로 뉴욕을 방문함
7월 27일	알렌, 이하영과 함께 뉴욕의 브레브트 호텔에 숙박 중임
8월 4일	알렌, 델라웨어에서 워싱턴, D. C.로 막 돌아옴

9월 중순	알렌, 미시건 주 디트로이트를 방문함
10월 6일	알렌, 뉴욕의 브레브트 호텔에 숙박 중임
	알렌, 엘린우드를 만남
12월 14일	알렌, 뉴욕의 기독교 청년회에서 한국에 대한 강연을 함
1889년 2월 23일	알렌, 자신이 주한 미국 공사의 후보로 거론되는 것에 대하여 매형인 클레이턴에게 편지를 보냄
3월 9일	알렌, 엘린우드에게 자신의 주한 미국 공사 임명을 도와 줄 것을 요청함
4월 21일	알렌, 공사관 직원들과 함께 워싱턴, D. C.의 커버넌트 장로교회의 부활절 예배에 참석함
5월 6일	알렌, 공사관 직원과 함께 버지니아 주 마운트버넌의 조지 워싱턴 생가를 방문함
9월	알렌, *Korean Tales*를 출판함
9월	알렌, 엘린우드에게 공사로 임명되지 않으면 선교사로 복귀하겠다는 의사를 표명함
10월 6일	알렌, 선교사 재임명을 요청하는 편지를 선교본부로 보냄
10월 7일	선교본부, 알렌을 선교사로 재임명하고 한국 선교부로 배정함
10월 24일	알렌, 시카고에 투숙 중임
11월 2일	알렌, 밴쿠버를 출항함
11월 24일	알렌, 가족과 함께 요코하마에 도착함
11월	알렌, 홍콩을 방문함
12월 13일	알렌, 서울에 있음
12월 14일	알렌, 제물포로 감
12월 20일	알렌, 요코하마에 있음
12월 24일	알렌, 가족과 함께 요코하마를 떠남

1. 공문서 Official Documents

삼항구 관초(三港口 關草), 각사등록 [*Official Documents between the Foreign Office and the Three Open Ports*]

인천항 관초 [*Official Document of Incheon (Chemuopo) Port*]

통서일기 [*Daily Records of Foreign Office*]

Despatches from United States Ministers to Korea, 1883~1905, RG 59, USNA

Notes from the Korean Legation in the US to the Dept. of State, 1883~1906, RG 59, USNA

2. 교회 해외선교본부 관련 문서

Annual Report of the Board of Foreign Mission of the Presbyterian Church in the U. S. A. Presented to the General Assembly

Korea. *Presbyterian Church in the U. S. A., Board of Foreign Missions, Correspondence and Reports, 1833~1911*

  Minutes [of Executive Committee, PCUSA], 1837~1919

Presbyterian Church in the U. S. A., Board of Foreign Missions. Secretaries' files, 1829~95

  Secretary's Book, Korea Mission (PCUSA)

3. 선교 관련 잡지 Missionary Magazines

The Church at Home and Abroad (New York)

The Medical Missionary Record (New York)

Woman's Work for Woman and Our Mission Field (New York)

4. 신문 및 잡지 Newspapers and Magazines

Chicago Tribune (Chicago, Ill.)

Detroit Free Press (Detroit, Mich.)

Evening Express (Portland, Maine)

Evening Star (Washington, D. C.)

Harper's Weekly (New York)

Los Angeles Evening Express (Los Angeles, Ca.)

Manhattan Mercury (Manhattan, Kansas)

Morning Oregonian (Portland, Or.)

Medical Report. China, Imperial Maritime Customs

New-York Tribune (New York City)

San Francisco Chronicle (San Francisco, Ca.)

Springville Journal (Springville, New York)

Star Tribune (Minneapolis, Minn.)

The Atlanta Constitution (Atlanta, Ga.)

The Baltimore Sun (Baltimore, Md.)

The Boston Globe (Boston, Mass.)

The Courier-Journal (Louisville, Ky.)

The Evening Journal (Wilmington, Dela.)

The Independent-Record (Helena, Montana)

The Japan Weekly Mail (Yokohama)

The Kingston Daily News (Kingston, Ont.)

The Los Angeles Times (Los Angeles, Ca.)

The Medical Missionary Record (New York)

The New York Times (New York)

The Pall Mall Gazette (London, England)

The San Francisco Examiner (San Francisco, Ca.)

The Topeka Daily Capital (Topeka, Kansas)

The University Missionary

5. 개인 자료 Personal Documents

Diary of Dr. Horace N. Allen, No. 2 (1887), New York Public Library

Horace N. Allen Papers, 1883~1923, New York Public Library

Samuel Hawley (Ed.), *America's Man in Korea. The Private Letters of George C. Foulk, 1884~1887* (New York, Lexington Books, 2008)

The Fred W. Smith National Library for the Study of George Washington at Mount Vernon

William E. Griffis Collection, Rutgers University.

* 쪽수 뒤의 f는 사진이나 그림을 나타낸다.

상우(尙友) 박형우(朴瀅雨) | 편역자

연세대학교 의과대학을 졸업하고, 모교에서 인체해부학(발생학)을 전공하여 1985년 의학박사의 학위를 취득하였다. 1992년 4월부터 2년 6개월 동안 미국 워싱턴 주 시애틀의 워싱턴 대학교 소아과학교실(Dr. Thomas H. Shepard)에서 발생학과 기형학 분야의 연수를 받았고, 관련 외국 전문 학술지에 다수의 연구 논문을 발표하고 귀국하였다.

1996년 2월 연세대학교 의과대학에 신설된 의사학과의 초대 과장을 겸임하며 한국의 서양의학 도입사 및 북한 의학사에 대하여 연구하였다. 1999년 11월에는 재개관한 연세대학교 의과대학 동은의학박물관의 관장에 임명되어 한국의 서양의학과 관련된 주요 자료의 수집에 노력하였다. 2009년 4월 대한의사학회 회장을 역임하였다.

최근에는 한국의 초기 의료선교의 역사에 대한 연구를 진행하여, 알렌, 헤론, 언더우드 및 에비슨의 내한 과정에 관한 논문을 발표하였다. 이를 바탕으로 주로 초기 의료 선교사들과 관련된 다수의 자료집을 발간하였으며, 2021년 8월 정년 후에는 상우연구소 소장으로 연구를 계속하고 있다.

박형우는 이러한 초기 선교사들에 대한 연구 업적으로 2017년 1월 연세대학교 의과대학 총동창회의 해정상을 수상하였고, 2018년 9월 남대문 교회가 수여하는 제1회 알렌 기념상을 수상하였다.